中级财务会计

—— 营利企业、政府与非营利组织中级会计

林 华　林世怡　编著

复旦大学出版社

内容提要

本书在作者曾获普通高校优秀教材一等奖的《股份公司会计》(第四版)和《公司财务会计》的基础上,根据近年来国内外会计理论、实务和准则规范的巨大变化,对企业基本业务会计进行了重大修改、补充和完善,并增加了政府和非营利组织的财务会计知识。

本书具有以下三个特点:1.突出新的财务会计准则要求;2.注重中级财务会计的基石作用;3.关注财务会计实务处理和前瞻性知识。本书不仅能满足高等院校会计学、审计学、财务学、财政学、税收学、金融学、工商管理和公共管理等学科本科生学习中级财务会计的需要,还能满足工商管理硕士(MBA)、公共管理硕士(MPA)、公共政策硕士(MPP)和会计硕士(MPAcc)等在职研究生学习财务会计相关知识的需要。本书也能为广大财会、财政、金融工作者在学习和工作中提供参考。

前　言

　　作者在曾获上海市普通高校优秀教材奖一等奖的《股份公司会计》(第四版)和《公司财务会计》基础上,根据近年来国内外已经发生巨大变化的会计理论、实务操作和准则规范环境,对企业基本业务会计方面的内容进行了重大的修改、补充和完善,并且增加了政府和非营利组织的财务会计知识,形成本书。

　　经济越发展,会计越重要,任何一个单位组织,包括营利企业、政府与非营利组织,都离不开财务会计。财务会计涉及财务会计准则,并在财务会计准则规范下进行经济业务或事项的确认、计量和财务报告。当前,世界权威企业财务会计准则规范体系有三个:一是美国财务会计准则委员会(Financial Accounting Standards Board, FASB)发布的财务会计准则;二是国际会计准则理事会(International Accounting Standards Board, IASB)发布的国际会计准则;三是会计准则趋同下 IASB 和 FASB 协同制定的国际财务报告准则(International Financial Reporting Standards, IFRS)。在政府与非营利组织会计规范领域,美国有三个准则制定的权威机构:一是财务会计准则委员会(FASB),FASB 制定除政府机构以外所有营利和非营利组织的会计准则;二是联邦会计准则咨询委员会(Federal Accounting Standards Advisory Board, FASAB),FASAB 制定联邦政府会计准则;三是政府会计准则委员会(Governmental Accounting Standards Board, GASB),GASB 制定州和地方政府会计准则。

　　中国参与国际财务报告准则的趋同,2006 年 2 月财政部发布了企业会计准则体系,实现了中国企业会计准则与国际财务报告准则的趋同。至 2019 年 6 月,财政部又先后制定和修订了一系列企业会计准则。在中国和美国同时上市的企业必须执行美国财务会计准则(FAS)、国际财务报告准则(IFRS)和中国会计准则;与欧洲及其相关国家打经济交道,中国企业必须执行国际会计准则和中国会计准则。国内上市公司必须执行在不断变化完善中的中国企业会计准则。同时,在政府与非营利组织会计领域,我国正在积极进行会计制政府综合财务报告制度改革。2016 年以来,根据《政府会计准则——基本准则》,财政部相继出台了一系列政府会计具体准则和政府会计制度。2019 年起,政府单位将执行全国统一的政府会计制度,民间非营利组织执行民间非营利组织会计制度。

当前，本质都是营利性质的企业各自执行的却是"五花八门"的会计规范标准，这种局面对于会计理论教学、实务操作和市场监管来说，都在不断制造新的麻烦和挑战。对于财务会计来说，新老会计"权威"标准的同时并存、差别规范、交叉混合、磨合发展和趋同完善，势必还有很长一段路要走。在财务会计理论研究和遵循财务会计准则进行实务操作等方面，我们将不得不面临不同会计标准共存的长期"混乱"局面。

鉴于此，本书突出企业、政府与非营利组织会计的新准则、新制度和新要求，注重对中级财务会计知识的整体把握和全面了解，深入浅出、强调理论联系实际，阐释现代财务会计学的理论和方法，并努力关注金融创新衍生工具等前沿性会计知识。本书主要有如下三个特点。

一、突出新的财务会计准则要求

至 2019 年 6 月，财政部先后制定和修订《职工薪酬》《收入》《金融工具确认和计量》《金融资产转移》《套期会计》《金融工具列报》《非货币性资产交换》《债务重组》和《租赁》等一系列企业财务会计准则。其中，新《收入》准则，在境内外同时上市的企业以及在境外上市并采用 IFRS 准则或企业会计准则编制财务报表的上市公司，自 2018 年起施行；对其他境内上市公司，自 2020 年 1 月 1 日起施行；对执行企业会计准则的非上市公司，自 2021 年 1 月 1 日起施行。新《租赁》准则，在境内外同时上市的企业以及在境外上市并采用 IFRS 准则或企业会计准则编制财务报表的企业，自 2019 年 1 月 1 日起施行；其他执行企业会计准则的企业自 2021 年 1 月 1 日起施行。

同时，2016 年至今，根据《政府会计准则——基本准则》，财政部相继出台《存货》《投资》《固定资产》《无形资产》《公共基础设施》《政府储备物资》《会计调整》《负债》和《财务报表编制和列报》等政府会计具体准则。2017 年 10 月，财政部发布《政府会计制度——行政事业单位会计科目和报表》（下称《政府会计制度》），《政府会计制度》统一了现行各类行政事业单位各式各样"眼花缭乱"的会计标准，并自 2019 年 1 月 1 日起施行。

本书根据财政部新修订和发布的财务会计准则进行编写，有助于读者学习和运用新准则，解决财务会计学习和工作中面临的各种新"疑惑"和新问题。

二、注重中级财务会计的基石和"圣经"作用

有学者称中级财务会计是财务会计学乃至会计学中的"圣经"，起着承上启下的重要基石作用。理论上，财务会计学可分为基础会计、中级财务会计和高级财务会计。其中，基础会计是财务会计原理和入门知识，中级财务会计主要解决企业、

政府与非营利组织的基本经济业务或事项的确认、计量和财务报告,而高级财务会计涉及不断衍生创新的特殊业务会计处理。因此,中级财务会计在财务会计学中起着承上启下的重要作用,它是会计学的基石和"圣经"。

本书注重中级财务会计"承上启下"的基石和"圣经"作用,深入阐述中级财务会计理论和方法,并理论联系实际,全面阐述不断创新、衍生发展的基本业务方面的会计知识,为学习高级财务会计打下坚实基础。

三、关注财务会计实务处理和前瞻性知识

本书吸收了国内外中级财务会计知识的精华,既注重对不断发展完善中的中级财务会计理论和方法的阐述,也强调正确理解和运用我国新颁布的财务会计准则及其新处理要求,并相应介绍了企业、政府与非营利组织的基本业务会计处理方法,为读者学习掌握和执行运用新会计准则提供实务操作指南。同时,根据新准则要求,全面阐述金融资产新分类下确认和计量、设定交款计划和设定收益计划下的养老金会计负债、合营安排、其他权益工具投资、永续债、优先股、外币折算、政府补助、其他综合收益和综合收益等基本业务中不断涌现出来的新会计知识问题。

本书既反映了中级财务会计的基本业务会计处理情况,也在一定程度上对中级会计当前面临的不断涌现出来的前瞻性问题做出阐述。

本书分十八章,主要内容如下。

(一)第一章至第十一章,主要阐述中级会计总论,内容包括金融资产,存货,长期股权投资,投资性房地产和合营安排,固定资产、无形资产和竭耗资产,应交税费、应付职工薪酬和养老金负债,应付债券和可转换债券,长期应付款及其应付租赁款,其他权益工具投资,其他综合收益和股东权益,收入、费用和利润等相关新准则下的会计处理。

(二)第十二章至第十四章,主要阐述非货币性资产交换、或有事项、债务重组,外币折算和政府补助,以及所得税会计等方面的经济业务或事项,在新准则下的会计确认和计量。

(三)第十五章至第十七章,主要阐述基本财务报表的意义、内容和列报要求,资产负债表、利润表、现金流量表和股东权益变动表编制方法,以及每股收益和财务报表附注披露。

(四)第十八章,主要阐述政府和非营利组织会计,包括政府会计概述、政府单位会计的一般核算原则、国库集中支付业务、非财政拨款收支业务、预算结转结余、结余分配、政府单位的资产、负债和净资产,以及民间非营利组织会计。

(五)最后是附录部分,包括本书各章的复习思考题和练习题。

本书不仅能满足高等院校会计学、审计学、财务学、财政学、税收学、金融学、工

商管理和公共管理等学科本科生学习中级财务会计的需要，还能满足工商管理硕士（MBA）、公共管理硕士（MPA）、公共政策硕士（MPP）和会计硕士（MPAcc）等在职研究生学习财务会计相关知识的需要，而且能为广大财会、财政、金融、税收、审计和纪检监察等工作者，以及首席执行官、首席信息官、财务总监和注册会计师等，在学习与工作中提供参考。

作者希望本书能与我们前期编著的由立信出版社出版的《税务会计》、上海三联书店出版的《股份公司会计》（第四版）、上海财经大学出版社出版的《公司财务会计》和复旦大学出版社出版的《财务报告和分析》一起，为读者在解决企业、政府与非营利组织的经济业务或事项的确认计量、财务报告和决策分析等方面的有关问题带来有益启示和帮助。

本书由林华博士和林世怡先生合著，同时得到初丹女士协助。由于作者水平有限，书中错误恳请读者批评指正。

林　华　上海外国语大学贤达经济人文学院
林世怡　上海财经大学、同济大学浙江学院
2019 年初春于上海

目　录

第一章　绪论 ··· 1
　第一节　会计的含义和会计准则 ··· 1
　第二节　会计信息质量要求、会计要素的确认、计量和报告原则 ············· 5
　第三节　会计假设、结构化主体和货币时间价值 ····························· 14

第二章　金融资产(一)：以公允价值计量的金融资产 ·························· 24
　第一节　金融资产的分类、确认计量和减值处理原则 ························ 24
　第二节　货币资金 ··· 29
　第三节　以公允价值计量且其变动计入当期损益的金融资产 ················ 35
　第四节　以公允价值计量且其变动计入其他综合收益的金融资产 ··········· 39

第三章　金融资产(二)：以摊余成本计量的金融资产 ·························· 47
　第一节　以摊余成本计量的金融资产 ·· 47
　第二节　应收款项 ··· 53
　第三节　委托贷款和贷款 ··· 62
　第四节　金融资产转移 ·· 69

第四章　存货 ··· 78
　第一节　存货的分类、确认和计量原则 ······································ 78
　第二节　存货的数量、发出价值和期末价值的计量 ························· 81
　第三节　原材料、商品产品、低值易耗品和存货清查 ······················· 90

第五章　长期投资(一)：长期股权投资 ·· 102
　第一节　长期股权投资的基本概念和初始计量 ······························ 102
　第二节　长期股权投资的后续计量 ··· 109
　第三节　长期股权投资的方法转换、减值和处置 ···························· 123

第六章　长期投资(二):投资性房地产和合营安排 … 131
　　第一节　投资性房地产的含义、确认和计量 … 131
　　第二节　投资性房地产的转换和处置 … 138
　　第三节　合营安排 … 145

第七章　固定资产、无形资产、竭耗资产和资产减值 … 149
　　第一节　固定资产 … 149
　　第二节　无形资产 … 162
　　第三节　油气资产和生物资产 … 172
　　第四节　资产减值 … 180

第八章　负债(一):流动负债和养老金负债 … 184
　　第一节　负债的概述、分类和流动负债 … 184
　　第二节　应交税费和其他流动负债 … 185
　　第三节　应付职工薪酬——短期薪酬和辞退福利 … 207
　　第四节　养老金负债——离职后福利和其他长期职工福利 … 220

第九章　负债(二):非流动负债 … 234
　　第一节　非流动负债的分类、借款费用和长期借款 … 234
　　第二节　应付债券和可转换债券 … 238
　　第三节　长期应付款及其应付租赁款 … 247

第十章　股东权益 … 256
　　第一节　股东权益的概念、分类和权益工具 … 256
　　第二节　股本和其他权益工具 … 260
　　第三节　资本公积和其他综合收益 … 271
　　第四节　留存收益 … 276
　　第五节　库存股 … 281

第十一章　收入、费用和利润 … 285
　　第一节　收入 … 285
　　第二节　费用 … 308
　　第三节　利润 … 315

第十二章　非货币性资产交换、或有事项和债务重组 ……………………… 320
第一节　非货币性资产交换 ……………………………………………… 320
第二节　或有事项 ………………………………………………………… 332
第三节　债务重组 ………………………………………………………… 339

第十三章　外币折算和政府补助 ……………………………………………… 347
第一节　外币折算 ………………………………………………………… 347
第二节　政府补助 ………………………………………………………… 365

第十四章　所得税 ……………………………………………………………… 377
第一节　资产负债表债务法的意义、理论基础和核算程序 …………… 377
第二节　资产、负债的计税基础和暂时性差异 ………………………… 382
第三节　递延所得税负债和递延所得税资产的确认和计量 …………… 395
第四节　所得税费用的确认和计量 ……………………………………… 401

第十五章　财务报告（一）：资产负债表、利润表和股东权益变动表 ……… 407
第一节　财务报表的意义、内容和列报要求 …………………………… 407
第二节　资产负债表 ……………………………………………………… 412
第三节　利润表 …………………………………………………………… 420
第四节　股东权益变动表 ………………………………………………… 424

第十六章　财务报告（二）：现金流量表 …………………………………… 428
第一节　现金流量表的作用、列报要求和编表方法 …………………… 428
第二节　现金流量表的编制程序和填列方法 …………………………… 433
第三节　现金流量表编制（一）：工作底稿编制程序 ………………… 441
第四节　现金流量表编制（二）：T形账户和分析填列编制程序 …… 458

第十七章　每股收益和附注披露 ……………………………………………… 466
第一节　每股收益 ………………………………………………………… 466
第二节　财务报表附注 …………………………………………………… 479

第十八章　政府和非营利组织会计 …………………………………………… 485
第一节　政府会计概述 …………………………………………………… 485
第二节　政府单位会计的一般核算原则和国库集中支付业务 ………… 495

第三节 非财政拨款收支业务、预算结转结余和结余分配 …………… 502
第四节 政府单位的资产、负债和净资产 ………………………………… 518
第五节 民间非营利组织会计 ……………………………………………… 533
第六节 政府单位和民间非营利组织会计报表 …………………………… 548

附录一 复习思考题 …………………………………………………………… 567
附录二 练习题 ………………………………………………………………… 572
附录三 本书使用指南 ………………………………………………………… 605

第一章

绪 论

第一节 会计的含义和会计准则

一、会计的含义和目标

(一)会计的含义和目标

会计是国际通用经济语言的信息系统,它是经济决策的信息基础。经济越发展会计越重要,任何一个社会组织都离不开会计。社会组织包括营利、政府与非营利组织,其中营利组织如企业,其主观目标就是盈利获利。政府与非营利组织,主观目标是为某种特定事业和信仰,即使采取一定营利性改革措施,也是为提高非营利组织的财务效率,更好地为实现各自特定的非营利目标而服务。

一个组织的经济活动十分复杂,会计就是对这些复杂的经济活动,进行确认计量并最终形成财务报告。任何组织的财务会计行为的最终表现形式都是财务报告,财务报告信息供信息使用者分析和决策使用。

实务上,会计可以包括财务会计、成本管理会计、内部与外部审计、税务会计与税收筹划,以及实证研究会计等。其中,财务会计可分为中级财务会计和高级财务会计,前者主要解决会计报告主体的基本业务会计处理问题;后者主要解决特殊业务会计信息处理问题。本书主要阐述中级财务会计的确认、计量和报告。

(二)会计法和准则体系

在我国企业会计规范体系中,首先是会计法规体系,会计法是会计法规的母法,是制定其他会计规范的依据,也是指导会计工作的最高准则。其次是会计准则体系,包括基本准则、具体准则、应用指南和解释。其中,基本准则,相当于国际会计准则理事会(International Accounting Standards Board, IASB)的《编报财务报表的框架》和美国财务会计准则委员会(Financial Accounting Standards Board, FASB)的《财务会计概念公告》;具体准则,分为一般业务准则、特殊行业的特定业务准则和财务报告准则三类;应用指南,包括会计准则解释、会计科目、报表体系和主要账务处理等;解释是对准则的补充说明。最后是其他会计规范。

需要说明,根据我国会计法规定,中国企业会计准则由财政部制定,在我国会计准则是会计制度的一部分。2006年2月,财政部发布新的企业会计准则体系,实现了中国会计准则与国际财务报告准则的趋同。2017年,财政部先后制定和修订了《收入》《金融工具确认和计量》《金融资产转移》《套期会计》《金融工具列报》等一系列企业会计准则。例如,2017年修订的《收入》准则,根据准则规定,新修订《收入》准则,对于在境内外同时上市的企业,以及在境外上市并采用国际财务报告准则或企业会计准则编制财务报表的上市公司,自2018年起施行;对其他境内上市公司,自2020年1月1日起施行;对执行会计准则的非上市公司,自2021年1月1日起施行。

在我国会计理论研究和实务执行会计准则问题上,我们将不得不长期面临不同准则标准"混乱"的局面。在美国上市的企业必须执行美国FASB会计准则;与欧洲及其相关国家(原欧洲列强殖民地,现已独立但其执行的法规准则基本依旧如故,与原殖民者国家执行相同的会计标准)打交道,必须执行IASB国际会计准则;同时FASB与IASB为各自利益又在长期磨合中寻求国际会计趋同的国际财务报告准则。中国财政部已经权威发布具有中国特色、参与国际会计趋同、在不断完善发展变化之中的中国会计准则体系。由于无处不在的"结构性"问题,不断快速发展变化的中国会计标准"五花八门",并不统一,本质都是营利性质的企业,由于所处环境不同必须执行不同的会计标准。这种中国特色的会计局面,给会计信息系统的理论教学、实务操作和市场监管带来了新的挑战。对于中国会计来说,新老标准的同时存在、差别规范、交叉混合、磨合发展和趋同完善,势必还有很长一段路要走。

二、企业会计准则

(一)基本准则

《企业会计准则——基本准则》规范了企业会计的财务报告目标、会计基本假设、会计基础、会计信息质量要求、会计要素的定义及其确认、计量原则和财务报告,具体规范如下。

(1)财务报告目标。我国企业财务报告的目标是向财务报告使用者提供对其决策有用的信息,并反映企业管理层受托责任的履行情况。

(2)会计基本假设。企业会计确认、计量和报告,应当以会计主体、持续经营、会计分期和货币计量为会计基本假设。

(3)会计基础。企业会计确认、计量和报告,应当以权责发生制为基础。

(4) 会计信息质量要求。基本准则建立企业会计信息质量要求体系,规定财务报告提供的会计信息应当满足会计信息质量要求。

(5) 会计要素的定义、分类及其确认、计量原则。基本准则将企业会计分为资产、负债、所有者权益、收入、费用和利润六个要素,并分别对各要素进行严格定义。要求企业在进行会计要素计量时,以历史成本为基础,可供选择的计量属性包括历史成本、重置成本、可变现净值、现值和公允价值等。

(6) 财务报告。明确财务报告的基本概念、应当包括的主要内容、披露信息及其基本要求等。

(二) 具体会计准则

具体企业会计准则是在企业会计基本准则的指导下,具体规范企业财务会计的六个会计要素的确认、计量和财务报告的规则,包括以下 42 项企业具体会计准则:

(1)《存货》;(2)《长期股权投资》;(3)《投资性房地产》;(4)《固定资产》;(5)《生物资产》;(6)《无形资产》;(7)《非货币性资产交换》;(8)《资产减值》;(9)《职工薪酬》;(10)《企业年金基金》;(11)《股份支付》;(12)《债务重组》;(13)《或有事项》;(14)《收入》;(15)《建造合同》;(16)《政府补助》;(17)《借款费用》;(18)《所得税》;(19)《外币折算》;(20)《企业合并》;(21)《租赁》;(22)《金融工具确认和计量》;(23)《金融资产转移》;(24)《套期保值》;(25)《原保险合同》;(26)《再保险合同》;(27)《石油天然气开采》;(28)《会计政策、会计估计变更和差错更正》;(29)《资产负债表日后事项》;(30)《财务报表列报》;(31)《现金流量表》;(32)《中期财务报告》;(33)《合并财务报表》;(34)《每股收益》;(35)《分部报告》;(36)《关联方披露》;(37)《金融工具列报》;(38)《首次执行企业会计准则》;(39)《公允价值计量》;(40)《合营安排》;(41)《在其他主体中权益的披露》;(42)《持有待售的非流动资产、处置组和终止经营》。

(三) 其他会计规范

会计的其他规范,是指与会计工作密切相关、必须遵守的法规,如税法、中外合资经营企业法、外资企业法、中外合作企业经营法、公司法、商业银行法、票据法、保险法和证券法等。此外,还应遵循《会计基础工作规范》和《内部会计控制规范》等相关规范性文件的规定。这些法规、规定与企业财务会计和报告有密切联系,例如,公司法对投入资本的保全、利润分配等都有相应法律规定。在依法纳税上,税法高于会计准则,是企业税务会计的最高行为准则。

2011 年 10 月 18 日,财政部发布《小企业会计准则》,自 2013 年 1 月 1 日起实行。它规范适用于小企业的资产、负债、所有者权益、收入、费用、利润和利润分配、外币业务,以及财务报表列报等会计处理。《小企业会计准则》适用于中华人民共和国境内依法设立的、符合《中小企业划型标准规定》所规定的小型企业标准的企业,但股票或债券在市场上公开交易的小企业、金融机构或其他具有金融性质的小企业、属于企业集团内的母企业和子企业的小企业除外。《小企业会计准则》的颁布和实施,标志着我国涵盖所有企业的会计准则体系的建成。

须说明,在美国,FASB成立前是由会计职业界控制着早期会计标准的制定。1886年,美国公共会计师协会(American Association of Public Accountants,AAPA)成立,1916年AAPA更名为公共会计师协会(Institute of Public Accountants,IPA),1917年又更名为美国会计师协会(American Institute of Accountants,AIA)。1936年,AIA与1921年成立的美国注册会计师公会(American Society of Certified Public Accountants,ASCPA)合并,1957年改为美国注册会计师协会(American Institute of Certified Public Accountants,AICPA)。1936—1959年期间,AIA/AICPA下属的会计程序委员会(Committee on Accounting Procedure,CAP)以确认一般公认会计原则(Generally Accepted Accounting Principles,GAAP)方式共发布51辑会计研究公报(Accounting Research Bulletin,ARB)。1959年,CAP被AICPA下新设立的会计原则委员会(Accounting Principles Board,APB)取代,APB共发布31份会计原则委员会意见书(APB Opinions)。

1973年美国FASB成立并取代APB,FASB负责制定和发布会计准则公告(Financial Accounting Standard,FAS或SFAS)。对于早先发布的会计研究公报(ARB)和APB意见书等规范标准,FASB除非对其进行修改,否则将一直"继承"沿用。而AICPA负责制定和发布审计准则公告(Statement of Auditing Standard,SAS)。目前,FASB已成为美国历史上继CAP、APB后第3个制定企业会计准则的权威机构,至2009年1月已发布160项FAS。

美国证券交易委员会(The U.S. Securities and Exchange Commission,SEC)于1934年成立,其宗旨是规范证券交易。SEC拥有对上市企业财务报告编制和披露方面的立法权。当SEC认为其标准与FAS有冲突,便会以其会计标准替代FAS,这种制约机制有利于美国会计准则的制定和实施。2002年,美国通过《2002年公众企业会计改革和投资者保护法》(Public Company Accounting Reform and Investor Protection Act of 2002),简称《萨班斯-奥克斯莱法》(Sarbanes-Oxley Act)或《萨奥法案》。根据该法案,美国成立了公众企业会计监督理事会(Public Company Accounting Oversight Board,PCAOB),PCAOB负责对财会行业进行全面监管,重点监管会计师事务所对公众企业尤其是上市企业的审计业务。

国际会计准则委员会(International Accounting Standards Committee,IASC)于1973年在英国伦敦成立,其目标是促进国际会计准则的协调和统一,到2001年1月,IASC已发布41项国际会计准则(International Accounting Standards,IAS),其

常设解释委员会(The Standing Interpretations Committee,SIC)发布了30项解释公告(SIC Interpretations)。2001年3月,IASC正式改组为国际会计准则理事会(IASB)。IASB着手制定国际财务报告准则(International Financial Reporting Standards,IFRS),但IASC以前发布的准则和公告将继续使用,除非被修改或撤消。目前,IASB和FASB制定的会计准则趋同性正在加强。

2009年4月,G20峰会、金融稳定理事会(Financial Stability Board,FSB)倡议建立全球统一的高质量会计准则。FSB前身为金融稳定论坛(Financial Stability Forum,FSF),是7个发达国家(G7)为促进金融体系稳定而成立的合作组织。伦敦G20金融峰会决定,将FSF成员扩展至包括中国在内的所有G20成员,并更名为FSB。在会计准则国际趋同背景下,我国财政部于2010年4月发布了《中国企业会计准则与国际财务报告准则持续全面趋同路线图》,明确将我国企业会计新准则与国际财务报告准则实现持续全面趋同的完成时间确定为2011年。

2013年,G20财长和央行行长在莫斯科会议上,要求各国会计准则有效衔接。FASB和IASB联合趋同项目中的合作意见总是双方利益博弈后的结果。尽管全球已有120个国家或地区要求或允许采用国际财务报告准则,但国际会计准则趋同进程中依旧问题不少。美国虽然表示同意国际会计准则趋同,但它仍将保留本国会计准则制定机构和制定本国会计准则的权力。我国也不会照搬国际准则而忽视国情,坚持中国特色而制定符合中国经济实际情况的会计准则。

第二节 会计信息质量要求、会计要素的确认、计量和报告原则

一、会计信息的质量要求

财务会计的目标是提供会计信息帮助信息使用者做出正确决策,因此会计信息的最高质量是"决策有用性"。在评价企业会计信息质量要求时可从主要质量、次要质量和调整性惯例要求三方面着手。我国《基本会计准则》规定,会计信息质量要求包括三个方面八条要求。

(一)会计信息主要质量要求

1. 可靠性

可靠性,也称客观性,它要求企业应以实际发生的交易或事项为依据进行确认、计量和报告,如实反映符合确认和计量要求的各项会计要素及其他相关信息,保证会计信息真实可靠、内容完整。

可靠性原则由三因素组成：一是真实性，会计核算应真实反映企业财务状况和财务成果；二是可核性，不同的会计人员分别采用同一计量方法，对同一项经济业务计量，应得出相同结果；三是中立性，中立性意味着会计人员对预知结果不应掺杂偏向，不能因为主观想要达到某种结果，而歪曲会计信息或选用不适当的会计原则。

可靠性是会计信息的基本要求，它要求会计核算应当以实际发生的经济业务为依据，在符合重要性和成本效益原则的前提下保证会计信息的完整性，做到内容真实、资料可靠和数字正确，如实反映财务状况和经营成果，披露的财务报告信息应中立、无偏。

2. 相关性

相关性，它要求企业提供的会计信息应与信息使用者的决策需要相关，有助于信息使用者对企业过去、现在或未来的情况做出评价或预测。相关性要求具有以下含义：一是预测性，信息使用者可根据会计信息预测的结果，做出最佳决策，因而它具有改变决策的能力；二是反馈性，信息使用者可将反馈的会计信息实际结果与预测资料相比较，以便分析、修正、抉择新的预测目标。

企业会计提供的信息应与决策管理有关，并具有改变决策的能力。会计信息与使用者对会计信息的需求是相关联的，如果会计不能提供使用者所要求的相关会计信息，那么这些会计信息即使再可靠，也毫无价值。因而，相关性是会计信息的重要质量要求。相关性要求会计信息应符合国家宏观经济管理要求，满足有关各方了解企业财务状况和经营成果的需要，满足企业内部经营管理的需要。

3. 及时性

及时性，它要求企业对于已发生的交易或事项，应及时进行确认、计量和报告，不得提前或者延后。及时性要求会计工作讲求时效、及时进行。会计信息应在失去影响决策的能力之前提供给使用者，会计信息对决策是否有用，重要的一点就是看它是否及时，在时间上是否具有时效性。

在瞬息万变的市场经济中，会计提供的信息如果是一些已经时过境迁的资料，那么即使这些信息再可靠、相关，对使用者来说也是毫无意义的。正因为如此，美国财务会计准则委员会将及时性归属为相关性原则，将其作为相关性的组成因素之一。

(二) 会计信息次要质量要求

1. 可理解性

可理解性，又称明晰性或清晰性，它要求企业提供的会计信息应清晰明了，便于信息使用者理解和使用。根据该要求，企业会计记录和会计报表应清晰明了，便于信息使用者理解利用、决策使用。

可理解性是会计信息具有使用价值的先决条件。即使可靠、相关与及时的会计信息,如果隐晦曲折、深奥莫测,不能为使用者所理解,那也是无法使用、毫无价值的。

2. 可比性

可比性,它要求企业提供的会计信息应具有可比性,信息使用者能在两组经济业务中区别其异同。该要求包含以下含义:一是同一企业不同时期发生的相同或相似的交易或事项,应采用一致的会计政策,不得随意变更。需要变更的,应在附注中说明;二是不同企业发生的相同或相似的交易或事项,应采用规定的会计政策,确保会计信息口径一致、相互可比。

可比性要求是以可靠性为基础的,可靠、真实地揭示会计信息是会计的目标,可比性应服务与服从于这一会计目标;只有真实可靠的会计信息,才具有可比性。

3. 实质重于形式

实质重于形式原则,它要求企业应按交易或事项的经济实质进行会计确认。在多数情况下,企业交易或事项的经济实质和法律形式是一致的,但有时会不一致。例如,融资租赁租入资产虽然从法律上讲承租方不具有租入资产的所有权,但由于租赁期接近租入资产的使用寿命期,而且租期结束时承租方往往具有购买该资产的优先选择权,同时租赁期内承租方有权支配资产并从中受益等,从经济实质上看,承租方能控制租入资产创造的未来经济利益,于是在确认、计量和报告上应将融资租赁租入资产视同自有资产在资产负债表中予以披露。

又如,售后回购虽然从法律上卖方企业"销售"商品后收到现金收入,但企业又与买方签订该"销售"商品的回购协议,因此卖方企业仍然具有该商品控制权,不满足收入确认的标准。在这种情况下,卖方企业不能仅仅以交易或事项的法律形式为依据,即使买卖双方签订销售合同或已将商品交付买方,卖方企业也不能将收到的现金确认为收入的实现。

再如,合并财务报表,投资方企业应该以具有实质性的控制为基础来确定合并范围。当投资方因涉入被投资方而享有可变回报,拥有被投资方的权力且有能力运用对被投资方的权力影响其回报金额,在这种情况下,即使投资方企业未拥有被投资方50%以上有表决权股份,也能够对被投资方实施实质性的控制。投资方企业就可根据需要编制合并财务报表。

(三) 会计信息调整性惯例要求

在实务上,会计信息质量要求还应考虑调整性惯例要求。它们也是会计实务上的限制性要求。

1. 重要性

重要性,它要求企业提供的会计信息应反映与企业财务状况、经营成果、现金流量和所有者权益变动等有关的所有重要交易或者事项。在会计确认和计量中，对于重要的、能影响信息使用者决策的会计信息，必须在财务报表中做出充分反映；对于那些相对次要的会计信息，在不影响信息客观真实的情况下，可适当简化、采用较简便的方法进行会计处理，并将其合并反映。这样，有利于信息使用者对企业经营状况和未来前景做出正确评价和决策。

一般来说，一项信息是否具有重要性，可就其性质和数量两方面加以衡量。性质方面，一项会计信息若能对决策产生重大影响，则该项信息具有重要性。数量方面，当一项会计信息的数量达到一定程度会对决策产生重大影响：例如，某项资产价值达到总资产5%时，一般认为它会影响决策方案的抉择，因而具有重要性；又如，对外长期投资占被投资企业权益性资本达到一定比例如50%以上时，该项对外投资信息就不同于一般对外投资事项，会计上应按权益法进行长期股权投资会计处理，还应编制合并报表来揭示其重要的合并会计信息等。

2. 审慎性

审慎性，又称稳健性、谨慎性，它要求企业对交易或事项进行会计确认、计量和报告时应保持应有的谨慎，不应高估资产或者收益，低估负债或者费用。对于某些经济业务，它往往要求在选择会计方法时，尽可能选择一种能使本期净资产和净收益较低的会计惯例方法。应该说，审慎性是一种指导思想，是会计核算的一种惯例做法。它通常被表达为："充分预计损失，不预计收益。"

支持审慎性要求的理由有二：一是对信息使用者而言，会计上高估资产和利润的做法远比低估危险得多；二是会计人员的审慎性是对企业管理人员往往过分乐观自信的态度的一种必要抵消。过去，过分低估资产被认为是一种会计美德，但是现在这种观点已受到人们批评。其理由是，过分稳健的资产负债表可能产生不正确、不稳健的损益表。对于信息科技(IT)等高科技企业来说，它们需投入巨大的研发费用并计作损益支出项目，于是一些资本投资信息被作为损益信息来反映，结果可能使其利润表数值远低于其实际价值。对于广大股东来说，稳健、低估的资产会产生不实会计信息，会使股东以低于真正价值的价格出售股票而遭受损失。因而，现代稳健性的观点是，过分低估资产并非会计美德，只有在涉及那些具有明显不确定性的经济业务时，会计人员才应谨慎从事。

需要指出，审慎性与可比性是相背离的，为此它一直受到人们的批评。理论上，审慎性是源于某些会计信息的估计和不确定性。由于某些会计信息产生于对未来的估计，而估计方法的标准多种多样，未来又存在不确定因素，故而需在审慎性下进行会计信息估计。但是，这样估计出来的会计信息不一定十分正确，有时往往反复无常让人难以理解。正因为如此，有学者认为在会计信息估计中审慎性是一种难以掌控的要求，它会导致信息的扭曲，因此应将它驱逐出会计理论的殿堂。

我国会计准则在规定审慎性要求时,同时将规定其具体操作方法,以防止企业任意或歪曲理解该要求,造成会计信息披露的混乱。

二、会计要素确认的含义和原则

(一) 会计确认的含义,与会计实现的区别和特点

1. 会计确认的含义和标准

会计确认即会计要素的确认,它是指将某项经济业务确定为相应的会计要素,并列报于财务报表的会计过程。美国 FASB 第 5 号财务会计概念公告(SFAC No.5)《企业财务报表要素的确认和计量》指出,确认是将某项目作为资产、负债、收入、费用等记入或列报于某会计主体财务报表的会计过程。对于一项资产或负债,确认不仅要记录该项目的取得或发生,还要记录其随后的变动,包括该项目在财务报表上应予以变动的部分。

SFAC No.5 指出,确认应具备以下四项基本标准:(1)定义性,是指确认的项目要符合某财务报表要素的定义;(2)可计量性,是指确认的项目能予以量化;(3)相关性,是指确认的项目形成的信息与使用者的决策分析有关;(4)可靠性,是指确认的项目信息是真实可靠、可验证的。例如,收入的确认应符合收入的定义,遵循收入实现的原则。

2. 会计确认与会计实现的区别

确认与实现在会计中常被混用,实际上二者是有区别的。FASB 第 6 号财务会计概念公告《财务报表要素》指出,实现是指将非现金的资源或权利转化为货币的过程,在财务会计和报告中,实现的基本特征是拥有购入商品的控制权,对于卖方来说就是放弃商品控制权并获得出售资产确定的现金流入或现金要求权。因此,确认解决的是什么情况下进行会计记录的问题;实现主要涉及的是收入的实现过程问题。收入的确认主要解决收入入账的时间问题;收入的实现则涉及在收入确认时如何记录为现金资产或应收账款问题。实现的原则是确认标准在收入要素上的具体运用。

3. 会计确认的特点

会计确认的特点有二:一是记账,即什么时间、什么金额和以什么要素进行记录;二是结账和编表,即什么时间、什么金额和以什么要素列入财务报表。广义的会计确认,包括记录、计量和财务报表的报告三个会计过程。狭义的会计确认,仅仅指将某经济业务具体确定为某特定会计要素的会计过程。

(二) 会计要素确认的基本原则

1. 资产的确认

资产是指企业过去的交易或事项形成的,由企业拥有或控制的,预期会给企业

带来经济利益的资源。符合准则规定的资产定义的资源,在同时满足以下条件时,确认为资产:(1)与该资源有关的经济利益很可能流入企业;(2)该资源的成本或价值能可靠计量。

符合资产定义和资产确认条件的项目,应列入资产负债表;符合资产定义,但不符合资产确认条件的项目,不应列入资产负债表。

2. 负债的确认

负债是指企业过去的交易或事项形成的,预期会导致经济利益流出企业的现时义务。符合准则规定的负债定义的义务,在同时满足以下条件时,确认为负债:(1)与该义务有关的经济利益很可能流出企业;(2)未来流出的经济利益的金额能可靠计量。

符合负债定义和负债确认条件的项目,应列入资产负债表;符合负债定义,但不符合负债确认条件的项目,不应列入资产负债表。

3. 所有者权益的确认

所有者权益是指资产扣除负债后,由企业所有者享有的剩余权益。企业的所有者权益,在股份公司又称股东权益。股东权益的来源包括股东投入的资本,其他权益工具,直接计入股东权益的其他综合收益、利得和损失,留存收益等。直接计入股东权益的利得和损失,是指不应计入当期损益、会导致股东权益发生增减变动的、与股东投入资本或向股东分配利润无关的利得或损失。股东权益金额取决于资产和负债的计量。股东项目应列入资产负债表。

4. 收入的确认

收入是指企业在日常活动中形成的、会导致所有者权益增加的、与所有者投入资本无关的经济利益的总流入。收入只有在卖方不具有售出商品控制权,经济利益很可能流入从而导致企业资产增加或负债减少,而且经济利益的流入额能可靠计量时才能予以确认,即收入的确认在卖方不具有对售出商品的控制权的情况下,至少应符合以下条件:一是与收入相关的经济利益应当很可能流入企业;二是经济利益流入企业的结果会导致企业资产的增加或负债的减少;三是经济利益的流入额能可靠计量。符合收入定义和收入确认条件的项目,应列入利润表。

5. 费用的确认

费用是指企业在日常活动中发生的、会导致所有者权益减少的、与向所有者分配利润无关的经济利益的总流出。费用会导致所有者权益的减少。费用只有在经济利益很可能流出从而导致资产减少或负债增加,且经济利益的流出额能可靠计量时才予以确认,即费用的确认至少应符合以下条件:一是与费用相关的经济利益应当很可能流出企业;二是经济利益流出企业的结果会导致企业资产的减少或负债的增加;三是经济利益的流出额能可靠计量。

为生产产品、提供劳务等发生的可归属于产品成本、劳务成本等的费用,应在确认产品销售收入、劳务收入等时,将已销售产品、已提供劳务的成本等计入当期损益。发生的支出不产生经济效益的,或即使能产生经济效益但不符合或不再符合资产确认条件的,应在发生时确认为费用,计入当期损益。符合费用定义和费用确认条件的项目,应列入利润表。

6. 利润的确认

利润是指企业在一定会计期间的经营成果。在一般情况下,企业实现利润表明经营业绩提升,所有者权益就会增加;反之,所有者权益就会减少。因此,利润是一项重要的评价企业经营业绩的指标。利润包括收入减去费用后的净额、直接计入当期利润的利得和损失等。直接计入当期利润的利得和损失,是指应计入当期损益、会导致所有者权益发生增减变动、与所有者投入资本或向所有者分配利润无关的利得或者损失。

企业会计应严格区分收入和利得、费用和损失之间的区别,以便正确披露企业的经营业绩。利润的确认,主要依赖于收入、费用、利得和损失的确认,利润金额的计量也主要取决于收入、费用、利得和损失金额的计量。利润金额取决于收入和费用、直接计入当期利润的利得和损失金额的计量。利润项目应列入利润表。

三、会计要素计量的定义、属性及其应用原则

(一) 会计要素计量的定义和内容

会计计量是指为了在财务报表中确认和计列财务报表的会计要素而确定其金额的过程。其内容主要有二:一是实物数量;二是货币金额。其中,货币金额取决于计量单位和计量属性。计量属性是指所予计量的某一要素的特性方面,如桌子的长度、铁矿的重量、楼房的高度等;会计上,计量属性反映的是会计要素金额的确认基础,包括历史成本、重置成本、可变现净值、现值和公允价值等。

在将符合确认条件的会计要素登记入账并列报于财务报表时,应按规定的计量属性进行计量,并确定其金额。在对会计要素进行计量时,一般应采用历史成本,采用重置成本、可变现价值、现值、公允价值计量的,应保证所确定的会计要素金额能够取得并可靠地计量。

(二) 会计要素计量属性及其应用原则

会计要素计量属性反映的是会计要素计量金额的确定基础。《基本准则》规定,会计计量属性主要包括以下一些计量原则。

1. 历史成本

历史成本或称原始成本、实际成本,是指取得或制造某项财产物资时所实际支付的现金和其他等价物。在历史成本计量下,资产按购置时支付的现金或现金等

价物的金额,或者按购置资产时所付出的对价的公允价值计量。负债按因承担现时义务而实际收到的款项或资产的金额,或者承担现时义务的合同金额,或者日常活动中为偿还负债预期需要支付的现金或现金等价物的金额计量。

2. 重置成本

重置成本又称现行成本,是指按当前市场条件,重新取得同样一项资产所需支付的现金或现金等价物的金额。在重置成本计量下,资产按现在购买相同或相似资产所需支付的现金或现金等价物的金额计量,负债按现在偿付该项债务所需支付的现金或现金等价物的金额计量。

3. 可变现净值

可变现净值是指在正常生产经营过程中以预计售价减去进一步加工成本和销售所必需的预计税金、费用后的净值。在可变现净值计量下,资产按其正常对外销售所能收到现金或现金等价物的金额扣减该资产至完工时估计将要发生的成本、估计的销售费用以及相关税费后的金额计量。

4. 现值

现值是指对未来现金流量以恰当的折现率进行折现后的价值。它是考虑货币时间价值等因素的一种经历属性。在现值计量下,资产按预计从其持续使用和最终处置中所产生的未来净现金流入量的折现金额计量,负债按预计期限内需要偿还的未来净现金流出量的折现金额计量。

5. 公允价值

公允价值是指市场参与者在计量日发生的公平交易中,出售一项资产所能收到或转移一项负债所需支付的价格。在公允价值计量下,资产和负债按在公平交易中,熟悉情况的交易双方自愿进行资产交换或债务清偿的金额计量。

企业一般按历史成本对会计要素进行计量。按历史成本计量,在资产、负债和所有者权益存量计价上有助于反映其真实性,在收入、费用和利润流量计量上也有利于反映其客观性,使企业财务状况和财务成果的会计信息真实、可靠。但是,"历史"成本计价存在诸多缺陷,尤其难以反映"现时"公允价值,这对于财务决策来说十分不利,因为有时历史信息与现时决策毫不相关。因而,会计上除历史成本以外,根据国情,我们需要适度、谨慎、有条件地引入公允价值计量,以满足各种不同财务决策的需要。

四、其他重要的公认会计原则

(一) 权责发生制

权责发生制是会计要素确认的基础。会计确认基础是指为编制财务报告的目的,而决定何时确认交易或事项的一种会计确认原则,它与计量的时间有关,而不管计量的性质。确定某一会计期间的收入和费用有两种不同的会计确认基础:一是权责发生制;二是收付实现制。

权责发生制又称应计制,它主要从时间上规定会计确认的基础,其核心是根据权责关系的实际发生期间来确认收入和费用,即以收入和费用的归属期为基础确定本期的收入和费用。凡是应归属本期的收入,不论其是否于本期收到款项,都作为本期的收入处理;凡是应归属于本期负担的费用,不论其是否于本期支付款项,都作为本期发生的费用。反之,凡是不应归属本期的收入和费用,即使款项已于本期收到或支付,都不应作为本期的收入和费用处理。在应计制下,会计核算以权力取得和责任完成为基础确认收入的取得和费用的发生。

收付实现制又称现金制,它是以款项的实际收入和支付为基础确认本期的收入和费用。凡是本期收到的款项,不论其是否应归属于本期的收入,均作为本期收入处理;凡是本期支付的款项,不论其是否是应该由本期负担的费用,均作为本期费用处理。在现金制下,会计核算不存在有应计收入、应计费用、预收收入和预付费用等情况,这样处理可简化核算,但不利于如实反映各期收入与费用配比关系。

一般来说,采用现金制有助于客观了解现金流量状况,而采用应计制能正确反映经营成果。根据会计准则的规定,企业会计应以应计制作为会计确认的基础。

(二) 配比原则

配比原则又称配合或对应原则,是指企业应将一个会计期间的收入与取得该收入所发生的有关成本与费用相配合,从而确定该期间的经营成果。理论上,收入与费用之间存在联系,故将它们配比是可行的。在实务上,这么做有困难,因为并非所有费用均能直接与收入相联系。因而,凡与营业收入直接有联系的费用,便作为该期间营业收入确认时的直接费用来处理;凡没有直接联系的费用,则应采用适当办法进行处理,或分配于不同成本计算对象上,或直接列作期间费用。企业会计应遵循配比原则,这样才能正确计算产品成本和真实反映财务成果。

五、财务报告原则

财务会计报告是指对外提供的反映企业某一特定日期的财务状况和某一会计期间的经营成果、现金流量和所有者权益变动等会计信息的文件。它包括会计报表及其附注和其他应在财务会计报告中披露的相关信息和资料。上市公司财务会计报表应当包括资产负债表、利润表、现金流量表和所有者权益变动表等报表;小企业编制的会计报表可以不包括所有者权益变动表。

第三节　会计假设、结构化主体和货币时间价值

一、会计假设

会计假设即会计的基本假设,又称会计核算的基本前提,它是从会计实践中抽象出来,对客观情况所做的合乎事理的设定,包括会计主体、持续经营、会计分期和货币计量四个方面。

(一)会计主体

会计主体又称报告主体、会计个体,是指企业会计确认、计量和报告的空间范围。通俗地说,会计主体就是会计为之服务的一个特定单位或组织实体。凡具有经济业务的任何特定独立经济实体,都需要也可以用会计为之服务,成为一个特定会计主体。会计主体具有实体、统一体和独立体三个特点。任何一个公司都是一个独立、统一的经济实体,都是会计主体。为了向财务报告使用者反映企业财务状况、经营成果和现金流量,提供对其决策有用的信息,会计核算和财务报告的编制应当集中于反映特定对象的活动,并将其与其他经济实体区别开来,才能实现财务报告的目标。企业会计只反映一个特定企业组织的财务状况、财务成果和现金流量。

会计主体不同于法律主体。法律主体是依法享有权利和承担义务的法律关系的参与者,如公民、企事业单位等。在多数情况下,一个企业既是法律主体,也是会计主体。但是,有时会计主体与法律主体有区别。例如,控股集团公司由母公司和子公司等组成,它们各自都是法律主体(企业法人)和会计主体。但从报告集团公司财务信息上说,信息使用者是将集团公司视作一个统一管理的经济整体,此时母公司除了报告其个别财务报告外,还需要编制合并财务报表、对外报告控股公司合并财务信息。在这种情况下,母公司既是一个法律主体,也是一个控股集团公司的会计(报告)主体。此时,母公司合并报表的会计主体信息披露范围包括母、子公司等若干法律主体的财务信息。再如,企业管理的偿债基金、证券投资基金、企业年金基金等,它们需要单独确认、计量和报告,因此它们是会计报告主体。但是,它们不是法律主体。此时,会计主体与法律主体显然是有区别的。

(二)持续经营

持续经营又称连续性或非清算性经营,它是指在可以预见的将来,企业将会按当前的规模和状态继续经营下去,不会停业,也不会大规模削减业务。在持续经营

前提下,会计确认、计量和报告应当以企业持续、正常的生产经营活动为前提。企业会计准则体系是以企业持续经营为前提制定的,涵盖了从企业成立到清算(包括破产)的整个期间的交易或者事项的会计处理。如果一个企业在不能持续经营时还假定企业能够持续经营,并仍按持续经营的基本假设选择会计确认、计量和报告的原则与方法,就不能客观地反映企业的财务状况、经营成果和现金流量,会误导会计信息使用者的经济决策。

企业会计应假设企业在可预见的将来不发生解散、破产清算,会计建立在持续经营基础上,即非清算基础上。企业各项资产和负债都是在持续经营假设的基础上进行计价,如固定资产成本应以折旧形式分摊于各使用期间,固定资产价值应以原值减累计折旧、减值损失来表示;负债应按偿还期长短分为长期负债和短期负债等。企业会计必须在持续经营前提下进行会计核算,这样才能使会计方法保持稳定,使信息披露具有真实性、可靠性和可比性。

(三) 会计分期

会计分期是指将企业持续不断的生产经营活动人为分割为一定期间,据以结算账目、编制会计报表。企业经营活动是连续不断的,会计人员不可能等到终止清算时才去计算财务成果。因此,为及时披露信息满足信息使用者需要,就需要将企业经营期人为划分为一段段首尾相接、等间距的较短期间,这样的期间便是会计期间。会计分期的目的在于通过会计期间的划分,将持续经营的生产经营活动划分成连续、相等的期间,据以结算盈亏、按期编报财务报告,从而及时向财务报告使用者提供有关企业财务状况、经营成果和现金流量的信息。

我国企业是以"公历"日历年作为会计年度。世界文明历史悠久,传统宗教历法划分年度的方法有许多。例如:我国农历亦称阴历、夏历,规定新年开始日为农历正月初一;印度传统历法、伊朗历法、伊斯兰教历法、犹太人希伯来历法等,它们对一年时间起讫的规定都不一样;基督教历亦称格列高利历,即"公历",这种历法经历漫长岁月,逐渐被各国所接受。目前公历是国际通用的历法。我国企业会计的会计期间分为年度、季度和月份,会计年度自公历1月1日起至12月31日止。季度、月份均按公历起讫时间确定。

(四) 货币计量

货币计量是指以同一种货币作为统一的尺度,作为计量单位来计量企业所有的经济活动和经营成果。该假设有两层含义:一是指在诸多计量单位中假设货币是计量经济活动及其成果的最佳计量单位;二是假设货币币值稳定不变。企业往往存在涉外业务,会计面临涉及多种货币的计价问题,此时会计应先确定记账本位币。按该假设,如有多种货币计量情况,一般应以人民币为记账本位币,即在记账和编制会计报表时如有以其他货币计量的,都要折算为人民币计量。同时,应按会计准则规定,披露企业非货币性交易的会计核算和相关信息。

近年来,该假设受到越来越多的质疑,这是因为物价变动使币值稳定假设难以永久保持。为解决币值实际不稳定的问题,各国会计专家正在研究物价变动会计,采取补救措施来正确反映财务信息。此外,该假设会影响非货币计量信息的反映。当前,重要的非货币计量非财务信息对于决策者的分析越来越重要,因此在披露货币计量财务信息时,应增加非财务信息以及重要表外信息的披露。

二、结构化主体

结构化主体是指在确定其控制方时没有将表决权或类似权利作为决定因素而设计的主体。企业披露的在其他主体中权益的信息,应当有助于财务报表使用者评估企业在其他主体中权益的性质和相关风险,以及该权益对企业财务状况、经营成果和现金流量的影响。其他主体中的权益,是指通过合同或其他形式能够使企业参与其他主体的相关活动并以此享有可变回报的权益。参与方式包括持有其他主体的股权、债权、或向其他主体提供资金、流动性支持、信用增级和担保等。企业通过这些参与方式实现对其他主体的控制、共同控制或重大影响。

其他主体包括企业的子公司、合营安排(包括共同经营和合营经营)、联营企业以及未纳入合并财务报表范围的结构化主体。2014年财政部发布的《在其他主体中权益的披露》会计准则,主要规范企业在子公司、合营安排、联营企业和未纳入合并财务报表范围的结构化主体中权益的披露。企业同时提供合并财务报表和母公司个别财务报表的,应当在合并财务报表附注中披露《在其他主体中权益的披露》准则要求的信息,不需要在母公司个别财务报表附注中重复披露相关信息。企业需要按照《在其他主体中权益的披露》准则对于纳入和未纳入合并财务报表范围的结构化主体信息披露相关要求,正确地进行财务报告。

须指出,在资本市场上,由于金融工具不断创新、衍生和发展,各种形式的结构化主体频繁出现。正确判断投资方企业对于被投资单位的结构化主体是否具有控制、共同控制或重大影响,正确评估投资企业的企业价值,全面分析和评价投资方企业的财务状况、财务成果和现金流量,这都需要信息使用者按照实质重于形式原则,分析和评价会计报告主体的企业在未纳入合并报表范围的结构化主体中权益的相关信息。

三、会计等式和账户设置

(一) 会计等式

会计等式是指表明各会计要素之间基本关系的恒等式,又称会计平衡公式。理论上,静态和动态,一分为二,辩证统一。同样,会计等式可分为财务报表编表日的静态等式,以及日常经营活动会计确认计量过程中的动态等式。静态等式和动态等式,对立统一,相辅相成。动态等式反映动态平衡,没有动态等式,就不可能最终形成编表日的静态等式。动态和静态会计等式,它们是企业会计日常经营活动中复式记账、试算平衡和编制财务报表的基础。

1. 资产负债表等式

企业会计等式,一般可表述为:

$$资产(Assets) = 权益(Equity) \tag{1-1}$$

$$资产 = 负债 + 所有者权益 \tag{1-2}$$

等式(1-1)、(1-2)表明,企业资产等于权益,资产来源于权益。按经济学观点,对某项资产的权益,可分为所有权、使用权、控制权、处置权、收益权和到期返还权等。对企业资产拥有权益的人有两种:一是债权人;二是投资者。法律上,债权人权益优于所有者权益,债权人权益包括职工劳动报酬的收益权、贷款利息的收益权和贷款本金的到期返还权等。会计上,债权人权益表现为企业的负债,具体表现为应付职工薪酬、短期和长期借款、应付债券、应付利息等各种形式的负债。公司的所有者权益就是股东权益。股份公司的所有权和经营权是分离的,股东对企业资产拥有所有权、控制权、处置权和收益权等。

等式(1-2)表明企业在资产负债表编表日这一时点上的财务状况,反映企业在编表日的"静态"财务状况。将等式(1-2)的"负债"移项后,可得到等式(1-3):

$$资产 - 负债 = 所有者权益 \tag{1-3}$$

上式表明,资产扣除负债即债权人权益后的差额是所有者权益,因此所有者权益亦称净权益、净资产。

2. 利润表等式

利润表等式,可表述如下:

$$收入 - 费用 = 利润 \tag{1-4}$$

上式表明企业在报告期间的财务成果,它反映企业在一定期间实现的收入扣除费用后形成的利润。

3. 动态与静态会计等式的关系

在编表日前,日常会计活动包括对各会计要素的确认和计量,因此在计算利润及利润分配前,反映编表日前任何时点上的"动态"状况时,可将等式(1-2)扩展为以下"动态"等式:

$$资产 = 负债 + 所有者权益 + (收入 - 费用) \tag{1-5}$$

$$\text{资产} = \text{负债} + \text{所有者权益} + \text{利润} \qquad (1-6)$$

利润分配时,将应付股利从"利润"结转至"负债",将留存利润从"利润"结转至"所有者权益"(股份公司为"股东权益",下同);利润分配完毕,等式(1-6)中"利润"为零。在资产负债表编表日,按会计原则和应计制进行账项调整后,"动态"等式(1-6)转变为"静态"等式(1-2)。

(二)账户设置

会计账户,是对会计要素的进一步分类,并赋予各类别标准名称和相应结构。账户设置是会计复式记账中的一个专门方法,它规定了账户的使用程序,包括账户结构和账户记录方法。实务上,会计账户与会计科目是相关术语,两者混用,但会计科目没有具体结构,而任何一个账户都有名称。实际上,账户名称就是会计科目,会计科目规定了账户所要记录的内容。会计账户,可分为两类。

1. 实账户。它又称永久性账户,如资产、负债和股东权益等资产负债表要素账户。这类账户期末一般都有余额,并随持续经营而不断结转、延续至下一个会计期间,以持续反映各会计期末账户的累积余额,并通过资产负债表综合反映企业财务状况。其中,资产类账户正常余额一般在借方,负债和股东权益类账户余额一般在贷方。

2. 虚账户。它又称暂记性账户,如收入、费用和利润等利润表要素账户,这类账户随持续经营其会计期间"余额"被不断结平,并随新期间到来又不断重新开设。在期末只有结平并结转这类账户余额,才能正确计算期间损益并正确进行利润分配。因此,利润表要素账户即虚账户,在会计报告期末必须无余额。否则,人们可利用这类账户"余额"的多少,随意结转来调整报告期的损益并粉刷报表。

会计期末,根据"表出账出"原则,依据账簿记录和反映的会计信息,经过分析、计算,最终编制财务会计报表。

二、复式记账和会计循环

(一)复式记账——借贷记账法

账户设置后便可应用账户,对经济业务进行具体会计处理。在会计处理时,对于任何一笔经济业务都需要以相等的金额,在两个或两个以上有关账户中进行记录,这是复式簿记的内在要求,这种记账方法就是复式记账法。借贷记账法采用"借"和"贷"作为记账符号进行复式记账,它是国际通行的一种复式记账方法。借贷记账法中的"借""贷"与具体账户相结合,可表示不同意义。

(1)分别代表账户中两个固定部位。一个账户至少需设置两个部位并分别记录增减变化的数量,在"T"型结构账户中,其左方一律称作借方,右方一律称为贷方。

(2) 与不同类型账户结合,分别表示增加或减少。借或贷本身不等于增或减,当其与具体账户相结合后,可表示增或减。如资产、费用类账户,借表示增加,贷表示减少;负债、股东权益、收入和利润类账户则正好相反,贷表示增加,借表示减少。

(3) 表示账户余额的方向。一般资产和权益账户期末都有余额,其中资产类账户正常余额在借方,负债、股东权益账户正常余额在贷方。由于期末须计算利润和进行利润分配,因此收入、费用和利润账户期末都不应有余额。

在借贷记账法下,为保持会计等式平衡,任何一笔经济业务必然符合下述情况之一。

1. 会计等式两边同增或同减一个等量

在这种情况下,会计等式(1-2)必定保持平衡,具体可分以下四种情况。

(1) 投资者投入资本。会计上,借记"银行存款""原材料""固定资产"等账户;贷记"实收资本"(股份公司为"股本",下同)、"资本公积"等账户。它表明会计等式两边,资产和股东权益同时增加。

(2) 向银行借入货币资金。会计上,借记"银行存款"账户;贷记"短期借款""长期借款"等账户。它表明会计等式两边,资产和负债同时增加。

(3) 归还投资者资本。会计上,借记"股本"账户;贷记"银行存款""库存商品""固定资产"等账户。它表明会计等式两边,资产和股东权益同时减少。

(4) 发放员工薪酬。会计上,借记"应付职工薪酬"账户;贷记"银行存款"账户。它表明会计等式两边,资产和负债同时减少。

2. 会计等式的一边一增一减同一等量

在这种情况下,会计等式(1-2)依旧保持平衡,具体可分五种情况。

(1) 向银行提取现金。会计上,借记"库存现金"账户;贷记"银行存款"账户。它表明现金增加,银行存款减少,会计等式左边的资产同时一增一减。

(2) 长期借款本年到期,在会计报表上应将长期负债转入短期负债进行报告。它表明短期负债增加,长期负债减少,会计等式右边的负债同时一增一减。

(3) 发放股票股利。会计上,借记"利润分配""盈余公积""未分配利润"等账户;贷记"股本"账户,它表明会计等式右边的股东权益同时一减一增。

(4) 用留存利润分配现金股利。会计上,借记"盈余公积""未分配利润"等账户;贷记"应付股利"账户。它表明股东权益减少、短期负债增加,会计等式右边同时一减一增。

(5) 可转换债券转作股本。会计上,借记"应付债券"账户;贷记"股本"等账户。它表明长期负债减少,股东权益增加,会计等式右边同时一减一增。

由此可见,借贷记账法有以下三条记账规则:一是一笔经济业务应同时在两个或两个以上账户中进行有联系的记录;二是一笔经济业务必须计入至少一个账户的借方和至少一个账户的贷方;三是计入借方和贷方的金额必须相等。简言之,借贷记账法的记账规则是:"有借必有贷,借贷必相等。"

(二) 会计循环

在会计数据的收集、加工与处理中,需要运用一系列方法和程序。这种按一定次序进行会计处理的方法,称为会计循环。其基本步骤包括:(1)分析审核经济业务;(2)编制会计分录;(3)登记账户;(4)试算平衡和账项调整;(5)编制财务报表;(6)结账。

企业一般在每年年末须进行结账,因此一个会计循环历时1年时间。上述会计循环的前三个步骤,在日常核算中予以完成;后三个步骤,需在期末进行会计处理。会计期末,编表日前的主要会计工作有四个方面。

1. 试算平衡。试算平衡,是指期末对所有账户的发生额和余额进行加总,以确定借贷双方的合计金额是否相等,以检查平时记账是否正确的一种方法。实务上,它是通过编制试算平衡表来完成的。编制财务报表前,应先检查是否都已根据会计分录正确记账,再计算所有账户期末余额并过入试算平衡表,以检查会计分录和记账是否有误。

2. 账项调整。账项调整,是指根据经济业务的发展变化,按应计制要求修正一些账户的记录,以正确计量收入和费用。期末,必须根据会计准则和应计制要求,对某些业务进行账项调整记录。账项调整主要有以下四种情况:(1)应计收入或收益。对于本期尚未入账的应计收入或应计收益,如权益法下的权益收益等,应于期末调整入账。(2)应计费用和损失。对于应计费用和损失,如年末计提长期应付债券利息费用,应于期末调整入账。(3)结转预收收入。如果上期预收客户收入,本期已按客户要求提供产品或服务,期末应进行账项调整。(4)分配预付费用。如果固定资产大修理费用等前期已预提,根据本期应分配的预提费用,期末应进行账项调整。期末计提折旧也是对预先付款购入固定资产的一种预付费用的分配。

3. 编制财务报表。账项调整后,根据调整分录再记账,再试算、验证,并编制调整后的试算表。然后,根据利润表账户期末余额,分析、计算并编制利润表。编制利润表后,根据调整后试算表账户余额和利润表,编制资产负债表。最后,根据资产负债表和利润表,以及有关账户的记录,编制现金流量表和股东权益变动表。

4. 结账。它是指会计期末将全部实账户的余额结转至下期,将全部虚账户余额结清,使某一时期账户记录暂告段落的会计过程。编制财务报表后,该期间会计工作基本完成。此后,应结束本期工作,并为下一期间会计工作做好准备,这些工作就是要结清本期所有账户。

三、其他有关资产和货币时间价值的说明

(一) 会计资产与一般意义资产的区别

如上所述,资产是预期会给企业带来经济利益的一种资源。对于会计上的资产,还须说明三点。

1. 递延支出

当前,资产负债表"资产"项目还包括"长期待摊费用"项目。长期待摊费用,是指应由本期和以后各期负担的分摊期限在1年以上的各项费用,如以长期经营租赁方式租入的固定资产发生的改良支出等。该"资产"项目并非实质性资产,而是一种虚拟资产,其本质是未来需要摊销或转销的递延支出费用。理论上,它们不符合资产质量特性,不应被确认为"资产"。但是,由于受到复式记账平衡机制、应计制和配比原则等因素制约,在现有财务报表体系中,该递延支出项目不能在利润表、现金流量表和股东权益变动表中列报,因此只能将其"暂时"作为"资产"项目反映在资产负债表上。

2. 准备和基金

准备(Reserve)是指企业为防范其资产可能发生的损失而事先计提的一种资产减值准备金。计提"准备"时,一方面增加有关资产减值准备金,另一方面增加本期资产减值损失。但金额巨大的"准备"项目往往是留存利润的冻结,待损失实际发生时再结转准备金。计提"准备"无需专门安排相应资金,未来弥补损失也并不需要资金流出。在资产负债表上,计提资产"准备"是相关资产的减项,以反映已发生减值资产的可变现价值。

基金(Fund)在这里是指企业拨定、具有特殊目的和专门用途的一种内部基金,如偿债基金、设备重置基金、企业年金(养老金)基金等企业基金。基金是企业资产的一次性提拨或分期提拨,拨定后形成需加以管理并能使其保值增值的长期资产,以满足未来特定项目支付需要。为使基金资产生息增值,可将其投资于债券、股票等,基金对外投资的目的是收回更多资金,以满足特殊目的的资金支付需要。企业基金会计处理,包括基金的提拨、对外投资、投资损益处理和支付清偿等。

对于需要长期运作和管理、金额巨大的基金,可将其作为独立的会计主体进行确认、计量和列报。例如企业年金基金,它是企业根据依法制定的企业年金计划筹集的资金及其投资运营收益形成的企业补充养老保险基金,应将其作为独立的会计主体,按《企业年金基金》会计准则的要求进行确认和计量,并按指定的资产负债表和净资产变动表进行列报。委托人、受托人、托管人、账户管理人、投资管理人和其他为企业年金基金管理提供服务的主体,应将企业年金基金与其固定资产和

其他资产严格区分,确保企业年金基金的安全。

3. 库存股

库存股又称库藏股票(Treasury Stock),是指股份公司发行后重又取得、未注销的本企业股票。库存股已非股东持有,因此无表决权,也不必按股分配股利,它犹如已核定但未对外发行的股票。公司获得库存股,并没有获得资产,正如未发行的股票不能作为企业资产。

回购本公司股票,一方面现金流出、资产减少;另一方面收回普通股股东的投入资本,减少了"发行在外"股票数量,减少了股东权益。但是,库存股是没有注销的股票,于是公司股本并无减少。因此,可将库存股列作资产负债表"股东权益"项目中的一项减项,以保持资产负债表的平衡。

(二) 货币的时间价值

在新准则下,对于长期债券投资、应付企业债券等,后续计量上需考虑货币的时间价值,会计上需要采用实际利率法进行核算。因此,需要考虑有关资产和负债的现值、终值、现值系数、年金及其现值系数等,以便计算实际利率,确认项目的内含报酬率。

1. 货币的时间价值、现值、终值和现值系数

货币的时间价值,是指货币在不同的时点上具有不同的价值。在计算复利的情况下,货币的现值与终值的关系可用以下公式表示:

$$\alpha = P(1+r)^n$$

$$P = \alpha/(1+r)^n$$

上式中,α 表示终值;P 表示现值;r 表示利率;n 表示年份。

例如,在8%—10%利率下,1—5年的每年年末的1元,相当于今天的现值,可用表1-1表示。

表 1-1   **8%—10%利率下 1—5 年的 1 元现值系数**

现值系数 \ 时间	1 年	2 年	3 年	4 年	5 年
现值 $P=\alpha/(1+8\%)^n$	0.9259	0.8573	0.7938	0.7350	0.6806
现值 $P=\alpha/(1+9\%)^n$	0.9174	0.8417	0.7722	0.7084	0.6499
现值 $P=\alpha/(1+10\%)^n$	0.9091	0.8264	0.7513	0.6830	0.6209

如果第 5 年末可收到或支出一笔资金 1 000 000 元,8%、9% 和 10% 利率下的现值分别是 680 600 元(1 000 000×0.6806)、649 900 元(1 000 000×0.6499)和 620 900 元(1 000 000×0.6209)。

2. 年金及其现值系数

年金,是指在一定期间内,每间隔相等时间收入或支出一笔固定数额的金额。年金现值的计算公式如下:

$$\text{年金现值} = 1/(1+r)^1 + 1/(1+r)^2 + \cdots + 1/(1+r)^n$$

年金的现值是各年现值的加总。例如,每年末收到 1 元,共 5 年,在 8%、9% 和 10% 利率下的年金现值可分别计算如下:

8% 利率、5 年期、1 元年金的现值 = 0.9259 + 0.8573 + 0.7938 + 0.7350 + 0.6806
                              = 3.9927

9% 利率、5 年期、1 元年金的现值 = 0.9174 + 0.8417 + 0.7722 + 0.7084 + 0.6499
                              = 3.8897

10% 利率、5 年期、1 元年金的现值 = 0.9091 + 0.8264 + 0.7513 + 0.6830 + 0.6209
                               = 3.7908

例如,每年支出或获得 1 000 000 元,连续 5 年,这笔年金在 8%、9% 和 10% 利率下的现值分别为 3 992 700 元(1 000 000×3.9927)、3 889 700 元(1 000 000×3.8897)和 3 790 800 元(1 000 000×3.7908)。

实务上,不同利率水平下 1 元复利的终值和现值系数,以及 1 元年金的终值和现值系数,均可通过查阅有关终值和现值的系数表获得。

第二章

金融资产(一):以公允价值计量的金融资产

第一节 金融资产的分类、确认计量和减值处理原则

一、金融工具和金融资产的概述

金融工具,是指形成一个企业的金融资产,并形成其他单位的金融负债或权益工具的合同。金融资产,是指企业持有的现金、其他方的权益工具以及符合下列条件之一的资产。

(1) 从其他方收取现金或其他金融资产的合同权利。

(2) 在潜在有利条件下,与其他方交换金融资产或金融负债的合同权利。

(3) 将来须用或可用企业自身权益工具进行结算的非衍生工具合同,且企业根据该合同将收到可变数量的自身权益工具。

(4) 将来须用或可用企业自身权益工具进行结算的衍生工具合同,但以固定数量的自身权益工具交换固定金额的现金或其他金融资产的衍生工具合同除外。其中,企业自身权益工具不包括应当按照《金融工具列报》企业会计准则分类为权益工具的可回售工具或发行方仅在清算时才有义务向另一方按比例交付其净资产的金融工具,也不包括本身就要求在未来收取或交付企业自身权益工具的合同。

金融工具又称金融交易工具,是证明债权、债务关系并据以进行现金及其等价物交易结算的合同,是金融资产借以转让的工具。实务上,金融工具合同一般采用书面形式,非合同形式的资产和负债,不属于金融工具。例如,应交所得税是企业依法纳税的义务,非以合同为基础的义务,因此它不是金融工具。其中,权益工具

合同表示对企业资产抵消相关负债后的净资产权利的合同。金融工具包括基础金融工具和衍生金融工具。衍生金融工具,简称衍生工具,包括远期合同、期货合同、互换和期权,以及具有远期合同、期货合同、互换和期权中一种或一种以上特征的工具。期权是一种最典型的衍生工具。

金融资产与金融工具有区别,金融工具只有对其持有者来说才能算是金融资产。如果孤立地看现金、股票、债券、期货合同等,不能简单地称其为金融资产,而应称其为金融工具。但是,对于持有金融工具的企业来说,如持有货币资金,持有应收账款、股票、债券和期货交易合同等,这些金融工具就是企业的金融资产。通俗地讲,金融资产有两大类:一是现金类,包括货币资金、应收款项、贷款等,以及股票、债券等有价证券投资,还包括长期股权投资;二是衍生类,包括法定交易所场内和场外交易的衍生工具形成的金融资产。

二、金融资产的分类及其原则

(一) 金融资产的分类

企业应当根据其管理金融资产的业务模式和金融资产的合同现金流量特征,将金融资产分为三类。

1. 以摊余成本计量的金融资产。
2. 以公允价值计量且其变动计入其他综合收益的金融资产。
3. 以公允价值计量且其变动计入当期损益的金融资产。

(二) 管理金融资产的业务模式和金融资产的合同现金流量特征

1. 管理金融资产的业务模式。这是指企业如何管理其金融资产以产生现金流量。业务模式决定企业所管理的金融资产现金流量的来源是收取合同的现金流量、出售金融资产还是两者兼有,即管理金融资产是赚利息,还是赚差价,或者两者都要赚。

2. 金融资产的合同现金流量特征。这是指金融工具合同约定的、反映相关金融资产经济特征的现金流量属性。例如,企业持有债券的合同现金流量特征,是未来收取债券的本金和利息;持有股票的合同现金流量特征,是未来收取股票的现金股利和转让价款。

由于金融资产的分类是企业对其金融资产进行正确的确认和计量的基础,因此分类一经确定,不得随意变更。

三、金融资产的确认原则和具体分类

(一) 以摊余成本计量的金融资产

金融资产同时符合以下条件的,应当分类为"以摊余成本计量的金融资产":

(1)企业管理金融资产的业务模式是以收取合同现金流量为目标;(2)该金融资产的合同条款,在特定日期产生的现金流量,仅为对"本金"和以未偿付"本金"金额为基础的利息的支付。

例如,银行向企业客户发放的固定利率的贷款,在没有其他特殊安排的情况下,贷款的合同现金流量一般可能符合仅为对本金和以未偿付本金金额为基础的利息支付的要求。如果银行管理该贷款的业务模式是以收取合同现金流量为目标,则该贷款应当分类为"以摊余成本计量的金融资产"。

"以摊余成本计量的金融资产",包括以吃利息为业务模式的贷款和"持有至到期"的债券,以及应收款项等债权类金融资产。

(二)以公允价值计量且其变动计入其他综合收益的金融资产

1. 债权类

金融资产同时符合以下条件的,应当分类为"以公允价值计量且其变动计入其他综合收益的金融资产":(1)企业管理金融资产的业务模式,既以收取合同现金流量为目标,又以出售该金融资产为目标;(2)该金融资产的合同条款,在特定日期产生的现金流量,仅为对本金和以未偿付本金金额为基础的利息的支付。

例如,企业持有普通债券的合同现金流量是到期收回本金与按约定利率、在合同期间分期收取固定或浮动利息的权利。在没有其他特殊安排的情况下,普通债券的合同现金流量一般符合仅为对本金和以未偿付本金金额为基础的利息支付的要求。如果银行管理该贷款的业务模式是以收取合同现金流量为目标,则该债券应当分类为"以公允价值计量且其变动计入其他综合收益的金融资产"。

债权类"以公允价值计量且其变动计入其他综合收益的金融资产",该债券特征是持有债券并不会"持有至到期",企业持有债券是既想吃利息又要赚差价。于是,资产负债表日,需要按公允价值计量,且其变动被要求计入其他综合收益。

2. 股权类

权益工具投资的合同现金流量评估一般不符合基本借贷的安排,因此只能分类为"以公允价值计量且其变动计入其他综合收益的金融资产"。在初始确认时,企业可以将非交易性权益工具投资,指定为"以公允价值计量且其变动计入其他综合收益的金融资产",并按规定确认股利收入,该指定一经作出,不得撤销。企业投资其他上市公司股票或非上市公司股权的,都可能属于这种情况。

例如,从资本市场上购入有报价的股票,并非用作短期交易赚差价。这种情况下,企业可将这种非交易性权益工具投资,指定为"以公允价值计量且其变动计入其他综合收益的金融资产",作为其他权益工具投资的金融资产进行核算。

(三)以公允价值计量且其变动计入当期损益的金融资产

上述(一)和(二)分类以外的金融资产,应当分类为"以公允价值计量且其变动计入当期损益的金融资产"。

企业持有的普通股股票的合同现金流量是收取被投资企业未来股利分配以及清算时获得剩余收益的权利。由于收取股利和获得剩余收益的权利均不符合本金和利息的定义,因此为获取股票交易短期差价而持有的普通股股票应当分类为"以公允价值计量且其变动计入当期损益的金融资产"。

三、金融资产的计量

初始确认金融资产时,应当按公允价值计量。对于"以公允价值计量且其变动计入当期损益的金融资产",相关交易费用应直接计入当期损益;对于其他类别的金融资产,相关交易费用应当计入初始确认金额。但是,初始确认的应收账款未包含《收入》企业会计准则所定义的重大融资成分或根据《收入》准则规定不考虑不超过一年的合同中的融资成分的,应当根据该准则定义的交易价格进行初始计量。

交易费用是指可直接归属于购买、发行或处置金融工具新增的增量费用。增量费用,是指企业不发生购买、发行或处置金融工具的情形就不会发生的费用,包括支付给代理机构、咨询公司、券商、证券交易所、政府有关部门的手续费、佣金、相关税费以及其他必要支出,不包括债券溢价、折价、融资费用、内部管理成本及持有成本等与交易不直接相关的费用。

根据《公允价值计量》企业会计准则规定,金融资产在初始确认时的公允价值,通常为相关金融资产的交易价格。企业取得金融资产所支付的价款中,如果包含已宣告尚未发放的债券利息和现金股利的,应当单独确认为应收款项进行会计处理。

对于不同类别的金融资产,企业应当分别以摊余成本、以公允价值计量且其变动计入其他综合收益或以公允价值计量且其变动计入当期损益,进行后续计量。后续计量中,如果一项金融工具以前被确认为一项金融资产并以公允价值计量,而现在它的价值低于零,应将其确认为一项负债。企业只有在同时符合下列条件时,才能确认股利收入并计入当期损益:(1)收取股权的权利以及确立;(2)与股利相关的经济利益很可能流入企业;(3)股利的金额能够可靠计量。

四、金融资产的重分类和计量

(一)"以摊余成本计量的金融资产"的重分类和计量

1. "以摊余成本计量的金融资产"重分类为"以公允价值计量且其变动计入当期损益的金融资产"的,应按该资产在重分类日的公允价值进行计量。账面价值与公允价值之间的差额计入当期损益。

2. "以摊余成本计量的金融资产"重分类为"以公允价值计量且其变动计入其

他综合收益的金融资产"的,应按该资产在重分日类的公允价值进行计量。账面价值与公允价值之间的差额计入其他综合收益。该资产重分类不影响其实际利率或预期信用损失的计量。

(二)"以公允价值计量且其变动计入其他综合收益的金融资产"的重分类和计量

1. "以公允价值计量且其变动计入其他综合收益的金融资产"重分类为"以摊余成本计量的金融资产"的,应将之前计入其他综合收益的利得或损失转出,调整该金融资产在重分类日的公允价值,并以调整后的金额作为新的账面价值,即视同该金融资产一直以摊余成本计量。该资产重分类不影响其实际利率或预期信用损失的计量。

2. "以公允价值计量且其变动计入其他综合收益的金融资产"重分类为"以公允价值计量且其变动计入当期损益的金融资产"的,应继续以公允价值计量该金融资产。同时,应将之前计入其他综合收益的累计利得或损失,从其他综合收益转入当期损益。

(三)"以公允价值计量且其变动计入当期损益的金融资产"的重分类和计量

1. "以公允价值计量且其变动计入当期损益的金融资产"重分类为"以摊余成本计量的金融资产"的,应以该金融资产重分类日的公允价值作为其新的金融资产的账面价值。

2. "以公允价值计量且其变动计入当期损益的金融资产"重分类为"以公允价值计量且其变动计入其他综合收益的金融资产"的,应继续以公允价值计量该金融资产。

对"以公允价值计量且其变动计入当期损益的金融资产"进行重分类的,应根据该金融资产重分类日的公允价值确定其实际利率。同时,自重分类日起,重分类后的金融资产应遵循其适用的金融资产减值的相关规定,并将重分类日视为分类后金融资产的初始确认日。

五、金融工具的减值及其会计处理

企业应当以预期信用损失为基础,对下列项目进行减值会计处理并确认损失准备:(1)分类为"以摊余成本计量的金融资产"和"以公允价值计量且其变动计入其他综合收益的金融资产";(2)租赁应收款;(3)合同资产,是指《收入》准则定义的合同资产;(4)部分贷款承诺和财务担保合同。

损失准备,是指针对"以摊余成本计量的金融资产"、租赁应收款和合同资产的预期信用损失计提的准备,"以公允价值计量且其变动计入其他综合收益的金融资产"的累计减值金额以及针对贷款承诺和财务担保合同的预期信用损失,计提的减值损失准备。

在资产负债表日,应对"以公允价值计量且其变动计入当期损益的金融资产"以外的金融资产的账面价值进行检查,有客观证据表明该金融资产发生减值的,应计提减值准备。企业可对应收款项、合同资产和租赁应收款,分别选择不同的减值会计政策。

1. 对于购买或源生的已发生信用减值的金融资产,应当在资产负债表日仅将自初始确认后整个存续期内预期信用损失的累计变动确认为损失准备。在每个资产负债表日,应当将整个存续期内预期信用损失的变动金额作为减值损失或利得,计入当期损益。即使该资产负债表日确定的整个存续期内预期信用损失小于初始确认时估计现金流量所反映的预期信用损失的金额,企业也应当将预期信用损失的有利变动确认为减值利得。

2. 企业在前一个会计期间已按照相当于金融工具整个存续期内预期信用损失的金额计量损失准备,但在当期资产负债表日,该金融工具已不再属于自初始确认后信用风险显著增加情形的,应在当期资产负债表日按相当于未来12个月内预期信用损失的金额计量该金融工具的损失准备,由此形成的损失准备的转回金额应作为减值利得计入当期损益。

3. 对于分类为"以公允价值计量且其变动计入其他综合收益的金融资产",应在其他综合收益中确认其损失准备,并将减值损失或利得计入当期损益,且不应减少该金融资产在资产负债表中列示的账面价值。

需要说明,本书第二章阐述以公允价值计量的第二、第三类金融资产,第三章阐述实际利率法下以摊余成本计量的第一类金融资产。此外,货币资金本身就是典型的公允价值计量且具有特殊性和重要性,在本章先行介绍。第二、第三章阐述的金融资产不涉及长期股权投资、股份支付、债务重组、或有事项、租赁、期货、企业合并等情况下的金融资产会计问题。

第二节 货 币 资 金

一、货币资金的概述

(一) 库存现金

货币资金是公司最富有流动性的资产,包括现金、银行存款和其他货币资金。它在流动资产中占有重要地位。广义上,现金作为流通手段充当商品交换的媒介,它是流动性最强的一种货币性资产,也是对其他资产进行价值计量的尺度和会计处理的基础。在西方会计中,由于各种支票、汇票、本票等银行票据广泛使用,银行存款视同现金,包括在现金账户中。现金包括银行存款、库存现金和其他可以普遍接受的流通手段,如银行本票、银行汇票、银行支票、个人支票、邮政汇票、旅行支票等。

我国公司会计中的现金,是狭义上的现金,仅指库存现金。我国公司与其他单位或个人之间的往来款项结算有两种形式:一是现金结算,即直接用库存现金结算;二是非现金结算,即通过银行划拨转账的转账结算。因此,股份公司会计中的现金,仅仅是指公司的库存现金。

(二) 银行存款

银行存款是公司存放在银行或其他金融机构的现金。根据国家有关规定,现金开支范围以外的所有款项支付,都必须通过银行存款账户进行结算。现行银行结算方式主要有以下九种。

1. 银行汇票。它是汇款人按规定手续将款项交存银行,由银行签发一定范围出票金额,并在见票时按出票金额内的实际结算金额,无条件支付给收款人或持票人的票据。银行汇票主要用于转账,填明"现金"字样的银行汇票也可用于支取现金。银行汇票具有使用灵活、票随人到、兑现性强等特点,适用于先收款后发货或钱货两清的商品交易。

2. 银行本票。它是银行签发并承诺见票时无条件支付确定金额给收款人或持票人的票据。银行本票信誉高,支付功能强,它是由银行签发并见票即付、保证兑付的票据。银行本票分为定额和不定额两种。在银行本票上划去转账字样,即为现金本票。单位和个人在同一票据交换区域内款项的结算均可采用这种结算方式。银行本票一律记名,并允许背书转让,付款期限最长不超过 2 个月,逾期本票,需办理相关手续并在票据权利时效内由持票人向银行请求付款。

3. 商业汇票。它是出票人签发的,委托付款人在指定日期无条件支付确定的金额给收款人或持票人的票据。按承兑人的不同,可分为两种汇票。

(1) 商业承兑汇票。它由银行以外的付款人承兑,按交易双方约定,由购货方或销货方公司签发,并由购货方公司承兑。若票据到期付款人账户存款不足支付时,银行不负责付款,只是将汇票退回收款人,由购销双方自行解决。

(2) 银行承兑汇票。它由承兑银行凭票款无条件支付给销货方公司。它是由收款人或承兑申请人签发,由在承兑银行开设账户并有存款的承兑申请人向开户银行申请,经银行审查同意承兑的票据。购货方公司应于汇票到期前将票款交存其开户银行,以备承兑银行见票当日付款。销货方公司于汇票到期时将汇票和进账单交开户银行以便银行收款转账结算。若票据到期,承兑申请人没能足额交存票款时,承兑银行除无条件支付票款外,可对承兑申请人执行扣款,并对尚未扣回的承兑金额每天按万分之五计收罚息。

4. 支票。它是单位或个人签发的,委托办理支票存款业务的银行在见票时无条件支付确定的金额给收款人或持票人的票据。支票分为现金支票和转账支票,现金支票可提取现金也可转账;转账支票不能支取现金,只能通过银行划拨转账。支票付款期限一般为10天。公司不准签发空头支票,否则银行除退票外还要按票面金额处以5%但不低于1 000元的罚款。持票人有权要求出票人赔偿支票金额2%的赔偿金。

采用支票结算方式的,收款公司对于收到的支票,应在收到当日填制进账单连同支票送交银行,根据银行盖章退回的进账单联和有关原始凭证编制收款凭证,或根据银行转来的由签发人送交银行后,经银行审查盖章的进账单联和有关原始凭证编制收款凭证;付款公司应根据付出的支票存根和有关原始凭证及时编制付款凭证。

5. 信用卡。它是指商业银行向个人和单位发行的,凭以向特约单位购物、消费和向银行存取现金,且具有消费信用的特制载体卡片。信用卡按使用对象分为单位卡和个人卡,按信誉等级分为金卡和普通卡。凡在中国境内金融机构开立基本存款账户的单位均可申请单位卡。单位卡可申领若干张,持卡人资格由申领单位法定代表人或其委托的代理人书面指定和注销。持卡人不得出租或转借信用卡。单位卡账户的资金一律从其基本存款账户转账存入,续存资金时也一律从其基本存款账户转账存入,不得交存现金,不得将销货收入的款项存入其账户。单位卡一律不得用于10万元以上的商品交易、劳务供应款项的结算,不得支取现金。

6. 汇兑。它是汇款人委托银行将其款项支付给收款人的结算方式,分为信汇和电汇两种。信汇是汇款人委托银行通过邮寄方式将款项划转给收款人;电汇是汇款人委托银行通过电报将款项划给收款人。它适用于单位和个人异地之间的各种款项的结算。

7. 委托收款。它是收款人委托银行向付款人收取款项的结算方式,分为邮寄和电报划回两种。单位和个人均可凭有效凭证向银行办理委托收款,这种结算方式在同城和异地均可使用。

收款公司收到银行收账通知时,根据收账通知单编制收款凭证。付款公司收到银行转来的托收凭证、同意付款后,应于规定付款期满的次日,根据托收凭证的付款通知联和有关原始凭证,编制付款凭证。如拒付,属于全部拒付的,不作账务处理;属于部分拒付的,应在付款期内出具部分拒付理由书并退回有关单证,根据银行盖章退回的拒付理由书第1联编制部分付款的凭证。

8. 托收承付。它是指根据购销合同,由收款公司发货后持有关凭证委托银行向异地付款单位收取款项,由付款单位向银行承兑付款的结算方式。托收承付结算方式仅适用于国有企业、供销合作社,以及经营管理较好并经开户银行审查同意的城乡集体所有制工业企业。办理托收承付结算的款项必须是商品交易,以及因商品交易而产生的劳务供应的款项。代销、寄销、赊销商品的款项,不得办理托收承付结算。

9. 信用证。信用证结算是国际结算的一种主要方式。在进出口业务中,进口方银行应进口方要求,向出口方(受益人)开立以受益人按规定提供单据和汇票为前提的,支付一定金额的书面承诺,它是一种有条件的银行付款凭证。经中国人民银行批准经营结算业务的商业银行总行以及经商业银行总行批准开办信用证结算业务的分支机构,也可以办理国内企业之间商品交易的信用证结算业务。

采用信用证结算方式的,收款公司收到信用证后,即备货装运,签发有关发票账单和信用证送交银行,根据退还的信用证等有关凭证编制收款凭证;付款公司在接到开证行的有关通知时,根据付款的有关单据编制付款凭证。

(三) 其他货币资金

其他货币资金,是指除库存现金、银行存款以外的其他各种货币资金。其种类主要有以下六种:(1)外埠存款,公司到外地进行临时或零星采购时,汇往采购地银行开立采购专户的款项;(2)银行汇票存款,公司为取得银行汇票,按规定存入银行的款项。(3)银行本票存款,公司为取得银行本票,按规定存入银行的款项;(4)信用卡存款,公司为取得信用卡按规定存入银行的款项;(5)信用证保证金存款,公司为取得信用证按规定存入银行的保证金;(6)存出投资款,公司已存入证券公司但尚未进行短期投资的资金。

二、货币资金的管理

(一) 现金的管理

现金管理的主要内容:(1)界定使用现金收付款项的范围;(2)规定库存现金限额;(3)不准坐支现金,即不准自收自支,应将现金的收入与支出业务分开;(4)钱账分管,即出纳和记账要分开;(5)加强现金收支凭证手续,经常核对现金与账簿记录是否相符等。

根据国务院颁发的《现金管理暂行条例》规定,公司可在下列范围内使用现金:(1)职工工资和津贴;(2)个人劳动报酬;(3)按国家规定发放给个人的科学技术、文化艺术、体育等各种奖金;(4)各种劳保、福利费用以及国家规定的对个人的其他支出;(5)向个人收购农副产品和其他物资的价款;(6)出差人员必须随身携带的差旅费;(7)零星支出;(8)中国人民银行确定需要支付现金的其他支出。不属于上述现金结算范围的款项支付,一律通过银行进行转账结算。

公司库存现金的限额,由开户银行根据公司使用现金的实际需要和距离开户银行远近等情况核定。一般按3—5天日常零星现金开支需要确定库存现金的限额，超过限额的现金应及时存入银行。

（二）银行存款的管理

根据中国人民银行颁布的《支付结算办法》，公司应在银行开立账户，以办理存款、取款和转账等结算。在银行开立人民币存款账户的公司，必须遵守《银行账户管理办法》各项规定。

公司除了按规定留存限额内的库存现金外，其他所有货币资金都必须存入银行；与其他单位之间的所有资金的收付，除符合规定可使用现金的部分以外，都必须通过银行办理转账结算。通过银行办理支付结算时，应认真执行国家关于银行结算的各项管理办法、结算制度和结算纪律，不准出租、出借银行账户。根据《支付结算办法》，单位和个人办理支付结算，不准签发没有资金保证的票据或远期支票，套取银行信用；不准签发、取得和转让没有真实交易和债权债务的票据，套取银行和他人资金；不准无理拒付，任意占用他人资金；不准违反规定开立和使用账户。

三、货币资金的会计处理

（一）库存现金的核算

公司应设置"现金日记账"账户，进行序时核算，做到日清月结、账款相符；还应设置"库存现金"账户，进行总分类核算。收入现金时，借记"库存现金"账户，贷记有关账户；支付现金时，借记有关账户，贷记"库存现金"账户。公司内部各车间、各部门周转使用的备用金，在"其他应收款"账户内核算，或单独设置"备用金"账户核算，不在"库存现金"账户内核算。实行定额备用金制度的公司，对于领用的备用金应定期向财会部门报销。财会部门根据报销数用现金补足备用金定额时，借记"管理费用""制造费用"等账户，贷记"库存现金"或"银行存款"账户；报销数不再通过"备用金""其他应收款"账户核算。每月月末，"现金日记账"账户的月末余额必须与"库存现金"账户的月末余额相等。

有外币现金业务的公司，应分别按人民币和各种外币设置"现金日记账"进行明细核算。平时如果发现现金溢余或短缺，一方面可在"其他应收款"或"其他应付款"账户下增设"现金短缺款"或"现金溢余款"明细账，进行核算；另一方面，可在"待处理财产损溢——待处理流动资产损溢"账户中进行核算。待查明原因后再计入管理费用、营业外收支等有关账户，进行转账处理。

（二）银行存款的核算

公司应设置"银行存款"账户，存入银行款项时，借记"银行存款"账户，贷记"现金"等账户；从银行支付款项时，借记"现金"等账户，贷记"银行存款"账户；借方余额表示存放在银行的存款余额。同时，应按银行或其他金融机构名称、存款种类，分别设置"银行存款日记账"账户，有涉及外币存款业务的，还应设置外币银行存款日记账。

公司应根据银行存款的收款凭证、付款凭证，按业务发生顺序，逐日逐笔登记和结计余额。"银行存款日记账"账户的记录，应与银行对账单核对清楚，至少每月核对一次，发现差错及时查明更正。月末，应编制"银行存款余额调节表"，将银行存款账面余额与银行对账单余额调节相符。如有不符，属于银行对账单差错的，应即时通知银行查明更正；属于公司记账差错或漏记的，应及时做出更正分录并补记入账。与库存现金核算一样，银行存款核算也必须进行明细核算和总分类核算。

（三）其他货币资金的核算

公司应设置"其他货币资金"账户，并设置"外埠存款""银行汇票""银行本票""信用卡""信用证保证金"和"存出投资款"等明细账户，具体核算如下：

1. 外埠存款。将款项委托当地银行汇往采购地银行开立采购专户时，借记"其他货币资金——外埠存款"账户，贷记"银行存款"账户；收到采购员交来供应单位发票账单等报销凭证时，借记"在途物资""原材料""应交税金——应交增值税（进项税额）"等账户，贷记"其他货币资金——外埠存款"账户；将多余的外埠存款退回公司当地银行结算户时，根据银行收款通知，借记"银行存款"账户，贷记"其他货币资金——外埠存款"账户。

2. 银行汇票存款。为取得银行汇票，需按规定存入银行款项，在填送"银行汇票申请书"、将款项交存银行并取得银行汇票后，根据银行盖章退回的委托书存根联，借记"其他货币资金——银行汇票"账户，贷记"银行存款"账户；使用银行汇票后，根据发票账单等有关凭证，借记"原材料""应交税金——应交增值税（进项税额）"等账户，贷记"其他货币资金——银行汇票"账户；如有多余款或因汇票超过付款期等原因而退回款项，则借记"银行存款"账户，贷记"其他货币资金——银行汇票"账户。

3. 银行本票存款。为取得银行本票，需向银行提交"银行本票申请书"，并将款项交存银行，在取得银行本票后，根据银行盖章退回的申请书存根联，借记"其他货币资金——银行本票"账户，贷记"银行存款"账户；使用银行本票后，根据发票、入库单等有关凭证，借记"原材料""应交税金——应交增值税（进项税额）"等账户，贷记"其他货币资金——银行本票"账户；因本票超过付款期等原因要求退款时，应填制进账单一式两联，连同发票一并送交银行，根据银行盖章退回的进账单第一联，借记"银行存款"账户，贷记"其他货币资金——银行本票"账户。

4. 信用卡存款。为申领信用卡应按规定填制申请表，连同支票和有关资料一并送交发卡银行，根据银行盖章退回的进账单第一联，借记"其他货币资金——信用卡"账户，贷记"银行存款"账户。用信用卡购物或支付有关费用时，借记有关账户,贷记"其他货币资金——信用卡"账户。信用卡在使用过程中,需要向其账户续存资金的,借记"其他货币资金——信用卡"账户,贷记"银行存款"账户。

5. 信用证保证金存款。向银行申请开立信用证时,应按规定向银行提交开证申请书、信用证申请人承诺书和购销合同。向银行交纳保证金后,根据银行退回的进账单第一联,借记"其他货币资金——信用证保证金"账户,贷记"银行存款"账户。根据开证行交来的信用证来单通知书及有关单据列明的金额,借记"在途物资""库存商品""应交税金——应交增值税(进项税额)"等账户,贷记"其他货币资金——信用证保证金"账户和"银行存款"账户。

6. 存出投资款。向证券公司划出资金时,应按实际划出的金额,借记"其他货币资金——存出投资款"账户,贷记"银行存款"账户;购买股票、债券等时,按实际发生金额,借记"交易性金融资产""可供出售金融资产"等账户,贷记"其他货币资金——存出投资款"账户。

第三节 以公允价值计量且其变动计入当期损益的金融资产

一、"以公允价值计量且其变动计入当期损益的金融资产"的确认和计量原则

"以公允价值计量且其变动计入当期损益的金融资产",其公允价值变动形成的利得或损失,除与套期会计有关的以外,应当计入当期损益。初始确认时,应按公允价值计量;相关交易费用应直接计入当期损益。取得时所付价款中,含有已宣告但尚未发放的现金股利或已到付息期但尚未领取的债券利息的,应单独确认为应收项目;在该金融资产持有期间取得的现金股利或利息收入,应确认为投资收益。

资产负债表日,应将以"公允价值计量且其变动计入当期损益的金融资产"的公允价值变动形成的利得或损失,计入当期损益。处置该金融资产时,其公允价值与初始入账金额之间的差额应确认为投资收益,同时,结转和调整持有期间公允价值变动损益的金额。

二、"以公允价值计量且其变动计入当期损益的金融资产"的会计处理

企业应设置"交易性金融资产""公允价值变动损益"等账户;在"交易性金融

资产"账户下,还应设置"成本""公允价值变动"等明细账户。

1. 取得交易性金融资产时,按其公允价值,借记"交易性金融资产——成本"账户;按发生的交易费用,借记"投资收益"账户;按已到付息期但尚未领取的利息或已宣告但尚未发放的现金股利,借记"应收利息"或"应收股利"账户;按实际支付的金额,贷记"银行存款"等账户。

2. 交易性金融资产持有期间被投资单位宣告发放的现金股利,或在资产负债表日按分期付息、一次还本债券的票面利率计算的利息,借记"应收股利"或"应收利息"账户;贷记"投资收益"账户。

3. 资产负债表日,按交易性金融资产公允价值高于其账面价值的差额,借记"交易性金融资产——公允价值变动"账户,贷记"公允价值变动损益"账户;反之,做相反的会计分录。

4. 处置交易性金融资产时,按实际收到的金额,借记"银行存款"等账户;按该金融资产账面余额,贷记"交易性金融资产——成本、公允价值变动"等账户;按其差额,贷记或借记"投资收益"账户。同时,将原计入的该金融资产公允价值变动损益转出,借记或贷记"公允价值变动损益"账户;贷记或借记"投资收益"账户。

【例2-1】 2×18年3月8日,A公司在上海证交所以每股6.18元购入B公司发行的100 000股普通股股票,每股价格中含有已宣告但尚未发放现金股利0.18元;再支付交易费用1 236元。持有股票后,占B公司有表决权股份0.1%。

其他资料如下:(1)5月6日,收到少华公司发放的现金股利;(2)6月30日,A股票每股价格上升至7元;(3)7月18日,以每股8.68元价格全部售出。假定,A公司根据其管理B公司股票的业务模式和B公司股票的现金流量特征,将购入的B公司股票分类为以公允价值计量且其变动计入当期损益的金融资产,则A公司有关会计处理如下。

(1)3月8日,购入A股票

  借:交易性金融资产——成本(6×100 000)   600 000
    应收股利(0.18×100 000)   18 000
    投资收益   1 236
   贷:银行存款   619 236

(2)5月6日,收到少华公司发放的现金股利

  借:银行存款   18 000
   贷:应收股利   18 000

(3) 6月30日,中期报告资产负债表日,确认A股票公允价值变动收益

借:交易性金融资产——公允价值变动[(7-6)×100 000]　　　100 000
　　贷:公允价值变动损益　　　　　　　　　　　　　　　　　　　　　100 000

(4) 7月18日,售出全部A股票

借:银行存款(8.68×100 000)　　　　　　　　　　　　　　　868 000
　　贷:交易性金融资产——成本　　　　　　　　　　　　　　　　　　600 000
　　　　　　　　　　　　——公允价值变动　　　　　　　　　　　　　100 000
　　　　投资收益　　　　　　　　　　　　　　　　　　　　　　　　　168 000

同时,将持有期间原计入的公允价值变动收益转出。

借:公允价值变动损益　　　　　　　　　　　　　　　　　　　100 000
　　贷:投资收益　　　　　　　　　　　　　　　　　　　　　　　　　　100 000

或者,将上述两笔分录合并为一笔复合分录。

借:银行存款　　　　　　　　　　　　　　　　　　　　　　　868 000
　　公允价值变动损益　　　　　　　　　　　　　　　　　　　100 000
　　贷:交易性金融资产——成本　　　　　　　　　　　　　　　　　　600 000
　　　　　　　　　　　　——公允价值变动　　　　　　　　　　　　　100 000
　　　　投资收益(168 000+100 000)　　　　　　　　　　　　　　　268 000

【例2-2】 2×18年初,甲公司以2 060 000元价格从上海证交所购入乙公司发行的5年期、面值2 000 000元、内含已到付息期但尚未领取利息60 000元的公司债券。购入时,剩余期限为2年,债券票面利率6%、每半年付息一次。再支付4 160元交易费。

其他资料如下:(1)同年1月8日,收到上年度下半年的债券利息收入60 000元;(2)同年6月30日,债券不含息的公允价值为2 300 000元,并确认上半年的应计利息;(3)同年7月8日,收到债券上半年利息;(4)20×8年年末,债券不含息的公允价值为2 270 00元;(5)20×9年1月8日,收到债券20×8年下半年利息;(6)20×9年1月16日全部售出债券,扣除交易费后获2 360 000元。

假定,甲公司根据其管理乙公司债券的业务模式和乙公司债券的现金流量特征,将购入的乙公司股票分类为以公允价值计量且其变动计入当期损益的金融资产,则甲公司有关会计处理如下。

(1) 2×18年初,购入乙公司债券

借:交易性金融资产——成本　　　　　　　　　　　　　　　2 000 000
　　应收利息　　　　　　　　　　　　　　　　　　　　　　　60 000
　　投资收益　　　　　　　　　　　　　　　　　　　　　　　 4 160
　　贷:银行存款　　　　　　　　　　　　　　　　　　　　　　　　2 064 160

(2) 1月8日,收到属于上年度的下半年债券利息收入

借:银行存款　　　　　　　　　　　　　　　60 000
　　贷:应收利息　　　　　　　　　　　　　　　　60 000

(3) 6月30日,中期报告资产负债表日,确认债券公允价值变动和上半年应计利息收入

　　债券公允价值变动收益 = (2 300 000 − 2 000 000) = 300 000(元)
　　本年度上半年的应计利息收入 = 2 000 000 × 6% ÷ 2 = 60 000(元)

借:交易性金融资产——公允价值变动　　　　300 000
　　贷:公允价值变动损益　　　　　　　　　　　300 000

同时

借:应收利息　　　　　　　　　　　　　　　60 000
　　贷:投资收益　　　　　　　　　　　　　　　　60 000

(4) 7月8日,收到债券当年上半年的利息收入

借:银行存款　　　　　　　　　　　　　　　60 000
　　贷:应收利息　　　　　　　　　　　　　　　　60 000

(5) 2×18年末,资产负债表日确认债券公允价值变动损益

　　债券公允价值变动损失 = (2 270 000 − 2 300 000) = −30 000(元)

借:公允价值变动损益　　　　　　　　　　　30 000
　　贷:交易性金融资产——公允价值变动　　　　30 000

同时,确认应计利息收入。

借:应收利息　　　　　　　　　　　　　　　60 000
　　贷:投资收益　　　　　　　　　　　　　　　　60 000

(6) 2×19年1月8日,收到债券2×18年下半年利息收入

借:银行存款　　　　　　　　　　　　　　　60 000
　　贷:应收利息　　　　　　　　　　　　　　　　60 000

(7) 2×19年1月16日,售出全部债券,结转交易性金融资产账户余额

　　出售差价 = 2 360 000 − 2 270 000 = 90 000(元)

借:银行存款　　　　　　　　　　　　　　　2 360 000
　　贷:交易性金融资产——成本　　　　　　　　2 000 000
　　　　　　　　——公允价值变动(300 000−30 000)　270 000
　　　　投资收益　　　　　　　　　　　　　　　90 000

同时,结转"公允价值变动损益"账户余额,将原计入的公允价值变动净额转出。

公允价值变动净收益 = 300 000 − 30 000 = 270 000(元)

借:公允价值变动损益　　　　　　　　　　　　270 000
　　贷:投资收益　　　　　　　　　　　　　　　　　　　270 000

或者,将上述两笔分录合并为一笔复合分录。

借:银行存款　　　　　　　　　　　　　　　2 360 000
　　公允价值变动损益　　　　　　　　　　　　　270 000
　　贷:交易性金融资产——成本　　　　　　　　　　2 000 000
　　　　　　　　　　——公允价值变动　　　　　　　　270 000
　　　　投资收益(90 000+270 000)　　　　　　　　　360 000

第四节　以公允价值计量且其变动计入其他综合收益的金融资产

一、"以公允价值计量且其变动计入其他综合收益的金融资产"的确认和计量原则

(一)债权类和股权类的确认

1. 债权类。债权类的"以公允价值计量且其变动计入其他综合收益的金融资产",主要是指债券投资所拥有的金融资产,此时企业持有债券的目的,是既吃利息又赚差价。企业需要在债券到期前出售并赚差价。与第一类"以摊余成本计量的金融资产"中"持有至到期"的债券不同,第二类"以公允价值计量且其变动计入其他综合收益的金融资产"中企业持有的债券,由于债券到期前随时可能出售,资产负债表日需要比较公允价值与摊余成本的浮动损益,于是要求按公允价值计量,且其浮动损益变动被要求计入其他综合收益。

2. 股权类。股权类的"以公允价值计量且其变动计入其他综合收益的金融资产",主要是指股票投资所拥有的金融资产,此时企业持有股票的目的,是长期持有而不是短期赚差价。

例如,有些限售的权益工具,比如限售股票等,为保证市场正常运作或国有资本绝对控股,监管部门有某些国有股和企业法人股不能在二级市场上进行公开流通等规定,于是形成了较长时间不能交易的限售股。这种情况下,企业持有非交易性限售股就不属于贷款与应收款项,不能作为第一类金融资产;也不属于短期赚差价的交易性金融资产,不能作为第三类金融资产。于是,只能作为第二类"以公允

价值计量且其变动计入其他综合收益的金融资产"进行会计处理。

(二)"以公允价值计量且其变动计入其他综合收益的金融资产"的计量

以公允价值进行后续计量的金融资产,其公允价值变动形成的利得或损失,除与套期会计有关的以外,应按下列规定处理。

1."分类"为"以公允价值计量且其变动计入其他综合收益的金融资产",所产生的所有利得或损失,除了减值损失或利得以及汇兑损益以外,均应当计入本期综合收益,直至该金融资产终止确认或被重分类。但是,采用实际利率法计算的该金融资产的利息收入,应计入当期损益。该金融资产计入各期损益的金额,应当与视同其一直按摊余成本计量而计入各期损益的金额相等。该金融资产终止确认时,之前计入其他综合收益的累计利得或损失应当从其他综合收益中转出,计入当期损益。

2."指定"为"以公允价值计量且其变动计入其他综合收益的非交易性权益工具投资",除了获得股利(明确代表投资成本部分收回的股利除外)计入当期损益外,其他相关的利得或损失(包括汇兑损益)均应计入其他综合收益,且后续不得转入当期损益。当其终止确认时,之前计入其他综合收益的累计利得或损失应从其他综合收益中转出,计入留存收益。

二、"以公允价值计量且其变动计入其他综合收益的金融资产"的会计处理

(一)债权类

企业应设置"其他债权投资""其他综合收益"等账户,在"其他债权投资"账户下还应设置"成本""利息调整"和"公允价值变动"等明细账户,对债权类"以公允价值计量且其变动计入其他综合收益的金融资产"进行会计处理。

【例2-3】 20×1年1月1日,L公司支付108 000元(含交易费用),从上海证交所溢价购入H公司同日发行的票面利率10%、5年期、面值1 000元,购入价1 080元的债券100份。债券每年年末付息一次,到期一次还本。合同约定,债券发行方在遇特定情况时可将债券提前赎回,且不需为此支付额外款项。购买债券时,预计发行方不会提前赎回。各年年末,购入债券的市场公允价值(不含利息)资料,参见表2-2,第6列所示。20×4年1月16日,L公司以106 900元市价全部出售100份债券。

L公司根据其管理该债券的业务模式和债券合同的现金流量特征,即公司持有该债券目的是吃利息和赚差价,并非持有至到期取回本金,将债券分类为以公允价值计量且其变动计入其他综合收益的金融资产。L公司有关会计处理如下:

第二章 金融资产(一):以公允价值计量的金融资产

(1) 购入债券

其他债权投资初始成本 = 债券面值 + 债券利息调整 = (1 000 × 100) + (80 × 100)
                                   = 100 000 + 8 000 = 108 000(元)

借:其他债权投资——成本(债券面值)   100 000
        ——利息调整(债券溢价)   8 000
  贷:银行存款   108 000

(2) 测算实际利率

实际利率是债券投资项目的内含报酬率,它是净现值为零时的折现率,可采用插值法得出。通过逐次测试,知实际利率在6%—9%之间(见表2-1),用插值法算出实际利率。具体如下。

表2-1   实际利率测算表   单位:元

项 目	现金流入	6%		现 值
		5年期、1元年金现值系数	第5年、1元现值系数	
利息(年金)	10 000	4.2124		42 124
本金	100 000		0.7473	74 730
总现值				116 854
减:投资成本				108 000
净现值				8 854
项 目	现金流入	9%		现 值
		1元年金现值系数	1元、第5年现值系数	
利息(年金)	10 000	3.8897		38 897
本金	100 000		0.6499	649 90
总现值				103 887
减:投资成本				108 000
净现值				-4 113

设净现值为零时,实际利率为 R,插值法下 $R=8\%$。
计算如下:

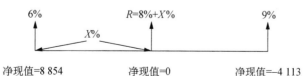

[8 854−(−4 113)]/(9%−6%)=(8 854−0)/X
X=8 854/(8 854+4 113)×3%=2%
R=6%+X=8%+2%=8%

以实际利率8%折现,净现值=0,检验如下:

净现值 = 现金流入现值 − 现金流出现值 = [年利息收入 × 1元5年8%年金现值系数
  + 收回本金 × 1元5年8%现值系数] − 现金流出值
  = (10 000 × 3.992710 + 100 000 × 0.6806) − 108 000
  ≈ 108 000 − 108 000 = 0(元)

(3) 根据实际利率8%和票面利率10%,计算和编制投资收益、其他综合收益、摊余成本、公允价值变动和投资回收计算表,如表2-2所示。

票面利率:10%
实际利率:8%
货币单位:元

表2-2 投资收益、其他综合收益、摊余成本、公允价值变动和投资回收计算表

年份	期初摊余成本	实际利息收益(投资收益)	现金流入(应收利息)	已收回本金(利息调整)	期末摊余成本	12/31期末公允价值	公允价值变动额(其他综合收益)	公允价值变动累计金额
	(1)	(2)=(1)×8%	(3)=面值×10%	(4)=(3)−(2)	(5)=期初(5)−(3)	(6)	(7)=(6)−(5)−期初(8)	(8)=期初(8)+(7)
20×1.1.1	108 000	0	0	0	108 000	108 000	0	0
20×1.12.31	108 000	8 640	10 000	1 360	106 640	109 640	3 000	3 000
20×2.12.31	106 640	8 531	10 000	1 469	105 171	107 100	−1 071	1 929
20×3.12.31	105 171	8 414	10 000	1 586	103 585	105 500	−14	1 915
20×4.1.16	103 585	3 315①	0	−3 315	106 900	106 900	−1 915⑤	0
小计		28 900②	30 000	1 100	530 296	537 140		6 844③
20×4.1.16 合计	—	—	106 900	106 900	0	—		—
		28 900	136 900④	108 000				

注①:20×4.1.16尾数调整是倒算得出。期末摊余成本=当日出售公允价值=106 900,而(5)期末摊余成本期初(5)−(3)应收利息+计算平衡的尾数调整 X,即 106 900=103 585−0+X。于是,尾数调整 X=106 900−103 585+0=3 315(元)
②:按票面利率计算现金流入小计 30 000−利息调整小计 1 100=按实际利率计算投资收益小计 28 900(元)
③:期末公允价值小计 537 140−期末摊余成本小计 530 296=公允价值变动累计金额 6 844(元)
④:投资收益合计+已收回本金合计=28 900+108 000=136 900=现金流入合计
⑤:其他综合收益累计=1 915(元);处置债券时,结转投资收益的金额=−1 915(元)

(4) 依据表2-2,每年资产负债表日,确认当年的投资收益、公允价值变动和收到利息收入

20×1年12月31日

借:应收利息   10 000
  贷:其他债权投资——利息调整(债券溢价)   1 360
    投资收益   8 640

借：银行存款	10 000	
贷：应收利息		10 000
借：其他债权投资——公允价值变动	3 000	
贷：其他综合收益——其他债权投资公允价值变动		3 000

20×2 年 12 月 31 日

借：应收利息	10 000	
贷：其他债权投资——利息调整（债券溢价）		1 469
投资收益		8 531
借：银行存款	10 000	
贷：应收利息		10 000
借：其他综合收益——其他债权投资公允价值变动	1 071	
贷：其他债权投资——公允价值变动		1 071

20×3 年 12 月 31 日

借：应收利息	10 000	
贷：其他债权投资——利息调整（债券溢价）		1 586
投资收益		8 414
借：银行存款	10 000	
贷：应收利息		10 000
借：其他综合收益——其他债权投资公允价值变动	14	
贷：其他债权投资——公允价值变动		14

（5）20×4 年 1 月 16 日

出售债券时，尾数调整分录。

借：其他债权投资——利息调整（债券溢价）	3 315	
贷：投资收益		3 315

收到债券出售收入，结转冲销"其他债权投资"账户余额。

"其他债权投资 —— 成本（债券面值）"账户借方余额 = 100 000（元）

"其他债权投资 —— 公允价值变动"账户借方余额 = 3 000 − 1 071 − 14 = 1 915（元）

"其他债权投资 —— 利息调整（债券溢价）"账户借方余额 = 8 000 − 1 360 − 1 469 − 1 586 + 3 315 = 6 900（元）

借：银行存款	106 900	
投资收益	1 915	
贷：其他债权投资——成本（债券面值）		100 000
——公允价值变动		1 915
——利息调整（债券溢价）		6 900

同时,结转其他综合收益。

"其他综合收益"账户贷方余额 = 3 000 − 1 071 − 14 = 1 915(元)

借:其他综合收益——其他债权投资公允价值变动　　1 915
　　贷:投资收益　　　　　　　　　　　　　　　　　　　　　1 915

(二)股权类

企业应设置"其他权益工具投资""其他综合收益"等账户,在"其他权益工具投资"账户下还应设置"成本"和"公允价值变动"等明细账户,核算股权类的"以公允价值计量且其变动计入其他综合收益的金融资产"。

【例2-4】 2×17年5月1日,L公司支付1 823 600元(含交易费用3 600元和已宣告尚未发放现金股利每股0.20元),购进Q公司发行的100 000股普通股、每股发行价18元,占Q公司有表决权股份的0.2%。假定该股票限售期为18月。L公司将其"指定"为"以公允价值计量且其变动计入其他综合收益的非交易性权益工具投资"。

有关资料如下:(1)当年5月25日,收到Q公司发放的现金股利;(2)当年6月30日,该股票市价为18.50元;(3)当年12月31日,该股票市价为17.80元;(4)2×18年4月16日,宣告发放上年度每股0.25元现金股利;(5)2×18年5月11日,收到Q公司发放的现金股利;(6)2×18年12月16日,以每股16.90元价格,全部售出该非交易性其他权益工具投资。假定不考虑其他因素,L公司有关会计处理如下:

(1) 2×17年5月1日,购进股票

"其他权益工具投资"成本 = 18 × 100 000 + 3 600 = 1 800 000 + 3 600 = 1 803 600(元)
应收股利 = 0.20 × 100 000 = 20 000(元)

借:其他权益工具投资——成本　　　　　　　　1 803 600
　　应收股利　　　　　　　　　　　　　　　　　　　20 000
　　贷:银行存款　　　　　　　　　　　　　　　　　　　　　1 823 600

(2) 当年5月25日,收到现金股利

借:银行存款　　　　　　　　　　　　　　　　　20 000
　　贷:应收股利　　　　　　　　　　　　　　　　　　　　　20 000

(3) 当年12月31日,确认股票价格变动

公允价值变动 = (18.50 − 1 803 600/100 000) × 100 000 = (18.50 − 18.036) × 100 000
　　　　　　= 0.464 × 100 000 = 46 400(元)

借:其他权益工具投资——公允价值变动　　　　　46 400
　　贷:其他综合收益——其他权益工具投资公允价值变动　　　46 400

(4) 当年 12 月 31 日,确认股票价格变动

$$公允价值变动 = (17.80 - 18.50) \times 100\,000 = -70\,000(元)$$

借:其他综合收益——其他权益工具投资公允价值变动　　70 000
　　贷:其他权益工具投资——公允价值变动　　　　　　　　　　70 000

(5) 2×18 年 4 月 16 日,确认应收股利

$$应收股利 = 0.25 \times 100\,000 = 25\,000(元)$$

借:应收股利　　　　　　　　　　　　　　　　　　　25 000
　　贷:投资收益　　　　　　　　　　　　　　　　　　　　25 000

(6) 2×18 年 5 月 11 日,收到股利

借:银行存款　　　　　　　　　　　　　　　　　　　25 000
　　贷:应收股利　　　　　　　　　　　　　　　　　　　　25 000

(7) 2×18 年 12 月 16 日,全部处置该非交易性其他权益工具投资。按准则规定,指定为以公允价值计量且其变动计入其他综合收益的非交易性权益工具投资,除获得股利计入当期损益外,其他相关的利得或损失均应计入其他综合收益,且后续不得转入当期损益。当其终止确认时,之前计入其他综合收益的累计利得或损失应从其他综合收益中转出,计入留存收益。

非交易性其他权益工具投资
累计综合收益和相关损失 $= (16.90 \times 100\,000) - (1\,803\,600 - 23\,600) + (46\,400 - 70\,000)$
$= 1\,690\,000 - 1\,780\,000 - 23\,600 = -90\,000 - 23\,600$
$= -113\,600(元)$

计入留存收益,先冲销法定盈余公积 $= 113\,600 \times 10\% = 11\,360(元)$
再冲销未分配利润 $= 113\,600 - 11\,360 = 102\,240(元)$

借:银行存款　　　　　　　　　　　　　　　　　　1 690 000
　　其他权益工具投资——公允价值变动　　　　　　　　23 600
　　盈余公积——法定盈余公积　　　　　　　　　　　　11 360
　　利润分配——未分配利润　　　　　　　　　　　　102 240
　　贷:其他权益工具投资——成本　　　　　　　　　　1 803 600
　　　　其他综合收益——其他权益工具投资公允价值变动　　23 600

【例 2-5】 沿用【例 2-4】资料,假定,以每股 19.90 元价格全部处置该非交易性其他权益工具投资。其他资料相同。终止确认时,L 公司会计处理如下。

(1) 2×17 年 5 月 1 日购进股票,一直到 2×18 年 5 月 11 日收到股利,会计处理同【例 2-4】。

(2) 2×18 年 12 月 16 日,终止确认

非交易性其他权益工具投资
累计综合收益和相关利得 $= 1\,990\,000 - 1\,780\,000 + (46\,400 - 70\,000) = 186\,400(元)$

计入留存收益，先增加法定盈余公积 $= 186\,400 \times 10\% = 18\,640(元)$

再增加未分配利润 $= 186\,400 - 18\,640 = 167\,760(元)$

借：银行存款 1 990 000
　　其他权益工具投资——公允价值变动 23 600
　　贷：其他权益工具投资——成本 1 803 600
　　　　其他综合收益——其他权益工具投资公允价值变动 23 600
　　　　盈余公积(186 400×10%) 18 640
　　　　利润分配——未分配利润(186 400-18 640) 167 760

第三章

金融资产(二)：以摊余成本计量的金融资产

第一节 以摊余成本计量的金融资产

一、以摊余成本计量的金融资产的确认和计量

以摊余成本计量的金融资产，初始确认时，应按公允价值和相关交易费用之和作为初始入账价值，实际支付的价款中包含的已到期但尚未领取的债券利息，应单独确认为应收项目。金融企业按当前市场条件发放的贷款，应按发放贷款的本金和相关交易费用之和作为初始确认金额；一般企业对外销售商品或提供劳务形成的应收债权，通常应按从购货方应收的合同或协议价款作为初始确认金额，如还有交易费用发生，应将其计入初始确认金额。后续计量时，应当采用实际利率法、摊余成本进行计量。

(一)实际利率和实际利率法

实际利率，是指将金融资产或金融负债在预期存续期的估计未来现金流量，折现为该金融资产账面余额或该金融负债摊余成本所使用的利率。在确定实际利率时，应当在考虑金融资产或金融负债所有合同条款(如提前还款、展期、看涨期权或其他类似期权等)的基础上估计预期现金流量，但不应当考虑预期信用损失。

经信用调整的实际利率，是指将购入或源生的已发生信用减值的金融资产在预计存续期的估计未来现金流量，折算为该金融资产摊余成本的利率。在确定经信用调整的实际利率时，应当在考虑金融资产的所有合同条款(如提前还款、展期、看涨期权或其他类似期权等)以及初始预期信用损失的基础上估计预期现金流量。

合同各方之间支付或收取的、属于实际利率组成部分的各项费用、交易费用及溢价或折价等,应当在确定实际利率时予以考虑。

实际利率法,是指按金融资产或金融负债的实际利率计算其摊余成本以及各期利息收入或利息费用,并将利息收入或利息费用分摊计入各会计期间的一种方法。

(二) 摊余成本和已发生信用减值的金融资产

金融资产或金融负债的摊余成本,应以该金融资产或金融负债的初始确认金额,依次经过下列调整后得出的结果确定:(1)扣除已偿还的本金;(2)加上或减去采用实际利率法将该初始确认金额与到期日金额之间的差额进行摊销后形成的累计摊销额;(3)扣除金融资产累计计提的损失准备。

当对金融资产预期未来现金流量具有不利影响的一项或多项事件发生时,该金融资产成为已发生信用减值的金融资产。金融资产已发生信用减值的证据包括下列可观察信息:(1)发行方或债务人发生重大财务困难;(2)债务人违反合同,如偿付利息或本金违约或逾期等;(3)债权人出于与债务人财务困难有关的经济或合同考虑,给予债务人在任何其他情况下都不会做出的让步;(4)债务人很可能破产或进行其他财务重组;(5)发行方或债务人财务困难导致该金融资产的活跃市场消失;(6)以大幅折扣购买或源生一项金融资产,该折扣反映了发生信用损失的事实。金融资产发生信用减值,很可能是多个事件的共同作用的结果,未必是单个可观察信息事件所致。

二、"以摊余成本计量的金融资产"的会计处理

以摊余成本计量的金融资产包括以专门吃利息为业务模式的银行对外的贷款,以及企业"持有至到期"专门靠其吃利息的债券投资,还包括应收款项等债权类金融资产。

企业应设置"债权投资""贷款"和"应收账款"等账户,核算以摊余成本计量的金融资产。

【例 3-1】 沿用第二章【例 2-3】资料。20×1 年 1 月 1 日,L 公司支付 108 000 元(含交易费用),溢价购入 H 公司同日发行票面利率 10%、实际利率 8%、5 年期、面值 1 000 元、购入价 1 080 元的债券 100 份。债券每年末付息一次,到期一次还本。购买债券时,预计发行方不会提前赎回。L 公司根据其管理该债券的业务模式和债券合同的现金流量特征,即公司持有该债券目的是吃利息和持有至到期取回本金,将债券分类为以摊余成本计量的金融资产,不再考虑其他因素,有关会计处理如下。

（1）购入债券

债权投资初始成本 = 债券面值 + 债券利息调整 = (1 000 × 100) + (80 × 100)
= 100 000 + 8 000 = 108 000(元)

借：债权投资——成本(债券面值)　　　　　　　　　　　　100 000
　　　　　　　——利息调整(债券溢价)　　　　　　　　　　8 000
　　贷：银行存款　　　　　　　　　　　　　　　　　　　108 000

（2）根据实际利率8%和票面利率10%，计算和编制投资收益、摊余成本和利息调整计算表(见表3-1)

表3-1　　　　　　**投资收益、摊余成本和利息调整计算表**

票面利率：10%
实际利率：8%
货币单位：元

年份	期初摊余成本	实际利息收益（投资收益）	现金流入（应收利息）	已收回本金（利息调整）	期末摊余成本
	(1)	(2)=(1)×8%	(3)=面值×10%	(4)=(3)-(2)	(5)=(5)-(3)
20×1.1.1	108 000	0	0	0	108 000
20×1.12.31	108 000	8 640	10 000	1 360	106 640
20×2.12.31	106 640	8 531	10 000	1 469	105 171
20×3.12.31	105 171	8 414	10 000	1 586	103 585
20×4.12.31	103 585	8 287	10 000	1 713	101 872
20×5.12.31	101 872	8 128①	10 000	1 872	100 000
小计		42 000	50 000②	8 000	625 268
20×6.1.1	100 000	—	100 000	100 000	0
合计		42 000	150 000③	108 000④	625 268

注①：表中各年实际利息收入的计算，四舍五入取整数；第5年实际利息收入8 128元中含尾差。
　②：实际利息收益小计42 000+利息调整小计8 000=应收利息现金流入小计50 000(元)
　③：投资回收现金流入合计=5年利息收入合计50 000+到期收回本金成本100 000=150 000(元)
　④：现金流入合计150 000-投资收益合计42 000=现金流出合计108 000(元)

（3）依据表3-1，每年资产负债表日，确认当年的投资收益、公允价值变动和收到利息收入

20×1年12月31日

借：应收利息　　　　　　　　　　　　　　　　　　　　　10 000
　　贷：债权投资——利息调整(债券溢价)　　　　　　　　1 360
　　　　投资收益　　　　　　　　　　　　　　　　　　　8 640
借：银行存款　　　　　　　　　　　　　　　　　　　　　10 000
　　贷：应收利息　　　　　　　　　　　　　　　　　　　10 000

20×2 年 12 月 31 日

 借：应收利息   10 000
  贷：债权投资——利息调整（债券溢价）   1 469
    投资收益   8 531
 借：银行存款   10 000
  贷：应收利息   10 000

以后各年，按表 3-1 金额，分录相同，依次类推。

（4）20×5 年 12 月 31 日，债券到期，"债权投资"账户明细账中，"利息调整"明细账已无余额，"本金"明细账有借方余额 100 000 元

"债权投资 —— 成本（债券面值）"账户借方余额 = 100 000（元）

"债权投资 —— 利息调整（债券溢价）"账户借方余额 = 8 000 - 1 360 - 1 469 - 1 586 - 1 713 - 1 872 = 0（元）

 借：应收利息   10 000
  贷：债权投资——利息调整   1 872
    投资收益   8 128
 借：银行存款   10 000
  贷：应收利息   10 000

收到本金。

 借：银行存款   100 000
  贷：债权投资——成本（债券面值）   100 000

须说明，判断【例 3-1】中管理债券的业务模式和债券合同的现金流量特征，企业持有债券的目的是吃利息和持有至到期取回本金。因此，企业以摊余成本确认计量该持有至到期的债券投资。第二章【例 2-3】管理债券的业务模式和债券合同的现金流量特征是持有债券的目的为吃利息和赚债券差价，并非将债券持有至到期。因此，分类为以公允价值计量且其变动计入其他综合收益的金融资产进行债券投资核算。如果用【例 2-3】中公允价值及其变动等资料补充表 3-1，则形成表 3-2。

由表 3-2 知，该债券持有至到期，处置该债券时，持有期间债券公允价值变动合计，即其他综合收益合计为零。因此，对于吃利息和到期收回本金的债券投资者来说，企业以摊余成本计量，而无需以公允价值计量且其变动计入其他综合收益来进行会计处理。

表 3-2　投资收益、其他综合收益、摊余成本、公允价值变动和投资回收计算表

票面利率:10%
实际利率:8%
货币单位:元

年份	期初摊余成本	实际利息收益（投资收益）	现金流入（应收利息）	已收回本金（利息调整）	期末摊余成本	期末公允价值	公允价值变动额（其他综合收益）	公允价值变动累计金额
	(1)	(2)=(1)×8%	(3)=面值×10%	(4)=(3)-(2)	(5)=(5)-(3)	(6)	(7)=(6)-(5)-期初(8)	(8)=期初(8)+(7)
20×1.1.1	108 000	0	0	0	108 000	108 000	0	0
20×1.1.1	108 000	8 640	10 000	1 360	106 640	109 640	3 000	3 000
20×2.1.1	106 640	8 531	10 000	1 469	105 171	107 100	-1 071	1 929
20×3.1.1	105 171	8 414	10 000	1 586	103 585	105 500	-14	1 915
20×4.1.1	103 585	8 287	10 000	1 713	101 872	102 800	-987	928
20×5.1.1	101 872	8 128①	10 000	1 872	100 000	100 000	-928	0
小计		42 000	50 000②	8 000	625 268	633 040	0	7 772③
20×6.1.1	100 000	—	100 000	100 000	0	—	—	—
合计		42 000	150 000④	108 000⑤	625 268	633 040		7 772

注①：表中各年实际利息收入的计算，四舍五入取整数；第 5 年实际利息收入 8 128 元中含尾差。
②：实际利息收益小计 42 000+利息调整小计 8 000=应收利息现金流入小计 50 000(元)
③：期末公允价值小计 633 040-期末摊余成本小计 625 268=公允价值变动累计金额 7 772(元)
④：投资回收现金流入合计＝5 年利息收入合计 50 000+到期收回本金成本 100 000＝150 000(元)
⑤：现金流入合计 150 000-投资收益合计 42 000＝现金流出合计 108 000(元)

【例 3-2】 2×01 年 1 月 1 日，YH 公司支付 56 047 500 元，从上海证交所溢价购进 B 公司同日发行的公司债券。票面利率 10%、实际利率 6%、5 年期、面值 50 000 000 元，到期一次还本付息，且利息按单利计算。YH 公司根据其管理该债券的业务模式和债券合同的现金流量特征，即持有该债券的目的是吃利息和持有至到期取回本金。YH 公司将债券分类为以摊余成本计量的金融资产，不再考虑其他因素，有关会计处理如下。

（1）购入债券

以实际利率 6%折现，净现值=0，检验如下：

$$\text{净现值} = \text{现金流入现值} - \text{现金流出现值} = (50\,000\,000 + 5\,000\,000 \times 5) \times [1/(1+6\%)^5] - 56\,047\,500$$

$$= 75\,000\,000 \times 0.747\,3 - 56\,047\,500 = 0$$

债券初始投资成本 = 债券面值 + 债券溢价 = 50 000 000 + 6 047 500 = 56 047 500(元)

借：债权投资——成本（债券面值）　　　　　　50 000 000
　　　　　　——利息调整（债券溢价）　　　　　6 047 500
　　贷：银行存款　　　　　　　　　　　　　　　　　　56 047 500

（2）根据实际利率6%和票面利率10%，计算和编制投资收益、摊余成本和利息调整计算表（见表3-3）。

表3-3　　　　　　投资收益、应收利息和摊余成本计算表　　　　票面利率：10%
　　　　　　　　　　　　　　　　　　　　　　　　　　　　　　　实际利率：6%
　　　　　　　　　　　　　　　　　　　　　　　　　　　　　　　货币单位：元

年份	期初摊余成本 (1)	实际利息收益（投资收益）(2)=(1)×6%	应计利息 (3)=债券面值×10%	利息调整（溢价摊销）(4)=(3)-(2)	现金流入 (5)	期末摊余成本 (6)=(1)+(2)-(5)
20×1年	56 047 500	3 362 850	5 000 000	1 637 150	0	59 410 350
20×2年	59 410 350	3 564 621	5 000 000	1 435 379	0	62 974 971
20×3年	62 974 971	3 778 498	5 000 000	1 221 502	0	66 753 469
20×4年	66 753 469	4 005 208	5 000 000	994 792	0	70 758 677
20×5年	70 758 677	4 241 323①	5 000 000	758 677	75 000 000	0
合计	—	18 952 500②	25 000 000	6 047 500	75 000 000	—

注①：各年实际利息收入计算，四舍五入取整数；第5年实际利息收益4 241 323元中含计算尾差。
　　　尾数调整=75 000 000-70 758 677=4 241 323（元）
　②：现金流入合计75 000 000-债券投资支出合计56 047 500=实际利息收入合计18 952 500（元）
　　　应计利息25 000 000-利息调整6 047 500=实际利息收益18 952 500（元）

（3）依据表3-3，每年资产负债表日，确认当年的应计利息、利息调整和投资收益

20×1年12月31日

　　借：债权投资——应计利息　　　　　　　　　　5 000 000
　　　　贷：债权投资——利息调整（债券溢价）　　　　　1 637 150
　　　　　　投资收益　　　　　　　　　　　　　　　　　3 362 850

20×2年12月31日

　　借：债权投资——应计利息　　　　　　　　　　5 000 000
　　　　贷：债权投资——利息调整（债券溢价）　　　　　1 435 379
　　　　　　投资收益　　　　　　　　　　　　　　　　　3 564 621

以后各年，按表3-3金额，分录相同，依次类推。

(4) 20×5 年 12 月 31 日

"债权投资——利息调整
（债券溢价）"账户借方余额 = 6 047 500 - 1 637 150 - 1 435 379
　　　　　　　　　　　　 - 1 221 502 - 994 792 - 758 677 = 0

"债权投资——应计利息"账户借方余额 = 5 000 000 × 5 = 25 000 000(元)

"债权投资——成本（债券面值）"账户借方余额 = 50 000 000(元)

借：债权投资——应计利息　　　　　　　　　　　5 000 000
　　贷：债权投资——利息调整　　　　　　　　　　　　758 677
　　　　投资收益　　　　　　　　　　　　　　　　　4 241 323
借：银行存款　　　　　　　　　　　　　　　　　75 000 000
　　贷：债权投资——成本　　　　　　　　　　　　50 000 000
　　　　　　　——应计利息　　　　　　　　　　　25 000 000

第二节　应　收　款　项

一、应收款项的概念、种类和减值处理原则

（一）应收款项的概念和种类

应收款项，是指企业在日常经营活动中形成的拥有未来获取款项的权利。它是赊销商品、赊账提供劳务形成的各种待结算的债权，具有较强流动性，是企业的一项重要流动资产。应收款项的种类，主要包括应收票据、应收账款、预付款项、应收股利、应收利息、其他应收款等。企业应当对于不同的应收款项进行分别核算和分类管理，正确计量各类应收款项资产的正确价值。

（二）应收款项的减值处理原则

有客观证据表明应收款项发生减值的，应将应收款项资产的账面价值减记至预计未来现金流量的现值，将账面价值与预计未来现金流量现值之间差额，确认为资产减值损失，计入当期损益。预计未来现金流量的现值，应按原实际利率折现确定，并考虑相关担保物的价值（取得和出售该担保物发生的费用应予以扣除）。原实际利率是初始确认应收款项时计算确定的实际利率。对于浮动利率应收款项，在计算未来现金流量现值时可采用合同规定的现行实际利率作为折现率。短期应收款项的预计未来现金流量与其现值相差很小的，在确定相关减值损失时，可不对其预计未来现金流量进行折现。

一般企业对于单项金额重大的应收款项，需单独进行减值测试；发生减值的，应根据其未来现金流量现值低于账面价值的差额，确认减值损失，计提坏账准备。

对于单项金额非重大的应收款项,也可按资产负债表日应收款项余额的一定比例计算确定坏账准备。确认减值损失后,如有客观证据表明应收款项价值已恢复,且客观上与确认该损失后发生的事项有关(如债务人的信用评级已提高等),原确认的减值损失应予以转回,计入当期损益。但是,该转回后的账面价值不应超过假定不计提减值准备情况下该资产在转回日的摊余成本。

二、应收票据的会计处理

应收票据,是指企业因销售商品、产品、提供劳务等而取得的尚未到期、没有兑现的商业票据。它们主要有:(1)客户交来、自己签发的银行本票;(2)客户交来、他人签发的经背书的银行本票和商业汇票;(3)企业本身签发、经付款人承兑的商业汇票。大部分商业票据都是即期票据,可钱随票到,不必作应收票据处理,作应收票据处理的主要是商业汇票。

商业汇票有带息和不带息之分,不带息商业汇票,承兑人在到期时只需按其面值即票面金额支付票款;带息商业汇票,承兑人到期时按票面金额加上利息支付票款,其中票面金额是出票人承诺的债务资金,利息为债务到期时应支付的资金占用费。带息票据注明利率,除另有说明外,票据利率均指年利率,同时还注明付息日期。不带息票据票面无利息规定,又称"光票",但其票面金额实际上含有利息,因而其到期价值等于票面金额。

应收票据是具有确切收款日期的"应收账款"。应收票据的到期日有两种情况。(1)票据上指定的某一天,如"准定于20××年3月8日照付"。(2)票据规定一段时间后的某一天,可分为两种情况:一是按月数定期,如以出票日后三个月为期,则到期日应是到期的那个月份与出票日相同的那一天;二是按日数定期,采用"留头去尾"或"去头留尾"办法,出票日和到期日只能计算其中的一天,如20×1年3月5日开出一张60天到期的期票,"去头留尾"法下到期日为20×1年5月4日(3月份26天+4月份30天+5月份4天)。

(一)不带息应收票据

不带息票据的到期价值等于应收票据的面值。企业收到商业汇票,按应收票据的面值,借记"应收票据"账户;按实现的营业收入,贷记"主营业务收入"账户;按专用发票注明的增值税,贷记"应交税费——应交增值税(销项税额)"账户。企业收到应收票据以抵偿应收账款时,借记"应收票据"账户,贷记"应收账款"账户。因付款人无力支付票款,收到银行退回的商业承兑汇票和其他有关凭证时,按应收票据账面价值,借记"应收账款"账户,贷记"应收票据"账户。

【例3-3】 YH企业向HL企业销售产品一批,货款200 000元、适用增值税率16%、增值税32 000元,已发货。按合同规定,YH企业于20×1年8月1日交YH

企业一张不带息6个月到期的银行承兑汇票,面值232 000元。YH企业有关会计处理如下。

(1) 收到汇票

借:应收票据　　　　　　　　　　　　　　　　　　　　232 000
　　贷:主营业务收入　　　　　　　　　　　　　　　　　　200 000
　　　　应交税费——应交增值税(销项税额)　　　　　　　 32 000

(2) 汇票到期,收到票款

借:银行存款　　　　　　　　　　　　　　　　　　　　232 000
　　贷:应收票据　　　　　　　　　　　　　　　　　　　　232 000

(二) 带息应收票据

带息应收票据到期应计算利息,其计算公式如下:

$$应收票据利息 = 应收票据票面金额 \times 票面利率 \times 期限$$

上式中,期限是指票据签发日至到期日的间隔期。为方便计算,一般将1年的计算日期定为360天。带息票据,按其票面金额记账。中期期末或年度终了,按应收票据的票面价值和确定的利率计提利息,计提的利息增加应收票据的账面价值,借记"应收票据"账户,贷记"财务费用"账户。带息票据到期收回款项时,应按实际收到的本息,借记"银行存款"账户;按应收票据的账面价值,贷记"应收票据"账户;按其差额,贷记"财务费用"账户。到期不能收回的带息应收票据,转入"应收账款"账户核算后,中期期末或年度终了不再计提利息。

【例3-4】　沿用【例3-3】资料,假定HL企业交来的是带息票据,利率10%,YH企业会计处理如下。

(1) 收到汇票,同【例3-3】分录(1)

(2) 20×1年末,资产负债表日,计提当年应计利息收入

20×1 年末计提票据应计利息收入 $= 232\ 000 \times 10\% \times 5/12 = 9\ 666.67(元)$

借:应收票据　　　　　　　　　　　　　　　　　　　　9 666.67
　　贷:财务费用　　　　　　　　　　　　　　　　　　　　9 666.67

(3) 20×2年,汇票到期,收到带息票据款项

票据本息额 $= 232\ 000 \times (1 + 10\% \times 6/12) = 232\ 000 + 11\ 600 = 243\ 600(元)$

20×2 年计提票据应计利息收入 $= 232\ 000 \times 10\% \times 1/12 = 1\ 933.33(元)$

借:银行存款　　　　　　　　　　　　　　　　　　　　243 600
　　贷:应收票据(232 000+9 666.67)　　　　　　　　　241 666.67
　　　　财务费用　　　　　　　　　　　　　　　　　　　 1 933.33

三、应收账款的会计处理

应收账款,是指企业因销售商品、提供劳务或办理工程结算等,应向对方单位收取的款项。企业应设置"应收账款"账户,并按不同购货单位或接受劳务单位设置明细账。该账户期末借方余额,反映尚未收回的应收账款;期末如为贷方余额,反映预收的账款。发生应收账款时,按应收金额,借记"应收账款"账户,按实现的营业收入,贷记"主营业务收入"等账户,按专用发票上注明的增值税,贷记应交税费下的"应交增值税(销项税额)"账户;收回应收账款时,借记"银行存款"等账户,贷记"应收账款"账户。

(一)销售折扣和销售折让

1. 销售折扣

销售折扣,包括商业折扣和现金折扣。

(1)商业折扣。它是为促进商品销售而在商品标价上给予的价格扣除,如购买商品 1 000 件以上,可享受原价 90%的折扣等。会计上对商业折扣不予入账,而是以实际成交的价格确认收入。因此,应收账款应按扣除商业折扣后的实际成交价计价。

【例 3-5】 YW 企业销售一批产品,价目表标明售价 600 000 元,并给予 10%商业折扣;增值税率 16%,会计处理如下。

销售时

  借:应收账款   626 400
    贷:主营业务收入(600 000×90%)   540 000
      应交税费——应交增值税(销项税额)(540 000×16%) 86 400

收到货款时

  借:银行存款   626 400
    贷:应收账款   626 400

(2)现金折扣。它是为鼓励客户在规定期限内付款而向其提供的价格折扣,如 2/10,表示 10 天内付款可享受 2%的折扣等。会计上有两种对现金折扣处理方法。

一是总价法,销售时以折扣前的售价总额作为实际售价计入应收账款,客户享受到折扣,将其视为理财费用,计入财务费用。

二是净价法,销售时以折扣后的售价净额作为实际售价计入应收账款,客户未享受到折扣,视作为客户提供信贷而获得的利息收入,冲减财务费用。

【例 3-6】 HH 企业赊销 K 产品,不含税的售价总额 600 000 元,现金折扣条件:2/10,1/20,n/30;增值税率 16%,有关会计处理如下。

一是总价法

（1）销售时

借：应收账款	696 000	
贷：主营业务收入		600 000
应交税费——应交增值税（销项税额）（600 000×16%）		96 000

（2）10天内收到货款，客户可享受2%折扣

借：银行存款	684 000	
财务费用（600 000×2%）	12 000	
贷：应收账款		696 000

（3）超过10天，20天内收到货款，客户可享受1%折扣

借：银行存款	690 000	
财务费用（600 000×1%）	6 000	
贷：应收账款		696 000

（4）超过20天，30天内收到货款，没有折扣

借：银行存款	696 000	
贷：应收账款		696 000

二是净价法

（1）销售时

借：应收账款	684 000	
贷：主营业务收入（600 000×98%）		588 000
应交税费——应交增值税（销项税额）（600 000×16%）		96 000

（2）10天内收到货款

借：银行存款	684 000	
贷：应收账款		684 000

（3）超过10天，20天内收到货款

借：银行存款	690 000	
贷：应收账款		684 000
财务费用（600 000×1%）		6 000

（4）超过20天，30天内收到货款

借：银行存款	696 000	
贷：应收账款		684 000
财务费用（600 000×2%）		12 000

需要说明,总价法能较好地反映销售的全过程,应收账款可根据折扣前的售价总额确定,计量亦简便;但当客户享受现金折扣时会产生高估应收账款和营业收入的现象,因此期末应披露销售中客户潜在的销货折扣额。净价法可避免总价法的上述不足,但应收账款根据折扣后金额确定,当客户没有享受到折扣、需核对折扣前的销售金额时,由于原始记录以净额入账,查账较麻烦。

实务上,总价法下应收账款以发票上未扣除折扣的销售总额核算,符合税务部门要求,且该法简便易行。因此,我国会计制度要求公司应该采用总价法核算。

2. 销售折让

销售折让,是指因售出商品的质量不合格等原因而在售价上给予的价格减让。对于销售折让,应分不同情况处理:(1)已确认收入的售出商品发生销售折让时,一般应冲减当期销售商品收入;(2)已确认收入的售出商品发生销售折让属于资产负债表日后事项的,应按《资产负债表日后事项》企业会计准则处理。

【例 3-7】 AH 企业销售一批商品,售价 100 000 元,增值税率 16%。售后买方发现商品质量有问题,要求在价格上给予 10%折让。AH 企业有关分录如下。

(1) 销售时

借:应收账款	116 000
贷:主营业务收入	100 000
应交税费——应交增值税(销项税款)	16 000

(2) 发生 10%销售折让

借:主营业务收入(100 000×10%)	10 000
应交税费——应交增值税(销项税款)	1 600
贷:应收账款	11 600

(3) 收到货款

借:银行存款	104 400
贷:应收账款(116 000-11 600)	104 400

(二) 坏账损失的核算

1. 直接销账法

直接销账法,是指坏账实际发生时就将坏账损失直接计入当期损益,并注销相应应收账款的一种方法。这种方法优点是账务处理简便,坏账发生的金额小、次数少的小企业可采用此法。但是,这种核销方法忽视了坏账损失与赊销业务之间的相关联系,对于前期已存在的坏账损失,在核销前不予以反映,当后期处理坏账时,再将全部损失计入当期损益,因此不符合应计制和配比原则。

直接转销法下,转销坏账时,借记"资产减值损失"账户,贷记"应收账款""其他应收款"等账户。已确认并转销的坏账损失,如以后又收回,应借记"应收账款""其他应收款"等账户,贷记"资产减值损失"账户;同时借记"银行存款"账户,贷记"应收账款"账户。

【例3-8】 20×1年5月,ZP企业3年前入账的一笔25 000元应收账款,屡催无效,经批准确认为坏账。假定20×1年10月,经追索,如数收回该笔销货款,分录如下。

(1) 20×1年5月,确认坏账损失

  借:资产减值损失   25 000
    贷:应收账款   25 000

(2) 20×1年10月,转回已转销的坏账

  借:应收账款   25 000
    贷:资产减值损失   25 000

(3) 收到销货款

  借:银行存款   25 000
    贷:应收账款   25 000

2. 备抵法

备抵法,是指采用一定方法按期估计坏账损失,并计提相应坏账准备;当坏账发生、被确认时,根据坏账金额冲减坏账准备,同时转销相关应收账款的一种方法。

备抵法下,营业收入和与其相关的坏账损失被同时计入当期损益,体现了收入与费用配比的要求。在资产负债表上,应收账款一方面按其初始计量的账面余额反映,另一方面又按扣除坏账准备后的可收回净值反映,符合真实反映资产价值的信息披露要求。因而,备抵法得到广泛应用。

备抵法下,应设置"坏账准备"账户。提取坏账准备时,借记"资产减值损失"账户,贷记"坏账准备"账户。若当期应提取的坏账准备大于其账面余额,应按其差额提取;若应提取数小于账面余额,做相反会计分录,借记"坏账准备"账户,贷记"资产减值损失"账户。发生坏账时,按应予以转销的应收账款金额,借记"坏账准备"账户,贷记"应收账款"账户。"坏账准备"账户属于"应收账款"账户的备抵账户,在资产负债表上应以"应收账款"账户借方余额扣除"坏账准备"账户贷方余额后的净额进行填报。

备抵法下,会计期末确认的坏账损失是一个估计数。企业应以历史资料为基础,参考市场情况、行业惯例和信用政策,尽量正确估计坏账损失。估计坏账损失的方法主要有以下两种。

（1）账龄分析法。它是根据应收账款所欠账款日期的长短,即账龄,来估计坏账损失,从而计提坏账准备。一般来说,应收账款拖欠越久、账龄越长,收回可能性越小,估计的坏账准备金应越大。因此,可根据账龄期长短,划分几个区域,为每个区域估计坏账百分率,然后估计坏账损失额并计提坏账准备。一般可将应收账款的账龄期分为1年、2年、3年及其以上的,并分别按0—25%、25%—50%、100%等比例计提坏账准备。

（2）余额百分比法。它考虑到应收账款余额与坏账损失额具有相关性,应收账款余额越大,坏账发生的风险越高,因而可根据期末应收账款余额和估计坏账发生率来确定坏账损失,并据此计提坏账准备。采用这种方法的企业每年至少应对应收账款余额与实际发生的坏账损失做一次比较分析,以便正确确定坏账准备的计提比率。当前,我国内地上市企业一般约按年末应收账款余额10%左右的比例计提坏账准备。我国税法规定,可按0.3%—0.5%计提坏账准备,作为税前扣除标准计入当期损益。

企业一般采用应收账款期末余额百分比法计提坏账准备。计提时,按应计提的金额,借记"资产减值损失"账户,贷记"坏账准备"账户。

【例3-9】 当年年末,TG企业"应收账款"账户借方余额20 000 000元,采用应收账款余额百分比法并按10%计提坏账准备。假定计提时,12月份"坏账准备"账户期初余额有以下三种情况:情况一,贷方余额800 000元;情况二,借方余额600 000元;情况三,贷方余额2 100 000元。分录如下。

（1）情况一:差额计提

本年补提坏账准备 = (20 000 000 × 10%) − 800 000 = 1 200 000(元)

借:资产减值损失　　　　　　　　　　　　　1 200 000
　　贷:坏账准备　　　　　　　　　　　　　　　　　1 200 000

（2）情况二:补充追加计提

本年计提坏账准备 = (20 000 000 × 10%) + 600 000 = 2 600 000(元)

借:资产减值损失　　　　　　　　　　　　　2 600 000
　　贷:坏账准备　　　　　　　　　　　　　　　　　2 600 000

（3）情况三:转回多计提部分

本年计提坏账准备 = (20 000 000 × 10%) − 2 100 000 = −100 000(元)

借:坏账准备　　　　　　　　　　　　　　　100 000
　　贷:资产减值损失　　　　　　　　　　　　　　　100 000

四、预付账款和其他应收款

（一）预付账款

预付账款,是指按购货或劳务合同规定,预付给供货或提供劳务方的购货或接受劳务服务的款项。预付账款和应收账款都属于短期债权,但两者是有区别的。预付账款是企业购货或接受劳务引起的,需预先付给供货方或提供劳务方的款项;应收账款是企业销售或提供劳务引起的,应向购货方或接受劳务方收取的款项。

企业可通过设置"预付账款"账户来核算预付账款,该账户是资产类账户,借方登记向供货单位预付的货款;贷方登记收到所购货物时应结转的预付款项。期末余额一般在借方,反映已预付尚未结算的购货款,其性质属于应收款项。当该账户出现贷方余额时,表示预付购货款低于应付货款的实际数额,其性质属于应付款项。

预付货款情况不多的企业,也可将预付的购货款直接记入"应付账款"账户的借方,而不设置"预付账款"账户。通过"应付账款"账户登记预付货款,有时会使该账户一些明细账出现借方余额,其性质属于应收款项,在期末编制报表时,应将这部分借方余额在资产负债表的资产方"预付账款"项目中加以揭示。此外,期末编制会计报表时"预付账款"和"应收账款"应分别列报。

预付款项时,借记"预付账款"账户,贷记"银行存款"账户。收到所购物资时,借记"原材料""库存商品"等账户;按专用发票上注明的增值税,借记"应交税费——应交增值税（进项税额）"账户;按应付金额,贷记"预付账款"账户。需要补付款项的,借记"预付账款"账户,贷记"银行存款"账户;退回多付款项的,借记"银行存款"账户,贷记"预付账款"账户。

（二）其他应收款

其他应收款,是指除应收票据、应收账款、预付账款、应收股利、应收利息等以外,应收、暂付其他单位和个人的各种款项。具体包括以下九个方面:(1)预付给不设"备用金"账户的企业内部各车间、单位和职工(如采购员)个人的各种备用金;(2)应收出租包装物的租金;(3)存出的保证金;(4)应向职工个人收取的各种垫付款项;(5)应收、暂付上级单位和所属单位的款项;(6)应收的各种赔款,包括应向责任者个人和保险企业收取的赔偿款项;(7)应收的各种罚款;(8)应向购货单位收取、代交的税金款项;(9)其他应收、暂付款项。

企业需要设置"其他应收款"账户,用来核算其他应收账款。该账户借方登记发生的各种其他应收款项;贷方登记收到和结转的其他应收款项;期末借方余额反映应收未收的各项其他应收款项。该账户应按其他应收款的项目分类,并按不同的债务人设置明细账,进行明细核算。

需要指出,预付账款一般不应计提坏账准备,但若有确凿证据表明其已不符合预付账款的性质,或者因供货单位破产、撤销等原因已无望再收到所购货物,则应将原计入预付账款的金额转入应收账款,并按应收账款计提坏账准备的要求计提相应的坏账准备。同样,其他应收款若金额小、收回时间短,一般也无需计提坏账准备。但是,若具有确凿证据表明其他应收款已无法收回或收回可能性极小,且金额巨大,则应按应收账款计提坏账准备的要求,对其计提坏账准备。企业应定期或至少于每年年末对其他应收款进行检查,预计其可能发生的坏账损失,并计提坏账准备。

第三节 委托贷款和贷款

一、一般企业的委托贷款

委托贷款,是指企业将多余资金转入委托银行一般委存账户,委托银行根据企业确定的贷款对象、用途、金额、期限、利率等代为发放、监督使用并协助收回的贷款业务。一般企业不是金融企业,不能直接对外贷款,因此委托银行进行对外贷款。这对于一般企业来说,属于其他债权投资的行为。

一般企业的其他债权投资,是指除债券投资以外的以贷款方式进行的其他债权投资,如将多余资金委托金融机构贷款,以贷款换取某种优惠或特权等。在其他债权投资中,企业往往以委托贷款的方式取得1年期以上的长期应收票据。长期应收票据以其现值入账、确认溢折价,在票据存续期内摊销溢折价,并确认利息收入或费用。

"长期应收票据"是资产负债表长期资产项目;"长期应收票据折价"是"长期应收票据"的减项,并按票据存续期间摊销。长期应收票据扣除折价后,以净额在资产负债表上进行反映。

【例3-10】 20×1年1月1日,BH企业委托金融机构贷款6 500 000元给QH企业,收到5年期、面值10 000 000元的不计息长期票据一张,实际利率9%,会计处理如下。

(1) 20×1年1月1日,委托贷款并收到长期票据

长期应收票据现值 = 票据面值 × 第5年、9%、1元现值系数 = 10 000 000 × 0.65 = 6 500 000(元)

5年期、9%复利计算利息收入现值 = 长期应收票据面值 − 5年期、贷款本金现值 = 10 000 000 − 6 500 000 = 3 500 000(元)

借:长期应收票据	10 000 000	
贷:长期应收票据折价		3 500 000
银行存款		6 500 000

(2) 20×1 年末,计提应计利息、摊销票据折价,并结转应计收益

$$20×1\text{年末应计利息收入} = 6\,500\,000 × 9\% = 585\,000(元)$$

借:长期应收票据折价	585 000
贷:投资收益——贷款利息收入	585 000

以后各年,按实际利率、复利计算,依次类推。

(3) 票据到期,收到票据本息

借:银行存款	10 000 000
贷:长期应收票据	10 000 000

【例 3-11】 沿用【例 3-10】资料,假定 BH 企业贷款 6 500 000 元,放弃 5 年利息收入,与 QH 企业签订 8 年期、优惠购货合同,以换取优惠购货特许权。在 8 年内,QH 企业以其 A 产品正常售价 1 000 元 50% 的折扣,每年向 BH 企业供货 8 000 只。BH 企业会计处理如下。

(1) 20×1 年 1 月 1 日,贷款、放弃利息收入,以换取优惠购货特许权

借:长期应收票据	6 500 000
贷:银行存款	6 500 000

备查簿记录,放弃 5 年利息收入换取优惠购货权 3 500 000 元。

(2) 第 1 年,购货 1 000 只 A 产品,每只优惠价 500 元(1 000×50%)

借:库存商品(500×1 000)	500 000	
应交税费——应交增值税(进项税额)(1 000×1 000×16%)	160 000	
贷:银行存款		660 000

备查簿记录,摊销第 1 年优惠购货权 437 500 元(3 500 000/8 000×1 000)。以后各年,依次类推。

(3) 20×6 年初,收回贷款

借:银行存款	6 500 000
贷:长期应收票据	6 500 000

在备查簿中,经过 8 年记录,累计摊销优惠购货权 3 500 000 元(437 500×8)。

二、金融企业的贷款

金融企业尤其是商业银行、保险企业等,它们主要是经营货币的特殊企业,贷

款是其主要盈利性金融资产之一。金融企业按当前市场条件发放的贷款,应按发放贷款的本金和相关交易费用之和作为初始确认金额。贷款持有期间所确认的应计利息收入,应根据实际利率计算。实际利率应在发放贷款时予以确定,并在该贷款的预期存续期间或适用的更短期间内保持不变。

如果贷款发生减值,应将贷款账面价值减记至预计未来现金流量现值,将该贷款账面价值与预计未来现金流量现值之间的差额,确认为资产减值损失,计入当期损益;同时,将其结转为已发生减值的"异常"资产。贷款确认减值损失后,如有客观证据表明该金融资产价值已恢复,且客观上与确认该损失后发生的事项有关(如债务人的信用评级已提高等),原确认的减值损失应予以转回,计入当期损益。但是,该转回后的账面价值不应超过假定不计提减值准备下该金融资产在转回日的摊余成本。贷款发生减值后,应计利息收入应按确定减值损失时对未来现金流量进行折现采用的折现率作为利率计算确认。收回或处置"贷款"时,应将取得的收回或处置价款与该贷款账面价值间差额,计入当期损益。

为核算金融企业(银行)按规定发放的贷款,包括质押贷款、抵押贷款、保证贷款、信用贷款等,应设置"贷款"账户。按规定发放的具有贷款性质的银团贷款、贸易融资、协议透支、信用卡透支、转贷款,以及垫款等,也可单独设置"银团贷款""贸易融资""协议透支""信用卡透支""转贷款""垫款"等账户。金融企业(保险)的保户质押贷款,可将"贷款"改为"保户质押贷款"账户;金融企业(典当)的质押贷款、抵押贷款,可改为"抵押贷款"账户;一般企业委托银行或其他金融机构贷出的款项,可改为"委托贷款"账户。本账户按贷款的客户和类别,分别"本金""利息调整""已减值"等进行明细核算。"贷款"账户期末借方余额,反映按规定发放尚未收回贷款的摊余成本。具体会计处理如下。

(1) 发放贷款时,按贷款的合同金额,借记"贷款——本金"账户;按实际支付金额,贷记"吸收存款""存放中央银行存款"等账户;有差额的,借记或贷记"贷款——利息调整"账户。资产负债表日,应按贷款的合同本金和合同利率计算确定的应收未收利息,借记"应收利息"账户;按贷款的摊余成本和实际利率计算确定的利息收入,贷记"利息收入"账户;按其差额,借记或贷记"贷款——利息调整"账户。

收回贷款时,按客户归还的金额,借记"吸收存款""存放中央银行存款"等账户;按收回的应收利息金额,贷记"应收利息"账户;按归还的贷款本金,贷记"贷款——本金"账户;按其差额,贷记"应收利息"账户。存在利息调整余额的,应同时结转该余额。

(2) 资产负债表日,确定贷款发生减值的,按应减记的金额,借记"资产减值损失"账户,贷记"贷款损失准备"账户。同时,将发生减值的贷款账户余额转入减值贷款账户,借记"贷款——已减值"账户,贷记"贷款——本金、利息调整"账户。同时,应按减值贷款的摊余成本和实际利率计算确定的利息收入,借记"贷款损失准备",贷记"利息收入"账户。同时,将按贷款的合同本金和合同利率计算确定的应收利息金额进行表外登记。

收回减值贷款时,应按实际收到的金额,借记"吸收存款""存放中央银行存款"等账户;按相关贷款损失准备余额,借记"贷款损失准备"账户;按相关贷款余额,贷记"贷款——已减值"账户;按其差额,贷记"资产减值损失"账户。对于确实无法收回的贷款,按管理权限报经批准后作为呆账予以转销时,借记"贷款损失准备"账户,贷记"贷款——已减值"账户。按管理权限报经批准后转销表外应收未收利息时,减少表外"应收未收利息"账户余额。已确认并转销的贷款以后又收回的,按原转销的已减值贷款余额,借记"贷款——已减值"账户,贷记"贷款损失准备"账户。按实际收到的金额,借记"吸收存款""存放中央银行存款"等账户,按原转销的已减值贷款余额,贷记"贷款——已减值"账户;按其差额,贷记"资产减值损失"账户。

【例 3-12】 20×1 年 1 月 1 日,YD 银行向客户发放贷款 60 000 000 元,期限 2 年,按季计、结息。假定无交易费用,合同利率与实际利率均为 10%,贷款每半年减值测试 1 次。

其他资料如下。(1)20×1 年,每季度末分别确认并收到贷款利息收入 1 500 000 元(60 000 000×10%×1/4)。(2)20×1 年末,经检测确认贷款发生减值,并计提减值准备 6 000 000 元。(3)20×2 年 1 季度末,仅收到客户利息收入 600 000 元;预期以后很可能收不到该客户利息收入。(4)20×2 年第 1 季末,银行取得该客户公允价值 51 000 000 元的抵债房地产,发生相关税费 153 000 元,与该客户终结业务关系并结转损益。为弥补损失,银行暂先出租该抵债资产以获取租金收入。(5)20×2 年上半年末,银行获该抵债资产出租的租金收入 480 000 元,此时该抵债资产可变现净值 50 400 000 元。(6)20×2 年末,当年发生该房地产维修费用 180 000 元;租金收入 960 000 元;此时抵债资产可变现净值 50 280 000 元。(7)20×3 年初,处置该抵债资产,发生相关税费 968 000 元,并取得处置收入 50 280 000 元。

假定不考虑其他因素,YD 银行会计处理如下。

(1)20×1 年 1 月 1 日,对外贷款

借:贷款——本金   60 000 000
  贷:吸收存款   60 000 000

(2)20×1 年,每季度末,分别确认并收到利息收入

借：应收利息　　　　　　　　　　　　　　　　　　　1 500 000
　　贷：利息收入　　　　　　　　　　　　　　　　　　　　　1 500 000

同时

借：吸收存款(或存放中央银行款项)　　　　　　　　　1 500 000
　　贷：应收利息　　　　　　　　　　　　　　　　　　　　　1 500 000

(3) 20×1 年末,资产负债表日,结转已发生减值的贷款,并计提减值准备

20×1 年末贷款的摊余成本 = 贷款 − 减值准备 = 60 000 000 − 6 000 000 = 54 000 000(元)

借：贷款——已减值　　　　　　　　　　　　　　　　60 000 000
　　贷：贷款——本金　　　　　　　　　　　　　　　　　　　60 000 000

同时

借：资产减值损失　　　　　　　　　　　　　　　　　 6 000 000
　　贷：贷款损失准备　　　　　　　　　　　　　　　　　　　6 000 000

(4) 20×2 年,第 1 季度末

首先,计算本季度应计利息,预计未来收不到,结转损失准备;同时计算摊余成本。

本季度应计利息(按20×1年末摊余成本和实际利率计算确定) = 54 000 000 × 10% × 1/4 = 1 350 000(元)

20×2年1季度末贷款的摊余成本 = 20×1年末摊余成本 + 20×2年1季度应计利息 − 20×2年1季度已收利息
= 54 000 000 + 1 350 000 − 600 000 = 54 750 000(元)

借：贷款损失准备　　　　　　　　　　　　　　　　　 1 350 000
　　贷：利息收入　　　　　　　　　　　　　　　　　　　　　1 350 000

其次,将收到的利息直接冲减"已减值贷款"价值。

借：吸收存款(或存放中央银行款项)　　　　　　　　　 600 000
　　贷：贷款——已减值　　　　　　　　　　　　　　　　　　 600 000

(5) 20×2 年,第 1 季度末,取得抵债资产,终结该贷款业务,并结转损失

营业外支出 = (59 400 000 + 153 000) − (51 000 000 + 4 650 000) = 3 903 000(元)

借：抵债资产——房地产　　　　　　　　　　　　　　51 000 000
　　贷款损失准备(6 000 000−1 350 000)　　　　　　　 4 650 000
　　营业外支出　　　　　　　　　　　　　　　　　　 3 903 000
　　贷：贷款——已减值(60 000 000−600 000)　　　　　　　 59 400 000
　　　　应交税费　　　　　　　　　　　　　　　　　　　　　 153 000

(6) 20×2 年,上半年末,获出租抵债资产租金收入,并确认抵债资产减值损失

上半年末抵债资产减值损失 = 账面价值 − 可变现净值 = 51 000 000 − 50 400 000
= 600 000(元)

借:吸收存款(或存放中央银行款项)	480 000	
贷:其他业务收入		480 000

同时

借:资产减值损失	600 000	
贷:抵债资产跌价准备		600 000

(7) 20×2 年末,发生维修费用、获租金收入,确认抵债资产减值损失

年末抵债资产减值损失 = 账面价值 − 可变现净值 = 50 400 000 − 50 280 000
= 120 000(元)

借:资产减值损失	120 000	
贷:抵债资产跌价准备		120 000

同时

借:其他业务成本	180 000	
贷:吸收存款(或存放中央银行款项)等		180 000

同时

借:吸收存款(或存放中央银行款项)	960 000	
贷:其他业务收入		960 000

(8) 20×3 年初,处置抵债资产,并确认处置损失

处置损失 = 50 280 000 − [51 000 000 − (600 000 + 120 000)] − 968 000
= − 968 000(元)

借:吸收存款(或存放中央银行款项)	50 280 000	
抵债资产跌价准备(600 000+120 000)	720 000	
营业外支出	968 000	
贷:抵债资产——房地产		51 000 000
应交税费		968 000

【例 3-13】 20×1 年 1 月 1 日,RH 银行以"折价"方式向 DH 企业贷款 46 208 200 元,初始确认时合同利率 8%、实际利率 10%,5 年期,到期归还本金 50 000 000 元,同时每年末付息 4 000 000 元(50 000 000×8%)。其他资料如下: (1)20×1 年至 20×3 年,3 年利息均已收到;(2)20×3 年末,有证据表明 DH 企业发

生严重财务困难,预期 20×4 年末只能收到 3 600 000 元利息收入,20×5 年末只能收到一半本金为 25 000 000 元。RH 银行会计处理如下。

(1) 编制贷款摊余成本表,见表 3-4。

贷款现值 = 年利息收入合计现值 + 收回贷款时本金现值

$$= \left(\begin{array}{c}\text{合同利率8\%}\\\text{的年利息}\end{array} \times \begin{array}{c}\text{实际利率10\%、5年期、}\\\text{1元年金现值系数}\end{array}\right) + \left(\text{本金} \times \begin{array}{c}\text{实际利率10\%、第5年、}\\\text{1元现值系数}\end{array}\right)$$

= [(50 000 000 × 8%) × 3.7908] + (50 000 000 × 0.6209)

= 4 000 000 × 3.7908 + 31 045 000 = 15 163 200 + 31 045 000 = 46 208 200(元)

贷款折价额 = 到期还本额 - 贷款额 = 50 000 000 - 46 208 200 = 3 791 800(元)

表 3-4　　　　　　　　　RH 银行贷款摊余成本表

合同利率:8%
市场利率:10%
货币单位:元

年份	期初摊余成本(账面价值) (1)	实际利息收入 (2)=(1)×10%	合同利息流入 (3)=面值×8%	折价摊销 (4)=(2)-(3)	折价摊销余额 (5)=上期(5)-(4)	期末摊余成本(账面价值) (6)=本金-(5)或=(1)+(2)-(3)
贷款日	—	—	—	—	3 791 800	46 208 200
20×1	46 208 200	4 620 820	4 000 000	620 820	3 170 980	46 829 020
20×2	46 829 020	4 682 820	4 000 000	682 820	2 488 160	47 511 840
20×3	47 511 840	4 751 184	4 000 000	751 184	1 736 976	48 263 024
20×4	48 263 024	4 826 302	4 000 000	826 302	910 674	49 089 326
20×5	49 089 326	4 910 674	4 000 000	910 674	0	50 000 000
合计	—	23 791 800	20 000 000	3 791 800	—	—

(2) 20×1 年 1 月 1 日,折价方式对外贷款

借:贷款——本金　　　　　　　　　　　　　　　50 000 000
　　贷:吸收存款　　　　　　　　　　　　　　　　46 208 200
　　　　贷款——折价　　　　　　　　　　　　　　 3 791 800

(3) 20×1 年年末,按实际利率确认利息收入,并收到合同利率的利息收入

借:应收利息　　　　　　　　　　　　　　　　　4 000 000
　　贷款——折价　　　　　　　　　　　　　　　　620 820
　　贷:利息收入　　　　　　　　　　　　　　　　4 620 820

同时

借:吸收存款(或存放中央银行款项)　　　　　　　4 000 000
　　贷:应收利息　　　　　　　　　　　　　　　　4 000 000

(4) 20×2年年末,按实际利率确认利息收入,并收到合同利率的利息收入

借:应收利息　　　　　　　　　　　　　　　　　　　4 000 000
　　贷款——折价　　　　　　　　　　　　　　　　　　682 820
　　贷:利息收入　　　　　　　　　　　　　　　　　　　　4 682 820

同时

借:吸收存款(或存放中央银行款项)　　　　　　　　　4 000 000
　　贷:应收利息　　　　　　　　　　　　　　　　　　　　4 000 000

(5) 20×3年年末,按实际利率确认利息收入,并收到合同利率的利息收入

借:应收利息　　　　　　　　　　　　　　　　　　　4 000 000
　　贷款——折价　　　　　　　　　　　　　　　　　　751 184
　　贷:利息收入　　　　　　　　　　　　　　　　　　　　4 751 184

同时

借:吸收存款(或存放中央银行款项)　　　　　　　　　4 000 000
　　贷:应收利息　　　　　　　　　　　　　　　　　　　　4 000 000

(6) 20×3年年末,计算贷款减值损失,并计提减值准备

预计收回剩余贷款的现值 = 20×4年利息 × 1元1年10%现值系数
　　　　　　　　　　　　+ 20×5年一半本金 × 1元2年10%现值系数
　　　　　　　　　　　　= 3 600 000 × 0.9091 + 25 000 000 × 0.8264
　　　　　　　　　　　　= 3 272 760 + 20 660 000 = 23 932 760(元)

由表3-4知,20×3年末摊余成本 = 48 263 024(元)

应确认贷款减值损失 = 48 263 024 - 23 932 760 = 24 330 264(元)

借:贷款——已减值　　　　　　　　　　　　　　　　48 263 024
　　　　——折价　　　　　　　　　　　　　　　　　　1 736 976
　　贷:贷款——本金　　　　　　　　　　　　　　　　　50 000 000

同时

借:资产减值损失　　　　　　　　　　　　　　　　　24 330 264
　　贷:贷款损失准备　　　　　　　　　　　　　　　　　24 330 264

第四节　金融资产转移

一、金融资产转移概述

根据《金融资产转移》企业会计准则规定,金融资产转移是指企业(转出方)将

金融资产(或其现金流量)让与或交付给该金融资产发行方以外的另一方(转入方)。例如,企业将持有的未到期商业票据向银行贴现,就属于金融资产转移。

企业金融资产转移,包括下列两种情况。

1. 将收取金融资产现金流量的权利转移给另一方。

2. 将金融资产转移给另一方,但保留收取金融资产现金流量的权利,并承担将收取的现金流量支付给最终收款方的义务,且同时满足下列条件。(1)只有从该金融资产收到对等的现金流量时,才有义务将其支付给最终收款方。企业发生短期垫付款,但有权全额收回该垫付款并按照市场上同期银行贷款利率计收利息的,视同满足本条件。(2)根据合同约定,不能出售该金融资产或作为担保物,但可以将其作为对最终收款方支付现金流量的保证。(3)有义务将收取的现金流量及时支付给最终收款方。企业无权将该现金流量进行再投资,但按照合同约定在相邻两次支付间隔期内将所收到的现金流量进行现金或现金等价物投资的除外。企业按照合同约定进行再投资的,应当将投资收益按照合同约定支付给最终收款方。

例如,A商业银行将其信贷资产转移给特定目的的信托,之后由特定目的的信托以受让的信托资产为基础发行证券(也称信托收益权凭证),出售给相关投资者;投资者为取得该证券所支付的价款,又通过资金交割最后交付给A商业银行。至此,资产证券化的资金完成其第一次循环。此后,投资者的回报将通过信贷资产形成的现金流入支付,而这些现金流量往往又是由A商业银行代为收取的。A商业银行从中获得金融服务手续费或佣金。由此,资产证券化的资金完成其第二次循环。

二、金融资产终止确认的一般原则

金融资产转移涉及的会计处理,核心是金融资产转移是否符合终止确认的条件。金融资产终止确认,是指企业将之前确认的金融资产从其资产负债表中予以转出。

金融资产的一部分满足下列条件之一的,企业应当将终止确认的规定适用于该金融资产部分,除此以外,企业应当将终止确认的规定适用于该金融资产整体。

1. 该金融资产部分仅包括金融资产所产生的特定可辨认现金流量。如企业就某债务工具与转入方签订一项利息剥离合同,合同规定转入方有权获得该债务工具利息现金流量,但无权获得该债务工具本金现金流量,终止确认的规定适用于该债务工具的利息现金流量。

2. 该金融资产部分仅包括与该金融资产所产生的全部现金流量完全成比例的现金流量部分。如企业就某债务工具与转入方签订转让合同,合同规定转入方拥有获得该债务工具全部现金流量一定比例的权利,终止确认的规定适用于该债务工具全部现金流量一定比例的部分。

3. 该金融资产部分仅包括与该金融资产所产生的特定可辨认现金流量完全成比例的现金流量部分。如企业就某债务工具与转入方签订转让合同,合同规定转入方拥有获得该债务工具利息现金流量一定比例的权利,终止确认的规定适用于该债务工具利息现金流量一定比例的部分。

企业发生满足上述第 2 项或第 3 项条件的金融资产转移,且存在一个以上转入方的,只要企业的转移份额与金融资产全部现金流量或特定可辨认现金流量完全成比例即可,不要求每个转入方均持有成比例的部分。

金融资产满足下列条件之一的,应当终止确认:(1)收取该金融资产现金流量的合同权利终止;(2)该金融资产已转移,且该转移满足《金融资产转移》准则关于终止确认的规定。

三、金融资产转移的计量

(一) 满足终止确认条件的金融资产转移的会计处理

金融资产转移整体满足终止确认条件的,应当将下列两项金额的差额计入当期损益:

(1) 所转移金融资产在终止确认日的账面价值;

(2) 因转移而收到的对价,与原直接计入其他综合收益的公允价值变动累计额中对应终止确认部分的金额(涉及转移的金融资产为根据《金融工具确认和计量》企业会计准则第 18 条分类为以公允价值计量且其变动计入其他综合收益的金融资产的情形)之和。

可以公式表示如下:

$$\text{金融资产整体转移计入当期损益} = \text{因转移而收到的对价} + \text{原直接计入其他综合收益的公允价值变动累计利得}\begin{pmatrix}\text{如为累计损失,}\\\text{则为减项}\end{pmatrix} - \text{所转移金融资产的账面价值}$$

应收债权出售处置,一般分为不附追索权出售和附追索权出售两种情况。不附追索权的应收债权出售,是指企业向商业银行等金融机构出售应收债权,根据协议,当应收债权无法收回时,银行等金融机构不能向出售应收债权的企业进行追偿。这种情况下,企业应将所售应收债权予以转销,结转计提的相关坏账准备,并将按协议约定预计发生的销售退回、现金折扣等,确认出售损益。

【例 3-14】 2×18 年 3 月 8 日,LH 公司销售商品给 Y 企业,适用增值税率 16%,增值税专用发票上销售价款 1 000 000 元,增值税款 160 000 元,款项尚未收到。双方约定,Y 企业应于当年 9 月 30 日付款。2×18 年 6 月 5 日,经与 C 银行协商后约定:LH 公司将应收 Y 企业的销货款出售给 C 银行,价款 907 500 元;在应收

Y企业销货款到期无法收回时,C银行不能向LH公司追偿。LH公司根据历史经验,该商品将发生69 600元销售退回,其中增值税9 600元,销售成本35 000元,销售退回由LH公司承担。假定当年8月8日,LH公司如数收到Y企业退回的上述金额的商品。不再考虑其他因素,LH公司与其应收债权出售的有关会计处理如下。

(1) 2×18年6月5日,出售应收债权

借:银行存款　　　　　　　　　　　　　　　　907 500
　　财务费用　　　　　　　　　　　　　　　　182 900
　　其他应收款　　　　　　　　　　　　　　　 69 600
　　贷:应收账款　　　　　　　　　　　　　　　　　　 1 160 000

(2) 2×18年8月8日,收到Y企业退回商品

借:主营业务收入　　　　　　　　　　　　　　 60 000
　　应交税费——应交增值税(销项税额)　　　　 9 600
　　贷:其他应收款　　　　　　　　　　　　　　　　　　69 600
借:库存商品　　　　　　　　　　　　　　　　 35 000
　　贷:主营业务成本　　　　　　　　　　　　　　　　 35 000

(二) 继续确认被转移金融资产的会计处理

1. 不符合终止确认条件、继续确认转移金融资产的判断

金融资产转移后,企业仍保留了被转移金融资产所有权上几乎所有风险和报酬而不满足终止确认条件的,不应当终止确认该金融资产,而应当继续确认被转移金融资产整体,并将收到的对价确认为一项金融负债。在继续确认被转移金融资产的情形下,金融资产转移所涉及的金融资产与所确认的相关金融负债不得相互抵销。在后续会计期间,企业应当继续确认该金融资产产生的收入(或利得)和该金融负债产生的费用(或损失),不得相互抵销。

企业在附回购协议的金融资产出售中,企业(转出方)将予回购的资产与售出的金融资产相同或实质上相同、回购价格固定或是原售价加上合理回报的,不应当终止确认所出售的金融资产。例如,采用买断式回购、质押式回购交易卖出债券、企业融出证券或进行证券出借。又如,出售金融资产并附有将市场风险敞口转回给企业的总回报互换。再如,企业出售短期应收款项或信贷资产,并且全额补偿转入方可能因被转移金融资产发生的信用损失。还有,企业出售金融资产,同时与转入方签订看跌期权合约或看涨期权合约,且根据合同条款判断,该看跌期权或看涨期权为一项重大价内期权,即期权合约的条款设计,使得金融资产的转入方或转出方很可能会行权。

判断金融资产转移是否满足《金融资产转移》准则规定的终止确认条件时,应当注重金融资产转移的实质。企业已将金融资产所用权上几乎所有的风险和报酬转移给转入方的,应当终止确认该金融资产;保留了金融资产所用权上几乎所有的风险和报酬的,不应当终止确认该金融资产。

2. 不符合终止确认条件、继续确认转移金融资产的会计处理

如前所述,应收债权出售处置,分为不附追索权出售和附追索权出售两种情况。企业出售应收债权附有追索权的情况下,如果有关应收债权在到期时无法收回,银行等金融机构根据附追索权条款,有权向出售应收债权的企业进行追偿,或者按照协议,企业有义务按约定金额向银行等金融机构回购部分应收债权,应收债权的坏账损失风险由出售应收债权的企业承担。此时,企业应按照以应收债权为质押取得借款的方式进行会计处理。

企业持未到期的商业汇票向银行贴现,一般都附有追索权。根据《支付结算办法》规定,银行实付贴现金额按票面金额扣除贴现日至汇票到期前 1 日的贴现息计算,承兑人在异地的,贴现期限与贴现利息的计算应另加 3 天的划款日期。应收票据贴现时需计算贴现息和贴现净额,计算公式如下:

$$贴现息 = 票据到期价值 \times 贴现率 \times 贴现期$$
$$贴现净额 = 票据到期价值 - 贴现息$$

企业应按实际收到的贴现净额,借记"银行存款"账户;按贴现息部分,借记"财务费用"等账户;按商业汇票票面金额,贷记"应收票据"账户。如果贴现的商业承兑汇票到期而承兑人不足支付,申请贴现的企业收到银行退回的商业承兑汇票时,按应付金额,借记"应收账款"账户,贷记"银行存款"账户。此时,申请贴现的企业必须将原取得的贴现款退回银行,同时,确认应收承兑人的账款。

【例 3-15】 2×19 年,SY 企业销售商品给 LG 企业,货已经发出,适用增值税率 16%。增值税专用发票上,商品售价 800 000 元,增值税额 128 000 元。当日收到 LG 企业签发的出票日期 3 月 25 日、到期日 9 月 25 日,期限 6 个月、不带息商业承兑汇票一张。SY 企业销售商品收入符合收入确认条件,会计处理如下:

(1) 销售商品

借:应收票据 928 000
　　贷:主营业务收入 800 000
　　　　应交税费——应交增值税(销项税额) 128 000

(2) 9 月 25 日,应收票据到期

借:银行存款 928 000
　　贷:应收票据 928 000

【例3-16】 沿用【例3-15】资料,20×1年5月4日,SY企业持未到期应收票据向银行贴现,票据出票日3月25日,贴现日5月4日,到期日9月25日。票据面值928 000元、期限6个月。LG企业在异地,需另加3天划款日期。假定,银行对贴现票据拥有追索权,年贴现率12%。贴现息与贴现净额的计算和SY有关分录如下。

$$贴现天数 = \frac{5月份}{天数} + \frac{6月份}{天数} + \frac{7月份}{天数} + \frac{8月份}{天数} + \frac{9月份}{天数} + 异地划款日期$$

$$= 28 + 30 + 31 + 31 + (25 - 1) + 3 = 147(天)$$

贴现息 = 928 000 × 12% × 147/365 = 44 849(元)

贴现净额 = 928 000 − 44 849 = 883 151(元)

借:银行存款　　　　　　　　　　　　　　　　883 151
　　短期借款——利息调整　　　　　　　　　　 44 849
　　贷:短期借款——成本　　　　　　　　　　　　　　928 000

【例3-17】 沿用【例3-16】资料,SY企业持有未到期的应收票据为带息商业承兑汇票,票面利率10%,则贴现息与贴现净额的计算和有关分录如下。

票据到期价值 = 928 000 × (1 + 10% × 6/12) = 974 400(元)

贴现息 = 974 400 × 12% × 147/365 = 47 092(元)

贴现净额 = 974 400 − 47 092 = 927 308(元)

借:银行存款　　　　　　　　　　　　　　　　927 308
　　短期借款——利息调整　　　　　　　　　　 47 092
　　贷:短期借款——成本　　　　　　　　　　　　　　974 400

由上述例题知,企业出售应收债权附有追索权,表明企业保留了应收票据所用权上所有风险和报酬,不应终止确认该金融资产。此时,应将贴现所得确认为一项金融负债(短期借款),其中贴现息,应在票据贴现期间按实际利率法确认为利息费用。

(三)继续涉入被转移金融资产的会计处理

企业既没有转移也没有保留金融资产使用权上几乎所有风险和报酬,且保留了对该金融资产控制的,应当按其继续涉入被转移金融资产的程度继续确认该被转移金融资产,并相应确认相关负债。被转移金融资产和相关负债,应当在充分反映企业因金融资产转移所保留的权利和承担的义务的基础上进行计量。企业应当按照下列规定对相关负债进行计量。

1. 被转移金融资产以摊余成本计量的,相关负债的账面价值等于继续涉入被转移金融资产的账面价值减去企业保留的权利(如果企业因金融资产转移保留了相关权利)的摊余成本并加上企业承担的义务(如果企业因金融资产转移承担了相关义务)的摊余成本;相关负债不得指定为以公允价值计量且其变动计入当期损益的金融负债。

2. 被转移金融资产以公允价值计量的,相关负债的账面价值等于继续涉入被转移金融资产的账面价值减去企业保留的权利(如果企业因金融资产转移保留了相关权利)的公允价值并加上企业承担的义务(如果企业因金融资产转移承担了相关义务)的公允价值;该权利和义务的公允价值应当为按独立基础计量时的公允价值。

企业通过对被转移金融资产提供担保方式继续涉入的,应当在转移日按照金融资产的账面价值和担保金额两者的较低者,继续确认被转移金融资产,同时按照担保金额和担保合同的公允价值(通常是提供担保收到的对价)之和确认相关负债。担保金额,是指企业所收到的对价中,可被要求偿还的最高金额。

在后续会计期间,担保合同的初始确认金额应当随担保义务的履行进行摊销,计入当期损益。被转移金融资产发生减值的,计提的损失准备应从被转移金融资产的账面价值中抵减。

企业按继续涉入程度继续确认的被转移金融资产以及确认的相关负债不应当相互抵销。企业应当对继续确认的被转移金融资产确认所产生的收入(或利得),对相关负债确认所产生的费用(或损失),两者不得相互抵销。继续确认的被转移金融资产以公允价值计量的,在后续计量时对其公允价值变动应根据《金融工具确认和计量》准则的规定进行确认,同时相关负债公允价值变动的确认应当与之保持一致,且两者不得相互抵销。

企业对金融资产的继续涉入仅限于金融资产一部分的,应按《金融资产转移》准则的规定,按照转移日因继续涉入而继续确认部分和不再确认部分的相对公允价值,在两者之间分配金融资产的账面价值,并将下列两项金额的差额计入当期损益:(1)分配至不再确认部分的账面价值(以转移日计量为准);(2)不再确认部分所收到的对价。

如果涉及转移的金融资产为根据《金融工具确认和计量》准则的规定分类为以公允价值计量且其变动计入其他综合收益的金融资产的,不再确认部分的金额对应的原计入其他综合收益的公允价值变动累计额计入当期损益。

【例3-18】 H银行持有一组商品房住房抵押贷款,借款方可提前偿付。2×19年1月1日,该组贷款的本金和摊余成本均为200 000 000元,年票面利率和年实际利率均为10%。经批准,H银行拟将该组贷款转移给L信托机构(受让方)进行证券化处理。

有关资料如下。2×19年1月1日,H银行与受让方签订协议,将该组贷款转移给受让方,并办理有关手续。H 银行收到款项 182 300 000 元,同时保留以下权利:首先,收取以其中的第一部分本金 20 000 000 元以及这部分本金按 10%利率计算所确定利息的权利;其次,收取余下第二部分以 180 000 000 元为本金、按 0.5%利率计算所确定利息(超额利差)的权利。受让人取得收取该组贷款本金中的 180 000 000 元以及该部分本金按 9.5%利率收取利息的权利。双方签订协议约定,该组贷款如被提前偿付,则赔付金额按 1∶9 比例在 H 银行和受让人之间进行分配。但是,如该组贷款发生违约,则违约金额从 H 银行拥有的 20 000 000 元贷款本金中扣除,直至扣完为止。

2×19 年 1 月 1 日,假定,该组贷款公允价值 202 000 000 元,保留的权利次级化取得对价 500 000 元,0.5%的超额利差公允价值为 800 000 元。H 银行会计处理如下。

(1) 继续涉入被转移金融资产的情形分析

H 银行转移了该组贷款所有权相关的部分重大风险和报酬,如重大提前偿付风险。但是,由于设立了次级权益即内部信用增级,因而也保留了所有权相关的部分重大风险和报酬,并且能够对留存的该部分权益实施控制。根据《金融资产转移》准则,H 银行应按继续涉入被转移金融资产的会计规范进行会计处理。

H 银行收到的 182 300 000 元对价,由两部分组成:一是转移的 90%贷款和相关利息的对价,即 181 800 000 元(202 000 000×90%);二是因保留的权利次级化取得的对价 500 000 元(182 300 000−181 800 000)。此外,由于超额利差的公允价值为 800 000 元,从而 H 银行该项金融资产转移交易的信用增级相关的对价为 1 300 000元(500 000+800 000)。

(2) 假定,H 银行无法取得所转移该组贷款的 90%和 10%部分各自的公允价值,则 H 银行转移该组贷款的 90%部分形成的利得或损失计算表,如表 3-5 所示。

表 3-5　继续涉入转移金融资产的估计公允价值、分摊后账面价值和转移利得计算表

单位:元

项目	估计公允价值	百分百	分摊后账面价值	转移部分形成的利得
已转移部分	181 800 000	90%	180 000 000	1 800 000
未转移部分	20 200 000	10%	20 000 000	
合计	202 000 000	100%	200 000 000	

由表 3-5 知,H 银行该组贷款已转移 90%部分,形成利得 1 800 000 元,仍保留未转移贷款部分的账面价值 20 000 000 元。

(3) H 银行因继续涉入而确认资产的金额,按双方协议约定的、因信用增级使 H 银行不能收到的现金流入最大值 20 000 000 元;此外,超额利差形成的资产

800 000元本质上也是属于继续涉入被转移金融资产计量而形成的资产。

（4）因继续涉入而确认负债的金额，按因信用增级使H银行不能收到的现金流入最大值20 000 000元和信用增级的公允价值1 300 000元计算，二者合计21 300 000元。

（5）由以上分析和计算，得出金融资产转移日分录如下。

其他业务收入 = 182 300 000 + 20 000 000 + 800 000 − 180 000 000 − 21 300 000
= 18 000 000(元)

借：存放同业	182 300 000
继续涉入资产——次级权益	20 000 000
——超级账户	800 000
贷：贷款	180 000 000
继续涉入负债	21 300 000
其他业务收入	18 000 000

（6）金融资产转移后，根据收入确认原则，应采用实际利率法将信用增级取得的对价1 300 000元，分期予以确认。还应在资产负债表日对已确认资产，确认可能发生的减值损失。例如，假定2×19年12月31日，已转移贷款发生信用损失6 369 000元，则H银行还应做如下分录。

借：资产减值损失	6 369 000
贷：贷款损失准备——次级权益	6 369 000
借：继续涉入负债	6 369 000
贷：继续涉入资产——次级权益	6 369 000

第四章

存 货

第一节 存货的分类、确认和计量原则

一、存货的定义和分类

（一）存货的定义

存货,是指企业在日常生产经营活动中持有以备出售的产成品或商品、处在生产过程中的在产品,以及在生产过程或提供劳务过程中耗用的材料和物料等。

一般企业的存货是一项重要的流动资产,其金额通常要占流动资产的较大部分。存货的确认和计量直接关系到资产负债表中资产价值的确定,以及利润表中收益的计量。有些行业,企业存货价值往往超过其固定资产的总投资,因而它还是决定企业期末财务状况的一个很重要的因素。

（二）存货的分类

存货按其经济用途可分为以下五类。

1. 原材料。在生产过程中经加工改变其形态或性质并构成产成品主要实体的各种原料及主要材料、辅助材料、外购件、修理用备品备件、包装材料及燃料等。工程物资不符合费用化处理的存货的定义,因此不包括在存货核算中。建造或修理固定资产的工程项目储备的材料物资不同于为生产产品而储备的材料物资,这部分材料物资不符合存货的定义,应将它们作为"工程物资"处理。

2. 在产品及自制半成品。已经过一定生产过程加工,但尚未最终制成产成品、仍需继续加工的中间产品或正在加工中的在制品,如钢铁厂生产的钢锭、钢坯,纺织厂生产的棉纱,机械制造厂生产的各种零部件等。

3. 产成品。已完成全部生产过程并已验收入库,可按合同规定送交订货单

位,或可作为商品对外销售的完工产品,包括库存产品、已发出但尚未实现销售的产品、存放在门市部备售的产品、发出展览的产品等。接受外来原材料加工制造的代制品和为外单位加工修理的代修品,它们在完工验收入库后应视同企业产成品。

4. 商品。商品流通企业外购或委托加工完工后验收入库,用于对外销售的各种商品。

5. 周转材料。能多次使用、但不符合固定资产定义的材料,包括包装物和低值易耗品。此外,建造企业的脚手架、木模板、钢模板等,也属于周转材料。

二、存货的确认和计量原则

(一)存货的确认原则

存货同时满足下列条件的,才能予以确认:(1)与该存货有关的经济利益很可能流入企业;(2)该存货的成本能可靠计量。

存货应在取得其产权时确认。确定企业存货范围的基本原则是:只要在盘存日期内所有权属于企业的全部存货,不论存放何地,都应作为企业的存货。因此,售出商品,即使尚未运交购买者,但所有权已转移为买方所有,不再是企业的存货;购入商品,所有权已归企业所有,应列作企业的存货。如境外购货,若按离岸价格结算的,货物装船离岸后商品所有权即转移至企业,此时商品虽未到达企业,应将它们计入企业存货;若按到岸价格结算的,在商品未到达目的地前,其所有权仍属卖方,企业不能将它们计入存货。

(二)存货的计量原则

1. 存货的初始计量

企业取得存货应按成本进行初始计量。存货成本包括采购成本、加工成本和其他成本。存货的采购成本,包括购买价款、相关税费、运输费、装卸费、保险费以及其他可归属于存货采购成本的费用。存货的加工成本,包括直接人工以及按一定方法分配的制造费用。制造费用,是指企业为生产产品和提供劳务而发生的各项间接费用。存货的其他成本,是指除采购成本、加工成本以外的,使存货达到目前场所和状态所发生的其他支出。

企业提供劳务的,所发生的直接从事劳务提供人员的直接人工和其他直接费用以及可归属的间接费用,计入存货成本。下列费用应在发生时确认为当期损益,不计入存货成本:(1)非正常消耗的直接材料、直接人工和制造费用;(2)仓储费用(不包括在生产过程中为达到下一个生产阶段所必需的费用);(3)不能归属于使存货达到目前场所和状态的其他支出。

应计入存货成本的借款费用,按《借款费用》企业会计准则的规定处理。投资者投入存货的成本,应按投资合同或协议约定的价值确定,但合同或协议约定价值不公允的除外。收获时农产品的成本、非货币性资产交换、债务重组和企业合并取得的存货的成本,应分别根据《生物资产》《非货币性资产交换》《债务重组》和《企业合并》等企业会计准则确定。

2. 发出存货的计量

企业应采用先进先出法、加权平均法或个别计价法确定发出存货的实际成本。对于性质和用途相似的存货,应采用相同的成本计算方法确定发出存货的成本。对于不能替代使用的存货、为特定项目专门购入或制造的存货以及提供劳务的成本,通常采用个别计价法确定发出存货的成本。对于已售存货,应将其成本结转为当期损益,相应的存货跌价准备也应予以结转。

3. 期末存货的计量

资产负债表日,存货应按成本与可变现净值孰低计量。存货成本高于其可变现净值的,应计提存货跌价准备,计入当期损益。可变现净值,是指在日常活动中,以存货的估计售价减去至完工时将要发生的成本、销售费用以及相关税费后的金额。

企业确定存货的可变现净值,应以取得的确凿证据为基础,并且考虑持有存货的目的、资产负债表日后事项的影响等因素。为生产而持有的材料等,用其生产的产成品的可变现净值高于成本的,则该材料仍然应按成本计量;材料价格的下降表明产成品的可变现净值低于成本的,该材料应按可变现净值计量。为执行销售合同或劳务合同而持有的存货,其可变现净值通常应当以合同价格为基础计算。企业持有存货的数量多于销售合同订购数量的,超出部分的存货可变现净值应以一般销售价格为基础计算。

企业通常应按单个存货项目计提存货跌价准备。对于数量繁多、单价较低的存货,可按存货类别计提存货跌价准备。与在同一地区生产和销售的产品系列相关、具有相同或类似最终用途或目的,且难以与其他项目分开计量的存货,可合并计提存货跌价准备。资产负债表日,应确定存货的可变现净值。以前减记存货价值的影响因素已消失的,减记的金额应予以恢复,并在原已计提的存货跌价准备的金额内转回,转回的金额计入当期损益。

4. 低值易耗品、包装物的摊销,以及存货毁损、盘亏的计量

企业应采用一次转销法或五五摊销法对低值易耗品和包装物进行摊销,计入相关资产的成本或当期损益。发生的存货毁损,应将处置收入扣除账面价值和相关税费后的金额计入当期损益。存货的账面价值是存货成本扣减累计跌价准备后的金额。存货盘亏造成的损失,应计入当期损益。

第二节 存货的数量、发出价值和期末价值的计量

一、存货数量的确定

存货核算主要应考虑两个因素：一是正确确定存货数量；二是合理选择存货计价方法。只要存货数量得到正确确定，计价方法选择适当，存货价值就不难正确计量。确定存货数量的方法主要有两种。

（一）实地盘存法

实地盘存法又称实地盘存制，或称定期盘存制。它是指期末通过对各种存货进行实地清点实物的方法来确定存货的期末结存数量，根据单价算出结存金额；再根据期初结存和本期购入存货的金额，倒轧出发出存货的金额。在这种方法下，平时对各种存货的收发、结存的数量均不做明细记录，核算较简便，但缺点是不利于加强存货管理。实地盘存法对各种存货的数量核算均能适用，用于商业企业时也称作"以存计销制"或"盘存计销制"；用于工业企业时又称为"以存计耗制"或"盘存计耗制"。但是，实地盘存法更多地适用于那些存货价值低、收发频繁的小型商业企业，特别是经营水果、蔬菜的商业企业。实地盘存法计算公式如下：

期末存货成本 = 期末存货数量 × 存货单价
期末存货数量 = 盘点存货数量 + 已提未销存货数量 − 已销未提存货数量
本期发出存货成本 = 期初库存存货成本 + 本期收入存货成本 − 期末库存存货成本

（二）永续盘存法

永续盘存法又称永续盘存制，或称账面盘存制。它是指企业对各项存货设置有数量、金额的账簿，根据有关凭证，逐日逐笔登记存货的收入和发出数，并随时结算其结存数的一种方法。这种方法有利于加强对存货的监督和管理。采用永续盘存法，需要对存货进行定期或不定期的实地盘点，经常核对账存数与实存数。对于发生的存货的盘盈、盘亏以及过期、变质、毁损等情况，应查明原因，报经批准，在会计年度内进行处理，并将账面记录调整为实存数。企业对存货数量的核算，一般应采用永续盘存制。

二、存货计价基础和入账价值的确定

理论上，由于存货计价目的不同，可供选择的计价方法也不同，如历史成本、现时成本、标准成本、零售价、未来现金流量的现值等计价方法。但是，实务上存货计

价普遍采用成本计价,同时在期末采用成本与市价孰低的调整惯例,以便在会计报表上反映存货的真实价值。会计准则规定,存货应按取得时的实际成本记账。采用计划成本或定额成本方法进行日常核算的,应按期结算成本差异,将计划成本或定额成本调整为实际成本;各种存货在会计报表中应以实际成本列示。

理论上,与存货形成的全部有关支出均应计入其成本内;实务上,存货的成本入账价值是根据其不同来源确定的。

（一）外购存货的入账价值

外购存货的成本入账价值,主要由以下三因素组成。

1. 购货价格。购入存货,一般按发票金额确认存货的购货价格。

2. 购货费用。购货费用如包装费、运输费、装卸费、保险费、仓储费等,理论上均应计入存货成本。但是,实务上存在不同的会计处理方式。（1）工商企业一般应将购货费用全部计入存货的采购成本并计入存货价值。但是,商业企业采购商品的进货费用较小的,可直接计入当期销售费用。（2）按税法规定,一般纳税人外购存货可根据运费发票金额（同运费一起支付的装卸费、保险费等其他杂费除外）,按7%扣除率计算进项税额,该准予扣除的进项税额作为购货费用的减少,不计入存货价值。

3. 流转税。购入存货除支付买价、购货费用以外,还要按税法规定缴纳流转税。流转税有增值税、消费税等。此外,进口货物还要缴纳关税。它们可分为两种流转税形式。

（1）价内税。价内税是购货价格的组成部分,购货价格包含流转税,如消费税,以及小规模纳税人企业购进商品内含的增值税进项税额,它们均内含于存货售价内。因而,购入应缴纳价内税的存货,存货的购货价格包括上述流转税,这些商品税金已计入存货价值。此外,进口存货缴纳的关税,一般也应计入进口货物价值内。

（2）价外税。购入缴纳价外税的存货,存货成本入账价值中的流转税处理应区分以下两种情况。一是,一般纳税人企业购入用于非应税项目的存货时支付的增值税。从销售方取得的增值税专用发票上注明的,或从海关取得的完税凭证上注明的,以及税法准予按购入免税农林产品的买价和9%扣除率计算的,对于这些准予抵扣的进项税额,应按扣除这部分进项税额后的价款计入购入的存货价值。二是,小规模纳税企业购入存货时支付的增值税,应计入购入存货的价值。

（二）自制存货的入账价值

自制存货中发生的各种生产费用,无论是直接生产费用,还是间接生产费用,均应计入自制存货价值内。存货的加工成本,包括直接人工以及按一定方法分配的制造费用。在同一生产过程中,同时生产两种或两种以上的产品,且每种产品的加工成本不能直接区分的,其加工成本应按合理方法在各种产品间进行分配。

实务上,直接生产费用易辨认,可直接计入自制存货价值。作为间接生产费用的制造费用,应根据其性质,合理选择制造费用分配方法。

（三）其他方式取得存货的入账价值

1. 委托外单位加工完成的存货,以实际耗用的原材料或半成品以及加工费、运输费、装卸费和保险费等费用以及按规定应计入成本的商品流转税金,作为实际成本。商品流通企业加工的商品,以商品的进货原价、加工费用和按规定应计入成本的商品流转税金,作为实际成本。

2. 投资者投入的存货,按投资各方确认的价值,作为实际成本。

3. 接受捐赠的存货,按以下规定确定其实际成本。（1）捐赠方提供有关凭据（如发票、报关单、有关协议）的,按凭据上标明的金额加上应支付的相关税费,作为实际成本。（2）捐赠方没有提供有关凭据的,按如下顺序确定其实际成本：一是同类或类似存货存在活跃市场的,按同类或类似存货市场价格估计的金额,加上应支付的相关税费作为实际成本；二是同类或类似存货不存在活跃市场的,按所接受捐赠存货的预计未来现金流量现值,作为实际成本。

4. 盘盈的存货,按同类或类似存货的市场价格,作为实际成本。

三、存货发出价值的确定

（一）存货流转和成本流转

存货流转有实物流转和成本流转两种形式。理论上,存货的实物流转与其成本流转应一致,即购置存货的成本应随该存货发出而结转。如果发出存货的实物流转能与其成本流转一致,则发出存货的计价就十分简单,不存在存货价值如何在发出和未发出两部分之间进行分配的问题。在实务中,除价格贵、数量少的存货外,极大部分存货无法做到实物与成本流转相一致。因而,必须采用一定的存货成本流转假设,将存货价值在发出和未发出两者之间进行分配。

存货成本流转假设,其核心是出于如下考虑：（1）存货的期初结存和本期增加两者之和的存货总成本,与期末结存和本期发出两者之和的总成本相等；（2）由于品质相同的存货发出时,无论哪一个,均能同样满足销售或生产的需要,因此存货的成本流转顺序与实物流转可以分离。

发出存货的计价问题,其实质是根据不同的存货成本流转顺序,确定发出存货价值和库存存货价值,将存货价值在它们之间进行分配。对存货成本流转进行不同假设,便形成各种不同的发出存货的计价方法。

（二）发出存货的计价方法

1. 个别计价法

个别计价法,又称具体辨认法或个别认定法。它是以每一批存货收入时的实际单位成本作为该批存货发出时的单位成本,并以此对该批发出存货进行计价,期末存货均按各批存货收入时的实际单位成本计价。对于不能替代使用的存货,以及为特定项目专门购入或制造的存货,一般采用个别计价法确定发出存货的成本。在这种方法下,不仅要按不同种类存货分别核算,而且对同一种类、不同批次收入的存货也要分别存放、标明单价,分别核算。其计算公式为:

$$发出存货成本 = 该批存货收入时实际单位成本 \times 存货发出数量$$

2. 加权平均法

加权平均法,是指在期末计算存货平均单位成本时,用期初存货数量和本期各批收入的数量作为权数来确定发出存货单位成本的一种计价方法。其计算公式如下:

$$加权平均单位成本 = \left(\frac{期初存货金额 + 本期收入存货金额}{}\right) \Big/ \left(\frac{期初存货数量 + 本期收入存货数量}{}\right)$$

$$发出存货成本 = 加权平均单位成本 \times 本期发出存货数量$$

$$期末存货成本 = 加权平均单位成本 \times 期末结存存货数量$$

3. 移动平均法

移动平均法(Moving Weighted Average Method),也称移动加权平均法,它是在每次收货后,以各批收入数量与各批收入前的结存量为权数,来计算存货新的加权平均单位成本的一种方法。它是以收到货物金额与原存货金额之和除以收到货物数量与原货物数量之和,得出加权平均单位成本。每次进货后,都要重新计算一次加权平均单位成本。存货单位成本随着每次进货而变动,因此这种方法下算出的存货成本比加权平均法计算出的结果更接近现时成本。其计算公式如下:

$$移动加权平均单位成本 = \left(原存货结存金额 + 本批存货收入金额\right) \Big/ \left(原存货结存数量 + 本批存货收入数量\right)$$

$$发出存货成本 = 移动加权平均单位成本 \times 本批发出数量$$

4. 先进先出法

先进先出法是指假定先入库的存货先发出,并根据这一假定的成本流转顺序对发出存货和结存存货进行计价。在这种方法下,在发出存货计价上是假定每次发出的存货价值都是最先入库的存货价值,而期末存货价值则是假定最近入库的存货价值。

优点是,存货是根据购入先后顺序的成本进行计价的,使存货价值能接近市价变化趋势。期末存货按近期进价计价,这就接近编表日存货的重置成本价值,使存货计价较合理。缺点是,有时发出同一批次存货会涉及以前进货时不同批次的单价,计算较烦琐。此外,在物价变动情况下,现时较高的营业收入与早期较低的存货成本进行配比,收入费用配比不合理,会高估销售利润。

5. 后进先出法

后进先出法，是指假定后入库存货先发出，并根据该假定的成本流转顺序，对发出存货和期末存货进行计价。在这种方法下，每次发出存货，在存货价值上均假定发出的是最近入库的存货，而结存的则是最先入库的存货。在这种方法下，期末存货价值反映的是早期最先进货的成本，而销货成本是现时成本水平。当物价上涨，存货的大部分涨价因素计入销售成本，使收入费用配比合理；同时，存货价值较低，符合审慎性要求。但是，此时期末存货价值偏低，不能真实反映存货的资产价值。

具体来说，在"物价上涨"情况下，后进先出法与先进先出法有四个方面的区别。

（1）资产计价。在后进先出法下，期末存货按前期进价计量，使期末价值偏低，资产计价失去意义；在先进先出法下，期末存货按后期进价计量，接近编表日资产重置成本，资产计价较合理。

（2）损益确定。在后进先出法下，后期进货成本与现时营业收入配比，利润计算正确，在现金流量上不会影响原有规模的持续经营；在先进先出法下，早期进货成本与现时营业收入配比，利润虚增，对外分配利润增加现金的流出。长期如此，现金流量难以维持原有规模的正常持续经营。

（3）所得税费用。相对于先进先出法，在后进先出法下销货成本"高"，销售利润低，少交所得税；而在先进先出法下，情况正好相反。从长期看，这两种方法下交纳的所得税应该是一致的，但后进先出法实质上相当于获得一笔无息贷款。

（4）业绩评价。当按利润评价业绩时，经理人员乐于采用先进先出法，这样会使其任职期内利润偏高，易获较高薪酬。

需要说明，当企业存货周转速度快，或存货价格变动幅度小的时候，先进先出和后进先出在期末存货价值以及利润计量上的差异微乎其微，是很接近的。

6. 计划成本法

计划成本法与标准成本法相似，但两者有区别。当存货品种繁多、收发频繁时，一般采用计划成本核算。存货按计划成本计价，是指存货的收、发、存都是采用预先确定的计划成本记账。存货计划成本经制定、确定后，除实际单位成本与计划单位成本差异过大等特殊情况应修改计划成本外，一般会计年度内应保持不变。计划成本与实际成本之间的差异，应通过设置"商品成本差异""材料成本差异"等账户，对其单独进行核算，并按存货类别确定成本差异率，定期分摊差异，将发出存货的计划成本调整为实际成本。

四、存货期末价值的估计和调整方法

（一）期末价值的估计方法

1. 毛利法

毛利法，或称毛利率法，是指按历史毛利率估计本期销售毛利，通过本期估计的销售毛利来估计本期销售成本和期末存货价值的一种方法。采用毛利法估计期末存货成本,是假定企业前后各期销售毛利率基本一致,若前后各期毛利率有明显差异,应调整历史毛利率。

毛利法的具体计算步骤如下。(1)计算历史毛利率。以一定期间的各期销售毛利除以相应的销售净额,得出各期销售毛利率,再采用一定平均方法,得出历史毛利率。(2)估计本期销售毛利。将本期销售净额乘以历史毛利率,得出本期估计的销售毛利。(3)估计本期销售成本。以本期销售净额减去估计的本期销售毛利,得出本期估计的销售成本。(4)估计期末存货成本。以本期可供销售商品总成本减去估计的本期销售成本,得出本期估计的期末存货成本价值。

【例 4-1】 RH 企业期初存货成本 12 000 000 元,本期进货成本 16 000 000 元,本期销售净额 36 000 000 元,历史销售毛利率 50%。期末存货成本估计见表 4-1。

表 4-1　　　　　　　　　毛利法估计期末存货成本　　　　　　　毛利率:50%
单位:元

期初存货成本		12 000 000
本期进货成本		16 000 000
可售商品总成本		28 000 000
本期销售净额	36 000 000	
估计的本期销售毛利(36 000 000×50%)	18 000 000	
估计的本期销售成本		18 000 000
估计的期末存货成本		10 000 000

在毛利法下,本期销售毛利、销售成本和期末存货成本是根据历史毛利率估算出来的;而估算得出的期末存货价值是不准确的。因此,企业一般不准按毛利法确定的期末存货价值填报于对外正式披露的财务报表上。但是,它一般可适用于以下情况:(1)采用定期盘存制的企业,可用此法"估计"本期销售毛利和期末存货价值;(2)企业内部审计可用此法"估计"本期销售成本和期末存货价值;(3)遭受自然灾害,可用此法"估计"存货损失金额;(4)会计资料毁损或遗失时,可用此法"估计"期末存货价值;(5)实行预算时,可用此法编制存货价值预算,并可用来控制和评价预算执行情况。

2. 零售价法

零售价法,是指通过按零售价计算的期末存货售价总额,乘以本期售价成本率来估计期末存货成本价值的一种方法。零售价法估计期末存货成本价值,是假定各种商品的标价变动率大致相同,如果标价变动率不同,则各种商品的销售成本与期末存货应保持相同比例,即商品组合的相对比重不变;或者假设各种商品的标价变动率全年度均没有发生变动,当成本增加时,售价也等比增加,保持一定的标价变动率不变。

零售价法的具体步骤如下:(1)计算本期可售商品的成本总额和售价总额;(2)计算本期售价成本率;(3)将可售商品售价总额减去已售商品售价总额(即本期销售收入),计算得出期末存货的售价总额;(4)以期末存货的售价总额乘以售价成本率,得出估计的本期期末存货成本价值。

【例 4-2】 SH 企业期初存货,成本计价 26 000 000 元,售价计价 65 000 000 元;本期进货,成本计价 48 000 000 元,售价计价 120 000 000 元。本期销售收入 160 000 000 元。采用零售价法估计期末存货成本,见表 4-2。

表 4-2　　　　　　　　　零售价法估计期末存货成本　　　　　　　单位:元

	成本计价	售价计价
期初存货	26 000 000	65 000 000
本期进货	48 000 000	120 000 000
可售商品总额	74 000 000	185 000 000
本期售价成本率　40%(74 000 000/185 000 000)		
减:本期销售收入		160 000 000
期末存货的售价总额		25 000 000
估计的期末存货成本　(25 000 000×40%)	10 000 000	

零售价法确定期末存货成本的估计方法,被百货企业、超市等零售企业广泛采用。这些商品流通企业货物品种繁多,进销频繁,难以实施永续盘存制,也很少能经常进行实物盘点。对于这些商业企业,零售价法不失为一种较为实用的期末存货价值的"估计"方法。

(二)期末历史成本的调整方法

1. 成本与市价孰低计量

资产负债表日,存货应按成本与可变现净值孰低计量,存货成本高于其可变现净值的,应计提存货跌价准备,计入当期损益。

采用成本与市价孰低计价,具体方法有三种。(1)单项比较法。又称逐项比较法,即对全部存货逐项比较它们的成本与市价,以两者中较低的价值计算每项存货的价值,然后汇总每项存货价值,得出全部存货价值。(2)分类比较法。它是将全部存货分成几个大类,按大类比较它们的成本与市价,取两者中较低的价值计算每一大类的存货价值,再汇总各大类存货价值,得出全部存货价值。(3)总额比较法。它是以全部存货的成本总额与其市价总额进行比较,取两者中较低者为期末存货价值。

采用这种方法时,其"市价"即重置成本有两项限制条件:(1)不超过正常售价减去预计的完工和处置成本后的可变现净值;(2)不低于可变现净值减去估计的正常毛利后的余额。如 H 商品的正常售价 1 800 元,预计完工和处置成本如加工、推销费等 200 元,估计正常毛利率为售价 30%,则 H 商品可变现净值的计算,见表 4-3。

表 4-3　　　　　　　　　　H 商品可变现净值可计算　　　　　　　　　　单位:元

H 商品正常售价	1 800
减:预计完工和处置成本	(200)
减毛利前的可变现净值	1 600
减:估计的正常毛利(1 800×30%)	(540)
减毛利后的可变现净值	1 060

期末存货计价时,如果采用的"市价"超过"减毛利前的可变现净值" 1 600 元,则"减毛利后的可变现净值"就会大于 1 060 元,显然存货计价偏高;如果采用的"市价"低于 1 060 元,则该价格无法获得正常毛利,显然存货计价偏低。因此,H 商品的"市价"取值只能在 1 600 元至 1 060 元的范围内,1 600 元是成本与市价孰低法所允许"市价"的上限,1 060 元则是该市价的"下限"。

2. 成本与市价孰低计价的会计处理

(1) 直接转销法

直接转销法下,确认存货跌价损失时,按市价与成本差额,借记"资产减值损失"账户;同时,贷记"原材料""库存商品"等账户。

【例 4-3】　20×1 年末,DH 企业的库存商品成本 2 800 000 元,可变现净值为 2 600 000 元,库存商品跌价损失 200 000 元(2 800 000-2 600 000)。DH 企业采用直接转销法的分录为:

　　借:资产减值损失　　　　　　　　　　　　　　　　　　200 000
　　　　贷:库存商品　　　　　　　　　　　　　　　　　　　　　　200 000

(2) 备抵法

在备抵法下,应设置"存货跌价准备"账户,该账户是"原材料""库存商品"等账户的抵减账户。企业应定期或至少每年年末,对存货进行全面清查,如有存货遭受毁损、全部或部分陈旧过时或售价低于成本等情况,对存货成本不可收回的部分,应提取存货跌价准备。

当存在以下一项或若干项情况时,应将存货账面价值全部转入当期损益:(1)已霉烂变质的存货;(2)已过期且无转让价值的存货;(3)生产中已不再需要,并且已无使用价值和转让价值的存货;(4)其他足以证明已无使用价值和转让价值的存货。当发生上述情况时,应按存货账面价值,借记"资产减值损失"账户,贷记"原材料""库存商品"等账户。

当存在下列情况之一时,应计提存货跌价准备:(1)市价持续下跌,且在可预见的未来无回升希望;(2)使用该原材料生产的产品成本大于产品售价;(3)因产品更新换代,原库存原材料已不适应新产品需要,而该原材料市价又低于其账面成本;(4)因企业商品或劳务过时或消费者偏好改变而使市场需求发生变化,导致市价逐渐下跌;(5)其他足以证明该存货实质上已发生减值的情形。在这种情况下,期末,应计算出存货可变现净值低于成本的差额,借记"资产减值损失"账户,贷记"存货跌价准备"账户;如已计提跌价准备的存货价值以后又得以恢复,应按恢复增加的数额,借记"存货跌价准备"账户,贷记"资产减值损失"账户。但是,冲减的跌价准备金额,应以"存货跌价准备"账户的余额冲减至零为限。

【例4-4】 沿用【例4-3】资料,备抵法下 DH 企业计提存货跌价准备的分录如下。

借:资产减值损失——存货减值损失   200 000
    贷:存货跌价准备   200 000

【例4-5】 沿用【例4-4】资料,假定 2×01 年末,库存商品可变现净值 2 500 000 元,"存货跌价准备"账户贷方余额 200 000 元;2×02 年上半年末,库存商品可变现净值上升至 2 700 000 元,"存货跌价准备"账户贷方余额 300 000 元;2×02年年末,库存商品可变现净值上升至 3 000 000 元。DH 企业计提跌价准备的有关分录如下。

(1) 2×01 年末,计提存货跌价准备

补提存货跌价准备 = [(2 800 000 - 2 500 000) - 200 000] = 300 000 - 200 000 = 100 000(元)

借:资产减值损失   100 000
    贷:存货跌价准备   100 000

(2) 2×02 年,中期期末,转回存货跌价准备

转回存货跌价准备 = 300 000 - (2 800 000 - 2 700 000) = 200 000(元)

借:存货跌价准备   200 000
    贷:资产减值损失   200 000

(3) 2×02 年年末,转回"存货跌价准备"账户全部余额

转回存货跌价准备的全部余额 = 100 000(元)

借:存货跌价准备   100 000
    贷:资产减值损失——存货减值损失   100 000

第三节　原材料、商品产品、低值易耗品和存货清查

一、原材料的意义、分类和账簿设置

（一）原材料的意义和分类

原材料是物质资料生产经营过程中的劳动对象，也是物质资料生产经营中不可缺少的物质要素。原材料经过一个生产经营周期，被全部消耗或改变其原有的实物形态，其价值也相应地一次性、全部地转移到产品价值中，构成产品成本的一个重要组成部分。由于材料费用在生产费用中占有较大比重，因此加强对原材料的核算和管理，对于生产经营顺利进行、降低产品成本、提高流动资金使用效益、保护资产安全、免受经济损失等都具有十分重要的意义。

工业企业材料品种规格繁多，具有各种不同的性质与作用，而且收发工作频繁。为加强对材料的管理，做好材料的核算工作，应按原材料的来源和用途进行分类。

1. 原材料及主要材料。加工后能构成产品主要实体的原材料和材料。如直接取自自然界的矿石、原棉等原材料；经过加工的钢材、棉纱等材料。

2. 辅助材料。直接用于生产，不构成产品主要实体，但有助于产品形成或便于生产进行，起辅助作用的各种材料。例如，塑料制品企业用的增塑剂，橡胶制品企业用的防老剂、滑石粉，印染企业用的染料，以及机器设备用的润滑油等。

3. 外购半成品。企业从外部购入，经过再加工或装配能构成产品主要实体的半成品及其配套件。例如，拖拉机、汽车制造企业外购的轮胎，飞机制造企业外购的仪器仪表等。

4. 修理用备件。为修理本企业机器设备、运输设备、通讯工具等从外部购入的各种专用零部件。例如，维修用的齿轮、轴承、电器开关等备品备件。

5. 燃料。企业使用的各种固体、液体和气体燃料。例如，煤炭、原油、天然气、煤气等。

（二）账簿和账簿的设置

原材料核算一般应设立原材料的明细账、二级账和总账等三级账簿。

1. 原材料明细账。按材料品种、规格反映其收发与结存数量和金额等情况的账簿。

2. 原材料二级账。按原材料类别反映其收发与结存金额的账簿。它可用材

料的实际成本,也可用计划成本进行登记。

3. 原材料总账。总括反映材料增减与结存金额的账簿。"原材料"总账可按实际成本登记,也可按材料计划成本登记。为简化总账的登记工作,一般是根据收、发料凭证汇总表登记总账。

原材料的明细账、二级账和总账,平时应按平行登记的方法进行记账。它们分别提供材料收发与结存的明细、分类和总括的资料,其中二级账是总账和明细账之间核对账目的"中介",它既统驭明细账,又被总账所统驭。三者组成完整的原材料账户核算体系。

二、原材料的核算

(一)按实际成本计价的原材料核算

1. 原材料采购和收入的核算

(1)付款同时,材料入库

【例4-6】 XZ企业以银行存款116 000元支付购入含增值税的钢材货款,其中增值税16 000元,钢材已验收入库,分录为:

借:原材料   100 000
    应交税费——应交增值税(进项税额)   16 000
    贷:银行存款   116 000

(2)付款在先,入库在后

【例4-7】 YL企业购入铜材一批,以银行存款支付58 000元,其中增值税8 000元,货物尚未到达;两周后货物运达企业,验收入库,并查明货物短缺1 500元,系运输单位责任,向其索赔,分录为:

购货付款:

借:在途物资   50 000
    应交税费——应交增值税(进项税额)   8 000
    贷:银行存款   58 000

货物入库:

借:原材料(50 000-1 500)   48 500
    其他应收款   1 500
    贷:在途物资   50 000

(3)入库在先,付款在后

一是入库在先,付款在后,两者发生在同一月份内。为简化核算,材料验收入库,可暂不编制分录,不必进行总账核算;待月内收到结算凭证时,再作总账账务处理。

【例 4-8】 QY 企业购入材料一批,5 月 11 日,材料运达并验收入库;但发票账单尚未收到,无法付款。5 月 24 日,收到材料的结算凭证,以银行存款支付含税的材料货款 38 280 元,其中增值税 5 280 元,分录为:

  借:原材料   33 000
    应交税费——应交增值税(进项税额)   5 280
    贷:银行存款   38 280

二是入库在先,付款在其后月份,则收料当月的月末应按合同价暂估入账,下月初再用红字冲销;待结算凭证收到时再进行总账核算。

【例 4-9】 假定【例 4-8】中材料发票结算凭证于 6 月 19 日收到,材料不含税合同价 31 000 元,分录为:

5 月 31 日,按合同价暂估入账。

  借:原材料   31 000
    贷:应付账款——暂估应付账款   31 000

6 月 1 日,用红字冲销。

  借:原材料 |31 000|
    贷:应付账款——暂估应付账款 |31 000|

6 月 19 日,收到结算凭证。

  借:原材料   33 000
    应交税费——应交增值税(进项税额)   5 280
    贷:银行存款   38 280

(4)自制材料入库

【例 4-10】 QB 企业自制材料一批完工,并已验收入库,实际成本 89 000 元,分录为:

  借:原材料   89 000
    贷:生产成本   89 000

(5)材料汇总入库

【例 4-11】 2×18 年 5 月 31 日,SQ 企业为简化总账登记工作,按月编制收料凭证汇总表,根据该表登记总账。5 月末编制的收料凭证汇总表,如表 4-4 所示。

表 4-4　　　　　　　　　　　　　收料凭证汇总表

2×18 年 5 月 1 日至 5 月 31 日　　　　　　　　　　　　单位:元

应贷科目	应借科目		合　计
	原材料	应交税费——应交增值税	
银行存款	180 000	28 800	208 800
应付票据	90 800	14 528	105 328
应付账款	18 100	2 896	20 996
在途物资	16 500	2 640	19 140
生产成本	6 600		6 600
合　计	312 000	48 864	360 864

分录为:

　　借:原材料　　　　　　　　　　　　　　　　　　　　312 000
　　　　应交税费——应交增值税(进项税额)　　　　　　　48 864
　　　　贷:银行存款　　　　　　　　　　　　　　　　　　208 800
　　　　　　应付票据　　　　　　　　　　　　　　　　　　105 328
　　　　　　应付账款　　　　　　　　　　　　　　　　　　 20 996
　　　　　　在途物资　　　　　　　　　　　　　　　　　　 19 140
　　　　　　生产成本　　　　　　　　　　　　　　　　　　 6 600

2. 原材料发出的核算

【例 4-12】 2×18 年 9 月 30 日,假定 BY 企业每月根据发料凭证汇总表汇总记账。当月份发料凭证汇总表,见表 4-5。

表 4-5　　　　　　　　　　　　　发料凭证汇总表

2×18 年 9 月 1 日至 9 月 30 日　　　　　　　　　　　　单位:元

应借科目	应贷科目:原材料
生产成本	880 000
制造费用	160 000
销售费用	150 000
管理费用	95 000
合　计	1 285 000

分录为:

　　借:生产成本　　　　　　　　　　　　　　　　　　　880 000
　　　　制造费用　　　　　　　　　　　　　　　　　　　160 000
　　　　销售费用　　　　　　　　　　　　　　　　　　　150 000
　　　　管理费用　　　　　　　　　　　　　　　　　　　 95 000
　　　　贷:原材料　　　　　　　　　　　　　　　　　　1 285 000

(二) 按计划成本计价的原材料核算

按计划成本计价进行原材料收发核算,即从原材料收发凭证的计价到原材料的明细账、二级账、总账的核算全部按计划成本进行。此时,还应设置"材料成本差异"账户。该账户用来核算各种材料的实际成本与计划成本的差异额,以及发出材料计划成本应分摊的差异额。它是"原材料"账户的调整账户。外购材料的成本差异,从"材料采购"(或物资采购)等账户转入本账户;自制材料的成本差异,从"生产成本"账户转入本账户;委托外单位加工材料的成本差异,从"委托加工物资"账户转入本账户。

发生的材料成本差异,实际成本大于计划成本的差异,记入本账户的借方;实际成本小于计划成本的差异,记入本账户的贷方。结转发出材料应负担的成本差异,一律在该账户贷方反映。实际成本大于计划成本的差异,用蓝字登记;实际成本小于计划成本的差异,用红字登记。

结转成本差异时,借记"生产成本""管理费用""销售费用""委托加工物资""其他业务支出"等账户,贷记本账户。本账户应分别"原材料""包装物""低值易耗品"等,按类别或品种进行明细核算,不能只使用一个综合差异率。

发出材料应负担的成本差异,必须按月分摊,不得在季末或年末一次性计算。发出材料应负担的成本差异,除委托外部加工发出材料可按上月的差异率计算外,都应使用当月的实际差异率;上月的成本差异率与本月成本差异率相差不大的,也可按上月的成本差异率计算。计算方法一经确定,不得随意变动。材料成本差异率的计算公式如下:

**本月材料成本差异率 =(月初结存材料的成本差异 + 本月收入材料的成本差异)
÷(月初结存材料的计划成本 + 本月收入材料的计划成本)× 100%**

上月材料成本差异率 = 月初结存材料的成本差异 ÷ 月初结存材料的计划成本 × 100%

根据企业具体情况,可单独设置本账户;也可不设置本账户,而在"原材料""包装物""低值易耗品"等账户内分别设置"成本差异"明细账户核算。本账户期末借方余额,反映企业库存原材料以及库存包装物、低值易耗品的实际成本大于计划成本的差异;贷方余额反映实际成本小于计划成本的差异。

1. 原材料采购和收入的核算

(1) 付款同时,材料入库

【例 4-13】 JH 企业用银行存款 1 160 000 元购入原材料一批,其中增值税 160 000 元;假定原材料计划价格 1 025 000 元,原材料已验收入库,分录如下。

购入原材料。

借：材料采购　　　　　　　　　　　　　　　　　　1 000 000
　　应交税费——应交增值税(进项税额)　　　　　　160 000
　　贷：银行存款　　　　　　　　　　　　　　　　　　　　1 160 000

原材料按计划成本入库。

借：原材料　　　　　　　　　　　　　　　　　　　1 025 000
　　贷：材料采购　　　　　　　　　　　　　　　　　　　　1 025 000

月末，结转材料成本节约差异。

借：材料采购(1 000 000-1 025 000)　　　　　　　　25 000
　　贷：材料成本差异　　　　　　　　　　　　　　　　　　25 000

(2) 付款在先，入库在后

【例 4-14】 YH 企业用银行存款 92 800 元支付购入材料款，其中增值税 12 800 元，货物尚未到达；以后货物运达并验收入库，该材料计划价格 72 000 元，分录如下。

付款，发生在途材料。

借：材料采购　　　　　　　　　　　　　　　　　　　80 000
　　应交税费——应交增值税(进项税额)　　　　　　　12 800
　　贷：银行存款　　　　　　　　　　　　　　　　　　　　92 800

原材料入库。

借：原材料　　　　　　　　　　　　　　　　　　　　72 000
　　贷：材料采购　　　　　　　　　　　　　　　　　　　　72 000

月末，结转材料成本超支差异。

借：材料成本差异　　　　　　　　　　　　　　　　　8 000
　　贷：材料采购(80 000-72 000)　　　　　　　　　　　　8 000

(3) 入库在先，付款在后

一是收料时因发票等结算凭证未到，暂不作分录，待月内收到结算凭证，再作总账核算。

【例 4-15】 DH 企业购入原材料一批，3 月 8 日材料运抵企业并验收入库，但发票账单尚未收到；3 月 26 日收到发票账单，以银行存款支付含增值税货款 6 960 000 元，其中增值税 960 000 元；该材料计划成本 5 980 000 元。3 月 8 日材料入库，暂不做分录；当月 3 月 26 日付款，分录如下。

借：材料采购　　　　　　　　　　　　　　　　6 000 000
　　应交税费——应交增值税(进项税额)　　　　960 000
　　贷：银行存款　　　　　　　　　　　　　　　　　6 960 000

根据入库凭证，

借：原材料　　　　　　　　　　　　　　　　　5 980 000
　　贷：材料采购　　　　　　　　　　　　　　　　　5 980 000

月末，结转材料成本超支差异。

借：材料成本差异　　　　　　　　　　　　　　　20 000
　　贷：材料采购(6 000 000-5 980 000)　　　　　　　20 000

二是如果入库在先，付款在其后月份，则入库的月末暂按计划价格入账，下月初用红字冲销；待付款后再按正常程序处理。

【例4-16】 如果【例4-15】中材料发票账单于4月8日收到，分录如下。

3月31日，按计划成本暂估入账。

借：原材料　　　　　　　　　　　　　　　　　5 980 000
　　贷：应付账款——暂估应付账款　　　　　　　　　5 980 000

4月1日，用红字冲销。

借：原材料　　　　　　　　　　　　　　　　　5 980 000
　　贷：应付账款——暂估应付账款　　　　　　　　　5 980 000

4月8日，根据发票付款，分录同【例4-15】。

(4) 自制材料和废料入库

车间完工入库的自制材料，按其计划成本，借记"原材料"账户；按其超支或节约差异额，借记或贷记"材料成本差异"账户；按其实际成本，贷记"生产成本"账户。车间交库的废料，按计划成本借记"原材料"账户，贷记"生产成本"账户。

2. 原材料发出的核算

【例4-17】 2×18年9月份，BH企业月初结存材料成本差异8 000元(超支)，本月收入材料成本差异90 000元(超支)，月初材料计划成本160 000元，本月收入材料计划成本1 800 000元；本月发料凭证汇总表，见表4-6。BH企业有关原材料发出的会计处理如下。

(1) 计算本月材料成本差异率

本月材料成本差异率 =（月初结存材料成本差异 + 本月收入材料成本差异）
　　　　　　　　　÷（月初结存材料计划成本 + 本月收入材料计划成本）× 100%
　　　　　　= (8 000 + 90 000)/(160 000 + 1 800 000) × 100% = +5%

（2）计算本月发料应负担成本差异额

本月发料应负担成本差异额 = 本月发料计划成本 × 本月材料成本差异率

具体计算见表4-6。

（3）根据表4-6，编制会计分录

表4-6　　　　　　　　　　　发料凭证汇总表

2×18年9月1日至9月30日　　　　　　　　单位：元

应借科目	应贷科目：原材料	
	计划成本	成本差异
生产成本	850 000	42 500
制造费用	400 000	20 000
管理费用	120 000	6 000
销售费用	90 000	4 500
合计	1 460 000	73 000

领料。

　　借：生产成本　　　　　　　　　　　　　　　　850 000
　　　　制造费用　　　　　　　　　　　　　　　　400 000
　　　　管理费用　　　　　　　　　　　　　　　　120 000
　　　　销售费用　　　　　　　　　　　　　　　　 90 000
　　　　贷：原材料　　　　　　　　　　　　　　　　　　　1 460 000

同时，结转材料成本差异。

　　借：生产成本　　　　　　　　　　　　　　　　 42 500
　　　　制造费用　　　　　　　　　　　　　　　　 20 000
　　　　管理费用　　　　　　　　　　　　　　　　 6 000
　　　　销售费用　　　　　　　　　　　　　　　　 4 500
　　　　贷：材料成本差异　　　　　　　　　　　　　　　　 73 000

三、商品产品和低值易耗品的核算

（一）商品产品及其核算

企业的商品产品包括库存商品、委托代销商品、受托代销商品和分期收款发出商品等。库存商品是指企业仓库储存的外购商品、自制商品产品、自制半成品、存放在门市部准备出售的商品、发出供展览用的商品等。此外，还包括企业接受外来原材料加工制造的代制品和为外单位加工修理的代修品（它们在完成制造、修理并验收入库后应视同企业的产品），以及企业购入的不需要进行任何加工或装配就可作为本企业产品或与本企业产品配套出售的外购商品。委托代销商品是企业委托其他单位寄售代销的商品产品。受托代销商品是企业接受其他单位委托寄售代销的商品产品，包括接受委托代销的国外商品。分期收款发出商品是企业采用分期收款销售方式发出的商品产品。

为核算和反映企业的商品存货，应设置"自制半成品""库存商品""商品进销差价""委托代销商品""受托代销商品"和"分期收款发出商品"等账户，并按有关规定进行账户处理。商品产品会计处理举例，见有关章节的介绍。

（二）低值易耗品及其核算

1. 低值易耗品的概念和分类

低值易耗品，是指单位价值较低、使用年限较短，不能作为固定资产的各种用具物品。低值易耗品从其在生产经营中所起作用来看，与固定资产一样属于劳动资料。它可在生产经营中多次被使用而基本保持其原有实物形态，但由于其价值较低、又容易损坏，同时品种多、数量大，为便于核算和管理，将它列入存货。

低值易耗品按其用途可分为以下六类。

（1）一般工具。常用的各种生产工具，如刀具、量具、夹具等。

（2）专用工具。专门用于制造某特定产品，或在某特定工序上使用的工具，如专用的工夹量模具等。

（3）替换设备。容易磨损或为制造不同产品需替换使用的各种设备，如轧钢用的钢辊等。

（4）管理用具。在经营管理中使用的各种办公用具、家具、文件柜和计算器等。

（5）劳保用品。为安全生产、劳动保护而发给职工的工作服、工作鞋和各种劳保用品。

（6）其他低值易耗品。不属于以上各类的低值易耗品。

2. 低值易耗品的核算

为核算低值易耗品，应设置"低值易耗品"账户。本账户核算企业库存低值易耗品的实际成本或计划成本。购入、自制、委托外单位加工完成并已验收入库的低值易耗品，企业接受的债务人以非现金资产抵债方式取得的低值易耗品，非货币性交换取得的低值易耗品，以及低值易耗品的清查盘点，比照"原材料"账户的有关规定进行核算。

采用计划成本核算时，月末应结转当月领用低值易耗品应分摊的成本差异，通过"材料成本差异"账户，记入有关费用账户。对于在用的低值易耗品，以及使用部门退回仓库的低值易耗品，应加强实物管理，并在备查簿上进行登记。

对在用低值易耗品按使用车间、部门进行数量和金额明细核算的企业,也可采用"五五摊销法"核算。在这种情况下,本账户应设置"在库低值易耗品""在用低值易耗品""低值易耗品摊销"三个明细账户进行核算。本账户的期末余额,为期末库存未用低值易耗品的实际成本或计划成本,以及库存已用低值易耗品的摊余价值。本账户应按低值易耗品的类别、品种规格进行数量和金额的明细核算。企业应根据具体情况,对低值易耗品采用一次摊销或五五摊销的方法进行会计处理。

【例 4-18】 HC 企业购入低值易耗品一批,价值 150 000 元。之后,领用管理用具一批,实际成本 50 000 元;生产领用专用工具一批,实际成本 100 000 元;使用报废后工具残料 500 元入库,其中生产部门入库废料 350 元,管理部门入库废料 150 元,会计处理如下。

(1) 一次摊销法

购入。

 借:低值易耗品   150 000
  贷:银行存款   150 000

领用。

 借:制造费用   100 000
   管理费用   50 000
  贷:低值易耗品   150 000

工具残料入库。

 借:原材料——废旧材料   500
  贷:制造费用   350
    管理费用   150

(2) 五五摊销法

购入。

 借:低值易耗品——在库低值易耗品   150 000
  贷:银行存款   150 000

领用。

 借:低值易耗品——在用低值易耗品   150 000
  贷:低值易耗品——在库低值易耗品   150 000

同时,摊销 50%价值。

借：制造费用	50 000	
管理费用	25 000	
贷：低值易耗品——低值易耗品摊销（150 000÷2）		75 000

报废时，再摊销扣除入库废料后的50%价值。

借：制造费用（50 000-350）	49 650	
管理费用（25 000-150）	24 850	
贷：低值易耗品——低值易耗品摊销（150 000-75 000-500）		74 500

同时，残料入库，注销在用低值易耗品价值。

借：低值易耗品——低值易耗品摊销	149 500	
原材料——废旧材料（350+150）	500	
贷：低值易耗品——在用低值易耗品		150 000

四、存货清查

为保护企业存货资产的安全与完整，做到账实相符，应对存货进行定期或不定期的盘点、清查。清查中应查明存货盘盈、盘亏和毁损的数量及其原因，并按规定程序报经有关部门审批，批准后才能进行处理。尚未查明原因或未批准前，只能将存货盘盈、盘亏数先记入"待处理财产损溢"账户，待批准后，再根据盈亏的不同原因和不同处理结果，做进一步的账务处理。

"待处理财产损溢"账户是用来核算清查财产中查明的各种财产物资的盘盈、盘亏和毁损的。盘盈的各种财产物资，借记"原材料""库存商品""固定资产"等账户，贷记该账户、"累计折旧"账户。盘亏、毁损的各种财产物资，借记该账户、"累计折旧"账户，贷记"原材料""库存商品""固定资产""应交税费——应交增值税（进项税额转出）"等账户。采用计划成本（或售价）核算的，还应同时结转成本差异。

企业清查的各种财产物资的损溢，应于办理年终决算前查明原因，并报经批准处理，未能在年终决算前处理完毕的，应在会计报表附注中予以说明。各种盘盈、盘亏和毁损的财产物资，按规定程序批准后进行转销。转销时，按盘盈的流动资产，借记该账户，贷记"管理费用"账户；固定资产的盘盈，借记该账户，贷记"营业外收入——固定资产盘盈"账户；流动资产的盘亏、毁损，应先扣除残料价值，可以收回的保险赔偿和过失人的赔偿，借记"原材料""其他应收款"等账户，贷记该账户；剩余净损失，属于非常损失部分，借记"营业外支出——非常损失"账户，贷记该账户；属于一般经营损失部分，借记"管理费用"账户，贷记该账户；固定资产的盘亏，借记"营业外支出——固定资产盘亏"账户，贷记该账户。

须指出,存货清查中关于正常经营情况下非过失人造成的存货盘盈、盘亏和毁损的会计处理,存在三种不同的意见:一是认为存货盘盈、盘亏及毁损主要产生于生产之中,因此应将其净损益计入制造费用;二是认为这些情况的发生主要是管理不善造成的,其净损益应计入管理费用;三是认为应视其产生的具体原因,区别生产和管理两个因素,分别计入制造费用和管理费用。对于上述三种意见,应该说第三种考虑较全面。但是,一般经营情况下存货的盘盈、盘亏及毁损,归根结底还是管理因素造成的。鉴于以上考虑,为便于管理和核算,企业可将存货清查中扣除过失人、保险企业的赔偿和残值后的净损益计入管理费用;对于其中的非常损失,应在扣除保险企业赔款和残值后,计入营业外支出。

第五章

长期投资(一):长期股权投资

第一节 长期股权投资的基本概念和初始计量

一、长期股权投资的基本概念

长期股权投资是指投资方对被投资单位实施控制、重大影响的权益性投资,以及对其合营企业的权益性投资。其中,权益性投资又称股权投资,是指通过付出现金、非现金资产等取得被投资单位的股份或股权,成为其股东,并按持有股份的类别和份额享有权利和承担义务。

(一)对联营企业、合营企业以及子公司的投资

在会计上,长期股权投资包括投资方持有的对联营企业、合营企业以及子公司的投资。联营企业投资是指投资方能够对被投资单位施加重大影响的股权投资。合营企业投资是指投资方持有的对构成合营企业的合营安排的投资。对子公司的投资是指投资方持有的能够对被投资单位施加控制的股权投资。

(二)控制、共同控制和重大影响

1. 控制。投资方拥有对被投资单位的权力,通过参与被投资方的相关活动而享有可变回报,并且有能力运用对被投资方的权力影响其回报金额。投资方应按《合并财务报表》企业会计准则有关规定进行判断。投资方能对被投资方实施控制的,被投资方为其子公司。投资公司应将子公司纳入合并财务报表的合并范围。一般可通过以下情况来判定:(1)直接拥有被投资单位 50% 以上表决权资本;(2)虽直接拥有的被投资单位表决权资本比例在 50% 或以下,但仍具有实质性控制权。它主要表现为对"子公司"的权益性投资。

2. 共同控制。按合同约定对某项经济活动所共有的控制,仅在与该项经济活动相关的重要财务和经营决策需要分享控制权的投资方一致同意时存在。投资方与其他合营方一同对被投资单位实施共同控制的,被投资单位为其合营企业。它

主要表现为对"合营公司"的权益性投资。

3. 重大影响。投资方对被投资单位的财务和经营政策有参与决策的权力,但并不能够控制或者与其他方一起共同控制这些政策的制定。投资公司能对被投资单位施加重大影响的,被投资单位为其联营企业。在实务上,当投资公司直接拥有被投资单位20%以上但低于50%的表决权股份时,一般认为对被投资单位具有重大影响,除非有明确证据表明该种情况下投资公司不能参与被投资单位的经营决策,从而不能形成重大影响。它主要表现为对"联营公司"的权益性投资。

在确定能否对被投资单位施加重大影响时,应当考虑投资方和其他方持有的被投资单位当期可转换公司债券、当期可执行认股权证等潜在的表决权因素。投资方能够对被投资单位施加重大影响的,被投资单位为其联营企业。

二、长期股权投资的初始计量原则

(一)企业合并形成的长期股权投资

1. 同一控制下的企业合并

同一控制下的企业合并,合并方以支付现金、转让非现金资产或承担债务方式作为合并对价的,应当在合并日按照被合并方所有者权益在最终控制方合并财务报表中账面价值的份额,作为长期股权投资的初始投资成本。长期股权投资的初始投资成本与支付的现金、转让的非现金资产以及承担债务账面价值之间的差额,应当调整资本公积;资本公积不足冲减的,再调整留存收益。

合并方以发行权益性证券作为合并对价的,应当在合并日按照被合并方所有者权益在最终控制方合并财务报表中账面价值的份额,作为长期股权投资的初始投资成本。按照发行股份的面值总额作为股本,长期股权投资初始投资成本与所发行股份面值总额之间的差额,应当调整资本公积;资本公积不足冲减的,再调整留存收益。

2. 非同一控制下的企业合并

非同一控制下的企业合并,购买方在购买日应当按照《企业合并》企业会计准则的有关规定确定的合并成本,作为长期股权投资的初始投资成本。

合并方或购买方为企业合并发生的审计、法律服务、评估咨询等中介费用以及其他相关管理费用,应当于发生时计入当期损益。

(二)非企业合并形成的长期股权投资

除企业合并形成的长期股权投资以外,其他方式取得的长期股权投资,应当按照下列规定确定其初始投资成本。

1. 以支付现金取得的长期股权投资,应当按照实际支付的购买价款作为初始投资成本。初始投资成本包括与取得长期股权投资直接相关的费用、税金及其他必要支出。

2. 以发行权益性证券取得的长期股权投资,应当按照发行权益性证券的公允价值作为初始投资成本。与发行权益性证券直接相关的费用,应当按照《金融工具列报》企业会计准则的有关规定确定。

3. 通过非货币性资产交换取得的长期股权投资,其初始投资成本应当按照《非货币性资产交换》企业会计准则的有关规定确定。

4. 通过债务重组取得的长期股权投资,其初始投资成本应当按照《债务重组》企业会计准则的有关规定确定。

无论以何种方式取得的长期股权投资,如果投资成本中含有被投资单位已宣告但尚未发放的现金股利或利润,应将其作为应收项目,不得计入长期股权投资的初始投资成本。

三、长期股权投资初始计量的会计处理

(一) 对联营企业、合营企业投资初始计量的会计处理

对联营企业、合营企业投资,初始投资成本的确定,应遵循以下规定:(1)以支付现金取得长期股权投资的,应当按照实际支付的购买款作为长期股权投资的初始投资成本,包括与取得长期股权投资直接相关的费用、税金和其他必要支出,但所支付价款中包含已宣告但尚未发放的现金股利或利润的,应作为应收项目,不构成长期股权投资成本;(2)以发行权益性证券方式取得的长期股权投资,其成本为所发行权益性证券的公允价值,但不包括被投资单位已宣告但尚未发放的现金股利或利润。

为发行权益性证券支付给有关债券承销机构等的佣金和手续费等与权益性证券发行直接相关的费用,不构成长期股权投资的成本。按照《金融工具列报》准则规定,该部分费用应自权益性证券的溢价发行收入中扣除,溢价发行收入不足抵扣的,应先后冲减盈余公积和未分配利润。

【例5-1】 2×18年2月14日,BY公司通过增发每股面值1元、80 000 000股本公司股票,公允价值162 500 000元,取得LQ企业20%股权。同时,向债券承销机构支付6 800 000元的佣金和手续费。假定BY公司取得这部分股权后,能够对LQ企业施加重大影响。BY公司有关会计处理如下。

借:长期股权投资　　　　　　　　　　　　　　　162 500 000
　　贷:股本　　　　　　　　　　　　　　　　　　80 000 000
　　　　资本公积　　　　　　　　　　　　　　　　82 500 000
借:资本公积　　　　　　　　　　　　　　　　　　6 800 000
　　贷:银行存款　　　　　　　　　　　　　　　　　6 800 000

(二) 对子公司投资初始计量的会计处理

1. 同一控制下企业合并形成的长期股权投资

同一控制下的企业合并,控制方对参与合并的各方在合并前后均能实施最终

控制,表明控制方在参与的企业合并前与合并后所能控制的资产并无实质性变化。同一控制下企业合并后,合并方对被合并方的长期股权投资成本,代表的是合并方在被合并方股东权益账面价值中应享的份额。因此,应在合并日按取得被合并方股东权益账面价值的份额作为长期股权投资的初始投资成本。如果合并前双方会计政策不一致,应先按合并方会计政策对被合并方资产、负债账面价值进行调整,并在此基础上确定合并方的长期股权投资的初始投资成本。

(1) 合并以支付现金、转让非现金资产或承担债务方式作为合并对价的,应当在合并日,按照取得被合并方股东权益(或所有者权益,下同)在最终控制方合并资产负债表中账面价值的份额,作为长期股权投资的初始投资成本。长期股权投资的初始投资成本与支付的现金、转让的非现金资产及所承担债务账面价值之间的差额,应调整资本公积;资本公积余额不足调整的,再调整留存收益。具体会计处理如下。

合并方在合并日,按照取得被合并方所有者权益在最终控制方合并资产负债表中账面价值的份额,借记"长期股权投资"账户;按应享有被投资单位已宣告但尚未发放的现金股利或利润,借记"应收股利"账户;按支付合并对价的账面价值,贷记有关资产或借记有关负债账户;按其差额,如为贷方差额,贷记"资本公积——股本溢价或资本溢价"账户;如为借方差额,应借记"资本公积——股本溢价或资本溢价"账户,资本公积(股本溢价或资本溢价)不足冲减的,借记"盈余公积""利润分配——未分配利润"账户。

(2) 合并以发行权益性证券作为合并对价的,在合并日,应按取得被合并方所有者权益在最终控制方合并资产负债表中账面价值的份额,确认为长期股权投资的初始投资成本;按发行权益性证券的面值总额作为股本;按初始投资成本与股本之间的差额,应当调整资本公积(股本溢价或资本溢价);资本公积(股本溢价或资本溢价)不足冲减的,再调整留存利润。具体会计处理如下。

在合并日,应按取得被合并方所有者权益在最终控制方合并资产负债表中账面价值的份额,借记"长期股权投资"账户;按应享有被投资单位已宣告但尚未发放的现金股利,借记"应收股利"账户;按发行权益性证券的面值,贷记"股本"账户;按其差额,如为贷方差额,贷记"资本公积——股本溢价或资本溢价"账户;如为借方差额,应借记"资本公积——股本溢价或资本溢价"账户,资本公积(股本溢价或资本溢价)不足冲减的,借记"盈余公积""利润分配——未分配利润"账户。

【例 5-2】 2×18 年 6 月 30 日,合并日,BH 公司向属于同一 L 母公司的 RZ 公司定向增发面值 1 元、30 000 000 股普通股(假定合并日 BH 企业股票市价 5.75 元),以换取 RZ 公司 100% 股份,并对该公司实施控制。合并日,RZ 公司股东权益账面价值总额 69 000 000 元;资本市场上 RZ 公司所处行业市净率 2.5 倍。合并后,RZ 公司仍保持法人资格并继续经营。合并前后两公司采用相同会计政策。

假定，BH 公司向承销券商等支付 7 500 000 元的佣金和手续费。假定，同一控制人即最终控制方 L 母公司合并报表中的 RZ 公司股东权益账面价值总额 69 000 000 元，与 RZ 公司个别财务报表股东权益账面价值总额一致。合并日，BH 公司按同一控制下企业合并形成的长期股权投资进行会计处理如下：

(1) 合并日，合并双方交换股份的价值分析

市净率 = 每股股价 / 每股净资产
BH 公司向 RZ 公司定向增发本公司股份的市场价值 = 5.75 × 30 000 000
= 172 500 000(元)
合并日 RZ 公司股东权益的市场价值 = 69 000 000 × 2.5 = 172 500 000(元)

合并日，BH 公司向 RZ 公司股东增发本公司 30 000 000 股份市场价值，与取得 RZ 公司 100% 股份市场价值，双方交换股份价值正好均为 172 500 000 元。

(2) 合并日，按取得被合并方所有者权益在最终控制方合并资产负债表中账面价值的份额，该份额与 RZ 公司股东权益账面价值 69 000 000 元正好一致，将其确认为长期股权投资

借：长期股权投资　　　　　　　　　　　　　　　　69 000 000
　　贷：股本　　　　　　　　　　　　　　　　　　30 000 000
　　　　资本公积——股本溢价　　　　　　　　　　39 000 000
借：资本公积——股本溢价　　　　　　　　　　　　7 500 000
　　贷：银行存款　　　　　　　　　　　　　　　　7 500 000

【例 5-3】 沿用【例 5-2】资料，假定，最终控制方 L 母公司合并报表中的 RZ 公司股东权益账面价值 29 700 000 元，与 RZ 公司个别财务报表股东权益账面价值 69 000 000 元不一致。其他资料同【例 5-2】。合并日，BH 公司按取得 RZ 公司被合并方所有者权益在最终控制方合并资产负债表中账面价值的份额 29 700 000 元，确认为长期股权投资的初始投资金额，分录如下。

借：长期股权投资　　　　　　　　　　　　　　　　29 700 000
　　资本公积——股本溢价　　　　　　　　　　　　　　300 000
　　贷：股本　　　　　　　　　　　　　　　　　　30 000 000
借：资本公积——股本溢价　　　　　　　　　　　　7 500 000
　　贷：银行存款　　　　　　　　　　　　　　　　7 500 000

2. 非同一控制下企业合并形成的长期股权投资

(1) 一次购买、形成非同一控制下企业合并

经过一次交换交易，购买交易便形成非同一控制下企业合并的长期股权投资，购买方应按确定的企业合并成本作为长期股权投资的初始成本。企业合并成本，

包括购买方付出的资产、发生或承担的债务、发行的权益性证券的公允价值之和。具体会计处理如下。

在购买日按企业合并成本,借记"长期股权投资"账户;按享有被投资单位已宣告但尚未发放的现金股利或利润,借记"应收股利"等账户;按支付合并对价的账面价值,贷记有关资产或借记有关负债账户;按其差额,贷记"营业外收入"或"投资收益"账户,或借记"营业外支出""投资收益"等账户。按发生的直接相关费用,借记"管理费用"账户,贷记"银行存款"等账户。

非同一控制下企业合并涉及以库存商品作为合并对价的,应按库存商品的公允价值,贷记"主营业务收入"或"其他业务收入"账户;同时,结转相关成本。以公允价值计量且其变动计入其他综合收益的债权性金融资产作为合并对价的,原持有期间公允价值变动形成的其他综合收益应一并转入投资收益,借记"其他综合收益"账户,贷记"投资收益"账户。

【例 5-4】 2×18 年 1 月 31 日,YH 企业对 BC 企业进行长期股权投资,取得 BC 企业 60%股权,YH 企业对外投资付出的资产如表 5-1 所示,同时再支付资产评估费 3 569 000 元。假定投资前双方无任何关联方关系,YH 企业按非同一控制下企业合并进行长期股权投资,会计处理如下。

表 5-1 YH 企业对外投资付出的资产表

2×18 年 1 月 31 日 单位:元

资产项目	原值 (1)	累计折旧和摊销 (2)	账面成本价值 (3)=(1)-(2)	账面公允价值 (4)	账面价值差额 (5)=(4)-(3)
银行存款	1 998 000	—	1 998 000	1 998 000	0
固定资产	88 690 000	10 130 000	78 560 000	87 840 000	9 280 000
无形资产——专利技术	26 780 000	1 120 000	25 660 000	26 380 000	720 000
合计	117 468 000	11 250 000	106 218 000	116 218 000	10 000 000

借:长期股权投资 116 038 000
　　累计折旧 10 130 000
　　累计摊销 1 120 000
　　贷:固定资产 88 690 000
　　　　无形资产——专利技术 26 780 000
　　　　银行存款 1 998 000
　　　　营业外收入 10 000 000
借:管理费用 3 569 000
　　贷:银行存款 3 569 000

(2) 多次交易、分步增加股权，最终形成非同一控制下的控股合并

经多次交换交易、分步取得股权最终形成非同一控制下控股合并的，购买方在其个别财务报表中，应当以购买日之前所持被购买方的股权投资账面价值与购买日新增投资成本之和，作为该项投资的初始投资成本。达到控股合并前长期股权投资采用成本法核算的，购买日长期股权投资的新成本为原账面余额加上购买日为取得新股份所支付对价的公允价值之和，该新成本作为改按成本法核算的初始投资成本。

达到控股合并前，长期股权投资采用权益法核算的，购买日长期股权投资的初始投资成本，为原权益法下的账面价值加上购买日为取得新的股份所支付对价的公允价值之和；购买日之前因权益法形成的其他综合收益或其他资本公积暂时不作处理，待到处理该项投资时，将其与相关的其他综合收益或其他资本公积与被购买方直接处置相关资产或负债相同的基础进行会计处理。

达到控股合并前对长期股权投资采用公允价值计量的（如原分类为"以公允价值计量且其变动计入其他综合收益的金融资产"的非交易性权益工具投资），长期股权投资在购买日的初始投资成本为原公允价值计量的账面价值加上购买日取得新股份所支付对价的公允价值之和，购买日之前持有被购买方的股权涉及其他综合收益的，应转入当期损益。

【例 5-5】 2×17 年 6 月，HY 公司曾对 DJ 公司进行长期股权投资，以 6 000 000 元取得 DJ 公司 5% 股权，对 DJ 公司不具有重大影响。HY 公司将该项长期投资采用公允价值计量，分类为以公允价值计量且其变动计入其他综合收益的金融资产（其他权益工具投资）。2×18 年 7 月 1 日，HY 公司以银行存款 75 000 000 元购进 DJ 公司的另外 50% 股权。HY 公司通过两次、分步交易最终达到对 DJ 公司的控制。假定，HY 公司原持有的 DJ 公司 5% 的股权，在 2×18 年 6 月 30 日公允价值为 7 500 000 元（与 2×18 年 7 月 1 日公允价值相等），累计计入其他综合收益的金额为 1 696 000 元。

HY 公司与 DJ 公司原不存在任何关联方关系，经数次交易分步增加股权，最终形成非同一控制下对 DJ 公司的控股合并。HY 公司有关会计处理如下。

2×18 年 7 月 1 日购买日，支付购进另外 50% 股权款和转出原计入其他权益工具投资的现时公允价值。

长期股权投资 = 原 5% 股权公允价值 + 第二次购进支付款
= 7 500 000 + 75 000 000 = 82 500 000（元）

借：长期股权投资　　　　　　　　　　　　　　82 500 000
　　贷：其他权益工具投资　　　　　　　　　　　7 500 000
　　　　银行存款　　　　　　　　　　　　　　75 000 000

同时

借：其他综合收益　　　　　　　　　　　　　　　　1 696 000
　　贷：投资收益　　　　　　　　　　　　　　　　　　　　1 696 000

【例5-6】　沿用【例5-5】资料，假定2×17年6月，HY公司以24 000 000元取得DJ公司20%股权，对DJ公司能施加重大影响，采用权益法核算长期投资投资。当年度确认对DJ公司的投资收益2 690 000元。2×18年3月8日，购买日，HY公司又以银行存款45 000 000元自T公司购进DJ公司的另外30%股权。通过两次分步交易实现对DJ公司的控制。有关分步增股形成非同一控制下的长期股权投资价值确认的分录如下。

（1）2×17年12月31日，按权益法确认长期股权投资和投资收益

借：长期股权投资　　　　　　　　　　　　　　　　2 690 000
　　贷：投资收益　　　　　　　　　　　　　　　　　　　　2 690 000

（2）2×18年3月8日，购买日

借：长期股权投资　　　　　　　　　　　　　　　　45 000 000
　　贷：银行存款　　　　　　　　　　　　　　　　　　　　45 000 000

（3）控股合并购买日，确认新的长期股权投资的账面价值为71 690 000元。

购买日对DJ公司"长期股权投资"账面价值 =（24 000 000 + 2 690 000）+ 45 000 000
　　　　　　　　　　　　　　　　　　　= 71 690 000（元）

第二节　长期股权投资的后续计量

企业在持有长期股权投资的期间，应根据对被投资单位能够施加影响的不同程度，选择成本法或权益法进行长期股权投资的核算。对于子公司的长期股权投资，应当采用成本法核算；对于合营企业、联营企业的长期股权投资，应当采用权益法核算。

一、长期股权投资的成本法

（一）成本法的定义与适用范围

根据《长期股权投资》准则的规定，投资方能够对被投资单位实施控制的长期股权投资，应当采用成本法核算。

成本法是指长期股权投资的后续计量按成本计价的一种核算方法。在成本法

下,期末长期股权投资价值依旧按投资成本计价,并按公认惯例在资产负债表日采用成本与可变现净值孰低原则,通过计提资产减值准备进行账面价值调整。采用成本法核算的长期股权投资应当按照初始投资成本计价。追加或收回投资,应当调整长期股权投资的成本。被投资单位宣告分派的现金股利或利润,应当确认为当期投资收益。

投资公司对被投资单位能够实施控制,这种情况下投资公司与被投资单位是母子公司关系,母公司须编制合并财务报表,子公司应纳入母企业合并财务报表范围。此时,母公司对子公司的长期股权投资,由于双方都是独立法人主体,在母公司的个别财务报表中应当采用成本法核算;会计期末,母公司作为控股公司会计主体需要编制合并财务报表,此时再按权益法对子公司长期股权投资进行调整。

(二)成本法的会计处理

采用成本法核算长期股权投资,一般程序如下。

1. 初始投资或追加投资时,按初始投资或追加投资的成本增加长期股权投资的账面价值。

2. 除取得投资时实际支付的价款或对价中包含的已宣告但尚未发放的现金股利或利润外,不管利润分配是对取得投资前还是取得投资后被投资单位实现净利润的分配,被投资企业宣告分派的现金股利或利润,投资企业应当按应享有部分确认为投资收益。

投资企业在确认自被投资单位应分得的现金股利或利润后,应当考虑有关长期股权投资是否发生减值。在判断长期股权投资是否存在减值迹象时,应关注长期股权投资的账面价值是否大于应享有被投资单位净资产(包括相关商誉)账面价值的份额等情况。出现类似情况时,企业应当按照《资产减值》企业会计准则的规定对长期股权投资进行减值测试,可回收金额低于长期股权投资账面价值的,应当计提减值准备。

3. 子公司将未分配利润或盈余公积转增股本,且未向投资方提供等值现金股利或利润的选择权时,投资方并没有获得收取现金或利润的权力,该项交易通常属于子公司股东权益内部项目的重分类。这种情况下,我国当前会计准则规定,投资方不应确认相关的投资收益。

须指出,会计准则的这个规定实际涉及成本法下的股票股利处理问题,对此存在两种不同的观点。第一种观点认为,对投资方来说股票股利并没有涉及现金流量,它是被投资单位股东权益内部项目的调整,投资方按持股比例应享有的被投资单位的股东权益份额并未发生变动,因而无需进行会计处理。另一种观点认为,在经济实质意义上,股票股利与现金股利是一样的。可这样理解股票股利,第一步被投资单位先发放现金股利,第二步投资方再将获得的现金股利对被投资单位进行股权再投资。于是,投资方在第一步中可确认投资收益,第二步再投资中可调整长期股权投资账面价值,即投资方增加账面上的利润,又增加账面上的资产。当前,我国会计准则采纳第一种观点。

【例5-7】 2×19年3月8日,RH公司以15 960 000元的价格购入QY公司60%的股权,并实现对QY公司的控制。当年5月11日,QY公司宣告分派现金股利,RH公司按持股比例可获1 360 000元,并于6月26日收到现金利润。RH公司有关会计分录如下。

(1) 3月8日,购入QY公司60%股权

借:长期股权投资　　　　　　　　　　　　　　15 960 000
　　贷:银行存款　　　　　　　　　　　　　　　　　　15 960 000

(2) 5月11日,确认应收现金利润

借:应收股利　　　　　　　　　　　　　　　　　1 360 000
　　贷:投资收益　　　　　　　　　　　　　　　　　　 1 360 000

(3) 6月26日,收到现金利润

借:银行存款　　　　　　　　　　　　　　　　　1 360 000
　　贷:应收股利　　　　　　　　　　　　　　　　　　 1 360 000

二、长期股权投资的权益法

(一) 权益法的适用范围

根据《长期股权投资》准则的规定,投资方对联营企业和合营企业的长期股权投资,应当采用权益法核算。投资公司对被投资单位具有共同控制(对合营公司权益性投资)或重大影响(对联营公司权益性投资)时,长期股权投资应采用权益法核算。其理由是:(1)当投资公司对被投资单位的生产经营、利润分配具有"共同控制"或"重大影响"时,它对被投资单位净资产的要求权往往能顺利得到满足,采用权益法代表了这种权益的实施,并表明其投资收益是可以实现的;(2)权益法强调投资公司与被投资单位之间的经济关系实质,在具有共同控制或重大影响时建立双方的账面联系,其会计处理方法更符合应计制;(3)在具有共同控制或重大影响的情况下,投资公司采用权益法使其投资收益核算更真实,不易被操纵和修饰财务成果。

权益法是指长期股权投资以初始成本计量后,在持有期间根据应享有被投资单位股东权益份额的变动,对长期股权投资账面价值进行调整的一种方法。在权益法下,期末长期股权投资按投资成本和按持股比例计算的应享有被投资单位股

东权益的变动份额计价。会计期末,长期股权投资计价应包括取得时的初始投资成本和持有期间投资账面价值的调整两个方面的金额。

投资方对联营企业的权益性投资,其中一部分通过风险投资机构、共同基金、信托公司或包括投连险基金在内的类似主体间接持有的,无论以上主体是否对这部分投资具有重大影响,投资方都可按《金融工具确认和计量》准则的有关规定,对间接持有的该部分投资选择以公允价值计量且其变动计入损益,并对其余部分采用权益法核算。

(二)权益法的会计处理

在权益法下,应设置"长期股权投资"账户,并在该账户下设置"投资成本""损益调整""其他综合权益"等明细账户,进行长期股权投资的总账和明细账核算。

1. 初始投资成本的调整

投资方取得对联营企业或合营企业的长期股权投资后,对于取得时初始投资成本与应享有被投资单位可辨认净资产公允价值份额之间的差额,应区别以下情况处理。

(1)初始投资成本"大于"取得投资时应享有被投资单位可辨认净资产公允价值份额的,不调整长期股权投资的初始投资成本。该"大于"差额表面上体现为投资方的"让步",实质上是投资方多支付的、未来能产生超额利润的"商誉"和被投资单位不符合确认条件的资产价值。由于投资方对于长期股权投资是在其个别财务报表中作为单项资产进行核算,商誉和不符合确认条件的资产不进行单独反映,因此对于已包含在初始投资成本内的该差额,不要求调整初始投资成本,也不调整相对应的"留存收益""资本公积"等权益项目。

(2)初始投资成本"小于"取得投资时应享有被投资单位可辨认净资产公允价值份额的,该差额体现为被投资单位的"让步",投资方在投资当期已实现这部分经济利益的流入。因此,投资方应将该"小于"差额作为当期收益,计入"营业外收入";同时,调增"长期股权投资"初始投资成本。

【例5-8】 2×18年5月1日,BH企业以6 900 000元投资HL企业,占其30%股权。假定当年HL企业各项可辨认的净资产的公允价值与账面价值相同,有关资料见表5-2。BH企业投资后,将派人参与HL企业的经营决策,并能对其施加重大影响,采用权益法核算。投资当日,BH企业有关会计处理如下:

5月1日可辨认净资产公允价值 = (10 000 000 + 3 500 000 + 5 000 000 + 1 500 000) − 2 000 000 + 3 000 000 = 21 000 000(元)

应享有可辨认净资产公允价值的份额 = 21 000 000 × 30% = 6 300 000(元)

长期股权投资差额 = 6 900 000 − 6 300 000 = 600 000(元)

			6 900 000
借：长期股权投资——投资成本　　　　　　　　　　　6 900 000
　　贷：银行存款　　　　　　　　　　　　　　　　　　　　　6 900 000

长期股权投资成本大于取得投资时应享有被投资单位可辨认净资产公允价值的份额 600 000 元，不调整长期股权投资的账面价值。

表 5-2　　　　　　　　　　HL 企业股东权益变动表
　　　　　　　　　　　　　　　2×18 年度　　　　　　　　　　　单位：元

序	日期	项目	金额
1	1月1日	股本	10 000 000
2	1月1日	资本公积——股本溢价	3 500 000
3	1月1日	盈余公积	5 000 000
4	1月1日	未分配利润	1 500 000
5	4月15日	分派现金股利	2 000 000
6	12月31日	全年净利润	9 800 000
		其中：1 至 4 月份净利润	3 000 000
	12月31日	股东权益合计	31 600 000

【例 5-9】　沿用【例 5-8】资料，如果 BH 企业以银行存款 5 800 000 元投资 HL 企业，其他资料同上例，会计处理如下。

　　长期股权投资差额 = 5 800 000 - 6 300 000 = -500 000（元）

借：长期股权投资——投资成本　　　　　　　　　　　6 300 000
　　贷：银行存款　　　　　　　　　　　　　　　　　　　　　5 800 000
　　　　营业外收入　　　　　　　　　　　　　　　　　　　　　500 000

或者：

借：长期股权投资——投资成本　　　　　　　　　　　5 800 000
　　贷：银行存款　　　　　　　　　　　　　　　　　　　　　5 800 000
借：长期股权投资——投资成本　　　　　　　　　　　　500 000
　　贷：营业外收入　　　　　　　　　　　　　　　　　　　　　500 000

长期股权投资成本小于取得投资时应享有被投资单位可辨认净资产公允价值的份额 500 000 元，作为当期损益，计入营业外收入。

2. 投资损益的确认

（1）投资损益的确认原则

根据《长期股权投资》准则的规定，权益法下投资方取得长期股权投资后，应当按照应享有或应分担的被投资单位实现的净损益和其他综合收益的份额，分别确认投资收益和其他综合收益,同时调整长期股权投资的账面价值;投资方按照被投资单位宣告分派的利润或现金股利计算应享有的部分,相应减少长期股权投资的账面价值;投资方对于被投资单位除净损益、其他综合收益或利润分配以外所有者权益的其他变动,应当调整长期股权投资价值并计入所有者权益。

投资方在确认应享有被投资单位净损益的份额时,应当以取得投资时被投资单位可辨认净资产价值的公允价值为基础,对被投资单位的净利润进行投资后确认。被投资单位采用的会计政策及会计期间与投资方不一致的,应当按照投资方的会计政策和会计期间对被投资单位的财务报表进行投资,并据以确认投资收益和其他综合收益等。

投资方确认被投资单位发生的净亏损,应当以长期股权投资的账面价值以及其他实质上构成对被投资单位净投资的长期权益减记至零为限,投资方负有承担额外损失义务的除外。被投资单位以后实现净利润的,投资方在其收益分享额弥补未确认的亏损分担额后,恢复确认收益分享额。

投资方计算确认应享有或应分担的被投资单位实现的净损益时,与联营企业、合营企业之间发生的未实现内部交易损益按照应享有的比例计算归属于投资方的部分,应当予以抵销,在此基础上确认投资收益。投资方与被投资单位发生的未实现内部交易损失,按照《资产减值》准则等的有关规定属于资产减值损失的,应当全额确认。

(2) 投资损益的会计处理

在权益法下,投资持有期间"长期股权投资"账户反映的价值并非是其原始投资成本,而是应享有被投资单位相应的可辨认净资产公允价值的份额。投资后被投资单位损益和其他综合收益变动,以及利润分配等均会影响其可辨认净资产公允价值的变动,因此"长期股权投资"账面价值需"同步"进行调整。

① 以公允价值为基础,对被投资单位净利润的调整

在确认应享有被投资单位净损益的份额时,应以投资时被投资单位可辨认资产等公允价值为基础,对被投资单位净利润进行以下调整后确认:一是会计期间和会计政策的调整;二是对被投资单位净损益的调整。

被投资单位净损益是以"账面价值"为基础计算得出的,而投资企业投资时是以被投资单位资产、负债等"公允价值"为基础确定其投资成本的。这样,在确认应享有或应分担净损益份额时,先要确定公允价值计量下被投资单位的净损益,计算时需以投资时的公允价值为基础来计提被投资单位固定资产折旧、无形资产摊销和资产减值准备等。相对于被投资单位已计提的折旧、摊销和减值准备之间存在的差额,应按差额对被投资单位净损益进行调整,并按调整后的净损益和持股比例计算确认投资损益。调整时,可根据重要性原则对重要项目进行调整。

② 应分担被投资单位亏损的处理

确认被投资单位发生的净亏损,应以长期股权投资的账面价值以及其他实质上构成对被投资单位净投资的长期权益减记至零为限,投资企业负有承担额外损失义务的除外。其中,"其他实质上构成对被投资单位净投资的长期权益",通常是指长期应收项目。比如,投资企业对被投资单位的长期债权,该债权无明确清收计划、且在可预见的未来期间不准备收回的,实质上构成对被投资单位的净投资。

在确认应分担被投资单位发生的亏损时,应按以下顺序进行处理:一是冲减长期股权投资的账面价值;二是长期股权投资的账面价值不足以冲减的,应以"其他实质上构成对被投资单位净投资的长期权益"账面价值为限继续确认投资损失,冲减长期应收项目等的账面价值;三是经过上述处理,按投资合同或协议约定投资企业仍须承担额外义务的,应按预计承担的义务确认预计负债,同时计入当期投资损失。

被投资单位以后实现净利润的,投资企业扣除未确认的亏损分担额后,应按上述相反的顺序处理,减记已确认预计负债的账面余额、恢复长期应收项目和长期股权投资的账面价值;同时,确认投资收益。

③ 对于投资企业与其联营、合营企业之间发生的未实现内部交易损益的调整

在权益法下,投资企业与被投资单位是视作一个"会计主体"进行确认计量和报告的。对于投资企业与其联营、合营的被投资单位,由于双方内部交易产生的、最终并未实现的收益,投资企业应根据经过上述公允价值调整后的被投资单位当年实现的净利润,抵销内部交易未实现收益后取得的金额,再按持股比例计算应享有的份额,并在此基础上确认投资损益。投资企业与被投资单位的内部交易损失,按《资产减值》准则规定,资产减值的部分应全额确认损失。投资企业对于纳入合并范围的子企业与联营企业、合营企业之间发生的内部交易损益,也应按上述原则抵销内部交易未实现收益,并在此基础上确认投资损益。

④ 被投资单位除净损益以外所有者权益其他变动的处理

对于被投资单位除净损益以外所有者权益的其他变动,在持股比例不变情况下,投资企业按持股比例计算应享有或承担的部分,调整长期股权投资的账面价值,同时增加或减少资本公积(其他资本公积)。

【例5-10】 2×18年1月8日,YD公司以56 793 000元购入RZ公司35%股份,并对RZ公司的经营决策具有重大影响。当日,RZ公司可辨认净资产公允价值163 860 000元,除表5-3所列项目外的其他资产、负债公允价值与账面价值相同。2×18年度,RZ公司实现净利润28 690 000元,其中投资时表5-3中的RZ公司存货75%按账面原价已对外出售。双方会计年度和会计政策相同,固定资产无残值

并与无形资产一样按直线法计提折旧与摊销。假定不考虑所得税等其他因素，YD公司有关投资持有期间，被投资单位 RZ 公司净损益的会计处理如下。

表 5-3　　　　　　　**RZ 公司部分资产公允价值与账面价值差异表**　　　　　单位：元

项目	账面原价	已提折旧或摊销	公允价值	RZ 公司预计使用年限	YD 公司投资后剩余使用年限
存货	11 250 000		12 780 000		
固定资产	28 880 000	5 760 000	30 660 000	16 年	10 年
无形资产	17 800 000	3 360 000	18 600 000	8 年	6 年
合计	57 930 000	9 120 000	62 040 000		

（1）2×18 年 1 月 8 日，计算股权投资差额，并调整初始投资成本

应享有 RZ 公司可辨认净资产公允价值的份额 = 163 860 000 × 35% = 57 351 000(元)

股权投资差额 = 56 793 000 − 57 351 000 = − 558 000(元)

长期股权投资的初始投资成本 = 56 793 000 + 558 000 = 57 351 000(元)

　　借：长期股权投资——投资成本　　　　　　　　　　57 351 000
　　　　贷：银行存款　　　　　　　　　　　　　　　　　　　56 793 000
　　　　　　营业外收入　　　　　　　　　　　　　　　　　　　 558 000

（2）2×18 年年末，以公允价值为基础调整被投资单位净利润，调整长期股权投资价值，并确认投资收益

因公允价值大于账面价值调增存货销货成本而调减的利润 = (12 780 000 − 11 250 000) × 75% = 1 147 500(元)

因调整固定资产折旧而调减的利润 = 30 660 000 ÷ 10 − 28 880 000 ÷ 16 = 1 261 000(元)

因调整无形资产摊销而调减的利润 = 18 600 000 ÷ 6 − 17 800 000 ÷ 8 = 875 000(元)

调整后的 RZ 公司净利润 = 28 690 000 − 1 147 500 − 1 261 000 − 875 000 = 25 406 500(元)

应享有 RZ 公司调整后的净利润份额 = 25 406 500 × 35% = 8 892 275(元)

　　借：长期股权投资——损益调整　　　　　　　　　　8 892 275
　　　　贷：投资收益——股权投资收益　　　　　　　　　　　8 892 275

【例 5-11】 2×18 年 1 月，如果被投资单位 HL 公司的可辨认的资产和负债的账面价值与公允价值一致，投资方 YH 公司对 HL 公司长期股权投资，取得其 20% 有表决权的股份，能够对 HL 公司施加重大影响。当年 9 月，HL 公司将成本 1 800 000 元的自制产品出售给 YH 公司，取得 3 600 000 元销售收入；YH 公司将该

批商品作为存货商品,库存至年末而未对外销售。当年年末,HL 公司实现净利润 8 860 000 元。假定,当年年末,投资方 YH 公司需要编制合并报表,不考虑所得税等其他因素。2×18 年末,按权益法确认应享有 HL 公司 2×18 年度净损益和编制合并报表时内部交易未实现损益的调整,YH 公司有关会计处理如下。

(1) 2×18 年年末,确认扣除内部未实现利润后应享有的份额

HL 公司经调整净利润 = 净利润 − 内部销售未实现利润
= 8 860 000 − (3 600 000 − 1 800 000) = 7 060 000(元)
确认应享有 HL 公司净利润的份额 = 7 060 000 × 20% = 1 412 600(元)

借:长期股权投资——损益调整　　　　　　　　　　　1 412 000
　　贷:投资收益　　　　　　　　　　　　　　　　　　　　1 412 000

(2) 2×18 年末,假定需要编制合并报表,抵销调整存货内部交易未实现利润,合并报表中调整处理

抵销内部交易存货中未实现利润、
调整应享有部分长期股权投资价值 = (3 600 000 − 1 800 000) × 20% = 918 000(元)

借:长期股权投资——损益调整　　　　　　　　　　　　360 000
　　贷:存货　　　　　　　　　　　　　　　　　　　　　　360 000

【例 5-12】 2×18 年 1 月,YY 公司对 BC 公司进行长期股权投资,取得其 20% 有表决权的股份,能对 BC 公司的生产和财务经营决策施加重大影响。假定 BC 公司可辨认资产和负债的账面价值与公允价值一致,两者在以前期间未发生过内部交易。当年 9 月,YY 公司将成本 1 800 000 元的自制产品出售给 BC 公司,取得 3 600 000 元销售收入;BC 公司将该批内含 YY 公司销售利润的商品作为存货商品,库存至年末而未对外部第三方出售。2×18 年末,BC 公司当年实现净利润 9 860 000 元。在这项存货中,假定不考虑所得税等其他因素。对于确认 2×18 年度投资收益,假如需要编制 2×18 年末合并报表,合并报表中抵销内部未实现收益、调整投资收益,投资方 YY 公司采用权益法的有关会计处理如下。

(1) 2×18 年年末,在扣除内部交易未实现利润的基础上,确认应享有的投资收益

内部销售形成的并未
最终实现的利润 = (3 600 000 − 1 800 000) = 1 800 000(元)

确认应享有被投资
单位净利润的份额 = (9 860 000 − 1 800 000) × 20% = 1 612 000(元)

借:长期股权投资——损益调整　　　　　　　　　　　1 612 000
　　贷:投资收益　　　　　　　　　　　　　　　　　　　　1 612 000

(2) 20×8 年年末,合并报表中对未实现内部交易收益,需要在个别报表已确认收益基础上进行调整

借:营业收入(3 600 000×20%)   720 000
  贷:营业成本(1 800 000×20%)   360 000
    投资收益   360 000

须说明,未实现的内部交易损益的抵销有以下两种情况。(1)"逆流交易"下内部交易损益抵销。逆流交易,是指联营、合营或子公司向投资公司出售资产。在逆流交易中,被投资单位向投资公司出售资产,如果投资公司没有将购入的资产对外出售,则该资产还是留存在同一个特殊"会计主体"内,被投资单位内部销售"利润"并未真正实现。对投资公司说,应在抵销、扣除内部交易未实现利润的基础上,按持有比例确认应享有的投资收益。(2)"顺流交易"下内部交易损益抵销。顺流交易,是指投资公司向其联营、合营或子公司出售资产。在顺流交易中,投资公司向这些被投资单位出售产品获得"利润",如果被投资单位将购入产品作为存货,没有在权益法下这个特殊"会计主体"之外进行出售,则被投资单位购入的存货中含有内部销售未实现的利润。对投资公司来说,需按持股比例计算应归属于投资公司的内部销售未实现利润的部分,对该部分应予以抵销,并在此基础上确认投资收益,同时调整长期股权投资的账面价值。

投资公司与被投资单位的联营或合营企业之间发生的,无论是顺流还是逆流交易产生的未实现内部交易损失,属于所转让资产发生的减值损失的,有关的未实现内部交易损失不应予以确认。

【例 5-13】 2×18 年,A 公司、B 公司和 C 公司共同出资设立 D 公司。D 公司为 A、B、C 三家公司的合营企业,注册资本 100 000 000 元,其中 A 公司持有 38%,B 公司和 C 公司各持有 31%。A 公司以其机器设备出资,该项固定资产原价 39 000 000 元,累计折旧 9 000 000 元,公允价值 38 000 000 元,未计提减值。B 公司和 C 公司以银行存款出资,各投资 31 000 000 元。假如 A 公司需要编制合并报表,投出资产交易具有商业实质且与投出资产所有权相关的重大风险和报酬发生了转移。假定,不考虑所得税等其他因素影响,权益法下 A 公司长期股权投资的有关会计处理如下。

(1) 2×18 年,以设备对外投资、取得长期股权投资时,确认设备对外投资利得

A 公司以设备公允价值投资 = D 公司注册成本 100 000 000 × 38% = 38 000 000(元)

A 公司投出设备账面价值与公允价值差额确认为营业外收入 = 38 000 000 − (39 000 000 − 9 000 000) = 8 000 000(元)

借：长期股权投资——投资成本(D公司)	38 000 000	
贷：固定资产清理		38 000 000
借：固定资产清理	30 000 000	
累计折旧	9 000 000	
贷：固定资产		39 000 000
借：固定资产清理	8 000 000	
贷：营业外收入		8 000 000

（2）2×18年末，需要编制合并报表，权益法下抵销内部交易归属于A公司未实现利得部分

按应享有比例抵销内部交易未实现利得部分并调减长期股权投资 = 8 000 000 × 38% = 3 040 000(元)

借：营业外收入	3 040 000	
贷：长期股权投资——利得调整(D公司)		3 040 000

须指出，合营方向合营企业投出非货币性资产的交易，应区分投资方个别财务报表和合并财务报表分别进行处理。投资方按照持股比例计算应予以抵销的未实现内部交易损益，在合并财务报表中应在抵销相关收入、成本的同时，调整长期股权投资的账面价值。

（3）取得现金股利或利润的会计处理

权益法下，被投资单位分派现金股利（或利润），相对于留存利润来说，会使其净资产减少。因此，投资企业按被投资单位宣告分派的现金股利计算应分得的部分，相应减少长期股权投资的账面价值。被投资单位宣告分派时，借记"应收股利"账户，贷记长期股权投资下的"损益调整"账户。

【例5-14】 2×18年1月1日，YH公司向FD公司进行长期股权投资，占其股本35%，对其能施加重大影响。假定YH公司和FD公司的账面价值均与公允价值一致，双方采用的会计期间与会计政策相同；投资成本与应享有FD企业股东权益份额一致。2×18年度，经调整计算得出的FD公司净利润为800 000元，2×19年3月，FD公司宣告并发放现金股利500 000元。YH公司对外投资有关资料如表5-4所示，权益法下有关会计处理如下。

表5-4　　　　　　　　　　YH公司对外投资资产表　　　　　　　　　　单位：元

项目	原始价值	累计折旧和摊销	资产减值准备	账面价值（公允价值）
货币资金	200 000	—	—	200 000
固定资产	700 000	150 000	50 000	500 000
无形资产	300 000	20 000	10 000	270 000
合计	1 200 000	170 000	60 000	970 000

(1) 2×18 年 1 月 1 日,对外长期股权投资

借:长期股权投资——投资成本(FD 企业)   970 000
    累计折旧   150 000
    累计摊销   20 000
    固定资产减值准备   50 000
    无形资产减值准备   10 000
  贷:固定资产   700 000
    无形资产   300 000
    银行存款   200 000

(2) 2×18 年末,资产负债表日确认投资收益

应享有调整后的 FD 企业净利润的份额 = 800 000 × 35% = 280 000(元)

借:长期股权投资——损益调整(FD 企业)   280 000
  贷:投资收益   280 000

(3) 计算 2×18 年末长期股权投资的账面余额

长期股权投资的账面余额 = 投资成本 + 损益调 970 000 + 280 000 = 1 250 000(元)

(4) 2×19 年 3 月,应收和实际收到现金股利

借:应收股利(500 000×35%)   175 000
  贷:长期股权投资——损益调整(FD 企业)   175 000

同时

借:银行存款   175 000
  贷:应收股利——FD 企业   175 000

(4) 超额亏损的处理

① 超额亏损的含义

超额亏损是指长期股权投资中被投资单位发生巨额亏损时,投资企业需按持股比例确认应分担的亏损,当应分担亏损超过"长期股权投资"账面价值和"其他实质上构成对被投资单位净投资的长期权益项目"两者之和时,对于投资企业来说,就是所谓的超额亏损。上述"其他实质上构成对被投资单位净投资的长期权益项目",一般是指长期应收项目,但不包括投资企业与被投资单位间因销售商品、提供劳务等产生的长期债权。

② 超额亏损的会计核算

投资企业在确认应分担被投资单位发生的超额亏损时,处理程序如下:首先,减记长期股权投资的账面价值。其次,在长期股权投资账面价值减记至零的情况

下,对于未确认的投资损失,除了长期股权投资外,是否还有"其他实质上构成对被投资单位净投资的长期权益"项目,如有长期应收等,则应以其他长期权益的账面价值为限,继续确认投资损失,并冲减长期应收等账面价值。再次,经上述处理,按投资合同或协议约定,投资企业仍负有承担、弥补额外损失义务的,应按预计承担义务的金额确认预计负债,计入当期投资损失。

权益法下,投资企业确认应分担被投资单位亏损的投资损失时,原则上应以"长期股权投资"账面价值和"其他实质上构成对被投资单位净投资的长期权益项目"价值减记至零为限;因合同或协议约定负有承担额外损失义务的除外。如经上述处理还有未确认超额亏损的,应将超额亏损剩余部分在账外"备查簿"中登记。以后,被投资单位实现盈余,投资企业再按应享有部分扣除"备查簿"登记的超额亏损后的金额,增记长期股权投资的账面价值,同时增加投资收益。具体会计处理如下。

发生投资损失时,借记"投资收益"账户,贷记"长期股权投资——损益调整"账户。在长期股权投资账面价值减记至零以后,继续确认投资损失,此时应借记"投资收益"账户,贷记"长期应收款"等账户。因投资合同或协议约定导致投资企业需承担额外义务的,按《或有事项》企业会计准则的规定,对于符合准则确认条件的义务,应确认为当期损失,同时确认预计负债,此时应借记"投资收益"账户,贷记"预计负债"账户。上述情况仍未确认的应分担被投资单位的损失,应在账外备查簿中登记。

确认长期股权投资超额亏损后,被投资单位以后实现盈利的,按上述相反方向,分别减记账外备查簿登记的金额、已确认的预计负债,恢复增加其他长期权益和长期股权投资的账面价值;同时,确认投资收益。此时,应按顺序分别借记"预计负债""长期应收款""长期股权投资"等账户,贷记"投资收益"账户。

【例5-15】 2×18年1月1日,BH企业持有HH企业35%股权,能对HH企业施加重大影响。"长期股权投资"账户账面价值9 800 000元;取得股权时,HH企业各项可辨认资产、负债的公允价值与账面价值一致,双方采用会计期间和政策相同。HH企业2×18年度发生巨额亏损30 000 000元;2×19年度实现净利润9 686 000元;BH企业有关会计处理如下。

(1) 2×18年1月1日,长期股权投资

借:长期股权投资——投资成本(HH企业)　　　　　　9 800 000
　　贷:银行存款　　　　　　　　　　　　　　　　　　　　　9 800 000

(2) 2×18年年末,确认超额亏损,并在"备查簿"登记超额亏损额

应承担的投资损失 = 30 000 000 × 35% = 10 500 000(元)
"备查簿"中登记的"账外"超额亏损额 = 10 500 000 - 9 800 000 = 700 000(元)
确认的投资损失 = 10 500 000 - 700 000 = 9 800 000(元)

借:投资收益　　　　　　　　　　　　　　　　　　　　　　9 800 000
　　　　贷:长期股权投资——损益调整　　　　　　　　　　　　　　　9 800 000

(3) 2×19年年末,冲减"备查簿"中原先登记的超额亏损额,并确认本期投资收益

　　应享有的投资收益 = 9 686 000 × 35% = 3 390 100(元)
　　抵补"账外"亏损后确认的投资收益 = 3 390 100 - 700 000 = 2 690 100(元)

　　借:长期股权投资——损益调整(HH企业)　　　　　　　　　2 690 100
　　　　贷:投资收益　　　　　　　　　　　　　　　　　　　　　　2 690 100

【例5-16】 沿用【例5-15】资料,如果BH企业对HH企业具有无明确清偿计划的"长期应收款"3 600 000元,BH企业会计处理如下。

(1) 2×18年1月1日,对外长期股权投资分录,同上例(1)

(2) 2×18年年末,确认投资损失

　　借:投资收益——股权投资损失　　　　　　　　　　　　　10 500 000
　　　　贷:长期股权投资——损益调整　　　　　　　　　　　　　　9 800 000
　　　　　　长期应收款——HH企业　　　　　　　　　　　　　　　　700 000

(5) 其他综合收益的处理

由于被投资单位的其他综合收益及其变动会影响其所有者权益总额的变动,权益法下,投资企业需要按应享有被投资单位所有者权益份额,对长期股权投资进行同步调整,同时增加或减少投资收益。

【例5-17】 L公司持有D公司35%的股份,并能对D公司施加重大影响。当期,D公司将其作为存货的房地产转换为以公允价值计量的投资性房地产,转换日公允价值大于账面价值9 658 000元并计入其他综合收益。假定,不再考虑其他因素,L公司有关会计处理如下。

　　权益法下L公司应确认的其他综合收益 = 9 658 000 × 35% = 3 380 300(元)

　　借:长期股权投资——其他综合收益　　　　　　　　　　　3 380 300
　　　　贷:其他综合收益　　　　　　　　　　　　　　　　　　　　3 380 300

(6) 被投资单位所有者权益其他变动的处理

被投资单位除净损益、其他综合收益和利润分配以外所有者权益的其他变动,如增资扩股、接受捐赠、外币折算差额、接受专项拨款、会计政策与估计变更的会计事项调整等因素均会影响其所有者权益总额的变动。在权益法下,投资企业对于被投资单位所有者权益的其他变动,应按持股比例与被投资单位所有者权益其他变动中归属于投资企业的应享有部分,调整长期股权投资的账面价值,同时增加或

减少资本公积(其他资本公积)。

【例 5-18】 RH 公司持有 JH 公司 30% 的股份,对 JH 公司的经营决策具有重大影响。当年,经过调整的 JH 公司净利润为 8 500 000 元。JH 公司股东权益的其他变动资料如下:(1)增资扩股,新增股本 10 000 000 元、股本溢价 15 000 000 元,已分别计入股本和资本公积;(2)当期 JH 公司的母公司捐赠 JH 公司 8 000 000 元,该捐赠实质属于资本投入,JH 公司已将其计入资本公积(股本溢价)。

假定 RH 公司与 JH 公司的会计期间和会计政策相同,投资时 JH 公司有关资产、负债的账面价值与公允价值一致,增资扩股后 RH 公司的持股比例保持不变,不再考虑其他因素。RH 公司有关会计处理如下。

确认应享有净利润的份额 = 8 500 000 × 30% = 2 550 000(元)

确认应享有其他权益变动的份额 = (10 000 000 + 15 000 000 + 8 000 000) × 30% = 9 900 000(元)

借:长期股权投资——损益调整　　　　　　　　　　 2 550 000
　　　　　　　——其他权益变动　　　　　　　　　 9 900 000
　贷:投资收益　　　　　　　　　　　　　　　　　 2 550 000
　　　资本公积——其他资本公积　　　　　　　　　 9 900 000

第三节　长期股权投资的方法转换、减值和处置

按照《长期股权投资》准则的规定,投资方由对被投资单位不具有控制、共同控制或重大影响,转为对其能够实施共同控制或重大影响时,对于这种长期股权投资实质性的转变,投资方在转换日应以公允价值重新计量,并将公允价值与账面价值的差额计入当前损益。同样,当投资方因追加投资等原因导致原持有的对联营企业、合营企业投资转变为对子公司的投资,需要编制合并报表时,也属于长期股权投资实质性的转变,有关长期股权投资在合并报表信息披露上需要重新计量,由此产生的价值调整视作原股权的处置,处置差额计入当前损益。此外,与上述相反方向的实质性转换,投资企业因处置减少投资等原因对子公司的投资转化为对联营企业或合营企业投资,对联营企业或合营企业投资转换为不再具有共同控制或重大影响,从而需将股权投资转为金融资产,作为金融资产核算。因对被投资单位影响程度下降导致的不同类别股权投资之间的转换,如股权投资转为金融资产等,应作为原持有长期股权投资的处置,有关资产价值变动须计入当前损益。

一、长期股权投资核算方法的转换

(一) 成本法转换为权益法

投资方因追加投资等原因能够对被投资单位施加重大影响或实施共同控制但不构成控制的,应当按《金融工具确认和计量》准则确定的原持有的股权投资的公允价值加上新增投资成本之和,作为改按权益法核算的初始投资成本。原持有的股权投资分类为可供出售金融资产的,其公允价值与账面价值之间的差额,以及原计入其他综合收益的累计公允价值变动应当转入改按权益法核算的当期损益。

投资方因处置部分权益性投资等原因丧失了对被投资单位的控制的,在编制个别财务报表时,处置后的剩余股权能够对被投资单位实施共同控制或施加重大影响的,应当改按权益法核算,并对该剩余股权视同自取得时即采用权益法核算进行调整;处置后的剩余股权不能对被投资单位实施共同影响或施加重大影响的,应改按《金融工具确认和计量》的有关规定进行会计处理,其在丧失控制之日的公允价值与账面价值间的差额计入当期损益。在编制合并报表时,应当按照《合并财务报表》企业会计准则的有关规定进行会计处理。

【例 5-19】 2×18 年 1 月 1 日,Y 公司支付 30 000 000 元取得 T 公司 100%的股权,投资日 T 公司可辨认净资产的公允价值 25 000 000 元,商誉 5 000 000 元。2×18 年 1 月 1 日至 2×19 年 12 月 31 日,T 公司净资产增加 3 750 000 元,其中按购买日公允价值计算实现的净利润 2 500 000 元,持有的非交易性权益工具投资"以公允价值计量且其变动计入其他综合收益的金融资产"的公允价值增值 1 250 000 元。

2×20 年 1 月 10 日,Y 公司转让 T 公司 60%的股权,收取银行存款 24 000 000 元。转让后,Y 公司对 T 公司的持股比例为 40%,能够对其施加重大影响。2×20 年 1 月 10 日,Y 公司丧失对 T 公司的控制权,对 T 公司剩余 40%股权的公允价值为 16 000 000 元。假定 Y 公司和 T 公司提取盈余公积的比例均为 10%,T 公司未分配现金股利,不再考虑其他因素。Y 公司有关其个别财务报表和合并报表中的处理如下。

(1) Y 公司个别财务报表的会计处理

首先,确认处置 60%部分股权的收益。

$$处置部分股权收益 = 24\,000\,000 - 30\,000\,000 \times 60\%$$
$$= 24\,000\,000 - 18\,000\,000 = 6\,000\,000(元)$$

借:银行存款　　　　　　　　　　　　　　　　24 000 000
　　贷:长期股权投资　　　　　　　　　　　　　18 000 000
　　　　投资收益　　　　　　　　　　　　　　　 6 000 000

其次,对剩余股权转换为权益法核算。

按应享有 T 公司增加盈余公积份额比例调增长期股权投资和盈余公积 = 2 500 000 × 40% × 10% = 100 000(元)

按应享有 T 公司留存利润份额比例调增长期股权投资和未分配利润 = 2 500 000 × 40% × 90% = 900 000(元)

按应享有 T 公司增加其他综合收益份额比例调增长期股权投资和其他综合收益 = 1 250 000 × 40% = 500 000(元)

成本法转换为权益法、调增 Y 公司长期股权投资的价值 = 100 000 + 900 000 + 500 000 = 1 500 000(元)

借:长期股权投资　　　　　　　　　　　　　1 500 000
　　贷:盈余公积　　　　　　　　　　　　　　　　　100 000
　　　　未分配利润　　　　　　　　　　　　　　　　900 000
　　　　其他综合收益　　　　　　　　　　　　　　　500 000

转换日,Y 公司个别财务报表中,权益法下对 T 公司 40%剩余股权的"长期股权投资"初始投资价值为 13 500 000 元(30 000 000 - 18 000 000 + 1 500 000)。

(2) Y 公司合并财务报表的会计处理

首先,丧失控制权日,40%剩余股权公允价值的调整计算。

丧失控制权日剩余股权公允价值 = 【(30 000 000 + 3 750 000) × 40%】+ 2 500 000
= 13 500 000 + 2 500 000 = 16 000 000(元)

借:长期股权投资　　　　　　　　　　　　　16 000 000
　　贷:长期股权投资　　　　　　　　　　　　　　13 500 000
　　　　投资收益　　　　　　　　　　　　　　　　2 500 000

其次,调整内部投资收益,对个别报表中处置收益的归属期间进行调整。

Y 公司合并报表中确认的投资收益 = (转让60%股权 + 剩余40%股权公允价值) - (初始投资 + 净资产增加) + 其他综合收益
= (24 000 000 + 16 000 000) - (30 000 000 + 3 750 000) + 1 250 000
= 7 500 000(元)

Y 公司个别财务报表已确认的投资收益 = 处置60%部分股权的投资收益 6 000 000(元)
内部投资收益调整 = 7 500 000 - 6 000 000 = 1 500 000(元)
处置收益的归属期间调整额 = 2 500 000 × 60% = 1 500 000(元)

借:投资收益　　　　　　　　　　　　　　　　1 500 000
　　贷:未分配利润　　　　　　　　　　　　　　　1 500 000

再次,转出与剩余权益相对应的其他综合收益 500 000 元,重分类转入投资收益。

借：其他综合收益　　　　　　　　　　　　　　　　　　500 000
　　贷：投资收益（1 250 000×40%）　　　　　　　　　　　　500 000

（二）公允价值计量或权益法转换为成本法

因追加投资等原因能够对非同一控制下的被投资单位实施控制的，在编制个别财务报表时，应当按照原持有的股权投资账面价值加上新增投资成本之和，作为该按成本法核算的初始投资成本。购买日之前持有的股权投资因采用权益法核算而确认的其他综合收益，应当在处置该项投资时采用与被投资单位直接处置相关资产或负债相同的基础进行会计处理。购买日之前持有的股权投资按照《金融工具确认和计量》准则的有关规定进行会计处理的，原计入其他综合收益的累计公允价值变动应当在改按成本法核算时转入当期损益。在编制合并报表时，应当按照《合并财务报表》准则的有关规定进行会计处理。

因追加投资等原因导致原持有的分类为"以公允价值计量且其变动计入当期损益的金融资产"，或非交易性权益工具投资分类为"以公允价值计量且其变动计入其他综合收益的金融资产"，以及对联营企业或合营企业的投资转变为对子公司投资的，长期股权投资账面价值的调整应按前述对子公司投资的初始计量的相关规定进行处理。

对于原作为金融资产，现转换为成本法对子公司长期股权投资核算的，如有关金融资产分类为"以公允价值计量且其变动计入当期损益的金融资产"，应按转换时的公允价值确认为长期股权投资，公允价值与原账面价值之间的差额计入当期损益；如非交易性权益工具投资分类为"以公允价值计量且其变动计入其他综合收益的金融资产"，按转换时的公允价值确认长期股权投资，除将该公允价值与账面价值之间的差额计入当期损益外，原确认计入其他综合收益的前期公允价值变动也应结转计入当期损益。

（三）公允价值计量转换为权益法

投资方对原持有被投资单位的股权不具有控制、共同控制或重大影响，按照《金融工具确认和计量》准则进行会计处理的，因追加投资等原因导致持股比例增加，能对被投资单位实施共同控制或施加重大影响但不构成控制的，应改按权益法核算。在这种情况下，首先需要确认权益法下长期股权投资新价值，其次计算股权投资差额，最后再结转公允价值计量下非交易性权益工具投资"以公允价值计量且其变动计入其他综合收益的金融资产"的累计公允价值变动损益。

【例5-20】 2×18年初，YR公司对SY公司长期股权投资12 500 000元，获10%股权，对SY公司不具有控制、共同控制或重大影响，并将其分类为非交易性权益工具投资"以公允价值计量且其变动计入其他综合收益的金融资产"。假定，投资日SY公司可辨认净资产公允价值总额为126 800 000元，公允价值与账面价值相同。

2×19 年 3 月 5 日,YR 公司再以现金 20 000 000 元取得 SY 公司 15%股权,当日 SY 公司可辨认净资产公允价值总额为 146 000 000 元。再投资后,YR 公司拥有 SY 公司 25%股权,对其能施加重大影响。假定 YR 公司获 10%股权后,双方未发生任何内部交易。SY 公司实现净利润 10 000 000 元,未分配现金股利,也没有发生其他股东权益变动事项。

2×19 年 3 月 5 日,YR 公司对 SY 公司原持有的 10%股权公允价值 16 800 000 元,原计入其他综合收益的累计公允价值变动收益为 2 500 000 元,原 10%股权投资的账面价值 15 000 000。假定,不考虑其他因素,YR 公司有关会计处理如下。

(1) 2×19 年 3 月 5 日,公允价值计量转换为权益法,股权投资差额为正数,不调整长期股权投资价值,确认长期股权投资价值

10%股权非交易性其他权益工具投资的账面价值 = 12 500 000 + 2 500 000 元
$$= 15\ 000\ 000(元)$$
公允价值与账面价值差额计入投资收益 = 原 10%股权公允价值 − 原 10%股权账面价值
$$= 16\ 800\ 000 - (12\ 500\ 000 + 2\ 500\ 000)$$
$$= 16\ 800\ 000 - 15\ 000\ 000 = 1\ 800\ 000(元)$$
确认权益法下长期股权投资的初始投资价值 = 20 000 000 + 1 800 000 + 15 000 000
$$= 36\ 800\ 000(元)$$
股权投资差额 = 初始投资价值 − 应享有 SY 公司可辨认净资产公允价值份额
$$= 36\ 800\ 000 - (146\ 000\ 000 \times 25\%)$$
$$= 36\ 800\ 000 - 36\ 500\ 000 = +300\ 000(元)$$

借:长期股权投资——投资成本　　　　　　　　　36 800 000
　　贷:银行存款　　　　　　　　　　　　　　　　20 000 000
　　　　投资收益　　　　　　　　　　　　　　　　 1 800 000
　　　　其他权益工具投资　　　　　　　　　　　　15 000 000

(2) 追加投资 15%股权,成本法转换为权益法,其他综合收益累计公允价值变动结转当期损益

借:其他综合收益　　　　　　　　　　　　　　　 2 500 000
　　贷:投资收益　　　　　　　　　　　　　　　　 2 500 000

(四) 权益法转换为公允价值计量

投资方对原被投资单位的股权投资采用权益法核算,后因减少投资等原因导致持股比例下降,应于失去共同控制或重大影响时,改按《金融工具确认和计量》准则的规定,对剩余股权投资改按金融资产公允价值计量,公允价值与原账面价值之间的差额计入当期损益。同时,原权益法下相关其他综合收益应在终

止采用权益法时,采用与被投资单位直接处置相关资产或负债的相同确认基础进行会计处理;因被投资单位除净损益、其他综合收益和利润分配以外的其他股东权益变动而确认的相应股东权益价值,应在终止确认权益法时全部转入当期损益。

【例 5-21】 2×19 年 5 月,WX 公司持有 LG 公司 30% 表决权的股份,能对 LG 公司施加重大影响,采用权益法核算。当年 9 月 27 日,WX 公司对外出售其中 15% 的股权获 36 000 000 元,无法再对 LG 公司施加重大影响,转换为"以公允价值计量且其变动计入其他综合收益的金融资产"进行会计处理。9 月 27 日股权出售日,剩余股权公允价值为 36 000 000 元。

出售 15% 股权时,30% 股权的长期股权投资账面价值 64 000 000 元,其中投资成本 52 000 000 元,损益调整 6 000 000 元。因按"以公允价值计量且其变动计入其他综合收益的金融资产"核算而应享有累计公允价值变动部分金额 4 000 000 元。除净损益、其他综合收益和利润分配外的其他股东权益变动为 2 000 000 元。假定不考虑相关税费等其他因素,WX 公司有关会计处理如下。

（1）确认出售 15% 股权投资的收益

出售时 30% 股权长期股权投资账面价值 = 52 000 000 + 6 000 000 + 4 000 000 + 2 000 000
= 64 000 000(元)

出售 15% 股权的长期股权投资账面价值 = 64 000 000 ÷ 2 = 32 000 000(元)

借：银行存款　　　　　　　　　　　　　　　　36 000 000
　　贷：长期股权投资　　　　　　　　　　　　　32 000 000
　　　　投资收益　　　　　　　　　　　　　　　 4 000 000

（2）终止权益法,原相关其他综合收益结转当期损益

借：其他综合收益　　　　　　　　　　　　　　 4 000 000
　　贷：投资收益　　　　　　　　　　　　　　　 4 000 000

（3）终止权益法,原计入资本公积的相关其他股东权益变动结转当期损益

借：资本公积——其他资本公积　　　　　　　　 2 000 000
　　贷：投资收益　　　　　　　　　　　　　　　 2 000 000

（4）剩余股权投资转换为"以公允价值计量且其变动计入其他综合收益的金融资产"核算,转换日公允价值与账面价值差额计入当期损益

投资收益 = 36 000 000 − 32 000 000 = 4 000 000(元)

借：其他权益工具投资	36 000 000	
贷：长期股权投资		32 000 000
投资收益		4 000 000

（五）成本法转换为公允价值计量

投资方对被投资单位原能实施控制采用成本法，后因处置、减少投资等原因导致持股比例下降，无法再实施控制，同时也不能实施共同控制或重大影响的，应于失去控制时，改按《金融工具确认和计量》准则的规定，对剩余股权投资改按金融资产公允价值计量，公允价值与原账面价值之间的差额计入当期损益。

【例 5-22】 HC 公司持有 LG 公司 60% 股权并能对其控制，长期股权投资成本 36 000 000 元，采用成本法核算。2×19 年 5 月 11 日，HC 公司对外出售 90% 部分股权取得 39 000 000 元现金，当日 6% 剩余股权投资的公允价值 6 000 000 元。对其改按"以公允价值计量且其变动计入当期损益的金融资产"进行会计处理。假定不考虑其他因素，HC 公司有关成本法转换为公允价值计量的会计处理如下。

（1）出售 90% 股权

90% 部分长期股权投资的成本价值 = 36 000 000 × 90% = 32 400 000（元）

借：银行存款	39 000 000	
贷：长期股权投资		32 400 000
投资收益		6 600 000

（2）成本法转换为公允价值计量

6% 剩余股权的长期股权投资成本 = 36 000 000 - 32 400 000 = 3 600 000（元）

借：交易性金融资产——成本	6 000 000	
贷：长期股权投资		3 600 000
投资收益		2 400 000

二、长期股权投资的减值和处置

（一）长期股权投资的减值

长期股权投资减值，是指长期股权投资未来可收回价值低于其账面价值的差额，它是一种投资损失。未来可收回价值，可按其市价确定；也可根据预计清算时可能收回的价值来确定。企业应对长期股权投资的账面价值定期、逐项进行检查。

对有市价的长期股权投资，是否应计提减值准备，一般可依据以下标准判断：(1)市价持续 2 年低于账面价值；(2)该投资暂停交易 1 年或 1 年以上；(3)被投资单位当年发生严重亏损；(4)被投资单位持续 2 年发生亏损；(5)被投资单位进行清理整顿、清算或出现其他不能持续经营的迹象。

对无市价的长期股权投资,是否应计提减值准备,一般可依据以下标准判断:(1)影响被投资单位经营的政治或法律环境变化,如税收、贸易等法规的颁布或修订,可能导致其巨额亏损;(2)被投资单位供应的商品或劳务,因其产品或劳务过时或消费者偏好改变而使市场发生变化,从而导致其财务状况发生严重恶化;(3)被投资单位所从事产业的生产技术或竞争者等发生变化,使其失去竞争力,从而导致财务状况发生严重恶化,如进行清理整顿、清算等;(4)有证据表明该投资实质上已不能再给企业带来经济利益的其他情形。

投资方应当关注长期股权投资的账面价值是否大于享有被投资单位所有者权益账面价值的份额等类似情况。出现类似情况时,投资方应当按照《资产减值》准则的规定对长期股权投资进行减值测试,可回收金额低于长期股权投资账面价值的,应当计提减值准备。

(二)长期股权投资的处置

处置长期股权投资时,其账面价值与实际取得价款之间的差额,应当计入当期损益。采用权益法核算的长期股权投资,在处置该项投资时,采用被投资单位直接处置相关资产或负债相同的基础,按相应比例对原计入其他综合收益和资本公积(其他权益变动)的部分,转入当期损益。

【例5-23】 YZ公司原持有JN公司45%股权,2×18年月8日17日,出售15%股权取得3 800 000元收入。出售时YZ公司长期股权投资账面价值10 500 000元,其中投资成本7 200 000元,损益调整1 920 000元,符合转入当期损益条件的其他综合收益480 000元,其他权益变动900 000元。假定不考虑其他因素,YZ公司有关会计处理如下。

(1)确认出售10%股权的处置收益

长期股权投资账面价值 = 7 200 000 + 1 920 000 + 480 000 + 900 000 = 10 500 000(元)
出售15%股权的长期股权投资成本 = 10 500 000 ÷ 45% × 15% = 3 500 000(元)

借:银行存款　　　　　　　　　　　　　　　　　　3 800 000
　　贷:长期股权投资　　　　　　　　　　　　　　　　　3 500 000
　　　　投资收益　　　　　　　　　　　　　　　　　　　　300 000

(2)对原计入其他综合收益和资本公积(其他权益变动),权益法下按相应比例结转投资收益

结转资本公积(其他权益变动) = 900 000 ÷ 45% × 15% = 300 000(元)
结转其他综合收益 = 480 000 ÷ 45% × 15% = 160 000(元)

借:资本公积——其他资本公积　　　　　　　　　300 000
　　其他综合收益　　　　　　　　　　　　　　　　160 000
　　贷:投资收益　　　　　　　　　　　　　　　　　　　　460 000

第六章

长期投资(二):投资性房地产和合营安排

第一节 投资性房地产的含义、确认和计量

一、投资性房地产的含义和范围

根据《投资性房地产》企业会计准则,投资性房地产是指为赚取租金或资本增值,或两者兼有而持有的房地产。所谓房地产,是房产和地产的总称,其中:房产是指建筑在土地上的各种房屋,包括住宅、厂房,以及商业、文化、教育、医疗和体育用房等;地产是指土地和地下各种基础设施,包括供水、供热、供气、供电、排水排污等地下管线及地面道路等。

企业投资性房地产应能单独计量和出售,其范围包括如下三个方面。

1. 已出租的土地使用权,是指企业通过出让或转让方式取得的、以经营租赁方式出租的土地使用权。其中,土地使用权须经国家准许,由企业在一级市场上通过缴纳土地出让金的购买方式获得,或者在二级市场上接受其他单位转让而获得。

2. 持有并准备增值后转让的土地使用权,是指企业取得的、准备增值后转让的土地使用权。按国家有关规定认定的闲置土地,不属于"持有并准备增值后转让的土地使用权"。

3. 已出租的建筑物,是指企业以经营租赁方式出租的建筑物,包括自行建造或开发活动完成后用于出租的建筑物以及正在建造或开发过程中将来用于出租的建筑物。用于出租的建筑物是指拥有产权的建筑物,以经营租赁方式租入再转租的建筑物不属于投资性房地产。

企业出租建筑物,按租赁协议向承租人提供的相关辅助服务在整个协议中不

重大的,如企业将办公大楼出租并向承租人提供保安、维修等辅助服务,应将该建筑物确认为投资性房地产。

下列各项不属于投资性房地产。(1)自用房地产,即为生产商品、提供劳务或者经营管理而持有的房地产。如企业拥有并自行经营的旅馆饭店,其经营目的主要是通过提供客房、餐饮等服务赚取营业收入的,该旅馆饭店不能确认为投资性房地产。(2)作为存货的房地产。如房地产开发企业持有的自建商品房及地产,这部分房地产属于房地产开发企业的存货,这些存货的产销活动构成企业主营业务活动,因此它们不属于投资性房地产。

二、投资性房地产的确认和计量原则

(一)确认和初始计量原则

投资性房地产同时满足下列条件的,才能予以确认:(1)与该投资性房地产有关经济利益很可能流入企业;(2)该投资性房地产的成本能可靠计量。

投资性房地产应按成本进行初始计量。其中:(1)外购投资性房地产的成本,包括购买价款、相关税费和可直接归属于该资产的其他支出;(2)自行建造投资性房地产的成本,由建造该项资产达到预定可使用状态前所发生的必要支出构成;(3)以其他方式取得的投资性房地产的成本,按相关会计准则的规定确定。

与投资性房地产有关的后续支出,满足《投资性房地产》准则有关规定的确认条件的,应当计入投资性房地产成本;不满足有关确认条件的,应在发生时计入当期损益。

(二)后续计量原则

企业应在资产负债表日采用成本模式对投资性房地产进行后续计量,但对投资性房地产可采用公允价值模式进行后续计量的除外。采用成本模式计量的建筑物、土地使用权的后续计量,分别适用《固定资产》和《无形资产》企业会计准则。有确凿证据表明投资性房地产的公允价值能持续可靠取得的,可对投资性房地产采用公允价值模式进行后续计量。

采用公允价值模式计量的,应同时满足下列条件:(1)投资性房地产所在地有活跃房地产交易市场;(2)企业能从房地产交易市场上取得同类或类似房地产的市场价格及其他相关信息,从而能对投资性房地产的公允价值作出合理的估计。

采用公允价值模式计量的,不对投资性房地产计提折旧或进行摊销,应当以资产负债表日投资性房地产的公允价值为基础调整其账面价值,公允价值与原账面价值之间的差额计入当期损益。企业对投资性房地产的计量模式一经确定,不得随意变更。成本模式转为公允价值模式的,应作为会计政策变更,按《会计政策、会计估计变更和差错更正》企业会计准则处理。已采用公允价值模式计量的投资性房地产,不得从公允价值模式转为成本模式。

三、投资性房地产的初始计量与初始计量中资本化后续支出

(一)投资性房地产的初始计量

1. 外购投资性房地产

企业外购房地产,在购入的同时开始出租,应将其确认为投资性房地产。如果企业购入商务楼并出租经营,购买时与承租企业签订租赁协议,约定购入的同时承租企业开始起租,这种情况下在购入日应将其确认为投资性房地产。如果购入后间隔一定期间再出租,则购入日应将其确认为固定资产;对外出租开始日,再将固定资产转换为投资性房地产。

具体如下。(1)成本模式下,外购土地使用权和建筑物的实际成本,包括购买价款、相关税费和可直接归属于该资产的其他支出。此时,按取得时的实际成本,借记"投资性房地产"账户,贷记"银行存款"等账户。(2)公允价值模式下,应在"投资性房地产"账户下设置"成本"和"公允价值变动"等明细账户,按发生的实际成本,借记"投资性房地产——成本"账户,贷记"银行存款"等账户。

【例6-1】 2×19年5月11日,企业以555 666 888元的价格购入国贸大厦并用于对外出租。事先已与所有承租人签定租赁合同并完成招租事项,起租日为当年5月11日。假定不考虑其他因素,购买时HH企业分录如下。

借:投资性房地产——国贸大厦　　　　　　555 666 888
　　贷:银行存款　　　　　　　　　　　　　　555 666 888

2. 自行建造投资性房地产

企业自行建造的房地产,只有在自行建造活动完成(达到可使用状态)的同时开始对外出租或用于资本增值,才能将自行建造的房地产确认为投资性房地产。如果企业自行开发商业街并出租经营,事先已与承租人签订租赁合同并完成招租,合同约定商业街交付使用日为租赁起租日。在这种情况下,在商业街交付使用日应将其确认为投资性房地产。如果商业街交付使用后间隔一定期间再出租,在交付使用日,一般企业会计处理时,应先将其从"在建工程"转为"固定资产",确认为一项固定资产;房地产开发企业应先将其从"开发成本"转为"开发产品",确认为一项存货。租赁起租日,再从"固定资产"(一般企业)或"存货"(房地产开发企业)转换为"投资性房地产"。

自行建造投资性房地产的成本,一般包括:土地的使用权与开发费、建筑与安装成本、资本化借款费用、其他直接费用和分摊的相关间接费用等。建造过程中发生的非常损失,不计入建造成本而应计入当期损益。在成本模式下,按实际发生的

成本费用,借记"投资性房地产"账户,贷记"在建工程"或"开发产品"账户。公允价值计量下,按确定的公允价值,借记"投资性房地产——成本"账户,贷记"在建工程"或"开发产品"账户。

【例 6-2】 2×18 年 1 月,YH 企业以 18 000 000 元购入土地使用权,并在该地块上自行建造厂房和商务大厦。厂房和商务大厦分摊土地使用权比例分别为 60% 和 40%;厂房自用,商务大厦出租。2×18 年 12 月 9 日,预计商务大厦即将完工,与 SH 企业签订租赁合同,双方约定商务楼交付使用时开始起租。2×18 年末,厂房和商务大厦均达到预定可使用状态,交付使用,造价分别为 36 000 000 元和 262 000 000 元。假定不考虑其他因素,成本计量模式下 YH 企业会计处理如下。

(1) 购入土地使用权

  借:无形资产——土地使用权　　　　　　　　　　　18 000 000
    贷:银行存款　　　　　　　　　　　　　　　　　18 000 000

(2) 厂房和商务大厦完工验收、交付使用

  借:固定资产——厂房　　　　　　　　　　　　　　36 000 000
    投资性房地产——商务大厦　　　　　　　　　262 000 000
    贷:在建工程　　　　　　　　　　　　　　　　　298 000 000

(3) 分配土地使用权费用

  自用厂房应分摊的土地使用权 = 18 000 000 × 60% = 10 800 000(元)
  出租商务大厦应分摊的土地使用权 = 18 000 000 × 40% = 7 200 000(元)

  借:无形资产——自用厂房土地使用权　　　　　　　10 800 000
    投资性房地产——已出租土地使用权(商务大厦)　7 200 000
    贷:无形资产——土地使用权　　　　　　　　　　18 000 000

(二) 初始计量中资本化与费用化的后续支出

1. 资本化后续支出

初始计量中如果发生的后续支出能满足投资性房地产确认条件的,应将其计入投资性房地产成本。如果对投资性房地产进行改扩建或装修工程以完善其经营环境,改扩建或装修支出符合资产确认条件的,应予以资本化处理。在成本模式下改良或装修时,首先应结转在建工程,借记"在建工程""投资性房地产累计折旧(摊销)"等账户,贷记"投资性房地产"账户;然后按后续发生的改良或装修的资本化支出,借记"在建工程"账户,贷记"银行存款"等账户;最后改良或装修完工时,借记"投资性房地产"账户,贷记"在建工程"账户。

公允价值模式下改良或装修,结转投资性房地产时,借记"投资性房地产——

在建"账户,贷记"投资性房地产——成本""投资性房地产——公允价值变动"等账户;改良或装修完工时,借记"投资性房地产——成本"账户,贷记"投资性房地产——在建"账户。

【例6-3】 2×19年2月14日,BZ企业与YH企业签订的商务办公楼租赁合同即将到期。商务办公楼原价68 000 000元,累计折旧8 000 000元。为提高租金收入,BZ企业在租赁期满后对办公楼进行装修、装潢工程,并与YH企业签订新租赁合同,约定装修、装潢工程完工就出租给YH企业。2月14日,合同到期,商务办公楼进行装修与装潢。12月9日,装修装潢工程完工,工程支出合计5 600 000元;并于当日按合同约定租与YH企业。假定采用成本计量模式,BZ企业会计处理如下。

(1) 2×19年2月14日,为装修与装潢,结转出租的商务办公楼

借:投资性房地产——在建(商务办公楼)　　　　　60 000 000
　　投资性房地产累计折旧(摊销)　　　　　　　　　 8 000 000
　　贷:投资性房地产——商务办公楼　　　　　　　　　　　 68 000 000

(2) 发生装修、装潢支出

借:投资性房地产——在建(商务办公楼)　　　　　 5 600 000
　　贷:银行存款等　　　　　　　　　　　　　　　　　　　　 5 600 000

(3) 2×19年12月9日,装修与装潢工程完工

借:投资性房地产——商务办公楼　　　　　　　　　65 600 000
　　贷:投资性房地产——在建(商务办公楼)(60 000 000+5 600 000)　 65 600 000

【例6-4】 沿用【例6-3】资料,如果BZ企业采用公允价值计量模式核算投资性房地产,2月14日,装修开工时的商务办公楼账面价值70 000 000元,其中成本60 000 000元,累计公允价值变动10 000 000元。BZ企业有关会计处理如下。

(1) 2×19年2月14日,为装修与装潢,结转出租的办公楼

借:投资性房地产——在建(商务办公楼)　　　　　70 000 000
　　贷:投资性房地产——成本　　　　　　　　　　　　　　　 60 000 000
　　　　　　　　　　——公允价值变动　　　　　　　　　　　 10 000 000

(2) 发生装修、装潢支出,分录同上例(2)

(3) 2×19年12月9日,装修、装潢工程完工

借:投资性房地产——成本　　　　　　　　　　　　75 600 000
　　贷:在建工程——在建(商务办公楼)(70 000 000+5 600 000)　　 75 600 000

2. 费用化后续支出

初始计量中的后续支出如不符合资产确认条件,应按费用化的后续支出处理

将其计入当期损益。投资性房地产进行日常维护时,按发生的维护支出,借记"其他业务成本"等账户,贷记"银行存款"等账户。

【例6-5】 沿用【例6-4】资料,2×20年5月,如果BZ企业对出租的办公楼进行日常维修,发生维修费用666 000元,有关分录如下。

借:其他业务成本——出租办公楼维修　　　　　　　　　666 000
　　贷:银行存款　　　　　　　　　　　　　　　　　　　　　　　666 000

四、投资性房地产的后续计量

企业一般采用成本模式对投资性房地产进行后续计量,也可采用公允价值模式进行后续计量。但是,同一企业只能采用一种模式对其所有的投资性房地产进行后续计量,不能同时采用两种计量模式。

（一）成本模式下投资性房地产的后续计量

在成本模式下,按《固定资产》或《无形资产》企业会计准则的规定,对投资性房地产进行计量。计提折旧或摊销时,借记"其他业务成本"等账户,贷记"投资性房地产累计折旧(摊销)"账户;取得租金收入时,借记"银行存款"等账户,贷记"其他业务收入"等账户。存在减值迹象的,依据《资产减值》企业会计准则处理,按测试后确定的减值,借记"资产减值损失"账户,贷记"投资性房地产减值准备"账户。已计提的投资性房地产减值损失之后得以恢复,不得转回。

【例6-6】 2×18年年初,ZQ企业向ZY企业出租新厂房,采用成本模式进行后续计量。新厂房成本60 000 000元,预计使用年限20年、净残值3 000 000元,直线法计提折旧。合同规定,ZY企业每月支付租金360 000元。当年年末,出租厂房账面价值57 150 000元,经减值测试,可收回金额50 000 000元,原先无减值准备。ZQ企业有关会计处理如下。

（1）2×18年,每月确认租金收入

借:银行存款　　　　　　　　　　　　　　　　　　　　360 000
　　贷:其他业务收入　　　　　　　　　　　　　　　　　　　360 000

（2）2×18年,每月计提折旧

月折旧额 = (60 000 000 - 3 000 000) ÷ 20 ÷ 12 = 237 500(元)

借:其他业务成本　　　　　　　　　　　　　　　　　　237 500
　　贷:投资性房地产累计折旧(摊销)　　　　　　　　　　　237 500

（3）2×18年末,计提出租厂房减值准备

确认投资性房地产减值损失 = 57 150 000 - 50 000 000 = 7 150 000(元)

借：资产减值损失　　　　　　　　　　　　　　　　　　　7 150 000
　　　贷：投资性房地产减值准备　　　　　　　　　　　　　　　7 150 000

（二）公允价值模式下投资性房地产的后续计量

当有确凿证据表明投资性房地产的公允价值能持续可靠取得时，可采用公允价值模式进行后续计量；会计期末无需计提折旧（或摊销），但需按资产负债表日的公允价值与账面余额之间差额调整账面价值。资产负债表日，当公允价值高于账面余额时，应按其差额，借记"投资性房地产——公允价值变动"账户，贷记"公允价值变动损益"账户；反之，当公允价值低于账面余额，应按其差额，做相反会计分录。

【例6-7】　2×18年1月5日，ZD房地产开发企业与HX企业签订协议，约定ZD企业正在开发建设中的商务大厦，待完工、交付使用时租赁给HX企业使用，租期10年。当年3月6日，商务大厦交付使用并开始起租。商务大厦造价260 000 000元，当年12月31日公允价值296 000 00元。公允价值模式下，ZD企业有关会计处理如下。

（1）2×18年3月6日，商务大厦交付使用并出租

借：投资性房地产——成本　　　　　　　　　　　　　　260 000 000
　　　贷：开发成本——商务大厦　　　　　　　　　　　　　　260 000 000

（2）2×18年12月31日，按公允价值与账面价值之间的差额，计入当期损益

公允价值变动收益 = 296 000 000 − 260 000 000 = 36 000 000（元）

借：投资性房地产——公允价值变动　　　　　　　　　　　36 000 000
　　　贷：公允价值变动损益　　　　　　　　　　　　　　　　　36 000 000

（三）后续计量中计量模式的变更

在成本模式下，只有当有确凿证据表明公允价值能持续可靠取得，且能满足采用公允价值模式的情况，才允许从成本模式变更为公允价值模式；成本模式转为公允价值模式的，应当按照会计政策变更处理。此时，按变更时公允价值与账面价值的差额，调整期初留存收益。但是，已采用公允价值模式计量的投资性房地产，不得再转为成本模式进行计量。

【例6-8】　沿用【例6-6】资料，2×19年5月11日，ZQ企业发现有证据表明出租的新厂房公允价值能持续可靠取得，且能满足公允价值计量模式。2×19年6月1日，决定变更为公允价值模式进行后续计量，当日该厂房公允价值为69 612 500元。ZQ企业按10%计提盈余公积，有关会计处理如下。

变更日厂房累计折旧 = 月折旧 × 月数 = 237 500 × (12 + 5) = 4 037 500（元）

变更日厂房账面价值 = 原值 − 累计折旧 − 减值准备
         = 60 000 000 − 4 037 500 − 7 150 000 = 48 812 500(元)
公允价值变动收益调增留存收益 = 69 612 500 − 48 812 500 = 20 800 000(元)
调增盈余公积 = 20 800 000 × 10% = 2 080 000(元)
调增未分配利润 = 20 800 000 − 2 080 000 = 18 720 000(元)

借：投资性房地产——成本　　　　　　　　　　69 612 500
　　累计折旧　　　　　　　　　　　　　　　　 4 037 500
　　投资性房地产减值准备　　　　　　　　　　 7 150 000
　　贷：投资性房地产　　　　　　　　　　　　　　　60 000 000
　　　　盈余公积　　　　　　　　　　　　　　　　　 2 080 000
　　　　利润分配——未分配利润　　　　　　　　　　18 720 000

第二节　投资性房地产的转换和处置

一、投资性房地产的转换和处置原则

（一）投资性房地产的转换原则

企业有确凿证据表明房地产用途发生改变，满足下列条件之一的，应将投资性房地产转换为其他资产或者将其他资产转换为投资性房地产：(1)投资性房地产开始自用；(2)作为存货的房地产，改为出租；(3)自用土地使用权停止自用，用于赚取租金或资本增值；(4)自用建筑物停止自用，改为出租。

在成本模式下，应当将房地产转换前的账面价值作为转换后的入账价值。采用公允价值模式计量的投资性房地产转换为自用房地产时，应当以其转换当日的公允价值作为自用房地产的账面价值，公允价值与原账面价值的差额计入当期损益。

自用房地产或存货转换为采用公允价值模式计量的投资性房地产时，投资性房地产按转换当日的公允价值计价，转换当日的公允价值小于原账面价值的，其差额计入当期损益；转换当日的公允价值大于原账面价值的，其差额计入所有者权益。

（二）投资性房地产的处置原则

当投资性房地产被处置，或者永久退出使用且预计不能从其处置中取得经济利益时，应终止确认该项投资性房地产。出售、转让、报废投资性房地产或者发生投资性房地产毁损，应将处置收入扣除其账面价值和相关税费后的金额计入当期损益。

二、投资性房地产转换的会计处理

（一）转换日的确定

1. 投资性房地产开始自用，是指投资性房地产转换为自用房地产。其转换日为房地产达到自用状态，开始将房地产用于生产商品、提供劳务或者经营管理的日期。

2. 作为存货的房地产改为出租，或者自用建筑物、自用土地使用权停止自用改为出租，其转换日为租赁期开始日。

（二）投资性房地产转换为自用房地产

1. 成本模式下的转换

成本模式后续计量下，投资性房地产转换为自用房地产时，按转换日投资性房地产的账面余额，借记"固定资产"或"无形资产"账户，贷记"投资性房地产"账户；按已计提的折旧或摊销，借记"投资性房地产累计折旧（摊销）账户，贷记"累计折旧"或"累计摊销"账户；按原已计提的减值准备，借记"投资性房地产减值准备"账户，贷记"固定资产减值准备"或"无形资产减值准备"账户。

【例6-9】 2×18年7月1日，ZY企业因租赁期满收回出租的商务写字楼并供自己办公使用。该写字楼原值70 000 000元，累计折旧25 000 000元，采用成本模式计量。结转日，分录如下。

借：固定资产　　　　　　　　　　　　　　　　70 000 000
　　投资性房地产累计折旧（摊销）　　　　　　25 500 000
　　贷：投资性房地产——商务写字楼　　　　　　　　　　70 000 000
　　　　累计折旧　　　　　　　　　　　　　　　　　　　25 500 000

2. 公允价值模式下的转换

公允价值模式后续计量下，投资性房地产转换为自用房地产时，按转换日投资性房地产的公允价值，借记"固定资产"或"无形资产"账户；按投资性房地产的成本，贷记"投资性房地产——成本"账户；按投资性房地产的累计公允价值变动额，贷记或借记"投资性房地产——公允价值变动"账户；按其差额，贷记或借记"公允价值变动损益"账户。

【例6-10】 2×19年9月19日，ZL企业因租赁期满收回出租的厂房，开始自用。当日，厂房公允价值99 000 000元，原账面价值91 200 000元，其中：成本85 000 000元，公允价值变动增值6 200 000元。采用公允价值模式计量。结转日，分录如下。

借：固定资产	99 000 000
贷：投资性房地产——成本	85 000 000
——公允价值变动	6 200 000
公允价值变动损益	7 800 000

（三）自用房地产或作为存货的房地产转换为投资性房地产

1. 成本模式下的转换

（1）自用房地产转换为投资性房地产

成本模式后续计量下，企业将自用建筑物或土地使用权转换为以成本模式建立的投资性房地产时，应按建筑物或土地使用权在转换日的原价，借记"投资性房地产"账户，贷记"固定资产"或"无形资产"账户；按累计折旧或摊销，借记"累计折旧"或"累计摊销"账户，贷记"投资性房地产累计折旧（摊销）"账户；按已计提的减值准备，借记"固定资产减值准备"或"无形资产减值准备"账户，贷记"投资性房地产减值准备"账户。

【**例 6-11**】 2×16 年 5 月 4 日，DH 企业与 ZH 企业签订租赁协议，将自用办公楼整体出租给 ZH 企业使用，租赁期开始日为 2×16 年 5 月 11 日，租期 3 年。当日，办公楼的原值 666 000 000 元，累计折旧 111 000 000 元。假设 DH 企业采用成本模式计量，分录如下。

借：投资性房地产——办公楼	666 000 000
累计折旧	111 000 000
贷：固定资产	666 000 000
投资性房地产累计折旧（摊销）	111 000 000

（2）作为存货的房地产转换为投资性房地产

成本模式后续计量下，房地产开发企业将作为存货的房地产转换为投资性房地产时，应按该存货在转换日的账面价值，借记"投资性房地产"账户；按已计提的跌价准备，借记"开发产品跌价准备"账户；按开发产品的账面余额，贷记"开发产品"等账户。

【**例 6-12**】 20×18 年 6 月 8 日，HH 房地产开发企业与 DH 企业签订租赁协议，将其开发的商务楼出租给 DH 企业，租赁期开始日为 20×18 年 8 月 18 日。租赁开始日，该商务楼账面余额 818 000 000 元，未计提存货跌价准备，转换后采用成本模式计量。HH 企业分录如下。

借：投资性房地产——商务楼	818 000 000
贷：开发产品——商务楼	818 000 000

2. 公允价值模式下的转换

(1) 自用房地产转换为投资性房地产

公允价值模式后续计量下,企业将自用房地产转换为投资性房地产时,应按转换日该建筑物和土地使用权的公允价值,借记"投资性房地产——成本"账户;按已计提的累计折旧或累计摊销,借记"累计折旧"或"累计摊销"账户;按已计提的减值准备,借记"固定资产减值准备"或"无形资产减值准备"账户;按自用房地产原值,贷记"固定资产"或"无形资产"账户。同时,如转换日公允价值小于账面价值的,按其差额,借记"公允价值变动损益"账户;如转换日的公允价值大于账面价值的,按其差额,贷记"其他综合收益"账户。

【例 6-13】 2×19 年 12 月,SH 企业与 XH 企业签订租赁协议,将自用商务大厦出租给新华企业使用,租赁期开始日为 2×10 年 1 月 1 日,租期 6 年。SH 企业对于原自用的商务大厦采用成本计量,转换为投资性房地产后采用公允价值计量。起租日,商务大厦原值 666 000 000 元,已提折旧 111 000 000 元,公允价值 777 000 000 元。SH 企业的会计分录如下。

其他综合收益 = 777 000 000 − (666 000 000 − 111 000 000) = 222 000 000

借:投资性房地产——成本	777 000 000	
累计折旧	111 000 000	
贷:固定资产		666 000 000
其他综合收益		222 000 000

【例 6-14】 沿用【例 6-13】资料,起租日,假定该商务大厦的公允价值为 500 000 000 元。SH 企业的会计分录如下。

公允价值变动损益 = 500 000 000 − (666 000 000 − 111 000 000) = − 55 000 000(元)

借:投资性房地产——成本	500 000 000	
累计折旧	111 000 000	
公允价值变动损益	55 000 000	
贷:固定资产		666 000 000

(2) 作为存货的房地产转换为投资性房地产

公允价值模式后续计量下,房地产开发企业将作为存货的房地产转换为采用公允价值模式计量的投资性房地产时,应按作为存货的房地产在转换日的公允价值,借记"投资性房地产——成本"账户;按已计提的跌价准备,借记"开发产品跌价准备"账户;按作为存货的开发产品的账面余额,贷记"开发产品"等账户。同时,如果转换日公允价值小于账面价值,按其差额,借记"公允价值变动损益"账户;如果转换日公允价值大于账面价值,按其差额,贷记"其他综合收益"账户。以后处置该项投资性房地产时,因转换计入其他综合收益的部分,处置时应结转当期损益。

【例 6-15】 2×18 年 8 月 17 日,YY 房地产开发企业与 ZL 企业签订租赁协议,将新开发产品荣振大厦出租给 ZL 企业。租赁期开始日为 2×18 年 9 月 19 日,当日荣振大厦的账面余额 555 000 000 元,公允价值为 888 000 000 元。2×18 年 12 月 31 日,荣振大厦的公允价值 999 000 000 元。YY 企业采用公允价值模式计量,有关会计处理如下。

(1) 2×18 年 9 月 19 日,作为存货的商务楼转换为投资性房地产

借:投资性房地产——成本　　　　　　　　　　　888 000 000
　　贷:开发产品——荣振大厦　　　　　　　　　　　555 000 000
　　　　其他综合收益　　　　　　　　　　　　　　　333 000 000

(2) 2×18 年年末,资产负债表日,计提公允价值变动收益

公允价值变动收益 = 999 000 000 - 888 000 000 = 111 000 000(元)

借:投资性房地产——公允价值变动　　　　　　　111 000 000
　　贷:公允价值变动损益　　　　　　　　　　　　　111 000 000

三、投资性房地产处置的会计处理

当投资性房地产被处置,或者永久性退出使用且预计不能从其处置中取得经济利益时,应当终止确认该项投资性房地产。企业出售、转让、报废投资性房地产,或者发生投资性房地产毁损,应当将处置收入扣除其账面价值和相关税费后的金额计入当期损益。

(一) 成本模式下的处置处理

采用成本模式后续计量下出售、转让时,按实际收到金额,借记"银行存款"等账户,贷记"其他业务收入""应交税费——应交增值税(销项税额)"账户。按处置投资性房地产的账面价值,借记"其他业务成本"账户;按其账面余额,贷记"投资性房地产"账户;按已计提的折旧或摊销,借记"投资性房地产累计折旧(摊销)"账户;按已计提的减值准备,借记"投资性房地产减值准备"账户。

【例 6-16】 ZQ 企业对出租写字楼采用成本模式计量,租赁到期后以 90 000 000 元价格出售给 ZX 企业。出售时,写字楼原值 56 000 000 元,已计提折旧 3 000 000 元。假定不考虑税法等其他因素,ZQ 企业会计处理如下。

(1) 收到出售收入

借:银行存款　　　　　　　　　　　　　　　　　90 000 000
　　贷:其他业务收入　　　　　　　　　　　　　　　90 000 000

（2）结转出售成本

借：其他业务成本 53 000 000
　　投资性房地产累计折旧（摊销） 3 000 000
　贷：投资性房地产——写字楼 56 000 000

【例6-17】 2×19年1月1日，YH企业将生产车间从市区搬至郊区，并拆除旧车间、平整土地后作为停车场出租，待增值后转让。土地使用权的原值777 000 000元，累计摊销77 700 000元，剩余使用年限60年，按直线法摊销。2×19年12月31日，当年取得停车场出租收入560 000元；同时出售该地块，取得转让收入888 000 000元。假设不考虑税费等其他因素，会计处理如下。

（1）2×19年初，自用地产转换为投资性房地产

借：投资性房地产——土地使用权 777 000 000
　　累计摊销 77 700 000
　贷：无形资产——土地使用权 777 000 000
　　　投资性房地产累计折旧（摊销） 77 700 000

（2）2×19年末，确认停车场出租收入

借：银行存款 560 000
　贷：其他业务收入 560 000

（3）2×19年末，计提土地使用权摊销额

　投资性房地产摊销额 =（777 000 000 - 77 700 000）/60 = 11 655 000（元）

借：其他业务成本 11 655 000
　贷：投资性房地产累计折旧（摊销） 11 655 000

（4）2×19年末，确认转让地块收入，同时结转地块成本

借：银行存款 888 000 000
　贷：其他业务收入 888 000 000

同时

借：其他业务成本 687 645 000
　　投资性房地产累计摊销（77 700 000+11 655 000） 89 355 000
　贷：投资性房地产——土地使用权 777 000 000

（二）公允价值模式下的处置处理

在公允价值模式后续计量下出售、转让时，按收到的处置收入，借记"银行存款"等账户，贷记"其他业务收入""应交税费——应交增值税（销项税额）"账户。

按投资性房地产的账面余额,借记"其他业务成本"账户;按其成本,贷记"投资性房地产——成本"账户;按其累计公允价值变动,贷记或借记"投资性房地产——公允价值变动"账户。再次结转累计公允价值变动损益,借记或贷记"公允价值变动损益"账户,贷记或借记"其他业务收入"。同时,结转投资性房地产的累计公允价值变动损益。按原转换日计入其他综合收益的金额,借记"其他综合收益"账户,贷记"其他业务收入"账户。此外,投资性房地产作为企业主营业务的,应通过"主营业务收入"和"主营业务成本"账户核算相关的损益。

【例6-18】 2×18年4月8日,ZX房地产开发企业与MQ企业签订租赁协议,将作为存货的新开发办公楼出租给MQ企业,租赁期开始日为2×18年5月11日。2×18年5月11日,新办公楼账面成本550 000 000元,公允价值580 000 000元;2×18年12月31日,办公楼公允价值590 000 000元。2×19年6月19日租赁期届满,ZX企业收回出租的办公楼,并以600 000 000元出售。ZX企业采用公允价值模式计量,有关会计处理如下。

(1) 2×18年5月11日,作为存货的新开发办公楼转换为投资性房地产

借:投资性房地产——成本　　　　　　　　　　　　580 000 000
　　贷:开发产品——办公楼　　　　　　　　　　　　550 000 000
　　　　其他综合收益　　　　　　　　　　　　　　 30 000 000

(2) 2×18年12月31日,确认公允价值变动收益

资产负债表日公允价值变动收益 = 590 000 000 - 580 000 000 = 10 000 000(元)

借:投资性房地产——公允价值变动　　　　　　　　10 000 000
　　贷:公允价值变动损益　　　　　　　　　　　　 10 000 000

(3) 2×19年6月19日,取得出售收入,并结转成本

借:银行存款　　　　　　　　　　　　　　　　　 600 000 000
　　贷:其他业务收入　　　　　　　　　　　　　　600 000 000

同时

借:其他业务成本　　　　　　　　　　　　　　　 590 000 000
　　贷:投资性房地产——成本　　　　　　　　　　580 000 000
　　　　　　　　　　——公允价值变动　　　　　　 10 000 000

(4) 2×19年6月19日,结转累计的公允价值变动额

借:公允价值变动损益　　　　　　　　　　　　　　10 000 000
　　贷:其他业务收入　　　　　　　　　　　　　　10 000 000

(5) 2×19 年 6 月 19 日,结转原转换日计入其他综合收益

借:其他综合收益 30 000 000
　　贷:其他业务收入 30 000 000

(6) 或者,将上述(3)(4)(5)分录,复合为一笔分录

借:银行存款 600 000 000
　　其他业务成本 590 000 000
　　公允价值变动损益 10 000 000
　　其他综合收益 30 000 000
　　贷:投资性房地产——成本 580 000 000
　　　　——公允价值变动 10 000 000
　　　　其他业务收入 640 000 000

第三节　合　营　安　排

一、合营安排的概述、认定和分类

(一) 合营安排的概念

根据《合营安排》企业会计准则,合营安排是指一项由两个或两个以上的参与方共同控制的安排。它具有下列特征:(1)各参与方均受到该安排的约束;(2)两个或两个以上的参与方对该安排实施共同控制。任何一个参与方都不能够单独控制该安排,对该安排具有共同控制的任何一个参与方均能阻止其他参与方或参与方组合单独控制该安排。

合营安排不要求所有参与方都对该安排实施共同控制。合营安排参与方既包括对合营安排享有共同控制的参与方(即合营方),也包括对合营安排不享有共同控制的参与方。合营方在合营安排中权益的披露,适用《在其他主体中权益的披露》企业会计准则。

(二) 合营安排的认定和分类

1. 共同控制及其判断

共同控制,是指按照相关约定对某项安排所共有的控制,并且该安排的相关活动必须经过分享控制权的参与方一致同意后才能决策。这里的相关活动是指对某项安排的回报产生重大影响的活动。某项安排的相关活动应当根据具体情况进行判断,通常包括商品或劳务的销售和购买、金融资产的管理、资产的购买或处置、研究与开发活动以及融资活动等。

如果所有参与方或一组参与方必须一致行动才能决定某项安排的相关活动，则称所有参与方或一组参与方集体控制该安排。在判断是否存在共同控制时，应当首先判断所有参与方或参与方组合是否集体控制该安排，其次再判断该安排相关活动的决策是否必须经过这些集体控制该安排的参与方一致同意。

如果存在两个或两个以上的参与方组合能够集体控制某项安排的，不构成共同控制。仅享有保护性权利的参与方不构成共同控制。

2. 合营安排的分类

合营安排分为共同经营和合营企业。共同经营，是指合营方享有该安排相关资产且承担该安排相关负债的合营安排。合营企业，是指合营方仅对该安排的净资产享有权利的合营安排。

合营方应当根据其在合营安排中享有的权利和承担的义务确定合营安排的分类。对权利和义务进行评价时应当考虑该安排的结构、法律形式以及合同条款等因素。未通过单独主体达成的合营安排，应当划分为共同经营。

单独主体是指具有单独可辨认的财务架构的主体，包括单独的法人主体和不具备法人主体资格但法律认可的主体。合营安排中单独主体最常见的形式，包括有限责任公司、合伙企业、合作企业等。在某些情况下，基金、信托也可被视为单独主体。

通过单独主体达成的合营安排，通常应当划分为合营企业。有确凿证据表明满足下列任一条件并且符合相关法律法规规定的合营安排应当划分为共同经营：(1)合营安排的法律形式表明，合营方对该安排中的相关资产和负债分别享有权利和承担义务；(2)合营安排的合同条款约定，合营方对该安排中的相关资产和负债分别享有权利和承担义务；(3)其他相关事实和情况表明，合营方对该安排中的相关资产和负债分别享有权利和承担义务，如合营方享有与合营安排相关的几乎所有产出，并且该安排中负债的清偿持续依赖于合营方的支持。

相关事实和情况变化导致合营方在合营安排中享有的权利和承担的义务发生变化的，合营方应当对合营安排的分类进行重新评估。对于为完成不同活动而设立多项合营安排的一个框架性协议，企业应当分别确定各项合营安排的分类。

二、合营安排的会计处理原则

（一）共同经营参与方的会计处理原则

合营方应当确认其与共同经营中利益份额相关的下列项目，并按照相关企业会计准则的规定进行会计处理：

1. 确认单独所持有的资产，以及按其份额确认共同持有的资产；

2. 确认单独所承担的负债,以及按其份额确认共同负担的负债;
3. 确认出售其享有的共同经营产出份额所产生的收入;
4. 按其份额确认共同经营因出售产出所产生的收入;
5. 确认单独所发生的费用,以及按其份额确认共同经营发生的费用。

合营方向共同经营投出或出售资产等(该资产构成业务的除外),在该资产等由共同经营出售给第三方之前,应当仅确认因该交易产生的损益中归属于共同经营其他参与方的部分。投出或出售的资产发生符合《资产减值》企业会计准则等规定的资产减值损失的,合营方应当全额确认该损失。

合营方自共同经营购买资产等(该资产构成业务的除外),在将该资产等出售给第三方之前,应当仅确认因该交易产生的损益中归属于共同经营其他参与方的部分。购入的资产发生符合《资产减值》准则等规定的资产减值损失的,合营方应当按其承担的份额确认该部分损失。

对共同经营不享有共同控制的参与方,如果享有该共同经营相关资产且承担该共同经营相关负债的,应当按照《合营安排》准则的规定进行会计处理;否则,应当按照相关企业会计准则的规定进行会计处理。

(二) 合营企业参与方的会计处理原则

合营方应当按照《长期股权投资》企业会计准则的规定对合营企业的投资进行会计处理。对合营企业不享有共同控制的参与方应当根据其对该合营企业的影响程度进行会计处理。

1. 对该合营企业具有重大影响的,应当按照《长期股权投资》准则的规定进行会计处理。
2. 对该合营企业不具有重大影响的,应当按照《金融工具确认和计量》准则的规定进行会计处理。

三、合营安排的会计处理举例

【例 6-19】 2×19 年 1 月 1 日,TJ 公司和 TZ 公司共同出资购买一栋商务写字楼,购买价格共计 190 016 000 元,各自出资 50%并拥有该写字楼 50%产权,用于出租收取租金。TJ 公司与 TZ 公司签订的合同约定,该商务写字楼相关经营活动的决策需双方一致同意方可做出;双方的出资比例、收入分享比例和费用的分摊比例,各自均为 50%。

商务写字楼预计使用年限 20 年、净残值 8 000 000 元,采用直线法计提折旧。商务写字楼的租赁合同约定,租赁期 10 年、年租金 9 984 000 元,按月收取。每月支付维修费用 38 000 元。假定,TJ 公司和 TZ 公司对其投资性房地产均采用成本法核算,不考虑税费等其他因素,TJ 公司有关共同经营的会计处理如下:

（1）合营安排共同经营的判断

因合同约定商务写字楼相关经营活动的决策需双方一致同意才可做出，可见双方共同控制该商务写字楼经营活动，所以购买并出租商务写字楼属于一项合营安排。同时，该合营安排并未通过一个单位单独主体来架构，而是明确约定双方按约定比例分享收入与费用、分配权利和承担义务等，因此该合营安排属于共同经营。

（2）购买商务写字楼

借：投资性房地产（190 016 000×50%） 95 008 000
  贷：银行存款 95 008 000

（3）每月确认租金收入

借：银行存款（9 984 000×50%÷12） 416 000
  贷：其他业务收入 416 000

（4）每月计提折旧

按月计提折旧额 = [（190 016 000 − 8 000 000）÷ 20 ÷ 12] × 50% = 379 200（元）

借：其他业务成本 379 200
  贷：投资性房地产累计折旧 379 200

（5）每月支付维修费用

借：其他业务成本（38 000×50%） 19 000
  贷：银行存款等 19 000

第七章

固定资产、无形资产、竭耗资产和资产减值

第一节 固定资产

一、固定资产的定义、确认条件和特点

(一) 固定资产的定义和确认条件

固定资产是指同时具有下列特征的有形资产:(1)为生产商品、提供劳务、出租或经营管理而持有的;(2)使用寿命超过一个会计年度。使用寿命是指企业使用固定资产的预计期间,或者该固定资产所能生产产品或提供劳务的数量。

固定资产同时满足下列确认条件的,才能予以确认:(1)与该固定资产有关的经济利益很可能流入企业;(2)该固定资产的成本能可靠地计量。对固定资产进行确认时,应按固定资产定义和确认条件,考虑企业具体情形加以判断。环保和安全等设备资产,虽不能直接带来经济利益,却有助于企业从相关资产中获得经济利益,也应确认为固定资产,但这类资产与相关资产的账面价值之和不能超过这两类资产可收回金额总额。

固定资产的各组成部分具有不同使用寿命或以不同方式为企业提供经济利益,适用不同折旧率或折旧方法的,应分别将各组成部分确认为单项固定资产。与固定资产有关的后续支出,符合确认条件的,应计入固定资产成本;不符合确认条件的,应在发生时计入当期损益。

(二) 固定资产的特点

作为主要劳动资料的固定资产,有如下三个特点。(1)使用期限超过 1 年,能多次参加生产经营过程,不改变其实物形态。没有实物形态的无形资产就不是固定资产。(2)使用寿命可以估计,并据以计提折旧,确定其分次转移的价值。

(3) 以经营使用为目的,而不是出售,房地产公司所持有的商品房是专为销售所持有的,就不属于固定资产。

须指出,作为投资性房地产的建筑物,适用《投资性房地产》企业会计准则,生产性生物资产,适用《生物资产》企业会计准则。

二、固定资产初始计量的原则、账户设置和会计处理

(一) 固定资产的初始计量原则

固定资产应按成本进行初始计量。外购固定资产的成本,包括购买价款、相关税费、使固定资产达到预定可使用状态前所发生的可归属于该项资产的运输费、装卸费、安装费和专业人员服务费等。以一笔款项购入多项没有单独标价的固定资产,应按各项固定资产公允价值比例对总成本进行分配,分别确定各项固定资产的成本。购买固定资产的价款超过正常信用条件延期支付,实质上具有融资性质的,固定资产的成本以购买价款的现值为基础确定。实际支付的价款与购买价款的现值之间的差额,除按《借款费用》企业会计准则应予资本化的外,应在信用期间内计入当期损益。确定固定资产成本时,应当考虑预计弃置费用因素。

自行建造固定资产的成本,由建造该项资产达到预定可使用状态前所发生的必要支出构成。应计入固定资产的借款费用,按照《借款费用》准则处理。投资者投入固定资产的成本,应当按照投资合同或协议约定的价值确定,但合同或协议约定价值不公允的除外。非货币性资产交换、债务重组、企业合并和融资租赁取得的固定资产的成本,应当分别按照《非货币性资产交换》《债务重组》《企业合并》和《租赁》等企业会计准则确定。

(二) 有关增值税的处理原则

自 2009 年起,增值税因纳税人购进(包括接受捐赠、实物投资)或者自制(包括改扩建、安装)固定资产而发生的进项税额,按相关增值税法的规定,凭增值税扣税凭证准予从销项税额中予以抵扣。对于用于非增值税应税项目、免征增值税项目、集体福利以及个人消费的购进货物和应税劳务的进项税额不得抵扣。税法允许抵扣进项税额的固定资产是指那些取得增值税专用发票、未来能产生销项税额的生产设备类固定资产,不包括房屋、建筑物等不动产。

(三) 固定资产初始计量的会计处理

企业应设置"固定资产""累计折旧""工程物资""在建工程"和"固定资产减值准备"等账户,进行固定资产的会计处理。

1. 购入不需要安装的固定资产

【例 7-1】 ZM 公司从国内市场购入自用高级轿车 1 辆,价格包括购买价 1 000 000 元、增值税 160 000 元、消费税 70 000 元,货款以银行存款支付,轿车已验

收、交付使用,分录如下。

外购固定资产(高级轿车)的成本 = 1 000 000 + 160 000 + 70 000 = 1 250 000(元)

借:固定资产　　　　　　　　　　　　　　　　　　　1 250 000
　　贷:银行存款　　　　　　　　　　　　　　　　　　　　1 250 000

2. 购入需要安装的固定资产

【例7-2】 2×18年2月14日,XD公司购入生产线一条,不含税价格1 600 000元,增值税率16%,增值税256 000元,待安装,货款已支付;当年5月11日,生产线安装完毕、达到可使用状态并交付使用,支付安装费160 500元。XD公司会计处理如下。

(1) 购入需安装设备

借:在建工程　　　　　　　　　　　　　　　　　　　1 600 000
　　应交税费——应交增值税(进项税额)　　　　　　　256 000
　　贷:银行存款　　　　　　　　　　　　　　　　　　　　1 856 000

(2) 当年5月11日,支付安装费

借:在建工程　　　　　　　　　　　　　　　　　　　160 500
　　贷:银行存款　　　　　　　　　　　　　　　　　　　　160 500

(3) 生产线达到可使用状态,并交付使用

借:固定资产(1 600 000+160 500)　　　　　　　　　1 760 500
　　贷:在建工程　　　　　　　　　　　　　　　　　　　　1760 500

3. 自行建造固定资产

自行建造固定资产,包括:自行制造生产用的机器设备;自行建造房屋、建筑物等在建工程项目。在建工程按实施方式不同,可分为自营工程和出包工程两种。

【例7-3】 SH公司自行建造一条生产用加工流水线,借款购入价值26 000 000元的需安装设备物资;支付工程人员工资2 000 000元;领用库存生产用材料1 000 000元。支付借款利息987 000元。6个月后,工程交付使用并验收;适用增值税率16%。SH公司有关会计处理如下。

(1) 购入需安装设备

借:工程物资　　　　　　　　　　　　　　　　　　　26 000 000
　　应交税费——应交增值税(进项税额)(26 000 000×16%)　4 160 000
　　贷:银行存款　　　　　　　　　　　　　　　　　　　　30160 000

(2) 领用工程物资

借：在建工程　　　　　　　　　　　　　　　　　　　　26 000 000
　　贷：工程物资　　　　　　　　　　　　　　　　　　　　26 000 000

（3）支付工程人员工资

借：在建工程　　　　　　　　　　　　　　　　　　　　2 000 000
　　贷：应付职工薪酬　　　　　　　　　　　　　　　　　　2 000 000

（4）领用生产用料，无需结转相关的进项税额

借：在建工程　　　　　　　　　　　　　　　　　　　　1 000 000
　　贷：原材料　　　　　　　　　　　　　　　　　　　　1 000 000

（5）借款利息资本化处理

借：在建工程　　　　　　　　　　　　　　　　　　　　987 000
　　贷：短期借款　　　　　　　　　　　　　　　　　　　987 000

（6）自行建造工程完工，交付使用

自行建造固定资产的成本 = 26 000 000 + 2 000 000 + 1 000 000 + 987 000 = 29 987 000（元）

借：固定资产　　　　　　　　　　　　　　　　　　　　29 987 000
　　贷：在建工程　　　　　　　　　　　　　　　　　　　29 987 000

【例7-4】 HZ公司以出包工程方式建造厂房，预付工程款5 780 000元；工程完工，根据工程决算补付880 000元工程款；同时，分配为建造该厂房的有关人员薪酬支出8 888元。最后完工验收。HZ公司有关会计处理如下。

（1）预付工程款

借：在建工程——厂房　　　　　　　　　　　　　　　　5 780 000
　　贷：银行存款　　　　　　　　　　　　　　　　　　　5 780 000

（2）补付工程款

借：在建工程——厂房　　　　　　　　　　　　　　　　880 000
　　贷：银行存款　　　　　　　　　　　　　　　　　　　880 000

（3）分配职工薪酬费用

借：在建工程——厂房　　　　　　　　　　　　　　　　8 888
　　贷：应付职工薪酬　　　　　　　　　　　　　　　　　8 888

（4）工程完工、验收

新建厂房价值 = 5 780 000 + 880 000 + 8 888 = 6 668 888（元）

借：固定资产——厂房　　　　　　　　　　　　　　　6 668 888
　　贷：在建工程——厂房　　　　　　　　　　　　　　　　6 668 888

在出包方式下，公司（建设单位）通过招标将工程发包给承包商（施工企业），与承包商签定建造合同后，建设单位主要负责筹措建设资金和组织管理工程建设，施工企业负责具体建筑安装工程项目的施工。建设单位的固定资产工程项目的建造成本，由该项目达到可使用状态前所发生的全部必要支出组成，包括：建筑工程和安装工程直接支出，以及应分摊计入的各种建安工程间接支出的摊销费用。

4. 有依法弃置义务的特定固定资产

【例7-5】 2×19年8月17日，HD核电公司经国家批准的核反应堆建设项目完工并交付使用，该在建工程项目的建筑安装成本 5 566 688 800 元。法律规定该设备使用期满拆除后，公司必须承担依法弃置义务，预计弃置费用 555 500 000 元。假定，核反应堆预计可使用 30 年，折现率 10%。HD 核电公司有关会计处理如下。

（1）核电行业特定固定资产（核反应堆）取得成本的确定

核反应堆成本 = 建筑安装成本 + 预计弃置费用 × 10%、30 年的 1 元现值余数
　　　　　　 = 5 566 688 800 + (555 500 000 × 0.057 3)
　　　　　　 = 5 566 688 800 + 31 830 150 = 5 598 518 950（元）

借：固定资产——核反应堆　　　　　　　　　　　　5 598 518 950
　　贷：在建工程　　　　　　　　　　　　　　　　　　5 566 688 800
　　　　预计负债　　　　　　　　　　　　　　　　　　　　31 830 150

（2）每年末，计提财务费用

计提第 1 年末财务费用 = 31 830 150 × 10% = 3 183 015（元）

借：财务费用　　　　　　　　　　　　　　　　　　3 183 015
　　贷：预计负债　　　　　　　　　　　　　　　　　　　3 183 015

以后各年份，按实际利率法确定各年应承担的财务费用的金额，做出与上述借贷相同方向的分录，依次类推。

5. 其他方式取得的固定资产

（1）投资者投入的固定资产。投资者投入的固定资产，其成本应按投资合同规定的价值确定，但合同规定的价值不公允的除外。在合同规定的价值不公允的情况下，投入的固定资产应按公允价值作为入账价值。

（2）以非货币性资产交换、债务重组、企业合并和融资租赁等方式取得的固定资产的成本，应分别按《非货币性资产交换》《债务重组》《企业合并》和《租赁》等准则的规定进行确认。确定固定资产成本时，应考虑预计弃置费用因素。但是，其后续计量应按《固定资产》准则的规定进行处理。

(3) 盘盈的固定资产,应作为前期差错处理:借记"固定资产"账户;贷记"以前年度损益调整"账户。期末,"以前年度损益调整"账户余额转入"利润分配——未分配利润"账户。

三、固定资产的后续计量原则、折旧范围和方法

(一) 固定资产的后续计量原则

企业应对所有固定资产计提折旧。折旧是指在固定资产使用寿命内,按确定的方法对应计折旧额进行系统分摊。应根据固定资产的性质和使用情况,合理确定固定资产的使用寿命和预计净残值。固定资产的使用寿命、预计净残值一经确定,不得随意变更;但是符合《固定资产》准则有关规定的除外。确定固定资产使用寿命,应考虑下列因素:(1)预计生产能力或实物产量;(2)预计有形损耗和无形损耗;(3)法律或类似规定对资产使用的限制。

企业应根据与固定资产有关的经济利益的预期实现方式,合理选择固定资产折旧方法。可选用的折旧方法包括年限平均法、工作量法、双倍余额递减法和年数总和法等。固定资产折旧方法一经确定,不得随意变更;但是,符合《固定资产》准则有关规定的除外。固定资产应当按月计提折旧,并根据用途计入相关资产的成本或者当期损益。

企业至少应于每年年度终了,对固定资产的使用寿命、预计净残值和折旧方法进行复核。使用寿命预计数与原先估计数有差异的,应调整固定资产使用寿命。预计净残值预计数与原先估计数有差异的,应调整预计净残值。与固定资产有关的经济利益预期实现方式有重大改变的,应当改变固定资产折旧方法。固定资产使用寿命、预计净残值和折旧方法的改变应当作为会计估计变更。

(二) 计提固定资产折旧的意义和范围

1. 计提固定资产折旧的意义

折旧其实质是指固定资产由于损耗而逐渐移到成本费用中去的那部分价值。计提固定资产折旧,不仅是为收回固定资产投资,使企业今后有能力重置固定资产,而且是为了把固定资产成本分配于各受益期,使折旧费用与相关收入配比,正确计算损益。从这个意义上讲,计提折旧实质上是一个成本分摊过程,其目的在于将固定资产取得成本在有效使用期内进行系统、合理摊配。

2. 固定资产折旧的计提范围

企业应对所有固定资产计提折旧。但是,已提足折旧仍继续使用的固定资产和单独计价入账的土地除外。当月增加的固定资产,当月不提折旧,从下月起计提折旧;当月减少的固定资产,当月仍计提折旧,从下月起不提折旧。固定资产提足折旧后,无论是否继续使用,均不再提取折旧;提前报废的固定资产,也不再补提折

旧。提足折旧,是指已经提足该项固定资产应计提的折旧总额。

应计折旧额是指应计提折旧的固定资产的原价扣除其预计净残值后的金额。已计提减值准备的固定资产,还应扣除已计提的固定资产减值准备累计金额。预计净残值是指假定固定资产预计使用寿命已满并处于使用寿命终了时的预期状态,企业目前从该项资产处置中获得的扣除预计处置费用后的金额。

已达到预定可使用状态但尚未办理竣工决算的固定资产,应按估计价值确定其成本,并计算折旧;待办理竣工决算后,再按实际成本调整原来的暂估价值,但不需要调整原已计提的折旧额。

(三)固定资产折旧的计算方法

折旧计算方法有许多,一般可分为以下两类。

(1)年限平均法,又称直线折旧法。它是指固定资产在整个使用期间内按时间或按产量平均计提折旧的方法。其中,按时间计提的方法称为使用年限法,按产量计提的方法称为产品产量法。

(2)加速折旧法,又称递减费用法。它是指固定资产在整个使用期间内,第1年计提的折旧额最多,以后折旧额逐年递减,从而相对加快折旧速度的一种方法。

采用加速折旧是考虑到固定资产无形损耗的因素,此外还考虑到如下一些因素:一是固定资产在使用初期,设备新、提供的效益多,设备新时修理费用小,鉴于成本与收入配比原则,折旧费用应较大;二是固定资产使用后期,修理费用大,折旧费减少,于是加速折旧下各期折旧费和修理费之和比直线法折旧更为均衡。加速折旧方法有多种,如双倍余额递减法、年数总和法等。

1. 年限平均法。又称直线法。它是指将固定资产的应计折旧金额,按估计的使用年限均衡地摊配到使用期内各期间的一种方法。这种方法下,每期折旧额是相同的,其计算公式:

年折旧额 = (固定资产原值 - 预计净残值) ÷ 预计使用年限
月折旧额 = 年折旧额 ÷ 12

2. 工作量法。又称作业量法。它是指根据固定资产实际作业量来计提折旧额的一种方法,有以下两种形式。

(1)工作时数法。它是按固定资产总工作时数平均计算折旧额的方法,其公式为:

工作小时折旧额 = (固定资产原值 - 预计净残值) ÷ 预计耐用总工作时数
各期折旧额 = 工作小时折旧额 × 各期实际工作时数

(2) 行驶里程法。它是按运输设备行驶里程平均计算折旧额的方法,其公式为:

单位里程折旧额 =(固定资产原值 - 预计净残值)÷ 预计行驶总里程

各期折旧额 = 单位里程折旧额 × 各期实际行驶里程

3. 双倍余额递减法。它是指在不考虑固定资产预计残值的情况下,用直线法折旧率的双倍作为定率,以此乘以固定资产的折余价值(即原价减累计折旧后的余额),作为每个会计期间折旧额的一种方法。其计算公式为:

年折旧率 = 2 ×(1/ 预计使用年限 × 100%)

月折旧率 = 年折旧率 ÷ 12

月折旧额 = 期初固定资产账面净值 × 月折旧率

实务上,在这种方法下可在固定资产折旧年限到期前两年内,将固定资产净值(如考虑有残值,再扣除净残值)平均摊销。

【例 7-6】 假定固定资产原值 200 000 元,预计使用年限 5 年。情况一:假定不考虑残值,净残值为零;情况二:假定考虑残值,净残值为 20 000 元。年计提折旧的计算如下。

(1) 情况一:净残值为零,每年计提折旧,如表 7-1 所示。

表 7-1　　　　　　年折旧计算表(双倍余额递减法)　　　　　　单位:元

年份	年初账面净值	年折旧率	年折旧额	累计折旧额	年末账面净值
1	200 000	40%	80 000	80 000	120 000
2	120 000	40%	48 000	128 000	72 000
3	72 000	40%	28 800	156 800	43 200
4	43 200	平均分摊	21 600	178 400	21 600
5	21 600	平均分摊	21 600	200 000	0

(2) 情况二:考虑残值,计提折旧前能正确估计残值 20 000 元,年计提折旧,如表 7-2 所示。

应计折旧额(扣除残值后计提折旧固定资产价值)= 200 000 - 20 000 = 180 000(元)

表 7-2　　　　　　年折旧计算表(双倍余额递减法)　　　　　　单位:元

年份	应计折旧年初账面净值	年折旧率	年折旧额	累计折旧额	应计折旧年末账面净值
1	180 000	40%	72 000	72 000	108 000
2	108 000	40%	43 200	115 200	64 800
3	64 800	40%	25 920	141 120	38 880
4	19 440	平均分摊(38 880/2)	19 440	160 560	19 440
5	19 440	平均分摊(38 880/2)	19 440	180 000	0

4. 年数总和法。又称使用年限合计法。它是指将固定资产原价减预计净残值后的余额,乘以一个逐年递减的分数,作为每个会计期间的折旧额。其中,该分数的分子为尚可使用的年数,分母为固定资产使用年数的逐年数字总和,其计算公式为:

年折旧率 =（折旧年限 − 已使用年数）÷［折旧年限 ×（折旧年限 + 1）÷ 2］× 100%
   = 尚可使用年限 ÷ 预计使用年数的逐年数字总和 × 100%
月折旧额 =（固定资产原值 − 预计净残值）× 月折旧率

【例 7-7】 沿用【例 7-6】资料,采用年数总和法。情况一:假定不考虑残值,净残值为零;情况二:假定考虑残值,净残值为 20 000 元。年计提折旧的计算如下。

（1）情况一:净残值为零,每年计提折旧,如表 7-3 所示

表 7-3   年折旧计算表（年数总和法）   单位:元

年份	应计折旧总额	尚可使用年数	年折旧率	年折旧额	累计折旧额
1	200 000	5	5/15	66 666.70	66 666.70
2	200 000	4	4/15	53 333.30	120 000.00
3	200 000	3	3/15	40 000.00	160 000.00
4	200 000	2	2/15	26 666.70	186 666.70
5	200 000	1	1/15	13 333.30	200 000.00

（2）情况二:考虑残值,年计提折旧,如表 7-4 所示

表 7-4   年折旧计算表（年数总和法）   单位:元

年份	应计折旧总额	尚可使用年数	年折旧率	年折旧额	累计折旧额
1	180 000	5	5/15	60 000	60 000
2	180 000	4	4/15	48 000	108 000
3	180 000	3	3/15	36 000	144 000
4	180 000	2	2/15	24 000	168 000
5	180 000	1	1/15	12 000	180 000

须说明,按当前我国一般企业会计制度的规定,在计提折旧前,按固定资产原价的 5%—10% 估计残值后,采用直线法和工作量法计提折旧。除税务部门另有规定外,固定资产计算折旧的最低年限一般如下:房屋、建筑物,为 20 年;飞机、火车、轮船、机器、机械和其他生产设备,为 10 年;与生产经营活动有关的器具、工具、家具等,为 5 年;飞机、火车、轮船以外的运输工具,为 4 年;电子设备,为 3 年。此外,符合国家高新技术企业和采用先进技术、装备武装"中国制造"等的标准的,还可

享受各种税收优惠政策。

例如,这些符合规定的企业新购进用于研发的仪器、设备,单位价值不超过100万元的,允许一次性计入当期成本费用在税前扣除;超过100万元的,可按60%的比例缩短折旧年限,或采取双倍余额递减等方法加速折旧。再如,这些符合规定的企业持有的单位价值不超过5 000元的固定资产,允许一次性计入当期成本费用在税前扣除。对生物药品制造业、专用设备制造业、铁路、船舶、航空航天和其他运输设备制造业、计算机、通信和其他电子设备制造业、仪器仪表制造业、信息传输、软件和信息技术服务业等行业企业新购进的固定资产,允许按规定年限的60%缩短折旧年限,或采取双倍余额递减等加速折旧方法,促进扩大高技术产品进口。根据实施情况,税务部门将适时扩大政策适用的行业范围。

三、固定资产的后续支出和折旧的会计处理

(一) 费用化后续支出

费用化后续支出,是指不符合资产确认条件的固定资产后续支出,将其进行费用化处理计入当期损益。如固定资产修理,它是为维持固定资产正常运作、发挥其效能而进行的日常维护和修理。根据修理间隔期的长短、每次修理费用的大小和修理的范围不同,分为大修理和经常性中小修理两类。

生产用的固定资产修理,无论是大修理、还是中小修理,其目的都是为确保固定资产能正常使用。修理后的固定资产不会新增未来的经济利益,因此这些后续支出应计入损益、进行费用化处理。日常中小修理支出较小,可直接计入当期损益。以银行存款支付固定资产修理费用时,按各部门实际发生的修理费用,借记"制造费用""销售费用"和"管理费用"等账户,贷记"银行存款"账户。如果大修理费用金额巨大,为正确配比收入和费用,也可采用长期待摊方式核算。此时,按发生的大修理费用,借记"长期待摊费用"账户,贷记"银行存款""应付职工薪酬"和"原材料"等账户;分摊大修理费用时,借记"制造费用""销售费用"和"管理费用"等账户,贷记"长期待摊费用"账户。

(二) 资本化后续支出

根据《固定资产》准则规定,企业将发生的固定资产后续支出计入固定资产成本的,应当终止确认被替换部分的账面价值。资本化后续支出,是指固定资产后续支出符合资产确认条件的,将其进行资本化处理计入固定资产成本;同时扣除被替换、拆除部分的原固定资产账面价值。在资本化后续支出下,应将固定资产的原价、累计折旧和减值准备全部结转、计入"在建工程"账户;发生的资本化后续支出也计入"在建工程"账户;同时,对原固定资产停止计提折旧。待资本化后续支出终止,原固定资产重新达到预定的可使用状态时,再从"在建工程"账户转入"固定

资产"账户,并按新确认的固定资产原价、使用寿命和预计净残值计提折旧。

例如,固定资产改良,它是为提高固定资产质量和功能而进行的固定资产改建和扩建。固定资产改良支出应符合下列条件之一:(1)使原固定资产使用年限延长;(2)使原固定资产生产能力有所提高;(3)使产品质量有所提高;(4)使生产成本有所降低;(5)使产品品种、性能、规格等发生良好变化;(6)使经营管理环境或条件得以改善。总之,原固定资产经改良工程后未来会有新增经济利益的流入。

固定资产的改良与修理不同,"修理"是一种日常维修行为;"改良"是为增加功能、提高性能,而进行的一种改扩建工程。固定资产改良支出属于资本性支出,其净支出应计入改良后的固定资产原价。经过改良工程的固定资产,其使用年限一般都得到延长,因而应对其使用年限和折旧率重新进行调整。

固定资产改良的核算应通过"在建工程"账户。核算时,先将固定资产的原价、累计折旧和减值准备全部结转,计入"在建工程"账户,将改扩建工程的资本化后续支出,记入"在建工程"账户的借方;将拆除旧零部件残值收入等,记入"在建工程"账户的贷方;改扩建工程完工、达到预定可使用状态时,再从"在建工程"账户转入"固定资产"账户。

须指出,对于租入固定资产的改良工程支出,由于租入固定资产的所有权是出租方的,因而其改良工程支出不能资本化处理,而应将它作为长期待摊费用处理,并在租入固定资产的租赁期内进行摊销。

(三) 固定资产折旧的会计处理

公司应按固定资产的使用部门,按月计算折旧,借记"制造费用""销售费用""管理费用"和"其他业务支出"等账户,贷记"累计折旧"账户。

【例7-8】 RZ公司本月固定资产折旧的计提总额2 968 000元,其中:直接生产产品的车间1 200 000元,间接生产产品的车间850 000元,管理部门290 000元,销售部门460 000元,在建工程168 000元,分录如下。

借:生产成本	1 200 000
制造费用	850 000
管理费用	290 000
销售费用	460 000
在建工程	168 000
贷:累计折旧	2 968 000

四、固定资产减值和处置的会计处理

(一) 固定资产的减值

固定资产的减值,应按《资产减值》准则进行处理。为核算固定资产减值准备，应设置"固定资产减值准备"和"在建工程减值准备"等账户。

1."固定资产减值准备"账户，核算提取的固定资产减值准备。企业应在期末或者至少在每年年度终了，对固定资产逐项进行检查，市价持续下跌，或技术陈旧、损坏、长期闲置等原因导致其可收回金额低于账面价值的，应将可收回金额低于其账面价值的差额作为固定资产减值准备。发生固定资产减值时，借记"资产减值损失"账户，贷记"固定资产减值准备"账户；固定资产减值损失一经确认，不得转回。本账户期末贷方余额，反映企业已计提但尚未转销的固定资产减值准备。

2."在建工程减值准备"账户，核算在建工程计提的减值准备。企业应定期或者至少于每年年度终了，对在建工程进行全面检查，如有证据表明在建工程已发生减值，应计提减值准备。存在下列一项或若干项情况的，应计提在建工程减值准备：(1)长期停建并且预计在未来3年内不会重新开工的在建工程；(2)所建项目无论在性能上，还是在技术上已经落后，并且给企业带来的经济利益具有很大不确定性；(3)其他足以证明在建工程已经发生减值的情形。发生在建工程减值时，借记"资产减值损失"账户，贷记本账户；在建工程资产减值损失一经确认，不得转回。本账户期末贷方余额，反映公司已计提但尚未转销的在建工程减值准备。

(二) 固定资产的处置

固定资产处置时，满足下列条件之一的，应予以终止确认：(1)该固定资产处于处置状态；(2)该固定资产预期通过使用或处置不能产生经济利益。企业持有待售的固定资产，应当对其预计净残值进行调整。企业出售、转让、报废固定资产或发生固定资产毁损，应当将处置收入扣除账面价值和相关税费后的金额计入当期损益。固定资产的账面价值是固定资产成本扣减累计折旧和减值准备后的金额。固定资产盘亏造成的损失，应计入当期损益。

为核算处置的固定资产，应设置"固定资产清理""待处理财产损益"等账户。

1."固定资产清理"账户

本账户核算由于出售、报废、毁损等原因处置减少的固定资产，它是一个对比账户。处置的固定资产转入清理时，按固定资产账面净值，借记本账户；按已提折旧，借记"累计折旧"账户；按提折的减值准备，借记"固定资产减值准备"账户；按固定资产原价，贷记"固定资产"账户。清理中发生的税费等支出，借记"固定资产清理"账户，贷记"银行存款""应交税费"等账户。收回出售固定资产的价款、残料价值和变价收入等，借记"银行存款""原材料"等账户，贷记"固定资产清理"账户。应由保险公司或过失人赔偿的损失，借记"其他应收款""银行存款"等账户，贷记"固定资产清理"账户。

固定资产清理后的净收益，区别以下情况处理：(1)属于筹建期间的，冲减开办费，借记本账户，贷记"开办费"账户；(2)属于生产经营期间的，计入当期损益，借记本账户,贷记"营业外收入——处理固定资产净收益"账户。

固定资产清理后的净损失,区别以下情况处理:(1)属于筹建期间的,计入开办费,借记"开办费"账户,贷记本账户;(2)属于生产经营期间由于自然灾害等非正常原因造成的损失,借记"营业外支出——非常损失"账户,贷记本账户;(3)属于生产经营期间正常的处理损失,借记"营业外支出——处理固定资产净损失"账户,贷记本账户。

本账户应按被清理的固定资产设置明细账。本账户期末借方余额,反映尚未清理完毕固定资产清理净损失。

2. "待处理财产损溢"账户

本账户核算清查财产过程中查明的各种财产盘盈、盘亏和毁损的价值。本账户可按盘盈、盘亏的资产种类和项目进行明细核算。盘亏的固定资产,应按其净值,借记"待处理财产损溢——待处理固定资产损溢"账户;按已提折旧,借记"累计折旧"账户;按固定资产原价,贷记"固定资产"账户。报经批准后,借记"营业外支出"账户,贷记"待处理财产损溢——待处理固定资产损失"账户。盘盈的固定资产,按上述相反方向进行会计处理,借记"待处理财产损溢——待处理固定资产损失"账户,贷记"营业外收入"账户。

漏记盘盈的固定资产,应作为前期差错记入"以前年度损益调整"账户。企业的财产损溢,应查明原因,在期末结账前处理完毕,处理后本账户应无余额。

【例7-9】 HL公司出售旧设备1台,设备原值2 500 000元,已提折旧1 200 000元和减值准备800 000元。以银行存款支付清理费用10 000元,取得出售收入605 000元,并支付相关税费5 000元。HL公司有关会计处理如下。

(1)出售旧设备

 借:固定资产清理——待处理固定资产损溢   500 000
  累计折旧   1 200 000
  固定资产减值准备   800 000
  贷:固定资产   2 500 000

(2)发生清理费用和相关税费

 借:固定资产清理——待处理固定资产损溢   15 000
  贷:银行存款   10 000
    应交税费   5 000

(3)获得出售收入

 借:银行存款   605 000
  贷:固定资产清理——待处理固定资产损溢   605 000

（4）结转固定资产清理损益

借：固定资产清理——待处理固定资产损溢（605 000-500 000-15 000）
                     90 000
 贷：营业外收入   90 000

【例7-10】 ZH公司在财产清查中盘亏固定资产设备1台，固定资产原价850 000元，已提折旧360 000元，减值准备190 000元。经查明，财产保管人负有保管不当的责任。经董事会批准，保管人甲赔偿3 000元，其余转作营业外支出。ZH公司有关会计处理如下。

（1）盘亏固定资产

借：待处理财产损溢——待处理固定资产损溢   300 000
  累计折旧   360 000
  固定资产减值准备   190 000
 贷：固定资产   850 000

（2）查明原因，报经批准后

借：其他应收款——保管人甲   3 000
  营业外支出——处理固定资产损失   297 000
 贷：待处理财产损溢——待处理固定资产损溢   300 000

第二节 无 形 资 产

一、无形资产的定义、确认原则和特点

（一）无形资产的定义

无形资产是指企业拥有或控制的没有实物形态的可辨认非货币性资产。无形资产主要包括专利权、非专利技术、商标权、著作权、土地使用权和特许权等。商誉的存在无法与企业自身分离，不具有可辨认性，因此不在《无形资产》企业会计准则中规范。自创商誉以及内部产生的品牌、报刊名等，因其成本无法明确区分，不应确认为无形资产。

（二）无形资产确认的基本原则

资产满足下列条件之一的，符合无形资产定义中的可辨认性标准：(1)能从企业中分离或划分出来，并能单独或者与相关合同、资产或负债一起，用于出售、转移、授予许可、租赁或者交换；(2)源自合同性权利或其他法定权利，无论这些权利是否可从企业或其他权利和义务中转移或分离。

无形资产同时满足下列条件的,才能予以确认:(1)与该无形资产相关的经济利益很可能流入企业;(2)该无形资产成本能可靠计量,即企业在判断无形资产产生的经济利益是否很可能流入时,应对无形资产在预计使用年限内可能存在的各种经济因素作出合理估计,并且应有明确证据支持。

企业无形项目的支出,除下列情形外,均应于发生时计入当期损益:(1)符合《无形资产》准则规定的确认条件、构成无形资产成本的部分;(2)非同一控制下企业合并中取得的、不能单独确认为无形资产、构成购买日确认的商誉的部分。

二、无形资产的计量原则

(一) 初始计量原则

外购无形资产的成本包括购买价款、相关税费以及直接归属于使该项资产达到预定用途所发生的其他支出。购买无形资产的价款超过正常信用条件延期支付,实质上具有融资性质的,无形资产的成本以购买价款的现值为基础确定。实际支付的价款与确认成本间差额,除按《借款费用》准则应予资本化的以外,应在信用期间内计入当期损益。

自行开发的无形资产,其成本包括自满足准则规定的条件至达到预定用途前所发生的支出总额,但对于以前期间已费用化的支出不再调整。投资者投入的无形资产,应当按照投资合同或协议约定的价值确定,但合同或协议约定价值不公允的除外。

非货币性资产交换、债务重组、政府补助和企业合并取得的无形资产的成本,应当分别按照《非货币性资产交换》《债务重组》《政府补助》和《企业合并》准则确定。

(二) 后续计量原则

企业应当于取得无形资产时分析判断其使用寿命。无形资产的使用寿命为有限的,应当估计该使用寿命的年限或者构成使用寿命的产量等类似计量单位;无法预见无形资产为企业带来经济利益期限的,应当视为使用寿命不确定的无形资产。使用寿命有限的无形资产,其应摊销金额应当在使用寿命内系统合理摊销。企业摊销无形资产,应当自无形资产可供使用时起至不再作为无形资产确认时止。

使用寿命不确定的无形资产,由于其使用寿命无法计量而不进行摊销。但是,应当在每个会计期间对使用寿命不确定的无形资产进行复核。如有证据表明无形资产的使用寿命是有限的,应估计其使用寿命,并按准则的规定摊销处理。

企业选择的无形资产摊销方法,应当反映与该项无形资产有关的经济利益的预期实现方式。无法可靠确定预期实现方式的,应当采用直线法摊销。无形资产的摊销金额一般应当计入当期损益,其他会计准则另有规定的除外。无形资产的应摊销金额为其成本扣除预计残值后的金额。

使用寿命有限的无形资产,其残值应当视为零,但下列情况除外:(1)有第三方承诺在无形资产使用寿命结束时购买该无形资产;(2)可以根据活跃市场得到预计残值信息,并且该市场在无形资产使用寿命结束时很可能存在。使用寿命不确定的无形资产不应摊销。

无形资产的减值,应当按照《资产减值》准则处理。企业至少应当于每年年度终了,对使用寿命有限的无形资产的使用寿命及摊销方法进行复核。无形资产的使用寿命及摊销方法与以前估计不同的,应当改变摊销期限和摊销方法。企业出售无形资产,应当将取得的价款与该无形资产账面价值的差额计入当期损益。无形资产预期不能为企业带来经济利益的,应当将该无形资产的账面价值予以转销。

须指出,在固定资产折旧上,当月增加的固定资产,当月不提折旧,从下月起计提折旧;当月减少的固定资产,当月仍计提折旧,从下月起不计提折旧。但是,在无形资产摊销上,当月增加的无形资产,当月开始摊销;当月减少的无形资产,当月不再摊销。

三、无形资产的内容和会计处理

(一) 无形资产的内容

1. 专利权

专利权是指权利人在法定期限内对某项发明创造拥有的独占权和专有权。它是指经政府批准由独家应用某种特定配方、制造工艺及程序或生产某种造型、结构特定产品的专有权利。专利权包括发明专利权、实用新型专利权和外观设计专利权等。专利权可申请获得,也可向别人购买。

专利权是一种具有期限的工业产权,它有法定有效期限,专利权的所有成本应在有效期限内摊销。专利权一般不得申请延续期,但专利权取得人往往在临近专利权失效时对专利项目稍作改进以延长专利的时间。如果专利权已接近失效,可根据谨慎原则在比法定有效期限短的年限内摊销。专利权与技术转让费有区别,分期支付的技术转让费是一项费用,而专利权是一项无形资产。

2. 非专利技术

非专利技术也称专有技术、技术诀窍或技术秘密,是指生产经营上采用的未经公开亦未申请专利权的先进技术。专有技术的范围较广,包括尚未公开的生产工艺技术,尚未申请专利的发明创造、计算公式、配方、操作方法及软件包等。专有技术可通过其具体资料表现出来,也可通过向购买方派出技术人员进行指导,或接受购买方技术实习人员的方式来表现。

专有技术可从外部购入,但大多数为自行开发研究。企业出于保护自身利益的需要,不愿无偿向社会公开其专有技术,依靠保密来维护其利益。在向其他企业转让其专有技术使用权时,靠合同保护秘密,并从中获利。因此,专有技术不享有法律保护,也无法律期限,能保密下去则可长期享有利益,一旦泄露机密便不再是专有技术了。

3. 商标权

商标权是指以商品和服务所用的特定名称或标志,向商标局注册而获得的一种独占权。经商标局核准注册的商标为注册商标,商标经注册登记后,商标注册人享有商标专用权,并受法律保护。商标是用来辨认特定商品或劳务的标记。

商标的价值在于它能给使用者带来获利能力。企业自创商标时,应以其设计绘图、注册登记等作为取得商标的成本。此外,保护商标使用权而发生的律师费用等也应计入商标成本。购入商标权,其成本是为此付出的所有支出。在理论上,商标权通过续展注册可无期限享有,但从谨慎原则考虑,商标成本一般都在短期内摊销。商标权失效时,应立即冲销商标成本,全部转为损失。类似商标的商号、牌号和标记等无形资产,其处理与商标权相同。商标权有效期满前,可继续申请延长注册期,每次续展注册的有效期为10年。

4. 著作权

著作权又称版权,它是人类无形智力劳动的成果,知识产权的重要组成部分。著作权是著作人对其编著、创作的文字、艺术与科技作品依法享有的专有权利。著作权,包括署名权、发表权、修改权、保护作品完整权、使用权和获得报酬权等;还包括复制权、发行权、出租权、展览权、表演权、放映权、广播权、信息网络转播权、摄制权、改编权、翻译权、汇编权,以及应由著作权人享有其权利的保护期。著作权的法律保护期为作者终生及其死亡后50年;如果是合作作品,截止于最后死亡的作者亡故后第50年末。著作权可以转让、出售或者赠与。

著作权是文化领域中的专有权,而上述专利权、商标权等工业产权属于工商领域。随着科技发展,两个领域中不同的精神创作成果会使文化与工商领域发生交叉。如计算机软件、半导体芯片这些"边缘成果",既受工业产权法保护,又受著作权法保护。计算机硬件受专利法保护;计算机软件受多种方式的法律保护,如著作权法、专利法、商标法、合同法等。工业版权是著作权的一种特殊形式,目前受工业版权法保护的有工业品外观设计、计算机软件、半导体芯片和印刷字体等。

20世纪80年代后,各国对著作权立法原则趋于一致,步入国际版权保护的行列,同时知识产权(包括著作权)贸易和有形商品贸易日益形成一体化。在西方发达国家,知识产权贸易在对外贸易中所占份额越来越大,如美国著作权业出口收入已高于飞机制造和宇航工业的出口收入。在一般情况下,取得著作权的支出,全部直接计入当期费用。但是,出版公司向著作人购买著作权,购买成本应资本化、计入无形资产。著作权一般应在其预计受益期内摊销。

5. 特许权

特许权又称经营特许权、专营权，是指企业享有的在特定地区从事特定业务或使用特定商标、专利权、非专利技术，以及经营特定商品的一种权利。一般有以下两种形式。(1)政府行政授权。由政府部门授权，准许企业使用或在特定地区享有经营特定产品或服务的特权，如政府准许的供水、供电、邮政，以及在政府建造的机场上经营等经营特许权。又如，政府准许的烟草商品等专营权。(2)合同约定授权。根据合同约定，特许权让与方允许受让方使用其特许权，如企业将其特殊商品让与其他企业，建立连锁店、超市，使其能使用本企业商标进行特殊商品销售等。特许权使用许可合同，应报商标局备案。

例如，商标注册人可通过签订商标使用许可合同，许可他人使用其注册商标。这是一种无形资产使用权让与的行为，让与方不是将商标权转让给受让方，而是将其使用权让与受让方，受让方获得的不是商标权，而是使用商标的特许权。让与方许可受让方在一定时期内使用其商标，并提供质量方面的服务，监督受让人使用其商标的产品或劳务的质量。受让方可合法使用让与方的商标并取得相应效益，但必须按合同约定向让与方支付经营特许权的使用费用，同时还应保守有关商业秘密。

特许权转让会计涉及让与人和受让人两方面的会计处理。(1)让与人在完成合同规定的应履行的职责后，即可将让与收入确认为营业收入。让与时发生的成本，记入营业成本。(2)受让人取得特许权时，一般先要一次性支付一笔较大金额的定金，该定金能给受让人带来长期利益，因此应将其资本化并计入无形资产(特许权)；每年支付特许权使用费时，如按销售收入10%计付，该费用受益仅限于当期，因此应将其确认为当期费用。

6. 土地使用权

土地使用权是指经国家准许，企业在一级市场通过缴纳土地出让金的购买方式获得，或者在二级市场上购买取得的一定期间内对国有土地开发、利用和经营的权利。我国与西方国家不同，西方国家的土地所有权可以归私人所有，土地可买卖、转让和抵押；我国土地实行公有制，土地所有权归国家所有，任何单位和个人不得侵占、买卖或以其他形式非法转让。但是，国有土地和集体所有土地的使用权可依法转让。

企业依法取得土地使用权，其取得成本是为获得特定的土地使用权所发生的一切支出。西方企业将其拥有的土地"所有权"列作固定资产，在我国(除解放前遗留下来、公私合营时已列入固定资产以外)，企业只能将有偿取得的土地"使用权"列作无形资产。因而，土地使用权其实质是土地租赁权。土地使用权应在规定的年限内平均摊销。

在理论上,土地使用权价格应按市场公允价格确认,但我国大多数企业的土地使用权不是在成熟、活跃的市场交易中取得的。如企业改组或新设股份公司时,以前大多数是按在政府土地管理部门组织下"评估"确认的价格经审核批准后作为土地使用权的价格;后来有少数按"拍卖"方式确定土地使用权价格。以划拨方式取得国有土地使用权的股份公司,在补办土地使用权出让手续、补交出让金并进行土地登记后,土地使用权由股份公司持有。在事实上,不少国有公司并没有花费任何代价就可在国有土地上进行生产经营,此时不能将土地列作无形资产;只有按国家规定支付出让金、持有土地使用权,才可将其作为无形资产(土地使用权)入账。

企业取得土地使用权应确认为无形资产,但改变土地使用权用途,用于赚取租金或资本增值的,应将其转为投资性房地产。取得土地使用权后,自行开发建造厂房等建筑物时,相关的土地使用权与建筑物应分别进行处理。外购土地及建筑物所支付的价款,应在建筑物与土地使用权之间进行分配;难以合理分配的,应全部作为固定资产。房地产开发企业取得土地用于建造对外销售的房屋建筑物,应将相关的土地使用权予以结转。结转时,将土地使用权账面价值计入房地产开发成本。

(二)无形资产的会计处理

1. 外购的无形资产

【例 7-11】 JH 公司从 YZ 公司购入一项商标权,按合同约定以银行存款支付 5 680 000 元,该商标权使用期 10 年。JH 公司有关会计处理如下。

(1)购进商标权

　　借:无形资产——商标权　　　　　　　　　　　　　　　5 680 000
　　　　贷:银行存款　　　　　　　　　　　　　　　　　　　　　　5 680 000

(2)摊销商标权,根据费用"谁受益谁承担"原则,理论上商标权摊销应计入销售费用,而实务上往往计入管理费用

$$年摊销额 = 5\ 680\ 000 \div 10 = 568\ 000(元)$$

　　借:管理费用(或销售费用)——商标权摊销　　　　　　568 000
　　　　贷:累计摊销　　　　　　　　　　　　　　　　　　　　　568 000

2. 投资者投入的无形资产

【例 7-12】 KS 公司接受 ZH 公司以其著名"丹红"商标的投资,双方协议价格(公允价值)88 668 000 元,KS 公司再支付相关税费 220 000 元,KS 公司分录如下。

　　借:无形资产——商标权　　　　　　　　　　　　　　　88 888 000
　　　　贷:股本——ZH 公司投入资本　　　　　　　　　　　　　88 668 000
　　　　　　银行存款　　　　　　　　　　　　　　　　　　　　　　220 000

3. 取得土地使用权的无形资产

【例7-13】 YB公司以160 000 000元购入一块使用年限50年的土地使用权,并在该地上自行建造生产用厂房。发生以下建造费用:领用工程物资350 00 000元,薪酬费用125 000 000元,其他相关费用80 000 000元。建造工程完工并达到预定可使用状态,厂房建筑物使用年限30年,无残值。假定不考虑其他因素,YB公司有关会计处理如下。

(1) 购入土地使用权

借:无形资产——土地使用权　　　　　　　　160 000 000
　　贷:银行存款　　　　　　　　　　　　　　　　160 000 000

(2) 建造生产用厂房

借:在建工程　　　　　　　　　　　　　　　　555 000 000
　　贷:工程物资　　　　　　　　　　　　　　　　350 000 000
　　　　应付职工薪酬　　　　　　　　　　　　　125 000 000
　　　　银行存款　　　　　　　　　　　　　　　　 80 000 000

(3) 生产用厂房建筑物达到预定可使用状态并验收

借:固定资产　　　　　　　　　　　　　　　　555 000 000
　　贷:在建工程　　　　　　　　　　　　　　　　555 000 000

(4) 年末,计提折旧和摊销

年无形资产(土地使用权)摊销额 = 160 000 000 ÷ 50 = 3 200 000(元)
年固定资产折旧额 = 555 000 000 ÷ 30 = 18 500 000(元)
根据费用"谁受益谁承担"原则,因生产多个产品用的厂房,应当计入制造费用 = 3 200 000 + 18 500 000 = 21 700 000(元)

借:制造费用——厂房折旧　　　　　　　　　 21 700 000
　　贷:累计摊销　　　　　　　　　　　　　　　　 3 200 000
　　　　累计折旧　　　　　　　　　　　　　　　　 18 500 000

四、研究与开发费用的确认和计量

(一) 研究与开发费用的内容

企业内部的研究与开发费用即研发费用,主要包括:(1)从事研发活动人员的薪酬和其它聘用人员有关费用;(2)研发活动中消耗的材料和劳务费用;(3)专门为研发项目购置的固定资产、无形资产及其折旧与摊销费用;(4)与研发活动有关的其他间接费用等。

（二）研究与开发费用的确认和计量原则

《无形资产》准则规定，企业内部研究开发项目的支出，应当区分研究阶段支出与开发阶段支出。研究是指为获取并理解新的科学或技术知识而进行的独创性的有计划调查；开发是指在进行商业性生产或使用前，将研究成果或其他知识应用于某项计划或设计，以生产出新的或具有实质性改进的材料、装置、产品等。

企业内部研究开发项目研究阶段的支出，应当于发生时计入当期损益。企业内部研究开发项目开发阶段的支出，同时满足下列条件的，才能确认为无形资产。(1)完成该无形资产以使其能使用或出售在技术上具有可行性。(2)具有完成该无形资产并使用或出售的意图。(3)无形资产产生经济利益的方式，包括能证明运用该无形资产生产的产品存在市场或无形资产自身存在市场；无形资产将在内部使用的，应证明其有用性。(4)有足够的技术、财务资源和其他资源支持，以完成该无形资产的开发，并有能力使用或出售该无形资产。(5)归属于该无形资产开发阶段的支出能可靠计量。

公司取得的已作为无形资产确认的正在进行中研究开发项目，在取得后发生的支出也应按上述准则有关规定处理。企业自创商誉和内部产生的品牌、报刊名等，不应确认为无形资产。

（三）研发费用的账户设置和会计处理

对于企业内部研发活动，首先，按准则规定区分为"研究阶段"和"开发阶段"。其次，对于"研究"阶段发生的全部费用应予以费用化、计入当期损益（管理费用）。再次，对于"开发"阶段中不符合特定确认条件的开发费用予以费用化、计入当期损益（管理费用）；符合特定确认条件的开发费用，予以资本化并确认为一项无形资产。

为核算内部研发费用，应设置"研发支出"账户。具体如下。

（1）企业自行开发无形资产发生的研发费用，不满足资本化条件的，借记"研发支出——费用化支出"账户，满足资本化条件的，借记"研发支出——资本化支出"账户，贷记"原材料""应付职工薪酬""银行存款"等账户。

（2）企业以其他方式取得的、正在进行中的研发项目，按实际发生的金额，借记"研发支出——资本化支出"账户，贷记"银行存款"账户。以后发生的研发费用，按上述(1)处理。

（3）研发项目达到预定可使用状态形成无形资产的，应按"研发支出——资本化支出"账户余额，借记"无形资产"账户，贷记"研发支出——资本化支出"账户。同时，应按"研发支出——费用化支出"账户余额，借记"管理费用"账户，贷记"研发支出——费用化支出"账户。

【例 7-14】 2×19 年初,HW 公司在其内部研发活动中,"研究阶段"领用原材料 2 800 000 元,支付研究人员薪酬 3 000 000 元,支付相关费用 1 386 000 元。"开发阶段"支付研究人员薪酬 3 370 000 元,支付其他相关费用 600 000 元;其中符合资本化条件的支出为 3 600 000 元。当年年末,该研发项目达到预定可使用状态,HW 公司有关会计处理如下。

(1) 2×19 年年初,发生"研究阶段"支出

借:研发支出——费用化支出	7 186 000
贷:原材料	2 800 000
应付职工薪酬	3 000 000
银行存款	1 386 000

(2) 当年,发生"开发阶段"支出

研发支出(费用化支出) = (3 370 000 + 600 000) - 3 600 000 = 370 000(元)

借:研发支出——费用化支出	370 000
——资本化支出	3 600 000
贷:应付职工薪酬	3 370 000
银行存款	600 000

(3) 2×19 年年末,研发项目达到预定可使用状态,确认无形资产并结转研发支出

借:无形资产	3 600 000
管理费用	7 556 000
贷:研发支出——费用化支出(7 186 000+370 000)	7 556 000
——资本化支出	3 600 000

五、无形资产的后续计量

(一) 后续计量中的账户设置、摊销、减值和处置

1. 摊销和减值的账户设置和会计处理

(1) "累计摊销"。本账户核算无形资产成本自取得当月起在预计可使用年限内分期摊销的金额,无形资产摊销额一般应计入当期损益,某项无形资产包含的经济利益通过所生产产品或其他资产实现的,其摊销额应计入相关资产成本。摊销时,借记"制造费用""管理费用"等账户,贷记"累计摊销"账户。

(2) "无形资产减值准备"账户。对无形资产预计可收回金额低于其账面价值的,应计提减值准备。当存在下列一项或若干项情况时,应将无形资产账面价值全部转入当期损益,借记"管理费用"账户,贷记"无形资产"账户:一是已被新技术等

替代,且已无使用和转让价值;二是已超过法律保护期限,且已不能为企业带来经济利益;三是其他足以证明某无形资产已丧失使用价值和转让价值的情形。

期末,无形资产账面价值高于可收回金额的,应按其差额,借记"资产减值损失"账户,贷记"无形资产减值准备"账户。无形资产减值损失一经确认,在以后会计期间不得转回。

2. 无形资产处置和报废的会计处理

(1)出售无形资产,按实际收到的金额,借记"银行存款"等账户;按已计提的累计摊销,借记"累计摊销"账户;按已计提的减值准备,借记"无形资产减值准备"账户;按应支付的相关税费,贷记"应交税费"账户;按无形资产账面价值,贷记"无形资产"账户;按其差额,借记"营业外支出"或贷记"营业外收入"账户。

(2)出租无形资产,按取得的租金收入,借记"银行存款"等账户,贷记"其他业务收入"账户;按发生的其他相关税费以及应摊销出租无形资产的成本,借记"其他业务成本"账户,贷记"累计摊销""应交税费"等账户。

(3)无形资产报废,按已计提的累计摊销,借记"累计摊销"账户;按已计提的减值准备,借记"无形资产减值准备"账户;按无形资产账面价值,贷记"无形资产"账户;按其差额,借记"营业外支出"账户。

3. 后续计量中无形资产核算的示例

(1)使用寿命有限的无形资产

【例7-15】 RH公司以18 000 000元购入两项无形资产。其中,用于产品生产的专有技术12 000 000元,估计使用寿命10年;商标权6 000 000元,使用寿命20年。RH公司有关会计处理如下。

(1)购入无形资产

借:无形资产——专有技术　　　　　　　　　　　　12 000 000
　　　　　　——商标权　　　　　　　　　　　　　　6 000 000
　贷:银行存款　　　　　　　　　　　　　　　　　　　　　　18 000 000

(2)每年无形资产摊销

借:制造费用——专有技术(12 000 000/10)　　　　1 200 000
　　管理费用——商标权(6 000 000/20)　　　　　　　300 000
　贷:累计摊销　　　　　　　　　　　　　　　　　　　　　　1 500 000

(2)使用寿命不确定的无形资产

对于使用寿命不确定的无形资产,不摊销成本,但会计期末应进行减值测试。经减值测试,无形资产账面价值高于可收回金额的,应计提无形资产减值准备。

【例7-16】 2×18年年初,BC公司以银行存款9 000 000元购入著名商标,该商标按法律规定还可使用5年,但在法律保护期届满时,BC公司可继续申请续展10年。有充分证据表明,该商标在未来不确定的期间内能给公司带来现金流入。2×18年年末,减值测试后确认商标的账面价值和公允价值一致,均为9 000 000元;2×19年年末,减值测试后确认商标公允价值为8 000 000元。公司将该商标视作使用寿命不确定的无形资产,在持有期间不摊销。假定不考虑其他因素,BC公司有关会计处理如下。

(1) 2×18年年初,购入商标

借:无形资产——商标权　　　　　　　　　　　　　9 000 000
　　贷:银行存款　　　　　　　　　　　　　　　　　　　　9 000 000

(2) 2×18年年末,减值测试,账面价值和公允价值一致,不做会计处理。

(3) 2×19年年末,减值测试,确认减值损失、计提减值损失准备

计提减值准备 = (9 000 000 - 8 000 000) = 1 000 000(元)

借:资产减值损失　　　　　　　　　　　　　　　　1 000 000
　　贷:无形资产减值准备——商标权　　　　　　　　　　　1 000 000

第三节　油气资产和生物资产

一、油气资产和生物资产的确认、计量和披露原则

(一) 油气资产和生物资产的意义及其与固定资产的区别

石油、天然气和生物资产属于竭耗资产。竭耗资产也称递耗资产或消耗性资产,是指公司拥有的矿山、油田和森林等自然资源及其相关的厂房、矿井设备等资产。竭耗资产主要分为矿业和林业两类,前者如矿山、油田公司的矿藏、石油和天然气等自然资源,后者如林场企业的森林树木资源。

竭耗资产的确认、计量和报告属于自然资源会计范畴。竭耗资产经公司开采、砍伐后,转换为库存商品,并且会被不断挖掘、钻凿或砍伐,加工销售,而逐渐耗竭。1982年,美国FASB发布第69号财务会计准则《关于石油和天然气生产活动的揭示》(FAS 69)包括第19、25、33和39号财务会计准则,对石油和天然气生产进行了全面规范。2006年,我国发布《石油天然气开采》和《生物资产》企业会计准则。

竭耗资产与固定资产相似,属于长期资产,如石油天然气开发公司拥有的地下石油和天然气资源,它们可供公司长期开发、生产和销售使用。但是,竭耗资产与固定资产具有以下本质区别:

1. 竭耗资产是以出售为目的而储备的一种长期特殊存货,如未开采的原油可称为公司的地下存货;固定资产是生产经营中被长期使用的主要劳动资料,是以非出售为目的而拥有的。

2. 竭耗资产被开采后其价值逐步转移到产成品成本中,不开采其储存量不会减少,价值也不会转移;固定资产在其使用寿命中随着有形和无形损耗,其价值将逐步转移到成本费用中去。

3. 竭耗资产开采完后资源耗竭,往往不具备资源的再生性(如石油)或需很长时间才能"再生"(如树林);固定资产可通过购建和重置得到"再生"。

(二)竭耗资产的计价和折耗

1. 竭耗资产的计价

竭耗资产如矿山与油田,按历史成本计价。

(1)矿区权益的取得成本。公司签订租赁或购买合同,取得资源开采权后发生的土地购买价、登记注册,以及探测、估量,发现与寻找自然资源等前期筹建开办费用。

(2)勘探成本。公司取得生产经营权后,必须进一步探明具体开采地点和蕴藏、储备数量,还须进行大量勘探和发展工作,勘探成本是指为此所发生的全部勘探费用支出。

勘探成本资本化,主要方法有二种。一是全部成本法,是指将全部勘探成功或不成功的油气井的勘探成本完全予以资本化,将它们全部列示于资产负债表上的资源资产及其相关厂房、设备等资产项目内的一种方法。二是勘探成功法,是指将勘探成功的勘探成本予以资本化,将它们按一定比例分配计入竭耗资产及其相关资产;未成功的勘探支出予以费用化处理,计入损益。

(3)开发和生产成本。公司在开发(挖掘、钻凿)和生产过程中所发生的成本费用,主要包括两类费用:一是有形设备成本,如固定资产折旧;二是无形开发成本,如工资、办公费用等。

2. 竭耗资产的折耗

折耗或称竭耗是指竭耗资产经开采逐渐耗竭而将其相应部分成本价值转移到产品成本上,自然资源会计将这种转移的部分价值称为折耗。折耗费用相当于商品流通企业的进货费用,进货费用是销售成本的组成部分。同样,通过计提折耗而将其计入可供出售的矿产品成本,形成矿产品成本的组成部分。

计提折耗时,一方面增加产品成本的价值,另一方面增加累计折耗。在资产负债表上反映竭耗资产净值时,累计折耗是作为竭耗资产的减项处理。如矿山的矿产、开采权、掘水权与土地成本合计 600 000 000 元,减去累计折耗 200 400 000 元,净资产为 399 600 000 元。

计提竭耗的方法一般有两种。

(1) 成本折耗。其一般计算公式如下：

单位产品折耗费用 =（竭耗资产成本 - 预计净残值）÷ 预计可开采数量

当期产品应分摊折耗费用 = 单位产品折耗费用 × 当期开采数量

例如，DQ 煤矿开采公司共发生取得、勘探和开发成本 29 800 000 元，已探明煤矿储藏量 10 000 000 吨，开采后预计净残值 900 000 元，清理费用 100 000 元，20×1 年开采 300 000 吨。假定当年开采的产品未对外销售，全部形成库存存货。会计处理如下：

① 20×1 年末，计提折耗费用

单位产品折耗费用 = [29 800 000 - (900 000 - 100 000)] ÷ 10 000 000 = 2.90(元/吨)

当期产品应分摊折耗费用 = 2.90 × 300 000 = 870 000(元)

借：折耗费用　　　　　　　　　　　　　　　870 000
　　贷：累计折耗　　　　　　　　　　　　　　　　　870 000

② 折耗费用结转库存产品成本

借：存货　　　　　　　　　　　　　　　　　870 000
　　贷：折耗费用　　　　　　　　　　　　　　　　　870 000

(2) 百分比折耗。又称法定折耗，是用自然资源销售收入乘以法定百分比，该百分比是税法规定的折耗比率。百分比竭耗仅适用于公司申报纳税。如美国税法规定纳税人生产经营自然资源并对该资源拥有经济利益的，其应纳税所得可用百分比折耗扣除。与生产自然资源相关的固定资产，仍应采用折旧方法。税法允许纳税人采用成本折耗或百分比折耗，纳税人可选择两种折耗方法计算结果中数额较大的来扣除。但是，可扣除的年度折耗额不得超过该年度来源于自然资源的应纳税所得在减去可扣除的折耗额之前数额的 50%。与自然资源有关的房地产、设备等固定资产应以开发矿产的年限计提折旧，计算的方法与折耗的计提相似。

二、石油天然气开采的会计处理原则

我国《石油天然气开采》准则规定，石油天然气（以下简称"油气"）开采活动包括矿区权益的取得以及油气的勘探、开发和生产等阶段。油气开采活动以外的油气储存、集输、加工和销售等业务的会计处理，适用其他相关会计准则。

（一）矿区权益的会计处理

矿区权益是指企业取得的在矿区内勘探、开发和生产油气的权利。这里的矿区，是指企业进行油气开采活动所划分的区域或独立的开发单元；矿区的划分是计提油气资产折耗、进行资产减值测试的基础。矿区权益分为探明矿区权益和未探明矿区权益。探明矿区,是指已发现探明经济可采储量的矿区;未探明矿区,是指未发现探明经济可采储量的矿区。探明经济可采储量,是指在现有技术和经济条件下,根据地质和工程分析,可合理确定的能从已知油藏中开采的油气数量。

为取得矿区权益而发生的成本应在发生时予以资本化。企业取得的矿区权益,应按取得时的成本进行初始计量:(1)申请取得矿区权益的成本包括探矿权使用费、采矿权使用费、土地或海域使用权支出、中介费以及可直接归属于矿区权益的其他申请取得支出;(2)购买取得矿区权益的成本包括购买价款、中介费以及可直接归属于矿区权益的其他购买取得支出。

矿区权益取得后发生的探矿权使用费、采矿权使用费和租金等维持矿区权益的支出,应计入当期损益。企业应采用产量法或年限平均法对探明矿区权益计提折耗;未探明的矿区权益不计提折耗。采用产量法计提折耗的,折耗额可按单个矿区计算,也可按若干具有相同或类似地质构造特征或储层条件的相邻矿区所组成的矿区组计算。计算公式如下:

$$探明矿区权益折耗额 = 探明矿区权益账面价值 \times 探明矿区权益折耗率$$

$$探明矿区权益折耗率 = 探明矿区当期产量 \Big/ \left(探明矿区期末探明经济可采储量 + 探明矿区当期产量\right)$$

企业对于矿区权益的减值,应当分别不同情况确认减值损失:(1)对于探明矿区权益的减值,按《资产减值》准则处理;(2)对于未探明矿区权益,应当至少每年进行一次减值测试。单个矿区取得成本较大的,应以单个矿区为基础进行减值测试,并确定未探明矿区权益减值金额。单个矿区取得成本较小且与其他相邻矿区具有相同或类似地质构造特征或储层条件的,可按若干具有相同或类似地质构造特征或储层条件的相邻矿区所组成的矿区组进行减值测试。

未探明矿区权益公允价值低于账面价值的差额,应确认为减值损失,计入期损益。未探明矿区权益减值损失一经确认,不得转回。企业转让矿区权益的,应按下列规定进行处理。

1. 转让全部探明矿区权益的,将转让所得与矿区权益账面价值的差额计入当期损益。转让部分探明矿区权益的,按转让权益和保留权益的公允价值比例,计算确定已转让部分矿区权益账面价值,转让所得与已转让矿区权益账面价值的差额计入当期损益。

2. 转让单独计提减值准备的全部未探明矿区权益的,转让所得与未探明矿区权益账面价值的差额,计入当期损益。转让单独计提减值准备的部分未探明矿区权益的,如果转让所得大于矿区权益账面价值,将其差额计入当期损益;如果转让所得小于矿区权益账面价值,以转让所得冲减矿区权益账面价值,不确认损益。

3. 转让以矿区组为基础计提减值准备的未探明矿区权益的,如果转让所得大于矿区权益账面原值,将其差额计入当期损益;如果转让所得小于矿区权益账面原值,以转让所得冲减矿区权益账面原值,不确认损益。

转让该矿区组最后一个未探明矿区的剩余权益矿区权益时,转让所得与未探明矿区权益账面价值的差额,计入当期损益。未探明矿区(组)内发现探明经济可采储量而将未探明矿区(组)转为已探明矿区(组)的,应当按其账面价值转为探明矿区权益。未探明矿区因最终未能发现经济可采储量而放弃的,应当按放弃时的账面价值转销未探明矿区权益并计入当期损益。因未完成义务工作量等因素导致发生放弃成本的,应计入当期损益。

(二)油气勘探的会计处理

油气勘探是指为识别勘探区域或探明油气储量而进行的地质调查、地球物理勘探、钻探活动以及其他相关活动。油气勘探支出包括钻井勘探支出和非钻井勘探支出。钻井勘探支出主要包括钻探区域探井、勘探型详探井、评价井和资料井等活动发生的支出;非钻井勘探支出主要包括进行地质调查、地球物理勘探等活动发生的支出。

钻井勘探支出在完井后,确定该井发现了探明经济可采储量的,应当将钻探该井的支出结转为井及相关设施成本。确定该井未发现探明经济可采储量的,应当将钻探该井的支出扣除净残值后计入当期损益。确定部分井段发现了探明经济可采储量的,应当将发现探明经济可采储量的有效井段的钻井勘探支出结转为井及相关设施成本,无效井段钻井勘探累计支出转入当期损益。未能确定该探井是否发现探明经济可采储量的,应当在完井后一年内将钻探该井的支出予以暂时资本化。

在完井一年时仍未能确定该探井是否发现探明经济可采储量,同时符合下列条件的,应当将钻探该井的暂时资本化支出继续暂时资本化,否则应当计入当期损益:(1)该井已发现足够数量的储量,但要确定其是否属于探明经济可采储量,还需要实施进一步的勘探活动;(2)进一步的勘探活动已在实施中或已有明确计划并即将实施。

钻井勘探支出已费用化的探井又发现了探明经济可采储量的,已费用化的钻井勘探支出不作调整,重新钻探和完井发生的支出应予以资本化。非钻井勘探支出于发生时计入当期损益。

(三)油气开发的会计处理

油气开发,是指为了取得探明矿区中的油气而建造或更新井及相关设施的活动。油气开发活动所发生的支出,应根据其用途分别予以资本化,作为油气开发形成的井及相关设施的成本。

油气开发形成的井及相关设施的成本主要包括:(1)钻前准备支出,包括前期研究、工程地质调查、工程设计、确定井位、清理井场、修建道路等活动发生的支出;(2)井的设备购置和建造支出,井的设备包括套管、油管、抽油设备和井口装置等,井的建造包括钻井和完井;(3)购建提高采收率系统发生的支出;(4)购建矿区内集输设施、分离处理设施、计量设备、储存设施、各种海上平台、海底及陆上电缆等发生的支出。

在探明矿区内,钻井至现有已探明层位的支出,作为油气开发支出;为获取新增探明经济可采储量而继续钻至未探明层位的支出,作为钻井勘探支出,按《石油天然气开采》准则有关规定处理。

(四) 油气生产的会计处理

油气生产是指将油气从油气藏提取到地表以及在矿区内收集、拉运、处理、现场储存和矿区管理等活动。油气的生产成本包括相关矿区权益折耗、井及相关设施折耗、辅助设备及设施折旧以及操作费用等。操作费用包括油气生产和矿区管理过程中发生的直接和间接费用。

企业应当采用产量法或年限平均法对井及相关设施计提折耗。井及相关设施,包括确定发现了探明经济可采储量的探井和开采活动中形成的井,以及与开采活动直接相关的各种设施。采用产量法计提折耗的,折耗额可按单个矿区计算,也可按若干具有相同或类似地质构造特征或储层条件的相邻矿区所组成的矿区组计算。计算公式如下:

$$\text{矿区井及相关设施折耗额} = \text{期末矿区井及相关设施账面价值} \times \text{矿区井及相关设施折耗率}$$

$$\text{矿区井及相关设施折耗率} = \text{矿区当期产量} \Big/ \left(\text{矿区期末探明已开发经济可采储量} + \text{矿区当期产量} \right)$$

探明已开发经济可采储量,包括矿区的开发井网钻探和配套设施建设完成后已全面投入开采的探明经济可采储量,以及在提高采收率技术所需的设施已建成并已投产后相应增加的可采储量。

地震设备、建造设备、车辆、修理车间、仓库、供应站、通讯设备、办公设施等辅助设备及设施,应当按《固定资产》准则处理。企业承担的矿区废弃处置义务,满足《或有事项》准则中预计负债确认条件的,应当将该义务确认为预计负债,并相应增加井及相关设施的账面价值。不符合预计负债确认条件的,在废弃时发生的拆卸、搬移、场地清理等支出,应当计入当期损益。矿区废弃是指矿区内的最后一口井停产。井及相关设施、辅助设备及设施的减值,应当按《资产减值》准则处理。

(五) 石油天然气开采的披露

企业应当在附注中披露与石油天然气开采活动有关的下列信息。(1)拥有国内和国外的油气储量年初、年末数据。(2)当期在国内和国外发生的矿区权益的取得、油气勘探和油气开发各项支出的总额。(3)探明矿区权益、井及相关设施的账面原值，累计折耗和减值准备累计金额及其计提方法；与油气开采活动相关的辅助设备及设施的期末原价，累计折旧和减值准备累计金额及其计提方法。

三、生物资产的确认、计量和披露原则

我国《生物资产》企业会计准则规范与农业生产相关的生物资产的确认、计量和相关信息的披露。生物资产是指有生命的动物和植物。

生物资产分为消耗性生物资产、生物性生物资产和公益性生物资产。消耗性生物资产，是指为出售而持有的、或在将来收获为农产品的生物资产，包括生长中的大田作物、蔬菜、用材林以及存栏待售的牲畜等。生产性生物资产，是指为产出农产品、提供劳务或出租等目的而持有的生物资产，包括经济林、薪炭林、产畜和役畜等。公益性生物资产，是指以防护、环境保护为主要目的的生物资产，包括防风固沙林、水土保持林和水源涵养林等。

收获后的农产品，适用《存货》企业会计准则，与生物资产相关的政府补助，适用《政府补助》企业会计准则。

（一）生物资产的确认和初始计量

生物资产同时满足下列条件的，才能予以确认：(1)企业因过去的交易或事项而拥有或者控制该生物资产；(2)与该生物资产有关的经济利益或服务潜能很可能流入企业；(3)该生物资产的成本能可靠计量。

生物资产应当按成本进行初始计量。外购生物资产的成本，包括购买价款、相关税费、运输费、保险费以及可直接归属于购买该资产的其他支出。

自行栽培、营造、繁殖或养殖的消耗性生物资产的成本，应当按下列规定确定：(1)自行栽培的大田作物和蔬菜的成本，按照在收获前耗用的种子、肥料、农药等材料费、人工费和应分摊的间接费用等必要支出；(2)自行营造的林木类消耗性生物资产的成本，包括郁闭前发生的造林费、抚育费、营林设施费、良种试验费、调查设计费和应分摊的间接费用等必要支出；(3)自行繁殖的育肥畜的成本，包括出售前发生的饲料费、人工费和应分摊的间接费用等必要支出；(4)水产养殖的动物和植物的成本，包括在出售或入库前耗用的苗种、饲料、肥料等材料费、人工费和应分摊的间接费用等必要支出。

自行营造或繁殖的生产性生物资产的成本，应按下列规定确定：(1)自行营造的林木类生产性生物资产的成本，包括达到预定生产经营目的前发生的造林费、抚育费、营林设施费、良种试验费、调查设计费和因分摊的间接费用等必要支出；(2)自行繁殖的产畜和役畜的成本，包括达到预定生产经营目的（成龄）前发生的

饲料费、人工费和应分摊的间接费用等必要支出。达到预定生产经营目的,是指生产性生物资产进入正常生产期,可以多年连续稳定产出农产品、提供劳务或出租。

自行营造的公益性生物资产的成本,应按郁闭前发生的造林费、抚育费、森林保护费、营林设施费、良种试验费、调查设计费和应分摊的间接费用等必要支出确定。

应计入生物资产成本的借款费用,按《借款费用》企业会计准则的规定处理。消耗性林木类生物资产发生的借款费用,应当在郁闭时停止资本化。投资者投入生物资产的成本,应按投资合同或协议约定的价值确定,但合同或协议约定价值不公允的除外。天然起源的生物资产的成本,应当按名义金额确定。

非货币性资产交换、债务重组和企业合并取得的生物资产的成本,应按《非货币性资产交换》《债务重组》和《企业合并》准则确定。因择伐、间伐或抚育更新性质采伐而补植林木类生物资产发生的后续支出,应当计入林木类生物资产的成本。生物资产在郁闭或达到预定生产经营目的后发生的管护、饲养费用等后续支出,应当计入当期费用。

(二)生物资产的后续计量

企业对达到预定生产经营目的的生产性生物资产,应当按期计提折旧,并根据用途分别计入相关资产的成本或当期损益。企业应当根据生产性生物资产的性质、使用情况和有关经济利益的预期实现方式,合理确定其使用寿命、预计净残值和折旧方法。可选用的折旧方法包括年限平均法、工作量法、产量法等。

确定生产性生物资产的使用寿命,应考虑下列因素:(1)该资产的预计产出能力或实物产量;(2)该资产的预计有形损耗,如产畜和役畜衰老、经济林老化等;(3)该资产的预计无形损耗,如因新品种的出现而使现有的生产性生物资产的产出能力和产出农产品的质量等方面相对下降、市场需求的变化使生产性生物资产产出的农产品相对过时等。

企业至少应当于每年年度终了对生产性生物资产的使用寿命、预计净残值和折旧方法进行复核。使用寿命或预计净残值的预期数和原先估计数有差异的,或者有关经济利益预期实现方式有重大改变的,应当作为会计估计变更,按《会计政策、会计估计变更和差错更正》准则处理,调整生产性生物资产的使用寿命或预计净残值或者改变折旧方法。

企业至少应当于每年年度终了对消耗性生物资产和生产性生物资产进行检查,有确凿证据表明由于遭受自然灾害、病虫害、动物疫病侵袭或市场需求变化等原因,使消耗性生物资产的可变现净值或生产性生物资产的可收回金额低于其账面价值的,应当按照可变现净值或可收回金额低于账面价值的差额,计提生物资产跌价准备或减值准备,并计入当期损失。上述可变现净值和可收回金额,应当分别按《存货》和《资产减值》准则确定。

消耗性生物资产减值的影响因素已消失的,减记金额应当予以恢复,并在原已计提的跌价准备金额内转回,转回的金额计入当期损益。生产性生物资产减值准备一经计提,不得转回。公益性生物资产不计提减值准备。

有确凿证据表明生物资产的公允价值能持续可靠取得的,应对生物资产采用公允价值进行计量。采用公允价值计量的,应同时具备下列条件:(1)生物资产所在地有活跃的交易市场;(2)能从交易市场上取得同类或类似生物资产的市场价格及其他相关信息,从而对生物资产的公允价值做出合理估计。

(三) 生物资产的收获与处置

对于消耗性生物资产,应当在收获或出售时,按其账面价值结转成本。结转成本的方法包括加权平均法、个别计价法、蓄积量比例法、轮伐期年限法等。生产性生物资产收获的农产品成本,按照产出或采收过程中发生的材料费、人工费和应分摊的间接费用等必要支出计算确定,并采用加权平均法、个别计价法、蓄积量比例法、轮伐期年限法等方法,将其账面价值结转为农产品成本。收获之后的农产品,应当按照《存货》准则处理。生物资产转变用途后的成本,应当按照转变用途时的账面价值确定。生物资产出售、盘亏或死亡、毁损时,应当将处置收入扣除其账面价值和相关税费后的余额计入当期损益。

(四) 生物资产的披露

企业应当在附注中披露与生物资产有关的下列信息:(1)生物资产的类别以及各类生物资产的实物数量和账面价值;(2)各类消耗性生物资产的跌价准备累计金额,以及各类生产性生物资产的使用寿命、预计净残值、折旧方法、累计折旧和减值准备累计金额;(3)天然起源生物资产的类别、取得方法和实物数量;(4)用于担保的生物资产的账面价值;(5)与生物资产相关的风险情况与管理措施。

企业应当在附注中披露与生物资产增减变动有关的下列信息:(1)因购买而增加的生物资产;(2)因自行培育而增加的生物资产;(3)因出售而减少的生物资产;(4)因盘亏或死亡、毁损而减少的生物资产;(5)计提的折旧及计提的跌价准备或减值准备;(6)其他变动。

第四节 资 产 减 值

一、资产减值及其认定

根据《资产减值》企业会计准则规定,资产减值是指资产的可收回金额低于其账面价值。《资产减值》准则中的资产,除了特别规定外,包括单项资产和资产组。资产组,是指企业可以认定的最小资产组合,其产生的现金流入应当基本上独立于其他资产或者资产组产生的现金流入。

存货的减值,适用《存货》准则。采用公允价值模式计量的投资性房地产的减值,适用《投资性房地产》准则。消耗性生物资产的减值,适用《生物资产》准则。建造合同形成的减值,适用《建造合同》准则。递延所得税资产的减值,适用《所得税》准则。融资租赁中出租人为担保余值的减值,适用《租赁》准则。《金融工具确认和计量》规范的金融资产的减值,适用《金融工具确认和计量》准则。未探明石油天然气矿区权益的减值,适用《石油天然气开采》准则。

企业应当在资产负债表日判断资产是否存在可能发生减值的迹象。因企业合并所形成的商誉和使用寿命不确定的无形资产,无论是否存在减值迹象,每年都应进行减值测试。

存在下列迹象的,表明资产可能发生了减值:(1)资产的市价当期大幅度下跌,其跌幅明显高于因时间的推移或者正常使用而预计的下跌;(2)公司经营所处的经济、技术或法律等环境以及资产所处的市场在当期或将在近期发生重大变化,从而对企业产生不利影响;(3)市场利率或其他市场投资回报率在当期已经提高,从而影响企业计算资产预计未来现金流量现值的折现率,导致资产可收回金额大幅度降低;(4)有证据表明资产已陈旧过时或其实体已损坏;(5)资产已经或将被闲置、终止使用或计划提前处置;(6)企业内部报告的证据表明资产的经济绩效已经低于或将低于预期,如资产所创造的净现金流量或者实现的营业利润(或损失)远远低于(或高于)预计金额等;(7)其他表明资产可能已经发生减值的迹象。

二、资产可收回金额的计量和资产减值损失的确定

1. 资产可收回金额的计量

资产存在减值迹象的,应当估计其可收回金额。可收回金额应当根据资产的公允价值减去处置费用后的净额与资产预计未来现金流量的现值两者之间较高者确定。处置费用包括与资产处置有关的法律费用、相关税金、搬运费以及为使资产达到可销售状态所发生的直接费用等。

2. 资产减值损失的确定

可收回金额的计量结果表明,资产的可收回金额低于其账面价值的,应当将资产的账面价值减记至可收回金额,减记的金额确认为资产减值损失,计入当期损益,同时计提相应的资产减值准备。

资产减值损失确认后,减值资产的折旧或者摊销费用应当在未来期间作相应调整,以使该资产在剩余使用寿命内,系统地分摊调整后的资产账面价值(扣除预

计净残值）。资产减值损失一经确认，在以后会计期间不得转回。

三、资产组的认定及减值处理

有迹象表明一项资产可能发生减值的，企业应当以单项资产为基础估计其可收回金额。企业难以对单项资产的可收回金额进行估计的，应当以该资产所属的资产组为基础确定资产组的可收回金额。

资产组的认定，应当以资产组产生的主要现金流入是否独立于其他资产或资产组的现金流入为依据。同时，在认定资产组时，应当考虑企业管理层管理生产经营活动的方式（如是按生产线、业务种类还是按地区或区域等）和对资产的持续使用或者处置的决策方式等。

资产组账面价值的确定基础应当与其可收回金额的确定方式相一致。

四、商誉减值的处理

（一）商誉的含义和确认原则

商誉是企业一项无形的、不能辨认确指的综合性资产。在会计上，通常把商誉称为购买其他企业时购买成本超过被购买企业净资产公允价值的差额。一个企业可以由于各种原因，在客户中享有信誉，如经营状况良好，使其所获报酬率超过类似企业一般获利水平，会计上称该企业具有商誉。由于商誉无法辨认又不能单独计量，不能独立于企业而存在，因此会计上不确认企业自创商誉的价值，不能单独购进或出售商誉。

在实务上，合并方购买被合并方时，商誉依附于被合并方而存在，商誉与被合并方同时进行转让，购买方的购买成本超出被购买方净资产公允价值的差额，该差额就是购入商誉所付出的代价，于是购买方就能对商誉进行确认和计量。购买方付出的这笔商誉代价并非为购买过去的超额利润，而是为其预计的未来超额利润所多支付的款项。因此，商誉既可通过收购时买卖双方成交额确定，也可通过对被购买方未来获利水平的预测来确定。在特殊情况下，购买方购买成本小于被购买方净资产公允价值，从而形成负商誉（Negative goodwill）。负商誉表明被购买方存在一些重大不利或不确定因素，这些因素将导致购买方未来经营利润的下降。对于负商誉，会计准则要求将其作为企业合并当期的损益计入利润表。

（二）商誉的后续计量原则

初始确认后的商誉，在持有期间不要求摊销，应当以其成本扣除累计减值准备的金额计量。企业合并所形成的商誉，至少应当在每年年度终了进行减值测试。商誉应当结合与其相关的资产组或者资产组组合进行减值测试。相关的资产组或者资产组组合应当是能够从企业合并的协同效应中收益的资产组或者资产组组合,不应当大于按照《分部报告》企业会计准则所确定的报告分部。

企业进行资产减值测试,对于因企业合并形成的商誉的账面价值,应当自购买日起按合理的方法分摊至相关的资产组;难以分摊至相关的资产组的,应当将其分摊至相关的资产组组合。在将商誉的账面价值分摊至相关的资产组或资产组组合时,应当按照各资产组或资产组组合的公允价值占相关资产组或资产组组合公允价值总额的比例进行分摊。公允价值难以可靠计量的,按照各资产组或资产组组合的账面价值占相关资产组或者资产组组合账面价值总额的比例进行分摊。企业因重组等原因改变了其报告结构,从而影响到已分摊商誉的一个或若干个资产组或资产组组合构成的,应当按照与前述规定相似的分摊方法,将商誉重新分摊至受影响的资产组或者资产组组合。

在对包含商誉的相关资产组或资产组组合进行减值测试时,如与商誉相关的资产组或资产组组合存在减值迹象的,应当先对不包含商誉的资产组或资产组组合进行减值测试,计算可收回金额,并与相关账面价值相比较,确认相应的减值损失。再对包含商誉的资产组或者资产组组合进行减值测试,比较这些相关资产组或者资产组组合的账面价值(包括所分摊的商誉的账面价值部分)与其可收回金额,如相关资产组或资产组组合的可收回金额低于其账面价值的,应当确认商誉的减值损失,并按照《资产减值》准则规定进行处理。

第八章

负债(一):流动负债和养老金负债

第一节 负债的概述、分类和流动负债

一、负债的概述

负债是指企业过去的交易或事项形成的、预期会导致经济利益流出企业的现时义务。企业的权益是指债权人和投资者对企业资产享有的权利,包括债权人权益和所有者权益。在会计上,企业资产中属于债权人的那部分权益称为负债,也称负资产。从偿还责任上说,企业对于负债必须到期还本付息;对所有者权益则不存在还本付息问题。企业终止清算时,应先偿还债权人债务,如有剩余资产再退还所有者;如无剩余资产,所有者只能血本无归。负债作为企业资金来源的一个重要组成部分,其数量与结构对经济效益和财务风险具有重大影响。

金融负债应按《金融工具确认和计量》准则进行确认和计量。金融负债是指企业符合下列条件之一的负债:(1)向其他方交付现金或其他金融资产的合同义务;(2)在潜在不利条件下,与其他方交换金融资产或金融负债的合同义务;(3)将来须用或可用企业自身权益工具进行结算的非衍生工具合同,且企业根据该合同将交付可变数量的自身权益工具;(4)将来须用或可用企业自身权益工具进行结算的衍生工具合同,但以固定数量的自身权益工具交换固定金额的现金或其他金融资产的衍生工具合同除外。企业对全部现有同类别非衍生自身权益工具的持有方同比例发行配股权、期权或认股权证,使之有权按比例以固定金额的任何货币换取固定数量的该企业自身权益工具的,该类配股权、期权或认股权证应当分类为权益工具。其中,企业自身权益工具不包括应当按照《金融工具列报》企业会计准则分类为权益工具的可回售工具或发行方在清算时才有义务向另一方按比例交付其净资产的金融工具,也不包括本身就要求在未来收取或交付企业自身权益工具的合同。

衍生工具是指属于《金融工具与计量》准则范围并同时具备下列特征的金融

工具或其他合同:(1)其价值随特定利率、金融工具价格、商品价格、汇率、价格指数、费率指数、信用等级、信用指数或其他变量的变动而变动,变动为非金融变量的,该变量不应与合同的任何一方存在特定关系;(2)不要求初始净投资,或者与对市场因素变化预期有类似反应的其他合同相比,要求较少的初始净投资;(3)在未来某一日期结算。

常见的衍生工具包括远期合同、期货合同、互换合同或期权合同等。

二、负债的分类和流动负债

负债分类与资产的分类相似,一般按偿还期长短,并以1年或长于1年的一个经营周期来划分,可分为流动负债和非流动负债。划分流动负债和非流动负债的目的,主要是反映企业的流动和非流动性债务状况,以及短期和长期偿债能力。

流动负债是指偿还期在1年内或超过1年的一个营业周期内偿还的债务,也称短期负债。它包括短期借款、应付票据、应付账款、应付职工薪酬、应交税费、应付利息、应付股利、预收款项和其他应付款等。

在非同一控制下的企业合并中,企业作为购买方确认或有对价形成金融负债的,该金融负债应当按照以公允价值计量且其变动计入当期损益进行会计处理。在初始确认时,为了提供更相关的会计信息,企业可以将金融负债指定为以公允价值计量且其变动计入当期损益的金融负债,但该指定应当满足下列条件之一:(1)能够消除或显著减少会计错配;(2)根据正式书面文件载明的企业风险管理或投资策略,以公允价值为基础对金融负债组合或金融资产和金融负债组合进行管理和业绩评价,并在企业内部以此为基础向关键管理人员报告。该指定一经做出,不得撤销。

金融负债,包括短期借款、应付票据、应付账款、长期借款、应付债券、长期应付款等流动和长期负债。企业应结合业务特点和风险管理要求,在初始确认时将金融负债分为以下两类:(1)以公允价值计量且其变动计入当期损益的金融负债,主要包括"交易性金融负债"和"指定为以公允价值计量且其变动计入当期损益的金融负债";(2)其他金融负债,是指上述(1)以外的金融负债,包括应付票据、应付账款、应付债券、长期应付款等。

第二节 应交税费和其他流动负债

一、应交税费

(一) 应交税费的内容、账户设置和核算要求

1. 应交税费的内容

应交税费是指企业在一定会计期间应负担、交纳的各种税金和非税财政收入。

应交税费未交纳前暂留企业，从而形成一项短期负债。企业应交税费主要有：(1)流转税,包括增值税、消费税及关税;(2)收益税,如企业所得税;(3)财产税,包括房产税、车船使用税、土地使用税以及契税等;(4)资源税;(5)行为税,包括土地增值税、印花税、耕地占用税、固定资产投资方向调节税(目前已被废止)、城市维护建设税等;(6)非税财政收入,包括教育费附加、残疾人就业保障金及矿产资源补偿费等。

2. 账户设置和核算要求

企业应设置"应交税费"账户,并设置相应明细账户,进行明细分类核算。按税法和会计核算要求,各种税费应有不同列支渠道,主要有下列账户处理。

(1)增值税。对于中间环节的纳税人来说,它是一定意义上的"价外税",不计入成本费用,不构成售价的组成部分。在"应交税费"账户内核算。

(2)消费税、资源税、土地增值税和城市维护建设税等。按应纳税金,借记"税金及附加""其他业务支出"和"生产费用"等账户,贷记"应交税费"账户。

(3)企业所得税。按应纳所得税,借记"所得税"账户,贷记"应交税费"账户。

(4)房产税、城镇土地使用税、车船使用税和印花税。按应纳税金,借记"管理费用"账户,贷记"应交税费"或"银行存款"账户。

(5)耕地占用税和固定资产投资方向调节税(目前暂停征收)。按应纳税金,借记"在建工程"账户,贷记"银行存款"或"应交税费"等账户。

(6)关税。进口货物计入其价值内;自营出口货物的,借记"税金及附加"账户;代理出口货物的,借记"其他业务支出""应收账款"等账户;易货贸易出口货物的,借记"主营业务成本"账户。同时,贷记"银行存款""应交税费"等账户。

(7)契税。典当企业、物业交易企业,按应纳税金,借记"税金及附加"账户;一般企业对于接受投资而获得的房产,借记"固定资产"账户。同时,贷记"应交税费""银行存款"账户。

(8)教育费附加。按应纳金额,借记"税金及附加"账户,贷记"应交税费"账户。

(9)残疾人就业保障金和矿产资源补偿费。按应纳金额,借记"管理费用"账户,贷记"应交税费"账户。

(二)应交增值税

1. 增值税的定义和税率

增值税是指以商品(含货物、应税劳务、无形资产或不动产销售,以下统称商品)在流转过程中产生的增值额作为计税依据而征收的流转税。我国于2016年5月1日起全面推行营改增试点,将原来增收营业税的建筑业、房地产业、金融业、生活服务业等全部纳入试点范围,几乎所有的流转税业务均统一为增值税应税行为。

财政部、税务总局和海关总署规定,2019年5月1日起,税率具体调整如下。

（1）纳税人发生增值税应税销售行为或者进口货物,原适用16%和11%税率的,税率曾分别调整为16%、10%,再分别调整为13%、9%。

（2）购进农产品,扣除率调整为9%;购进用于生产销售或委托加工13%税率货物的农产品,按照10%的扣除率计算进项税额。

（3）原适用16%税率且出口退税率为16%的出口货物,出口退税率调整至13%;原适用10%税率且出口退税率为10%的出口货物、跨境应税行为,出口退税率调整至9%。

（4）建筑业和房地产业适用10%。

（5）金融业和生活服务业目前暂适用6%。

2. 增值税会计账户设置

根据《财政部关于全面推开营业税改征增值税试点的通知》(财税〔2016〕36号)及《增值税会计处理规定》,增值税一般纳税人应当在"应交税费"科目下设置"应交增值税""未交增值税""预交增值税""待抵扣进项税额""待认证进项税额""待转销项税额""增值税留抵税额""简易计税""转让金融商品应交增值税""代扣代交增值税"等明细科目。

（1）增值税一般纳税人应在"应交增值税"明细账内设置"进项税额""销项税额抵减""已交税金""转出未交增值税""减免税款""出口抵减内销产品应纳税额""销项税额""出口退税""进项税额转出""转出多交增值税"等专栏。

其中:"进项税额"专栏,记录一般纳税人购进货物、加工修理修配劳务、服务、无形资产或不动产而支付或负担的、准予从当期销项税额中抵扣的增值税;"销项税额抵减"专栏,记录一般纳税人按照现行增值税制度规定因扣减销售额而减少的销项税额;"已交税金"专栏,记录一般纳税人当月已交纳的应交增值税;"转出未交增值税"和"转出多交增值税"专栏,分别记录一般纳税人月度终了转出当月应交未交或多交的增值税额;"减免税款"专栏,记录一般纳税人按现行增值税制度规定准予减免的增值税额;"出口抵减内销产品应纳税额"专栏,记录实行"免、抵、退"办法的一般纳税人按规定计算的出口货物的进项税抵减内销产品的应纳税额;"销项税额"专栏,记录一般纳税人销售货物、加工修理修配劳务、服务、无形资产或不动产应收取的增值税额;"出口退税"专栏,记录一般纳税人出口货物、加工修理修配劳务、服务、无形资产按规定退回的增值税额;"进项税额转出"专栏,记录一般纳税人购进货物、加工修理修配劳务、服务、无形资产或不动产等发生非正常损失以及其他原因而不应从销项税额中抵扣、按规定转出的进项税额。

（2）"未交增值税"明细科目,核算一般纳税人月度终了从"应交增值税"或

"预交增值税"明细科目转入当月应交未交、多交或预缴的增值税额,以及当月交纳以前期间未交的增值税额。

(3)"预交增值税"明细科目,核算一般纳税人转让不动产、提供不动产经营租赁服务、提供建筑服务、采用预收款方式销售自行开发的房地产项目等,以及其他按现行增值税制度规定应预缴的增值税额。

(4)"待抵扣进项税额"明细科目,核算一般纳税人已取得增值税扣税凭证并经税务机关认证,按照现行增值税制度规定准予以后期间从销项税额中抵扣的进项税额。一般纳税人自2016年5月1日后取得并按固定资产核算的不动产或者2016年5月1日后取得的不动产在建工程,按现行增值税制度规定准予以后期间从销项税额中抵扣的进项税额;实行纳税辅导期管理的一般纳税人取得的尚未交叉稽核比对的增值税扣税凭证上注明或计算的进项税额。

(5)"待认证进项税额"明细科目,核算一般纳税人由于未经税务机关认证而不得从当期销项税额中抵扣的进项税额。一般纳税人已取得增值税扣税凭证、按照现行增值税制度规定准予从销项税额中抵扣,但尚未经税务机关认证的进项税额;一般纳税人已申请稽核但尚未取得稽核相符结果的海关交款书进项税额。

(6)"待转销项税额"明细科目,核算一般纳税人销售货物、加工修理修配劳务、服务、无形资产或不动产,已确认相关收入(或利得)但尚未发生增值税纳税义务而需于以后期间确认为销项税额的增值税额。

(7)"增值税留抵税额"明细科目,核算兼有销售服务、无形资产或者不动产的原增值税一般纳税人,截至纳入营改增试点之日前的增值税期末留抵税额按照现行增值税制度规定不得从销售服务、无形资产或不动产的销项税额中抵扣的增值税留抵税额。

(8)"简易计税"明细科目,核算一般纳税人采用简易计税方法发生的增值税计提、扣减、预缴、交纳等业务。

(9)"转让金融商品应交增值税"明细科目,核算增值税纳税人转让金融商品发生的增值税额。

(10)"代扣代交增值税"明细科目,核算纳税人购进在境内未设经营机构的境外单位或个人在境内的应税行为代扣代缴的增值税。

小规模纳税人只需在"应交税费"科目下设置"应交增值税"明细科目,不需要设置上述专栏及除"转让金融商品应交增值税""代扣代交增值税"外的明细科目。

3. 取得资产或接受劳务等业务的增值税账务处理

(1)采购等业务进项税额允许抵扣的账务处理。一般纳税人购进货物、加工修理修配劳务、服务、无形资产或不动产,按应计入相关成本费用或资产的金额,借记"在途物资"或"原材料""库存商品""生产成本""无形资产""固定资产""管理费用"等科目,按当月已认证的可抵扣增值税额,借记"应交税费——应交增值税(进项税额)"科目,按当月未认证的可抵扣增值税额,借记"应交税费——待认证进项税额"科目,按应付或实际支付的金额,贷记"应付账款""应付票据""银行存款"等科目。发生退货的:如原增值税专用发票已做认证,应根据税务机关开具的红字增值税专用发票做相反的会计分录;如原增值税专用发票未做认证,应将发票退回并做相反的会计分录。

(2) 采购等业务进项税额不得抵扣的账务处理。一般纳税人购进货物、加工修理修配劳务、服务、无形资产或不动产,用于简易计税方法计税项目、免征增值税项目、集体福利或个人消费等,其进项税额按照现行增值税制度规定不得从销项税额中抵扣的,取得增值税专用发票时,应借记相关成本费用或资产科目,借记"应交税费——待认证进项税额"科目,贷记"银行存款""应付账款"等科目,经税务机关认证后,应借记相关成本费用或资产科目,贷记"应交税费——应交增值税(进项税额转出)"科目。

(3) 购进不动产或不动产在建工程按规定进项税额分年抵扣的账务处理。一般纳税人自 2016 年 5 月 1 日后取得并按固定资产核算的不动产或者 2016 年 5 月 1 日后取得的不动产在建工程,其进项税额按现行增值税制度规定自取得之日起分 2 年从销项税额中抵扣的,应当按取得成本,借记"固定资产""在建工程"等科目,按当期可抵扣的增值税额,借记"应交税费——应交增值税(进项税额)"科目,按以后期间可抵扣的增值税额,借记"应交税费——待抵扣进项税额"科目,按应付或实际支付的金额,贷记"应付账款""应付票据""银行存款"等科目。尚未抵扣的进项税额待以后期间允许抵扣时,按允许抵扣的金额,借记"应交税费——应交增值税(进项税额)"科目,贷记"应交税费——待抵扣进项税额"科目。

(4) 货物等已验收入库但尚未取得增值税扣税凭证的账务处理。一般纳税人购进的货物等已到达并验收入库,但尚未收到增值税扣税凭证并未付款的,应在月末按货物清单或相关合同协议上的价格暂估入账,不需要将增值税的进项税额暂估入账。下月初,用红字冲销原暂估入账金额,待取得相关增值税扣税凭证并经认证后,按应计入相关成本费用或资产的金额,借记"原材料""库存商品""固定资产""无形资产"等科目,按可抵扣的增值税额,借记"应交税费——应交增值税(进项税额)"科目,按应付金额,贷记"应付账款"等科目。

(5) 小规模纳税人采购等业务的账务处理。小规模纳税人购买物资、服务、无形资产或不动产,取得增值税专用发票上注明的增值税应计入相关成本费用或资产,不通过"应交税费——应交增值税"科目核算。

(6) 购买方作为扣缴义务人的账务处理。按照现行增值税制度规定,境外单位或个人在境内发生应税行为,在境内未设有经营机构的,以购买方为增值税扣缴义务人。境内一般纳税人购进服务、无形资产或不动产,按应计入相关成本费用或资产的金额,借记"生产成本""无形资产""固定资产""管理费用"等科目,按可抵扣的增值税额,借记"应交税费——进项税额"科目(小规模纳税人应借记相关成本费用或资产科目),按应付或实际支付的金额,贷记"应付账款"等科目,按应代扣代缴的增值税额,贷记"应交税费——代扣代交增值税"科目。实际缴纳代扣代缴增值税时,按代扣代缴的增值税额,借记"应交税费——代扣代交增值税"科目,贷记"银行存款"科目。

4. 销售等业务的账务处理

(1)销售业务的账务处理。企业销售货物、加工修理修配劳务、服务、无形资产或不动产,应当按应收或已收的金额,借记"应收账款""应收票据""银行存款"等科目,按取得的收入金额,贷记"主营业务收入""其他业务收入""固定资产清理""工程结算"等科目,按现行增值税制度规定计算的销项税额(或采用简易计税方法计算的应纳增值税额),贷记"应交税费——应交增值税(销项税额)"或"应交税费——简易计税"科目(小规模纳税人应贷记"应交税费——应交增值税"科目)。发生销售退回的,应根据按规定开具的红字增值税专用发票做相反的会计分录。

按照国家统一的会计制度确认收入或利得的时点早于按照增值税制度确认增值税纳税义务发生时点的,应将相关销项税额计入"应交税费——待转销项税额"科目,待实际发生纳税义务时再转入"应交税费——应交增值税(销项税额)"或"应交税费——简易计税"科目。

按照增值税制度确认增值税纳税义务发生时点早于按照国家统一的会计制度确认收入或利得的时点的,应将应纳增值税额,借记"应收账款"科目,贷记"应交税费——应交增值税(销项税额)"或"应交税费——简易计税"科目,按照国家统一的会计制度确认收入或利得时,应按扣除增值税销项税额后的金额确认收入。

(2)视同销售的账务处理。企业发生税法上视同销售的行为,应当按照企业会计准则制度相关规定进行相应的会计处理,并按照现行增值税制度规定计算的销项税额(或采用简易计税方法计算的应纳增值税额),借记"应付职工薪酬""利润分配"等科目,贷记"应交税费——应交增值税(销项税额)"或"应交税费——简易计税"科目(小规模纳税人应计入"应交税费——应交增值税"科目)。

(3)全面试行营业税改征增值税前已确认收入,此后产生增值税纳税义务的账务处理。企业营业税改征增值税前已确认收入,但因未产生营业税纳税义务而未计提营业税的,在达到增值税纳税义务时点时,企业应在确认应交增值税销项税额的同时冲减当期收入;已经计提营业税且未缴纳的,在达到增值税纳税义务时点时,应借记"应交税费——应交营业税""应交税费——应交城市维护建设税""应交税费——应交教育费附加"等科目,贷记"主营业务收入"科目,并根据调整后的收入计算确定计入"应交税费——待转销项税额"科目的金额,同时冲减收入。

全面试行营业税改征增值税后,"营业税金及附加"科目名称调整为"税金及附加"科目,该科目核算企业经营活动发生的消费税、城市维护建设税、资源税、教育费附加及房产税、土地使用税、车船使用税、印花税等相关税费;利润表中的"营业税金及附加"项目调整为"税金及附加"项目。

5. 差额征税的账务处理

(1) 企业发生相关成本费用允许扣减销售额的账务处理。按现行增值税制度规定企业发生相关成本费用允许扣减销售额的,发生成本费用时,按应付或实际支付的金额,借记"主营业务成本""存货""工程施工"等科目,贷记"应付账款""应付票据""银行存款"等科目。待取得合规增值税扣税凭证且纳税义务发生时,按照允许抵扣的税额,借记"应交税费——应交增值税(销项税额抵减)"或"应交税费——简易计税"科目(小规模纳税人应借记"应交税费——应交增值税"科目),贷记"主营业务成本""存货""工程施工"等科目。

(2) 金融商品转让按规定以盈亏相抵后的余额作为销售额的账务处理。金融商品实际转让月末,如产生转让收益,则按应纳税额借记"投资收益"等科目,贷记"应交税费——转让金融商品应交增值税"科目;如产生转让损失,则按可结转下月抵扣税额,借记"应交税费——转让金融商品应交增值税"科目,贷记"投资收益"等科目。交纳增值税时,应借记"应交税费——转让金融商品应交增值税"科目,贷记"银行存款"科目。年末,本科目如有借方余额,则借记"投资收益"等科目,贷记"应交税费——转让金融商品应交增值税"科目。

6. 出口退税的账务处理

为核算纳税人出口货物应收取的出口退税款,设置"应收出口退税款"科目,该科目借方反映销售出口货物按规定向税务机关申报应退回的增值税、消费税等,贷方反映实际收到的出口货物应退回的增值税、消费税等。期末借方余额,反映尚未收到的应退税额。

(1) 未实行"免、抵、退"办法的一般纳税人出口货物按规定退税的,按规定计算的应收出口退税额,借记"应收出口退税款"科目,贷记"应交税费——应交增值税(出口退税)"科目,收到出口退税时,借记"银行存款"科目,贷记"应收出口退税款"科目;退税额低于购进时取得的增值税专用发票上的增值税额的差额,借记"主营业务成本"科目,贷记"应交税费——应交增值税(进项税额转出)"科目。

(2) 实行"免、抵、退"办法的一般纳税人出口货物,在货物出口销售后结转产品销售成本时,按规定计算的退税额低于购进时取得的增值税专用发票上的增值税额的差额,借记"主营业务成本"科目,贷记"应交税费——应交增值税(进项税额转出)"科目;按规定计算的当期出口货物的进项税抵减内销产品的应纳税额,借记"应交税费——应交增值税(出口抵减内销产品应纳税额)"科目,贷记"应交税费——应交增值税(出口退税)"科目。在规定期限内,内销产品的应纳税额不足以抵减出口货物的进项税额,不足部分按有关税法规定给予退税的,应在实际收到退税款时,借记"银行存款"科目,贷记"应交税费——应交增值税(出口退税)"科目。

7. 进项税额抵扣情况发生改变的账务处理

因发生非正常损失或改变用途等,原已计入进项税额、待抵扣进项税额或待认证进项税额,但按现行增值税制度规定不得从销项税额中抵扣的,借记"待处理财产损溢""应付职工薪酬""固定资产""无形资产"等科目,贷记"应交税费——应交增值税(进项税额转出)""应交税费——待抵扣进项税额"或"应交税费——待认证进项税额"科目;原不得抵扣且未抵扣进项税额的固定资产、无形资产等,因改变用途等用于允许抵扣进项税额的应税项目的,应按允许抵扣的进项税额,借记"应交税费——应交增值税(进项税额)"科目,贷记"固定资产""无形资产"等科目。固定资产、无形资产等经上述调整后,应按调整后的账面价值在剩余尚可使用寿命内计提折旧或摊销。

一般纳税人购进时已全额计提进项税额的货物或服务等转用于不动产在建工程的,对于结转以后期间的进项税额,应借记"应交税费——待抵扣进项税额"科目,贷记"应交税费——应交增值税(进项税额转出)"科目。

8. 月末转出多交增值税和未交增值税的账务处理

月度终了,企业应当将当月应交未交或多交的增值税自"应交增值税"明细科目转入"未交增值税"明细科目。对于当月应交未交的增值税,借记"应交税费——应交增值税(转出未交增值税)"科目,贷记"应交税费——未交增值税"科目;对于当月多交的增值税,借记"应交税费——未交增值税"科目,贷记"应交税费——应交增值税(转出多交增值税)"科目。

9. 交纳增值税的账务处理

(1) 交纳当月应交增值税的账务处理。企业交纳当月应交的增值税,借记"应交税费——应交增值税(已交税金)"科目(小规模纳税人应借记"应交税费——应交增值税"科目),贷记"银行存款"科目。

(2) 交纳以前期间未交增值税的账务处理。企业交纳以前期间未交的增值税,借记"应交税费——未交增值税"科目,贷记"银行存款"科目。

(3) 预缴增值税的账务处理。企业预缴增值税时,借记"应交税费——预交增值税"科目,贷记"银行存款"科目。月末,企业应将"预交增值税"明细科目余额转入"未交增值税"明细科目,借记"应交税费——未交增值税"科目,贷记"应交税费——

预交增值税"科目。房地产开发企业等在预缴增值税后,应直至纳税义务发生时方可从"应交税费——预交增值税"科目结转至"应交税费——未交增值税"科目。

(4) 减免增值税的账务处理。对于当期直接减免的增值税,借记"应交税金——应交增值税(减免税款)"科目,贷记损益类相关科目。

此外,小微企业在取得销售收入时,应当按照税法的规定计算应交增值税,并确认为应交税费,在达到增值税制度规定的免征增值税条件时,将有关应交增值税转入当期损益。财务报表相关项目列示:"应交税费"科目下的"应交增值税""未交增值税""待抵扣进项税额""待认证进项税额""增值税留抵税额"等明细科目期末借方余额应根据情况,在资产负债表中的"其他流动资产"或"其他非流动资产"项目列示;"应交税费——待转销项税额"等科目期末贷方余额应根据情况,在资产负债表中的"其他流动负债"或"其他非流动负债"项目列示;"应交税费"科目下的"未交增值税""简易计税""转让金融商品应交增值税""代扣代交增值税"等科目期末贷方余额应在资产负债表中的"应交税费"项目列示。

须指出,根据《营业税改证增值税试点实施办法》的规定,一般计税方法的纳税人,2016 年 5 月 1 日后取得并在会计制度上按固定资产核算的不动产或者 2016 年 5 月 1 日后取得的不动产在建工程,其进项税额自取得之日起分 2 年从销项税额中抵扣,第 1 年抵扣比例为 60%,第 2 年抵扣比例为 40%。

【例 8-1】 ZC 企业从佳华企业购入材料一批,佳华企业专用发票上注明的增值税为 160 000 元,材料采购成本 1 000 000 元,以银行存款支付,材料已验收入库,适用税率16%。分录如下:

借:原材料　　　　　　　　　　　　　　　　　　　1 000 000
　　应交税费——应交增值税(进项税额)　　　　　　 160 000
　　贷:银行存款　　　　　　　　　　　　　　　　　　　　1 160 000

【例 8-2】 2×18 年,YD 制造企业从房地产开发企业购入不动产大楼一栋作为自用办公场所,支付货款和相关费用共计 66 600 000 元,其中,增值税率11%,增值税额 6 600 000 元。YD 制造企业按营改增试点政策规定,将购进作为固定资产不动产大楼的进项税额分 2 年从销项税额中抵扣,第一年抵扣比例为 60%,第二年抵扣比例为 40%,有关会计处理如下。

(1) 购进不动产

借:固定资产　　　　　　　　　　　　　　　　　　　50 000 000
　　应交税费——应交增值税(进项税额)(6 660 000×60%)　3 960 000
　　　　　　——待抵扣进项税额(6 660 000×40%)　　　　2 640 000
　　贷:银行存款　　　　　　　　　　　　　　　　　　　　66 600 000

(2) 2×19 年,第二年结转允许抵扣剩余部分增值税额时

借:应交税费——应交增值税(进项税额) 2 640 000
　　贷:应交税费——待抵扣进项税额 2 640 000

【例 8-3】 TZ 生产企业为小规模纳税人,本期购进原材料,按照增值税发票注明的金额,货款 800 000 元,增值税率 16%、增值税 128 000 元。本期销售产品一批,含税的销售收入 927 000 元,适用增值税率 3%。假定不考虑其他因素,TZ 生产企业有关会计处理如下。

(1) 购进货物

借:原材料(800 000+128 000) 928 000
　　贷:银行存款 928 000

(2) 销售产品

不含税价格 = 927 000 ÷ (1 + 3%) = 900 000(元)
应交增值税 = 900 000 × 3% = 27 000(元)

借:应收账款 927 000
　　贷:主营业务收入 900 000
　　　　应交税费——应交增值税 27 000

【例 8-4】 沿用【例 8-1】资料,假定企业将购进的这批原材料用于办公楼在建工程项目,ZC 企业按营改增试点政策规定,进项税额分 2 年从销项税额中抵扣,第 1 年抵扣 60%,第 2 年抵扣 40%。有关会计处理如下。

(1) 在建工程领用材料

借:在建工程 1 000 000
　　贷:原材料 1 000 000

同时

借:应交税费——待抵扣进项税额(160 000×40%) 64 000
　　贷:应交税费——应交增值税(进项税额转出) 64 000

(2) 第 2 年,允许抵扣剩余部分增值税时

借:应交税费——应交增值税(进项税额) 64 000
　　贷:应交税费——待抵扣进项税额 64 000

【例 8-5】 YH 客运场站为一般纳税人,适用增值税率 6%,为客运公司提供客源组织、售票、检票、发车运费结算等服务。该服务企业采用差额征税方式,以其取得的全部价款和价外费用,扣除支付给承运方运费后的余额作为销售额。本期 YH

企业售票 600 000 元,向客运公司支付 536 400 元。剩下 63 600 元,其中 60 000 元为销售额,增值税 3 600 元。客运场站的有关会计处理如下。

本期含税营业额 = 600 000 − 536 400 = 63 600(元)
差额征税下本期应交增值税 = 60 000 × 6% = 3 600(元)

借:银行存款　　　　　　　　　　　　　　　　　　　　600 000
　　贷:主营业务收入　　　　　　　　　　　　　　　　　　60 000
　　　　应交税费——应交增值税(销项税额)　　　　　　　3 600
　　　　应付账款　　　　　　　　　　　　　　　　　　　536 400

【例 8-6】 HJ 旅游企业为增值税一般纳税人,适用增值税率 6%,采用差额征税方式。本期向旅游服务购买方收取的含税价款 636 000 元,其中增值税 36 000 元,应支付给其他接团旅游方企业的旅游费用和其他单位的相关费用为 508 800 元(含税),其中因允许扣减销售额而减少的销项税额 28 800 元。假定,该企业根据总额法确认收入,不考虑其他因素,HJ 旅游企业在差额征税下有关会计分录如下。

(1)确认本期收入

借:银行存款　　　　　　　　　　　　　　　　　　　　636 000
　　贷:主营业务收入　　　　　　　　　　　　　　　　　600 000
　　　　应交税费——应交增值税(销项税额)　　　　　　36 000

(2)同时,配比同期成本

应交增值税 = 508 800 ÷ (1 + 6%) × 6% = 480 000 × 6% = 28 800(元)

借:主营业务成本　　　　　　　　　　　　　　　　　　480 000
　　应交税费——应交增值税(销项税额抵减)　　　　　　28 800
　　贷:应付账款　　　　　　　　　　　　　　　　　　508 800

【例 8-7】 BH 企业为增值税一般纳税人,2×17 年 10 月 12 日预交当月增值税 360 000 元。当月末有关应交增值税资料如下:进项税额借方合计 1 200 000 元,进项税额转出 80 000 元,销项税额贷方合计 1 800 000 元。BH 企业有关会计处理如下。

(1)2×17 年 10 月 12 日,交纳(预交)当月增值税

借:应交税费——应交增值税(应交税金)　　　　　　　360 000
　　贷:银行存款　　　　　　　　　　　　　　　　　　360 000

(2)2×17 年 10 月 30 日,结转当月应交增值税,将当月应交未交增值税自"应交增值税"明细账户转入"未交增值税"明细账户

当月应交未交增值税 = [1 800 000 - (1 200 000 - 80 000)] - 360 000 = 320 000(元)

借：应交税费——应交增值税(转出未交增值税)　　　　320 000
　　贷：应交税费——未交增值税　　　　　　　　　　　　　320 000

(3) 2×17年11月5日,交纳以前期间未交增值税,本月交纳上月未交增值税

借：应交税费——未交增值税　　　　　　　　　　　　　320 000
　　贷：银行存款　　　　　　　　　　　　　　　　　　　　320 000

须指出,为反映一般纳税人欠交增值税款和待抵扣增值税的情况,确保纳税人及时足额依法纳税,避免纳税人用以前月份欠交增值税来抵扣以后月份未抵扣增值税的违法情况,要求企业设置"未交增值税"明细账。月末,企业应将当月应交未交或多交的增值税自"应交增值税"明细账户转入"未交增值税"明细账户。对于当月应交未交的增值税,借记"应交税费——应交增值税(转出未交增值税)"账户,贷记"应交税费——未交增值税"账户;对于当月多交的增值税,借记"应交税费——未交增值税"账户,贷记"应交税费——应交增值税(转出多交增值税)"账户。

还须指出,一般纳税人交纳增值税的会计处理应该注意以下三方面情况。

(1) 预交税款。采用一般计税方法预交增值税时,借记"应交税费——预交增值税"账户,贷记"银行存款"账户。月末,将"预交增值税"明细账余额转入"未交增值税"明细账,借记"应交税费——未交增值税"账户,贷记"应交税费——预交增值税"账户。采用简易计税方法预交增值税时,借记"应交税费——预交增值税"账户,贷记"银行存款"账户。需要注意的是,房地产开发企业以预收账款预交的增值税,应该直至其纳税义务发生(收入确认)时,方可将"预交增值税"明细账余额转入"未交增值税"明细账。

(2) 本月交纳本月的应交增值税。本月交纳本月应交的增值税时,借记"应交税费——应交增值税(已交税金)"账户,贷记"银行存款"账户。

(3) 本月交纳以前会计期间的应交未交增值税。本月交纳以前会计期间应交未交的增值税时,借记"应交税费——未交增值税"账户,贷记"银行存款"账户。

(三) 应交消费税

1. 消费税的定义、税率和应纳税额计算

消费税是指对应税消费品按差别税率或单位税额征收的一种税,它是为配合增值税而开征的税种。在我国境内生产、委托加工和进口应税消费品的单位和个人,为消费税的纳税人。

按消费税法规定,11个税目的应税消费品适用的税率有比例税率和定额税额两种,其中比例税率从3%至45%,定额税额从0.10元/升至240元/吨。消费税实

行从价定率或者从量定额的办法计算应纳税额,其计算公式如下:

从价定率计算的应纳税额 = 销售额 × 适用税率

从量定额计算的应纳税额 = 销售数量 × 单位税额

公式中的销售额,为销售应税消费品向购买方收取的全部价款和价外费用,但不包括应向购货方收取的增值税税款。如果应税消费品的销售额中未扣除增值税税款或者因不得开具增值税专用发票而发生价款和增值税税款合并收取的,在计算消费税时,应换算为不含增值税税款的销售额,其换算公式为:

应税消费品销售额 = 含增值税的销售额 ÷ (1 + 增值税税率或征收率)

进口的应税消费品,实行从价定率办法计算应纳税额的,按组成计税价格计算纳税,其计算公式为:

组成计税价格 = (关税完税价格 + 关税) ÷ (1 − 消费税税率)

上述关税完税价格是指海关核定的关税计税价格。它是指海关审定的进口货物在采购地的正常批发价,加上运抵我国输入地点起卸前的包装费、运输费、保险费、手续费等一切费用的到岸价格。

2. 消费税会计的示例

【例8-8】 2×18年5月,ZC企业购入小车一辆,增值税发票上注明的不含税售价500 000元、增值税80 000元、消费税40 000元。税务部门认定该车与企业技术改造、生产设备更新无关,而且易混为自用消费品,因此购入小车的进项税额不得予以抵扣。假定不考虑其他税费因素,分录如下。

借:固定资产(500 000+80 000+40 000)　　　　　620 000
　　贷:银行存款　　　　　　　　　　　　　　　　　　620 000

【例8-9】 2×16年,ZX企业销售摩托车1 000辆,每辆含增值税的售价12 000元,适用增值税16%、消费税率10%。ZX企业有关会计处理如下。

(1) 确认应交消费税

应税消费品的销售额 = 含增值税销售额 ÷ (1 + 增值税税率) = 12 000 × 1 000/(1 + 17%) = 10 256 410(元)

应纳消费税 = 10 256 410 × 10% = 1 025 641(元)

借:税金及附加　　　　　　　　　　　　　　　　　1 025 641
　　贷:应交税费——应交消费税　　　　　　　　　　　1 025 641

(2) 交纳消费税

借:应交税费——应交消费税　　　　　　　　　　　1 025 641
　　贷:银行存款　　　　　　　　　　　　　　　　　　1 025 641

【例 8-10】 GH 企业发出材料 1 000 000 元,委托 HS 企业加工应税消费品,支付加工费 36 000 元,GH 企业收回加工材料后,将其用于继续加工应税消费品,适用增值税率 16%、消费税率 5%。双方有关会计处理如下。

委托方——GH 企业
(1) 发出委托加工材料

  借:委托加工物资   1 000 000
   贷:原材料   1 000 000

(2) 支付加工费

  借:委托加工物资   36 000
    应交税费——应交增值税(进项税额)(36 000×16%)   5 760
      ——应交消费税(36 000×5%)   1 800
   贷:银行存款   43 560

(3) 收回委托加工物资

  借:原材料   1 036 000
   贷:委托加工物质(1 000 000+36 000)   1 036 000

受托方——HS 企业
(1) 收到委托加工应税消费品的材料,做备查记录。
(2) 代扣代缴消费税,并收到加工费

  借:银行存款   43 560
   贷:主营业务收入   36 000
    应交税费——应交增值税(销项税额)(36 000×16%)   5 760
      ——应交消费税(36 000×5%)   1 800

(四) 应交关税

1. 关税的纳税人和税率

关税是指国家海关依法对进出国境或关境的货物、物品征收的一种税。进口货物的收货人、出口货物的发货人、进境物品的所有人,是关税的纳税人。关税的进口税则为四栏税率,出口税则为一栏税率。进口税则四栏税率为最惠国税率、协定税率、特惠税率和普通税率。国家根据政策需要制定关税暂定税率,暂定税率一般按年制定,并随时根据需要恢复按法定税率征税。出口税则为一栏税率,即出口税率。一般出口商品不征出口税,对少数资源性产品征收出口关税。

2. 完税价格和应纳税额计算

进口货物的完税价格,是以海关审定的成交价格为基础的到岸价格作为完税价格。出口货物的完税价格,应以海关审定的货物售予境外的离岸价格,扣除出口关税后作为完税价格。进出口货物应纳关税税额的计算公式为:

$$应纳税额 = 应税进出口货物数量 \times 单位完税价格 \times 适用税率$$

3. 关税会计的示例

【例8-11】 ZY企业进口小轿车1辆,关税完税价格80 000美元,交纳关税120 000元人民币,再支付相关费用60 000元人民币。适用增值税率16%,消费税率8%,市场汇价1美元兑换6.50元人民币。税务部门认定该轿车为自用消费品。假定,进口轿车的货款与关税完税价格相同,到货后货款与各项税金费用一起支付。出海关进厂后,再发生其他税费装修等费用100 000.30元。ZY企业有关会计处理如下:

(1) 计算应纳税额

消费税组成计税价格 = (80 000 × 6.50 + 120 000 + 60 000) ÷ (1 - 8%) = 760 869.57(元)
应纳消费税 = 760 869.57 × 8% = 60 869.57(元)
增值税组成计税价格 = 80 000 × 6.50 + 120 000 + 60 000 + 60 869.57 = 760 869.57(元)
应纳增值税 = 760 869.57 × 16% = 121 739.13(元)

(2) 付款

支付货款和税金 = 80 000 × 6.50 + 120 000 + 60 000 + 60 869.57 + 121 739.13 = 882 608.70(元)

借:在建工程　　　　　　　　　　　　　　　882 608.70
　　贷:银行存款　　　　　　　　　　　　　　　882 608.70

(3) 支付其他费用

借:在建工程　　　　　　　　　　　　　　　100 000.30
　　贷:银行存款　　　　　　　　　　　　　　　100 000.30

(4) 小车交付使用

借:固定资产　　　　　　　　　　　　　　　982 609
　　贷:在建工程　　　　　　　　　　　　　　　982 609

(五) 其他税费

1. 资源税

资源税,是以各种自然资源及其级差收入为课税对象的一种税收。其征税范围包括原油、天然气、煤炭、其他非金属矿原矿、黑色金属矿原矿、有色金属矿原矿和盐。在我国境内开采应税矿产品和生产盐的单位和个人,都为资源税的纳税人。资源税应纳税额的计算公式为:

$$应纳税额 = 销售(或自用)数量 × 单位税额$$

会计处理如下。(1)销售应纳资源税的产品时,借记"税金及附加"账户,贷记"应交税费"账户。(2)自产自用应税产品应纳资源税时,借记"生产成本""制造费用"等账户,贷记"应交税费"账户。(3)收购未税矿产品时,按实际支付的收购款,借记"原材料",贷记"银行存款"账户;同时,按代扣代缴的资源税(假设不考虑增值税因素),借记"原材料"账户,贷记"应交税费"账户。(4)外购液体盐加工固体盐时,购入液体盐按所允许抵扣的资源税,借记"应交税费"账户;按外购价款扣除允许抵扣资源税后的数额,借记"原材料"账户;按应支付的全部价款,贷记"银行存款"账户。加工成固体盐销售时,借记"税金及附加"账户,贷记"应交税费"账户。将销售固体盐应纳资源税扣抵液体盐已纳资源税后的差额上交时,借记"应交税费"账户,贷记"银行存款"账户。

2. 土地增值税

土地增值税是从转让国有土地使用权、地上建筑物和附着物取得的增值额为计税依据,它具有增值税和资源税的某些特点,是一种以特定增值额作为征税依据的土地资源类税。凡有偿转让国有土地使用权、地上建筑物及其他附着物并取得收入的单位和个人,都是土地增值税的纳税人。其计税依据是转让国有土地使用权、地上建筑物和附着物所取得的土地增值额。

税率从30%至60%,采用四级超额累进税率:(1)第1级税率适用于增值额未超过扣除项目金额50%的部分,税率为30%;(2)第2级税率适用于增值额超过扣除项目金额50%、未超过扣除项目金额100%的部分,税率为40%;(3)第3级税率适用于增值额超过扣除项目金额100%、未超过扣除项目金额200%的部分,税率为50%;(4)第4级税率适用于增值额超过扣除项目金额200%的部分,税率为60%。其计算公式为:

$$应纳税额 = 土地增值额 × 适用税率 - 扣除项目金额 × 速算扣除系数$$

上式中,土地增值额是指纳税人转让房地产取得的收入(包括货币收入、实物收入和其他收入折合成的货币收入)减去取得土地使用权时所支付的地价款、土地开发成本、地上建筑物成本及有关费用、销售税金等后的余额。上述应纳税额,还可按下列速算公式计算。

(1)适用30%税率

$$应纳税额 = 土地增值额 × 30\%$$

(2)适用40%税率

$$应纳税额 = 土地增值额 × 40\% - 扣除项目金额 × 5\%$$

(3) 适用50%税率

$$应纳税额 = 土地增值额 \times 50\% - 扣除项目金额 \times 15\%$$

(4) 适用60%税率

$$应纳税额 = 土地增值额 \times 60\% - 扣除项目金额 \times 35\%$$

上述扣除项目金额,包括:(1)取得土地使用权时所支付的金额;(2)开发土地的成本、费用;(3)新建房及配套设施的成本、费用,或者旧房及建筑物的评估价;(4)与转让房地产有关的税金;(5)财政部规定的其他扣除项目。

房地产开发企业应纳土地增值税时,借记"税金及附加"账户,贷记"应交税费"账户;交纳时,借记"应交税费"账户,贷记"银行存款"账户。

【例8-12】 HY房地产开发企业出售商品办公楼一幢,销售收入9 000 000元,税务机关核准扣除项目金额3 000 000元,会计处理如下。

(1) 计算土地增值额

$$土地增值额 = 9\,000\,000 - 3\,000\,000 = 6\,000\,000(元)$$

(2) 计算土地增值额与扣除金额之比率

$$6\,000\,000 \div 3\,000\,000 \times 100\% = 200\%$$

(3) 确定适用税率:适用税率,分30%、40%、50%三档

(4) 计税应纳税额

第一级,增值额未超过扣除项目金额50%的部分:

$$(3\,000\,000 \times 50\%) \times 30\% = 450\,000(元)$$

第二级,增值额超过扣除项目金额50%,未超过扣除项目金额100%的部分:

$$[3\,000\,000 - (3\,000\,000 \times 50\%)] \times 40\% = 600\,000(元)$$

第三级,增值额超过扣除项目金额100%,未超过扣除项目金额200%的部分:

$$(6\,000\,000 - 3\,000\,000) \times 50\% = 1\,500\,000(元)$$

$$应纳税额 = 450\,000 + 600\,000 + 1\,500\,000 = 2\,550\,000(元)$$

或者,可计算如下:

$$应纳税额 = 6\,000\,000 \times 50\% - 3\,000\,000 \times 15\% = 2\,550\,000(万元)$$

借:税金及附加 2 550 000
  贷:应交税费——应交土地增值税 2 550 000

3. 房产税、城镇土地使用税、车船使用税和印花税

(1) 房产税。它是指以房产为课税对象,按房产评估值或房产租金收入向房

产拥有的单位和个人或经营人征收的一种税。房产税的纳税人是指在开征房产税地区房产的产权所有人。房产税的计税依据是房产评估值或租金收入。房产评估值是指房产在评估时的市场价值。房产税依照房产原值一次减除10%至30%后的余值计算交纳。其计算公式为:

$$应纳税额 = 房产原值 \times (1 - 10\% 至 30\%) \times 1.2\%$$

$$应纳税额 = 租金收入 \times 12\%$$

(2) 城镇土地使用税。它是指对城镇和工矿区使用土地的单位和个人,就其使用土地的面积按规定税额征收的一种税。城镇土地使用税由纳税人按年分期向税务机关交纳,其应纳税额的计算公式为:

$$年纳税额 = 实际占用土地面积 \times 年适用税额$$

(3) 车船使用税。车船使用税,是指对拥有并且使用车船的单位和个人,按车船的种类、数量、吨位实行定额征收的一种税。车船使用税的税法规定了一个幅度定额税率,具体由当地政府确定。车船使用税按年征收,分期交纳,其计算公式为:

$$载货汽车的年应纳税额 = 载重汽车净吨位 \times 适用年税额$$

$$其他车辆的年应纳税额 = 辆数 \times 适用年税额$$

$$机动船的年应纳税额 = 机动船净吨位 \times 适用年税额$$

$$非机动船的年应纳税额 = 非机动船载重吨位 \times 适用年税额$$

(4) 印花税。印花税是指在经济活动和经济交往中,对书立、领受和使用应税凭证征收的一种税。其征收范围包括各种经济技术合同、产权转移书据、营业账簿、权利许可证照、股权转让书据(包括上市股票和企业内部发行股票继承、赠与等转让书据)和财政部确定征税的其他凭证6大类。其计税依据,一是应税凭证所载金额;二是应税凭证件数。其计算公式为:

$$应纳税额 = 凭证所载金额 \times 适用税率$$

$$或:应纳税额 = 凭证件数 \times 定额税率$$

【例8-13】 2×18年,DH企业应交房产税21 000元、城镇土地使用税16 000元、车船使用税39 000元和印花税18 000元,有关会计处理如下。

(1) 计算应交房产税、土地使用税和车船使用税

借:管理费用	76 000
贷:应交税费——应交房产税	21 000
——应交城镇土地使用税	16 000
——应交车船使用税	39 000

(2) 交纳印花税

借：管理费用　　　　　　　　　　　　　　　　　　　　　18 000
　　贷：银行存款　　　　　　　　　　　　　　　　　　　　　18 000

4. 耕地占用税和城市维护建设税

(1) 耕地占用税。它是指对占用耕地、鱼塘、园地、菜地及其他农业用地建房或者从事非农业建设的企业，按规定税额征收的一种一次性税收。耕地占用税采用按面积定额征收办法，实行浮动税额，其计算公式为：

应纳税额 ＝ 实际占用的耕地面积 × 单位税额

企业征用耕地获得批准后，按应纳耕地占用税，借记"在建工程"账户，贷记"银行存款"账户。

(2) 城市维护建设税。它是指以生产、经营收入额为课税对象，对交纳增值税、消费税、营业税的企业，依其实际交纳上述三税税额的一定比率计算征收的一种税。其计算公式为：

应交城市维护建设税 ＝（应交增值税 ＋ 应交消费税 ＋ 应交营业税）× 适用税率

企业应纳城市维护建设税时，借记"税金及附加"账户，贷记"应交税费——应交城市维护建设税"账户。

5. 教育费附加、矿产资源补偿费和残疾人就业保障金

(1) 教育费附加。教育费附加是对交纳增值税、消费税、营业税的企业，在其实际缴纳上述三税税收的基础上按一定比率计算征收的一种附加收费。教育费附加是非税收入，它是地方政府为发展基础教育事业而征收的一种专项基金。其计算公式为：

应纳教育费附加 ＝（应交增值税 ＋ 应交消费税 ＋ 应交营业税）× 征收率

教育费附加的征收率为3％。对从事生产卷烟的企业按减半征收教育费附加。此外，对海关征收进口产品增值税、消费税的，不再征收教育费附加。企业应纳教育费附加时，借记"税金及附加"账户，贷记"应交税费——教育费附加"账户。

(2) 矿产资源补偿费和残疾人就业保障金。矿产资源补偿费是对在我国领域和其他管辖海域开采矿产资源的企业，以其矿产品销售收入的一定比率计征的一种非税收入。矿产资源补偿费由采矿权人交纳，其计算公式为：

征收矿产资源补偿费金额 ＝ 矿产品销售收入 × 补偿费费率 × 开采回采率系数
开采回采率系数 ＝ 核定开采回采率 ÷ 实际开采回采率

残疾人就业保障金是安排残疾人就业达不到一定比率的企业，按规定应支付的一种非税收入。计提矿产资源补偿费和残疾人就业保障金时，借记"管理费用"账户，贷记"应交税费"账户。安置残疾人就业超过规定比率，或者为安排残疾人

就业做出显著成绩,按规定收到奖励时,按收到的奖励额,借记"银行存款"账户,贷记"管理费用"账户。

二、其他流动负债

(一) 短期借款

短期借款是指企业从银行或其他金融机构等借入的期限在 1 年以下(含 1 年)的各种借款。短期借款主要是因企业流动资金的暂时不足而借入的资金。为核算短期借款,应设置"短期借款"账户。其利息费用应计入"财务费用"或"利息支出"(金融企业)等账户。

【例 8-14】 1 月 1 日,SN 企业向银行借入 6 个月到期、月息 6‰ 的借款 100 000 元,分录如下。

(1) 取得短期借款

 借:银行存款   100 000
  贷:短期借款   100 000

(2) 到期还本付息

 借:短期借款   100 000
   财务费用——利息支出(100 000×6‰×6)   3 600
  贷:银行存款   103 600

(二) 应付票据

为核算应付票据,应设置"应付票据"账户,用以核算各种商业汇票;还应设置"应付票据备查簿",登记商业汇票种类、签发日期、到期日、票面金额、合同号、收款单位以及付款日期和金额等详细资料。

【例 8-15】 YX 企业开出银行承兑汇票 1 张,期限 6 个月、不带息,金额 100 000 元,用以支付购入的材料款,适用增值税率 16%,材料已验收入库。银行承兑手续费按票面金额 0.1% 计算,分录如下。

(1) 购买原材料

 借:原材料   86 207
   应交税费——应交增值税(进项税额)   13 793
  贷:应付票据——银行承兑汇票   100 000

(2) 支付银行承兑手续费

 借:财务费用(100 000×0.1%)   100
  贷:银行存款   100

（3）收到银行付款通知

借：应付票据——银行承兑汇票　　　　　　　　　　100 000
　　贷：银行存款（或：其他货币资金）　　　　　　　　　　　　100 000

【例 8-16】 沿用【例 8-15】资料，如果 YX 企业开出的是商业承兑汇票，由于商业承兑汇票由付款人承兑，不是银行承兑，故不必向银行交纳手续费。票据到期，若付款人无力支付，银行将票据退回收款人，由双方自行解决，银行只对付款人罚款处理。假定 YX 企业无力付款，分录如下。

（1）签发汇票，购进材料

借：原材料　　　　　　　　　　　　　　　　　　　　86 207
　　应交税费——应交增值税（进项税额）　　　　　　　13 793
　　贷：应付票据——商业承兑汇票　　　　　　　　　　　　　100 000

（2）票据到期，无力支付

借：应付票据——商业承兑汇票　　　　　　　　　　100 000
　　贷：应付账款　　　　　　　　　　　　　　　　　　　　　100 000

（三）应付账款

应付账款是指企业由于购买商品或接受劳务等事项引起的应付款项。应付账款与应付票据都是流动负债，但两者有区别，应付票据是延期付款的证明，以具有承诺付款日期的票据为依据；而应付账款没有这种依据，它仅仅表明一种尚未结清的债务。为核算应付账款，应设置"应付账款"账户，并按购货单位设置明细账。应付账款一般按应付金额入账，而不按到期应付金额的现值入账。

（四）预收账款

预收账款是指企业销售产品或提供劳务前，根据购销合同向购货方预先收取的部分或全部货款，以及购货定金。如果合同到期，企业无法履行合同则必须如数退还预收的货款。在货物未交付或劳务未提供前，预收账款是"应付"性质的款项，应作为负债处理；交付商品或提供劳务后，预收账款再转为营业收入，负债得以偿还。

核算时，具体方法有两种。（1）设置"预收账款"账户。收到预收货款时记入该账户，交付商品或劳务、偿还负债后，再进行结算。这样处理能完整反映该流动负债的发生及偿付，也便于填报会计报表。（2）通过"应收账款"账户反映。收到预收货款时，贷记"应收账款"账户，作为应收账款的减少；偿还债务、结转营业收入时，借记"应收账款"账户、进行结算。这种做法，在"应收账款"账户中同样也能完整反映预收货款的发生和结算情况，但在填报会计报表时需根据"应收账款"的明细账户进行分析填列。

（五）应付利息

应付利息是指企业按合同约定应支付的利息支出，包括吸收存款、分期付息到期还本的长期借款、企业债券等应支付的利息。会计期末，按摊余成本和实际利率计算确定的利息费用，借记"利息支出""在建工程""财务费用""研发支出"等账户；按合同利率计算确定的应付未付利息，贷记"应付利息"账户；按其差额，借记或贷记"长期借款——利息调整""吸收存款——利息调整""应付债券——利息调整"等账户。合同利率与实际利率差异较小的，也可采用合同利率计算确定利息费用。实际支付利息时，借记"应付利息"账户，贷记"银行存款"等账户。

（六）应付股利

当企业根据股东大会审议批准的利润分配方案，正式发布股利发放的公告后，股东便有权要求企业予以支付，于是股利支付就成为一种具有约束力的负债。由于股利发放宣布日和实际发放日两者之间相隔时间较短，因此应付股利是流动负债。

企业应设置"应付股利"账户，在股利发放的宣布日，按应支付的现金股利或利润，借记"利润分配"账户，贷记"应付股利"账户；实际发放日，按实际支付的现金股利或利润，借记"应付股利"账户，贷记"银行存款"账户。

需要指出，应付股利一般有两种形式：一是应付现金股利，二是应付股票股利。只有企业已宣告发放的现金股利才能作为一项流动负债；未经宣告发放的股利分配，因无需支付现金，就不构成负债，如积欠的累积优先股股利在未宣布前不是负债，只需在资产负债表的附注中列示。此外，如宣告发放股票股利，这是以增发股票、送股方式来支付股利。股票股利不是现金的支付，它只是企业资金在股东权益内部各项目之间的转移，从一个项目转为另一项目，并未形成负债。因此，应付股票股利不作为流动负债。期末，在资产负债表中，"应付股票股利"一般在股东权益"股本——普通股"项目下予以列示。

（七）其他应付款

其他应付款是指与企业购销业务没有直接关系的应付、暂收其他单位或个人的款项，如应付的租入固定资产和包装物的租金、存入保证金、职工未按期领取的工资等。企业需设置"其他应付款"账户，用来核算除应付票据、应付账款、预收账款、应付职工薪酬、应付利息、应付股利、应交税费、长期应付款以外的其他各项应付、暂收的款项。企业（保险）应交纳的保险保障基金，也通过"其他应付款"账户核算。企业发生其他各种应付、暂收款项时，借记"管理费用"等账户，贷记"其他应付款"账户。

企业采用"售后回购"方式融入资金的，按实际收到的金额，借记"银行存款"账户，贷记"其他应付款"账户。回购价格与原销售价格之间的差额，应在售后回购期间内按期计提利息，借记"在建工程""开发产品"或"财务费用"等账户，贷记

"其他应付款"账户。按合同约定回购该项商品时,按实际支付的金额,借记"其他应付款"账户,贷记"银行存款"账户。关于"售后回购"方式融入资金的核算,见第十章关于收入的介绍。

第三节 应付职工薪酬——短期薪酬和辞退福利

一、职工薪酬的概述

(一) 劳动报酬理论和养老金制度

职工薪酬是指企业为获得职工提供的服务而付出的各种报酬以及其他相关支出,包括职工工作期间的短期工资薪酬支付和退休后的长期养老金支付。根据劳动报酬理论,劳动者的工资报酬包括工作期间实得的工资薪酬和未来退休期间应得的养老金。其中,养老金是劳动者的一种"递延"工资薪酬,对企业来说这就形成一笔养老金负债。

在劳动报酬理论下,职工工作期间企业除了"本期"应付职工薪酬外,还应为其做出养老金计划,计提"递延"养老金负债。此时,一方面将职工薪酬列作当期成本和费用和"本期"应付职工薪酬;另一方面将"递延"职工薪酬作为应计负债处理。这种劳动报酬观点,目前受到人们的普遍认可。

国家为了能向退休职工支付养老金,需要建立养老金保障体系,而企业养老金计划是这种体系的重要组成部分。美国企业养老金计划大致有两种。

(1) 设定受益养老金计划(Defined Benefit Pension Plan),或固定受益养老金计划、限定收益额养老金计划。在这种方式下,企业与员工商定一个保险精算的计算公式,以确立未来养老金支付水平。其中,在统一报酬计算公式下,养老金是与员工服务期相对应的,如每服务 1 年增加 100 元,30 年后退休,每月可领取 3 000 元退休金,但不得高于最后工资水平的某一比例,如 60% 等。这些计划应符合信托标准,否则不能享受税收优惠;此外,还需得到美国养老金担保企业(Pension Benefit Guaranty Corporation, PBGC)的担保。

(2) 设定交款养老金计划(Defined Contribution Pension Plan),或固定交款养老金计划、限定交款额养老金计划。在这种方式下,企业对员工退休最终能获取的养老金水平不做出任何承诺,只明确按期约定拨付给基金信托机构一笔固定金额或权益性证券等。它可分为股票奖励、利润分享和现金购买等计划。股票奖励计划是企业每年向信托机构拨付一定数额的股票;而利润分享计划中企业拨付信托机构的资金与其盈利水平有关。现金购买计划是企业按规定标准每期向基金信托机构交存固定现金。基金信托机构对受托养老基金资产进行投资运作、使其保值增值,并根据基金资产数量和盈利水平确定养老金支付额。但是,美国法律规定这些计划得不到 PBGC 的担保,因此信托机构必须谨慎投资运作。

此外,还有员工持股计划(Employee Stock Ownership Plan, ESOP),它属于固定交款养老金计划。在 ESOP 下,企业交存基金、信托企业扣除税费后的股票或现金,基金、信托企业将股份分配给参与计划的员工,并将股票在股市上谨慎投资获利,员工退休时按其享有的股份与股票当时的市价,折合成金额获得退休金收入。这种计划若执行得好,效果令人满意;反之,若操作失误或者发生金融危机等,后果也是灾难性的。

除了"递延"职工薪酬外,有的企业员工退休后还能享受到其他商业性质的退休福利,如退休金以外的商业医疗保险和人寿保险等。在应计制下,养老金计划中一些基本养老金计提项目是准予税前抵税的;但是,非基本养老金的其他商业性质退休福利项目在实际支付前,不能成为税收扣除项目。因此,有的企业对非养老金退休福利往往就采用根据合同"账单到再付款"方式,并不确认与此有关的预计债务。

当前,我国养老保险主要分为三个层次:一是社会统筹与职工个人账户相结合的基本养老社会保险;二是企业补充养老保险;三是个人储蓄性养老保险。具体如下。

(1)基本养老保险。在该制度下,企业和职工必须分别按规定比率向社会保险和公积金经办机构缴存"五险一金"。"五险"包括基本养老保险、医疗保险、失业保险、工伤保险和生育保险;"一金"是指住房公积金。其中,基本养老保险、医疗保险和失业保险,这三种险是由企业和个人共同交纳的保费;工伤保险和生育保险完全由企业承担,个人不需交纳。"五险"是法定的,而"一金"不是法定的。

对企业来说,其承担的义务仅限于按国家规定比率向社保经办机构交纳"提存金"。参考 2016 年上海社保缴费比例标准,养老保险的缴费比例是企业 20%、个人 8%;医疗保险的缴费比例是企业 10%、个人 2%;失业保险的缴费比例是企业 1%、个人 0.5%;工伤保险的缴费比例是企业 0.4%、个人 0%;生育保险的缴费比例是企业 1%、个人 0%;住房公积金的缴费比例是企业 7%、个人 7%。此外,上海企业还应按工资总额的 1.6%,交纳残疾人就业保障金。

社保机构为每个参加养老保险的职工建立一个养老保险个人账户,这是职工退休后领取基本养老金的主要依据。个人缴费全部记入个人账户,其余部分从企业缴费中划入。个人账户储存额只用于职工养老,不得提前支取。未来生育保险和基本医疗保险,这"二险"将合并。两险合并之后,未来就是四险一金。参加医疗保险的人可同时享受生育保险的待遇。此外,各种交费比例也会因政策变动而变化。

(2) 补充养老保险。为更好地保障职工退休生活,对于依法参加基本养老保险、具有相应经济承担能力并已建立集体协商机制的企业,经批准后可申请建立企业年金基金。企业年金基金是指根据依法制定的企业年金计划筹集的资金及其投资运营形成的企业补充养老保险基金。它是企业及其职工在依法参加基本养老保险的基础上,自愿建立的一种补充养老保险制度。企业年金基金由企业缴费、职工缴费和企业年金投资运作形成的收益组成,实行完全积累,采用个人账户方式进行管理。

事业单位的职业年金是指事业单位及其工作人员在依法参加事业单位工作人员基本养老保险的基础上,建立的补充养老保险制度。职业年金所需费用由单位和工作人员个人共同负担。单位缴纳职业年金费用的比例最高不超过本单位上年度缴费工资基数的8%。职业年金单位缴费的列支渠道按照国家有关规定执行。个人缴费比例不超过上年度本人缴费工资基数的4%。

上述基本养老保险和补充养老保险中的企业缴费均属于"应付职工薪酬"核算范围,它们均类似上述设定交款养老金计划或固定交款养老金计划。

(3) 个人储蓄性养老保险。这种养老保险属于职工个人行为,与企业无关,因此不属于"应付职工薪酬"的核算范围。

须指出,未来我国企业职工薪酬制度改革必将不断深化,职工薪酬会计也势必面临同步改革和完善发展。

(二) 职工薪酬的内容

职工薪酬是指企业为获得职工提供的服务或解除劳动关系而给予的各种形式的报酬或补偿。职工薪酬包括短期薪酬、离职后福利、辞退福利和其他长期职工福利。企业提供给职工配偶、子女、受赡养人、已故员工遗属及其他受益人等的福利,也属于职工薪酬。具体包括下列两个方面内容。

1. 短期薪酬

短期薪酬是指企业在职工提供相关服务的年度报告期间结束后12个月内需要全部予以支付的职工薪酬,因解除与职工的劳动关系给予的补偿除外。短期薪酬具体包括:(1)职工工资、奖金、津贴和补贴,职工福利费,医疗保险费、工伤保险费和生育保险费等社会保险费,住房公积金,工会经费和职工教育经费;(2)短期带薪缺勤,是指企业支付工资或提供补偿的职工缺勤,包括年休假、病假、短期伤残、婚假、产假、丧假、探亲假等;(3)短期利润分享计划,是指因职工提供服务而与职工达成的基于利润或其他经营成果提供薪酬的协议,长期利润分享计划属于其他长期职工福利;(4)非货币性福利,是指企业以自己的产品或外购商品发放给职工作为福利,以及将自有资产、租赁资产供职工无偿使用;(5)其他短期薪酬,是指除上述短期薪酬以外的其他提供给职工的短期薪酬。

2. 离职后福利、辞退福利和其他长期职工福利

（1）离职后福利是指企业为获得职工提供的服务而在职工退休或与企业解除劳动关系后，提供的各种形式的报酬和福利，短期薪酬和辞退福利除外。

（2）辞退福利是指企业在职工劳动合同到期之前解除与职工的劳动关系，或者为鼓励职工自愿接受裁减而给予职工的补偿。

（3）其他长期职工福利是指除短期薪酬、离职后福利、辞退福利之外所有的职工薪酬，包括长期带薪缺勤、长期残疾福利、长期利润分享计划等。

根据职工薪酬的不同形式，目前我国职工薪酬会计涉及三个会计准则，即《职工薪酬》《企业年金基金》和《股份支付》三个企业会计准则。《职工薪酬》准则规范职工薪酬的确认、计量和相关信息的披露。企业年金基金，适用《企业年金基金》准则。以股份为基础的薪酬，适用《股份支付》准则。

二、短期薪酬的确认和计量

（一）货币性短期薪酬

企业应当在职工为其提供服务的会计期间，将实际发生的短期薪酬确认为负债，并计入当期损益，其他会计准则要求或允许计入资产成本的除外。企业发生的职工福利费，应当在实际发生时根据实际发生额计入当期损益或相关资产成本。职工福利费为非货币性福利，应当按照公允价值计量。

企业为职工缴纳的医疗保险费、工伤保险费、生育保险费等社会保险费和住房公积金，以及按规定提取的工会经费和职工教育经费，应当在职工为其提供服务的会计期间，根据规定的计提基础和计提比例计算确定相应的职工薪酬金额，并确认相应负债，计入当期损益或相关资产成本。

1. 有计提比率标准的货币性职工薪酬。应当按照国家有关规定的比率分别进行计提；工会经费和职工教育经费，根据税法规定，分别按职工工资总额的2%和1.5%计提。如果企业对职工技术要求高、培训任务重且经济效益好，可根据根据国家有关规定，按职工工资总额的2.5%计提职工教育经费。计提时，按应计提的金额，借记"生产成本""制造费用""销售费用""管理费用""在建工程"和"研发支出——资本化支出"等账户；贷记"应付职工薪酬"账户。

2. 无计提比率标准的货币性薪酬。对于无明确规定比率标准的货币性职工薪酬的计提，应根据历史资料和当前实际情况，以合理比率、按收益对象，借记"相关资产""成本费用"账户；贷记"应付职工薪酬"账户。

【例8-17】 2×18年9月，LB企业应付工资总额10 000 000元，其中：直接生产产品工人工资2 500 000元；生产部门管理人员和间接生产产品工人工资3 200 000元；企业管理人员工资1 100 000元；销售人员工资1 200 000元；在建工

程人员工资 920 000 元;内部研发软件系统人员工资 1 080 000 元。

根据当地政府规定,企业分别按照职工工资总额的 10% 和 8%,分别计提医疗保险和住房公积金,并交存当地负责征收部的税务部门。按税法标准 2% 和 1.5%,分别计提工会经费和职工教育经费。内部研发项目已达到开发阶段并符合资本化条件。假定,不考虑所得税等因素,LB 企业会计处理如下。

(1) 2×18 年 9 月末,计提和分配职工薪酬

$$\text{企业计提比率小计} = \text{社会保险} + \text{住房公积金} + \text{工会经费} + \text{职工教育经费} = 10\% + 8\% + 2\% + 1.5\% = 21.5\%$$

借:生产成本[2 500 000×(1+21.5%)]	3 037 500
制造费用[3 200 000×(1+21.5%)]	3 888 000
管理费用[1 100 000×(1+21.5%)]	1 336 500
销售费用[1 200 000×(1+21.5%)]	1 458 000
在建工程[920 000×(1+21.5%)]	1 117 800
研发支出——资本化支出[1 080 000×(1+21.5%)]	1 312 200
贷:应付职工薪酬——工资	10 000 000
——社会保险(10 000 000×10%)	1 000 000
——住房公积金(10 000 000×8%)	800 000
——职工教育经费(10 000 000×1.5%)	150 000
——工会经费(10 000 000×2%)	200 000

(2) 发放工资

借:应付职工薪酬——工资	10 000 000
贷:银行存款(或:现金)	10 000 000

(3) 假定向负责征收的税务部门,交存社保提存金和住房公积金

借:应付职工薪酬——社保提存金	1 000 000
——住房公积金	800 000
贷:银行存款	1 800 000

(4) 交付工会

借:应付职工薪酬——工会经费	200 000
贷:银行存款	200 000

【例 8-18】 沿用【例 8-17】资料,2×18 年 9 月末,如果按照当前交纳"五险一金"实际情况,根据上海市政府标准,职工个人按工资额缴费比例为养老保险 8%、医疗保险 2%、失业保险 0.5%;企业按应付职工薪酬总额的 20%、10%、1%、1%、0.4% 和 7%,分别计提养老保险、医疗保险、生育保险、失业保险、工伤保险和住房

公积金,并由企业负责缴存社保经办机构和住房公积金中心。

按税法标准2%和1.5%,分别计提工会经费和职工教育经费(假定计提额和实际使用数一致)。内部研发项目已达到开发阶段并符合资本化条件。此外,历史数据表明职工福利约占工资总额的3%。假定职工薪酬均无需缴纳个人所得税,不再考虑其他因素,LB 企业有关会计处理如下。

(1) 2×18 年 9 月末,计提和分配职工薪酬

个人计提比率小计 = 社会保险(8% + 2% + 0.5%) = 10.5%

企业计提比率小计 = 社会保险(20% + 10% + 1% + 1% + 0.4%) + 住房公积金7% + 工会经费2% + 职工教育经费1.5% + 内部职工福利3% = 45.9%

借:生产成本[2 500 000×(1+45.9%)]	3 647 500
制造费用[3 200 000×(1+45.9%)]	4 668 800
管理费用[1 100 000×(1+45.9%)]	1 604 900
销售费用[1 200 000×(1+45.9%)]	1 750 800
在建工程[920 000×(1+45.9%)]	1 342 280
研发支出——资本化支出[1 080 000×(1+45.9%)]	1 575 720
贷:应付职工薪酬——工资(10 000 000×89.5%)	8 950 000
——社会保险——代扣代交(10 000 000×10.5%)	1 050 000
——社会保险——企业交纳(10 000 000×32.4%)	3 240 000
——住房公积金(10 000 000×7%)	700 000
——职工福利(10 000 000×3%)	300 000
——职工教育经费(10 000 000×1.5%)	150 000
——工会经费(10 000 000×2%)	200 000

(2) 发放工资

借:应付职工薪酬——工资	8 950 000
贷:银行存款(或:现金)	8 950 000

(3) 假定向负责征收的税务部门,交存社保提存金和住房公积金

借:应付职工薪酬——社保提存金——企业交纳	3 240 000
——社保提存金——代扣代交个人交纳	1 050 000
——住房公积金	700 000
贷:银行存款	4 990 000

(4) 交付工会

借:应付职工薪酬——工会经费	200 000
贷:银行存款	200 000

须指出,从 2019 年 5 月起,上海市企业原按应付工资总额 20%交纳养老保险,调整为 16%。

(二) 带薪缺勤

1. 累积带薪缺勤

累积带薪缺勤是指带薪缺勤权利可以结转下期的带薪缺勤,本期尚未用完的带薪缺勤权利可以在未来期间使用。企业应当在职工提供服务从而增加了其未来享有的带薪缺勤权利时,确认与累积带薪缺勤相关的职工薪酬,并以累积未行使权利而增加的预期支付金额计量。

【例 8-19】 LL 公司共有 5 000 名职工,从 2×18 年 1 月 1 日起,公司执行累积带薪缺勤制度。该制度规定,每个职工每年可享受 5 个工作日带薪年休假,未使用的年休假只能向后结转一个日历年度,超过 1 年未使用的权利作废,不能在职工离开公司时获得现金支付;职工休年休假是以后进先出法为基础计算的,即先从当年可享受的权利中扣除,当年扣完后再从上年结转的带薪年休假余额中扣除;职工离开公司时,公司对职工未使用的累积带薪年休假不支付现金。

2×18 年 12 月 31 日,每个职工当年平均未使用带薪年休假为 2 天。企业根据历史经验预期该经验将继续适用,LL 公司预计 2×19 年有 4 800 名职工将享受不超过 5 天的带薪年休假;预计剩余 200 名职工每人将平均享受 6.5 天年休假,假定这 200 名职工全部为部门经理,公司职工日均工资 360 元。LL 公司有关会计处理如下。

(1) 2×18 年 12 月 31 日,确认职工未来享有带薪缺勤权利时与累积带薪缺勤相关的职工薪酬

预计 2×19 年由于职工累积未使用的带薪年休假权利而导致预期将支付的工资负债,即相当于 300 天[200×(6.5−5)]的年休假工资 108 000 元(300×360),分录为:

应付职工薪酬 = [200 × (6.5 − 5)] × 360 = 108 000 元

借:管理费用　　　　　　　　　　　　　　　　　108 000
　　贷:应付职工薪酬——累积带薪缺勤　　　　　　　　108 000

(2) 2×19 年,如果 200 名职工均未享受累积未使用的带薪年休,则冲回上年度确认的费用,分类为:

借:应付职工薪酬——累积带薪缺勤　　　　　　　108 000
　　贷:管理费用　　　　　　　　　　　　　　　　　108 000

(3) 2×19 年,如果 200 名职工均享受了累积未使用的带薪年休,则 2×19 年确认的工资费用应扣除上年度已确认的累计带薪费用

2. 非累积带薪缺勤

非累积带薪缺勤是指带薪缺勤权利不能结转下期的带薪缺勤,本期尚未用完的带薪缺勤权利将予以取消,并且职工离开企业时也无权获得现金支付。企业应当在职工实际发生缺勤的会计期间确认与非累积带薪缺勤相关的职工薪酬。

(三)短期利润分享计划

利润分享计划同时满足下面条件的,企业应当确认相关的应付职工薪酬:(1)企业因过去事项导致现在具有支付职工薪酬的发展的义务或推定义务;(2)因利润分享计划所产生的应付职工薪酬金额能够可靠估计。属于下列三种情况之一的,视为义务金额能够可靠估计:一是,在财务报告批准报出之前企业已确定应支付的薪酬金额;二是,该短期利润分享计划的正式条款中包括确定薪酬金额的方式;三是,过去的惯例为企业确定推定义务金额提供了明显证据。

职工只有在企业工作一段特定期间才能分享利润的,企业在计量利润分享计划产生的应付职工薪酬时,应当反映职工因离职而无法享受利润分享计划福利的可能性。如果企业在职工为其提供相关服务的年度报告期间结束后12个月内,不需要全部支付利润分享计划产生的应付职工薪酬,该利润分享计划应当适用本准则其他长期职工福利的有关规定。

【例8-20】 2×18年度,LD公司税前利润30 000 000元。该公司有一项利润分享计划,要求将2×18年度税前利润按指定比例,支付给在2×18年7月1日至2×19年6月30日为LD公司提供服务的职工。该奖金于2×19年6月30日支付。如果2×18年7月1日至2×19年6月30日期间没有职工离职,当年的利润分享支付总额为税前利润的3%。LD公司估计职工离职将使支付额降低至税前利润的2.5%(其中,直接参加生产的职工享有1%,总部管理人员享有1.5%)。

假定,2×19年6月30日,由于职工离职使得实际支付的利润分享金额为2×18年度度税前利润的2.8%(其中,直接参加生产的职工享有1.2%,总部管理人员享有1.6%)。假定,不考虑个人所得税影响,LD公司有关会计处理如下:

(1) 2×18年12月31日,确认与短期利润分享计划相关的预计应付职工薪酬

利润分享计划的总支付额是2×18年度的税前利润30 000 000元,但是业绩是2×18年7月1日至2×19年6月30日期间职工的服务成果。因此,在2×18年12月31日资产负债表日,即2×18年7月1日至2×18年12月31日期间,按税前利润的50%,然后再按2.5%,确认应付职工薪酬和相应的成本费用。在2×19年1月1日至2×19年6月3日期间,另外一半期间,余下50%部分利润分享金额以及上述估计金额与实际支付金额的差额调整,在2×19年6月30日上半年资产负债表日予以确认。

$$应付职工薪酬 = 30\,000\,000 \times 50\% \times 2.5\% = 375\,000(元)$$

借：生产成本(375 000÷2.5×1) 150 000
　　管理费用(375 000÷2.5×1.5) 225 000
　　　贷：应付职工薪酬——利润分享计划 375 000

(2) 2×19年6月30日，确认余下50%部分利润分享实际金额及其上期估计额与实际支付额差额的调整

应付职工薪酬 = 30 000 000 × 100% × 2.8% − 30 000 000 × 50% × 2.5%
　　　　　　 = 840 000 − 375 000 = 465 000(元)
生产成本 = 30 000 000 × 1.2% − 150 000 = 210 000(元)
管理费用 = 30 000 000 × 1.6% − 225 000 = 255 000(元)

借：生产成本 210 000
　　管理费用 255 000
　　　贷：应付职工薪酬——利润分享计划 465 000

(四) 非货币性福利

1. 分发应税产品和外购商品

（1）分发应税产品。将应税产品用于非应税项目，作为投资用于集体福利或个人消费，或赠送他人等，按税法规定应视同销售处理。企业以应税产品如自产产品作为福利分发给职工时，视同销售进行处理。税法规定的视同销售会计处理要解决以下三个问题。首先，区分会计销售和视同销售。会计销售以收入实现原则为依据，根据商事凭证确认营业收入和应交税金。视同销售并非真正的销售，不会真正增加营业收入及其现金流量，但需要按税法确认应交税金。其次，区分成本价格和计税价格。视同销售应根据税务机构认定的"销售价格"计税，该计税价格一般是市场价格或公允价值。最后，区分销项税额和进项税额转出。为便于增值税的税收征管，视同销售时企业应开具增值税发票，并将增值税数额记入专用发票"销项税额"项目。如果该应税产品属于应纳消费税的产品，企业还应交纳消费税。

（2）分发外购商品

企业将外购商品作为非货币性福利发放给职工时，应按外购商品公允价值和相关税金：一方面计入成本费用；另一方面计入应付职工薪酬。

须指出，无论"视同销售"还是"分发外购商品"，均应按商品产品公允价值及其相关税金计量，并须通过"应付职工薪酬"账户进行核算，以便反映应付职工薪酬的增减变动，以及应税收入、应交税费和成本结转情况。对于用于职工福利而分摊计入的成本费用，不符合税前扣除标准的，须依照税法调整计算应纳税所得。

【例8-21】 PH企业以1 200只自产A产品作为福利发放给每个职工，A产

品不含增值税的售价 2 000 元,制造成本 1 100 元。企业有职工 1 200 人,其中:管理人员 200 人,直接生产产品工人 700 人,间接生产产品工人 300 人。适用增值税税率 16%,PH 企业会计处理如下。

(1) 董事会决定发放非货币性福利

借:生产成本[2 000×(1+16%)×700]　　　　　　　　　　　1 624 000
　　制造费用[2 000×(1+16%)×300]　　　　　　　　　　　　696 000
　　管理费用[2 000×(1+16%)×200]　　　　　　　　　　　　464 000
　　贷:应付职工薪酬——非货币性福利　　　　　　　　　　2 784 000

(2) 实际发放时,结转收入、成本和应交增值税

借:应付职工薪酬——非货币性福利　　　　　　　　　　　2 784 000
　　贷:主营业务收入(2 000×1 200)　　　　　　　　　　　2 400 000
　　　　应交税费——应交增值税(销项税额)(2 400 000×16%)　384 000

同时

借:主营业务成本　　　　　　　　　　　　　　　　　　　1 320 000
　　贷:库存商品(1 100×1 200)　　　　　　　　　　　　　1 320 000

【例 8-22】　沿用【例 8-21】资料,PH 企业以不含税价格 900 元外购 B 商品作为福利直接发放给职工,会计处理如下。

(1) 董事会决定发放非货币性福利

借:生产成本[900×(1+16%)×700]　　　　　　　　　　　　730 800
　　制造费用[900×(1+16%)×300]　　　　　　　　　　　　313 200
　　管理费用[900×(1+16%)×200]　　　　　　　　　　　　208 800
　　贷:应付职工薪酬——非货币性福利　　　　　　　　　　1 252 800

(2) 同时,外购 B 商品

借:库存商品——外购 B 商品(900×1 200)　　　　　　　　1 080 000
　　应交税费——应交增值税(进项税额)(1 080 000×16%)　　172 800
　　贷:银行存款　　　　　　　　　　　　　　　　　　　1 252 800

(3) 实际发放时,结转应付职工薪酬

借:应付职工薪酬——非货币性福利　　　　　　　　　　　1 252 800
　　贷:库存商品——外购 B 商品　　　　　　　　　　　　1 080 000
　　　　应交税费——应交增值税(进项税额转出)　　　　　　172 800

2. 将自有资产、租赁资产供职工无偿使用

企业将自有房屋等固定资产无偿供职工使用时,应根据受益对象,将该房屋等

固定资产期末应计折旧计入相关成本费用,同时确认应付职工薪酬。将租赁资产如住房供职工无偿使用时,按每期应付租金,根据受益对象计入相关成本费用,同时确认应付职工薪酬。

【例 8-23】 AH 企业为 3 名副总经理每人租赁一套月租金为 12 000 元的高级公寓,为 16 名部门经理每人提供一套单位自建宿舍,供他们免费使用。假定每套单位自建宿舍的月折旧额为 2 000 元。有关会计处理如下。

(1) 每月末,确认应付职工薪酬

借:管理费用(12 000×3+2 000×16)   68 800
  贷:应付职工薪酬——非货币性福利(租赁公寓)   36 000
      ——非货币性福利(宿舍用房)   32 000

(2) 同时,结转应付职工薪酬

借:应付职工薪酬——非货币性福利   68 800
  贷:累计折旧(2 000×16)   32 000
    其他应付款——别墅租金(12 000×3)   36 000

3. 提供支付补贴的商品或服务

企业以低于取得资产或服务成本的价格向职工提供资产或服务福利的,如以低于成本的价格向职工出售住房、以低于企业实际支付的价格向职工提供医疗保健服务等,以及企业以包含补贴的住房提供福利的,在这种情况下出售住房等资产时,对于此类资产的公允价值与其内部售价之间的差价(即相当于企业补贴的金额),应分别按以下情况处理。

(1) 如果出售住房的合同或协议中规定了职工在购得住房后至少应当提供服务的年限,且如果职工提前离开企业则应退回部分差价,企业应当将该差额作为长期待摊费用处理,并在合同或协议规定的服务年限内平均摊销,计入相关成本费用或当期损益。

(2) 如果出售住房的合同或协议中未规定职工在购得住房后至少应当提供服务的年限,企业应当将该差额直接计入出售住房的当期相关资产成本或当期损益。

【例 8-24】 2×19 年 5 月,HJ 公司共有职工 100 人,其中直接生产人员 10 人,间接生产人员 60 人,公司总部管理人员 30 人。当月购进 100 套公寓房并以优惠价格向职工出售,其中,直接和间接生产人员每套的市场平均购进价格 1 000 000 元,内部售价 800 000 元;管理人员每套的市场平均购进价格 1 500 000 元,内部售价 1 200 000 元。出售住房的协议规定,职工以优惠价购进住房后必须在公司服务 16 年。假定,当年 100 名职工全部签订协议并购进住房,不考虑税费其他因素,HJ 公司有关处理如下。

(1) 购进 100 套公寓房

银行存款 = 购进价 1 000 000 × 70 + 购进价 1 500 000 × 30 = 115 000 000(元)

借：固定资产　　　　　　　　　　　　　　　　　　115 000 000
　　贷：银行存款　　　　　　　　　　　　　　　　　　115 000 000

(2) 向职工提供补贴的内部出售公寓房，确认长期待摊费用

银行存款 = 800 000 × 70 + 1 200 000 × 30 = 92 000 000(元)

长期待摊费用 = (1 000 000 − 800 000) × (10 人 + 60 人) + (1 500 000 − 1 200 000) × 30 人

$$= \underset{(生产成本负担)}{2\,000\,000} + \underset{(制造费用负担)}{12\,000\,000} + \underset{(管理费用负担)}{9\,000\,000} = 23\,000\,000(元)$$

或者　　= 市场购进支出 115 000 000 − 内部出售收入 92 000 000 = 23 000 000(元)

借：银行存款　　　　　　　　　　　　　　　　　　92 000 000
　　贷：长期待摊费用　　　　　　　　　　　　　　　　23 000 000
　　　　固定资产　　　　　　　　　　　　　　　　　　69 000 000

如果将上述(1)和(2)分录复合，表示的经济含义如下：

借：固定资产(115 000 000−69 000 000)　　　　　　46 000 000
　　贷：银行存款(115 000 000−92 000 000)　　　　　　23 000 000
　　　　长期待摊费用　　　　　　　　　　　　　　　　23 000 000

(3) 内部出售公寓房后，按 16 年、直线法摊销，每年摊销长期待摊费用

年摊销长期待摊费用 = 23 000 000 ÷ 16 = 1 437 500(元)

借：生产成本(2 000 000÷16)　　　　　　　　　　　　125 000
　　制造费用(12 000 000÷16)　　　　　　　　　　　　750 000
　　管理费用(9 000 000÷16)　　　　　　　　　　　　562 500
　　贷：应付职工薪酬——非货币性福利　　　　　　　　1 437 500

同时

借：应付职工薪酬——非货币性福利　　　　　　　　1 437 500
　　贷：长期待摊费用　　　　　　　　　　　　　　　　1 437 500

由上例知，公司提供支付补贴的公寓房总差价 46 000 000 元，其中长期待摊费用 23 000 000 元，经过 16 年计入相关成本费用摊销完毕；剩余固定资产余额 23 000 000 元，经批准计入当前损益(营业外支出)。依法纳税时，调增应纳税所得额。

(五) 辞退福利

辞退福利是指企业在职工劳动合同到期之前解除与职工的劳动关系，或者为

鼓励职工自愿接受裁减而给予职工的补偿。辞退福利不同于退休福利，也不同于离职福利。退休福利是一种递延工资的正常支付。离职福利是职工自愿离职要求取得的福利，职工离职原因有许多，有时往往是单位和职工双方的原因造成的，但单位总是十分"精明"，往往"迫使"职工主动提出"自愿"离职，因为离职福利是很少的。而辞退福利，由于是企业对职工的辞退，因此一般在解除劳动关系时企业需要给予职工一次性补偿，也有采用提高退休后养老金或其他福利的方式，或者采取将职工薪酬支付至辞退后未来某一时间的方式等进行补偿。

企业向职工提供辞退福利的，应当在下列两者孰早日确认辞退福利产生的职工薪酬负债，并计入当期损益：

（1）企业不能单方面撤回因解除劳动关系计划或裁减建议所提供的辞退福利时；

（2）企业确认与涉及支付辞退福利的重组相关的成本或费用时；

企业应当按照辞退计划条款的规定，合理预计并确认辞退福利产生的应付职工薪酬。辞退福利预期在其确认的年度报告期结束后12个月内完全支付的，应当适用短期薪酬的相关规定；辞退福利预期在其确认的年度报告期结束后12个月内不能完全支付的，应当适用《职工薪酬》准则关于其他长期职工福利的有关规定。

在辞退福利下，同时满足以下条件的，应根据《或有事项》准则、按合理"预计"的经济补偿，计入当期损益（管理费用）。同时，确认辞退福利的预计负债（应付职工薪酬）。（1）企业已制定正式解除劳动关系计划或提出自愿辞退建议，并即将实施。该计划或建议应经董事会批准；其中，"即将实施"是指辞退工作将在1年内实施完毕，但因付款程序等原因使部分补偿款推迟1年或以上的时间支付。这表明企业未来辞退福利流出是"基本确定"的，符合预计负债确认条件，应确认辞退福利的预计负债（应付职工薪酬）。（2）企业不能单方面撤消解除计划或裁员建议。因为不能"撤消"，这表明未来辞退福利流出是"很可能"的，符合预计负债确认条件，应确认辞退福利的预计负债（应付职工薪酬）。

在辞退福利计量中，应按辞退条款规定，合理预计并确认辞退福利的预计负债——应付职工薪酬。具体如下。

（1）对于职工无选择权的辞退计划，应根据条款规定的拟解除劳动关系的职工数量、每位职工辞退补偿等，计提应付职工薪酬。

（2）对于职工自愿接受辞退建议，因事先辞退减员数量不确定，应根据《或有事项》准则，估计辞退减员数量、每位职工辞退补偿等，计提应付职工薪酬。

（3）在"即将实施"方式下，因补偿款推迟1年或以上的时间支付，需要合理确定折现率。具体如下：确认辞退福利产生的预计负债时，按合理预计的补偿款，贷记"应付职工薪酬"账户；按折现后未来辞退福利流出的"折现额"，借记"管理费用"账户;按贷记大于借记的差额,借记"未确认融资费用"账户。以后各期支付辞退福利费用时,按实际支付额,借记"应付职工薪酬"账户,贷记"银行存款"账户;同时,按结转的融资费用,借记"财务费用"账户,贷记"未确认融资费用"账户。

【例 8-25】 2×16 年,DX 企业因转产需要制订一项职工自愿方式的辞退计划,并经董事会批准。该计划将于 2×18 年实施完毕。按照《或有事项》准则有关技术最佳估计数的方法,估计自愿接受辞退的职工为 1 000 人,经计算,预计辞退福利补偿总额 36 800 000 元。分录如下。

  借:管理费用   36 800 000
    贷:应付职工薪酬——辞退福利   36 800 000

第四节 养老金负债——离职后福利和其他长期职工福利

一、养老金会计的概述

养老金会计是一项全面、系统反映企业养老金的会计信息系统。1985 年 12 月,美国 FASB 发布 FAS 87 号《雇主对养老金的会计处理》(Employer's Accounting for Pensions),阐述了养老金会计的三个基本特征,这些特征主要是指约定受益计划下养老金会计的特征。

(1) 递延确认。提存的养老基金资产和负债如发生变动,并不全部立即在当期予以确认,而是采用系统方法分期摊销,以免对财务状况和财务成果产生太大冲击。

(2) 净额反映。养老金成本以其净额反映。养老金成本包括服务成本、利息成本、养老金资产预期报酬、前期服务成本的摊销数、未确认养老金净损益的摊销数以及过渡性成本摊销数等项目,这些项目汇总并以净额在财务报表中列示。但是,应负担的职工福利补偿费、福利递延付款形成的利息费用以及重大的资产投资结果,这三个项目需要单列、分别对外报告。

(3) 相互抵销。提存的养老基金资产和负债,应相互抵销,以其净额在报表上列示。这可降低养老金计划对资产和负债的影响,并降低在财务指标分析中对各项财务比例的不利影响。

以前养老金会计侧重收入与费用配比,FAS 87 号转向侧重规范应计养老金负债,它要求采用保险精算计算预计养老金负债。预计养老金负债的估计需要考虑物价水平、工资水平、员工职位晋升、法规制度,以及未确认的保险精算损益等因素。同时,养老基金资产是根据养老金计划规定,提存养老基金受托机构的,并由受托机构运作管理,用以未来支付养老金的全部资产。受托机构每年须向企业报告其养老基金资产的运作状况。企业根据受托机构的报告,在资产负债表日确定与市场价值相关的养老基金资产价值。如果会计准则变更、雇员养老金计划变动、保险精算损益和期末养老基金资产市场价值进行调整,这些因素将影响养老金负债的计价。

在资产负债表日,须按公允价值调整养老金资产和负债的金额。最低养老金负债的调整是为了正确反映养老金计划的真实状态,对于这些损益的调整,应当计入股东权益项目。因此,计入股东权益项目的最低养老金净负债的调整金额,属于其他综合收益,并非是净利润的构成项目。

二、离职后福利

(一)职工离职后福利的概述

根据《职工薪酬》准则规定,职工的离职后福利,包括退休福利如养老金或一次性的退休支付,以及其他离职后福利如离职后人寿保险和离职后医疗保险。离职后福利,不包括短期薪酬和辞退福利。企业提供离职后福利的,无论其是否设立了一个单独的主体来接受提存金和支付福利费,均应适用《职工薪酬》准则的相关规定。

职工的离职后福利如在正常退休时获得的养老金,是其与企业签订的劳动合同到期时,或者职工到了国家规定的退休年龄时获得的离职后生活补助金额,这种情况下给予补偿的事项是职工在职时提供的服务而不是退休本身。因此,企业应当在职工提供服务的会计期间进行确认和计量。

离职后福利计划是指企业与职工就离职后福利达成的协议,或者企业为向职工提供离职后福利制定的规章或办法等。企业应当将离职后福利计划,分类为以下两种类型。

1. 设定提存计划,是指向独立的基金缴存固定费用后,企业不再承担进一步支付义务的离职后福利计划。

2. 设定受益计划,是指除设定提存计划以外的离职后福利计划。

(二)设定提存计划

设定提存计划类似于第三节中所述美国养老金会计的设定交款养老金计划或固定交款养老金计划。在设定提存计划下,企业对员工退休最终能获取的养老金水平不做任何承诺,只明确按期约定拨付给基金机构一定金额或权益性证券等。

设定提存计划下,企业的养老金会计处理比较简单,在每一职工服务期间计提的未来支付职工薪酬的负债义务取决于该时间将要提存的金额。企业在计量负债义务和相关费用时,不需要精算假设,一般不存在精算利得或损失。资产负债表日,企业需要确认为换取职工会计期间提供的服务而应付设定提存计划的提存金,并将其作为一项费用计入当期损益或相关资产成本。提存时,借记"管理费用"账户,贷记"应付职工薪酬"等账户。

【例 8-26】 HH 公司为全体管理人员设立一项企业年金,每月按照每个管理人员工资的 5%向独立于 HH 公司的指定管理养老金的基金缴存企业年金,被指定的年金基金将这笔缴存款计入管理人员个人账户并负债资金的投资运作。管理人员退休时可以一次性获得其个人账户的累积额,包括公司历年来的缴存款以及相应的投资收益。

公司除了按照约定向年金基金缴存款外不再负有其他义务,既不享有缴存款资金产生的收益,也不承担其投资风险。因此,这项福利计划认定为职工薪酬的设定提存计划。2×18 年,企业按照该计划安排,向指定的年金基金缴存款项 16 000 000 元,有关会计处理如下。

(1) 提存和确认负债义务和相关费用

借:管理费用　　　　　　　　　　　　　　　　16 000 000
　　贷:应付职工薪酬——设定提存计划(企业年金基金)　　16 000 000

(2) 向指定管理养老金的基金缴存款项

借:应付职工薪酬——设定提存计划(企业年金基金)　16 000 000
　　贷:银行存款　　　　　　　　　　　　　　　　16 000 000

(三) 设定受益计划

1. 设定受益计划的概述

设定受益计划是指除设定提存计划以外的离职后福利计划。这种计划类似于第三节中所述美国养老金会计的设定受益养老金计划,或固定受益养老金计划。在这种养老金计划下,预计养老金负债是根据养老金受益公式精算的、至某特定日期止未来应付的、员工提供服务赚取的养老金总额,折算为该特定日期的现值。预计养老金负债的估计是以未来工资水平为基础,估计时应考虑未来一般物价水平、职位晋升、工资变动、生产力、法规制度等因素的影响。因此,养老金会计涉及较为复杂的保险精算统计问题。由于存在众多、长期的不确定因素,企业未来应付义务范围往往无法确定。这样便会影响各期养老金费用的正确确认和计量。养老金会计在这种计划方式下的会计处理较为复杂。

设定受益计划与设定提存计划,两者的区别如下。首先,在设定提存计划下,企业的法定义务是以企业同意向基金的缴存款为限,职工所取得的离职后福利金额取决于向离职后福利计划或保险公司支付的提存金的金额,以及提存金运作产生的投资回报。其中,福利可能少于预期的精算风险,以及投资的资产将不足以支付预期福利的投资风险,这些风险将由职工自己承担。其次,在设定受益计划下,企业的法定义务是为现在及以前的职工提供约定的福利,并且精算风险和投资风险实质上由企业承担。因此,当精算利得或者投资回报的实际结果比预期差时,企业承担的义务可能就会增加。

设定受益计划可能是不注入资金的,或者可能全部或部分地,由企业(有时由其职工)向法律上独立于报告主体的企业或者基金以缴纳提存金形式注入资金,并由其向职工支付福利。到期时已注资福利的支付不仅取决于指定的养老金基金的财务状况和投资业绩,而且取决于企业补偿基金资产短缺的能力和意愿。企业实质上承担着与计划相关的精算风险和投资风险。因此,设定受益计划确认的费用并不一定是本期应付的提存金金额。

企业应当在职工为其提供服务的会计期间,将根据设定提存计划计算的应缴存金额确认为负债,并计入当期损益或相关资产成本。根据设定提存计划,预期不会在职工提供相关服务的年度报告期结束后12个月内支付全部应缴存金额的,企业应当参照《职工薪酬》准则有关规定的折现率,将全部应缴存金额以折现后的金额计量应付职工薪酬。企业如果存在一项或多项设定受益计划的,应该分别进行会计处理。

2. 设定受益计划下四步骤的会计处理

(1)第一步骤,根据预期累计福利单位法,采用无偏且相互一致的精算假设对有关人口统计变量(如职工离职率和死亡率)和财务变量(如未来薪金和医疗费用的增加)等做出估计,计量设定受益计划所产生的义务,并确定相关义务的归属期间。企业应当按照《职工薪酬》准则规定的折现率将设定受益计划所产生的义务予以折现,以确定设定受益计划义务的现值和当前服务成本。

(2)第二步骤,设定受益计划存在资产的,企业应当将设定受益计划义务现值减去设定受益计划资产公允价值形成的赤字或盈余确认为一项设定受益计划净负债或净资产。

设定受益计划存在盈余的,企业应当以设定受益计划的盈余和资产上限两者的孰低者计量设定受益计划的净资产。其中,资产上限是指企业可从设定受益计划退款或减少未来对设定受益计划缴存资金而获得的经济利益的现值。

(3)第三步骤,根据《职工薪酬》准则有关规定,确定应当计入当期损益的金额。

(4)第四步骤,根据《职工薪酬》准则有关规定,确定应当计入其他综合收益的金额。

企业应当将福利归属于提供设定受益计划的义务发生的期间。这一期间是指从职工提供服务以获取企业在未来报告期间预计支付的设定受益计划福利开始,至职工的继续服务不会导致这一福利金额显著增加之日为止。当职工后续年度的服务将导致其享有的设定受益计划福利水平显著高于以前年度时,企业应当按照直线法将累计设定受益计划义务分摊确认于职工提供服务而导致企业第一次产生受益计划福利义务至职工提供服务不再导致该福利义务显著增加的期间。在确定该归属期间时,不考虑仅因未来工资水平提高而导致设定受益计划义务显著增加的情况。

3. 设定受益计划义务现值、服务成本、当期费用和结算

企业在确定设定受益计划义务现值和服务成本时,应当根据预期累计福利单位法确定的公式将设定受益计划产生的福利义务归属于职工提供服务的期间,并计入当期损益或相关资产成本。企业应当对所有设定受益计划义务予以折现,包括预期在职工提供服务的年度报告期间结束后的12个月内支付的义务。折现时所采用的折现率应当根据资产负债表日与设定受益计划义务期限和币种相匹配的国债或活跃市场上的高质量公司债券的市场收益率确定。

在报告期末,企业应当将设定受益计划产生的职工薪酬成本确认为下列组成部分。

(1) 服务成本,包括当期服务成本、过去服务成本和结算利得或损失。其中,当前服务成本是指职工当前提供服务所导致的设定受益计划义务现值的增加额;过去服务成本是指设定受益计划修改所导致的与以前期间职工服务相关的设定受益计划义务现值的增加或减少。

(2) 设定受益计划净负债或净资产的利息净额,包括计划资产的利息收益、设定受益计划义务的利息费用以及资产上限影响的利息。

(3) 重新计量设定受益计划净负债或净资产所产生的变动。

除非其他会计准则要求或允许职工福利成本计入资产成本,上述(1)和(2)应计入当期损益;(3)应计入其他综合收益,并且在后续会计期间不允许转回至损益,但企业可以在权益范围内转移这些在其他综合收益中确认的金额。

在设定受益计划下,企业应当在下列日期孰早日将过去服务成本确认为当期费用:一是修改设定受益计划时;二是企业确认相关重组费用或辞退福利时。企业应当在设定受益计划结算时,确认一项结算利得或损失。设定受益计划结算,是指企业为了消除设定受益计划所产生的部分或所有未来业务进行的交易,而不是根据计划条款和所包含的精算假设向职工支付福利。设定受益计划结算的利得或损失是下列两项的差额:一是在结算日确定的设定受益计划义务的现值;二是结算价格,包括转移的计划资产的公允价值和企业直接发生的与结算相关的支付。

4. 设定受益计划会计的示例

(1) 步骤一,确定设定受益计划义务现值和当期服务成本。

设定受益计划义务现值是指企业在不扣除任何计划资产的情况下,为履行当

前和以前期间职工服务产生的义务所需要的预期未来支付额的现值。折现时需要考虑相关变量,即使有部分义务预期在报告期后的 12 个月内结算,企业仍应对整项义务进行折算。企业应当就至报告期末的任何重大交易环境的其他方面变化进行调整,在每个报告期末对估值的某些方面进行复核,如计划资产的公允价值与财务假设,折现率和薪酬增长率等。

企业应当通过预期累计福利单位法确定其设定受益计划义务的现值、相关的当前服务成本和过去服务成本。在预期累计福利单位法下,每一服务期间会增加一个单位的福利权利,并且需对每一单位单独计量,以形成最终义务。企业应当根据预期累计福利单位法确定的公式将设定受益计划产生的福利义务归属于职工提供服务的期间,并计入当期损益或相关资产成本。

确定设定受益计划义务现值和当期服务成本,可通过以下两步骤来实现:一是,根据预期累计福利单位法,采用无偏且相互一致的精算假设对有关人口统计假设和财务假设等做出估计,计量设定受益计划所产生的义务,并确定相关义务的归属期间;二是,根据资产负债表日与设定受益计划义务期限和币种相匹配的国债或活跃市场上的高质量公司债券的市场收益率确定的折现率,将设定受益计划所产生的义务予以折现,以确定设定受益计划的现值和当期服务成本。

精算假设是指企业对确定提供离职后福利的最终义务的各种变量的最佳估计。它是对未来事故发生率、投资收益率、费用率和保单失效率等要素所设定的假设条件的总称。精算假设应当是客观公正,相互可比,无偏且相互一致的。精算假设包括人口统计假设和财务假设,前者包括死亡率、职工的离职率、伤残率、提前退休率等;后者包括折现率、福利水平和未来薪酬等。其中,折现率应当根据资产负债表日与设定受益计划义务期限和币种相匹配的国债或者活跃市场上高质量公司债券的市场收益率来确定。

【例 8-27】 SY 企业在 2×15 年 1 月 1 日设立一项职工福利计划,向其未来退休的管理人员提供退休补贴,退休补贴根据工龄有不同的层次,该计划于当日开始实施。这项员工福利计划为一项设定收益计划。假设管理人员退休时企业将每月向其支付退休补贴直至其去世。通常企业应根据生命周期表对死亡率进行精算(省略死亡表),并考虑退休补贴的增长率等因素,将退休后补贴折现到退休时点,然后按照预期累计福利单位法在职工的服务期间进行分配。

假设一位 55 岁甲管理人员于 2×15 年初入职,年折现率 10%,预计甲职工 5 年后于 2×20 年初满 60 岁退休。假定精算假设不变,企业按预期累计福利单位法确定其设定受益计划义务现值和当前服务成本,如表 8-1 所示。由表 8-1 可知,甲职工退休后直至去世前企业将为其支付的累计退休福利在其退休时的折现额约为 9 800 元,他在为企业服务的 5 年中每年能获取的当期福利为 1 960 元(9 800/5)。

当前服务成本即为归属于当期福利的现值,因此当前服务成本为 1 340 元[1 960/$(1+10\%)^4$]。以后各年,以此类推。

SY 企业对甲职工确定其设定受益计划义务现值和当期服务成本的会计处理如下。

表 8-1　　　　　　设定受益计划义务现值和当前服务成本计算表　　　　　单位:元

年　度	2×15	2×16	2×17	2×18	2×19
福利归属于以前年度	0	1 960	3 920	5 880	7 840
福利归属于当年	1 960	1 960	1 960	1 960	1 960
当前和以前年度	1 960	3 920	5 880	7 840	9 800
期初义务	0	1 340	2 950	4 860	7 130
利率为10%的利息	0	134= 1 340×10%	295= 2 950×10%	486= 4 860×10%	713= 7 130×10%
当前服务成本	1 340=1 960/ $(1+10\%)^4$	1 470=1 960/ $(1+10\%)^3$	1 620=1 960/ $(1+10\%)^2$	1 780=1 960/ $(1+10\%)$	1 960
期末义务	1 340= 0+0+1 340	2 944= 1 340+ 134+1 470	4 865= 2 950+ 295+1 620	7 126= 4 860+ 486+1 780	9 803= 7 130+ 713+1 960

注①:期初义务是归属于以前年度的设定收益义务的现值;当期服务成本是归属于当年的设定收益义务的现值;期末义务是归属于当年和以前年度的设定收益义务的现值。
　②:当年期末义务等于下一年度的期初义务,表中数字差额包括误差。

(1) 2×15 年末,确认当前服务成本

　　借:管理费用　　　　　　　　　　　　　　　　　　　　　1 340
　　　　贷:应付职工薪酬　　　　　　　　　　　　　　　　　　　　1 340

(2) 2×16 年末,确认当前服务成本

　　借:管理费用　　　　　　　　　　　　　　　　　　　　　2 944
　　　　贷:应付职工薪酬　　　　　　　　　　　　　　　　　　　　2 944

同时

　　借:财务费用　　　　　　　　　　　　　　　　　　　　　134
　　　　贷:应付职工薪酬　　　　　　　　　　　　　　　　　　　　134

以后各年,以此类推。

【例 8-28】　假设 PS 企业于 2×15 年 1 月 1 日建立一项设定收益计划,并于当日开始实施。这项设定收益计划规定如下。

（1）企业向所有在职职工共 100 人,提供统筹外补充退休金,职工在退休后每年可额外获 180 000 元退休金,直至去世。

（2）职工获得这笔额外退休金是基于该计划开始日期起为公司提供的服务,而且应当自该设定收益计划开始日期起一直为公司服务至退休。假定,所有职工均符合计划要求,当前平均年龄 40 岁,退休年龄 60 岁,还可为公司服务 20 年;退休前均无人离职,退休后平均剩余寿命 15 年。假定适用折现率 10%,不考虑通货膨胀等其他因素。

PS 企业的设定收益计划义务及其现值表和职工服务期间服务成本计算表,如表 8-2 和表 8-3 所示。

表 8-2　　　　　　　　　设定收益计划义务及其现值计算表　　　　　单位:万元
人数:100

项目＼年份	退休后第 1 年	退休后第 2 年	退休后第 3 年	退休后第 4 年	……	退休后第 14 年	退休后第 15 年
（1）当年支付	1 800	1 800	1 800	1 800	略	1 800	1 800
（2）折现率	10%	10%	10%	10%		10%	10%
（3）复利现值系数	0.9091	0.8264	0.7513	0.6830		0.2633	0.2394
（4）退休时点现值=(1)×(3)	1 636	1 488	1 352	1 229		474	431
（5）退休时点现值合计	13 691①						

注①:退休时点现值合计 13 691＝1 800×10%、15 年、1 元年金现值系数 7.6061

表 8-3　　　　　　　　　职工服务期间服务成本计算表　　　　　　　单位:万元

服务年份	职工服务第 1 年	职工服务第 2 年	职工服务第 3 年	……	职工服务第 19 年	职工服务第 20 年
福利归属				略		
——以前年度	0	684.55	1 369.1		12 321.9	13 006.45
——当年	684.55②	684.55	684.55		684.55	684.55
——以前年度+当年	684.55②	1 369.1	2 053.65		13 006.45	13 691①
期初义务	0	111.93	246.24		10 183.35	11 824.05
利息（10%）	0	11.19	24.62		1 018.33	1 182.40
当前服务成本	111.93③	123.12④	270.86		622.32⑤	684.55
期末义务	111.93	246.24	541.72		11 824.05	13 691⑥

注①:13691＝表 8-2 退休时点现值合计 13 691
②:第 1 年服务成本 684.55＝13 691/20
③:111.93＝684.55/(1+10%)¹⁹＝684.55/10%、第 19 年、1 元复利终值系数 6.1159
④:123.12＝684.55/(1+10%)¹⁸＝684.55/10%、第 18 年、1 元复利终值系数 5.5599
⑤:622.32＝684.55/(1+10%)
⑥:13 691 含尾数误差（例题为倒算,实际计算时最后误差集中在 13 691 万元）

SY企业确定其职工设定受益计划义务现值和当期服务成本的会计处理如下。

（1）第1年末，确认当前服务成本

借：管理费用　　　　　　　　　　　　　　　　　　　　1 119 300
　　贷：应付职工薪酬——设定收益计划义务　　　　　　　　　　1 119 300

（2）第2年末，确认当前服务成本

借：管理费用　　　　　　　　　　　　　　　　　　　　1 231 200
　　贷：应付职工薪酬——设定收益计划义务　　　　　　　　　　1 231 200

同时

借：财务费用（或相关资产成本）　　　　　　　　　　　111 900
　　贷：应付职工薪酬——设定收益计划义务　　　　　　　　　　　111 900

第3年至第20年年末，以此类推，按表8-3数据，做出与上述相同分录。

（2）步骤二，确定设定受益计划净负债或净资产。

设定受益计划资产，包括长期职工福利基金持有的资产以及符合条件的保险单，不包括企业应付但未付给基金的提存金以及由企业发行并由基金持有的任何不可转换的金融工具。企业应当将设定受益计划义务现值减去设定受益计划资产公允价值形成的赤字或盈余确认为一项设定受益计划净负债或净资产。

设定受益计划存在盈余的，企业应当以设定受益计划的盈余和资产上限两者的孰低者计量设定受益计划的净资产。其中，资产上限是指企业可从设定受益计划退款或减少未来对设定受益计划缴存资金而获得的经济利益的现值。

【例8-29】　沿用【例8-28】资料，假定PS企业有2 500名管理人员，按照预期累计福利单位法，计算出上述设定受益计划的总负债为150 000 000元。假设企业专门购置了国债作为计划资产，这笔国债2×16年的公允价值50 000 000元。假设该国债仅限于偿付企业的福利计划负债（除非在支付所有计划负债后有剩余），且除福利计划负债以外，该企业的其他债权人不能要求用以偿付其他负债。公司没有最低缴存额的现值，则整个设定收益计划净负债确定为100 000 000元（150 000 000-50 000 000）。

2×17年，如果这笔国债公允价值为200 000 000元，则该项设定收益计划存在盈余50 000 000元（200 0 000 000-150 000 000），假设该企业可以从设定收益计划退款或减少未来对该计划交存资金而获得的经济利益的现值（即资产上限）为100 000 000元，则该项设定收益计划净资产确定为50 000 000元。

（3）步骤三，确定应当计入当期损益的金额。

报告期末，企业应当在损益中确认的设定收益计划产生的职工薪酬成本包括服务成本和设定受益计划净资产或净负债的利息净额。服务成本包括当期服务成本、过去服务成本和结算利得或损失。具体如下。

首先,确认当前服务成本。

当前服务成本是指因职工当前服务导致的设定受益义务现值的增加额。

【例 8-30】 沿用【例 8-27】资料,如表 8-1 所示,当前服务成本是按照预期累计福利单位法计算出的归属于当年的福利的现值。2×16 年当前服务成本 1 470 元,2×17 年当前服务成本 1 620 元,2×18 年当前服务成本 1 780 元,以后各年以此类推。

其次,确认过去服务成本。

过去服务成本是指设定收益计划修改所导致的与以前期间职工服务相关的设定收益计划义务现值的增加或减少。

【例 8-31】 沿用【例 8-27】资料,假设 2×16 年初 SY 企业设立这项设定收益计划时管理人员已入职 1 年,企业对于管理人员归属于 2×15 年度服务的设定受益义务的现值增加,因此企业应当立即在 2×16 年初的利润表中确认 1 340 元的过去服务成本,如有 100 人参与该设定收益计划,则利润表确认的金额为 13 400 000 元。

再次,确认结算利得或损失。

结算利得或损失是指企业应当在设定收益计划结算时,确认一项结算利得或损失。设定收益计划结算是指企业为了消除设定收益计划所产生的部分或所有未来义务进行的交易,而不是根据计划条款和所包含的精算假设向职工支付福利。设定收益计划结算利得或损失是以下两项的差额:一是在结算日确定的设定收益计划义务现值;二是结算价格,包括转移的计划资产的公允价值和企业直接发生的与结算相关的支付。

结算是未来计划条款中规定的福利的支付,未纳入精算假设中,因此结算利得或损失应当计入当期损益;而在计划条款中规定的福利的支付(包括可选择福利支付性质的情况)不属于结算。已纳入精算假设中,在支付此类福利时产生利得或损失,属于精算利得或损失,应作为重新计量的一部分计入其他综合收益。

【例 8-32】 沿用【例 8-28】资料,假设 PS 企业于 2×18 年因经营困难需要重组,一次性支付给职工退休补贴 100 000 000 元。重组日,该项设定受益义务总现值为 150 000 000 元,则结算利得为 50 000 000 元,相当于 150 000 000 元扣除 100 000 000 元后的差额。

最后,确认设定受益计划净负债或净资产的利息净额。

设定受益计划净负债或净资产的利息净额,包括计划资产的利息收益、设定受益计划义务的利息费用,以及资产上限影响的利息。设定受益计划净负债或净资产的利息净额,是通过将设定受益计划净负债或净资产乘以确定的折现率来确定的。

设定受益计划净负债或净资产和折现率应该在年度报告期间开始时确定,同时应考虑该期间由于提存和福利支付所导致设定受益计划净负债或净资产的变动,但不考虑设定受益计划净负债或净资产在本期的任何其他变动(如精算利得或损失)。

设定受益计划净负债或净资产的利息净额的计算应考虑资产上限的影响。计划资产的利息收益是计划资产回报的组成部分之一,通过将计划资产公允价值乘以折现率来确定。计划资产的公允价值和折现率都应该在年度报告期间开始时确定,同时应考虑该期间由于提存和福利支付所导致的计划资产的任何变动。计划资产的利息收益和计划资产回报之间的差额包括在设定受益计划净负债或净资产的重新计量之中。资产上限影响的利息是资产上限影响总变动的一部分,通过将资产上限的影响乘以折现率来确定,资产上限的影响和折现率应在年度报告期间开始时确定。该金额与资产上限影响总变动之间的差额包括在设定受益计划净负债或净资产的重新计量之中。

【例8-33】 沿用【例8-28】资料,假设PS企业于2×16年初有设定收益计划净负债160 000 000元,2×15年初折现率为10%,假设没有福利支付和提存金缴存。2×16年初有设定收益计划净资产90 000 000元,假设2×16年初折现率为10%。假定不考虑其他因素,PS企业确认设定受益计划净负债或净资产利息净额的会计处理如下。

(1) 2×15年末,确认设定受益计划净负债的利息费用净额

设定受益计划净负债利息费用净额 = 160 000 000 × 10% = 16 000 000 元

借:财务费用　　　　　　　　　　　　　　　　16 000 000
　　贷:应付职工薪酬　　　　　　　　　　　　　　　　16 000 000

(2) 2×16年末,确认设定受益计划净资产的利息收入净额

设定受益计划净资产利息收入净额 = 90 000 000 × 10% = 9 000 000 元

借:应付职工薪酬　　　　　　　　　　　　　　　9 000 000
　　贷:财务费用　　　　　　　　　　　　　　　　　　9 000 000

(4) 步骤四,确定应计入其他综合收益的金额。

重新计量设定受益计划净负债或净资产所产生的变动,应当计入其他综合收益,并且在后续会计期间不允许转回至损益,但企业可以在权益范围内转移这些在其他综合收益中确认的金额。重新计量设定受益计划净负债或净资产所产生的变动包括以下两个部分:一是精算利得或损失,即由于精算假设和经验调整导致之前所计量的设定受益计划义务现值的增加或减少;二是计划资产回报,扣除包括在设定收益计划净负债或净资产的利息净额中的金额。

计划资产回报是指计划资产产生的利息、股利和其他收入,以及计划资产已实现和未实现的利得或损失,减去管理该计划资产成本和计划本身的应付税款。该应付税款不包括,计量设定受益义务时所采用的精算假设所包括的税款。计划资产回报中不需要扣除其他管理费用。最后,资产上限影响的变动,扣除包括在设定受益计划净负债或净资产的利息净额中的金额。

【例8-34】 沿用【例8-28】资料,2×16年年末,PS企业进行精算重估,发现折算率由10%变成8%。假设不考虑计划资产回报和资产上限影响的变动,假设由于折算率变动导致重新计量设定收益计划净负债的增加额为7 500 000元。2×16年年末,PS企业确定应当计入其他综合收益的有关会计处理如下。

(1) 2×16年12月31日,资产负债表日确认其他综合收益

借:其他综合收益——设定收益计划净负债重新计量——精算损失

                             7 500 000

 贷:应付职工薪酬——设定收益计划义务   75 000 000

(2) 以后各年,参照2×16年做法,以此类推。

三、其他长期职工福利

其他长期职工福利是指除短期薪酬、离职后福利、辞退福利之外所有的职工薪酬,包括长期带薪缺勤、长期残疾福利、长期利润分享计划、长期奖金计划,以及递延酬劳等。

企业向职工提供的其他长期职工福利,符合设定提存计划条件的,应当按照《职工薪酬》准则规定的设定提存计划的有关规定进行会计处理。符合设定收益计划条件的,企业应当按照设定收益计划的有关规定,确认和计量其他长期职工福利净负债或净资产。在报告期末,企业应当将其他长期职工福利产生的职工薪酬成本确认为下列组成部分:

(1) 服务成本;

(2) 其他长期职工福利净负债或净资产的利息净额;

(3) 重新计量其他长期职工福利净负债或净资产所产生的变动。

为简化相关会计处理,上述项目的总净额应计入当期损益或相关资产成本。

长期残疾福利水平取决于职工提供服务期间长短的,企业应当在职工提供服务的期间确认应付长期残疾福利义务,计量时应当考虑长期残疾福利支付的可能性和预期支付的期限;长期残疾福利与职工提供服务期间长短无关的,企业应当在导致职工长期残疾的事件发生的当期确认应付长期残疾福利义务。

递延酬劳包括按比例分期支付或者经常性定额支付的递延奖金等职工福

利。这种其他长期福利应按照奖金计划的福利公式来对费用进行确认,或者按照直线法在相应的服务期间分摊确认。如果一个企业内部为其长期奖金计划等递延酬劳设立了一个账户,则这样的其他长期职工福利不符合设定提存计划的条件。

【例8-35】 2×16年1月1日,PS企业为其管理人员设立一项递延奖金计划。计划规定提成当年利润的8%作为一项奖金,员工必须在未来2年内努力服务,如果离开企业则分不到奖金,2年后即2×17年12月31日向依旧在职的管理人员发放奖金。假设2×16年度的利润为50 000 000元,2×17年折现率仍为3%,2×17年末没有职工离开企业,不再考虑其他因素,PS企业有关递延奖金计划的其他长期职工福利会计处理如下。

(1)设定收益计划会计处理四步骤分析

步骤一:确认设定收益计划义务现值和当前服务成本。

根据预期累计福利单位法,采用无偏差且相互一致的精算假设对有关人口统计变量和财务变量等作出估计,计量设定收益计划所产生的义务,并按照同久期(即相同的持续期)、同币种的国债收益率将设定收益计划所产生的义务予以折现,以确定设定收益计划义务的现值和当前服务成本。

假设不考虑死亡率和离职率等因素,2×16年年初预计2年后企业为该计划的现金流支付为4 000 000元(50 000 000×8%),按照归属于2×16年度的奖金福利为2 000 000元(4 000 000/2),假定选取的同久期、同币种的国债收益率为5%,并以此利率进行折现,则2×16年度的当前服务成本为1 904 762元[2 000 000/(1+5%)]。假定2×16年年末的折现率为3%,则2×16年12月31日的设定收益计划义务现值为1 941 748元[2 000 000/(1+3%)]。

步骤二:确认设定收益计划净负债或净资产。

核实设定收益计划有无计划资产,假设无计划资产。2×16年12月31日,确认设定收益计划负债1 941 748元。

步骤三:确认应计入当期损益的金额。

由步骤一知,由于2×16年度实现利润50 000 000元,导致设定收益计划所产生义务负债的当年,即2×16年度的当前服务成本为1 904 762元。由于期初负债为0,则2×16年末,设定收益计划净负债的利息费用为0。

步骤四:确认应计入其他综合收益的金额。

确定重新计量设定收益计划净负债或净资产所产生的变动,包括精算利得或损失、计划资产回报和资产上限影响的变动三个部分,计入当期损益。本例假设没有计划资产,因此重新计量设定收益计划净负债或净资产所产生的变动仅包括精算利得或损失。

(2) 2×16 年 12 月 31 日,确认设定收益计划义务现值、当前服务成本和精算损失

精算损失 = 设定收益计划义务现值 − 当前服务成本 = 1 941 748 − 1 904 762 = 36 986(元)

  借:管理费用——当前服务成本   1 904 762
     ——精算损失   36 986
    贷:应付职工薪酬——递延奖金计划   1 941 748

(3) 2×17 年 12 月 31 日,确认设定收益计划义务现值、当前服务成本、利息费用和支付奖金

  当年服务成本 = 4 000 000 − 2 000 000 = 2 000 000(元)
  设定收益计划净负债的利息费用 = 1 941 748 × 3% = 58 252(元)

  借:管理费用   2 000 000
    财务费用   58 252
    贷:应付职工薪酬——递延奖金计划   2 058 252

同时

  借:应付职工薪酬——递延奖金计划   4 000 000
    贷:银行存款   4 000 000

第九章

负债(二)：非流动负债

第一节 非流动负债的分类、借款费用和长期借款

一、非流动负债的定义和特点

非流动负债是指偿还期在1年以上或超过1年的一个营业周期以上的长期债务。与流动负债相比，非流动负债的特点是偿还期长，借款金额大，举债目的主要是用于资本性支出如固定资产购建，其利息费用构成企业长期、固定性支出，从而形成较大财务负担。非流动负债主要包括长期借款、应付债券和长期应付款等。

根据《金融工具确认和计量》准则的规定，除下列各项外，企业应当将金融负债分类为以摊余成本计量的金融负债：(1)以公允价值计量且其变动计入当期损益的金融负债，包括交易性金融负债(含属于金融负债的衍生工具)和指定为以公允价值计量且其变动计入当期损益的金融负债；(2)金融资产转移不符合终止确认条件或继续涉入被转移金融资产所形成的金融负债。对此类金融负债，企业应当按照《金融资产转移》准则的相关规定进行计量；(3)不属于上述(1)或(2)情形的财务担保合同，以及不属于上述(1)情形的以低于市场利率贷款的贷款承诺。企业作为此类金融负债发行方的，应当在初始确认后按照依据《金融工具确认和计量》准则所确定的损失准备金额以及初始确认金额扣除依据《收入》准则相关规定所确定的累计摊销额后的余额孰高进行计量。

企业为扩展经营规模、购建大型设备，需要举借长期负债来获得长期资金。筹措长期资金一般有两种方法：一是增发股票；二是举借长期资金。相对增发股票而言，长期举债有以下四个好处。

(1) 有利于保持股东原控股权。举债经营不影响注册资本，债权人无经营表决权，这有利于股东保持原控股比例。

（2）不影响企业股价。获得长期举债资金,表明企业具有良好财务信誉和发展前景,不仅不会影响企业股价,反而有利于维护企业形象。而增发股票,如增发后收益没有提高,在收益一定的情况下,增发股票增加了发行在外的股份,使每股收益下降,导致股价下跌,不利于企业形象。

（3）股东能获得剩余利益。只要长期举债的资金利润率高于借款利率,由于债权人只能获得按借款利率计算的利息,溢余部分收益便给股东带来"剩余"利益。

（4）税收抵免。长期借款利息费用化处理时,作为财务费用可降低应税收益、减少所得税。因此,举债方式筹措长期资金有助于提高股东权益。

二、借款费用

借款费用是指企业因借款而发生的利息及其相关成本。借款费用包括借款利息、折价或者溢价的摊销、辅助费用以及因外币借款而发生的汇兑差额等。

与融资租赁有关的融资费用,适用《租赁》企业会计准则。根据《借款费用》企业会计准则的规定,企业发生的借款费用,可直接归属于符合资本化条件的资产的购建或者生产的,应予以资本化,计入相关资产成本;其他借款费用,应在发生时根据其发生额确认为费用,计入当期损益。符合资本化条件的资产,是指需经过相当长时间的购建或生产活动才能达到预定可使用或可销售状态的固定资产、投资性房产和存货等资产。其中,"存货"是指房地产开发企业开发的用于对外出售的房地产开发产品、企业制造的用于对外出售的大型机械设备等;"相当长时间"是指资产的购建或生产所必需的时间,一般为1年以上(含1年)。

借款费用同时满足下列条件的,才能开始资本化。(1)资产支出已经发生。资产支出包括为购建或生产符合资本化条件的资产而以支付现金、转移非现金资产或者承担带息债务形式发生的支出。(2)借款费用已经发生。(3)为使资产达到预定可使用或可销售状态所必要的购建或生产活动已经开始。

在资本化期间内,每一会计期间的利息(包括折价或溢价的摊销)资本化金额,应按下列两项规定确定。

（1）为购建或生产符合资本化条件的资产而借入专门借款的,应以专门借款当期实际发生的利息费用,减去将尚未动用的借款资金存入银行取得的利息收入或进行暂时性投资取得的投资收益后的金额确定。专门借款是指为购建或生产符合资本化条件的资产而专门借入的款项。专门借款一般应有表明专门用途的借款合同。

（2）为购建或生产符合资本化条件的资产而占用了一般借款的,应根据累计资产支出超过专门借款部分的资产支出加权平均数乘以所占用一般借款的资本化率,计算确定一般借款应予以资本化的利息金额。资本化率应根据一般借款加权平均利率计算确定。

资本化期间是指从借款费用开始资本化时点到停止资本化时点的期间,借款费用暂停资本化的期间不包括在内。借款费用中存在折价或溢价摊销情况的,应按实际利率法确定每一会计期间应摊销的折价或溢价金额,调整每期利息金额。

在资本化期间,每一会计期间的利息资本化金额,不应超过当期相关借款实际发生的利息金额;外币专门借款本金及利息的汇兑差额,应予以资本化,计入符合资本化条件的资产的成本。专门借款发生的辅助费用,在所购建或生产的符合资本化条件的资产达到预定可使用或可销售状态之前发生的,应在发生时根据其发生额予以资本化,计入符合资本化条件的资产成本;在所购建或生产的符合资本化条件的资产达到预定可使用或可销售状态之后发生的,应在发生时根据其发生额确认为费用,计入当期损益。一般借款发生的辅助费用,应在发生时根据其发生额确认为费用,计入当期损益。

符合资本化条件的资产在购建或生产过程中发生的非正常中断、且中断时间连续超过 3 个月的,应暂停借款费用的资本化。在中断期间发生的借款费用应确认为费用,计入当期损益,直至资产的购建或生产活动重新开始。如果中断是所购建或生产的符合资本化条件的资产达到预定可使用或可销售状态必要的程序,借款费用的资本化应继续进行。购建或生产的符合资本化条件的资产达到预定可使用或可销售状态时,借款费用应停止资本化。在符合资本化条件的资产达到预定可使用或可销售状态之后所发生的借款费用,应在发生时根据其发生额确认为费用,计入当期损益。

购建或生产的符合资本化条件的资产需试生产或试运行的,在试生产结果表明资产能正常生产出合格产品、或试运行结果表明资产能正常运转或营业时,应认为该资产已达到预定可使用或可销售状态。购建或生产的符合资本化条件的资产的各部分分别完工,且每部分在其他部分继续建造过程中可供使用或可对外销售,且为使该部分资产达到预定可使用或可销售状态所必要的购建或生产活动实质上已完成的,应停止与该部分资产相关的借款费用的资本化。购建或生产的资产的各部分分别完成,但必须等到整体完工后才可使用或可对外销售的,应在该资产整体完工时停止借款费用的资本化。

三、长期借款

长期借款是指企业向银行等金融机构借入的、偿还期限在 1 年以上的包括人民币和外币的各项长期借款。企业应设置"长期借款"账户,按贷款单位和种类,分别"本金""利息调整"和"汇兑损益"等进行明细核算。

企业借入人民币确认长期借款时,按实际收到金额,借记"银行存款"账户,贷记"长期借款——本金"账户;如存在借贷差额的,还应借记"长期借款——利息调整"账户。

资产负债表日,对于实际利息和应计利息应按以下三个步骤处理。

(1)按摊余成本与实际利率计算确定的长期借款实际利息费用,属于发生的与固定资产购建有关的专门借款费用并符合资本化条件的,借记"在建工程"账户;在建工程的资产达到预定可使用状态后所发生的借款费用以及按规定不能予以资本化的借款费用,借记"财务费用"账户;在特殊情况下,长期借款用于短期生产活动的,借记"制造费用"账户,用于长期内部研发活动的,借记"研发支出"账户。

(2)按借款本金与合同利率计算确定的应付未付利息,贷记"应付利息"账户。

(3)上述借方与贷方的差额,贷记"长期借款——利息调整"账户。

企业归还长期借款时,按归还长期借款的本金,借记"长期借款——本金"账户;按转销的利息调整金额,贷记"长期借款——利息调整"账户;按实际归还的款项金额,贷记"银行存款"账户;按借贷差额,借记"在建工程""财务费用""制造费用""研发支出"等账户。

【例 9-1】 2×17 年 1 月 1 日,BH 企业向金融机构借入 1 000 000 元,全部用于购建加工生产线,年利率 5%,3 年期,每年付息,假定单利计息,到期还本。2×18 年末,生产线完工、验收;2×19 年年末,归还本金。假定不考虑其他因素,会计处理如下。

(1)2×17 年年初,借入 3 年期长期借款

 借:银行存款   1 000 000
  贷:长期借款——本金   1 000 000

(2)支付工程款、购建生产线

 借:在建工程——生产线   1 000 000
  贷:银行存款   1 000 000

(3)2×17 年年末,计提第 1 年应付利息和支付利息,并资本化处理

 借:在建工程——生产线(1 000 000×5%)   50 000
  贷:应付利息   50 000

同时

 借:应付利息   50 000
  贷:银行存款   50 000

(4)2×18 年年末,计提第 2 年应付利息、支付利息并资本化处理,同时验收生产线

 借:在建工程——生产线   50 000
  贷:应付利息   50 000

同时

 借：应付利息   50 000
  贷：银行存款   50 000

同时

 借：固定资产(1 000 000+50 000+50 000) 1 100 000
  贷：在建工程   1 100 000

(5) 2×19年年末，计提第3年应付利息、支付利息并费用化处理

 借：财务费用   50 000
  贷：应付利息   50 000

同时

 借：应付利息   50 000
  贷：银行存款   50 000

(6) 2×19年年末，归还本金

 借：长期借款——本金   1 000 000
  贷：银行存款   1 000 000

第二节　应付债券和可转换债券

一、应付债券

(一) 应付债券及其溢折价发行

  应付债券是指为筹集长期资金而对外发行的偿还期在1年以上的企业债券。企业债券的发行价格有时与票面价值并不一致。发行价格与票面价值相等的，称为面值发行；发行价格高于或低于票面价值，称为溢价或折价发行。

  企业债券的票面利率与市场利率相同时，债券原则上按面值发行。在我国，市场利率主要表现为同期银行利率。按面值发行的债券，不存在溢价或折价问题。发生溢价或折价的原因，是票面利率高于或低于市场利率。票面利率高于市场利率时，企业为今后各期多付利息能在事先得到"补偿"，就会溢价发行债券。溢价发行下，以后各期承担的按实际利率计算的资本化或费用化利息费用会小于按票面利率计算的应付利息，这是由于事先的溢价"补偿"在以后各期摊销中调减了负担的利息费用。在折价发行下，情况正好相反，对于发行企业来说，折价是为今后各期少付利息、弥补投资者利差损失而事先付出的"代价"。在折价发行下，以后

各期承担的资本化或费用化利息会大于按票面利率计算的应付利息,这是由于事先的折价"代价"在以后各期摊销中调增了应付利息。

在实际利率法下,各期实际的利息费用是以不变的实际利率乘以各期债券期初摊余成本得出的,其中各期债券摊余成本是债券面值与溢价余额之和,或与折价余额之差。债券溢价或折价的分期摊销,其实质是逐期"调整"本期负担的资本化或费用化利息费用,即将溢价额逐期在各期负担的利息费用中扣除,将折价额逐期转作各期负担的利息费用。在按票面利率计算的"应付利息"基础上,经过溢折价摊销的"调整",得出按实际利率计算的、本期承担的资本化或费用化处理的利息费用。

对于"每期付息、到期还本"的应付债券,在溢价发行下,债券摊余成本逐期减少,各期承担的资本化或费用化处理的利息费也逐期减少;反之,在折价发行下,债券摊余成本逐期增加,各期承担的资本化或费用化处理的利息费也逐期增加,债券到期时,两者最终都使债券摊余成本与债券面值一致,即到期时债券的摊余成本等于债券面值。

(二)应付债券的会计处理

企业应设置"应付债券"账户,对于"分期付息、到期还本"应付债券,需要在该账户下设置"面值"和"利息调整"两个明细账户。每期的应付利息通过"应付利息"账户进行核算。对于"到期一次还本付息"应付债券,需要设置"面值""利息调整"和"应计利息"三个明细账户。以此,对应付债券进行总分类和明细分类核算。

在溢价发行债券时,按收到的金额,借记"银行存款"等账户;按债券面值,贷记"应付债券——面值"账户;按超过面值的溢价,贷记"应付债券——利息调整"账户。在折价发行债券时,按收到的金额,借记"银行存款"等账户;按低于面值的折价,借记"应付债券——利息调整"账户;按票面价值,贷记"应付债券——面值"账户。在债券发行中,支付的代理发行费及印刷费等,借记"在建工程""财务费用"等账户;贷记"银行存款"等账户。

资产负债表日,对于"分期付息、到期还本"应付债券,在溢价发行下,应按应付债券的摊余成本和实际利率确定的实际利息费用,借记"在建工程""制造费用"或"财务费用"等账户;按票面利率计提的应付利息,贷记"应付利息"账户;按其差额即应摊销的溢价额,借记"应付债券——利息调整"账户。在折价发行下,应按应付债券的摊余成本和实际利率确定的实际利息费用,借记"在建工程""制造费用"或"财务费用"等账户;按票面利率计提的应付利息,贷记"应付利息"账户;按其差额即应摊销的折价额,贷记"应付债券——利息调整"账户。分期支付利息时,借记"应付利息"账户,贷记"银行存款"账户。

资产负债表日,对于"到期一次还本付息"应付债券,在溢价发行下,应按应付债券的摊余成本和实际利率确定的实际利息费用,借记"在建工程""制造费用"或

"财务费用"等账户；按票面利率计提的应付利息，贷记"应付债券——应计利息"账户；按其差额即应摊销的溢价额，借记"应付债券——利息调整"账户。在折价发行下，应按应付债券的摊余成本和实际利率确定的实际利息费用，借记"在建工程""制造费用"或"财务费用"等账户；按票面利率计提的应付利息，贷记"应付债券——应计利息"账户；按其差额即应摊销的折价额，贷记"应付债券——利息调整"账户。

经过分期摊销，到偿还期时溢价或折价将全部被摊销、结转完毕，此时"应付债券——利息调整"账户无余额。到期偿还时，对于"分期付息、到期还本"应付债券，借记"应付债券——面值"账户，贷记"银行存款"账户。对于"到期一次还本付息"应付债券，借记"应付债券——面值、应计利息"账户，贷记"银行存款"账户。

【例9-2】 2×01年1月1日，为购建新厂房DH企业发行面值50 000 000元、发行价53 993 500元、5年期的企业债券；票面利率10%，同期市场利率8%；每年末付息、到期还本。新厂房于2×04年1月1日达到预定可使用状态。DH企业发行债券收入全部用于新厂房建设。按实际利率法，DH企业有关会计处理如下。

（1）计算溢价发行价并制作应付债券各期实际利息、应付利息和摊余成本计算表

$$\frac{债券溢价}{发行价} = \frac{年利息 \times 5年期、8\%、}{1元年金现值系数} + 本金 \times \frac{第5年、8\%、}{1元现值系数}$$

$$= (50\,000\,000 \times 10\%) \times 3.9927 + 50\,000\,000 \times 0.6806$$

$$= 19\,963\,500 + 34\,030\,000 = 53\,993\,500(元)$$

表9-1　　应付债券各期实际利息、应付利息和摊余成本计算表

票面利率：10%
实际利率：8%
单位：元

年份数	实际利息费用 (1)= 上期(5)×8%	应付利息 (2)= 面值×10%	利息调整 （溢价摊销） (3)= (2)-(1)	溢价余额 (4)= 上期(4)-(3)	债券摊余余额 (5)=面值+(4) 或=上期(5)-(3)
2×01.1.1				3 993 500	53 993 500
2×01.12.31	4 319 480	5 000 000	680 520	3 312 980	53 312 980
2×02.12.31	4 265 038	5 000 000	734 962	2 578 018	52 578 018
2×03.12.31	4 206 241	5 000 000	793 759	1 784 259	51 784 259
2×04.12.31	4 142 741	5 000 000	857 259	927 000	50 927 000
2×05.12.31	4 073 000①	5 000 000	927 000	0	50 000 000
合　计	21 006 500②	25 000 000	3 993 500	—	—

注①：表中数字四舍五入，含尾数调整误差。
　②：实际利息费用合计=应付利息合计-利息调整（溢价摊销）合计=25 000 000-3 993 500=21 006 500

(2) 2×01 年 1 月 1 日,发行企业债券

借:银行存款 53 993 500
　　贷:应付债券——面值 50 000 000
　　　　　　——利息调整(溢价摊销) 3 993 500

同时

借:在建工程 53 993 500
　　贷:银行存款 53 993 500

(3) 根据表9-1,新厂房达到预定可使用状态前,2×01 年至 2×03 年,每年年末溢价的摊销分录如下,根据第 1 年年末数据编制的分录如下

借:在建工程——资本化利息费用 4 319 480
　　应付债券——利息调整(溢价摊销) 680 520
　　贷:应付利息 5 000 000

同时

借:应付利息 5 000 000
　　贷:银行存款 5 000 000

(4) 新厂房达到预定可使用状态后,2×04 年和 2×05 年,溢价摊销分录如下,根据第 4 年年末数据编制的分录如下

借:财务费用 4 142 741
　　应付债券——利息调整(溢价摊销) 857 259
　　贷:应付利息 5 000 000

同时

借:应付利息 5 000 000
　　贷:银行存款 5 000 000

(5) 到期日,归还债券本金

借:应付债券——面值 50 000 000
　　贷:银行存款 50 000 000

【例 9-3】 2×01 年 1 月 1 日,为购建新厂房 YH 企业发行面值 50 000 000 元、发行价 56 047 500 元、5 年期的企业债券;票面利率 10%,同期市场利率 6%;"到期一次还本付息"。新厂房于 2×04 年 1 月 1 日达到预定可使用状态。怡华企业发行债券收入全部用于新厂房建设;按实际利率法,YH 企业有关会计处理如下。

(1) 计算溢价发行价并制作应付债券各期实际利息、应付利息和摊余成本计算表

债券溢价发行价 =（本金 + 年利息 × 5）× 第 5 年、6%、1 元现值系数
= （50 000 000 + 5 000 000 × 5）× $[1/(1+6\%)^5]$
= 75 000 000 × 0.7473 = 56 047 500(元)

表 9-2　　　　应付债券各期实际利息、应付利息和摊余成本计算表

票面利率:10%
实际利率:6%
单位:元

年份数	实际利息费用 (1)= 上期(5)×6%	应付利息 (2)= 面值×10%	利息调整（溢价摊销）(3)= (2)-(1)	溢价余额 (4)= 上期(4)-(3)	债券摊余成本余额 (5)= 上期(5)+(1)
2×01.1.1				6 047 500	56 047 500
2×01.12.31	3 362 850	5 000 000	1 637 150	4 410 350	59 410 350
2×02.12.31	3 564 621	5 000 000	1 435 379	2 974 971	62 974 971
2×03.12.31	3 778 498	5 000 000	1 221 502	1 753 469	66 753 469
2×04.12.31	4 005 208	5 000 000	994 792	758 677	70 758 677
2×05.12.31	4 241 323①	5 000 000	758 677	0	75 000 000
合　　计	18 952 500②	25 000 000	6 047 500	—	—

注①：表中数字四舍五入，含尾数调整误差。
　②：实际利息费用合计=应付利息合计-利息调整（溢价摊销）合计＝25 000 000－6 047 500＝18 952 500

（2）2×01 年 1 月 1 日，发行企业债券

　　借：银行存款　　　　　　　　　　　　　　　　　　56 047 500
　　　　贷：应付债券——面值　　　　　　　　　　　　　50 000 000
　　　　　　　——利息调整（溢价摊销）　　　　　　　　6 047 500

同时

　　借：在建工程　　　　　　　　　　　　　　　　　　56 047 500
　　　　贷：银行存款　　　　　　　　　　　　　　　　　56 047 500

（3）根据表 9-2，新厂房达到预定可使用状态前，2×01 年至 2×03 年，每年末溢价的摊销分录如下，根据第 1 年末数据编制的分录如下

　　借：在建工程——资本化利息费用　　　　　　　　　3 362 850
　　　　应付债券——利息调整（溢价摊销）　　　　　　1 637 150
　　　　贷：应付债券——应计利息　　　　　　　　　　5 000 000

（4）新厂房达到预定可使用状态后，2×04 年和 2×05 年，溢价摊销分录如下，其中以第 4 年末的摊销数据编制的分录如下

借：财务费用——费用化利息费用		4 005 208
应付债券——利息调整（溢价摊销）		994 792
贷：应付债券——应计利息		5 000 000

（5）到期日，还本付息

借：应付债券——面值		50 000 000
——应计利息		25 000 000
贷：银行存款		75 000 000

【例9-4】 沿用【例9-2】资料，DH企业折价发行债券，发行价46 208 200元；票面利率8%，同期市场利率10%；其他资料同例1。DH企业有关会计处理如下。

（1）计算折价发行价和应付债券各期实际利息、应付利息和摊余成本计算表

$$\text{折价债券发行价} = \text{年利息} \times \frac{\text{5年期、10\%、}}{\text{1元年金现值系数}} + \text{本金} \times \frac{\text{第5年、10\%、}}{\text{1元现值系数}}$$

$$= (50\ 000\ 000 \times 8\%) \times 3.7908 + 50\ 000\ 000 \times 0.6209$$

$$= 15\ 163\ 200 + 31\ 045\ 000 = 46\ 208\ 200(元)$$

表9-3　　应付债券各期实际利息、应付利息和摊余成本计算表

票面利率：8%
实际利率：10%
单位：元

期　数	实际利息费用 (1)= 上期(5)×10%	应付利息 (2)= 面值×8%	利息调整（折价摊销） (3)= (1)-(2)	折价余额 (4)= 上期(4)-(3)	债券摊余成本余额 (5)=面值-(4) 或=上期(5)+(3)
2×01.1.1				3 791 800	46 208 200
2×01.12.31	4 620 820	4 000 000	620 820	3 170 980	46 829 020
2×02.12.31	4 682 902	4 000 000	682 902	2 488 078	47 511 922
2×03.12.31	4 751 192	4 000 000	751 192	1 736 886	48 263 114
2×04.12.31	4 826 311	4 000 000	826 311	910 575	49 089 425
2×05.12.31	4 910 575①	4 000 000	910 575	0	50 000 000
合　计	23 791 800②	20 000 000	3 791 800	—	—

注①：表中数字四舍五入，含尾数调整误差。
　②：实际利息费用合计=应付利息合计+利息调整（折价摊销）合计=20 000 000+3 791 800=23 791 800

（2）2×01年1月1日，发行企业债券

借：银行存款		46 208 200
应付债券——利息调整（折价摊销）		3 791 800
贷：应付债券——面值		50 000 000

同时

借：在建工程　　　　　　　　　　　　　　　　　　500 000
　　贷：银行存款　　　　　　　　　　　　　　　　　　　　500 000

同时

借：在建工程　　　　　　　　　　　　　　　　　　46 208 200
　　贷：银行存款　　　　　　　　　　　　　　　　　　　　46 208 200

（3）新厂房达到预定可使用状态前，根据表9-3，2×01年至2×03年，每年年末折价摊销分录如下，根据第1年末数据编制的分录如下

借：在建工程——资本化利息费用　　　　　　　　4 620 820
　　贷：应付债券——利息调整（折价摊销）　　　　　　　　620 820
　　　　应付利息　　　　　　　　　　　　　　　　　　4 000 000

同时

借：应付利息　　　　　　　　　　　　　　　　　　4 000 000
　　贷：银行存款　　　　　　　　　　　　　　　　　　　　4 000 000

（4）新厂房达到预定可使用状态后，2×04年和2×05年，折价摊销分录如下，根据第4年年末数据编制的分录如下

借：财务费用——费用化利息费用　　　　　　　　4 826 311
　　贷：应付债券——利息调整（债券折价）　　　　　　　　826 311
　　　　应付利息　　　　　　　　　　　　　　　　　　4 000 000

同时

借：应付利息　　　　　　　　　　　　　　　　　　4 000 000
　　贷：银行存款　　　　　　　　　　　　　　　　　　　　4 000 000

（5）到期日，归还本金

借：应付债券——面值　　　　　　　　　　　　　　50 000 000
　　贷：银行存款　　　　　　　　　　　　　　　　　　　　50 000 000

二、可转换债券

（一）可转换债券的含义和特点

可转换债券又称可转换公司债券，它是由嵌入衍生工具与主合同构成的一种

混合工具。根据《金融工具列报》准则规定,公司发行的可转换公司债券既含有负债成分,又含有权益成分。因此,对于可转换公司债券应在初始确认时将相关负债和权益成分进行分拆。

当前,我国公司发行的可转换公司债券,也称分离交易可转债,即赎回选择权(对投资者来说,同时具有可按约定价格转换股票的转换选择权)和公司债券分离交易的可转换公司债券,是债券和股票混合融资的非衍生金融工具。可转换公司债券是公司经批准后按法定程序发行的,持有人享有在一定期间内按约定价格认购公司股票的权利,依据约定条件可转换成公司股份的一种公司债券。可转换公司债券具有以下三个特点。

(1) 捆绑发行,分开交易。捆绑发行意味着可转换债券将转换选择权和公司债券同时出售给同一投资者,可转换债券和转换选择权分别在债券市场和有价权证市场(或在同时具有债券和权证交易功能的资本市场上)进行交易。债券上市一定时期后,投资者一方面可以获得应收利息,同时可按约定条件择机将债券转换成股票,或者选择到期还本。

(2) 债务性强。可转换公司债券本质上是公司债券,需要付息还本;附加的转换选择权是需要投资者付款购买的。可转换公司债券的发行和交易,实质上还是债券融资和债券交易,而非股票交易。

(3) 含负债成分,同时含权益成分。公司发行可转换公司债券获得一次发行、两次融资的机会,首先是属于债券融资性质的附有转换权的公司债券,其次是股权融资性质的转换权持有人在未来行权期或到期行权,按约定价格转换公司股票,于是公司无需偿还本金又获得一次股票发行收入。

(二) 可转换公司债券的会计处理

可转换债券既含有负债成分,又含有权益成分。因此,在初始确认时应将负债和权益成分进行分拆。分拆时,先对负债成分的未来现金流量进行折现,确定负债成分的初始确认金额;再按发行收入扣除负债成分初始确认金额后的差额确定权益成分的初始确认金额。可转换债券的相关发行费用,应在"负债成分"和"权益成分"之间按其初始确认金额的相对比例进行分摊。

为核算可转换公司债券,企业应在"应付债券"账户中设置"可转换公司债券"明细账户对其进行核算。其账务处理如下:发行时,按实际收到的款项,借记"银行存款"账户;按可转换债券的负债成分的面值,贷记"应付债券——可转换公司债券(面值)"账户;按权益成分的公允价值,贷记"其他权益工具"账户;按借贷双方差额,借记或贷记"应付债券——可转换公司债券(利息调整)"账户。

【例 9-5】 沿用【例 9-4】资料,20×1 年 1 月 1 日,YH 公司发行 5 年期、"每年付息、到期还本"可转换公司债券。每份债券面值 1 000 元、共 50 000 份,发行总收入 50 000 000 元。债券票面利率8%,同期类似债券市场利率10%。每份债券可转换为250股公司普通股,股票面值1元,即约定转换价为4元/股(1 000/250)。投资者也可选择不转换股份仅仅获取利息和还本。假定发行可转换债券后公司股价始终低于每股4元,债券到期时公司的股价为每股3元。债券由HD公司全部购入并于到期时按照约定的4元价格全部转换成股份。不考虑其他条件,YH公司将可转换债券划分为以摊余成本计量的金融负债,有关会计处理如下。

(1) 发行可转换公司债券,确定其负债成分价值和权益成分价值

$$\begin{aligned}\text{"负债成分"价值} \atop (\text{折价发行债券价值}) &= \text{年利息} \times {5\text{年、}10\%\text{、} \atop 1\text{元年金现值系数}} + \text{本金} \times {\text{第}5\text{年、}10\%\text{、} \atop 1\text{元现值系数}} \\ &= (50\,000\,000 \times 8\%) \times 3.7908 + 50\,000\,000 \times 0.6209 \\ &= 15\,163\,200 + 31\,045\,000 = 46\,208\,200(\text{元})\end{aligned}$$

"权益成分"价值 = 发行总收入 − "负债成分"价值
= 50 000 000 − 46 208 200 = 3 791 800(元)

借:银行存款	50 000 000
应付债券——可转换债券(利息调整)	3 791 800
贷:应付债券——可转换债券(面值)	50 000 000
其他权益工具——股份转换权	3 791 800

或者,做两笔分录,如下。

折价发行债券收入

借:银行存款	46 208 200
应付债券——可转换债券(利息调整)	3 791 800
贷:应付债券——可转换债券(面值)	50 000 000

发行可转换债券内含转换权的收入

借:银行存款	3 791 800
贷:其他权益工具——股份转换权	3 791 800

(2) 第1年年末,计提利息费用,并支付利息(参见表9-3中有关数值)

借:在建工程	4 620 820
贷:应付债券——可转换债券(利息调整)	620 820
应付利息	4 000 000

同时

借:应付利息	4 000 000
贷:银行存款	4 000 000

每年年末,以此类推,按表9-3中有关数据,编制分录同上。

(3) 5年后到期,本金转换为股份

  转换普通股股份数 = (50 000 000/1 000) × 250 = 12 500 000(股)
  按约定转换条件计算的每股转换价 = 50 000 000/12 500 000 = 4(元/股)
  资本公积(股本溢价) = (4 - 1) × 12 500 000 = 37 500 000(元)

  借:应付债券——可转换债券(面值)   50 000 000
   贷:股本——华丹公司   12 500 000
    资本公积——股本溢价   37 500 000

同时

  借:其他权益工具(股份转换权)   3 791 800
   贷:资本公积——股本溢价   3 791 800

【例9-6】 沿用【例9-5】资料,YH公司发行可转换公司债券的合同约定,可转换债券发行1年后持有人就可择机转换股份。假定第4年末,怡华公司股票为每股6元、大幅上涨,HD公司择机全部转换成股份。YH公司有关会计处理如下。

(1) 20×1年至20×4年,发行债券、年末计提利息并支付利息的分录,同【例9-3】。

(2) 20×4年12月31日,根据表9-3,确认债券转换前的摊余成本和利息调整,并被转换为股份

 利息调整 = 债券面值 - 摊余成本 = 50 000 000 - 49 089 425 = 910 575(元)
 资本公积(股本溢价) = 摊余成本 - 股本 = 49 089 425 - 12 500 000 = 36 589 425(元)

  借:应付债券——可转换债券(面值)   50 000 000
   贷:应付债券——可转换债券(利息调整)   910 575
    股本——华丹公司   12 500 000
    资本公积——股本溢价   36 589 425

同时:

  借:其他权益工具(股份转换权)   3 791 800
   贷:资本公积——股本溢价   3 791 800

第三节 长期应付款及其应付租赁款

一、长期应付款

长期应付款是指除长期借款和应付债券以外的其他各种长期应付债务,包括

补偿贸易引进设备应付款、应付租入固定资产的租赁款、以分期付款方式购入大型固定资产设备所发生的长期应付款项等。为核算长期应付款,企业应设置"长期应付款"账户,并按长期应付款的种类设置明细账。

(一)补偿贸易引进设备应付款

补偿贸易引进设备应付款,是指企业同外商签订来料加工装配和中小型补偿贸易合同而引进国外设备所发生的一种长期应付款项。补偿贸易是一种进出口业务相结合的信贷交易,它是指一方在对方提供信贷的条件下进口设备、物资或技术,不用现汇支付,而是在约定期限内用向对方返销产品或提供劳务的价款来分期偿还本息的贸易方式。

按补偿贸易方式引进设备时,依据设备、工具、零配件等价款以及国外运杂费的外币金额和规定的汇率折合为人民币,借记"在建工程""原材料"等账户,贷记"长期应付款"。用人民币借款支付进口关税、国内运杂费和安装费等,借记"在建工程""原材料"等账户,贷记"银行存款""长期借款"等账户。按补偿贸易方式引进的设备交付验收使用时,将其全部价值,借记"固定资产"账户,贷记"在建工程"账户。归还引进设备款时,借记"长期应付款"账户,贷记"银行存款""应收账款"等账户。

【例9-7】 2×11年1月1日,LY企业以补偿贸易方式引进美国L&L企业设备一台,价款200 000美元,假定偿还期2年,年利率10%,每年末计息一次,到期以返销产品货款一次偿付。2×11年12月31日,设备安装完毕并验收、交付使用。2×12年12月31日,返销产品收入1 597 200元,免交流转税;产品成本836 000元。假定2×11年1月1日市场汇价USD 1=RMB 6.80;2×11年12月31日市场汇价USD 1=RMB 6.75;2×12年12月31日市场汇价USD 1=RMB 6.60。LY企业有关会计处理如下。

(1) 2×11年1月1日,引进设备

借:在建工程(USD 200 000×6.80)　　　　　　　　　1 360 000
　　贷:长期应付款——应付补偿贸易引进设备款(USD 200 000×6.80)　1 360 000

(2) 2×11年12月31日,计提应计利息

借:在建工程(USD 200 000×10%×6.75)　　　　　　　135 000
　　贷:长期应付款——应付补偿贸易引进设备款　　　　　　135 000

(3) 2×11年12月31日,结转汇兑损益并资本化处理

"长期应付款"美元账户余额 = USD 200 000 + USD 20 000 = USD 220 000
未登记汇兑损益前的"长期应付款"人民币账户余额 = 1 360 000 + 135 000 = 1 495 000(元)
期末汇兑损益 = USD 220 000 × 6.75 − 1 495 000 = − 10 000(元)

借：长期应付款——应付补偿贸易引进设备款　　　　　　　10 000
　　　　贷：在建工程　　　　　　　　　　　　　　　　　　　　　　10 000

(4) 2×11 年 12 月 31 日，设备验收、交付使用

　　固定资产价值 = 1 360 000 + 135 000 − 10 000 = 1 485 000(元)

　　借：固定资产　　　　　　　　　　　　　　　　　　　　1 485 000
　　　　贷：在建工程　　　　　　　　　　　　　　　　　　　　　1 485 000

(5) 2×12 年 12 月 31 日，计提应计利息

　　应计利息 = (USD 200 000 + USD 20 000) × 10% × 6.60 = 145 200(元)

　　借：财务费用　　　　　　　　　　　　　　　　　　　　　145 200
　　　　贷：长期应付款——应付补偿贸易引进设备款　　　　　　　145 200

(6) 2×12 年 12 月 31 日，结转汇兑损益并费用化处理

"长期应付款"人民币账户余额 = 1 360 000 + 135 000 − 10 000 + 145 200 = 1 630 200(元)
"长期应付款"美元余额 = USD 200 000 + USD 20 000 + USD 22 000 = USD 242 000
期末汇兑损益 = USD 242 000 × 6.60 − 1 630 200 = −33 000(元)

　　借：长期应付款——应付补偿贸易引进设备款　　　　　　　33 000
　　　　贷：财务费用　　　　　　　　　　　　　　　　　　　　　33 000

(7) 2×12 年 12 月 31 日，确认返销产品收入，并结转销售成本

　　借：应收账款——L&L 企业(USD 242 000×6.60)　　　　　1 597 200
　　　　贷：主营业务收入　　　　　　　　　　　　　　　　　　1 597 200

同时

　　借：主营业务成本　　　　　　　　　　　　　　　　　　　836 000
　　　　贷：库存商品　　　　　　　　　　　　　　　　　　　　　836 000

(8) 按合同约定，以返销产品收入归还引进设备款

　　借：长期应付款——应付补偿贸易引进设备款(USD 242 000×6.60)
　　　　　　　　　　　　　　　　　　　　　　　　　　　　　1 597 200
　　　　贷：应收账款——L&L 企业(USD 242 000×6.60)　　　　1 597 200

二、应付租赁款

(一) 租赁的概念、特点和会计处理原则

1. 租赁的概念和特点

新《租赁》准则规定，租赁是指在一定期间内，出租人将资产的使用权让与承

租人以获取对价的合同。合同中同时包含多项单独租赁的，应当将合同予以分拆，并分别各项单独租赁进行会计处理。合同中同时包含租赁和非租赁部分的，应当将租赁和非租赁部分进行分拆，租赁部分应当分别按照租赁准则进行会计处理，非租赁部分应当按照其他适用的企业会计准则进行会计处理。

租赁主要有以下三个特点。(1)租赁资产的所有权和使用权相分离。在租约条件下，承租人以支付租金而不必以购买的方式，获得租赁资产的使用权。出租人在租赁期内仍保留租赁资产的所有权，在租赁期间内承租人不得做出任何侵犯所有权的行为。(2)租赁行为的融物和融资相结合。有些租赁如融资性质租赁，不仅有融物行为，还有融资行为。这种租赁以融物形式达到融资目的。承租人通过融资租赁既取得资产使用权，又可获得一笔相当于购置该资产的信贷资金，使融物和融资在融资租赁中得到统一。(3)租赁方式的灵活多样。租赁交易中租赁期的选择十分灵活，短则数月，长则数年甚至十年以上，可满足不同承租人的需要。对于季节性、临时性使用的资产，短期租赁和低价值资产租赁下租赁期有时仅仅数月。对采用高新技术、价值高、无形损耗快，且使用期限长的资产，融资性质租赁下租赁期是长期的，一般接近租赁资产的使用寿命期。

2. 租赁会计处理原则

新《租赁》准则规定，承租人不再将租赁区分为经营租赁或融资租赁，而是采用统一的租赁会计处理模型，对短期租赁和低价值资产租赁以外的其他所有租赁在租赁期开始日应当对租赁确认使用权资产和租赁负债，并分别计提折旧和利息费用。使用权资产，是指承租人可在租赁期内使用租赁资产的权利。新准则对于承租人会计修改较大，出租人会计基本延续现有规定。

承租人对于短期租赁和低价值资产租赁可以选择不确认使用权资产和租赁负债，而是采用与现行经营租赁相似的方式进行会计处理。短期租赁，是指在租赁期开始日，租赁期不超过12个月的租赁。低价值资产租赁，是指单项租赁资产为全新资产时价值较低的租赁。

(二) 承租人租赁会计

1. 承租人租赁会计处理原则

(1) 融资租入资产和相关负债的确认。在租赁期开始日，承租人应将租赁开始日租赁资产公允价值与最低租赁付款额现值两者中较低者作为租入资产的入账价值，将最低租赁付款额作为租赁负债长期应付款的入账价值，其差额作为未确认融资费用。承租人在租赁谈判和签订租赁合同过程中发生的，可归属于租赁项目的手续费、律师费、差旅费、印花费等初始直接费用，应计入租入资产价值。其中，租赁期开始日是指承租人有权执行其使用租赁资产权利的开始日。

(2) 折现率的确定。在计算租赁付款额的现值时，承租人应当采用租赁内含利率作为折现率;无法确定租赁内含利率的,应当采用承租人增量借款利率作为折现率。租赁内含利率,是指使出租人的租赁收款额的现值与未担保余值的现值之和等于租赁资产公允价值与出租人的初始直接费用之和的利率。承租人增量借款利率是指承租人在类似经济环境下为获得与使用权资产价值接近的资产,在类似期间以类似抵押条件借入资金须支付的利率。担保余值,是指与出租人无关的一方向出租人提供担保,保证在租赁结束时租赁资产的价值至少为某指定的金额。未担保余值,是指租赁资产余值中,出租人无法保证能够实现或仅由与出租人有关的一方予以担保的部分。

(3)未确认融资费用的分摊。承租人应将未确认融资费用在租赁期内各个期间进行分摊,分摊时应采用实际利率法计算确认当期的融资费用。

(4)租赁资产折旧、租金支付和或有租金的处理。承租人应采用与自有固定资产相一致的折旧政策计提租赁资产折旧。能合理确定租赁期届满时取得租赁资产所有权的,应在租赁资产使用寿命内计提折旧。无法合理确定租赁期届满时能取得租赁资产所有权的,应按租赁期与租赁资产使用寿命期孰低计提折旧。

承租人租赁期内支付的租金,作为租入资产长期负债的减少,冲减长期应付款。或有租金应在实际发生时计入当期损益。

(5)租入资产租赁期届满时的处理。租赁期届满时,应区分不同情况进行会计处理:一是,租入资产的优惠购买价格已包括在租赁付款额之内的,应在支付最后一次租金时,反映租赁资产所有权的转移,但不调整租赁资产的价值;二是,租入资产的优惠购买价格不包括在租赁付款额之内的,应于购入租赁资产时将购置成本计入租赁资产价值;三是,继续租赁该资产的,应按重新租入资产进行会计处理;四是,将租赁资产退回出租人的,应冲减该租赁资产的账面价值。

在企业租入固定资产时,应在租赁开始日,将租赁开始日租赁资产公允价值与最低租赁付款额现值两者中较低者,加上初始直接费用,作为租入资产的入账价值,借记"固定资产""在建工程"等账户;按最低租赁付款额,贷记"长期应付款——应付租赁款"账户;按发生的初始直接费用,贷记"银行存款"账户;按其差额,借记"未确认融资费用"账户。

租赁期满,如合同规定将设备所有权转归承租企业,应进行转账,将租入设备从"固定资产——融资租入固定资产"账户转入"固定资产"账户的有关明细账户。

2. 承租人租赁会计的示例

【例9-8】 YH公司以融资性质的租赁方式从ZH公司取得K设备1台,K设备市价621 980元,预计使用年限10年,残值率5%。

合同规定:(1)租赁开始日为2×01年1月1日、租赁期8年、合同利率12%;(2)租赁开始日,首付租金160 000元,当年年末和以后每年年末支付租金

100 000元;(3)2×02年开始,ZH公司需按租赁资产生产产品实现销售收入1%的比例分享营业收入;(4)租赁期届满时,可按优惠价10 000元购买并获得租赁设备所有权;(5)无其他租赁资产余值担保条款。

在谈判和签约中,发生归属于租赁项目的律师费、差旅费、印花税等初始直接费用16 385元;对租赁设备采用直线法计提折旧;2×02年租赁资产生产产品实现销售收入1 800 000元,其他资料从略。YH公司有关会计处理如下。

第一步,假定通过计算,确定租赁内含利率为12%。

第二步,实际利率法下,按实际利率12%,编制应付租赁本金和利息的分摊表,见表9-4。

表9-4　　　　　　　应付租入固定资产租赁款分摊表　　　　　　　单位:元

分摊率:12%

年份	应付租赁款 (最低租赁付款额) (1)	应付租赁利息 (未确认融资费用) (2)=上期(4)×12%	应付租赁本金(最低 租赁付款额现值) (3)=(1)-(2)	应付租赁本金余额(最低 租赁付款额现值余额) (4)=上期(4)-(3)
2×01.1.1				620 415
2×01.1.1	160 000	0	160 000	460 415
2×01.12.31	100 000	55 250	44 750	415 665
2×02.12.31	100 000	49 880	50 120	365 545
2×03.12.31	100 000	43 865	56 135	309 410
2×04.12.31	100 000	37 129	62 871	246 539
2×05.12.31	100 000	29 585	70 415	176 124
2×06.12.31	100 000	21 135	78 865	97 259
2×07.12.31	100 000	11 671	88 329	8 930
2×08.12.31	10 000	1 070①	8 930	0
合　计	870 000	249 585	620 415	

注①:表中数字四舍五入,取近似整数,内含计算误差。
②:应付租赁款870 000=未确认融资费用+应付租赁本金=249 585+620 415=870 000

第三步,取得融资租入设备的会计处理

(1)根据表9-4,租赁期开始日,确认租入设备的入账价值

最低租赁付款额 = 首付租金 + 各期租金之和 + 优惠购买价 + 承租人担保的资产余值
　　　　　　　= 160 000 + 100 000 × 7 + 10 000 + 0 = 870 000(元)

最低租赁付款额的现值 = 160 000 × 1.000 0(第1年租赁开始日付款) + 100 000 × 4.563757(12%、7年期、1元年金现值系数) + 10 000 × 0.403883(12%、第8年、1元现值系数) = 160 000 + 456 376 + 4 039
= 620 415(元)

租赁资产公允价值 = 621 980(元)

按"孰低"计价要求,620 415 < 621 980,租赁开始日租赁资产入账价值 = 620 415(元)

(2) 根据表9-4,租赁期开始日,计算未确认融资费用

$$未确认融资费用 = 最低租赁付款额 - 租赁开始日租赁资产入账价值$$
$$= 870\,000 - 620\,415 = 249\,585(元)$$

(3) 租赁期开始日,初始直接费用计入租赁资产的初始计量价值

$$K租赁设备原值 = 入账价值 + 初始直接费用 = 620\,415 + 16\,385 = 636\,800(元)$$

(4) 租赁期开始日,会计分录

借:固定资产——租入固定资产(K设备)	636 800
未确认融资费用	249 585
贷:长期应付款——应付租赁款	870 000
银行存款	16 385

第四步,应付租赁本金和利息的会计处理

(1) 根据表9-4,2×01年1月1日,支付第1次租赁款(首付款)

借:长期应付款——应付租赁款	160 000
贷:银行存款	160 000

(2) 根据表9-4,2×01年12月31日,支付第2次租赁款和确认第1年财务费用

借:长期应付款——应付租赁款	100 000
贷:银行存款	100 000

同时

借:财务费用	55 250
贷:未确认融资费用	55 250

(3) 根据表9-4,2×02年12月31日,支付第3次租赁款和确认第2年财务费用

借:长期应付款——应付租赁款	100 000
贷:银行存款	100 000

同时

借:财务费用	49 880
贷:未确认融资费用	49 880

以后各年,依次类推。

第五步,计提折旧、或有租金和取得租赁资产所有权转账的会计处理

(1) 融资租入固定资产计提折旧的会计处理

K租赁设备原值已包括租赁期届满时优惠购买价格,租赁期届满时支付优惠购买价后能取得租赁设备所有权,因此不需按租赁资产使用年限与租赁期孰低计

提折旧，可直接按预计使用年限计提折旧。假定，企业按年计提折旧，2×01 年 12 月 31 日计提折旧的分录如下。

$$年折旧额 = (636\,800 - 636\,800 \times 5\%) \div 10 = 60\,496(元)$$

借：制造费用——折旧费　　　　　　　　　　　　60 496
　　贷：累计折旧　　　　　　　　　　　　　　　　　　　60 496

以后各年，以此类推。

（2）2×02 年 12 月 31 日，或有租金的会计处理

$$本年度出租人应分享的经营收入 = 1\,800\,000 \times 1\% = 18\,000(元)$$

借：销售费用——出租人分享的经营收入　　　　　18 000
　　其他应付款——ZH 公司　　　　　　　　　　　　　　18 000

以后各年，或有租金会计处理分录，以次类推。

（3）取得租赁资产所有权，结转固定资产的会计处理

由于 YH 公司的租入资产优惠购买价格已包括在租赁付款额之内的，在支付最后一次租金时，反映租赁资产所有权的转移，但不调整租赁资产的价值。2×08年 12 月 31 日，租赁期届满时支付优惠购买价，并取得租赁资产所有权，分类如下。

借：长期应付款——应付租赁款　　　　　　　　　10 000
　　财务费用　　　　　　　　　　　　　　　　　　 1 070
　　贷：银行存款　　　　　　　　　　　　　　　　　　　10 000
　　　　未确认融资费用　　　　　　　　　　　　　　　　 1 070

同时

借：固定资产——生产经营固定资产（K 设备）　　636 800
　　贷：固定资产——租入固定资产（K 设备）　　　　　　636 800

【例 9-9】　沿用【例 9-8】有关资料，假定租赁期届满时，YH 公司将租赁资产退还出租人，租赁合同规定担保的租赁资产余值为 10 000 元。租赁期届满时，租赁资产公允价值 5 000 元。YH 公司有关会计处理如下。

（1）租赁付款额的会计处理

在租赁资产余值被担保的情况下，担保的余值是出租人在租赁期届满时要求承租人再支付的一笔租金，该租金是担保余值与资产余值的差额。由于担保余值往往大于资产余值，因此再支付的这笔租金其实质是一笔赔偿损失的金额。

YH 公司记录的租入固定资产和长期应付款的金额，以及编制的应付租入固定资产租赁费分摊表和会计分录均同上述【例 9-8】。所不同的是，第 8 年年末支付的 10 000 元不是优惠购买价，而是租赁资产的担保余值。在这种情况下，YH 公司

有关应付租赁付款额的会计分录同上述【例9-8】。

（2）按孰低原则，计提租赁资产折旧

租期届满时租入资产需退还出租人，按租赁资产的使用寿命期与租赁期孰低计提折旧，每年末计提折旧分录如下。

$$年折旧额 = (固定资产原值 - 担保余值) / 租赁期$$
$$= (636\,800 - 10\,000) / 8 = 78\,350(元)$$

借：制造费用——折旧费　　　　　　　　　　　　　78 350
　　贷：累计折旧——租入固定资产　　　　　　　　　　78 350

（3）2×08年12月31日，退还租赁资产，并追加一笔赔偿租赁损失款

租赁期届满时，资产余值公允价值5 000元，担保余值10 000元，再以银行存款支付，追加赔偿一笔5 000元(10 000-5 000)的损失，并退还租赁资产，分录如下。

借：长期应付款——应付租赁款　　　　　　　　　　10 000
　　营业外支出——租赁损失　　　　　　　　　　　　5 000
　　累计折旧——租入固定资产(78 350×8)　　　　　626 800
　　贷：固定资产——租入固定资产(K设备)　　　　　636 800
　　　　银行存款　　　　　　　　　　　　　　　　　5 000

须指出，对于短期租赁和低价值资产租赁，承租人可以选择不确认使用权资产和租赁负债。作出该选择的，承租人应当将短期租赁和低价值资产租赁的租赁付款额，在租赁期内各个期间按照直线法或其他系统合理的方法计入相关资产成本或当期损益。其他系统合理的方法能够更好地反映承租人的受益模式的，承租人应当采用该方法。对于短期租赁，承租人应当按照租赁资产的类别作出租赁准则规定的会计处理选择。对于低价值资产租赁，承租人可根据每项租赁的具体情况作出准则规定的会计处理选择。按照准则规定进行简化处理的短期租赁发生租赁变更或者因租赁变更之外的原因导致租赁期发生变化的，承租人应当将其视为一项新租赁进行会计处理。例如，甲公司从乙公司经营租赁的商务楼租入两层场地用于其办公用房，合同约定，每月租金5万元，租期3年并一次性预付全部租金180万元(5×12×3)；租赁期届满后乙公司收回出租场地。这项租赁不符合融资租赁标准，属于低价值资产租赁。甲公司租赁会计处理如下：租入时借记"长期待摊费用"账户180万元，贷记"银行存款"账户180万元；每月摊销租金费用时，借记"管理费用"账户5万元，贷记"长期待摊费用"账户5万元。3年租赁合同到期，甲公司按合同约定归还乙公司经营租赁场地，就可拍拍屁股走人。此外，经营租赁双方均须设置"经营租赁资产"备查簿进行备查登记，以反映和监督经营租赁资产的使用、归还和结存情况。

第十章

股东权益

第一节　股东权益的概念、分类和权益工具

一、股东权益的概念

所有者权益是指企业资产扣除负债后由所有者享有的剩余权益。股份公司的所有者权益称为股东权益。在理论上,所有者权益至今尚无令人信服的定义,目前普遍接受的定义主要涉及其计量,并没有说明其本质属性。股东权益与资产、负债等会计要素不同,资产、负债等会计要素可单独定义和计量,所有者权益却不能,它通常被认为是资产减去负债后的净额,也称净资产或净权益。

企业资产来自两个方面:一是负债,二是股东权益。这些资产来源在会计上又称权益,即对企业资产的要求权。债权人和股东对企业资产都拥有要求权。在法律上,债权人对企业资产的索取权优于股东对企业资产的索取权。因此,股东权益是企业资产扣除债权人权益后的剩余权益、净权益。

股东权益与负债(债权人权益)还具有以下明显区别:负债到期必须偿还本息;而股东的投入资本与企业共存,在经营期间无需偿还。企业在经营过程中将本求利,根据盈利水平、股利分配政策支付股利。此外,债权人只享有获得债务本金和利息的权利,无权参与收益分配;股东除了可获得收益分配外,还可参与经营决策。会计将权益划分为债权人权益和股东权益,目的在于既能优先保护债权人利益,又能保全股东权益。

普通股股东对企业拥有的权益,最初以投入资本获得股票的形式取得股份,形成企业的股本和资本公积,它们一起组成投入资本。随着生产经营的发展,资本增值,从盈利中提取盈余公积和留存未分配利润,它们形成企业的留存利润。此外,按照全面而清晰报告损益信息的要求,将原计入资本公积未真正实现的未实现收益,以其他综合收益项目在股东权益内单独披露。

二、股东权益的分类、组成及其意义

股东权益分类的目的,与其他会计要素分类的目的是相同的,是向信息使用者揭示有关管理效率、经营责任和经济利益等方面的信息,主要反映以下资料:(1)企业的股本来源;(2)法定注册资本;(3)分配投入资本的法律限制;(4)股利分配的限制;(5)清算时各类股东的优先权。(6)尚未真正实现的其他综合收益等。

股东权益主要由投入资本、其他综合收益和留存利润组成。

(1) 投入资本。一是股本,股本是企业发行典型权益工具——股份后形成的法定股本。二是其他权益工具,它是发行的除股份外的权益工具,原作为股本明细项目,现单独列报,如优先股、永续债和赎回权等。三是资本公积,它是准股本,还包含资本利得和损失。

(2) 其他综合收益,即未真正实现的收益。按照全面报告损益理念,原计入资本公积的未实现收益,现单独以其他综合收益形式进行更为清晰详细的披露。

(3) 留存利润。盈余公积和未分配利润。

对于债权人和股东来说,区分投入资本、未实现收益和留存收益是十分重要的。债权人为正确分析债权利息和本金的回收,需要掌握投入资本、未实现收益和留存利润的相关信息,其中法定的股本金是债权人债权本金的最后保障底线。同样,股东获得股利时有权了解股利分配应来自本期和前期累积利润的分派,而不应是投入资本的返回。同时,其他综合收益是未实现收益,对正确预测和评价企业价值十分重要,但没有现金流量无法"三六九捞现钞",只能画饼充饥而已。

按照《基本准则》的规定,股东权益的来源包括股东投入的股本、直接计入股东权益的利得和损失、留存收益等。直接计入股东权益的利得和损失是指不应计入当期损益、会导致股东权益发生增减变动的、与股东投入资本或者向股东分配股利无关的利得和损失。利得是指由企业非日常活动所形成的、会导致股东权益增加的、与股东投入资本无关的经济利益的流入。损失是指由企业非日常活动所形成的、会导致股东权益减少的、与向股东分配股利无关的经济利益的流出。

须指出,股东权益金额最终取决于资产和负债的计量,而且股东权益项目应当列入资产负债表。为达到有利于信息使用者决策分析的财务报告目标,会计主体财务会计报表的对外信息披露应不断进行完善和发展。目前,按照企业资产负债表的列报要求,股东权益项目应按照相应项目不同的来源渠道和特点用途进行更为全面和清晰的分类,具体分为股本、其他权益工具、资本公积、其他综合收益、盈余公积和未分配利润,并以此分项进行列报。此外,企业具有库存股的,应将其安排在资本公积项目下进行列报。

三、权益工具和其他权益工具

按照金融负债和权益工具区分原则,权益工具可以分类为基本权益工具和其他权益工具。基本权益工具就是普通股。企业发行的普通股以外的归类为权益工具的各种金融工具,如认股权证、永续债、赎回选择权或转换选择权等,被称为其他权益工具。权益工具属于股东权益的组成部分,其变动将影响股东权益的信息披露。因此,需要注意权益工具和其他权益工具对股东权益的影响。

(一)权益工具与金融负债的区分

企业发行的权益工具通常构成股东权益的重要组成内容。按《金融工具列报》准则的规定,企业发行金融工具,应按金融工具的实质,以及金融资产、金融负债和权益工具的定义,在初始确认时将该金融工具或其组成部分确认为金融资产、金融负债或权益工具。

在一般情况下,能较容易地区分权益工具与金融负债。例如,企业发行金融工具的合同条款中不包括交付现金或其他金融资产给其他单位的合同义务,也不包括潜在不利条件下与其他单位交换金融资产或金融负债的合同义务,则该金融工具可确认为"权益工具"。

又如,企业发行的金融工具是非衍生工具,且企业无义务交付非固定数量的自身权益工具进行结算,则该工具应确认为"权益工具";如果该工具是衍生工具,且企业只能通过交付固定数量的自身权益工具进行结算(该权益工具不包括需通过收取或交付企业自身权益工具进行结算的合同),换取固定数量的现金或其他金融资产进行结算,该工具也应确认为"权益工具"。

在某些复杂情况下,有时较难分清权益工具与金融负债,如企业发行的、须用自身权益工具结算的金融工具,而结算又有多种方式,于是因结算方式不同往往会导致确认结果也有所不同。因此,会计上需要区分金融工具对股东权益的影响,划清股东权益与金融负债的界限。

(二)混合金融工具会计要素成分的认定和分拆

混合金融工具是一种复杂的金融工具,包括混合衍生工具和混合非衍生工具。混合衍生工具,它是嵌入衍生工具与主合同构成混合的金融工具,各种各样、形形色色,而且还在不断被金融创新衍生研发出来,复杂混合衍生工具的成分往往含"毒",也可称之为"金融毒品",最终甚至可能引发金融危机。混合非衍生工具,其复杂性表现在它们的属性:有的既像负债又好像权益(股东权益),比如永续债、可转换优先股;有的又表现为既含有负债成分,也含有权益成份,比如可转换债券等。

《金融工具确认和计量》准则规定,嵌入衍生工具是指嵌入到非衍生工具(即主合同)中,使混合工具的全部或部分现金流量随特定利率、金融工具价格、商品价格、汇率、价格指数、费率指数、信用等级、信用指数或其他类似变量的变动而变动的衍生工具。

衍生工具是指具有下列特征的金融工具或其他合同:(1)其价值随特定利率、金融工具价格、商品价格、汇率、价格指数、费率指数、信用等级、信用指数或其他类似变量的变动而变动,变量为非金融变量的,该变量与合同的任一方不存在特定关系;(2)不要求初始净投资,或与对市场情况变化有类似反应的其他类型合同相比,要求很少的初始净投资;(3)在未来某一日期结算。衍生工具包括远期合同、期货合同、互换和期权,以及具有远期合同、期货合同、互换和期权中一种或一种以上特征的工具。

期权是一种衍生工具,期权交易即期权合同交易,它是从期货合同交易发展而来的。期权(Ooption)又称选择权,是指买卖双方签订权利转让合同,在合同约定期限内,按约定的履约价格,买卖一定数量的期权标的资产的一种权利。期权交易把这种权利作为可以买卖的商品,通过买卖期权合同来进行。期权交易具有明显的投机性质,其盈亏完全建立在期权标的资产价格波动的基础上。如果期权标的资产的价格显著变动,行权时很可能按充分低于当前交易价格的履约价格购买,如果差价大于期权成本,买进者就将受益。期权的标的资产包括被选定的特定股票、股票组合、股票指数、外汇、金融工具合同等。

金融期权是期权的一种类型,它属于衍生金融工具。金融期权的基本交易方式是期货和期权相结合的交易方式,它是期货合约的期权交易。期权交易的基本形式是结合期货和期权交易两者的长处,交易者既可利用期货交易"下本不大获利高"的杠杆作用,又可利用期权交易控制风险。但是,经过创新"衍生"变化的结构性复杂期权交易,如累积认购期权(Knock Out Discount Accumulator, KODA)交易,这种创新衍生品交易与期权交易的"基本"方式有"天壤之别"。

对于混合金融工具,应该分析判断其属性,确定性质并将其归类为负债、权益,或者分拆成分再归类为负债或权益,并分别负债和股东权益会计要素进行确认和计量。

四、股票股利对股东权益的影响

(一)股份股利

股票股利(Stock Dividend)又称股份股利,是指企业分派股利时不用现金支付,而以"作为资本的股份"抵付。上市公司利润分配往往采用分派股票股利和现金股利两种方式,即所谓送(红)股和派现(金)。股票股利是公司用增发面值与原股票相同的新股的方式来抵付现金股利,但股票股利支付不是现金支付,因此股票股利不能算是真正的股利。

在成熟市场上,一般企业发放其发行在外股份25%(含25%)以下的股票股利时,企业股价不会发生异常波动,于是获得股票股利与现金股利一样能给股东带来相似效益。因此,许多股东认为股票股利是分得的股份按公允价格计算的利润分配。美国会计师协会主张,企业作为股利发放的股份数如果不到发行在外股份的25%,应从其留存收益中转出一笔相等于所发股份的公平价值数额,使它资本化。企业应将这部分具有市场价值同等效应的、与新增发股份相对应的"本期"利润分配后留存,再转出予以资本化,按股票面值转入"股本",按溢价部分转入"资本公积"。

如果发行在外的股票股利超过25%,一般股价就会向下波动,大多数投资者认为此时企业的目的在于降低股价、刺激交易以吸引投资者,造成一种企业正在发展、具有投资吸引力的良好印象。从这点出发,股票股利超过25%时,企业应将"本期"利润留存后再按股票面值转入"股本"即可。因此,股票股利对股东权益总额没有影响,影响的是股东权益内部资金结构的比例。

(二) 股票分割

股票分割(Stock Split)又称股份重分,是指企业按原股东持有的发行在外股票数的某一倍数来增发股份,这就是股份的重分。股票分割有两种形式:一是"拆增",是指将原股票的面值分割、股份拆小,增加股份,即一股按一定比例重分为较多股份,使股票的份额按一定比例增加;二是"并减",与"拆增"正好相反,将原股票的股份合并、扩大面值,使股份减少,使股票的份额按一定比例减少。

例如,面值10元股票以10∶1"拆增"分割,表示股东可用1张面值10元的原股票换取10张面值1元的新股票。股票分割有利于提高该股票交易的流动性,吸引投资者、刺激交易,造成企业正在发展、具有投资吸引力的形象。IT高新技术企业由于研发费用巨大、利润水平低,往往采用股票分割方式进行利润分配。股票分割下,企业只需在"股本"项目内对股票的每股面值和股份数量做出重分后的新调整即可。因此,股票分割不仅对股东权益总额无影响,而且对股本总额也无影响,影响的只是股本中股票的每股面值和股份数量。

第二节 股本和其他权益工具

一、股本

(一) 股本的入账要求

在法律上,资本是指企业成立时企业章程确定的股东出资构成的资产总额。

在理论上,法律对企业资本有三条基本原则:一是资本确定原则,亦称法定资本制,是指企业设立时,必须在企业章程中明确规定企业的资本总额,并须由股东全部出资认足;二是资本维持原则,亦称资本充实原则,是指企业在持续经营期间,应当维持与资本总额相当的资产;三是资本不变原则,是指企业的资本总额非经严格的法定程序,不得任意增减,它是资本维持原则的进一步要求,使企业资产在形式上和实质上得到维持。

股本是股东投入企业的法定资本,是创办企业的本钱,使企业得以在生产经营中将本求利,以本负亏。企业资本过剩,应按法定程序报经批准减少注册资本,可采取收购本企业股票的方式进行。企业因经营不善而严重亏损,或由于特殊情况而发生重大亏损,用以后年度利润和留存利润来弥补难以奏效时,为维护其形象一般可采取销除股份或注销每股部分金额的办法,用股本弥补巨额亏损。采取这种办法须经股东大会通过,按法定程序报经有关部门批准,对外(主要对债权人)公告并履行减资手续,然后才能进行相应的会计处理。

股本入账时,应按股票种类与股东单位或姓名等进行明细核算。股本是股东权益的基本组成部分,它是投资者、国家有关部门对企业进行价值分析和管理的基础,也是债权人权益的最后保障,以及股东获取股利分配的重要依据。因此,非特殊情况、未经批准,企业的法定股本不准随意增减变动。

(二)"股本"账户设置与会计处理要求

公司应设置"股本"账户,核算股东按规定投入公司的股本;还应按普通股和优先股设置明细账进行明细核算。具体账户处理如下。

(1)发行股票、收到现金等资产时,按实际收到金额,借记"银行存款""固定资产"等账户;按其在股本中所占份额,贷记本账户;按其差额,贷记"资本公积——股本溢价"账户。

(2)股东大会批准的利润分配方案中应分配的股票股利,应在办理增资手续后,借记"利润分配"账户,贷记本账户。经股东大会或类似机构决议,用资本公积转增资本,借记"资本公积——股本溢价"账户,贷记本账户。

公司法定公积金转增为注册资本的,验资证明应当载明留存的该项公积金不少于转增前注册资本的25%。

(3)可转换公司债券按规定转为股本时,按债券面值,借记"应付债券——可转换公司债券(面值、利息调整)"账户;按其权益成分价值的金额,借记"资本公积——其他资本公积"账户;按股票面值和转换的股数计算的股票面值总额,贷记本账户;按其差额,贷记"其他权益工具"账户。如有不可转换股票的,按实际用现金支付的不可转换股票的部分,贷记"银行存款"等账户。

(4)以权益结算的股份支付换取职工或其他方提供服务的,应在行权日,按根据实际行权情况确定的金额,借记"资本公积——其他资本公积"账户;按应计入股本的金额,贷记本账户。

(5)企业将重组债务转为资本的,应当按重组债务的账面余额,借记"应付账款"等账户;按债权人因放弃债权而享有本企业股份的面值总额,贷记"股本"账户;按股份的公允价值总额与相应的股本之间的差额,贷记或借记"资本公积——股本溢价"账户;按其差额,贷记"营业外收入——债务重组利得"账户。

(6)按法定程序报经批准减少注册资本的,借记本账户,贷记"库存现金""银行存款"等账户。采用收购本公司股票的方式减资的,购回股票支付的价款超过面值总额的部分,按股票面值和注销股数计算的股票面值总额,借记本账户,按所注销库存股的账面余额,贷记"库存股"账户,按其差额,借记"资本公积——股本溢价"账户,股本溢价不足冲减的,应借记"盈余公积""利润分配——未分配利润"账户;购回股票支付的价款低于面值总额的,按股票面值总额,借记本账户,按所注销库存股的账面余额,贷记"库存股"账户,按其差额,贷记"资本公积——股本溢价"账户。

(7)企业(中外合作经营)根据合同规定在合作期间归还投资者的投资,贷记"银行存款"等账户;同时,借记"利润分配——利润归还投资"账户,贷记"盈余公积——利润归还投资"。中外合作经营清算,借记本账户,"资本公积""盈余公积""利润分配——未分配利润"等账户,贷记"利润分配——利润归还投资""银行存款"等账户。

(三)股本的会计处理

1. 股本增加的会计处理

(1)投资者投入

【例10-1】 LQ企业经核准发行面值1元的普通股100 000 000股,每股发行价为3.69元,假定发生相关发行费用7 380 000元,分录如下。

借:银行存款(369 000 000-7 380 000)　　　　　　361 620 000
　　贷:股本　　　　　　　　　　　　　　　　　　100 000 000
　　　　资本公积——股本溢价　　　　　　　　　　261 620 000

或者

借:银行存款　　　　　　　　　　　　　　　　　　100 000 000
　　贷:股本　　　　　　　　　　　　　　　　　　100 000 000
借:银行存款　　　　　　　　　　　　　　　　　　261 620 000
　　贷:资本公积——股本溢价　　　　　　　　　　261 620 000

(2)资本公积转入

【例10-2】 2×01年初,Y企业是由Q企业出资2 000 000元、S企业出资

3 000 000元共同组建的企业。至2×02年末,企业股东权益总额10 600 000元,其中,股本5 000 000元,资本公积4 000 000元,留存利润1 600 000元。2×03年年初,经协商批准后按双方原出资比例将资本公积转作股本,并按企业法规定各自留存的公积金不少于转增前注册资本的25%。Y企业有关会计处理如下。

Q企业增资部分 = [4 000 000/(2 000 000 + 3 000 000) × 2 000 000] − 2 000 000 × 25%
= 1 600 000 − 500 000 = 1 100 000(元)

S企业增资部分 = [4 000 000/(2 000 000 + 3 000 000) × 3 000 000] − 3 000 000 × 25%
= 2 400 000 − 750 000 = 1 650 000(元)

借:资本公积 2 750 000
  贷:股本——Q企业 1 100 000
     ——S企业 1 650 000

(3)留存利润转入

一是,股票股利。

我国上市公司发放股票股利时,只要按规定将利润分配转作股本即可。但是,如果股东所持股份不足比例而无法分配时(例如,按10%比例发放股票股利,某股东只持有9股),则"不足"部分可按现金股利方式给予补偿,或者由股东内部转让、调剂,凑成整数股再予以发放。

【例10-3】 2×18年末,KY公司股本100 000 000元,每股面值1元;当年净利润18 000 000元、利润留存率50%;董事会决定分派20%股票股利。2×19年3月8日,股东大会批准2×18年度的利润分配方案,当天公司股价3.80元,并发放股票股利。会计处理如下。

(1)2×18年末,本期利润留存

借:利润分配(18 000 000×50%) 9 000 000
  贷:盈余公积 9 000 000

(2)2×19年3月8日,批准利润分配方案,并发放股票股利

借:盈余公积(100 000 000×20%×3.80) 76 000 000
  贷:股本——普通股(100 000 000×20%×1) 20 000 000
     资本公积——股本溢价(10 000 000×20%×2.80) 56 000 000

【例10-4】 沿用【例10-3】资料,按当前上市公司实务做法,会计处理如下:

(1)2×18年末,利润留存分录同上,董事会决定分派股票股利时不做账务处理

(2)2×19年3月8日,股东大会批准2×18年度利润分配方案,并发放2×18年度股票股利

借:利润分配——转作股本的普通股股利　　　　　　20 000 000
　　贷:股本——普通股(100 000 000×20%)　　　　　　　20 000 000

二是,股票分割。

股票分割下,公司只需要在"股本"总账和资产负债表"股本"项目上采用旁注形式注明重分后的股票总数和每股面值即可,无须做会计分录,但要在财务报告附注中做出文字信息披露。

【例10-5】 假定HD公司股本总额100 000 000元,每股面值10元,股份10 000 000股;资本公积200 000 000元;留存收益56 800 000元。现以10比1分割,股份重分前与重分后的资产负债表(部分)"股东权益"项目的信息披露,见表10-1、表10-2。

表10-1　　　　　　　部分资产负债表(股票分割前)　　　　　　单位:元

项目	金额
股本——普通股(10 000 000股,每股面值10元)	100 000 000
资本公积	200 000 000
留存收益	56 800 000
股东权益合计	356 800 000

表10-2　　　　　　　部分资产负债表(股票分割后)　　　　　　单位:元

项目	金额
股本——普通股(100 000 000股,每股面值1元)	100 000 000
资本公积	200 000 000
留存收益	56 800 000
股东权益合计	356 800 000

2. 股本减少的会计处理

(1)资本过剩的减资

【例10-6】 GH企业因资本过剩,按法定程序报经批准后减少注册资本,退还股款1 500 000股,并注销股东股份。假定每股面值1元,按面值发还,GH企业分录如下。

借:股本　　　　　　　　　　　　　　　　　　　　1 500 000
　　贷:银行存款　　　　　　　　　　　　　　　　　　　1 500 000

上市企业资本过剩的减资处理,需要回购本企业股票,形成库存股,再以法定程序报经批准后予以注销以减少资本。具体见本章最后一节"库存股"介绍。

(2)严重亏损的减资

【例10-7】 2×15年年末,ND企业长期亏损,未分配利润为负10 000 000元。企业股本20 000 000元,没有资本公积和留存利润。为未来能与合作方顺利谈判、合资经营,经法定程序报经批准并履行向债权人公告等减资手续后"减资抵亏",ND 企业有关分录如下。

  借:股本   10 000 000
   贷:利润分配——未分配利润   10 000 000

  ND 企业"减资抵亏"后,其股本由 20 000 000 元改为 10 000 000 元,未分配利润由负转为零。

二、其他权益工具

(一)其他权益工具的会计处理要求

  金融工具是指形成一个企业的金融资产,并形成其他单位的金融负债或权益工具的合同。其中,权益工具是指能证明拥有某个企业在扣除所有负债后的资产中的剩余权益的合同。企业发行的普通股股票是典型的权益工具;企业发行的公司债券是典型的金融负债。权益工具,可分为"基本"权益工具和"其他"权益工具。

  其他权益工具是指除了基本权益工具以外的所有权益工具。典型的基本权益工具就是普通股股票。企业发行的除了普通股以外的应归类为权益工具的各种金融工具,如优先股、永续债、认股权证、赎回选择权或转换选择权等有价证券,被称为其他权益工具。

  对于混合金融工具,应该分析判断其属性,确定性质并将其归类为负债类或权益类,或者分拆成分再归类为负债类或权益类,并分别"负债"和"股东权益"会计要素进行确认、计量和报告。企业发行的某些混合金融工具(非衍生工具),诸如可转换优先股、永续债,可转换企业债券等,须对它们进行分析和判断,研究其本质并确定到底是属于金融负债、权益工具,还是其他权益工具。对于可转换企业债券,其混合成分须进行分拆。

  企业发行的金融工具,应按照《金融工具确认和计量》准则将其归类为负债类或权益类,然后分别按利息支出和股利分配等进行相应会计处理。金融工具或其组成部分属于金融负债的,其相关利息、利得或损失等,计入当期损益。企业对权益工具持有方的各种分配(不包括股票股利),如现金股利分配,应减少股东权益。企业不应确认权益工具公允价值变动额。

  对于归类为权益工具的金融工具,无论其名称中是否含有"债"的名称,如永续债,其利息支出或股利分配均应作为发行该金融工具企业的利润分配,其回购、注销等均应作为权益的变动处理。对于归类为金融负债的金融工具,无论其名称中是否含有"股"的名称,如可转换优先股,其利息支出或股利分配原则上按照借款费用进行处理,其回购或赎回产生的利得或损失等计入当期损益。

企业发行金融工具,发生的手续费、佣金等交易费用,如分类为债务工具且以摊余成本计量的,应计入所发行工具的初始计量金额;如分类为权益工具的,应从权益(其他权益工具)中扣除。基本权益工具(股本)和其他权益工具,属于企业股东权益的组成部分,其变动将影响股东权益的信息披露。

(二)其他权益工具的会计处理要求

1. 其他权益工具的账户设置

权益工具发行方,应设置以下会计账户。

(1)对于归类为金融负债的金融工具,在"应付债券"账户核算,如同第九章应付债券所述。

对于须拆分且形成衍生金融负债或衍生金融资产的,应将拆分的衍生金融负债或衍生金融资产,按其公允价值在"衍生工具"账户核算。

对于发行的且嵌入了非常紧密相关的衍生金融资产或衍生金融负债的金融工具,如果发行方选择将其整体指定为以公允价值计量且其变动计入当期损益的金融工具,则应将发行的金融工具的整体在以公允价值计量且其变动计入当期损益的"金融负债"等账户核算。

(2)在股东权益类账户中设置"其他权益工具"账户,核算企业发行的除普通股以外的归类为权益工具的各种金融工具。"其他权益工具"账户应按发行的金融工具种类等进行明细核算。

2. 其他权益工具的主要账户处理

(1)发行方的会计处理

① 发行方发行的金融工具归类为债务工具且以摊余成本计量的,应按实际收到的金额,借记"银行存款"等账户;按债务工具的面值,贷记"应付债券——优先股、永续债等(面值)"账户;按其差额,贷记或借记"应付债券——优先股、永续债等(利息调整)"账户。

在该金融工具存续期间,计提利息并对账面"利息调整"进行调整等的会计处理,应按《金融工具确认和计量》准则有关金融负债按摊余成本后续计量的规定进行会计处理。

② 发行方发行的金融工具归类为权益工具的,应按实际收到的金额,借记"银行存款"等账户,贷记"其他权益工具——优先股、永续债等"账户。

分类为权益工具的金融工具,在存续期间分派股利(含分类为权益工具的金融工具所产生的利息,下同)的,作为利润分配处理。发行方应根据经批准的股利分配方案,按应分配给金融工具持有者的股利金额,借记"利润分配——应付优先股股利、应付永续债利息等"账户,贷记"应付股利——优先股股利、永续债利息等"账户。

③ 发行方发行的金融工具为复合金融工具的,应按实际收到的金额,借记"银行存款"等账户;按金融工具的面值,贷记"应付债券——优先股、永续债等(面值)"账户;按负债成分的公允价值与金融工具面值之间的差额,借记或贷记"应付债券——优先股、永续债等(利息调整)"账户;按实际收到的金额扣除负债成分的公允价值的余额,贷记"其他权益工具——优先股、永续债等"账户。

发行复合金融工具发生的交易费用,应在负债成分和权益成分之间按照各自占总发行价的比例进行分摊。与多项交易相关的共同交易费用,应在合理基础上采用与其他类似交易一致的方法,在各项交易之间进行分摊。

④ 发行的金融工具本身是衍生金融负债或衍生金融资产或者内嵌了衍生金融负债或衍生金融资产的,应按照《金融工具确认和计量》准则有关衍生工具的规定进行会计处理。

⑤ 由于发行的金融工具原合同条款约定的条件或事项随着时间的推移或经济环境的改变而发生变化,导致原归类为权益工具的金融工具重分类为金融负债的,应于重分类日,按该工具的账面价值,借记"其他权益工具——优先股、永续债等"账户;按该权益工具面值,贷记"应付债券——优先股、永续债等(面值)"账户;按该工具的公允价值与面值之间的差额,借记或贷记"应付债券——优先股、永续债等(利息调整)"账户;按该工具的公允价值与账面价值之间的差额,贷记或借记"资本公积——股本溢价"账户;如资本公积不够冲减的,依次冲减盈余公积和未分配利润。发行方以重分类日计算的实际利率作为应付债券后续计量利息调整等的基础。

因发行的金融工具其原合同条款约定的条件或事项随着时间的推移或经济环境的改变而发生变化,导致原归类为金融负债的金融工具重分类为权益工具的,应于重分类日,按金融负债的面值,借记"应付债券——优先股、永续债等(面值)"账户;按利息调整余额,借记或贷记"应付债券——优先股、永续债等(利息调整)"账户;按金融负债的账面价值,贷记"其他权益工具——优先股、永续债等"账户。

⑥ 发行方按合同条款约定赎回所发行的除普通股以外的分类为权益工具的金融工具,按赎回价格,借记"库存股——其他权益工具"账户,贷记"银行存款"等账户;注销所赎回的金融工具,按该工具对应的其他权益工具的账面价值,借记"其他权益工具"账户;按该工具的赎回价格,贷记"库存股——其他权益工具"账户;按其差额,借记或贷记"资本公积——股本溢价"账户;如资本公积不够冲减的,依次冲减盈余公积和未分配利润。

发行方按合同条款约定赎回所发行的分类为金融负债的金融工具,按该工具赎回日的账面价值,借记"应付债券"等账户;按赎回价格,贷记"银行存款"等账户;按其差额,借记或贷记"财务费用"账户。

⑦发行方按合同条款约定将发行的除普通股以外的金融工具转换为普通股的,按该工具对应的金融负债或其他权益工具的账面价值,借记"应付债券""其他权益工具"等账户;按普通股的面值,贷记"股本"账户;按其差额,贷记"资本公积——股本溢价"账户。

如果转股时,金融工具的账面价值不足以转换为1股普通股而需要以现金或其他金融资产支付的,则需要按支付的现金或其他金融资产的金额,贷记"银行存款"账户。

(2) 投资方的会计处理

金融工具投资方即持有人,在其考虑持有的金融工具或其组成部分是权益工具还是债务工具投资时,应按《金融工具确认和计量》准则的相关要求,原则上一般应与发行方对金融工具的权益或负债属性的分类保持一致。例如,对于发行方归类为权益工具的非衍生金融工具,投资方一般应对应地将其归类为权益工具投资。

如果投资方因持有发行方发行的金融工具而对发行方拥有控制、共同控制或重大影响的,应按《长期股权投资》准则和《企业合并》准则的要求进行确认和计量。此外,投资方需要编制合并财务报表的,还应按《合并财务报表》准则要求,进行合并财务报表的编制。

(三) 衍生工具、期权中涉及其他权益工具的会计处理要求

为核算衍生工具,应设置"衍生工具"账户,用于核算衍生工具的公允价值及其变动形成的衍生资产或衍生负债。衍生工具为套期工具的,在"套期工具"账户核算。

公司以自身股票为标的发行期权时,在以公司普通股净额结算期权的方式下,按期权公允价值确认金融工具负债,借记"银行存款"账户,贷记"衍生工具——看涨期权"账户。在这种情况下,从有价权证公允价值变动上看,对发行人而言,权证价格上涨意味着损失,以现金净额结算权证时意味着金融负债增加;反之,权证价格下降意味着收益,以现金净额结算权证时意味着金融负债减少。为了能从公司账户上反映期权交易金融负债净额,需要确认衍生工具(看涨期权)公允价值变动以及最终形成的衍生工具负债,以便按金融负债现金净额结算期权。

公司在以现金转换普通股的方式下发行期权时,按期权公允价值确认一项股东权益项目(其他权益工具)。由于衍生工具确认为权益工具,所以无需后续计量,期权合约公允价值变动无需处理,没有发生现金收付,不做会计分录。持有方行权前公司没有发生现金收付情况,因此在资产负债表日无需对股票市场上交易的有价权证公允价值变动额进行确认和调整。在结算时,按收到的期权费,借记"银行存款"账户;按约定交付固定数量股票的面值,贷记"股本"账户;按其差额,贷记"资本公积——股本溢价"账户。因交付股票必须为整数,如存在余数,需以

现金支付,贷记"银行存款"账户。

【例10-8】 2×19年3月,LL企业发行100 000股优先股,每股面值100元,合计面值10 000 000元。每股发行价120元,每股票面约定股息率6.5%,全部发行收入已存入银行存款。经分析判定该金融工具属于权益工具。LL企业有关会计处理如下。

$$银行存款 = 120 \times 100\,000 = 12\,000\,000(元)$$

借:银行存款　　　　　　　　　　　　　　　　　12 000 000
　　贷:其他权益工具——优先股　　　　　　　　　　　　　12 000 000

【例10-9】 2×01年5月1日,ZH企业向KS企业发行以自身股票为标的的看涨期权,行权价78元。根据期权合约规定,如果KS企业行权,则有权以每股78元行权价从ZH企业购入面值1元、普通股1 000股。发行日与期权合约签订日为2×01年5月1日;行权日(欧式期权)为2×02年3月8日。期权合约签订日,ZH企业股价77元,期权合约的公允价值6 000元;当年年末,股价79元,期权合约公允价值3 500元;行权日,股价80元,期权合约公允价值2 000元。

行权日,如果KS企业行权,以每股78元价格向ZH企业购进该企业普通股股票1 000股。同时,ZH企业按协议规定须做出对应交易的义务以结算期权。假定不考虑其他因素,根据以下三种情况,ZH企业有关会计处理如下。

情况一:发行看涨期权,并以现金净额结算期权合约

(1) 合约签订日,按合约初始公允价值,收到KS企业支付的固定金额的现金,并确认发行的看涨期权(衍生工具负债)

借:银行存款　　　　　　　　　　　　　　　　　6 000
　　贷:衍生工具——看涨期权　　　　　　　　　　　　　6 000

(2) 签订合约的当年年末,期权合约价值下降,衍生工具负债减少,确认公允价值变动收益

借:衍生工具——看涨期权(6 000-3 500)　　　　　　2 500
　　贷:公允价值变动损益　　　　　　　　　　　　　2 500

(3) 行权日,期权合约价值下降,衍生工具负债减少,确认公允价值变动收益

借:衍生工具——看涨期权(3 500-2 000)　　　　　　1 500
　　贷:公允价值变动损益　　　　　　　　　　　　　1 500

(4) 行权日,以现金净额结算期权合约

当KS企业行权时,向其交付相当于按行权日的股价计算的1 000股的市值金额80 000元(80×1 000);从KS企业收取78 000元(78×1 000),并以合约交易实际

付出现金的净额 2 000 元结算衍生工具(看涨期权)形成的负债。

    ZH 企业实际付出现金的净额 = 6 000 - 2 500 - 1 500 = 2 000(元)
    或者   = 80 000 - 78 000 = 2 000(元)

  借：衍生工具——看涨期权   2 000
    贷：银行存款   2 000

情况二：发行看涨期权，并以普通股净额结算期权合约

（1）合约签订日，确认衍生工具负债和期权合约公允价值变动损益的分录同情况一

（2）行权日，以普通股净额结算期权合约，折合股份 25 份、股本 25 元（2 000/80×1）

  借：衍生工具——看涨期权   2 000
    贷：股本——KS 企业   25
      资本公积   1 975

情况三：发行看涨期权，并以现金换普通股结算期权合约

（1）合约签订日，ZH 企业以固定数量自身股票换取固定数量金额现金，将衍生工具确认为权益工具，发行期权时，按期权合约初始公允价值确认为一项其他权益工具，并收到固定金额的现金

  借：银行存款   6 000
    贷：其他权益工具——看涨期权   6 000

（2）衍生工具确认为权益工具，无需后续计量，期权合约公允价值变动无需处理，没有发生现金收付，不做会计分录

（3）行权日，看涨期权是价内期权（行权价 78 元小于市场价 80 元），KS 企业行使期权，ZH 企业收取行权费 78 000 元并向其支付 1 000 股普通股股票

  借：银行存款（78×1 000）   78 000
    其他权益工具——看涨期权   6 000
    贷：股本——KS 企业   1 000
      资本公积——股本溢价   84 000

须指出，期权交易按履约时间的不同规定，分为以下两种类型：(1) 美式期权，是指期权买方可在期权有效期限内任何一个营业日（包括到期日）行使其权利；(2) 欧式期权，是指期权买方只能在期权到期日这一天行使其权利，不能提前，也不可推迟。上述两种期权并无欧美地理位置含义，仅仅是对期权买方履约时间有不同的规定。目前，我国期权交易是欧式期权类型。

期权交易品种有股票期权、金融期权(包括利率期权)、货币期权、商品期权(包括贵金属)和权证交易等。其中,股票期权交易,是指期权交易的买方与卖方经过协议后以支付期权费为代价,取得某种在一定期限内按协议价购入或出售一定数额股票的权利,若超过期限合约义务自动解除。权证(Warrant)交易,香港俗称"涡轮"交易,包括各种有价权证交易。在期权交易市场上,权证价格波动性较强、具有以小博大的特点,其投机性介于股票交易与期货交易之间。

还需要指出,近年来,衍生开发出许多特殊期权交易方法,如回溯期权(Retroactive Option)、循环期权(Revolving Option)、价差期权(Spread Option)、最小/最大期权(Min-Max Option)、平均价期权(Average Option)、"权中权"期权(Optionon Option),以及各种结构性累积期权(KODA)等,它们以各种特殊方式增强期权交易的灵活性,同时给期权交易者带来琢磨不透、越来越大的风险和报酬。

其中,累积认购期权(KODA),简称 Accumulator,俗称打折买股票。这是一种结构性复杂衍生品合约交易,它除了与约定股票价格挂钩外,还可与很多金融资产包括外汇、石油期货等价格挂钩,只要有合约金额40%左右的现金或股票等质押品就可进行交易。一般最低入场费 100 万美元,合约期限往往为 1 年。与股价挂钩的 KODA 产品主要售与个人交易者,而与外汇、石油期货等价格挂钩的 KODA 产品主要以上市公司和中小企业"富翁"为销售对象。

KODA 似乎类似一般的看涨期权,但"衍生"后又完全不同于一般的看涨期权。一般的看涨期权合约赋予买方的权利是单方面的,当价格变动对买方有利,就执行期权,在合约到期前盈利随价格变动而增加,盈利是无限的;当价格变动对买方不利,就可放弃执行期权,损失是有限的,仅为所付出的期权费。但是,在 KODA 衍生品交易中,交易者每日可按市价一定折扣"低价"购入股票,低吸高抛从中获利,但当股价上升超过现价 3%—5%时合约自行终止;当股价下跌时,交易者每日依旧要按约定价"高价"进货,有的还要求"双份"进货。金融危机时股价直线下跌,交易者即使倾家荡产,合约期内每个交易日依然必须高价双份购入,使得交易者跌进无底深渊。因此,这种交易的实质是用无限亏钱的风险去搏有限赚钱机会的一种豪赌行为。

第三节 资本公积和其他综合收益

一、资本公积

(一)资本公积的意义和内容

资本公积是股东权益的重要组成部分,形式上它与股本一样,属于股东的投入资本，但这部分投入资本不在核定的股本即法定注册资本内。资本公积和股本一起组成实得资本，它们是企业生产经营最基本的资本。资本公积主要用途是转增股本，它是股本的一种储备，其本质是一种"准"股本。资本公积主要包括股本溢价和直接计入股东权益的利得和损失等。

股本溢价是资本公积最常见的一种来源。在企业创办时，预计现金股利发放率高于利息率，就能获得"创业利润"。创业利润是指企业首次发行股票取得的收入与投资者实际投入核定的股本之间的差额，它是企业创办时获得的一笔额外的资本收入，其性质属于增收资本。

在理论上，股票价格可按"收益"还原"资本"的方式计算得出，即股利收入资本化，按公式表示为：股票价格＝股利收入÷市场利率。如面值 1 元的普通股股票，预计现金股利发放率 20%，每股股利收入为 0.20 元（1×20%），假定同期市场利率10%，则理论上股票价格为 2 元（0.20÷10%）。因此，只要年末股利分配时实际现金股利发放率高于市场利率，股票就可按高于面值的价格溢价发行，发行企业从而获得"创业利润"。

例如，年初创办公司时，为融资 10 000 万元股本金，发行面值 1 元、10 000 万股普通股，预计现金股利发放率 15%，当年末实际发放 1 500 万元（10 000 万×15%）现金股利。若市场利率 5%，则 1 500 万元现金股利的价值相当于存放银行的资本金 30 000 万元（1 500/5%）的价值，即存放银行 30 000 万元，1 年后可获1 500 万元收益。于是，公司创办时，实际融资可得 30 000 万元，面值 1 元的股票可按 3 元溢价发。假定不考虑发行费用，该公司收到的 10 000 万元形成股本金，20 000 万元就是投资者超过股票面值的溢价投入，形成资本公积（股本溢价）。

公司创办后有新股东投资加入时，为维护原股东权益，新股东需按一定比例溢价投入后才能获得与原股东相同的投资比例。这是由于：一是原股东为企业创业和经营已付出承担风险损失等较高代价；二是企业已留存利润，未计入股本的留存利润属于原股东应享有的权益，新股东与原股东要分享留存利润，就需要按一定比例溢价投入。新股东溢价投入的资本溢价部分，同样应计入资本公积。

资本公积的用途主要在于以下两点。

（1）办理增资手续后用资本公积转增股本，按股东原有股份比例增发新股或增加每股面值。资本公积转增股本时，不能增加优先股股东的股本，因为只有普通股股东才拥有资本公积权益，优先股股东不享有公积金权益。此外，企业法定公积金转增为注册资本的，留存的公积金应该不少于转增前注册资本的 25%。

（2）用于国家法规另有规定的其他用途。

（二）资本公积的账户设置和处理要求

企业应设置"资本公积"账户，本账户核算股东出资额超出其在股本中所占份额的部分。直接计入股东权益的利得和损失，也通过本账户核算。本账户应分别"股本溢价"和"其他资本公积"设置明细账户。主要账务处理如下。

1. 收到股东投入的资本、可转换公司债券持有人行使转换权利、将债务转为资本等形成的资本公积，借记本账户，贷记"股本"、本账户（股本溢价）等账户。与发行权益性证券直接相关的手续费、佣金等交易费用，借记本账户（股本溢价）等，贷记"银行存款"账户。经股东大会或类似机构决议，用资本公积转增资本，借记本账户（股本溢价），贷记"股本"账户。

2. 同一控制下控股合并形成的长期股权投资，应在合并日按取得被合并方股东权益账面价值的份额，借记"长期股权投资"账户；按应享有被投资单位宣告发放的现金股利，借记"应收股利"账户；按支付的合并对价的账面价值，贷记有关资产账户或借记有关负债账户；按其差额，贷记本账户（股本溢价）；为借方差额的，借记本账户（股本溢价），资本公积（股本溢价）不足冲减的，借记"盈余公积""利润分配——未分配利润"账户。同一控制下吸收合并涉及的资本公积，比照上述原则进行处理。

3. 长期股权投资采用权益法核算的，在持股比例不变情况下，被投资单位除净损益外股东权益的其他变动，按持股比例计算应享有的份额，借记或贷记"长期股权投资——其他权益变动"账户，贷记或借记本账户（其他资本公积）。处置采用权益法核算的长期股权投资，还应结转原记入资本公积的相关金额，借记或贷记本账户（其他资本公积），贷记或借记"投资收益"账户。

4. 以权益结算的股份支付换取职工或其他方提供服务的，应按确定的金额，借记"管理费用"等账户，贷记本账户（股本溢价）。在行权日，应按实际行权的权益工具数量计算确定的金额，借记本账户（其他资本公积）；按计入股本的金额，贷记"股本"账户；按其差额，贷记本账户（股本溢价）。

5. 自用房地产或存货转换为采用公允价值模式计量的投资性房地产，按照"投资性房地产"账户相关规定进行处理，并相应调整资本公积。

6. 采用收购本企业股票方式减资的，按股票面值和注销股数计算的股票面值总额，借记"股本"账户；按所注销的库存股的账面余额，贷记"库存股"账户；按其差额，借记本账户（股本溢价）；股本溢价不足冲减的，应借记"盈余公积""利润分配——未分配利润"账户。收购本企业股票支付的价款低于面值总额的，按股票面值总额，借记"股本"账户；按所注销的库存股的账面余额，贷记"库存股"账户；按其差额，贷记本账户（股本溢价）。

（三）资本公积的会计处理

【例 10-10】 FH 企业委托 DH 证券公司代理发行面值 1 元、100 000 000 股普通股，发行价格 3 元，发行费按发行收入的 3%从发行收入中扣除。分录如下：

$$发行费 = 100\ 000\ 000 \times 3 \times 3\% = 9\ 000\ 000(元)$$

借：银行存款(300 000 000-9 000 000)　　　　291 000 000
　　贷：股本(100 000 000×1)　　　　　　　　　　　100 000 000
　　　　资本公积　　　　　　　　　　　　　　　　191 000 000

【例 10-11】 YH 企业由 Y 企业和 H 企业各出资 50 000 000 元设立，企业股本 100 000 000 元。经过 2 年经营有留存利润 20 000 000 元。第 3 年初，D 企业出资加盟并占企业 1/3 股份。原股东接受 D 企业投资，YH 企业注册资本增至 150 000 000 元。YH 企业会计处理如下。

原股东控制的权益资本 =（50 000 000 + 50 000 000 + 20 000 000）/2 = 60 000 000 元
（100 000 000 + 20 000 000 + 新股东最低出资额）/3 = 60 000 000
新股东最低出资额 = 60 000 000 × 3 - 120 000 000 = 60 000 000(元)

借：银行存款　　　　　　　　　　　　　　　　　60 000 000
　　贷：股本——D 企业　　　　　　　　　　　　　　50 000 000
　　　　资本公积——资本溢价　　　　　　　　　　　10 000 000

二、其他综合收益

（一）其他综合收益的概述

按照《财务报表列报》准则的规定，其他综合收益，是指企业根据其他相关会计准则规定未在当期损益中确认的各项利得和损失。其他综合收益包括以后会计期间不能重分类进损益的其他综合收益，以及以后会计期间在满足规定条件时将重分类进损益的其他综合收益两大类项目。

综合收益是指企业在某一期间除与所有者以其所有者身份进行的交易之外的其他交易或事项所引起的所有者权益变动。综合收益总额项目反映净利润和其他综合收益扣除所得税影响后的净额相加后的合计金额。

企业应在利润表中增设"其他综合收益"和"综合收益总额"两个项目。

（二）其他综合收益的确认、计量和处理要求

按照《财务报表列报》准则规定，其他综合收益项目应当根据其他相关会计准则的规定分为下列两类。

1. 以后会计期间不能重分类进损益的其他综合收益

以后会计期间不能重分类进损益的其他综合收益项目，主要包括重新计量设定收益计划净负债或净资产变动导致的权益变动，按权益法核算的在被投资单位以后会计期间不能重分类进损益的其他综合收益中所享有的份额等。

在初始确认时企业可以将非交易性权益工具指定为以公允价值计量且其变动计入其他综合收益的金融资产，该指定一经确定后不得撤销，即当该类非交易

性权益工具终止确认时原计入其他综合收益的公允价值变动损益不得重分类进损益。

2. 以后会计期间在满足规定条件时将重分类进损益的其他综合收益

以后会计期间在满足规定条件时将重分类进损益的其他综合收益,主要包括以下六个方面内容。

(1) 按照《金融工具确认和计量》准则的规定,同时符合以下两个条件的金融资产应当分类为以公允价值计量且其变动计入其他综合收益:一是,企业管理该金融资产的业务模式既以收取合同现金流量为目标又以出售该金融资产为目标;二是,该金融资产的合同条款规定,在特定日期产生的现金流量,仅为对本金和以未偿付本金金额为基础的利息的支付。当该类金融资产终止确认时,之前计入其他综合收益的累计利得或损失应从其他综合收益中转出,计入当期损益。

(2) 按照《金融工具确认和计量》准则的规定,对金融资产重分类按规定可以将原计入其他综合收益的利得或损失转入当期损益的部分。

(3) 采用权益法核算的长期股权投资。采用权益法核算的长期股权投资,按照被投资单位实现其他综合收益以及持股比例计算应享有或分担的金额,调整长期股权投资的账面价值,同时增加或减少其他综合收益。此时,借记或贷记"长期股权投资——其他综合收益"账户,贷记或借记"其他综合收益"账户。以后,处置该项长期股权投资时,将原计入其他综合收益的金额转入当期损益。

(4) 作为存货或自用的房地产转换为投资性房地产。企业将作为存货或自用的房地产转换为采用公允价值模式计量的投资性房地产时,应按该项房地产在转换日的公允价值,借记"投资性房地产——成本"账户;原计提跌价准备的,借记"存货跌价准备"账户;按其账面价值,贷记"开发产品"等账户;同时,转换日的公允价值小于账面价值的,按其差额,借记"公允价值变动损益"账户,转换日的公允价值大于账面价值的,按其差额,贷记"其他综合收益"账户。

企业将自用建筑物等转换为采用公允价值模式计量的投资性房地产时,应按该项房地产在转换日的公允价值,借记"投资性房地产——成本"账户;原计提减值准备的,借记"固定资产减值准备"账户;按计提的累计折旧等,借记"累计折旧"等账户;按其账面价值,贷记"固定资产"等账户。同时,转换日的公允价值小于账面价值的,按其差额,借记"公允价值变动损益"账户;转换日的公允价值大于账面价值的,按其差额,借记"其他综合收益"账户。以后,处置该项投资性房地产时,因转换计入其他综合收益的部分应转入当期损益。

(5) 现金流量套期工具产生的利得或损失中属于有效套期的部分。

(6) 外币财务报表折算差额。按照《外币折算》企业会计准则的要求,企业在处置境外经营的当期,将已列入合并财务报表股东权益的外币折算差额中与该境外经营相关的部分,自其他综合收益项目转入处置当期损益。如果是部分处置境外经营,应按处置的比例计算处置部分的外币报表折算差额,转入处置当期损益。

第四节 留存收益

留存收益是指通过企业生产经营活动而创造的收益积累、尚未分配给股东的净收益,包括盈余公积和未分配利润两个部分。企业创造的净收益,一部分作为股东投资报酬以股利形式分派股东,另一部分则留存企业形成自有资本。

一、盈余公积

盈余公积是企业按规定从税后利润中提取的各种积累资金,属于积累性基金。其实质是对股东利润分配的限制,对企业部分收益进行特定用途的拨定留存。盈余公积是股东投入资本的增值价值,按其提取方式可分为以下两种。

1. 法定盈余公积。按税后利润10%提取,当达到企业注册资本50%以上时可不再计提。根据公司法规定,法定盈余公积的主要用途是弥补亏损。法定盈余公积不足以弥补以前年度亏损的,在提取法定盈余公积前,应先用当年利润弥补亏损,之后再根据当年所剩利润,计提法定盈余公积。

2. 任意盈余公积。按企业章程或股东大会决议提取。

(一)利润分配顺序

企业利润分配的过程和结果,不仅关系到股东权益是否得到保障,还关系到企业的稳定和发展。企业净利润一般按下列五项顺序进行分配。

1. 弥补以前年度亏损。根据税法规定,企业发生的年度亏损,可用以后年度应纳税所得弥补,1年弥补不足的,可逐年连续弥补,但最长不超过5年。5年内不论盈利或亏损,都作为实际弥补年限计算。税法规定年限内的税前利润不足弥补的,用以后年度的税后利润弥补,或者经投资者审议后用盈余公积弥补。

2. 提取法定公积金。企业应按本年度实现的净利润10%的比例提取法定盈余公积(非公司制企业也可按照超过10%的比例提取),在计算计提法定盈余公积的基数时,不应包括企业年初未分配利润。企业的法定公积金不足以弥补以前年度亏损的,在提取法定公积金之前,应当先用当年利润弥补亏损。法定公积金主要用于弥补亏损,扩大再生产经营或转增资本。

3. 提取任意公积金。企业从税后利润中提取法定公积金后,经股东会或股东大会决议,还可以从税后利润中提取任意公积金。

4. 支付优先股股利。按合同约定的股利率支付作为权益工具的优先股股利。

5. 向普通投资者分配普通股股利。企业以前年度未分配的利润,并入本年度利润,在充分考虑现金流量状况后向投资者分配。属于各级人民政府及其部门、机构出资的企业,应将应付国有利润上缴财政。上市公司根据"股权平等、同股同利、利润分享、风险共担"原则,按股分配。股份公司依法回购后未注销的库存股,不得参与利润分配;以回购股份对经营者及其他职工实施股权激励的,在拟订利润分配方案时,应预留回购股份所需利润。

(二) 盈余公积的主要用途

法定盈余公积和任意盈余公积构成企业的一般盈余公积,其用途主要有以下四个方面。

1. 弥补亏损。弥补亏损的三个渠道:一是用以后年度税前利润弥补,但弥补期限不得超过 5 年;二是当超过法定税前利润弥补期限还有亏损额时,未弥补的以前年度亏损应用以后年度的税后利润弥补;三是用经股东大会批准后的盈余公积弥补亏损。

2. 转增资本。经股东大会或类似机构决议,办理增资手续后,可将盈余公积转为股本。法定公积转增资本后留存的部分,以不少于转增前注册资本的 25%为限。

3. 扩大企业再生产规模。企业维持简单再生产的资金主要是依靠短期性质的营运资金即流动资金,而扩大再生产需要新的长期投入资金。留存利润形成盈余公积成为企业自有资本,在资产负债表上表现为一项长期资金的来源。这笔新增自有资本的长期性质资金,主要可用于企业扩大再生产。

4. 分派股利。企业当年无利润,原则上不分配股利,但为维护信誉,经股东大会决议,可用盈余公积分配现金股利或股票股利。

企业弥补以前年度亏损和提取盈余公积后,当年没有可供分配的利润时,不得向投资者分配利润,但法律、行政法规另有规定的除外。企业经营者和其他职工以管理、技术等要素参与企业收益分配的,应按国家有关规定在公司章程或有关合同中对分配办法做出规定,并区别以下情况处理:(1)取得企业股权的,与其他投资者一同进行企业利润分配;(2)没有取得企业股权的,在相关业务实现的利润限额和分配标准内,从当期费用中列支。

税后利润在弥补亏损、提取法定盈余公积和支付优先股股利之前,普通股股东不得分派股利;在其之后,再加上以前年度未分配利润,即为可供普通股股东分配的利润。可供普通股股东分配的利润扣除任意公积和分配给普通股股东的股利后的余额,为未分配利润,可留待以后年度进行分配。利润分配程序,用公式可表示如下:

$$\begin{aligned}\frac{\text{可供普通股股}}{\text{东分配的利润}} &= \frac{\text{税后}}{\text{利润}} - \frac{\text{弥补以前}}{\text{年度亏损}} - \frac{\text{提取法定}}{\text{盈余公积}} - \frac{\text{支付优先}}{\text{股股利}} + \frac{\text{以前年度}}{\text{未分配利润}} + \frac{\text{盈余公积}}{\text{转入数}}\end{aligned}$$

本年未分配利润 = 可供普通股股东分配的利润 − 提取任意公积 − 普通股股利

（三）盈余公积的账户设置和会计处理

为反映企业盈余公积的形成与使用情况，应设置"盈余公积"账户，本账户核算从净利润中提取的盈余公积。本账户应设置"法定盈余公积"和"任意盈余公积"明细账户；外商投资企业还应设置"储备基金""企业发展基金"明细账户；中外合作经营在合作期间归还投资者的投资，应在本账户设置"利润归还投资"明细账户进行核算。

1. 按规定提取盈余公积时，借记"利润分配——提取法定盈余公积、提取任意盈余公积"账户，贷记本账户（法定盈余公积、任意盈余公积）。

外商投资企业按规定提取储备基金、企业发展基金、职工奖励及福利基金，借记"利润分配——提取储备基金""利润分配——提取企业发展基金""利润分配——提取职工奖励及福利基金"账户；贷记"盈余公积——储备基金""盈余公积——企业发展基金""应付职工薪酬"账户。

2. 经股东大会或类似机构决议，用盈余公积弥补亏损或转增资本，借记本账户，贷记"利润分配——盈余公积补亏""股本"账户；用盈余公积派送新股时，按派送新股计算的金额，借记本账户，按股票面值和派送新股总数计算的金额，贷记"股本"账户，如有差额，贷记"资本公积——股本溢价"账户；用盈余公积分配现金股利时，借记本账户，贷记"应付股利"账户；用盈余公积分配股票股利时，应按实际分配股票股利，借记本账户，贷记"股本"账户。

中外合作经营根据合同规定在合作期间归还投资者的投资，按实际归还投资金额，借记"实收资本——已归还投资"账户，贷记"银行存款"等账户；同时，借记"利润分配——利润归还投资"账户，贷记本账户（利润归还投资）。

【例 10-12】 2×18 年末，XB 企业本年税后利润 100 000 000 元，按 10% 比例提取法定公积，按 8% 比例提取任意公积，分录如下。

借：利润分配——提取法定盈余公积　　　　　　　　10 000 000
　　　　　　——提取任意盈余公积　　　　　　　　 8 000 000
　　贷：盈余公积——法定盈余公积　　　　　　　　10 000 000
　　　　　　——任意盈余公积　　　　　　　　　　 8 000 000

二、未分配利润

（一）未分配利润的概述

未分配利润是企业实现的净利润经过弥补亏损、提取盈余公积和向股东分配股利后留存的,历年结存的净利润。它有两层含义:一是这部分净利润是待分配的净利润;二是这部分净利润没有专门的指定用途。

当前,我国上市公司在董事会确定股票股利分配方案时不进行账务处理。股东大会审批董事会提交的利润分配方案,一般在年度资产负债表日后进行,当股东大会批准的利润分配方案与董事会提交的方案有差异时,其中涉及现金股利的,应调整会计报表相关项目的年初数或上年数;涉及股票股利的,由于上年度没有进行账务处理,因此不存在有关项目调整问题。在我国,现金股利是作为当年净利润的分配;而股票股利是作为次年发放股票股利时年度的利润分配。

（二）账户设置和会计处理要求

在会计处理上,未分配利润是通过"利润分配"账户进行核算的。本账户核算利润的分配(或亏损的弥补)和历年分配(或弥补)后累积的余额。本账户应设置"提取法定盈余公积""提取任意盈余公积""应付现金股利或利润""转作股本的股利""盈余公积补亏"和"未分配利润"等明细账户。具体按下列方法处理。

1. 按规定提取的盈余公积,借记本账户(提取法定盈余公积、提取任意盈余公积),贷记"盈余公积——法定盈余公积、任意盈余公积"账户。外商投资企业按规定提取的储备基金、企业发展基金和职工奖励及福利基金,借记本账户(提取储备基金、提取企业发展基金、提取职工奖励及福利基金),贷记"盈余公积——储备基金、企业发展基金""应付职工薪酬"等账户。企业(金融)按规定提取的一般风险准备,借记本账户(提取一般风险准备),贷记"一般风险准备"账户。

2. 经股东大会或类似机构决议,分配给股东的现金股利或利润,借记本账户(应付现金股利或利润),贷记"应付股利"账户;分派股票股利时,办理增资手续后,借记本账户(转作股本的股利),贷记"股本"账户。用盈余公积弥补亏损时,借记"盈余公积——法定盈余公积或任意盈余公积"账户,贷记本账户(盈余公积补亏)。企业(金融)用一般风险准备弥补亏损,借记"一般风险准备"账户,贷记本账户(一般风险准备补亏)。

3. 年末,应将本年实现的净利润,从"本年利润"账户转入本账户,借记"本年利润"账户,贷记本账户(未分配利润),若为净亏损,做相反会计分录;同时,将"利润分配"账户所属其他明细账户的余额,转入本账户"未分配利润"明细账户。

在结转后,本账户除"未分配利润"明细账户外,其他明细账户应无余额。本账户年末余额,反映企业历年积存的未分配利润(或未弥补亏损)。

（三）未分配利润的会计处理

1. 未分配利润的核算,应分清的两个界限

（1）分清盈余公积的用途和占用形式的界限。盈余公积的用途,不一定就是其占用形式。用盈余公积转增资本或弥补亏损,只是在股东权益内不同项目的转

换。这种转换表明其拨定用途的金额发生变化,但并不影响股东权益总额的增减。企业对于盈余公积的结存数,可以用于购置固定资产,也可用于购买流动资产或对外投资,因此对盈余公积账户不必做转账处理,也无须在盈余公积账户上注明其占用形式表现在哪些方面。

(2) 分清法定盈余公积和任意盈余公积的界限。法定盈余公积和任意盈余公积都是具有指定用途的留存收益,这种指定用途就是限制企业不得将这部分留存的净收益分配给股东。其中,法定盈余公积是按《公司法》计提的,它是在上述已限定不能分配给股东的留存收益中,再指定只得依法用于专门方面的一种资金准备。

2. 未分配利润的核算,应注意的两个问题

(1)"未分配利润"明细账户的年末余额,反映的是企业历年累积未分配利润或累积未弥补亏损。

(2) 用利润弥补亏损不必专门做会计分录,第 1 年企业亏损,年末将亏损额从"本年利润"账户转至"利润分配"账户借方;第 2 年若盈利并于年末结账时,将当年利润从"本年利润"账户结转至"利润分配"账户贷方,结转后自然抵减借方未弥补的亏损,因而无需再做弥补亏损的会计分录。

利润弥补亏损,无论是税前利润补亏还是税后利润补亏,会计处理方法均相同,区别在于纳税申报时,税法规定准予税前利润补亏的,可作为应纳税所得额减少的调整数;而税后利润补亏的,不能调整减少应纳税所得额。

【例 10-13】 2×17 年年末,ZH 企业股本总额 100 000 000 元、股票面值 1 元。年初未分配利润 4 600 000 元,本年净利润 60 000 000 元。当年年末,按 10% 提取法定盈余公积、按 8% 提取任意公积,分配现金股利 30 000 000 元,同时按 10 股送 2 股比例分派股票股利。2×18 年 3 月 5 日,股东大会批准 2×17 年度的利润分配方案,办理完增资手续后发放股利,ZH 企业会计处理如下。

(1) 2×17 年年末,结转本年利润

借:本年利润　　　　　　　　　　　　　　　　60 000 000
　　贷:利润分配——未分配利润　　　　　　　　　　　60 000 000

(2) 2×17 年年末,提取法定盈余公积和任意盈余公积

借:利润分配——提取法定盈余公积　　　　　　　6 000 000
　　　　　　——提取任意盈余公积　　　　　　　4 800 000
　　贷:盈余公积——法定盈余公积　　　　　　　　　　6 000 000
　　　　　　　　——任意盈余公积　　　　　　　　　　4 800 000

(3) 2×17 年年末,计提应付股利

借:利润分配——应付现金股利　　　　　　　　　30 000 000
　　贷:应付股利　　　　　　　　　　　　　　　　　　30 000 000

(4) 2×17 年年末,结转"利润分配"明细账

借:利润分配——未分配利润　　　　　　　　　　　　40 800 000
　　贷:利润分配——提取法定盈余公积　　　　　　　　　6 000 000
　　　　　　　　——提取任意盈余公积　　　　　　　　　4 800 000
　　　　　　　　——应付现金股利　　　　　　　　　　30 000 000

(5) 2×17 年年末,确定未分配利润的历年累积数

年末未分配利润 = 年初未分配利润 + 本年净利润 − 本年分配
　　　　　　　= 4 600 000 + 60 000 000 − 40 800 000 = 23 800 000(元)

2×17 年年末,"利润分配——未分配利润"账户贷方余额 23 800 000 元。

(6) 2×18 年 3 月 5 日,股东大会批准和发放现金股利

借:应付股利　　　　　　　　　　　　　　　　　　30 000 000
　　贷:银行存款　　　　　　　　　　　　　　　　　30 000 000

(7) 2×18 年 3 月 5 日,股东大会批准和发放股票股利

借:利润分配——转作股本的股票股利　　　　　　　　20 000 000
　　贷:股本(100 000 000×1×20%)　　　　　　　　20 000 000

同时

借:利润分配——未分配利润　　　　　　　　　　　　20 000 000
　　贷:利润分配——转作股本的股票股利　　　　　　　20 000 000

2017 年末,结转"转作股本的股票股利"后,年末"未分配利润"历年累积数为 3 800 000 元(23 800 000−20 000 000)。

第五节　库　存　股

一、库存股的含义、账户设置和处理原则

(一) 库存股的含义

库存股或称库藏股票(Treasury Stock),是公司已发行股份后,重新又取得而未注销的本公司股票。库存股有三个条件:一是本公司的股票;二是自己发行的股票;三是未办理注销的股票。

公司由于各种原因往往可获得库存股,其目的和来源主要有:(1) 为提高公司

普通股的每股收益;(2)为阻止敌意收购;(3)为规避现金股利的税收;(4)债务人为抵债而交来;(5)股东或外界人士捐赠;(6)股价超预期下降时在股市上回购,今后再分发给职工作为红利;(7)为缩小股本总额,在股市上先回购自身股票,以后再按法定程序注销股份等。

库存股因非股东持有,故不必发放股利,无表决权,发行新股时无优先认购权,公司解散时也无权分享剩余资产。从这点上看,它犹如已核定但尚未发行的股票。公司获得库存股,并没有获得资产,正如未发行的股票不能作为公司资产一样,库存股只能是股东权益总额的减少,但不是股本的减少。

库存股随时可再出售,以获得资金。库存股减少了发行在外的股票数量,收回了股东的投入资本,它在资产负债表上列作股东权益内资本公积项目下的减项。公司回购自身股票,会使资产和股东权益同时减少,因为回购库存股实际上等于收回股东权益。因此,库存股不是资产。相反,如果重新出售它们,则资产与股东权益会同时增加。由此可见,涉及库存股的业务,只能引起资产和股东权益的增减变化,不会引起损益变化。

一般来说,库存股按取得的成本计价入账,而不考虑其面值或原先的发行价格。出售库存股,其价格受到市场影响,这样按高于或低于取得成本的价格重新出售时,其差价部分只能增减股东权益项目,不能增减当期损益。公认会计原则不允许公司通过买卖自身股票来盈利。企业依法回购股份,应符合有关条件和财务处理办法并经投资者决议。

(二)库存股的账户设置和处理要求

企业应设置"库存股"账户,核算收购、转让或注销的本企业股份的金额。本账户期末借方余额,反映企业持有的尚未转让或注销的本企业股份金额。"库存股"账户不会有贷方余额,在资产负债表上列为股东权益内资本公积项目下的减项。具体按下列五种方法处理。

1. 为减少注册资本而收购本企业股份的,按实际支付的金额,借记本账户,贷记"银行存款"等账户。

2. 为奖励本企业职工而收购本企业股份的,按实际支付的金额,借记本账户,贷记"银行存款"等账户,同时做好备查登记。将收购的股份奖励给本企业职工属于以权益结算的股份支付,如有实际收到的金额,借记"银行存款"账户;按根据职工获取股份的实际情况确定的金额,借记"资本公积——其他资本公积"账户;按奖励库存股的账面余额,贷记本账户;按其差额,贷记或借记"资本公积——股本溢价"账户。

3. 股东因对股东大会作出的企业合并、分立决议持有异议而要求企业收购本企业股份的,按实际支付的金额,借记本账户,贷记"银行存款"等账户。

4. 转让库存股,应按实际收到的金额,借记"银行存款"等账户,按转让库存股的账面余额,贷记本账户;按其差额,贷记"资本公积——股本溢价"账户;若为借记差额的,借记"资本公积——股本溢价"账户。股本溢价不足冲减的,应借记"盈余公积""利润分配——未分配利润"账户。

5. 注销库存股,应按股票面值和注销股数计算的股票面值总额,借记"股本"账户;按注销库存股的账面余额,贷记本账户;按其差额,借记"资本公积——股本溢价"账户。股本溢价不足冲减的,应借记"盈余公积""利润分配——未分配利润"账户。

二、库存股的会计处理

【例 10-14】 2×16 年,HL 企业普通股 100 000 000 股,每股面值 1 元;原以每股 1.20 元价格发行,现以每股 1.50 元的价格重新购回 1 000 000 股。20×17 年,又以每股 1.70 元的价格出售。HL 企业有关会计处理如下。

(1) 2×16 年,回购本企业股票

借:库存股　　　　　　　　　　　　　　　　　　　　　　1 500 000
　　贷:银行存款　　　　　　　　　　　　　　　　　　　　　1 500 000

(2) 20×17 年,出售库存股票

借:银行存款　　　　　　　　　　　　　　　　　　　　　　1 700 000
　　贷:库存股　　　　　　　　　　　　　　　　　　　　　　1 500 000
　　　　资本公积——股本溢价　　　　　　　　　　　　　　　　200 000

【例 10-15】 沿用【例 10-14】资料,假定,以每股 1.40 元的价格将回购的库存股再转让出去,分录如下。

借:银行存款　　　　　　　　　　　　　　　　　　　　　　1 400 000
　　资本公积——股本溢价　　　　　　　　　　　　　　　　　　100 000
　　贷:库存股　　　　　　　　　　　　　　　　　　　　　　1 500 000

【例 10-17】 HD 企业截至 2×18 年 12 月 31 日共发行普通股 100 000 000 股,每股面值 1 元;资本公积(股本溢价)200 000 000 元,盈余公积 8 000 000 元,未分配利润 6 000 000 元。经股东大会批准,HD 企业以每股 2 元的价格回购 30 000 000 股并予以注销股本。假定不考虑其他因素,HD 企业有关会计处理如下。

借:库存股(2×30 000 000)　　　　　　　　　　　　　　　60 000 000
　　贷:银行存款　　　　　　　　　　　　　　　　　　　　　60 000 000

同时

借：股本 30 000 000
　　资本公积——股本溢价 20 000 000
　　盈余公积 8 000 000
　　未分配利润 2 000 000
　贷：库存股 60 000 000

【例10-18】 沿用【例10-14】资料，20×16年12月31日，企业资本公积50 000 000元，盈余公积80 000 000元，未分配利润20 000 000元。库存股在资产负债表中的列示见表10-3。

表10-3　　　　　　　　　　资产负债表(部分)
　　　　　　　　　　　　　20×16年12月31日　　　　　　　　　　单位：元

股东权益	
股本(普通股：面值1元；股份100 000 000股，其中库存股1 000 000股)	100 000 000
其他权益工具	—
资本公积	50 000 000
减：库存股	(1 500 000)
其他综合收益	—
盈余公积	80 000 000
未分配利润	20 000 000
股东权益合计	248 500 000

第十一章 收入、费用和利润

第一节 收　入

一、收入的概述、确认条件和确认计量原则

收入是指企业在日常活动中形成的、会导致所有者权益增加的、与所有者投入资本无关的经济利益的总流入。收入的概念在会计学界至今尚未有一个令人信服的解释，一般认为收入是资产的流入或商品、劳务流出而形成的经济利益总流入，其实质是净资产的增加。其中，日常活动是指企业为完成其经营目标所从事的经常性活动以及与之相关的其他活动。例如，工业企业制造并销售产品、商品流通企业销售商品、交通运输企业提供交通运输服务、建筑安装企业提供建造安装服务、软件企业为客户研究开发软件等，均属于企业的日常活动。

按新《收入》准则中的确认方式，企业应当反映其向客户转让商品或提供劳务的模式，收入的金额应当反映企业因转让这些商品或服务而预期有权收取的对价金额。本章阐述收入会计，不涉及企业对外出租资产收取的租金、进行债权投资收取的利息、进行股权投资获得的现金股利、保险合同获取的保费收入等。企业以存货换取客户存货、固定资产、无形资产和长期股权投资等，按照《收入》准则的要求进行会计处理；其他非货币性资产交换，按照《非货币性资产交换》准则的规定进行会计处理。企业处置固定资产、无形资产等，在确定处置时点以及计量处置损益时按照《收入》准则的有关规定进行处理。

须说明，财政部2017年修订了《收入》和《建造合同》准则，根据其规定，新《收入》准则，对于在境内外同时上市的企业以及在境外上市并采用国际财务报告准则或企业会计准则编制财务报表的上市公司，自2018年起施行；对其他境内上市公司，自2020年1月1日起施行；对执行会计准则的非上市公司，自2021年1月1日起施行。因此，在我国会计理论研究和实务执行会计准则问题上，我们将不得不长

期面临不同准则标准"混乱"的局面。企业在美国上市,必须执行美国 FASB 会计准则;与欧洲及其相关国家(原欧洲列强殖民地,现已独立但执行的法规准则依旧如故,执行相同的会计标准)打交道,必须执行 IASB 国际会计准则;而 FASB 与 IASB 为各自利益又在长期磨合中寻求国际会计趋同的国际财务报告准则。同时,中国财政部权威发布具有中国特色、参与国际会计趋同、在不断完善发展变化之中的中国会计准则体系。作为发展中国家,中国到处面临"结构性"问题,不同企业执行不同会计标准,显然在新老会计准则交叉混合、磨合发展和完善"趋同"上,我们还有一段很长的路要走。

二、收入的确认和计量原则

(一)收入确认和计量的前提条件

企业应当在履行了合同中的履约义务,即在客户取得相关商品控制权时确认收入。取得相关商品控制权,是指能够主导该商品的使用并从中获得几乎全部的经济利益。

按新《收入》准则规定,当企业与客户之间的合同同时满足下列条件时,企业应当在客户取得相关商品控制权时确认收入:

(1) 合同各方已批准该合同并承诺将履行各自义务;

(2) 该合同明确了合同各方与所转让商品或提供劳务(以下简称"转让商品")相关的权利和义务;

(3) 该合同有明确的与所转让商品相关的支付条款;

(4) 该合同具有商业实质,即履行该合同将改变企业未来现金流量的风险、时间分布或金额;

(5) 企业因向客户转让商品而有权取得的对价很可能收回。

在合同开始日即满足前款条件的合同,企业在后续期间无需对其进行重新评估,除非有迹象表明相关事实和情况发生重大变化。企业合同开始日通常是指合同生效日。

上述《收入》准则规定的收入确认前提的五条件,可视作收入确认和计量的五步骤:第一步,识别与客户签订的合同;第二步,识别合同中的单项履约义务;第三步,确定交易价格;第四步,将交易价格分摊至各单项履约义务;第五步,履行各单项履约义务时确认收入。其中,第一步、第二步和第五步主要与收入的确认有关,第三步和第四步与收入的计量有关。

(二)收入确认的原则、前提条件判断和合同变更

1. 收入确认的原则

收入确认的原则是客户取得相关商品控制权时确认收入。相关商品控制权是

指能够主导该商品的使用并从中获得几乎全部的经济利益,也包括有能力阻止其他方主导该商品的使用并从中获得经济利益。相关商品控制权包括三要素:一是能力,即客户必须拥有现时能力,能够主导该商品的使用并从中获得几乎全部的经济利益,也就是说,如果客户只能做未来的某一期间主导该商品的使用并从获益,则表明其尚未取得该商品的控制权;二是主导该商品的使用,即客户有能力主导该商品的使用,它是指客户有权使用该商品,或者能够允许或阻止其他方使用该商品;三是能够获得几乎全部的经济利益。

2. 收入确认前提条件的判断

判断收入确认的前提五条件时,应该注意以下三点。

(1) 合同约定的权利和义务是否具有法律约束力,它需要根据企业所处的法律环境和实务操作进行判断,包括合同订立的方式和流程、具有法律约束力的权利和义务的时间等。对于合同各方均有权单方面终止完全未执行的合同,且无需对合同其他方做出补偿的,企业应视该合同为不存在。其中,完全未执行的合同,是指企业尚未向客户转让任何合同中承诺的商品,也尚未收取且尚未有权收取已承诺商品的任何对价的合同。

(2) 合同具有商业实质是指履行该合同将改变企业未来现金流量的风险、时间分布或金额。关于商业实质,应按照《非货币性资产交换》准则中有关商业实质的说明进行判断。

(3) 企业在评估其因向客户转让商品而有权取得的对价是否很可能收回时,仅应考虑客户到期时支付对价的能力和意图(即客户的信用风险)。企业在进行判断时,应考虑是否存在价格折让。存在价格折让的,应在估计交易价格时进行考虑。企业预期很可能无法收回全部合同对价时,应判断其原因是客户的信用风险还是企业向客户提供了价格折让。

在合同开始日不符合《收入》准则规定的合同,企业应当对其进行持续评估,并在满足《收入》准则规定条件时按准则规定进行会计处理。对于不符合《收入》准则规定的合同,企业只有在不再负有向客户转让商品的剩余义务,且已向客户收取的对价无需退还时,才能将已收取的对价确认为收入;否则应当将已收取的对价作为负债进行会计处理。没有商业实质的非货币性资产交换,不确认收入。

企业与同一客户(或该客户的关联方)同时订立或在相近时间内先后订立的两份或多份合同,在满足下列条件之一时,应当合并为一份合同进行会计处理:一是,该两份或多份合同基于同一商业目的而订立并构成一揽子交易;二是,该两份或多份合同中的一份合同的对价金额取决于其他合同的定价或履行情况;三是,该两份或多份合同中所承诺的商品(或每份合同中所承诺的部分商品)构成《收入》准则规定的单项履约义务。

3. 合同变更

企业应当区分下列三种情况对合同变更分别进行会计处理。(1)合同变更增加了可明确区分的商品及合同价款,且新增合同价款反映了新增商品单独售价的,应当将该合同变更部分作为一份单独的合同进行会计处理。(2)合同变更不属于上述(1)规定的情形,且在合同变更日已转让的商品或已提供的服务,与未转让的商品或未提供的服务之间可明确区分的,应当视为原合同终止,同时,将原合同未履约部分与合同变更部分合并为新合同进行会计处理。(3)合同变更不属于上述(1)规定的情形,且在合同变更日已转让的商品或已提供的服务,与未转让的商品或未提供的服务之间不可明确区分的,应当将该合同变更部分作为原合同的组成部分进行会计处理,由此产生的对已确认收入的影响,应当在合同变更日调整当期收入。

上述的合同变更是指经合同各方批准对原合同范围或价格作出的变更。

(三) 识别合同中的单项履约义务

在合同开始日,企业应当对合同进行评估,识别该合同所包含的各单项履约义务,并确定各单项履约义务是在某一时段内履行,还是在某一时点履行,然后在履行了各单项履约义务时分别确认收入。履约义务是指合同中企业向客户转让可明确区分的商品的承诺。履约义务既包括合同中明确的承诺,也包括由于企业已公开宣布的政策、特定声明或以往习惯做法等导致合同订立时客户合理预期企业将履行的承诺。企业为履行合同而应开展的初始活动,通常不构成履约义务,除非该活动向客户转让了承诺的商品。

企业向客户转让一系列实质相同且转让模式相同的、可明确区分商品的承诺,也应当作为单项履约义务。转让模式相同是指每一项明确区分商品均满足《收入》准则规定的、在某一时段内履行履约义务的条件,且采取相同方法确定其履约进度。

企业向客户承诺的商品同时满足下列条件的,应当作为可明确区分商品:(1)客户能够从该商品本身与其他易于获得资源一起使用中收益;(2)企业向客户转让该商品的承诺与合同中其他承诺可单独区分。

下列情形通常表明企业向客户转让商品的承诺与合同中其他承诺不可单独区分:一是,企业需提供重大的服务以将该商品与合同中承诺的其他商品整合成合同约定的组合产出转让给客户;二是,该商品将对合同中承诺的其他商品予以重大修改或定制;三是,该商品与合同中承诺的其他商品具有高度关联性。

满足下列条件之一的,属于在某一时段内履行履约义务;否则,属于在某一时点履行履约义务:(1)客户在企业履约的同时即取得并消耗企业履约所带来的经济利益;(2)客户能够控制企业履约过程中在建的商品;(3)企业履约过程中所产出的商品具有不可替代用途,且该企业在整个合同期间内有权就累计至今已完成的履约部分收取款项。

具有不可替代用途是指因合同限制或实际可行性限制,企业不能轻易地将商品用于其他用途。有权就累计至今已完成的履约部分收取款项,是指在由于客户或其他方原因终止合同的情况下,企业有权就累计至今已完成的履约部分收取能够补偿其已发生成本或合理利润的款项,并且该权利具有法律约束力。

对于某一时段内履行的履约义务,企业应当在该段时间内按照履约进度确认收入,但是履约进度不能合理确定的除外。企业应当考虑商品的性质,采用产出法或投入法确定恰当的履约进度。其中,产出法是根据已转移给客户的商品对于客户的价值确定履约进度;投入法是根据企业为履行履约义务的投入确定履约进度。对于类似情况下的类似履约义务,企业应当采用相同的方法确定履约进度。当履约进度不能合理确定时,企业已经发生的成本预计能够得到补偿的,应当按照已发生的成本金额确认收入,直到履约进度能够合理确定为止。

对于某一时点履行的履约义务,企业应当在客户取得相关商品控制权时点确认收入。在判断客户是否已取得商品控制权时,企业应当考虑下列迹象:(1)企业就该商品享有现实收款权利,即客户就该商品负有现时付款义务;(2)企业已将该商品的法定所有权转移给客户,即客户已拥有该商品的法定所有权;(3)企业已将该商品实物转移给客户,即客户已实物占有该商品;(4)企业已将商品所有权上的主要风险和报酬转移给客户,即客户已取得该商品所有权上的主要风险和报酬;(5)客户已接受该商品;(6)其他表明客户已取得商品控制权的迹象。

(四) 确定交易价格

交易价格是指企业因向客户转让商品而预期有权收取的对价金额。企业应当按照分摊至各单项履约义务的交易价格计量收入。企业代第三方收取的款项以及企业预期将退还给客户的款项,应当作为负债进行会计处理,不计入交易价格。企业应当根据合同条款,并结合其以往的习惯做法确定交易价格。在确定交易价格时,企业应当考虑可变对价、合同中存在的重大融资成分、非现金对价、应付客户对价等因素的影响。

1. 可变对价

合同中存在可变对价的,企业应当按照期望值或最可能发生金额确定可变对价的最佳估计数,但包含可变对价的交易价格,应当不超过在相关不确定性消除时累计已确认收入极可能不会发生重大转回的金额。企业在评估累计已确认收入是否极可能不会发生重大转回时,应当同时考虑收入转回的可能性及其比重。每一资产负债表日,企业应当重新估计应计入交易价格的可变对价金额。可变对价金额发生变动的,按照《收入》准则的规定进行会计处理。

2. 合同中存在重大融资成分

合同中存在重大融资成分的，企业应当按照假定客户在取得商品控制权时即以现金支付的应付金额确定交易价格。该交易价格与合同对价之间的差额，应当在合同期间内采用实际利率法摊销。在合同开始日，企业预计客户取得商品控制权与客户支付价款间隔不超过 1 年的，可以不考虑合同中存在的重大融资成分。

3. 非现金对价

客户支付非现金对价的，企业应当按照非现金对价的公允价值确定交易价格。非现金对价的公允价值不能合理估计的，企业应当参照其承诺向客户转让商品的单独售价间接确定交易价格。非现金对价的公允价值因对价形式以外的原因而发生变动的，应当作为可变对价，按照《收入》准则的规定进行会计处理。单独售价是指企业向客户单独销售商品的价格。

4. 应付客户对价

企业应付客户（或向客户购买本企业商品的第三方）对价的，应当将该应付对价冲减交易价格，并在确认相关收入与支付（或承诺支付）客户对价二者孰晚的时点冲减当期收入，但应付客户对价是为了向客户取得其他可明确区分商品的除外。

企业应付客户对价是为了向客户取得其他可明确区分商品的，应当采用与本企业其他采购一致的方式确认所购买的商品。企业应付客户对价超过向客户取得可明确区分商品公允价值的，超过金额应冲减交易价格。向客户取得的可明确区分商品公允价值不能合理估计的，企业应当将应付客户对价全额冲减交易价格。

（五）将交易价格分摊至各单项履约义务

合同中包含两项或多项履约义务的，企业应当在合同开始日，按照单项履约义务所承诺商品的单独售价的相对比例，将交易价格分摊至各单项履约义务。企业不得因合同开始日之后单独售价的变动而重新分摊交易价格。

企业在类似环境下向类似客户单独销售商品的价格，应作为该商品单独售价的最佳证据。单独售价无法直接观察的，企业应当综合考虑其能够合理取得的全部相关信息，采用市场调整法、成本加成法、余值法等方法合理估计单独售价。在估计单独售价时，企业应当最大限度地采用可观察的输入值，并对类似的情况采用一致的估计方法。

市场调整法是指企业根据某商品或类似商品的市场售价考虑本企业的成本和毛利等进行适当调整后，确定其单独售价的方法。成本加成法是指企业根据某商品的预计成本加上其合理毛利后的价格，确定其单独售价的方法。余值法是指企业根据合同交易价格减去合同中其他商品可观察的单独售价后的余值，确定某商品单独售价的方法。企业在商品近期售价波动幅度巨大，或者因未定价且未曾单独销售而使售价无法可靠确定时，可采用余值法估计其单独售价。

1. 分摊合同折扣

对于合同折扣,企业应当在各单项履约义务之间按比例分摊。有确凿证据表明合同折扣仅与合同中一项或多项(而非全部)履约义务相关的,企业应当将该合同折扣分摊至相关一项或多项履约义务。合同折扣仅与合同中一项或多项(而非全部)履约义务相关,且企业采用余值法估计单独售价的,应当首先按照前述规定在该一项或多项(而非全部)履约义务之间分摊合同折扣,然后采用余值法估计单独售价。合同折扣是指合同中各单项履约义务所承诺商品的单独售价之和高于合同交易价格的金额。

2. 分摊可变对价和交易价格后续变动

对于可变对价及可变对价的后续变动额,企业应当按照《收入》准则相关规定,将其分摊至与之相关的一项或多项履约义务,或者分摊至构成单项履约义务的一系列可明确区分商品中的一项或多项商品。对于已履行的履约义务,其分摊的可变对价后续变动额应当调整变动当期的收入。

合同变更之后发生可变对价后续变动的,企业应当区分下列三种情形分别进行会计处理:(1)合同变更属于前述合同变更中的第一种情形的,企业应当判断可变对价后续变动与哪一项合同相关,并按照准则规定进行会计处理;(2)合同变更属于前述合同变更中的第二种情形,且可变对价后续变动与合同变更前已承诺可变对价相关的,企业应当首先将该可变对价后续变动额以原合同开始日确定的基础进行分摊,然后再将分摊至合同变更日尚未履行履约义务的该可变对价后续变动额以新合同开始日确定的基础进行二次分摊;(3)合同变更之后发生除上述两种情形之外的可变对价后续变动的,企业应当将该可变对价后续变动额分摊至合同变更日尚未履行的履约义务。

三、合同成本

(一) 合同成本履约成本

企业为履行合同发生的成本,不属于其他企业会计准则规范范围且同时满足下列条件的,应当作为合同履约成本确认为一项资产:(1)该成本与一份当前或预期取得的合同直接相关,包括直接人工、直接材料、制造费用(或类似费用)、明确由客户承担的成本以及仅因该合同而发生的其他成本;(2)该成本增加了企业未来用于履行履约义务的资源;(3)该成本预期能够收回。

企业应当在下列支出发生时,将其计入当期损益:一是管理费用;二是非正常消耗的直接材料、直接人工和制造费用(或类似费用),这些支出为履行合同发生,但未反映在合同价格中;三是与履约义务中已履行部分相关的支出;四是无法在尚未履行的与已履行的履约义务之间区分的相关支出。

（二）合同取得成本

企业为取得合同发生的增量成本预期能够收回的,应当作为合同取得成本确认为一项资产;但是,该资产摊销期限不超过1年的,可以在发生时计入当期损益。增量成本是指企业不取得合同就不会发生的成本(如销售佣金等)。

企业为取得合同发生的、除预期能够收回的增量成本之外的其他支出(如无论是否取得合同均会发生的差旅费等),应当在发生时计入当期损益,但是明确由客户承担的除外。

（三）与合同履约成本和合同取得成本有关的资产的摊销和减值

按照准则的规定确认的"与合同成本有关的资产",应当采用与该资产相关的商品收入确认相同的基础进行摊销,计入当期损益。

"与合同成本有关的资产",其账面价值高于下列两项差额的,超出部分应当计提减值准备,并确认为资产减值损失：(1)企业因转让与该资产相关的商品预期能够取得的剩余对价;(2)为转让该相关商品估计将要发生的成本。

以前期间减值的因素之后发生变化,使得上述(1)减(2)的差额高于该资产账面价值的,应当转回原已计提的资产减值准备,并计入当期损益,但转回后的资产账面价值不应超过假定不计提减值准备情况下该资产在转回日的账面价值。

在确定与合同成本有关的资产的减值损失时,企业应当首先对按照其他相关企业会计准则确认的、与合同有关的其他资产确定减值损失;然后,按照《收入》准则规定确定与合同成本有关的资产的减值损失。

企业按照《资产减值》准则测试相关资产组的减值情况时,应当将按照准则规定确定与合同成本有关的资产减值后的新账面价值计入相关资产组的账面价值。

四、特定交易的会计处理

（一）附有销售退回的销售

对于附有销售退回的销售,企业应当在客户取得相关商品控制权时,按照因向客户转让商品而预期有权收取的对价金额(不包含预期因销售退回将退还的金额)确认收入,按照预期因销售退回将退还的金额确认负债;同时,按照预期将退回商品转让时的账面价值,扣除收回该商品预计发生的成本(包括退回商品的价值减损)后的余额,确认为一项资产,按照所转让商品转让时的账面价值,扣除上述资产成本的净额结转成本。

每一资产负债表日,企业应当重新估计未来销售退回情况,如有变化,应该作为会计估计变更进行会计处理。

（二）附有质量保证条款的销售

对于附有质量保证条款的销售,企业应当评估该质量保证是否在向客户保证所销售商品符合既定标准之外提供了一项单独的服务。企业提供额外服务的,有关作为单项履约义务,按照《收入》准则的规定进行会计处理;否则,质量保证责任应当按照《或有事项》准则的规定进行会计处理。在评估质量保证是否在向客户保证所销售商品符合既定标准之外提供了一项单独的服务时,企业应当考虑该质量保证是否为法定要求、质量保证期限以及企业承诺履行任务的性质等因素。客户能够选择单独购买质量保证的,该质量保证构成单项履约义务。

(三) 主要责任人和代理人

企业应当根据其在向客户转让商品前是否拥有对该商品的控制权,来判断其从事交易时的身份是主要责任人还是代理人。企业在向客户转让商品前能够控制该商品的,该企业为主要责任人,应当按照已收或应收对价总额确认收入;否则,该企业为代理人,应当按照预期有权收取的佣金或手续费的金额确认收入,该金额应当按照已收或应收对价总额扣除应支付给其他相关方的价款后的净额,或者按照既定的佣金金额或比例等确定。

企业向客户转让商品前能够控制该商品的三种情形:一是,企业自第三方取得商品或其他资产控制权后,再转让给客户;二是,企业能够主导第三方代表本企业向客户提供服务;三是,企业自第三方取得商品控制权后,通过提供重大的服务将该商品与其他商品整合成某组合产出转让给客户。

在具体判断向客户转让商品前是否拥有对该商品的控制权时,企业不应仅局限于合同的法律形式,而应当综合考虑所有相关事实和情况,这些事实和情况包括:一是,企业承担向客户转让商品的主要责任;二是,企业在转让商品之前或之后承担了该商品的存货风险;三是,企业有权自主决定所交易商品的价格;四是,其他相关事实和情况。

(四) 附有客户额外购买选择权的销售

对于附有客户额外购买选择权的销售,企业应当评估该选择权是否向客户提供了一项重大权利。企业提供了重大权利的,应当作为单项履约义务,按照《收入》准则相关规定将交易价格分摊至该履约义务,在客户未来行使购买选择权取得相关商品控制权时,或者该选择权失效时,确认相应的收入。客户额外购买选择权的单独售价无法直接观察的,企业应当综合考虑客户行使和不行使该选择权所能获得的折扣的差异、客户行使该选择权的可能性等全部相关信息后,予以合理估计。

客户虽然有额外购买商品选择权,但客户行使该选择权购买商品时的价格反映了这些商品单独售价的,不应被视为企业向客户提供了一项重大权利。

(五) 授予知识产权许可的收入

企业向客户授予知识产权许可的,应当按照准则的规定评估该知识产权许可是否构成单项履约义务,构成单项履约义务的,应当进一步确定其是在某一时段内履行还是在某一时点履行。

企业向客户授予知识产权许可,同时满足下列条件时,应当作为在某一时段内履行的履约义务确认相关收入;否则,应当作为在某一时点履行的履约义务确认相关收入:(1)合同要求或客户能够合理预期企业将从事对该项知识产权有重大影响的活动;(2)该活动对客户将产生有利或不利影响;(3)该活动不会导致向客户转让某项商品。

企业向客户授予知识产权许可,并约定按客户实际销售或使用情况收取特许权使用费的,应当在下列两项孰晚的时点确认收入:(1)客户后续销售或使用行为实际发生;(2)企业履行相关履约义务。

(六)售后回购交易的收入

售后回购是指企业销售商品的同时承诺或有权选择日后再将该商品(包括相同或几乎相同的商品,或以该商品作为组成部分的商品)购回的销售方式。对于售后回购交易,企业应当区分下列两种情况分别进行会计处理。

1. 企业因存在与客户的远期安排而负有回购义务或企业享有回购权利的,表明客户在销售时点并未取得相关商品控制权,企业应当作为租赁交易或融资交易进行相应的会计处理。其中,回购价格低于原价的,应当视为租赁交易,按照《租赁》准则的相关规定进行会计处理;回购价格不低于原价的,应当作为融资交易,在收到客户款项时确认金融负债,并将该款项和回购价格的差额在回购期间内确认为利息费用等。企业到期未行使回购权的,应当在该回购权利到期时终止确认金融负债,同时确认收入。

2. 企业负有因客户要求回购商品义务的,应当在合同开始日评估客户是否具有行使该要求权的重大经济动因。客户具有行使该要求权重大经济动因的,企业应当将售后回购作为租赁交易或融资交易,按照《收入》准则的规定进行会计处理;否则,企业应当将其作为附有销售退回条款的销售交易,按照《收入》准则的规定进行会计处理。

(七)客户未行使权利的收入

企业向客户预收销售商品款项的,应当首先将该款项确认为负债,待履行了相关履约义务时再转为收入。当企业预收款项无需退回,且客户会放弃其全部或部分合同权利时,企业预期将有权获得与客户所放弃的合同权利相关的金额的,应当按照客户行使合同权利的模式按比例将上述金额确认为收入;否则,企业只有在客户要求其履行剩余履约义务的可能性极低时,才能将上述负债的相关余额转为收入。

如果有相关法律规定,企业所收取的与客户未行使权利相关的款项必须移交给其他方的,如法律规定无人认领的财产须上交政府,此时企业不应将其确认为收入。

(八) 无需退回初始费的收入

企业在合同开始(或接近开始)日向客户收取的无需退回的初始费(俱乐部的入会费等)应当计入交易价格。企业应当评估该初始费是否与向客户转让已承诺的商品相关。该初始费与向客户转让已承诺的商品相关,并且该商品构成单项履约义务的,企业应当在转让该商品时,按照分摊至该商品的交易价格确认收入;该初始费与向客户转让已承诺的商品相关,但该商品不构成单项履约义务的,企业应当在包含该商品的单项履约义务履行时,按照分摊至该单项履约义务的交易价格确认收入;该初始费与向客户转让已承诺的商品不相关的,该初始费应当作为未来将转让商品的预收款,在未来转让该商品时确认为收入。

企业收取了无需退回的初始费且为履行合同应开展初始活动,但这些活动本身并没有向客户转让已承诺的商品的,该初始费与未来将转让的已承诺商品相关,应当在未来转让该商品时确认为收入,企业在确定履约进度时不应考虑这些初始活动;企业为该初始活动发生的支出应当按照《收入》准则有关规定确认为一项资产或计入当期损益。

五、收入会计处理的示例(一)

1. 销售时点确认收入

【例 11-1】 YH 公司按销货合同的规定销售一批商品给 H 公司,H 公司已取得该商品控制权。YH 公司该项销售符合《收入》准则规定销售收入实现的全部前提条件。假定,销售售价 1 000 000 元,适用增值税率 13%,销售成本 500 000 元。YH 公司有关会计处理如下。

(1) H 公司取得该商品控制权,确认收入

借:应收账款　　　　　　　　　　　　　　　　　　　　1 130 000
　　贷:主营业务收入　　　　　　　　　　　　　　　　　　1 000 000
　　　　应交税费——应交增值税(销项税额)(1 000 000×13%)　　130 000

同时,结转销货成本

借:主营业务成本　　　　　　　　　　　　　　　　　　　500 000
　　贷:库存商品　　　　　　　　　　　　　　　　　　　　500 000

(3) 收到货款

借:银行存款　　　　　　　　　　　　　　　　　　　　1 130 000
　　贷:应收账款　　　　　　　　　　　　　　　　　　　1 130 000

2. 将交易价格分摊至单项履约义务

【例 11-2】 2×17 年 5 月 29 日,甲公司与客户签订合同,向其销售 A、B 两种商品。其中,A 商品单独售价 11 000 元,B 商品单独售价 48 000 元,合同价款为 52 000 元。合同约定,A 商品于合同开始日交付,B 商品过 1 个月后交付,只有 A、B 两种商品全部交付后,甲公司才有权收取 50 000 元的合同对价。A、B 两种商品分别构成单项履约义务,其控制权在交付时转移给客户。假定,上述价格均不包含增值税,并不考虑相关税费影响。甲公司会计处理如下。

(1) 交付 A 商品

分摊至 A 商品的合同价款 = 12 000/(12 000 + 48 000) × 52 000 = 10 400(元)

借:合同资产　　　　　　　　　　　　　　　　　　　10 400
　　贷:主营业务收入　　　　　　　　　　　　　　　　　　10 400

(2) 交付 B 商品

分摊至 B 商品的合同价款 = 48 000/(12 000 + 48 000) × 52 000 = 41 600(元)

借:应收账款　　　　　　　　　　　　　　　　　　　52 000
　　贷:合同资产　　　　　　　　　　　　　　　　　　　10 400
　　　　主营业务收入　　　　　　　　　　　　　　　　　41 600

3. 计入交易价格的可变对价金额的确定

【例 11-3】 2×18 年 10 月 1 日,J 公司签订合同,为 H 股票型基金提供资产管理服务,合同期限 2 年。J 公司所能获得的报酬包括以下两部分:(1)每季度按照季度末该基金净值的 1% 收取管理费,该管理费不会因基金净值的后续变化而调整或被要求退回;(2)该基金在 2 年内的累计回报如超过 10%,则可获得超额回报部分的 20% 作为业绩奖励。当年年末,该基金净值 6 亿元。收入确认要受股票价格波动影响,因此,合同中存在可变对价。假定不考虑其他税费等因素,J 公司确定收入处理如下。

(1) 根据合同条款并结合以往习惯做法确定交易价格。确定交易价格时应考虑可变对价因素。

合同收入金额受到股票价格波动影响,这是公司所不能控制的。因此,合同收取的管理费和业绩奖励均为可变对价。虽然公司有以往类似确认计量合同收入经验,但该经验在确定未来市场表现方面并不具有预测价值。根据《收入》准则的规定,企业评估累计已确认收入是否极可能不会发生重大转回时,应当同时考虑收入转回的可能性及其比重。J 公司在合同开始日,由于无法对其能够收取的管理费和业绩奖励合计金额流入进行可靠估计,不满足已确认的收入金额极可能不会发生重大转回的条件。

(2) 每一资产负债表日,J 公司应重新估计应计入交易价格的可变对价金额。

2×18 年 12 月 31 日,公司重新估计合同交易价格时,影响第四季度管理费收入金额的不确定性已消除,可确认管理费收入 6 000 000 元(600 000 000×1%)。但未确认业绩奖励收入,这是因为业绩奖励仍受到基金未来累计回报的影响,有关将可变对价计入交易价格的限制条件仍没得到全部满足,因此无法确认业绩奖励收入。

因此,在后续的每一资产负债表日,J 公司应当估计业绩奖励是否满足确认条件,待估计确定该基金累计回报并符合合同约定超增长比例如 10%,再按约定的比例 20% 计算业绩奖励。然后,确认包括当期管理费和当期业绩奖励的合计交易收入。

假定当年年末,该基金 2 年内累计回报 20 000 000 元并超过 10%,公司可获业绩奖励 4 000 000 元(20 000 000×20%),则当年可以确认的收入为 10 000 000 元(6 000 000+4 000 000)。分录如下。

借:应收账款——H 基金　　　　　　　　　　　　1 000 000
　　贷:主营业务收入(或:其他业务收入)　　　　　　　　1 000 000

5. 合同中存在重大融资成分——具有融资性质分期收款销售

具有融资性质的分期收款销售商品,是指在具有融资性质的延期收款方式下,分期收款发出的商品已交付,货款分期收回的一种销售方式。其特点是销售的商品价值较大、收款期间较长(一般 3 年以上)和货款全部收回风险较大。如果延期收款具有融资性质,应在向购货方提供信贷时,按应收销售商品合同价格公允价值确认收入。应收销售商品的合同价格公允价值,一般应按其未来现金流量的现值或按销售商品时的现时价格确定。应收销售商品的合同价格与其公允价值之间的差额,其实质是一项融资利息收入,在合同期间内按应收款项的摊余成本与实际利率计算得出的金额进行摊销,冲减财务费用。实际利率可采用应收销售商品合同价格折算为现时商品销售公允价值(现时售价)的折现率,或者选用具有类似信用等级的公司发行类似金融工具的现时利率。

【例 11-4】 2×01 年 1 月 1 日,ZZ 公司向 YH 公司以分期收款方式销售一套大型设备,设备的现时售价为 29 880 000 元。合同规定,签约时首付 1 041 600 元,余款 28 838 400 元按 12% 的利率、分 5 次、每年末付款 8 000 000 元。大型设备成本 20 186 600 元,适用增值税税率 13%。ZZ 公司有关会计处理如下。

(1) 计算长期应收账款总额

大型设备的现时售价 = 1 041 600 + 28 838 400 = 29 880 000(元)
长期应收账款总额 = (29 880 000 − 1 041 600) ÷ (5 年期、12% 利率、1 元年金的现值系数) × 5
　　　　　　　　 = 28 838 400 ÷ 3.6048 × 5 = 8 000 000 × 5 = 40 000 000(元)
扣除首付款后的设备本金总额 = 8 000 000 × 3.6048 = 28 838 400(元)
未实现融资收益 = 40 000 000 − 28 838 400 = 11 161 600(元)

(2) 按实际利率法,编制长期应收款计算表,见表11-1

表 11-1　　　　　　　　　　　长期应收款计算表　　　　　　实际利率:12%

单位:元

年份	长期应收账款 (1)	融资收益 (2)=上期(4)×12%	偿还本金 (3)=(1)-(2)	欠款余额 (4)=上期(4)-(3)
2×01.1.1				28 838 400
2×01.12.31	8 000 000	3 460 608	4 539 392	24 299 008
2×02.12.31	8 000 000	2 915 881	5 084 119	19 214 889
2×03.12.31	8 000 000	2 305 787	5 694 213	13 520 676
2×04.12.31	8 000 000	1 622 481	6 377 519	7 143 157
2×05.12.31	8 000 000	856 843	7 143 157	0
合　计	40 000 000	11 161 600	28 838 400	

(3) 2×01年1月1日,销售时开具增值税发票,确认收入并收到首付款和增值税额

销售时收到的款项 = 1 041 600 + 29 880 000 × 13% = 1 041 600 + 3 884 400 = 4 926 000(元)

借:银行存款　　　　　　　　　　　　　　　　　　　　4 926 000
　　长期应收款——YH公司　　　　　　　　　　　　　40 000 000
　　贷:主营业务收入(1 041 600+28 838 400)　　　　29 880 000
　　　　未实现融资收益　　　　　　　　　　　　　　　11 161 600
　　　　应交税费——应交增值税(销项税额)　　　　　3 884 400

同时

借:主营业务成本　　　　　　　　　　　　　　　　　　20 186 600
　　贷:库存商品　　　　　　　　　　　　　　　　　　20 186 600

(4) 20×01年末,收到第1期付款额,并结转相应的融资收益

借:银行存款　　　　　　　　　　　　　　　　　　　　8 000 000
　　贷:长期应收款——YH公司　　　　　　　　　　　　8 000 000

同时

借:未实现融资收益　　　　　　　　　　　　　　　　　3 460 608
　　贷:财务费用　　　　　　　　　　　　　　　　　　3 460 608

(5) 以后各年年末,根据表11-1数据,分录同上、依次类推。至2×05年年末,总计收回长期应收账款40 000 000元,其中,一是扣除首付款后的设备本金

28 838 400 元,二是融资收益 11 161 600 元。

【例 11-5】 2×01 年 1 月 1 日,RH 公司销售一幢商务楼,售价 53 356 000 元,成本 38 356 000 元,客户 YH 公司首付现金 8 156 000 元,其余款项 45 200 000 元,在 10 年内按成交时市场利率 12% 计算,分 10 次、每年末付款 8 000 000 元。假定,不考虑税收等其他因素,RH 公司有关会计处理如下。

(1) 计算长期应收账款

商务楼售价 = 首付现金 + 分期支付 = 8 156 000 + 45 200 000 = 53 356 000(元)

长期应收账款总额 = 年付款额 × 10 = 45 200 000 ÷ (12%利率、10年期、1元年金现值系数) × 10

= 45 200 000 ÷ 5.650 × 10 = 8 000 000 × 10 = 80 000 000(元)

商务楼本金 = 8 000 000 × 5.650 = 45 200 000(元)

商务楼利息收入总额 = 80 000 000 − 45 200 000 = 34 800 000(元)

(2) 按实际利率法,编制长期应收款计算表(见表 11-2)

表 11-2　　　　　　　　　　长期应收款计算表　　　　　　实际利率:12%

单位:元

年份	年应收账款额 (1)	利息收入 (2)=上期(4)×12%	偿还本金 (3)=(1)-(2)	欠款余额 (4)=上期(4)-(3)
2×01				45 200 000
2×01.12.31	8 000 000	5 424 000	2 576 000	42 624 000
2×02.12.31	8 000 000	5 114 880	2 885 120	39 738 880
2×03.12.31	8 000 000	4 768 660	3 231 340	36 507 540
2×04.12.31	8 000 000	4 380 900	3 619 100	32 888 440
2×05.12.31	8 000 000	3 946 610	4 053 390	28 835 050
2×06.12.31	8 000 000	3 460 200	4 539 800	24 295 250
2×07.12.31	8 000 000	2 915 430	5 084 570	19 210 680
2×08.12.31	8 000 000	2 305 280	5 694 720	13 515 960
2×09.12.31	8 000 000	1 621 920	6 378 080	7 137 880
2×10.12.31	8 000 000	862 120	7 137 880	0
合　计	80 000 000	34 800 000	45 200 000	

(3) 2×01 年 1 月 1 日,销售时确认收入,并收到首付款

借:银行存款　　　　　　　　　　　　　　　　　　　　8 156 000
　　长期应收账款——元中公司　　　　　　　　　　　　80 000 000
　　贷:主营业务收入(8 156 000+45 200 000)　　　　　　53 356 000
　　　　未实现融资收益　　　　　　　　　　　　　　　34 800 000

同时

借：主营业务成本	38 356 000
贷：开发产品——商务楼	38 356 000

(4) 2×01 年末，收到第 1 期付款额，并结转利息收入

借：银行存款	8 000 000
贷：长期应收账款——元中公司	8 000 000

同时

借：未实现融资收益	5 424 000
贷：财务费用	5 424 000

根据表 11-2，以后各年分录依次类推。第 10 年收款后，总计收回长期应收账款 80 000 000 元，其中本金 45 200 000 元，利息收入 34 800 000 元。

6. 售后回购

售后回购是指销售方销售商品的同时，同意以后再将其买回或再买回同样、类似商品的销售方式。售后回购可分为两种情况。

(1) 销售交易。有确凿证据表明售后回购交易满足销售收入确认条件的，销售的商品按售价确认收入，回购的商品作为购进商品处理。

(2) 融资交易。企业因存在与客户的远期安排而负有回购义务或享有回购权利的，表明客户在销售点并未取得相关商品控制权，企业应当作为租赁交易或融资交易进行相应的会计处理。其中，回购价格低于原售价的，应当视为租赁交易，按第九章租赁会计进行处理；回购价格不低于原售价的，应当视为融资交易。如果属于融资交易，收到的款项应确认为负债；回购价格与原销售价格之间差额，应在售后回购期间内按期计提利息，区别情况资本化或费用化处理。

【例 11-6】 2×18 年初，DH 房地产开发企业将自己开发的第一期待售商品房产品"销售"给 YZ 公司，售价 99 000 000 元，成本为 69 800 000 元。同时，双方协议规定，DH 公司于 2×20 年初将其"购回"，回购价 138 600 000 元。双方企业之间内部融资利率 20%。假定，不考虑税收等其他因素，DH 公司有关会计处理如下。

(1) 售后回购销售的性质分析

这项售后回购的回购价在协议中已订明，表明商品房价格变动产生的主要风险和报酬均归 DH 公司所有，DH 公司对售出商品房依旧具有实质上的控制权。

因此，该售后回购销售属于融资交易。其实质是 DH 公司以房地产抵押，向 YZ 公司长期借款用于其第二期商品房项目的继续开发。借款期限 2 年，利率 20%，按单利计算融资利息 39 600 000 元（99 000 000×20%×2），本利合计 138 600 000 元（99 000 000+39 600 000）。

(2) 2×18 年初,融资交易,"销售"商品房并取得借款

　　借:银行存款　　　　　　　　　　　　　　　　　　　　99 000 000
　　　　贷:长期应付款——售后回购(YH 公司)　　　　　　　　　99 000 000

同时

　　借:发出商品　　　　　　　　　　　　　　　　　　　　69 800 000
　　　　贷:开发产品——第一期待售商品房　　　　　　　　　　　69 800 000

(3) 2×18 年和 2×19 年年末,分别计提利息费用

　　借:开发产品——第二期商品房(99 000 000×20%)　　　19 800 000
　　　　贷:长期应付款——售后回购(元中公司)　　　　　　　　　19 800 000

(4) 2×20 年初,"购回"第一期商品房并支付款项,归还借款

　　借:长期应付款——售后回购(YH 公司)(99 000 000+19 800 000×2)
　　　　　　　　　　　　　　　　　　　　　　　　　　　　138 600 000
　　　　贷:银行存款　　　　　　　　　　　　　　　　　　　138 600 000

同时

　　借:开发产品——第一期待售商品房　　　　　　　　　　　69 800 000
　　　　贷:发出商品　　　　　　　　　　　　　　　　　　　　69 800 000

【例 11-7】　2×10 年 3 月 1 日,NH 公司向 ZZ 公司"销售"商品一批,不含税售价 5 000 000 元,成本 3 500 000 元,增值税率 16%。同时,合同规定 NH 公司于当年 8 月 31 日将所售商品全部如数购回,回购价为不含税价款 5 375 000 元。假定不考虑其他因素,NH 公司有关会计处理如下。

(1) 售后回购销售的性质分析

这项售后回购的回购价在协议中已订明,表明在售出商品上的主要风险和报酬依旧归 NH 公司所有,且 NH 公司对售出商品继续拥有控制权。因此,该售后回购销售属于融资交易。其实质是 NH 公司以商品抵押,向 ZZ 公司短期借款,回购价与售价之间的差额 375 000 元(5 375 000−5 000 000)是短期融资利息,借款期限半年,利率 15%,按单利计算融资利息 375 000 元(5 000 000×15%×6/12),本利合计 5 375 000 元(5 000 000+375 000)。

由于短期融资期间短,货币时间价值影响小,采用直线法与实际利率法摊销融资利息的差异不大,因此公司按直线法摊销利息费用。

(2) 3 月 1 日,"销售"商品并取得货款

　　借:银行存款　　　　　　　　　　　　　　　　　　　　5 800 000
　　　　贷:其他应付款——售后回购(ZZ 公司)　　　　　　　　　5 000 000
　　　　　　应交税费——应交增值税(销项税额)(5 000 000×16%)　　800 000

同时

借:发出商品 3 500 000
　　贷:库存商品 3 500 000

(3) 3月至8月,每月末摊销融资利息费用

借:财务费用(375 000/6) 62 500
　　贷:其他应付款 62 500

(4) 8月末,回购所售商品

借:库存商品 3 500 000
　　贷:发出商品 3 500 000

同时

借:其他应付款——售后回购(ZZ公司)(5 000 000+62 500×6) 5 375 000
　　应交税费——应交增值税(进项税额)(5 375 000×16%) 860 000
　　　　贷:银行存款 6 235 000

六、收入会计处理的示例(二)

1. 附有销售退回条款的销售

【例11-8】 2×18年10月29日,R公司向T公司销售1 000件商品,每件售价5 000元,单位成本3 000元,增值税率16%。根据合同,T公司应于当年年末前支付货款,并且有权在2×19年4月1日之前因质量问题退还商品。销售发货的当日,R公司根据历史经验,估计商品退回率为15%。2×18年12月31日,重新评估调整的退回率为12%。假定,该批商品已发货且商品控制权已转移给T公司;2×18年12月10日收到全部销货款,2×19年3月25日退回100件,实际退回率10%。R公司有关会计处理如下:

(1) 2×18年10月29日,销售、发货并开具增值税发票

主营业务收入 = 5 000 000 × 85% = 4 250 000
预计负债 = 5 000 000 × 15% = 750 000(元)
应交税费 = 5 000 × 1 000 × 16% = 5 000 000 × 16% = 800 000(元)

借:应收账款 5 800 000
　　贷:主营业务收入 4 250 000
　　　　预计负债——应付退货款 750 000
　　　　应交税费——应交增值税(销项税额) 800 000

同时

主营业务成本 = 3 000 × 1 000 × 85% = 2 550 000(元)
应收退货成本 = 3 000 × 1 000 × 15% = 450 000(元)

借：主营业务成本 2 550 000
　　应收退货成本 450 000
　贷：库存商品 3 000 000

（2）2×18 年 12 月 10 日，收到 1 000 件商品含税销货款

借：银行存款 5 800 000
　贷：应收账款 5 800 000

（3）2×18 年 12 月 31 日，重新评估、调整后退回率为 12%，转回多计提的预计负债和应收退货成本

预计负债 = 5 000 000 × (12% - 15%) = -150 000(元)
应收退货成本 = 3 000 000 × (12% - 15%) = -90 000(元)

借：预计负债——应付退货款 150 000
　贷：主营业务收入 150 000
借：主要业务成本 90 000
　贷：应收退货成本 90 000

（4）2×19 年 3 月 25 日，T 公司实际退货 100 件

主营业务收入 = 5 000 × 100 = 500 000(元)
应交税费 = 500 000 × 16% = 80 000

借：主营业务收入 500 000
　　应交税费——应交增值税(销项税额) 80 000
　贷：银行存款 580 000

同时，退回商品入库

库存商品 = 3 000 × 100 = 300 000(元)

借：库存商品 300 000
　贷：主营业务成本 300 000

同时，转回多计提 2% 部分的预计负债和应收退货成本

转回多计提 2% 部分"预计负债" = (750 000 - 150 000) - 500 000 = 600 000 - 500 000
或者 = 5 000 000 × 2% = 100 000(元)
转回多计提 2% 部分"应收退货成本" = (450 000 - 90 000) - 300 000 = 360 000 - 300 000
或者 = 3 000 000 × 2% = 60 000(元)

借：预计负债	100 000	
贷：主营业务收入		100 000
借：主营业务成本	60 000	
贷：应收退货成本		60 000

或者，将上述退回 100 件时各笔分录，做一笔复合分录如下：

借：库存商品	300 000	
主营业务收入	400 000	
应交税费——应交增值税(销项税额)	80 000	
预计负债	100 000	
贷：主营业务成本		240 000
应收退货成本		60 000
银行存款		580 000

2. 附有客户额外购买选择权的销售

【例11-9】 2×19 年 1 月 1 日，HJ 公司推出一项销售奖励积分计划。根据该营销计划，客户在公司每消费 10 元可获得 1 个积分，每一个积分在次月购货时可抵扣 1 元，积分可永续兑换。根据公司的历史经验，客户积分的兑换率 90%。截至当年年末，A 客户共消费 200 000 元，折合积分 20 000 个，且当年实际共兑换 10 000 个积分，2×20 年年末再兑换 9 000 个积分。假定，为简化核算，价格不含税并不考虑增值税等其他因素，HJ 公司有关会计处理如下。

（1）2×19 年 12 月 31 日，为 A 客户单独确认为一项履约义务并确认合同负债

确定 A 客户估计积分的单独售价 = 200 000/10 × 1 × 90% = 18 000(元)
分摊至商品的交易价格 = [200 000/(200 000 + 18 000)] × 200 000 = 183 486(元)
分摊至积分的交易价格 = [18 000/(200 000 + 18 000)] × 200 000 = 16 514(元)
销售 A 客户商品的交易价格合计 = 183 486 + 16 514 = 200 000(元)

借：银行存款	200 000	
贷：主营业务收入		183 486
合同负债		16 514

（2）2×19 年 12 月 31 日，兑换 10 000 积分，重新估算兑换率，依旧预计会替换完全部积分，确认积分兑换产生的收入

确认积分兑换产生的收入 = (10 000/18 000) × 16 514 = 9 174(元)
剩余未兑换的积分 = 16 514 − 9 174 = 7 340(元)

借：合同负债	9 174	
贷：主营业务收入		9 174

2×19 年年末,合同负债贷方余额 7 340 元。

(3) 2×20 年 12 月 31 日,当年兑换 9 000 个积分累计兑换 19 000 个积分,重新估算兑换率,预计 A 客户累计替换 19 600 个积分,确认积分兑换产生的收入

确认积分兑换产生的收入 = (19 000/19 600) × 16 514 − 9 174 = 16 008 − 9 174 = 6 834(元)

剩余未兑换的积分 = (16 514 − 9 174) − 6 834 = 7 340 − 6 834 = 506(元)

借:合同负债　　　　　　　　　　　　　　　　　6 834
　　贷:主营业务收入　　　　　　　　　　　　　　　　6 834

3. 固定造价合同的收入

【例 11-10】 2×19 年 5 月 22 日,甲建筑公司与客户签订一项总金额 2 000 万元的固定造价合同,在客户自有土地上建造厂房,预计总成本为 1 400 万元。该建造服务属于某一时段内履行的履约义务,根据累计发生合同成本占预计合同总成本的比例,确定履约工程完工进度并确认相应的收入。

资料如下:(1)2×19 年年末,甲公司累计发生成本 840 万元,履约完工进度 60%(840/1 400);(2)2×20 年年初,合同双方同意更改该厂房的部分设计,增加合同价格 400 万元和预计总成本 250 万元。

甲建筑公司会计处理如下。(1)甲公司在客户自有土地上建厂房,合同终止客户拥有该完工厂房,这表明客户能在建造过程中控制该在建厂房。于是,甲公司能在建造厂房过程中根据履约完工进度确认相应的收入。(2)2×19 年年末,确认收入 1 200 万元(2 000×60%)。(3)2×20 年年初,由于合同变更后提供的剩余建造服务与合同变更日或之前已经提供的建造服务不可明确区分(即该合同仍为单项履约义务),应将合同变更作为原合同的组成部分继续进行会计处理。重新估计的履约进度为 51%[840/(1 400+250)],在合同变更日应确认增加收入 24 万元(2 400×51%−1 200)。

【例 11-11】 施工方 HT 企业为建设方 YD 企业在其自有土地上承建一项建造工程,固定造价合同规定:(1)工期 3 年;(2)固定造价 800 000 000 元;(3)预计总成本 600 000 000 元。第 2 年年末,预计完工尚需增加成本 100 000 000 元,预计总成本增至 700 000 000 元。实际成本、实际收款、结算合同价款与各年估计成本等资料,见表 11-2。

施工方在客户自有土地上建造工程,合同终止客户拥有该完工的建造工程,这表明 YD 企业能在建造过程中控制该在建的建造工程项目。于是,施工方 HT 企业能在建造过程中根据履约完工进度并确认相应的收入。假定不再考虑其他因素,HT 企业会计处理如下。

（1）根据表 11-3 资料，计算各年营业收入（见表 11-4）

表 11-3　　　　　　　　　　　HT 企业承建工程有关资料表　　　　　　　　　单位：元

项目＼时间	第1年	第2年	第3年	总　计
实际发生的成本	252 000 000	301 000 000	147 000 000	700 000 000
原预计完工尚需发生的成本	348 000 000	47 000 000	0	—
调整后预计还需增加的成本	0	100 000 000	0	—
加：以前年度发生成本数		252 000 000	553 000 000	
当年累计发生、尚需和预计还需成本的合计数	600 000 000	700 000 000	700 000 000	
已开单应收的合同价款	280 000 000	350 000 000	170 000 000	800 000 000
实际收到的工程款项	290 000 000	360 000 000	150 000 000	800 000 000

表 11-4　　　　　　　　　　　完工百分比法下营业收入计算表　　　　　　　　单位：元

序	项目＼时间	第1年	第2年	第3年	总　计
(1)	工程总造价	800 000 000	800 000 000	800 000 000	800 000 000
(2)	当年累计实际成本	252 000 000	553 000 000	700 000 000	700 000 000
(3)	预计完工尚需成本	348 000 000	147 000 000	0	—
(4)	预计总成本[(2)+(3)]	600 000 000	700 000 000	700 000 000	700 000 000
(5)	预计总毛利[(1)-(4)]	200 000 000	100 000 000	100 000 000	100 000 000
(6)	第1年累计完工百分比[(2)÷(4)]	42%			—
(7)	第2年累计完工百分比[(2)÷(4)]		79%		—
(8)	第3年累计完工百分比[(2)÷(4)]			100%	—
(9)	第1年累计收入[(1)×(6)]	336 000 000			
(10)	第2年累计收入[(1)×(7)]		632 000 000		
(11)	第3年累计收入[(1)×(8)]			800 000 000	
(12)	减：以前年度累计收入	—	(336 000 000)	(632 000 000)	—
(13)	当年应确认的营业收入	336 000 000	296 000 000	168 000 000	800 000 000

（2）第 1 年

发生工程成本

　　借：工程施工——合同成本　　　　　　　　　　　252 000 000
　　　　贷：银行存款、应付职工薪酬、机械作业等　　　　　　　252 000 000

开出应收合同工程款的账单

　　借：应收账款　　　　　　　　　　　　　　　　　280 000 000
　　　　贷：工程结算　　　　　　　　　　　　　　　　　　　　280 000 000

实际收到工程款

借：银行存款 290 000 000
　　贷：应收账款 290 000 000

期末，根据表11-4，确认第1年建造合同的收入

借：主营业务成本 252 000 000
　　工程施工——合同毛利 84 000 000
　　贷：主营业务收入 336 000 000

第1年年末，"工程施工"账户借方余额336 000 000元（252 000 000 + 84 000 000），"工程结算"贷方余额280 000 000元。"工程施工"账户借方余额扣除抵销账户"工程结算"账户贷方余额后的差额56 000 000元，在资产负债表上列为一项流动资产。

（3）第2年

发生工程成本

借：工程施工——合同成本 301 000 000
　　贷：银行存款、应付职工薪酬、机械作业等 301 000 000

开出应收合同工程款的账单

借：应收账款 350 000 000
　　贷：工程结算 350 000 000

实际收到工程款

借：银行存款 360 000 000
　　贷：应收账款 360 000 000

年末，根据表11-4，确认第2年建造合同收入

借：主营业务成本 301 000 000
　　贷：主营业务收入 296 000 000
　　　　工程施工——合同毛利 5 000 000

第2年年末，"工程施工"账户借方余额632 000 000元（336 000 000 + 301 000 000 - 5 000 000），"工程结算"贷方余额630 000 000元（280 000 000 + 350 000 000）。"工程施工"账户借方余额扣除抵销账户"工程结算"账户贷方余额后的差额2 000 000元，在资产负债表上列为一项流动资产。

（4）第3年

发生工程成本

借：工程施工——合同成本　　　　　　　　　　　　147 000 000
　　贷：银行存款、应付职工薪酬、机械作业等　　　　　　147 000 000

开出应收合同工程款的结算账单

借：应收账款　　　　　　　　　　　　　　　　　　170 000 000
　　贷：工程结算　　　　　　　　　　　　　　　　　　　170 000 000

实际收到工程款

借：银行存款　　　　　　　　　　　　　　　　　　150 000 000
　　贷：应收账款　　　　　　　　　　　　　　　　　　　150 000 000

年末，根据表11-4，确认第3年建造合同收入

借：主营业务成本　　　　　　　　　　　　　　　　147 000 000
　　工程施工——合同毛利　　　　　　　　　　　　　21 000 000
　　贷：主营业务收入　　　　　　　　　　　　　　　　168 000 000

第3年年末，"工程施工"账户借方余额800 000 000元（632 000 000+147 000 000+21 000 000），"工程结算"贷方余额800 000 000元（630 000 000+170 000 000）。工程完工，对冲"工程施工"与"工程结算"账户余额。T形账户核算图，见图11-1。

借：工程结算　　　　　　　　　　　　　　　　　　800 000 000
　　贷：工程施工——合同成本　　　　　　　　　　　　700 000 000
　　　　　　　　——合同毛利　　　　　　　　　　　　100 000 000

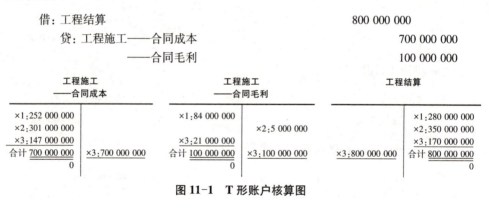

图11-1　T形账户核算图

第二节　费　用

一、费用概述

（一）费用的概念

费用，是指企业在日常活动中发生的、会导致股东权益减少的、与向股东

分配利润无关的经济利益的总流出。费用有广义和狭义两种解释。根据广义解释,费用包括各项耗费和损失;根据狭义解释,费用仅指与本期营业收入相配比的各项耗费。费用也可称已耗成本,成本是对象化的费用,对象化于产品上的费用,就是产品成本。费用和损失应在理论和实务上对它们加以明确的区分。

费用只有在经济利益很可能流出从而导致企业资产减少或负债增加,且经济利益的流出额能可靠计量时才能予以确认。企业为生产产品、提供劳务而发生的可归属于产品成本、劳务成本的费用,应在确认产品销售收入、劳务收入的同时,将已销售产品、已提供劳务的成本计入当期损益。

企业发生的支出不产生经济利益的,或即使能产生经济利益但不符合或不再符合资产确认条件的,应在发生时确认为费用,计入当期损益。发生的交易或事项导致其承担了一项负债而又不确认为一项资产的,应在发生时确认为费用,计入当期损益。符合费用定义和费用确认条件的项目,应列入利润表。

(二) 费用的分类

费用包括生产费用和非生产费用。前者是指与企业日常生产经营活动有关的费用,如生产产品所发生的原材料费用、人工费用和制造费用等;后者是指不应由生产费用负担的费用,如在建工程所发生的费用,以及销售费用、管理费用和财务费用。费用按其与生产经营活动的关系及与产品成本的关系,可分为直接费用、间接费用和期间费用三大类。

1. 直接费用,也称直接生产费用,是指生产部门与生产产品、提供劳务有直接关系而发生的各项直接费用,包括产品生产部门为生产产品所发生的直接材料、直接人工和其他直接费用。

2. 间接费用,也称间接生产费用,是指生产部门与生产产品、提供劳务有间接关系而发生的属于多种产品共同耗用的生产费用。(1) 辅助生产费用,是指辅助生产部门为基本生产部门提供各种工夹量模具及设备保养等所发生的辅助性质的生产费用。(2) 制造费用,是指生产多种产品的基本生产部门(如同时生产多种产品的车间)所发生的生产多种产品共同耗用的各种料工费,包括车间管理人员工资、办公经费等费用。

3. 期间费用,是指企业行政管理部门为组织和管理生产经营活动而发生的经营管理费用。它是按一定期间汇总,直接计入当期损益、与产品生产成本无关的费用,包括管理费用、销售费用和财务费用。在工业企业,期间费用一般总称为经营管理费用,在商品流通企业往往总称为商品流通费用。

上述三类费用的相互关系及其计入成本或计入损益的方式,如图11-2所示。

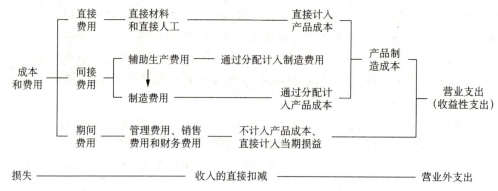

图 11-2 成本、费用和损失关系图

二、费用的确认、计价与核算要求

(一) 成本费用的确认

按应计制原则,费用应在确认其相关收入期间同时予以确认。离开收入,费用的确认就难以进行,因此费用确认的规定常被称为收入费用的配比原则。其确认标准有以下三点。

1. 按因果关系确认。凡是与本期收入有因果关系的耗费,就是本期的费用,如销售成本可随同本期销售收入作为该期间的成本费用。

2. 按分摊方式确认。有些资产在多个会计期间提供收益,因此应在多个会计期间负担其费用,如固定资产折旧、无形资产摊销和保险费用的分摊都属于这种情况。

3. 直接确认。有些费用难以明确未来产生的收益,而且对其分摊也无实际意义,如销售费用、管理费用、财务费用,因而在发生时就直接将它们确认为当期的期间费用。

(二) 费用的计价和核算要求

费用的计价,是指以货币单位来计量费用,费用往往以实际成本为依据进行计量。其基本要求有如下六个方面。

1. 划清收益性支出与资本性支出的界限

在配比原则下必须分清收益性支出与资本性支出,以便正确计算资产价值和当期损益。凡支出的效益仅涉及本年度的,应作为收益性支出,全部记入当期损益,因此它也称营业支出。凡支出的效益涉及几个会计年度的,应作为资本性支出,资本性支出不能于支出当期全部转为费用,须在其获益期内逐步转为费用。例如,购建固定资产的支出属于资本性支出,它只能在固定资产使用年限内通过折旧逐步转为各年的费用。再如,与购建固定资产有关的专门长期借款的利息和汇兑损益支出,在资产未达到预计可使用状态前均应予以资本化,将它们计入有关资产的购建成本。资本性支出如误记为收益性支出,会使资产价值减少、本期收益减少,而且使以后各期收益增加,造成各期收入与费用不配比,不能正确计量损益和资产价值。

2. 划清营业收入(支出)与营业外收入(支出)的界限

营业收入(支出)是指日常生产经营活动的收入(支出),包括主营业务收入和其他业务收入;营业外收入(支出)是指生产经营活动以外的收入(支出),包括与生产经营活动无直接关系的各项利得(损失)。企业在生产经营活动中,取得营业收入需要付出成本费用的代价;而营业外收入其实质是一种纯收入,无需为此付出代价。反之,营业外支出是一种纯损失,没有与其相关的收入可用来补偿。因此,会计上需严格区分营业收入(或支出)与营业外收入(或支出)的界限,以便正确计算营业损益和净损益。

3. 划清成本费用与期间费用的界限

计入产品成本的费用要等到相关收入实现后才能与收入配比,其中直接费用直接计入产品成本,间接费用通过一定标准分配计入产品成本。期间费用应在发生当期作为总数被当期收入一次性扣除,不计入产品成本。因此,须划清计入产品成本的费用与期间费用的界限,以便于正确计算各期的成本费用和期间费用。

4. 划清本期费用与下期费用的界限

根据应计制,凡不应全部由本期负担的费用,即使现金在本期已全部流出,还是应采取一定摊销方式将全部支出中应属于各期负担的费用计入各受益期;同样,凡应属于本期应负担的费用,即使本期并无现金流出,也应采用一定预提方式计入本期费用。因此,须划清本期费用与下期费用,以便于正确计算本期损益。

5. 划清各部门(车间)费用界限、不同产品费用的界限

间接生产费用一般应先在各部门(车间)内进行归集,然后按各部门、车间归集的间接生产费用分配计入产品成本。这样,既有利于正确计算成本费用,也有利于部门、车间责任会计的执行。

产品成本是与一定种类和数量的产品有关的生产费用,因此计入各产品成本的生产费用,必须划清不同产品品种的界限。直接费用应直接计入各产品成本,间接费用应按一定方法分配计入产品成本。只有划清不同产品所消耗的产品费用界限,才能正确计算各种产品应负担的生产费用及其总成本和单位成本。

6. 划清完工产品与在产品的界限

本期生产费用总额是由本期完工产品和期末在产品共同组成的。与销售收入配比的生产费用是完工的产品成本。因此,为正确计算本期完工产品总成本和单

位成本,就应选择正确、合理的期末在产品计价方法,从而分清产成品和在产品的数量以及它们应分别负担的生产费用。只有划清这个界限,才能确保完工产品成本计算的正确性,正确计算本期销售成本与销售利润。

须指出,根据《企业财务通则》(2007年财政部令第41号)的规定,企业发生销售折扣、折让以及支付必要的佣金、回扣、手续费、劳务费、提成、返利、进场费、业务奖励等支出的,应签订相关合同,履行内部审批手续。开展进出口业务收取或者支付的佣金、保险费、运费,按合同规定的价格条件处理。向个人以及非经营单位支付费用的,应严格履行内部审批及支付的手续。企业应当依法缴纳行政事业性收费、政府性基金以及使用或者占用国有资源的费用等。对没有法律法规依据或者超过法律法规规定范围和标准的各种摊派、收费、集资,有权拒绝。

企业不得承担属于个人的下列五项支出:(1)娱乐、健身、旅游、招待、购物、馈赠等支出;(2)购买商业保险、证券、股权、收藏品等支出;(3)个人行为导致的罚款、赔偿等支出;(4)购买住房、支付物业管理费等支出;(5)应由个人承担的其他支出。

三、制造成本

制造成本是指生产经营过程中实际消耗的直接材料、直接人工和制造费用。

1. 直接材料。生产经营过程中实际消耗的原材料、辅助材料、设备配件、外购半成品、燃料、动力、包装物、低值易耗品以及其他直接材料。

2. 直接人工。直接从事产品生产人员的工资薪酬。

3. 制造费用。企业各个生产经营单位(分厂、车间)为组织和管理生产所发生的生产单位管理人员工资薪酬、固定资产折旧费、原油储量有偿使用费、油田维护费、矿山维简费、租赁费(不包括融资租赁费)、修理费、机物料消耗、低值易耗品摊销、水电费、办公费、差旅费、保险费、设计制图费、试验检测费、季节性与修理期间的停工损失以及其他制造费用。

四、期间费用及其核算

(一) 期间费用的分类

1. 销售费用

销售费用是指在销售商品和材料、提供劳务的过程中所发生的各项费用,包括保险费、包装费、展览费和广告费、商品维修费、委托代销手续费、预计产品质量保证损失、运输费、装卸费等;还包括为销售本企业产品而专设的销售机构(含销售网点、售后服务网点)的职工薪酬、业务费、折旧费和经营费用,以及企业发生的与专设销售机构相关的固定资产修理费用等后续支出。企业应设置"销售费用"账户,核算各项销售费用。

金融企业不设置"销售费用"账户,而应将其改为"业务及管理费"账户,核算金融企业在业务经营和管理过程中所发生的各项费用,包括折旧费、业务宣传费、业务招待费、电子设备运转费、钞币运送费、安全防范费、邮电费、劳动保护费、外事费、印刷费、低值易耗品摊销费、职工工资及福利费、差旅费、水电费、职工教育经费、工会经费、会议费、诉讼费、公正费、咨询费、无形资产摊销、长期待摊费用摊销、取暖降温费、聘请中介机构费、技术转让费、绿化费、董事会费、财产保险费、劳动保护费、住房公积金、物业管理费、研究费用、提取保险保障基金等。

本账户借方登记发生或应冲减的各种销售费用;贷方登记期末结转"本年利润"账户的销售费用,结转后本账户应无余额。本账户应按销售费用项目设置明细账。

2. 管理费用

管理费用是指为组织和管理生产经营所发生的费用,包括企业在筹建期间发生的开办费、董事会和行政管理部门在经营管理中发生的,或应由企业统一负担的企业经费(包括行政管理部门职工工资及福利费、折旧费、物料消耗、低值易耗品摊销、办公费和差旅费等)、工会经费、董事会费(包括董事会成员津贴、会议费和差旅费等)、聘请中介机构费、咨询费(含顾问费)、诉讼费、业务招待费、房产税、车船使用税、土地使用税、印花税、技术转让费、矿产资源补偿费、研究费用、排污费等。

企业应设置"管理费用"账户,核算各项管理费用。企业生产车间(部门)和行政部门等发生的固定资产修理费用等后续支出,也在本账户核算。企业(商品流通)管理费用不多的,可不设置"管理费用"账户,"管理费用"账户核算的内容可并入"销售费用"账户核算。本账户借方登记发生或应冲减的各项管理费用金额,贷方登记期末结转"本年利润"账户的管理费用金额,结转后本账户应无余额。本账户应按费用项目设置明细账。

3. 财务费用

财务费用是指为筹集生产经营所需资金而发生的筹资费用,包括利息支出(减利息收入)、汇兑损益以及相关的手续费、企业发生的现金折扣或收到的现金折扣等。

企业应设置"财务费用"账户,核算各项财务费用。本账户借方登记发生或应冲减的各项财务费用金额,贷方登记收到的利息或现金折扣以及期末结转"本年利润"账户的财务费用金额,结转后本账户应无余额。本账户应按费用项目设置明细账。

(二)期间费用核算的示例

【例 11-18】 DH 企业筹建期间发生职工薪酬 560 000 元、水电费 280 000 元、业务招待费 337 000 元、注册登记 60 000 元、借款利息 90 000 元、办公费和差旅费

360 000 元,有关分录如下。

开办费 = 560 000 + 280 000 + 337 000 + 60 000 + 90 000 + 360 000 = 1 687 000(元)

借：管理费用——开办费　　　　　　　　　　　　　1 687 000
　　贷：银行存款　　　　　　　　　　　　　　　　　　　　1 687 000

【例 11-19】 GH 企业地处市区,占用土地 600 000 平方米,土地使用税每平方米年税额为 10 元;有记载资金 80 000 000 元营业账簿及其他账簿 200 本,租赁合同 1 份每年 2 000 000 元、租期 3 年,营业执照 1 份。印花税率分别为：记载资金账簿 0.05%;记载数量账簿和营业执照 5 元/本(份);租赁合同 0.1%,计税基础是合同协议的全部金额,租期 3 年,需按 3 年计算。假定土地使用税每月计提,半年交纳 1 次。有关会计处理如下。

(1) 每月计提和半年交纳土地使用税

年应交土地使用税 = 600 000 × 10 = 6 000 000(元)
月应交土地使用税 = 6 000 000 ÷ 12 = 500 000(元)

计提

借：管理费用——土地使用税　　　　　　　　　　　500 000
　　贷：应交税费——应交土地使用税　　　　　　　　　　　500 000

交纳

借：应交税费——应交土地使用税(500 000×6)　　3 000 000
　　贷：银行存款　　　　　　　　　　　　　　　　　　　　3 000 000

(2) 交纳印花税

印花税 = 80 000 000 × 0.05% + 200 × 5 + 1 × 5 + (2 000 000 × 3) × 0.1%
　　　 = 40 000 + 1 000 + 5 + 6 000 = 47 005(元)

借：管理费用——印花税　　　　　　　　　　　　　47 005
　　贷：银行存款　　　　　　　　　　　　　　　　　　　　47 005

【例 11-20】 2×19 年,SH 企业于 12 月 5 日支付应由企业负担的销售甲产品的运输费 600 000 元;12 月 9 日以银行存款支付乙产品广告费 5 968 000 元;月末将全年销售费用余额 15 369 000 元结转本年利润账户,有关会计分录如下。

(1) 支付甲产品运输费

借：销售费用——运输费　　　　　　　　　　　　　600 000
　　贷：银行存款　　　　　　　　　　　　　　　　　　　　600 000

(2) 支付乙产品广告费

借：销售费用——广告费	5 968 000	
贷：银行存款		5 968 000

(3) 年末,结转销售费用

借：本年利润	15 369 000	
贷：销售费用		15 369 000

第三节　利　　润

一、利润的定义和构成

利润是指企业在一定会计期间的经营成果。利润包括收入减去费用后的净额、直接计入当期利润的利得和损失等。直接计入当期利润的利得和损失是指应当计入当期损益、会导致所有者权益发生增减变动的、与所有者投入资本或者所有者分配利润无关的利得或者损失。

利润金额取决于收入和费用的计量。利润总额包括营业利润和营业外收支净额,净利润是利润总额扣除所得税后的净额,具体计算方法如下所述。

（一）营业利润

$$\begin{aligned}营业利润 =\ &营业收入 - 营业成本 - 税金及附加 - 销售费用 - 管理费用 - 财务费用 \\ &- 资产减值损失 + 公允价值变动收益(- 公允价值变动损失) + 投资收益(- 投资损失)\end{aligned}$$

在上式中:营业收入是指企业经营业务所实现的收入总额,包括主营业务收入和其他业务收入;营业成本是指企业经营业务所发生的实际成本总额,包括主要业务成本和其他业务成本;资产减值损失是指企业计提各项资产减值准备所形成的损失;公允价值变动收益(或损失)是指企业交易性金融资产等公允价值变动形成的应计入当期损益的利得(或损失);投资收益(或损失)是指企业以各种方式对外投资所取得的收益(或发生的损失)。

（二）利润总额

$$利润总额 = 营业利润 + 营业外收入 - 营业外支出$$

发生的、与日常经营活动无直接关系的各项利得(或损失)。

（三）净利润

$$净利润 = 利润总额 - 所得税费用$$

在上式中,所得税费用是指企业确认的应从当期利润总额中扣除的所得税费用。

二、营业外收支

(一)营业外收入的会计处理

营业外收入是指企业发生的营业利润以外的收益。营业外收入是与企业正常生产经营活动无直接关系的各项利得,包括非流动资产毁损报废处置利得、债务重组利得、与企业日常活动无关系的政府补助、盘盈利得和接受捐赠利得等。营业外收入并非是企业营运资金耗费所形成的,不需要企业在日常经营活动中付出代价,实际上是企业一种纯收入。

企业应设置"营业外收入"账户,本账户按营业外收入的项目设置明细账。发生营业外收入如取得政府补助利得时,借记"银行存款""递延收益"等账户,贷记本账户。期末,应将本账户余额转入"本年利润"账户,结转后本账户应无余额。

(二)营业外支出的会计处理

营业外支出是指企业发生的营业利润以外的支出。营业外支出是与企业生产经营活动无直接关系的各项损失,包括非流动资产毁损报废处置损失、债务重组损失、公益性捐赠支出、非常损失、盘亏损失等。

企业应设置"营业外支出"账户,本账户按营业外支出的项目设置明细账。发生营业外支出如盘亏、毁损的资产发生净损失时,按管理权限报经批准后,借记本账户,贷记"待处理财产损溢"账户。期末,应将本账户余额转入"本年利润"账户,结转后本账户应无余额。

须指出,营业外支出与营业外收入应当分别核算,企业不能以营业外支出直接冲减营业外收入,同样也不能以营业外收入直接冲减营业外支出。

三、本年利润的会计处理

企业一般应按月计算利润,按月计算利润有困难的,经批准,也可按季或按年计算利润。本年利润核算的主要内容有以下两点。

1. 按配比原则,结转本期的营业收入与营业成本、期间费用、税金及附加、期间费用、资产减值损失、公允价值变动损益和投资损益等,确定本期营业利润;

2. 结转本期的营业外收入与营业外支出,并与上述本期营业利润加总,以确定本期利润总额。

企业应设置"本年利润"账户,核算当期实现的净利润(或发生的净损失)。期(月)末结转利润时,应将各损益类账户的金额转入本账户,结平各损益类账户。结转后本账户的贷方余额为当期实现的净利润;借方余额为当期发生的净亏损。

年度终了,应将本年收入、利得和费用、损失相抵后结出的本年实现的净利润,转入"利润分配"账户,借记本账户,贷记"利润分配——未分配利润"账户;如为净亏损,做相反的会计分录。结转后,本账户应无余额。

【例 11-21】 BH 企业 2×18 年 12 月 31 日,有关账户发生额如下,贷方发生额合计金额:"主营业务收入"账户 9 500 000 元,"投资收益"账户 190 000 元,"公允价值变动损益"账户 160 000 元,"营业外收入"账户 80 000 元;借方发生额合计金额:"主营业务成本"账户 4 150 000 元,"税金及附加"账户 475 000 元,"资产减值损失"账户 200 000 元,"销售费用"账户 365 000 元,"管理费用"账户 460 000 元,"财务费用"账户 90 000 元,"营业外支出"账户 20 000 元,"所得税费用"账户 1 800 000 元。假定,当年 12 月 1 日"本年利润"账户贷方合计发生额 25 000 000 元。有关会计处理如下。

(1) 年末,结转 12 月份利润

借:主营业务收入	9 500 000
投资收益	190 000
公允价值变动损益	160 000
营业外收入	80 000
贷:本年利润	9 930 000

同时

借:本年利润	7 560 000
贷:主营业务成本	4 150 000
税金及附加	475 000
资产减值损失	200 000
销售费用	365 000
管理费用	460 000
财务费用	90 000
营业外支出	20 000
所得税费用	1 800 000

(2) 结转全年净利润

净利润 = 25 000 000 + (9 930 000 − 7 560 000) = 27 370 000(元)

借:本年利润	27 370 000
贷:利润分配——未分配利润	27 370 000

四、综合收益总额

综合收益是指企业中某一期间除与所有者权益以其所有者身份进行的交易之

外的,其他交易或事项所引起的所有者权益变动。其他综合收益是指企业根据其他会计准则规定未在当期损益中确认的各项利得或损失。综合收益总额是净利润和其他综合收益扣除所得税影响后的净额相加后的合计金额。

(一) 其他综合收益的主要事项

企业的其他综合收益反映的是按照其他准则规定通常计入股东权益的各项利得和损失扣除所得税影响后的净额。其主要内容如下。

1. 未计入损益的公允价值变动。以公允价值计量且其变动计入其他综合收益的金融资产的公允价值变动形成的利得或损失。

2. 未计入损益的重分类形成的利得或损失。以摊余成本计量的金融资产重分类为以公允价值计量且其变动计入其他综合收益的金融资产形成的利得或损失。

3. 权益法下按比例享有被投资单位的其他综合收益份额。企业长期股权投资按权益法核算,应当享有的被投资单位以后会计期间不能重分类进损益的其他综合收益中的份额;按照权益法核算的在被投资单位以后会计期间在满足规定条件时将重分类进损益的其他综合收益中所享有的份额。

4. 现金流量套期工具利得或损失。现金流量套期满足运用套期会计方法条件的,套期工具利得或损失中属于有效套期的部分,应直接确认为股东权益并单列项目反映,这部分利得或损失属于其他综合收益。

5. 外币报表折算差额。境外经营财务报表折算时,外币报表折算差额在资产负债表中股东权益项目下单独列示。外币报表折算差额一并列示在资产负债表股东权益中,折算差额本质上是利得或损失,属于其他综合收益。

6. 养老金会计。重新计量设定收益计划净负债或净资产导致的变动金额,属于其他综合收益。

(二) 不属于其他综合收益的事项

以下事项虽计入股东权益,但本质属于股东投入或向股东进行的分配,不属于其他综合收益。

1. 与控股股东或控股股东的子公司之间的捐赠或债务豁免。按有关规定,企业接受捐赠和债务豁免,符合确认条件的,通常应确认为当期收益。如果接受的捐赠,从实质上判断属于控股股东对企业的资本性投入,应作为权益性交易,相关利得计入股东权益。在这种情况下,该捐赠或债务豁免形成的损失或利得,本质上是股东对企业的投入或者企业向股东进行的分配,因此不应作为其他综合收益。

此外,其他形式的与控股股东或控股股东的子公司之间发生的非互惠交易同样属于权益性交易,不作为其他综合收益。非互惠交易是企业将所拥有的非货币性资产无代价地转让给第三方或者第三方将其所拥有的非货币性资产无代价地转让给企业,这种无代价交易不产生利得或损失。

2. 同一控制下企业合并。同一控制下企业合并中,合并方取得的净资产账面价值与支付的合并对价账面价值(或发行股份面值总额)的差额,应调整资本公积;资本公积不足冲减的,调整留存收益。同一控制下企业合并其本质是集团公司内部资源的重新分配,合并方取得的净资产账面价值大于其所支付的对价意味着更多资源分配给合并方,即资本投入。反之,合并方取得的净资产账面价值小于其所支付的对价,意味更多资源流出合并方,即资本收回。因此,上述交易对资本公积和留存收益的影响不应作为其他综合收益处理。

3. 政府给予的搬迁补偿款和其他资本投入性质的政府拨款。企业因城镇规划等公共利益进行搬迁,收到政府从财政预算拨付的搬迁补偿款,应作为专项应付款处理;取得的搬迁补偿款扣除转入递延收益的金额后如有结余的,应作为资本公积处理。上述搬迁补偿款结余部分,不属于政府补助,而是政府资本性投入,因此不能作为其他综合收益处理。此外,政府拨入的投资补助等专项拨款中,规定作为"资本公积"处理的,也属于资本投入性质,同样不应作为其他综合收益处理。

4. 被投资企业资本公积变化。在长期股权投资的权益法下,投资企业资本公积随被投资企业资本公积变化而变化,对投资企业来说,该变化是否符合其他综合收益的定义,需分析被投资企业资本公积变化的具体原因。如果被投资企业资本公积变化满足其他综合收益的定义,投资企业应将其反映在本企业利润表的其他综合收益中;反之,如果不符合定义的,则不应反映在其他综合收益中。

第十二章

非货币性资产交换、或有事项和债务重组

第一节 非货币性资产交换

一、非货币性资产交换的判定、确认和计量原则

（一）非货币性资产交换的定义、特点和判定

非货币性资产交换，是指企业主要以固定资产、无形资产、投资性房产和长期股权投资等非货币性资产进行的交换。该交换不涉及或只涉及少量的货币性资产（即补价）。货币性资产是指企业持有的货币资金和收取固定或可确定金额的货币资金的权利。非货币性资产，是指货币性资产以外的资产。

新修订的《非货币性资产交换》准则适用于所有非货币性资产交换，但下列各项适用其他相关会计准则：(1)企业以存货换取客户的非货币性资产的，适用《收入》准则；(2)非货币性资产交换中涉及企业合并的，适用《企业合并》《长期股权投资》和《合并财务报表》准则；(3)非货币性资产交换中涉及由《金融工具确认和计量》准则规范的金融资产的，金融资产的确认、终止确认和计量适用《金融工具确认和计量》和《金融资产转移》准则；(4)非货币性资产交换中涉及由《租赁》准则规范的使用权资产或应收融资租赁款等的，相关资产的确认、终止确认和计量适用《租赁》准则；(5)非货币性资产交换的一方直接或间接对另一方持股且以股东身份进行交易的，或者非货币性资产交换的双方均受同一方或相同的多方最终控制，且该非货币性资产交换的交易实质是交换的一方向另一方进行了权益性分配或交换的一方接受了另一方权益性投入的，适用权益性交易的有关会计处理规定。

非货币性资产交换的特点有以下三点。

(1) 交易对象。主要是非货币性资产。

（2）交易行为。交易各方是自愿地以物易物、互惠转让。

（3）一般不涉及货币性资产，或者可能涉及少量货币性资产。在这种交换中，有时会收到或支付少量货币性资产，这些货币性资产称为"补价"。

在非货币性资产交换中，一般来说，如果补价占整个资产交换金额的比例小于25%，即支付的补价占换入资产的公允价值（或占换出资产公允价值与支付补价两者之和）的比例，或者收到的补价占换出资产的公允价值（或占换入资产公允价值与收到补价两者之和）的比例小于25%的，被视为非货币性资产交换，应按本准则的规定进行处理。如果该比例大于25%（含25%），应该认定为货币性资产交换，按一般货币性资产交换遵循的相关会计准则如《收入》准则进行会计处理。

（二）非货币性资产交换的确认和计量原则

新《非货币性资产交换》准则规定，对于换入资产，企业应在换入资产符合资产定义并满足资产确认条件时予以确认；对于换出资产，企业应当在换出资产满足资产终止确认条件时终止确认。

1. 非货币性资产交换"商业实质"的确定标准

按照新《非货币性资产交换》准则的规定，满足下列条件之一的，非货币性资产交换具有商业实质：

（1）换入资产的未来现金流量在风险、时间分布或金额方面与换出资产显著不同；

（2）使用换入资产所产生的预计未来现金流量现值与继续使用换出资产不同，且其差额与换入资产和换出资产的公允价值相比是重大的。

在确定非货币性资产交换是否具有商业实质时，企业应关注交易各方之间是否存在关联方关系。关联方关系的存在可能导致发生的非货币性资产交换不具有商业实质。

2. 交换具有"商业实质"——以公允价值计量

非货币性资产交换同时满足下列条件的，应以公允价值为基础计量：

（1）该项交换具有"商业实质"；

（2）换入资产或换出资产的公允价值能可靠计量。

换入资产和换出资产公允价值均能可靠计量的，应当以换出资产的公允价值为基础计量，但有确凿证据表明换入资产的公允价值更加可靠的除外。

以公允价值为基础计量的非货币性资产交换，对于换入资产，应以换出资产的公允价值和应支付的相关税费作为换入资产的成本进行初始计量；对于换出资产，应当在终止确认时，将换出资产的公允价值与其账面价值之间的差额计入当期损益。有确凿证据表明换入资产的公允价值更加可靠的，对于换入资产，应当以换入资产的公允价值和应支付的相关税费作为换入资产的初始计量金额；对于换出资产，应当在终止确认时，将换入资产的公允价值与换出资产账面价值之间的差额计入当期损益。

以公允价值为基础计量的非货币性资产交换，涉及补价的，应按下列规定进行处理。(1)支付补价的，以换出资产的公允价值，加上支付补价的公允价值和应支付的相关税费，作为换入资产的成本，换出资产的公允价值与其账面价值之间的差额计入当期损益。有确凿证据表明换入资产的公允价值更加可靠的，以换入资产的公允价值和应支付的相关税费作为换入资产的初始计量金额，换入资产的公允价值减去支付补价的公允价值，与换出资产账面价值之间的差额计入当期损益。(2)收到补价的，以换出资产的公允价值，减去收到补价的公允价值，加上应支付的相关税费，作为换入资产的成本，换出资产的公允价值与其账面价值之间的差额计入当期损益。有确凿证据表明换入资产的公允价值更加可靠的，以换入资产的公允价值和应支付的相关税费作为换入资产的初始计量金额，换入资产的公允价值加上收到补价的公允价值，与换出资产账面价值之间的差额计入当期损益。

以公允价值为基础计量的非货币性资产交换，同时换入或换出多项资产的，应按下列规定进行处理。(1)对于同时换入的多项资产，按照换入的金融资产以外的各项换入资产公允价值相对比例，将换出资产公允价值总额(涉及补价的，加上支付补价的公允价值或减去收到补价的公允价值)扣除换入金融资产公允价值后的净额进行分摊，以分摊至各项换入资产的金额，加上应支付的相关税费，作为各项换入资产的成本进行初始计量。有确凿证据表明换入资产的公允价值更加可靠的，以各项换入资产的公允价值和应支付的相关税费作为各项换入资产的初始计量金额。(2)对于同时换出的多项资产，将各项换出资产的公允价值与其账面价值之间的差额，在各项换出资产终止确认时计入当期损益。有确凿证据表明换入资产的公允价值更加可靠的，按照各项换出资产的公允价值的相对比例，将换入资产的公允价值总额(涉及补价的，减去支付补价的公允价值或加上收到补价的公允价值)分摊至各项换出资产，分摊至各项换出资产的金额与各项换出资产账面价值之间的差额，在各项换出资产终止确认时计入当期损益。

3. 交换不具有"商业实质"——以换出资产账面价值计量

未同时满足上述规定条件的非货币性资产交换，非货币性资产交换不具有"商业实质"，应当以账面价值为基础计量。对于换入资产，企业应当以换出资产的账面价值和应支付的相关税费作为换入资产的初始计量金额；对于换出资产，终止确认时不确认损益。

以账面价值为基础计量的非货币性资产交换，涉及补价的，应按下列规定进行处理：(1)支付补价的，以换出资产的账面价值，加上支付补价的账面价值和应付的相关税费，作为换入资产的初始计量金额，不确认损益；(2)收到补价的，以换出资产的账面价值，减去收到补价的公允价值，加上应支付的相关税费，作为换入资产的初始计量金额，不确认损益。

4. 同时换入多项资产的各项换入资产成本的确定

(1) 具有"商业实质"。非货币性资产交换同时换入多项资产的,如果非货币性资产交换具有商业实质,应按换入各项资产的公允价值占换入资产公允价值总额的比例,对换入资产的成本总额进行分配,确定各项换入资产的成本。

(2) 不具有"商业实质"。如果非货币性资产交换不具有商业实质,应按换入各项资产的原账面价值占换入资产原账面价值总额的比例,对换入资产的成本总额进行分配,确定各项换入资产的成本。

以账面价值为基础计量的非货币性资产交换,同时换入或换出多项资产的,应按下列规定进行处理:一是对于同时换入的多项资产,按照各项换入资产的公允价值的相对比例,将换出资产的账面价值总额(涉及补价的,加上支付补价的账面价值或减去收到补价的公允价值)分摊至各项换入资产,加上应支付的相关税费,作为各项换入资产的初始计量金额。换入资产的公允价值不能够可靠计量的,可以按照各项换入资产的原账面价值的相对比例或其他合理的比例对换出资产的账面价值进行分摊。二是对于同时换出的多项资产,各项换出资产终止确认时均不确认损益。

二、非货币性资产交换的会计处理

(一) 以公允价值计量的会计处理

在公允价值计量下,一般应以换出资产的公允价值和应支付相关税费之和作为换入资产的成本。资产的公允价值与账面价值的差额,应当确认为交换损益。具体如下。

(1) 换出存货。换出资产为存货的,应当按照《收入》准则的规定确定交易价格和销售收入,同时结转销售成本。销售收入和销售成本的差额,在利润表中作为营业利润的构成部分予以披露。并按照税法"视同销售"规定进行相应的增值税和所得税的会计处理。

(2) 换出固定资产、无形资产。这种交换应按税法"视同转让"固定资产和无形资产的规定进行会计处理。处置资产的公允价值与账面价值的差额,应作为资产处置损益,计入当期应税收益,并按税法规定进行相应的增值税和所得税的会计处理。

(3) 换出长期股权投资。这种交换应按税法规定的应税交易进行会计处理。换出资产的公允价值与账面价值的差额,作为投资损益计入应税利润,并按税法规定进行相应的印花税和所得税的会计处理。

1. 不涉及补价的会计处理

【例 12-1】 交换日,DY 企业以使用中的账面原值 200 000 元、累计折旧 50 000 元、无减值准备,公允价值为 148 000 元的车床设备,交换 ZC 企业生产的库存商品铣床,该产品不含税的售价 148 000 元、成本 80 000 元,换入商品作为固定资产使用,并支付运杂费 3 500 元。

双方换入设备均作为固定资产使用。假定税务机关认定双方的公允价值就是计税价值,ZC 企业应按收入《准则》和税法视同销售处理,双方适用税率 16%。公允价值计量下,双方均以换出资产公允价值作为换入资产的成本,有关会计处理如下。

DY 企业——公允价值计量

（1）换出车床设备清理

借：固定资产清理	150 000	
累计折旧	50 000	
贷：固定资产		200 000

（2）支付运杂费

借：固定资产清理	3 500	
贷：银行存款		3 500

（3）换入铣床产品作为生产用固定资产,增值税进项税额准予抵扣

换出资产的增值税销项税额 = 148 000 × 16% = 23 680(元)

换入资产的增值税进项税额 = 148 000 × 16% = 23 680(元)

生产用固定资产入账价值 = 换出资产公允价值 = 148 000 = 148 000(元)

资产处置损益(处置固定资产损益) = 152 000 − 153 500 = − 1 500(元)

借：固定资产	148 000	
应交税费——应交增值税(进项税额)	23 680	
资产处置损益(153 500−148 000)	5 500	
贷：固定资产清理(150 000+3 500)		153 500
应交税费——应交增值税(销项税额)		23 680

ZC 企业——公允价值计量

（1）换入车床入账

根据《收入》准则和税法规定,按视同销售确认收入;换入资产是生产用固定资产,增值税作为价外税处理。

固定资产入账价值 = 换出资产公允价值 = 148 000 = 148 000(元)

换出资产增值税销项税额 = 148 000 × 16% = 23 680(元)

借：固定资产	148 000	
应交税费——应交增值税(进项税额)	23 680	
贷：主营业务收入		148 000
应交税金——应交增值税(销项税额)(148 000×16%)		23 680

(2) 结转成本

借：主营业务成本　　　　　　　　　　　　　　　　　80 000
　　贷：库存商品　　　　　　　　　　　　　　　　　　　　　80 000

2. 涉及补价的会计处理

在公允价值计量下，以公允价值和应支付相关税费作为换入资产成本时，发生补价的，应按以下原则处理。

（1）支付补价方，应以换出资产的公允价值加上支付的补价（即换入资产的公允价值）和应支付的相关税费，作为换入资产成本。

（2）收到补价方，应以换出资产的公允价值减去收到的补价（即换入资产的公允价值）和应支付的相关税费，作为换入资产成本。

（3）换出资产的公允价值与账面价值的差额，应分别按以下情况处理：一是换出资产为存货的，应视同销售处理，按《收入》准则以其公允价值确认收入，同时结转相应的成本。二是换出资产为固定资产、无形资产的，换出资产的公允价值与账面价值的差额，计入资产处置损益。三是换出资产为交易性金融资产、长期股权投资的，换出资产的公允价值与账面价值的差额，计入投资损益。

【例 12-2】　YH 企业以其持有的一项无形资产专利权与 HZ 企业持有的生产用固定资产设备进行交换。交换日，YH 企业专利权账面价值 9 750 000 元，累计摊销 2 250 000 元，无形资产净值 7 500 000 元，未计提减值准备，公允价值 8 000 000 元；HZ 企业拥有的生产用固定资产设备账面原值 16 500 000 元，累计折旧 8 900 000 元，固定资产净值 7 600 000 元，未提减值准备，公允价值 7 700 000 元，支付 300 000 元补价。

假定双方企业均为一般纳税人，销售固定资产和无形资产分别适用增值税率 16%和 6%。假定，税务机关认定双方公允价值就是计税价值，按视同销售处理，公允价值计量下，双方均以换出资产公允价值和支付相关税费作为换入资产的入账成本，有关会计处理如下。

YH 企业——收到补价方

（1）计算收到的补价与交易金额比例，判定是否属于非货币性资产交换

收到补价/换出资产公允价值 = 300 000/8 000 000 = 3.75% < 25%

或者：收到补价/（换入资产公允价值 + 收到补价 = 300 000/（7 700 000 + 300 000）
　　　　　　　　　　　　　　= 3.75% < 25%

3.75%小于 25%，应按《非货币性资产交换》准则进行会计处理。

(2)交换日,非货币性资产交换

换入固定资产入账价值 =(换出资产公允价值 - 收到的补价) = 换入资产公允价值
= (8 000 000 - 300 000) = 7 700 000(元)

视同购进固定资产增值税发票上进项税额 = 7 700 000 × 16% = 1 232 000(元)

视同销售无形资产应交增值税销项税额 = 8 000 000 × 6% = 480 000(元)

资产处置损益 = (7 700 000 + 1 232 000) + 300 000 - (9 750 000 - 2 250 000) - 480 000
= (8 932 000 + 300 000) - 7 500 000 - 480 000 = 1 252 000

借:固定资产		7 700 000
应交税费——应交增值税(进项税额)		1 232 000
银行存款		300 000
累计摊销		2 250 000
贷:无形资产		9 750 000
应交税费——应交增值税(销项税额)		480 000
资产处置损益		1 252 000

HZ 企业——支付补价方

(1)计算支付补价与交易额的比例,判定是否属于非货币性资产交换

支付补价 / 换入资产公允价值 = 300 000/8 000 000 = 3.75% < 25%

或者:支付补价 /(换出资产公允价值 + 支付补价) = 300 000/(7 700 000 + 300 000)
= 3.75% < 25%

3.75%小于25%,应按《非货币性资产交换》准则进行会计处理。

(2)换出固定资产清理

借:固定资产清理		7 600 000
累计折旧		8 900 000
贷:固定资产		16 500 000

(3)交换日,非货币性资产交换,换入无形资产

换入资产入账价值 = 换出资产公允价值 + 支付的补价 = 换入资产公允价值
= 7 700 000 + 3 000 000 = 8 000 000

视同购进无形资产增值税发票上进项税额 = 8 000 000 × 6% = 480 000(元)

视同销售固定资产应交增值税销项税额 = 7 700 000 × 16% = 1 232 000(元)

资产处置损益 = 8 000 000 + 480 000 - 7 600 000 - 300 00 - 1 232 000 = - 652 000(元)

借：无形资产	8 000 000	
应交税费——应交增值税(进项税额)	480 000	
资产处置损益	652 000	
贷：固定资产清理		7 600 000
银行存款		300 000
应交税费——应交增值税(销项税额)		1 232 000

(二) 以换出资产账面价值计量的会计处理

交换的资产不能按公允价值可靠计量，表明交换不具有"商业实质"，应以换出资产的账面价值和应支付相关税费作为换入资产的成本，并且不应确认损益。如果还发生补价的，应分别下列情况处理：(1)支付补价的，应以换出资产的账面价值，加上支付的补价和应支付相关税费，作为换入资产的成本，不确认损益；(2)收到补价的，应以换出资产的账面价值，减去收到的补价并加上应支付的相关税费，作为换入资产的成本，不确认损益。

【例 12-3】 YH 企业以其生产用自制设备与 HZ 企业持有的对联营企业 LG 公司的长期股权投资进行交换。交换日，生产用自制设备原值 1 900 000 元，累计折旧 350 000 元，净值 1 550 000 元，未提减值准备。HZ 企业长期股权投资的账面价值 1 250 000 元，未提减值准备。

由于双方交换资产的公允价值均无法可靠计量，经过协商，HZ 企业向 YH 企业支付 200 000 元补价。假定，为简化例题核算，不考虑相关税费，有关会计处理如下：

YH 企业——收到补价方

(1) 换出自制设备清理

借：固定资产清理	1 550 000	
累计折旧	350 000	
贷：固定资产——自制设备		1 900 000

(2) 换入长期股权投资，并收到补价

$$\frac{\text{换入资产}}{\text{入账价值}} = \frac{\text{换出资产}}{\text{账面价值}} - \frac{\text{收到的}}{\text{补价}} = 1\,550\,0000 - 200\,000 = 1\,350\,000(元)$$

借：长期股权投资	1 350 000	
银行存款	200 000	
贷：固定资产清理		1 550 000

YH 企业——支付补价方

$$\frac{\text{换入资产}}{\text{入账价值}} = \frac{\text{换出资产}}{\text{账面价值}} + \frac{\text{支付的}}{\text{补价}} = 1\,250\,0000 + 200\,000 = 1\,450\,000(元)$$

借:固定资产 1 450 000
　　贷:长期股权投资 1 250 000
　　　　银行存款 200 000

(三)涉及多项资产交换的会计处理

非货币性资产交换同时换入多项资产的,在确定各项换入资产的成本时,应分别下列情况处理:(1)交换"具有商业实质",且换入资产的公允价值能可靠计量的,应按换入各项资产的公允价值占换入资产公允价值总额的比例,对换入资产的成本总额进行分配,确定各项换入资产的成本;(2)交换"不具有商业实质",或虽具有商业实质,但换入资产的公允价值不能可靠计量的,应按换入各项资产的原账面价值占换入资产原账面价值总额的比例,对换入资产的成本总额进行分配,确定各项换入资产的成本。

1. 以公允价值计量的会计处理

【例 12-4】 交换日,BH 企业以其账面原值 1 800 000 元,累计折旧 125 000 元,公允价值 1 610 000 元的数控车床 1 台,以及自产的账面成本 1 500 000 元、不含税售价 3 000 000 元的 B 库存商品,交换 HY 企业账面原值 3 800 000 元,累计折旧 500 000 元,公允价值 3 250 000 元的生产加工线 1 套和账面原值 1 590 000 元,累计折旧 300 000 元,公允价值 1 260 000 元的大客车 1 辆。此外,再收到 HY 企业支付的补价 100 000 元。交换的设备各自继续作为生产用固定资产使用,B 商品作为继续加工用的原材料。假设,税务部门认定计税价格等于公允价值,没有再发生其他税费,双方适用增值税率 16%,有关会计处理如下。

BH 企业——收到补价方

(1)计算收到的补价与交易金额的比例,判定是否属于非货币性资产交换

$$\frac{收到的补价}{换出资产价值} = \frac{100\ 000}{1\ 610\ 000 + 3\ 000\ 000} = \frac{100\ 000}{4\ 610\ 000} = 2.17\% < 25\%$$

2.17%小于 25%,应按《非货币性资产交换》准则进行会计处理。

(2)确认"视同销售"B 商品的增值税销项税额和换入资产的入账总价值

换出 B 商品"视同销售",应纳增值税。由于换入的资产均作为生产用固定资产使用,因此该增值税额可以抵扣。

换出资产的公允价值 = 数控车床 + B 商品 = 1 610 000 + 3 000 000 = 4 610 000(元)
换入资产的公允价值 = 生产加工线 + 大客车 = 3 250 000 + 1 260 000 = 4 510 000(元)
收到支付补价 = 4 610 000 - 4 510 000 = 100 000(元)
换出数控车床的增值税销项税额 = 1 610 000 × 16% = 257 600(元)
换出 B 商品的增值税销项税额 = 3 000 000 × 16% = 480 000(元)

$$\text{换入资产生产线和大客车的增值税进项税额} = 3\,250\,000 \times 16\% + 1\,260\,000 \times 16\%$$
$$= 520\,000 + 201\,600 = 721\,600(元)$$

$$\text{换入资产的入账总价值} = \text{换出资产公允价值} - \text{收到的补价} = 4\,610\,000 - 100\,000 = 4\,510\,000(元)$$

（3）确定各项换入资产占公允价值总额比例，确认按比例分配后新的各项换入资产公允价值入账价值

生产线公允价值占换入资产价值总额的比例 = 3 250 000/4 510 000 × 100% = 72.06%
大客车公允价值占换入资产公允价值总额的比例 = 1 260 000/4 510 000 × 100% = 27.94%
换入生产线的新公允价值入账价值 = 4 510 000 × 72.06% = 3 249 906(元)
换入 D 客车的新公允价值入账价值 = 4 510 000 × 27.94% = 1 260 094(元)

（4）换出设备清理

借：固定资产清理　　　　　　　　　　　　　　　1 675 000
　　累计折旧　　　　　　　　　　　　　　　　　　125 000
　　贷：固定资产——数控车床　　　　　　　　　　　　　1 800 000

（5）收到补价、换入设备

$$\text{资产处置损益} = \text{清理车床损益} + \text{增值税进项销项差额产生的税负}$$
$$= (1\,610\,000 - 1\,675\,000) + (721\,600 - 737\,600)$$
$$= -65\,000 - 16\,000 = -81\,000(元)$$

借：固定资产——生产线　　　　　　　　　　　　3 249 906
　　　　　　——大客车　　　　　　　　　　　　1 260 094
　　应交税费——应交增值税（进项税额）　　　　　721 600
　　银行存款——补价　　　　　　　　　　　　　　100 000
　　资产处置损益　　　　　　　　　　　　　　　　 81 000
　　贷：固定资产清理　　　　　　　　　　　　　　　　1 675 000
　　　　主营业务收入——B 商品　　　　　　　　　　　3 000 000
　　　　应交税费——应交增值税（销项税额）（257 600+480 000）737 600

（6）结转视同销售的商品成本

借：主营业务成本　　　　　　　　　　　　　　　1 500 000
　　贷：库存商品——B 商品　　　　　　　　　　　　　1 500 000

HY 企业——支付补价方

（1）计算支付的补价与交易金额的比例，判定是否属于非货币性资产交换

$$\frac{支付的补价}{[换出资产价值 + 支付的补价]} = \frac{100\ 000}{(3\ 250\ 000 + 1\ 260\ 000) + 100\ 000}$$

$$= \frac{100\ 000}{4\ 610\ 000} = 2.17\% < 25\%$$

2.17%小于25%,应按《非货币性资产交换》准则进行会计处理。

(2) 确认"视同购买"B商品的增值税进项税额和换入资产的入账总价值

换出资产的公允价值 = 生产加工线 + 大客车 = 3 250 000 + 1 260 000 = 4 510 000(元)
换入资产的公允价值 = 数控车床 + B商品 = 1 610 000 + 3 000 000 = 4 610 000(元)
支付补价 = 4 610 000 − 4 510 000 = 100 000(元)
换出生产加工线的增值税销项税额 = 3 250 000 × 16% = 520 000(元)
换出大客车的增值税销项税额 = 1 260 000 × 16% = 201 600(元)
换入资产数控车床和B商品的增值税进项税额 = 1 610 000 × 16% + 3 000 000 × 16%

$$= 257\ 600 + 480\ 000 = 737\ 600(元)$$

换入资产的入账总价值 = 换出资产公允价值 + 支付的补价 = 4 510 000 + 100 000 = 4 610 000(元)

(3) 确定各项换入资产占公允价值总额比例,确认按比例分配后新的各项换入资产公允价值入账价值

数控床公允价值占换入资产价值总额的比例 = 1 610 000/4 610 000 × 100% = 34.92%
B商品公允价值占换入资产公允价值总额的比例 = 3 000 000/4 610 000 × 100% = 65.08%
换入数控车床的新公允价值入账价值 = 4 610 000 × 34.92% = 1 609 812(元)
换入B商品的新公允价值入账价值 = 4 610 000 × 65.08% = 3 000 188(元)

(4) 换出设备清理

借:固定资产清理	4 590 000
累计折旧(500 000+300 000)	800 000
贷:固定资产——生产加工线	3 800 000
——大客车	1 590 000

(5) 支付补价、换入存货和设备

资产处置损益 = 生产线处置损益 + 大客车处置损益 + 增值税销项进项差额产生的税负收益

= [3 250 000 − (3 800 000 − 500 000)]
+ [1 260 000 − (1 590 000 − 300 000)] + (737 600 − 721 600)
= − 50 000 − 30 000 + 16 000 = − 64 000(元)

或者 = (3 000 188 + 1 609 812 + 737 600) − (4 590 000 + 721 600 + 100 000) −
= − 64 000(元)

借：原材料——B 商品	3 000 188	
固定资产——数控车床	1 609 812	
应交税费——应交增值税（进项税额）	737 600	
资产处置损益	64 000	
贷：固定资产清理		4 590 000
应交税费——应交增值税（销项税额）		721 600
银行存款——补价		100 000

2. 以换出资产账面价值计量的会计处理

交换的资产不能按公允价值可靠计量，表明这项交换不具有"商业实质"，应以换出资产的账面价值和应支付的相关税费作为换入资产的成本，并且不确认损益。

【例 12-5】 交换日，HL 企业以账面原值 600 000 元、累计折旧 100 000 元的 A 设备和账面原值 700 000 元、累计折旧 250 000 元的 B 设备，交换 RD 企业账面原值 900 000 元、累计折旧 100 000 元的 C 设备和账面原值 460 000 元，累计折旧 300 000 元的 D 设备。假设双方交换的都是生产性设备不能用公允价值可靠计量，也没有计提资产减值准备，不考虑税费等其他因素。有关会计处理如下。

HL 企业

（1）确定各项换入资产占总换入资产账面总价值的比例

　换入资产账面总价值 =（900 000 - 100 000）+（460 000 - 300 000）
　　　　　　　　　　 = 800 000 + 160 000 = 960 000（元）
　换入 C 设备占换入资产账面总价值的比例 = 800 000/960 000 × 100% = 83.33%
　换入 D 设备占换入资产账面总价值的比例 = 160 000/960 000 × 100% = 16.67%

（2）确定各项换入资产的新入账价值

　　换出资产的账面总价值 =（600 000 - 100 000）+（700 000 - 250 000）
　　　　　　　　　　　　 = 500 000 + 450 000 = 950 000（元）
　　换入资产的入账总价值 = 换出资产的账面总价值 = 950 000（元）
　　换入 C 设备的新入账价值 = 950 000 × 83.33% = 791 635（元）
　　换入 D 设备的新入账价值 = 950 000 × 16.67% = 158 365（元）

（3）换出设备清理

借：固定资产清理	950 000	
累计折旧（100 000+250 000）	350 000	
贷：固定资产——A 设备		600 000
——B 设备		700 000

(5) 确认换入设备的新入账价值

借:固定资产——C 设备　　　　　　　　　　　　791 635
　　　　　——D 设备　　　　　　　　　　　　158 365
　　贷:固定资产清理　　　　　　　　　　　　　　　　　950 000

RH 企业

(1) 确定换入资产入账价值总额

换入资产账面总价值 =（600 000 - 100 000）+（700 000 - 250 000）
　　　　　　　　　 = 500 000 + 450 000 = 950 000(元)
换入 A 设备占换入资产账面总价值的比例 = 500 000/950 000 × 100% = 52.63%
换入 B 设备占换入资产账面总价值的比例 = 450 000/950 000 × 100% = 47.37%

(2) 计算各项换入资产的新入账价值

换出资产账面总价值 =（900 000 - 100 000）+（460 000 - 300 000）
　　　　　　　　　 = 800 000 + 160 000 = 960 000(元)
换入资产的入账总价值 = 换出资产的账面总价值 = 960 000(元)
换入 A 设备入账价值 = 960 000 × = 52.63% = 505 248(元)
换入 B 设备入账价值 = 960 000 × 47.37% = 454 752(元)

(3) 换出设备

借:固定资产清理　　　　　　　　　　　　　　960 000
　　累计折旧(100 000+300 000)　　　　　　　 400 000
　　贷:固定资产——C 设备　　　　　　　　　　　　　900 000
　　　　　　——D 设备　　　　　　　　　　　　　　460 000

(4) 换入设备入账

借:固定资产——A 设备　　　　　　　　　　　　505 248
　　　　　——B 设备　　　　　　　　　　　　454 752
　　贷:固定资产清理　　　　　　　　　　　　　　　　960 000

第二节　或 有 事 项

一、或有事项概述

(一) 或有事项的定义和特征

根据《或有事项》准则规定,或有事项,是指过去的交易或事项形成的,其结果须由某些未来事项的发生或不发生才能决定的不确定事项。职工薪酬、所得税、企业合并、租赁、原保险合同和再保险合同等形成的或有事项,适用其他相关会计准则。或有事项具有以下基本特征。

(1)过去交易或事项形成。或有事项的现存状况是过去的交易或事项引起的客观存在。如未决诉讼,虽然它是正在进行中的诉讼,但实质上是企业因过去的经济行为而起诉其他单位或被其他单位起诉。这是现存的一种状况而不是未来将要发生的事项。

(2)结果具有不确定性。或有事项的结果是否发生具有不确定性,或者或有事项的结果预计将会发生,但发生的具体时间或金额具有不确定性。如提供债务担保,被担保方到期如无力还款,担保方将负连带责任。是否一定会发生还款连带责任,在签定担保协议时无法确定。

(3)结果由未来事项决定。或有事项的结果只能由未来不确定事项的发生或不发生才能决定。如未决诉讼,其结果只能由最终判决来确定。该特征说明或有事项具有时效性,它最终将转化为确定事项并确认事项的结果。

企业常见的或有事项,包括未决诉讼或仲裁、债务担保、产品质量保证、承诺、亏损合同、重组义务、环境污染整治等。

(二)或有事项可能性的判断

履行或有事项相关义务导致经济利益流出的可能性,一般可以按照表12-1所示情况加以判断。

表12-1　　　　　　　　　　或有事项可能性的判断表

概率的层次	结果的可能性	对应概率区间
(1)	基本确定	95%—100%
(2)	很可能	50%—95%
(3)	可能	5%—50%
(4)	极小可能	0—5%

(三)或有负债和或有资产

或有事项可分为或有负债和或有资产。具体来说,负债、或有负债、资产、或有资产等,都有可能是或有事项的结果。

1. 负债与或有负债

负债是指过去的交易或事项形成的现时义务,履行该义务预期会导致经济利益流出企业。上述定义所指的义务包括法定义务和推定义务。法定义务,通常是指在经济管理和经济协调中,依法必须履行的责任。推定义务,通常是指在特定情况下产生或推断出的责任。

或有负债,指过去的交易或事项形成的潜在义务,其存在须通过未来不确定事项的发生或不发生予以证实;或过去的交易或事项形成的现时义务,履行该义务不是很可能导致经济利益流出企业或该义务的金额不能可靠计量。

2. 资产与或有资产

资产是指过去的交易或事项形成的并由企业拥有或控制的资源,该资源预期会给企业带来经济利益。资产具有以下基本特征:一是资产是由过去的交易或事项形成的;二是资产必须是由企业拥有或控制的资源;三是资产预期会给企业带来经济利益。

或有资产,是指过去的交易或事项形成的潜在资产,其存在须通过未来不确定事项的发生或不发生予以证实。或有资产具有以下特征:一是或有资产由过去的交易或事项产生;二是或有资产的结果具有不确定性。

3. 或有事项的确认和披露要求

企业应该确认符合条件的预计负债。或有负债和或有资产不符合负债和资产的定义和确认条件,因此企业不应当确认或有负债和或有资产。企业应在附注中披露预计负债和或有负债的有关信息,通常不应当披露或有资产。但是,或有资产很可能会给企业带来经济利益的,应当披露其形成的原因、预计产生的财务影响等。

二、预计负债的确认和计量

(一) 预计负债的确认

根据《或有事项》准则的规定,与或有事项相关的义务同时满足下列条件的,应确认为"预计负债"。

1. 该义务是企业承担的现时义务。企业没有其他现实的选择,只能履行该义务,如法律要求必须履行,有关各方合理预期企业应当履行等。

2. 履行该义务很可能导致经济利益流出企业。一般是指履行与或有事项相关的现时义务时,导致经济利益流出企业的可能性超过50%。一般参照表12-1所示情况进行可能性的判断。

3. 该义务的金额能可靠计量。计量预计负债金额时,一般应考虑下列情况。

(1) 充分考虑与或有事项有关的风险和不确定性,在此基础上按照最佳估计数确定预计负债的金额。

(2) 预计负债的金额通常等于未来应支付的金额,但未来应支付的金额与其现值相差较大的,如核电站的弃置费用等,应按未来应支付金额的现值确定。

(3) 有确凿证据表明相关未来事项将会发生的,如未来技术进步、相关法规出台等,确定预计负债金额时应考虑相关未来事项的影响。

（4）确定预计负债的金额不应考虑预期处置相关资产形成的利得。

企业不应当就未来经营亏损确认为预计负债。

（二）亏损合同中预计负债的确认

亏损合同，是指履行合同义务不可避免会发生的成本超过预期经济利益的合同。企业与其他方签订的尚未履行或部分履行了同等义务的合同，如商品买卖合同、劳务合同、租赁合同等，均属于待执行合同。待执行合同，是指合同各方尚未履行任何合同义务，或部分地履行了同等义务的合同。

在履行合同义务过程中，发生的成本预期将超过与合同相关的未来流入经济利益的，待执行合同即变成了亏损合同。企业的待执行合同变成亏损合同的，该亏损的合同产生的义务满足预计负债确认条件的，应当确认为预计负债。

当待执行合同变成亏损合同时，有合同标的资产的，应先对标的资产进行减值测试，按规定确认减值损失，如预计亏损超过该减值损失，应将超过部分确认为预计负债；无合同标的资产的，亏损合同相关义务满足预计负债确认条件的，应当确认为预计负债。

（三）重组义务的预计负债确认和计量

1. 重组义务的确认

重组，是指企业制定和控制的，将显著改变企业组织形式、经营范围或经营方式的计划实施行为。属于重组的事项主要包括：

（1）出售或者终止企业的部分业务；

（2）对企业的组织结构进行较大的调整；

（3）关闭企业的部分营业场所，或将营业活动由一个国家或地区迁移到其他国家或地区。

重组不同于企业合并和债务重组。企业合并是在不同企业之间的资本重组和规模扩张；债务重组是债权人对债务人作出的某种让步；而重组往往是企业内部资源的调整后组合，谋求现有资产效能的最大化。企业因重组而承担了重组义务，并且同时满足《或有事项》准则规定的确认预计负债三项条件时，才能确认预计负债。同时存在下列情况时，表明企业承担了重组义务：

（1）有详细、正式的重组计划，包括重组涉及的业务、主要地点、需要补偿的职工人数及其岗位性质、预计重组支出、计划实施时间等；

（2）该重组计划已对外公告。

企业应当按照与重组有关的直接支出确定预计负债金额。直接支出不包括留用职工岗前培训、市场推广、新系统和营销网络投入等支出。企业应在资产负债表日对预计负债的账面价值进行复核。有确凿证据表明该账面价值不能真实反映当前最佳估计数的，应当按照当前最佳估计数对该账面价值进行调整。

2. 重组义务的计量

企业应当按照与重组有关的直接支出确定预计负债金额,计入当期损益。其中,直接支出是指企业重组必须承担的各种直接支出,不包括留用职工岗前培训、市场推广、新系统和营销网络投入等支出。

由于计量预计负债时不考虑预期处置相关资产的利得或损失,在计量与重组义务相关的预计负债时,也不考虑处置相关资产可能形成的资产处置损益,资产的出售构成重组的一部分也是如此,这些利得或损失应当单独予以确认。企业可以参照表 12-2 判断某项支出是否属于与重组有关的直接支出。

表 12-2　　　　　　　　　　　　与重组有关的支出判断表

支出项目	包括	不包括	不包括原因
自愿遣散	√		
强制遣散(如果自愿遣散目标未满足)	√		
将不再使用的厂房的租赁撤销费	√		
将职工和设备从拟关闭的工厂转移到继续使用的工厂		√	支出与继续经营的活动相关
剩余职工的再培训		√	支出与继续经营的活动相关
新经理的招募成本		√	支出与继续经营的活动相关
推广公司新形象的营销成本		√	支出与继续经营的活动相关
对新分销网络的投资		√	支出与继续经营的活动相关
重组的未来可辨认经营损失(最新预计值)		√	支出与继续经营的活动相关
特定不动产、厂房和设备的减值损失		√	减值准备应按《资产减值》准则进行评估,并作为资产的抵减项

在资产负债表日,有确凿证据表明该账面价值不能正确反映当前最佳估计数的,应当按照当前最佳估计数对该账面价值进行调整。

(四) 预计负债的计量

预计负债的会计计量主要涉及最佳估计数的确定和预期可获补偿两个问题。

1. 最佳估计数的确定

(1) 所需支出存在一个连续范围

预计负债应按履行相关现时义务所需支出的"最佳估计数"进行初始计量。所需支出存在一个连续范围(或区间,下同),且该范围内各种结果发生的可能性相同的,"最佳估计数"应按该范围内的"中间值"确定。

例如,企业涉及一项未决诉讼案件,据专业人士判断,最终判决可能对企业十分不利,估计赔偿2 000 000元至2 200 000元。年底前法院不会判决,赔偿额无法准确确定。按《或有事项》准则规定,企业应于当年12月31日资产负债表中确认一项金额为2 100 000元[(2 000 000+2 200 000)/2]的预计负债。

(2) 其他情况

在其他情况下,最佳估计数应分别下列情况处理。

一是或有事项涉及单个项目的,按"最可能"发生金额确定。涉及单个项目,是指或有事项涉及的项目只有一个,比如一项未决诉讼、一项债务担保等。例如,涉及一项诉讼案件,根据专业人士判断,胜诉可能性40%,败诉可能性60%。如果败诉,将赔偿1 000 000元。这种情况下,应确认的最佳估计数即预计负债为1 000 000元。

二是或有事项涉及多个项目的,按各种可能结果及相关概率计算确定。涉及多个项目,是指或有事项涉及的项目不止一个。例如,在产品质量保证中,企业需要为众多客户履行质量担保,假定第1年销售收入50 000 000元,根据经验,估计90%的产品不会发生质量问题,8%的产品会有占销售额1%的修理费,2%的产品可能发生较大质量问题,其修理费为销售额的3%。第1年末,企业应确认的最佳估计数即预计负债金额为70 000元[(50 000 000×1%)×8%+(50 000 000×3%)×2%]。

在确定最佳估计数时,应综合考虑与或有事项有关的风险、不确定性和货币时间价值等因素。货币时间价值影响重大的,应当通过对相关未来现金流量折现后确定最佳估计数。企业清偿预计负债所需支出全部或部分预期由第三方补偿的,补偿金额只有在基本确定能够收到时才能作为资产单独确认。确认的补偿金额不应超过预计负债的账面价值。

2. 预期可获补偿的处理

(1) 可能获得补偿

如果企业反诉讼或向第三方索赔,其清偿支出的全部或部分款项涉及第三方或其他方的补偿,可能获得补偿的情况一般有:一是在诉讼中,可通过反诉讼向索赔方或第三方提出赔偿要求;二是发生意外损失或事故时,可从保险企业获得合理赔偿;三是在担保中,履行担保义务的同时,可向被担保单位提出额外追偿要求。

(2) 补偿金额基本确定

补偿金额基本确定能收到,是指预期从保险企业、索赔人、被担保单位等获得补偿的可能性大于95%但小于100%的情形。

(3) 补偿金额的确认

根据准则规定,补偿金额只有在基本确定能够收到时才能作为资产单独确认。确认的补偿金额不应超过预计负债的账面价值。

三、预计负债的会计处理

企业应设置"预计负债"账户,核算企业确认的对外提供担保、未决诉讼、产品质量保证、重组义务、亏损性合同等预计负债。本账户应按预计负债项目设置明细账,进行明细核算;期末贷方余额,反映已预计尚未支付的债务。

企业由对外提供担保、未决诉讼、重组义务产生的预计负债,应按确认的金额,借记"营业外支出"账户,贷记本账户。

由产品质量保证产生的预计负债,应按确认的金额,借记"销售费用"账户,贷记本账户。

由资产弃置义务产生的预计负债,应按确认的金额,借记"固定资产"或"油气资产"账户,贷记本账户。

在固定资产和油气资产的使用寿命内,按计算确定各期应负担的利息费用,借记"财务费用"账户,贷记本账户。

实际清偿或冲减的预计负债,借记本账户,贷记"银行存款"等账户。根据确凿证据需要对预计负债进行调整的,按调整增加的预计负债的金额,借记有关账户,贷记本账户;调整减少的预计负债,做相反的会计分录。

【例 12-6】 2×01 年 10 月,LG 企业涉及诉讼案件,根据法律顾问判断,最终判决可能对企业十分不利,估计赔偿额(其中诉讼费 50 000 元)在 1 000 000 元至 1 200 000 元之间。法院定于 2×02 年 2 月 10 日进行判决。企业可从保险企业获得 800 000 元赔偿,该保险赔偿已基本定于 2×02 年 2 月 15 日能收到。有关会计处理如下。

(1) 2×01 年年末,确认预计负债

预计负债 = (1 000 000 + 1 200 000)/2 = 1 100 000(元)

借:管理费用——诉讼费　　　　　　　　　　50 000
　　营业外支出——诉讼赔款　　　　　　　1 050 000
　　贷:预计负债——未决诉讼　　　　　　　　　　　1 100 000

(2) 同时,确认补偿金额

借:其他应收款——保险理赔　　　　　　　800 000
　　贷:营业外收入——诉讼赔款　　　　　　　　　　800 000

【例 12-7】 2×10 年,SG 企业售出电冰箱 1 000 000 台,每台售价 2 500 元,根据历史资料估计返修率 8%,返修费用为售价的 1%。假定质保期内,已发生返修费用 580 000 元,其中银行存款支付 320 000 元,材料费用 260 000 元。假定不考虑其他税费因素,有关分录如下。

(1) 2×10 年,发生返修费用

借:预计负债——产品质量保证 580 000
　　贷:银行存款 320 000
　　　　原材料 260 000

(2) 2×10 年年末,计提预计负债

$$预计负债 = 1\,000\,000 \times 2\,500 \times 1\% \times 8\% = 2\,000\,000\ 元$$

借:销售费用——产品质量保证 2 000 000
　　贷:预计负债——产品质量保证 2 000 000

第三节　债　务　重　组

一、债务重组的定义、方式和会计处理原则

(一) 债务重组的定义和方式

债务重组,是指在不改变交易对手方的情况下,经债权人和债务人协定或法院裁定,就清偿债务的时间、金额或方式等重新达成协议的交易。《债务重组》准则中的债务重组涉及的债权和债务是指《金融工具确认和计量》准则规范的金融工具。

债务重组一般包括下列方式,或下列一种以上方式的组合:

(1) 债务人以资产清偿债务;

(2) 债务人将债务转为权益工具;

(3) 除了上述第一条和第二条以外,采用调整债务本金、改变债务利息、变更还款期限等方式修改债权和债务的其他条款,形成重组债权和重组债务。

新《债务重组》准则适用于所有债务重组,但下列各项适用其他相关会计准则:(1)债务重组中涉及的债权、重组债权、债务、重组债务和其他金融工具的确认、计量和列报,分别适用《金融工具确认和计量》和《金融工具列报》准则。(2)通过债务重组形成企业合并的,适用《企业合并》准则。(3)债权人或债务人中的一方直接或间接对另一方持股且以股东身份进行债务重组的,或者债权人与债务人在债务重组前后均受同一方或相同的多方最终控制,且该债务重组的交易实质是债权人或债务人进行了权益性分配或接受了权益性投入的,适用权益性交易的有关会计处理规定。

(二) 债务人的会计处理原则

1. 资产清偿债务

以资产清偿债务方式进行债务重组的,债务人应当在相关资产和所清偿债务

符合终止确认条件时予以终止确认,所清偿债务账面价值与转让资产账面价值之间的差额计入当期损益。

2. 债务转为权益工具

将债务转为权益工具方式进行债务重组的,债务人应当在所清偿债务符合终止确认条件时予以终止确认。债务人初始确认权益工具时应当按照权益工具的公允价值计量,权益工具的公允价值不能可靠计量的,应当按照所清偿债务的公允价值计量。所清偿债务账面价值与权益工具确认金额之间的差额,应当计入当期损益。

3. 修改其他债务条件

采用修改其他条款方式进行债务重组的,债务人应当按照《金融工具确认和计量》和《金融工具列报》准则的规定,确认和计量重组债务。

4. 以多项资产清偿债务或者组合方式进行债务重组

以多项资产清偿债务或者组合方式进行债务重组的,债务人应当按新《债务重组》准则的规定确认和计量权益工具和重组债务,所清偿债务的账面价值与转让资产的账面价值以及权益工具和重组债务的确认金额之和的差额,应当计入当期损益。

(三) 债权人的会计处理原则

以资产清偿债务或者将债务转为权益工具方式进行债务重组的,债权人应当在相关资产符合其定义和确认条件时予以确认。

1. 资产清偿债务

以资产清偿债务方式进行债务重组的,债权人初始确认受让的金融资产以外的资产时,应按下列原则以成本计量:存货的成本,包括放弃债权的公允价值和使该资产达到当前位置和状态所发生的可直接归属于该资产的税金、运输费、装卸费、保险费等其他成本。对联营企业或合营企业投资的成本,包括放弃债权的公允价值和可直接归属于该资产的税金等其他成本。投资性房地产的成本,包括放弃债权的公允价值和可直接归属于该资产的税金等其他成本。固定资产的成本,包括放弃债权的公允价值和使该资产达到预定可使用状态前所发生的可直接归属于该资产的税金、运输费、装卸费、安装费、专业人员服务费等其他成本。生物资产的成本,包括放弃债权的公允价值和可直接归属于该资产的税金、运输费、保险费等其他成本。无形资产的成本,包括放弃债权的公允价值和可直接归属于使该资产达到预定用途所发生的税金等其他成本。

放弃债权的公允价值与账面价值之间的差额,应当计入当期损益。

2. 债务转为权益工具

将债务转为权益工具方式进行债务重组导致债权人将债权转为对联营企业或

合营企业的权益性投资的,债权人应当按照《债务重组》准则规定计量其初始投资成本。放弃债权的公允价值与账面价值之间的差额,应当计入当期损益。

3. 修改其他债务条件

采用修改其他条款方式进行债务重组的,债权人应按《金融工具确认和计量》准则的规定,确认和计量重组债权。

4. 以多项资产清偿债务或者组合方式进行债务重组

以多项资产清偿债务或者组合方式进行债务重组的,债权人应当首先按照《企业会计准则第 22 号——金融工具确认和计量》的规定确认和计量受让的金融资产和重组债权,然后按照受让的金融资产以外的各项资产的公允价值比例,对放弃债权的公允价值扣除受让金融资产和重组债权确认金额后的净额进行分配,并以此为基础按照本准则第六条的规定分别确定各项资产的成本。

放弃债权的公允价值与账面价值之间的差额,应当计入当期损益。

二、债务重组的会计处理

(一) 资产清偿债务

1. 现金清偿

【例 12-8】 2×17 年 4 月 8 日,DY 企业销售商品给 DX 企业,增值税专用发票上的销售价格(公允价值)800 000 元,增值税率 16%,增值税 128 000 元。合同规定 DX 企业应于当年 9 月 8 日到期付款。但 DX 企业财务发生困难,估计无法按期付款。当年 6 月 30 日,DY 企业对这笔应收账款计提 30 000 元减值准备。10 月 9 日,双方签订债务重组协议,DY 企业同意现金减免 120 000 元债务,余额须以现金立即付清。假定不考虑其他因素,有关会计处理如下。

债务人——DX 企业

(1) 计算债务重组收益

债务重组的利得 = (800 000 + 128 000) - (800 000 + 128 000 - 120 000) = 120 000(元)

(2) 付款还债

借: 应付账款——DY 企业(800 000+128 000)　　　　928 000
　　贷: 银行存款　　　　　　　　　　　　　　　　　808 000
　　　　营业外收入——债务重组利得　　　　　　　　120 000

债权人——大元企业

(1) 计算债务重组损失

债务重组损失 = (800 000 + 128 000) - (800 000 + 128 000 - 120 000) = 120 000(元)
债务重组损失 = 120 000 - 30 000 = 90 000(元)

（2）收回债务

借：银行存款（800 000+128 000-120 000）	808 000
坏账准备	30 000
营业外支出——债务重组损失	90 000
贷：应收账款——大新企业	928 000

2. 非现金资产清偿

【例 12-9】 沿用【例 12-8】资料，假定双方商定，DX 企业以其产品抵债，产品的售价（公允价值）660 000 元、成本 300 000 元，适用增值税率 16%。假定不再考虑其他因素，有关会计处理如下。

债务人——DX 企业

（1）计算债务重组收益

债务重组利得 = 928 000 −（660 000 + 660 000 × 16%）= 162 400（元）

（2）产品抵债、视同销售

借：应付账款——DY 企业	928 000
贷：主营业务收入	660 000
应交税金——应交增值税（销项税额）（660 000×16%）	105 600
营业外收入——债务重组利得	162 400

（3）结转视同销售产品的成本

借：主营业务成本	300 000
贷：库存商品	300 000

债权人——DY 企业

（1）计算债权重组损失

债权重组损失 = 928 000 −（660 000 + 660 000 × 16% + 30 000）= 132 400（元）

（2）收到抵债产品、视同购买

借：库存商品	660 000
应交税金——应交增值税（进项税额）	105 600
坏账准备	30 000
营业外支出——债务重组损失	132 400
贷：应收账款——DX 企业	928 000

【例 12-10】 2×16 年 1 月，MH 企业向 HG 企业销售商品一批，含税价格 800 000 元。2×16 年 3 月仍未收到货款。HG 企业财务困难，短期内无法支付货款。经协商 HG 企业以生产用 K 设备偿还债务，K 设备原值 780 000 元，已提折旧 80 000 元，公允价值 600 000 元。MH 企业对该应收账款提取坏账准备 40 000 元。

假定债务重组日,MH 企业向 HG 收取的应收账款为 800 000 元,不再考虑其他因素,有关会计处理如下。

债务人——HG 企业

(1) 抵债设备清理

借:固定资产清理　　　　　　　　　　　　　　　　　　700 000
　　累计折旧　　　　　　　　　　　　　　　　　　　　 80 000
　　贷:固定资产——K 设备　　　　　　　　　　　　　　　　　　780 000

(2) 清偿债务、确认债务重组利得

转让抵债设备视同销售应交增值税 = 600 000 × 16% = 96 000(元)

$$\begin{matrix}营业外收入\\(债务重组利得)\end{matrix} = \begin{matrix}应付\\账款\end{matrix} - \begin{matrix}抵债物资\\公允价\end{matrix} = 800\ 000 - 600\ 000 = 200\ 000(元)$$

抵债设备公允价值与账面价值之间差额计入资产处置损益(资产转让损失) = 600 000 - 700 000 - 96 000 = -196 000(元)

借:固定资产清理　　　　　　　　　　　　　　　　　　96 000
　　贷:应交税费——应交增值税(销项税额)　　　　　　　　　　96 000
借:应付账款——MH 企业　　　　　　　　　　　　　　800 000
　　贷:固定资产清理　　　　　　　　　　　　　　　　　　　　600 000
　　　　营业外收入——债务重组利得　　　　　　　　　　　　　200 000
借:资产处置损益　　　　　　　　　　　　　　　　　　196 000
　　贷:固定资产清理(700 000+96 000-600 000)　　　　　　　　196 000

债权人——MH 企业

营业外支出(债务重组损失) = (应收账款 800 000 - 受让设备公允价值 600 000)
　　　　　　　　　　　　 - 增值税进项税额 96 000 - 坏账准备 40 000 = 64 000(元)

借:固定资产——K 设备　　　　　　　　　　　　　　　600 000
　　应交税费——应交增值税(进项税额)　　　　　　　　96 000
　　坏账准备　　　　　　　　　　　　　　　　　　　　40 000
　　营业外支出——债务重组损失　　　　　　　　　　　64 000
　　贷:应收账款——HG 企业　　　　　　　　　　　　　　　　800 000

【例 12-11】 ZC 企业从 XD 企业购得一批产品,价值 1 755 000 元(含增值税),以后发生财务困难,无法支付该货款。双方签订债务重组协议,XD 企业同意 ZC 以其持有、采用公允价值计量的 H 企业股票偿还债务。债务重组日,H 股票的市值 1 568 000 元、"交易性金融资产——成本"账户余额 1 590 000 元、"交易性金融资产——公允价值变动"账户为零。假定以重组日 H 股票市值偿还债务,XD 企业对该应收账款计提减值准备 100 000 元。假定不考虑税费等其他因素,有关会计处理如下。

(1) 债务人——ZC 企业

债务重组利得 = 1 755 000 - 1 568 000 = 187 000(元)
公允价值变动损益(转让股票损失) = 1 568 000 - 1 590 000 = - 22 000(元)
重组日"交易性金融资产"账户账面价值(公允价值) = 1 590 000 - 22 000 = 1 568 000(元)

借:应付账款——XD 企业	1 755 000
交易性金融资产——公允价值变动	22 000
贷:交易性金融资产——成本	1 590 000
营业外收入——债务重组利得	187 000

(2) 债权人——XD 企业

债务重组损失 = 1 755 000 - 1 568 000 = 187 000(元)
扣除减值准备后的营业外支出 = 187 000 - 100 000 = 87 000(元)

借:交易性金融资产	1 568 000
营业外支出——债务重组损失	87 000
坏账准备	100 000
贷:应收账款——ZC 企业	1 755 000

(二) 债务转为权益工具

【例 12-12】 沿用【例 12-11】资料,经协商 XD 企业同意 ZC 企业通过增发股份,以债务转为权益工具的方式进行债务重组。ZC 企业股票每股面值 1 元、重组日市价 2.50 元,以 660 000 股普通股清偿债务,XD 企业将该部分股票作为交易性金融资产处理。假定不考虑税费等其他因素,有关会计处理如下。

债务人——ZC 企业

债务重组利得 = 1 755 000 - 2.50 × 660 000 = 105 000(元)

借:应付账款——XD 企业	1 755 000
贷:股本(1×660 000)	660 000
资本公积——股本溢价[(2.50-1)×660 000]	990 000
营业外收入——债务重组利得	105 000

债权人——XD 企业

债务重组损失 = 1 755 000 - 2.50 × 660 000 = 105 000(元)
扣除减值准备后的营业外支出 = 105 000 - 100 000 = 5 000(元)

借:交易性金融资产(2.50×660 000)	1 650 000
营业外支出——债务重组损失	5 000
坏账准备	100 000
贷:应收账款——ZC 企业	1 755 000

(三) 修改其他债务条件

【例 12-13】 ZH 企业持有 PH 企业应收票据 1 000 000 元,票据到期时累计利息 68 000 元,此时 PH 企业财务发生困难,于是以修改其他债务条件的方式进行债务重组。ZH 企业同意其票据免息期限延长 2 年,减少本金 100 000 元,但前期利息 68 000 元须先付清。ZH 企业没有计提坏账准备。假定不考虑税费等其他因素,有关会计处理如下。

债务人——PH 企业

(1) 支付利息

 借:财务费用   68 000
  贷:银行存款   68 000

(2) 债务重组时,确认债务重组利得

 借:应付票据——ZH 企业   1 000 000
  贷:应付账款——重组债务(1 000 000-100 000)   900 000
    营业外收入——债务重组利得   100 000

(3) 2 年后,支付重组债务的本金

 借:应付账款——重组债务   900 000
  贷:银行存款   900 000

债权人——ZH 企业

(1) 债务重组,确认债务重组损失

 借:应收账款——重组债务   900 000
   营业外支出——债务重组损失   100 000
  贷:应收票据——普华企业   1 000 000

(2) 收到利息

 借:银行存款   68 000
  贷:财务费用   68 000

(3) 2 年后,收到重组债务本金

 借:银行存款   900 000
  贷:应收账款——重组债务   900 000

(四) 组合方式的会计处理

组合方式债务重组,是指上述各种债务重组方式的某种组合,以此进行债务重组。实务上,可能有以下多种债务重组方式,但从债务重组会计上看,可归纳为三类:(1)"现金、非现金资产"组合清偿;(2)"现金、非现金资产、债务转资本"组合清偿；(3)"现金、非现金资产、债务转资本"组合清偿部分债务，同时"以修改其他债务条件"清偿另外部分债务。在各重组方式下，债务重组会计一般应先考虑以现金、非现金资产清偿债务，再考虑修改其他债务条件、债务转资本等清偿。对于债务人和债权人来说，应注意下列一些问题。

1. 债务人会计处理：

(1)"现金、非现金资产"的组合方式清偿的，应当先以支付的现金冲减重组的账面价值，再按非现金资产清偿债务的规定进行处理。

(2)"现金、非现金资产、债务转资本"的组合方式清偿的，应当先以支付的现金、非现金资产的账面价值冲减重组的账面价值，再按债务转资本清偿债务的规定进行处理。

(3)"现金、非现金资产、债务转资本"的组合方式清偿部分债务，同时以"修改其他债务条件"方式清偿该债务另外部分的，应当先以支付的现金、非现金资产的账面价值、债权人享有的股权账面价值冲减重组的账面价值，再按修改其他债务条件的规定进行处理。

2. 债权人的会计处理：

(1)"现金、非现金资产"的组合方式清偿的，应当先以收到的现金冲减重组债权的账面价值，再按非现金资产清偿债务的规定进行处理。

(2)"现金、非现金资产、债务转资本"的组合方式清偿的，应当先以收到的现金冲减重组债权的账面价值，再分别按受让的非现金资产和股权的公允价值占其公允价值总额的比例，对重组债权的账面价值减去收到的现金后的余额进行分配，以确定非现金资产、股权的入账价值。重组中如果涉及多项非现金资产、多项股权，应按规定计算确定的各自入账价值范围内，对非现金资产按公允价值相对比例确定它们各自的入账价值。

(3)"现金、非现金资产、债务转资本"的组合方式清偿部分债务，同时"以修改其他债务条件"清偿该债务另外部分的，应当将重组债权的账面价值减去收到的现金后的余额，先按上述(2)进行处理，再按修改其他债务条件应注意的规定进行会计处理。

需要指出，以修改其他债务条件进行债务重组涉及或有应付金额，且该或有应付金额符合《或有事项》准则有关预计负债确认条件的，债务人应当将该或有应付金额确认为预计负债。如重组协议规定，重组后债务人如有盈利，借款利率恢复至原来的10%，若无盈利重组债务的利率为6%，这种情况下，当债务人承担的或有应付金额符合预计负债时，应将或有应付金额确认为预计负债。如果上述或有应付金额在随后会计期间没有发生的，应冲销已确认的预计负债，同时确认营业外收入。

第十三章

外币折算和政府补助

第一节 外币折算

一、外币交易概述

根据《外币折算》企业会计准则的规定,外币交易是指以外币计价或者结算的交易。外币是企业记账本位币以外的货币。外币交易包括:一是买入或者卖出以外币计价的商品或者劳务;二是借入或者借出外币资金;三是其他以外币计价或者结算的交易。

企业涉及外币交易的业务主要有以下五种类型。(1)投入外币资本。投资者以外币资产作为资本投入企业。(2)外币借款。从银行或其他金融机构借入外币资金或归还外币借款。(3)外币收付和结算。企业生产经营中以外币进行款项收付,往来结算等。(4)外币兑换。通过银行机构将一种货币兑换成另一种货币。(5)外币报表折算。把外币表述的财务报表折算为记账本位币表述的财务报表等。

(一) 外汇、外币与记账本位币

1. 外汇和外币

外汇是国际汇兑的简称,是指外币或以外币表示的用于国际结算的各种信用工具和支付手段。外币,一般是指本国货币以外的其他国家和地区的货币。

根据我国外汇管理条例规定,外汇包括:(1)外国货币,包括纸币和铸币;(2)外币有价证券,包括外国政府公债、外币国库券、外币企业债券、外币股票、外币股息等;(3)外币支付凭证,包括外币票据(支票、汇票和期票)、外币银行存款凭证、外币邮政储蓄凭证等;(4)其他外汇资金。此外,贵金属黄金,由于它可作为国际结算的支付手段,许多国家将其列入外汇范畴。

2. 记账本位币

企业进行外币交易核算,首先要确定记账本位币。记账本位币又称功能货币,是指企业经营所处的主要经济环境中的货币。它是计量企业财务状况、经营成果和现金流量的一种统一尺度。记账本位币确定后,在经营活动中使用的其他货币都属于外币。我国企业应当选择人民币作为记账本位币,业务收支以人民币以外的货币为主的企业,可按《外币折算》准则的规定选定其中一种货币作为记账本位币,但是编报的财务报表应当折算为人民币。

(二) 汇率与外币折算

1. 汇率及其标价法

(1) 即期汇率、远期汇率和套算汇率

汇率又称汇价,是两种货币之间兑换的比率或比价,它是一种货币单位用另一种货币表示的价格。我国汇率是中国人民银行公布的国家外汇牌价。中国人民银行公布的外汇牌价有银行买入价和银行卖出价之分,买入价和卖出价的平均数是外汇牌价的中间价。国家外汇牌价在全国范围内是统一的,是一种法定汇率。

汇率有即期汇率和远期汇率之分。即期汇率也称现汇汇率,它是现汇交易中即期交割的汇率。远期汇率是一种在远期外汇交易中由经纪人与客户事先约定未来某时日据以交割的汇率。此外,实务上还有一种套算汇率,一般是指两种非美元货币之间的价值关系,如 1 英镑 = 1.20 美元,1 000 日元 = 10 美元,则 1 英镑 = 120 日元,这被称为套算汇率。

(2) 直接标价法和间接标价法

汇率有直接标价法和间接标价法两种表示方法。直接标价法是以一定单位的外国货币可兑换本国货币的金额来表示,如 1 美元兑换 6.80 元人民币。间接标价法是以一定单位的本国货币可兑换外国货币的金额来表示。显然,这两种方法下的汇率互为倒数。如以上述数字为例,间接标价法下 100 元人民币可兑换 14.705 9 美元(100/6.80)。

美英等国采用间接标价法,其他国家一般采用直接标价法。我国采用国际通用的直接标价法,如某月美元与人民币汇率,银行买入价 6.804 6 元人民币,卖出价 6.825 6 元人民币,则中间价 6.815 1 元[(6.804 6+6.825 6)÷2]人民币,表示为:USD 1=RMB 6.815 1。

2. 外币折算

外币折算是指将外币换算为本国货币或另一种外币等值的一种程序。以人民币作为记账本位币时,所有非人民币货币计量的经济业务均属于外币业务;如以某外币为记账本位币,则该货币以外的其他货币,包括人民币计量的经济业务都是外币业务。

在外币业务会计核算上,会计准则要求,不仅要按原来使用的外币(非记账本位币),而且要按折合的人民币(记账本位币)进行双重的确认、计量和报告。这种把外币业务过程中实际使用的外币折合为统一计量尺度的记账本位币,进行确认、计量和报告的程序,即为外币折算。外币折算只是货币单位表述的改变,从一种货币记量单位(如外币),重新表述为另一种货币计量单位(如记账本位币)。

(三) 外币投入资本

根据国家有关规定,外商投资企业的注册资本可用人民币表示,也可用其他可以自由兑换的外币表示。作为公司注册资本的外币与人民币或者外币与外币之间的折算,应当按发生(缴款)当日中国人民银行公布的汇率的中间价(即期汇率)折算,不得采用合同约定汇率和即期汇率的近似汇率折算。

外币投入资本与相应的货币性项目的记账本位币金额之间不产生外币资本折算差额。在具体核算时,"股本"账户金额有时不能反映投资各方的股权比例。由于投资各方利润分配和清偿债务的约定比例已在合同中明确规定,发生这种情况时不会影响投资各方的权益。

(四) 外币兑换

外币兑换是指将一种货币交换成另一种货币的交易行为。外币兑换业务,包括企业从银行买入外汇,把外汇卖给银行,以及用一种外币向银行兑换成另一种外币。根据国家有关规定,外币兑换应遵守以下三点规定:一是应当通过中国银行或国家授权的外币机构办理;二是应当为国家规定的可自由兑换的货币;三是国家另有规定的除外,如因私短期出国,可将人民币兑换成少量外币。一般只允许将自由兑换货币兑换成人民币,而不得相反。目前国家还没有发布人民币自由兑换的时间表。

企业将外币存款向银行兑换人民币,银行要按兑换当天的买入价计算,折算成人民币付给企业。企业外币记账一般采用的即期汇率是银行买入价与卖出价的平均价即中间价。于是,卖给银行的外币按当日银行的买入价折算成所得的人民币金额,与卖出外币的金额按当日汇率(中间价)或按当月1日市场汇价(即期汇率的近似汇率)折合的人民币金额之间的差额,作为汇兑损益处理。

(五) 外币交易的记账方法

1. 外币统账法

外币统账法也称记账本位币法、本币记账制,简称"统账制"。它以某种货币为记账本位币,通常采用本国货币为唯一的记账单位,记录全部外币业务;非记账本位币的外币只做辅助记录。这种方法具体分为两种。

(1) 以本国货币作为记账本位币,业务发生时,将外币折合本国货币,在账户、报表上均以本国货币统一反映,外币只做辅助记录,因此这种方法又称本国货币统账制。

（2）以某特定外币为记账本位币，业务发生时把本国货币和其他外币折合为该特定外币，将平时计量单位统一起来，期末再按该特定外币编制的会计报表折算为本国货币反映的会计报表。

2. 外币分账法

外币分账法也称原币记账法、多种货币制，简称"分账制"。它是采用多种外币作为记账单位，对记账本位币和各种外币各设置一套账户。在外币业务发生时，对于与人民币（记账本位币）有外汇汇率的外币，都直接以原币为记账单位进行确认、计量和报告，每种外币各自设置一套账簿和报表系统。同时，为使记账本位币与外币的平衡，能以记账本位币综合计量和报告损益与依法纳税，再设置"货币兑换"（外币）账户和"货币兑换"（记账本位币）账户。

须说明，无论是采用统账制还是分账制，只是账户处理的程序不同，但产生的结果一定相同，即计算出的汇兑差额相同；相应的会计处理也相同，即均计入当期损益。

（六）汇兑损益

汇兑损益亦称汇兑差额，是指外币会计处理中，因采用不同的折算汇率而产生的记账本位币金额的差额。在理论上，在对外币债权或债务汇兑损益的处理上，存在以下两种截然不同观点。

1. 一笔业务观点。它认为一项交易的结算是该项交易完成的标志，交易的发生和随后的货款结算是一项完整的业务。在这种观点下，购入资产的成本或销售获得的收入，在货款结算前由于汇率变动其价值没有最终确定；在交易日或编表日按当时汇率折算的记账本位币入账金额都是暂时的；在货款结算后，该笔交易才算最后完成，此时应以结算日汇率最终确定购入资产的记账本位币成本或销售获得的记账本位币收入。

按一笔业务观点，将交易日、编表日和交易结算日汇率变动产生的折合记账本位币的差额，作为交易发生时入账的购入资产成本或销售获得收入的调整数额，而不应将其作为当期损益处理。

2. 两笔业务观点。它认为交易的发生和交易的货款结算是两项经济业务。在这种观点下，销货形成的应收账款，或购货形成的应付账款，均已按将交易发生时的汇率将外币折合成记账本位币并将其价值确定下来，外币折算差额产生于独立的债权或债务业务，与以后的结算业务无关；在编制日和交易结算日汇率变动产生的外币折算差额，应作为企业当期损益来处理。

在实务上，一笔业务观点下对外币业务记录需追根溯源，核算较麻烦；两笔业务观点下对外币业务处理直截了当，核算较简便。企业会计一般采用两笔业务观点进行外币业务核算。

在会计上,对于汇兑损益的处理见下文介绍。在税法上,对于汇兑损益的税务处理,按下列四项原则处理。(1)筹建期间。筹建期间发生的汇兑损益,如为净损失,于开始生产、经营时计入当期损益,或者分期(如5年)计入企业损益。如为净收益,有三种处理方法由企业自行选定:一是开始生产、经营时计入当期损益,或者分期(如5年)计入企业损益;二是留待弥补生产经营期间发生的亏损;三是留待并入清算收益。(2)经营期间。经营期间发生的汇兑损益,计入财务费用。(3)清算期间。清算期间发生的汇兑损益,计入清算损益。(4)资本化处理。上述与购建固定资产或无形资产有关的汇兑损益,在资产达到预计可使用状态前,应计入购建资产的成本,予以资本化处理。

二、外币交易会计处理原则

根据《外币折算》准则及其《应用指南》的规定,外币折算处理原则如下。

（一）即期汇率和即期汇率的近似汇率

企业在处理外币交易和对外币报表进行折算时,应当采用交易发生日的即期汇率将外币金额折算为记账本位币金额反映;也可采用按系统合理的方法确定的、与交易发生日即期汇率近似的汇率折算。在实务上,即期汇率通常是指中国人民银行公布的当日人民币外汇牌价的中间价。企业发生的外币兑换业务或涉及外币兑换的交易事项,应按交易实际采用的汇率(即银行买入价或卖出价)折算。

即期汇率的近似汇率是指按系统合理的方法确定的、与交易发生日即期汇率近似的汇率,通常采用当期平均汇率或加权平均汇率等。企业一般应采用即期汇率进行折算,汇率变动不大的,也可采用即期汇率的近似汇率进行折算。

（二）汇兑差额的处理

1. 外币货币性项目

在资产负债表日,应当分别外币货币性项目和外币非货币性项目进行会计处理。货币性项目是指企业持有的货币资金和将以固定或可确定的金额收取的资产或者偿付的负债。货币性项目包括货币性资产和货币性负债:前者如库存现金、银行存款、应收账款、其他应收款、长期应收款,以及准备持有至到期的债券投资等;后者如短期借款、应付账款、其他应付款、长期借款、应付债券、长期应付款等。

对于外币货币性项目,采用资产负债表日即期汇率折算。因资产负债表日即期汇率与初始确认时或者前一资产负债表日即期汇率不同而产生的汇兑差额,计入当期损益。同时,调增或调减外币货币性项目的记账本位币金额。

2. 外币非货币性项目

非货币性项目是指货币性项目以外的项目。以历史成本计量的外币非货币性项目,由于已在交易发生日按当日即期汇率折算,资产负债表日不改变其原记账本位币金额,不产生汇兑差额。以公允价值计量的外币非货币性项目,如交易性金融资产(股票、基金等),采用公允价值确定日的即期汇率折算,折算后的记账本位币金额与原记账本位币金额的差额,应作为公允价值变动(含汇率变动)损益处理,计入当期损益。

3. 外币投入资本

企业收到投资者以"外币"投入的资本,应采用交易发生日的即期汇率折算,不得采用合同约定汇率和即期汇率的近似汇率折算,外币投入资本与相应的货币性项目记账本位币金额之间不产生外币资本折算差额。

4. 实质上构成对境外经营净投资的外币货币性项目

企业编制合并财务报表涉及境外经营的,如有实质上构成对境外经营净投资的外币货币性项目,因汇率变动而产生的、外币报表折算形成的汇兑折算差额,应列入股东权益"外币报表折算差额"项目;处置境外经营时,应将相应的外币报表折算差额转入处置当期损益。

(三)外币交易的记账方法

企业通常采用统账制记账方法进行外币会计处理。对于外币交易频繁、外币币种较多的金融企业,也可采用分账制记账方法进行日常核算。在分账制下,须采用"货币兑换"账户进行不同币种之间兑换的日常核算。资产负债表日应按《外币折算》准则规定对相应的外币余额分别货币性项目和非货币性项目进行调整,包括"货币兑换"账户的调整,最后以统一的记账本位币编制会计报表。采用分账制记账方法,其产生的汇兑差额的处理结果,应当与统账制记账方法一致。"货币兑换"的主要账户处理如下。

1. 外币交易仅涉及货币性项目的,应按相同币种金额,借记或贷记有关货币性项目的账户;贷记或借记"货币兑换"账户。

2. 外币交易同时涉及货币性项目和非货币性项目的,按相同外币金额记入货币性项目账户和"货币兑换"账户(外币);同时,按交易发生日即期汇率折算为记账本位币的金额记入非货币性项目账户和"货币兑换"账户(记账本位币)。结算货币性项目产生的的汇兑差额计入"汇兑损益"账户。

3. 期末,应将所有以外币表示的"货币兑换"账户余额按期末汇率折算为记账本位币金额,折算后的记账本位币金额与"货币兑换"账户(记账本位币)余额进行比较,为贷方差额的,借记"货币兑换"(记账本位币)账户,贷记"汇兑损益"账户;为借方差额的,做相反会计分录。

三、外币交易会计处理示例

(一) 初始确认的示例

1. 投入外币资本

【例13-1】 2×10年,DH企业(中外合资企业)注册资金10 000 000美元,合同规定,DY企业(外方)占32%,投入现汇3 200 000美元,分2次投入,第1次5月11日投入现汇2 000 000美元,当日汇率(中间价,下同)USD 1=RMB 6.90;第2次同年7月12日投入现汇1 200 000美元,当日汇率USD 1=RMB 6.78。ZH企业(中方)占68%,投入相当于6 800 000美元的厂房。厂房资产公允价值46 648 000元人民币,尚可使用15年;6月5日厂房验收当日汇率USD 1=RMB 6.85元。假定不考虑其他因素,DH企业有关会计处理如下。

(1) 5月11日,DY企业(外方)第1次投入"外币"美元现汇

借: 银行存款——美元(USD 2 000 000×6.90)　　　　13 800 000
　　贷: 股本——DY企业(USD 2 000 000×6.90)　　　　　　13 800 000

(2) 6月5日,ZH企业(中方)投入厂房资产

厂房资产公允价值 = 46 648 000(元)
折合美元价值 = 46 648 000/6.85 = 6 809 927(美元)
计入资本公积的溢价投入部分 = (6 809 927 − 6 800 000) × 6.85 = 68 000(元)

借: 固定资产——厂房　　　　　　　　　　　　　　　46 648 000
　　贷: 股本——ZH企业(USD 6 800 000×6.85)　　　　　46 580 000
　　　　资本公积——股本溢价　　　　　　　　　　　　　68 000

(3) 7月12日,DY企业(外方)第2次投入"外币"美元现汇

借: 银行存款——美元(USD 1 200 000×6.78)　　　　8 136 000
　　贷: 股本——大中企业(USD 1 200 000×6.78)　　　　　8 136 000

由【例13-1】知,"股本"(美元)帐户总计10 000 000美元,其中,外方合计投入"外币"美元3 200 000元(2 000 000+1 200 000),占注册资金32%(3 200 000/10 000 000);中方投入厂房折合美元6 800 000元,占注册资金68%(6 800 000/10 000 000),溢价投入部分计入资本公积,"股本"(美元)账户反映的双方投入股本的比例符合合同约定比例。但是,在"股本"(人民币)账户上,股本总计人民币68 516 000元[(13 800 000+8 136 000)+46 580 000],其中,外方投入"外币"折合人民币21 936 000元(13 800 000+8 136 000),占注册资金32.02%(21 936 000/68 516 000);中方投入厂房人民币价值46 580 000元,占注册资金67.98%(46 580 000/68 516 000),溢价投入部分计入资本公积,"股本"(人民币)账户不

能反映投资各方合同约定的股权比例。这种情况下，投资各方利润分配和清偿债务的约定比例已在合同中明确规定，因此不影响投资各方的权益。

2. 外币借款

【例13-2】 2×10年5月11日，HB企业从银行借入1 000 000美元，当日汇率USD 1=RMB 6.80；当年12月9日，归还该笔美元短期借款，当日汇率USD 1=RMB 6.70。假定企业日常按业务发生时的即期汇率记账，有关分录如下。

（1）借入美元借款

借：银行存款——美元（USD 1 000 000×6.80）　　　　6 800 000
　　贷：短期借款——美元（USD 1 000 000×6.80）　　　　6 800 000

（2）归还美元借款

借：短期借款——美元（USD 1 000 000×6.70）　　　　6 700 000
　　贷：银行存款——美元（USD 1 000 000×6.70）　　　　6 700 000

3. 外币付款

【例13-3】 2×10年3月8日，HN企业从美国L&L企业进口一批价值2 000 000美元的原材料，当日汇率USD 1=RMB 6.80。假定，适用增值税率16%，关税1 638 000元人民币；货款尚未支付。HN企业有关会计处理如下。

$$进口原材料入账价值 = USD\ 2\ 000\ 000 \times 6.80 + 1\ 638\ 000$$
$$= 13\ 600\ 000 + 1\ 638\ 000 = 15\ 238\ 000(元)$$
$$支付进口原材料增值税 = 13\ 600\ 000 \times 16\% = 2\ 176\ 000(元)$$

借：原材料　　　　　　　　　　　　　　　　　　　　15 238 000
　　应交税费——应交增值税（进项税额）　　　　　　　2 176 000
　　贷：应付账款——美元（L&L企业）（USD 2 000 000×6.80）　13 600 000
　　　　银行存款（1 638 000+2 176 000）　　　　　　　　3 814 000

4. 外币兑换

【例13-4】 HD企业从银行购入1 000 000美元，当日银行美元卖出价USD 1=RMB 6.75、买入价USD 1=RMB 6.65。假定，企业按即期汇率的中间价记账，分录如下。

$$当日美元中间价 = [(6.65 + 6.75)/2] = 6.70(元)$$

借：银行存款——美元（USD 1 000 000×6.70）　　　　6 700 000
　　财务费用——兑换损失　　　　　　　　　　　　　　　200 000
　　贷：银行存款——美元（USD 1 000 000×6.75）　　　　6 750 000

由【例13-4】知,从银行购入美元。一方面,按购入的美元1 000 000元,借记"银行存款(美元)"账户;同时,按外币业务双重反映的要求,以日常核算采用的中间汇价折算记账本位币所确认的人民币金额6 700 000元(USD 1 000 000×6.70),借记"银行存款(人民币)"账户。另一方面,按银行卖出价确认的、向银行支付的人民币6 750 000元(USD 1 000 000×6.75),贷记"银行存款(人民币)"账户。最后,将借方与贷方的差额200 000元计入当期损益(财务费用)。

【例13-5】 HX企业将100 000欧元到银行兑换成人民币,当日银行欧元卖出价 EUR 1=RMB 8.80、买入价 EUR 1=RMB 8.60,假定企业日常按业务发生时的即期汇率记账,分录如下。

当日欧元中间价 = [(8.80 + 8.60)/2] = 8.70(元)

借:银行存款——人民币(EUR 100 000×8.60)	860 000
财务费用——兑换损失	10 000
贷:银行存款——欧元(EUR 100 000×8.70)	870 000

由【例13-5】知,将欧元从银行兑换人民币。一方面,按银行购进欧元的买入价向企业所支付的人民币860 000元(EUR 100 000×8.60),借记"银行存款(人民币)"账户。另一方面,按交付银行的欧元100 000元,贷记"银行存款(欧元)"账户;同时,按双重反映的要求,以日常核算采用的中间汇价折算成记账本位币所确认的人民币金额870 000元(EUR 100 000×8.70),贷记"银行存款(人民币)"账户。最后,将借方与贷方的差额10 000元计入当期损益(财务费用)。

【例13-6】 2×10年1月16日,HZ企业采用分账制核算,以人民币购入美元2 000 000元,当日银行卖出价 USD 1=RMB 6.80,有关分录如下。

(1)美元账户

借:银行存款——美元	USD 2 000 000
贷:货币兑换——美元	USD 2 000 000

(2)人民币账户

借:货币兑换——人民币(USD 2 000 000×6.80)	13 600 000
贷:银行存款——人民币(USD 100 000×6.80)	13 600 000

(二)期末的调整或结算的示例

1. 货币性项目

在会计期末,调整或结算外币货币性项目时,应以资产负债表日即期汇率折算外币货币性项目,因当日汇率不同于该项目初始确认时的即期汇率或前期期末的即期汇率而产生的汇兑损益,应将其计入当期损益。

【例 13-7】 2×09 年 3 月,DH 企业"银行存款(美元)"账户期初数 100 000 元。本月发生下述收支业务:3 月 8 日收入 75 000 美元,3 月 10 日收到 98 000 美元,3 月 15 日支出 150 000 美元,3 月 26 日收到 77 000 美元。假定,DH 企业外币交易收支频繁,日常核算以期初汇率记账,3 月 1 日汇率 USD 1 = RMB 6.90,3 月 31 日汇率 USD 1 = RMB 6.80。DH 企业有关会计处理如下。

(1) 2×09 年 3 月,"银行存款(美元)"账户的日常记录,如表 13-1 所示。

表 13-1　　　　　　　　　银行存款(美元)账户　　　　　　　　　单位:元

日期		摘要	借方			贷方			余额		
月	日		美元	汇率	人民币	美元	汇率	人民币	美元	汇率	人民币
3	1	期初余额							100 000	6.90	690 000
	8	营业收入	75 000	6.90	517 500				175 000	6.90	1 207 500
	10	营业收入	98 000	6.90	676 200				273 000	6.90	1 883 700
	15	购货付款				150 000	6.90	1 035 000	123 000	6.90	848 700
	26	营业收入	77 000	6.90	531 300				200 000	6.90	1 380 000
	31	期末调整						20 000			1 360 000
	31	期末余额							200 000	6.80	1 360 000

(2) 3 月 31 日,期末调整

银行存款(美元)账户记账本位币(人民币)期末调整金额 = USD 200 000 × (6.80 − 6.90) = − 20 000(元)

借:财务费用　　　　　　　　　　　　　　　20 000
　　贷:银行存款——美元　　　　　　　　　　　　　　20 000

【例 13-8】 沿用上述【例 13-3】资料,2×10 年 3 月 31 日,HN 企业尚未向 L&L 企业支付进口材料的货款。假定 3 月 31 日汇率 6.85 元人民币。会计处理如下。

应付账款(美元)账户记账本位币(人民币)期末调整金额 = USD 2 000 000 × (6.85 − 6.80) = 100 000(元)

借:财务费用　　　　　　　　　　　　　　　100 000
　　贷:应付账款——美元(L&L 企业)　　　　　　　　100 000

2. 非货币性项目

在会计期末,非货币性项目的调整,具体如下。

(1) 历史成本计量的非货币性项目,资产负债表日不应改变其原记账本位币的"成本"金额,因此不产生汇兑差额。

(2) 外币购入的存货,期末以"成本与可变现净值孰低"计量,如果存货可变现净值以外币确定,在确定期末存货价值时,应先将外币的可变现净值折算为记账本位币,再将其与以记账本位币计量的存货"成本"进行比较,在计提存货跌价准备时应考虑汇率变动的影响。

(3) 外币购入的、以公允价值计量的交易性金融资产,如股票、基金等非货币性项目,如果期末以外币反映的公允价值发生变动,应先将该外币按采用公允价值确定日的即期汇率折算,折算后的记账本位币金额与原记账本位币金额进行比较,其差额作为公允价值变动(含汇率变动)损益处理,计入当期损益。

【例 13-9】 2×19 年 12 月,ZQ 企业从美国进口 ZP 商品 20 000 件,每件售价 800 美元,当日汇率 USD 1=RMB 6.80。2×19 年年末,该商品每件售价下降至 700 美元,12 月 31 日汇率 USD 1=RMB 6.70。假定不考虑其他因素,有关会计处理如下。

(1) 购入进口商品

借:库存商品(USD 800×20 000×6.80)　　　　　　　　108 800 000
　　贷:银行存款——美元(USD 800×20 000×6.80)　　　　　　108 800 000

(2) 12 月 31 日,资产负债表日,公允价值变动(含汇率变动),计提存货跌价准备

存货跌价准备 = 800 × 20 000 × 6.80 − 700 × 20 000 × 6.70
= 108 800 000 − 93 800 000 = 15 000 000(元)

借:资产减值损失　　　　　　　　　　　　　　　　　15 000 000
　　贷:存货跌价准备　　　　　　　　　　　　　　　　　　15 000 000

【例 13-10】 2×19 年 9 月 27 日,ZB 企业以每股 2 美元价格购入 SC 企业 100 000 股 B 股股票进行短期投资,并作为交易性金融资产按公允价值计量。当日汇率 USD 1=RMB 6.80。当年年末,该股每股市价 1.85 元,12 月 31 日汇率 USD 1=RMB 6.86。2×20 年 1 月 21 日,以 2.60 美元价格全部售出该股票,当日汇率 USD 1=RMB 6.78。假定不考虑其他因素,有关会计处理如下。

(1) 2×19 年 9 月 27 日,购入 SC 企业 B 股股票

借:交易性金融资产(USD 2×100 000×6.80)　　　　　　1 360 000
　　贷:银行存款——美元账户　　　　　　　　　　　　　　1 360 000

(2) 2×19 年 12 月 31 日,确认公允价值变动(含汇率变动)损益

公允价值变动损益 = (USD 1.85 × 100 000 × 6.86) − 1 360 000
= 1 269 100 − 1 360 000 = −90 900(元)

借:公允价值变动损益　　　　　　　　　　　　　　　90 900
　　贷:交易性金融资产　　　　　　　　　　　　　　　　　90 900

(3) 2×20 年 1 月 21 日，全部出售 SC 企业 B 股股票

借：银行存款——美元（USD 2.60×100 000×6.78）　　　1 762 800
　　贷：交易性金融资产（1 360 000-90 900）　　　　　　　　1 269 100
　　　　投资收益　　　　　　　　　　　　　　　　　　　　　　493 700

同时

借：投资收益　　　　　　　　　　　　　　　　　　　　　90 900
　　贷：公允价值变动损益　　　　　　　　　　　　　　　　　　90 900

三、外币报表折算

（一）外币报表折算的意义和原则

1. 外币报表折算的意义

外币报表折算是指将以外币表示的会计报表折算成某一特定货币表示的会计报表。外币会计报表折算的目的主要有二：一是为编制合并财务报表；二是为提供特种会计报表。外币会计报表折算目的不同，其折算方法亦不相同。

控股母公司如果拥有境外经营的单位如子公司，由于境外子公司采用所在国家或地区的货币为记账本位币，并以该币种编制财务报表，母公司在编制合并财务报表前，须将纳入合并范围的国外子公司以外币表示的个别财务报表进行折算，换算成与母公司个别财务报表相同记账本位币表示的财务报表。

2. 外币报表折算的原则

（1）正常情况下的外币报表折算

根据《外币折算》准则的规定，企业对境外经营的财务报表进行折算时，应当遵循下列规定。

一是资产负债表中的资产和负债项目，采用资产负债表日的即期汇率折算，股东权益项目除"未分配利润"项目外，其他项目采用发生时的即期汇率折算。

二是利润表中的收入和费用项目，采用交易发生日的即期汇率折算；也可以采用按系统、合理方法确定的、与交易发生日即期汇率近似的汇率折算。

按照上述规定折算产生的外币财务报表折算差额，在资产负债表中所有者权益项目下单独列示。比较财务报表的折算比照上述规定处理。

（2）恶性通胀情况下的外币报表折算

企业对处于恶性通货膨胀经济中的境外经营的财务报表，应当按照下列规定进行折算：对资产负债表项目运用一般物价指数予以重述，对利润表项目运用一般物价指数变动予以重述，再按照最近资产负债表日的即期汇率进行折算。在境外经营不再处于恶性通货膨胀经济环境中时，应当停止重述；按照停止日的价格水平

重述的财务报表进行折算。

恶性通胀经济通常按以下五个特征进行判断：一是3年累计通胀率接近或超过100%；二是利率、工资和物价与物价指数挂钩(物价指数是物价变动趋势和幅度的相对数)；三是公众不是以当地货币，而是以相对稳定的外币为单位，作为衡量货币金额的基础；四是公众倾向于以非货币性资产或相对稳定的外币来保存自己的财富，持有的当地货币立即用于投资以保持购买力；五是即使信用期限很短，赊销、赊购交易依旧须考虑货币时间价值，仍按补偿信用期预计购买力损失的价格成交。

（3）处置境外经营的外币报表折算

企业在处置境外经营时，应当将资产负债表中所有者权益项目下列示的、与该境外经营相关的外币财务报表折算差额，自所有者权益项目转入处置当期的损益；部分处置境外经营的，应当按处置的比例计算处置部分的外币财务报表折算差额，转入处置当期损益。

（4）披露

企业选定的记账本位币不是人民币的，应当按《外币折算》准则的规定将其财务报表折算为人民币财务报表。企业应当在附注中披露与外币折算有关的下列信息：

① 企业及其境外经营选定的记账本位币及选定的原因，记账本位币发生变更的，说明变更理由；

② 采用近似汇率的，说明近似汇率的确定方法；

③ 计入当期损益的汇兑差额；

④ 处置境外经营对外币财务报表折算差额的影响。

（二）外币报表折算方法

外币财务报表折算，主要解决两个问题：一是采用何种汇率对外币报表项目进行折算；二是外币报表各项目折算汇率不同所产生的折算差额如何处理。在实务上，外币报表折算方法主要有两大类。

1. 单一汇率法

单一汇率法是指对外币会计报表的所有项目(除股本外)，均采用单一的现行汇率，折算成某特定货币表示的会计报表。由于现行汇率通常是编表日即期汇率，单一汇率法亦称现时汇率法，或期末汇率法。在这种方法下，境外经营的财务报表的股本项目依旧按实际收到投入资本时的历史汇率折算。

采用单一汇率法折算外币报表简便易行，并能保持外币报表原来的结构比例关系。但是，在汇率变动较大的情况下，反映境外经营的折算后的报表金额与实际金额会相差甚远。

2. 多种汇率法

多种汇率法是指根据不同报表项目分别采用即期汇率、历史汇率和平均汇率等多种汇率,对外币报表各有关项目进行折算的方法。具体有三种方法。

(1) 流动与非流动法

流动与非流动法是指将外币表示的资产负债表项目划分为流动性项目和非流动性项目,并分别采用不同汇率进行折算的方法。对于流动资产和流动负债项目,按编表日即期汇率换算;对于非流动资产和非流动负债项目,按其入账时历史汇率折算;对于有关各调整项目如折旧、摊销和备抵等项目,按其被调整项目性质决定是采用即期汇率,还是历史汇率进行折算;对于利润表各损益项目,除折旧和摊销费用等按相关资产入账时的历史汇率折算外,其他收入和费用各项目依据均衡发生的假设,按整个会计报告期间(年度)平均汇率(加权平均或简单平均)进行折算。

对流动资产项目和流动负债项目按即期汇率折算,这有利于对营运资金的分析评价。其缺点是人为规定流动与非流动项目,并采用不同折算汇率缺乏理论依据。在外币报表折算方法的历史演进中,流动与非流动法是早期普遍采用的一种折算方法。

(2) 货币性与非货币性法

货币性与非货币性法是指将外币表示的资产负债表中项目划分为货币性项目和非货币性项目,并分别采用不同汇率进行折算的方法。货币性资产和货币性负债项目的特点是它们代表的货币量是固定的,但其价值会受汇率变动影响。对于货币性项目,按编表日即期汇率折算;对于非货币性项目和股东权益项目,按原入账时的历史汇率折算;对于利润表各损益项目,根据均衡发生假设,按整个报告期间的平均汇率(加权平均或简单平均)折算;对于折旧、摊销和备抵等项目,根据项目性质来决定,如固定资产折旧、无形资产摊销等,为使其账面价值与外币换算金额保持一致,按历史汇率折算。在利润表项目折算上,该方法与流动性与非流动性法相似。

这种折算方法对货币性项目采用即期汇率折算,由于货币性项目的价值随汇率变动而变动,这样折算较为合理。但它与流动与非流动法很相似,两者只是对外币报表项目的分类有所不同。外币报表折算的实质应该是要解决外币会计计量问题,而非分类问题,因此货币性与非货币性法也没有充分说明为什么要按这种方法分类并选择这些汇率进行折算。这种折算方法同样未真正解决外币报表折算的实质问题。在实务上,流动与非流动法和货币性与非货币性法,常常是同时结合进行的。

(3) 时态法

时态法又称时间性法、时间度量法,是指对于外币表示的资产负债表中各种资产或负债项目,不论是流动还是非流动项目、货币性还是非货币性项目,只要它是按现行交换价格或未来交换价格计量的,都应按编表日即期汇率进行折算的一种方法;其他所有按历史成本计价的资产或负债项目,均按原入账时的历史汇率折算。对于利润表各损益项目,其中收入和费用项目,按交易发生时实际汇率折算,但对经常、大量、均衡发生的收入和费用,与其他项目一样还是按整个会计报告期间的平均汇率(加权平均或简单平均)折算。对于存货:如果是按公允价值计量的,按即期汇率折算;如果是按历史成本计价的,则按发生时的历史汇率折算。

时态法对于折算汇率的选择有一个合理的时间尺度,而不是根据折算项目的流动与非流动性或货币与非货币性这种人为的分类进行决定选择,这样在折算上更具有灵活性。在保持外币报表项目的计量属性(计量基础),即按外币计量所属日期的实际汇率来折算其金额、反映其时态价值方面,时态法比货币性与非货币性法更为完善。

时态法的理论依据在于,外币报表折算是一种外币计量的转换过程,是对外币计量的既定价值重述,折算只能改变换算项目的货币计量单位,不能改变计量项目属性。例如,存货外币金额折算,只是将存货原币计量单位改为以本币(记账本位币)计量单位重新进行表述,不是对存货实际价值重新调整计价。在理论上,时态法要求每笔业务都按其发生时的相应汇率折算,这样处理结果较正确,但实务上这很难真正做到。因此,实务上对于有些项目可采用一定平均汇率或加权平均汇率,以此作为较合理的近似汇率进行折算。

(4) 现行汇率法

现行汇率法是指资产和负债项目均应按现时汇率折算,实收资本按历史汇率折算,利润表各项目按当年或当期平均汇率折算,产生的折算损益作为所有者权益的一个人单独项目予以列示。有观点认为,这种折算方法体现了子公司货币观,它考虑了境外经营作为相当独立实体的情况,着重于汇率变动对报告企业在境外经营的投资净额的影响。

在现行汇率法下,对境外经营单位财务报表折算的结果,可以使得境外经营的会计报表中原有的财务关系不因折算而改变。这种折算方法克服了时态法缺点,但同时却产生另一问题。在企业没有完全采用公允价值计量模式的情况下,对所有的资产和负债均按现时汇率折算,如对于以历史成本计价的固定资产等长期资产也按现行汇率折算,显然并不能正确反映折算结果。

(三) 我国会计准则采用的外币报表折算方法

根据我国会计准则的规定,企业外币报表折算时,为与《合并财务报表》准则规定的实体理论保持一致,我国企业外币报表折算原则往往要求企业采用现行汇率法。

对境外经营单位财务报表折算前,应当调整境外经营单位的会计期间和会计政策,使之与母公司会计期间和会计政策保持一致。根据调整会计期间和会计政策后编制的外币财务报表,再按照以下程序和方法对境外经营财务报表进行折算。

1. 资产负债表中资产和负债项目,采用资产负债表日即期汇率折算,境外经营的外币资产负债表中资产、负债项目,采用资产负债表日即期汇率进行折算,所有者权益项目除"未分配利润"项目外,其他项目采用发生时的即期汇率折算。

2. 利润表中收入和费用项目,采用交易发生日的即期汇率折算;也可采用即期汇率的近似汇率折算。

3. 外币报表折算差额,在编制合并财务报表时,应在合并资产负债表中所有者权益项目下的"其他综合收益"项目中列式。同时,在所有者权益变动表中本年增减变动金额下的"其他综合收益"项目中列示。

比较财务报表的折算,应按照上述规定进行会计处理。

【例 13-11】 2×18 年,SH 控股公司境外有一家全资子公司,子公司以美元编制会计报表。子公司股东权益的年初数为 11 350 000 元人民币,其中:股本 1 000 000 美元、折合人民币 8 000 000 元;盈余公积 306 000 美元、折合人民币 2 126 500 元;未分配利润 176 000 美元、折合人民币 1 223 500 元(如表 13-4 年初数所示)。

本年实现利润 1 080 000 美元,其中:年末计提盈余公积 450 000 美元,利润分配 611 000 美元,形成未分配利润 19 000 美元(1 080 000-450 000-611 000)。本年股东权益的年末数为 1 952 000 元,其中:股本 1 000 000 美元,盈余公积 756 000 美元(306 000+450 000),未分配利润 195 000 美元(176 000+19 000)。

假定,2×18 年 12 月 31 日即期汇率 USD 1=RMB 6.80,当年度平均汇率 6.85;对子公司投入资本时的汇率 USD 1=RMB 8.00。外币资产负债表,按 12 月 31 日即期汇率折算,其中股本按当初投入时的历史汇率折算;外币利润表,按年度平均汇率折算;外币股东权益变动表,其中本年利润分配(包括计提盈余公积和对母公司股东的股利分配)按年度平均汇率折算。SH 公司对其子公司外币报表的折算,如表 13-2 至 13-4 所示。

须指出,对于境外经营的外币报表折算中的一些特殊项目,应按规定区别以下情况进行会计处理。

1. 少数股东分摊的外币报表折算差额

控股公司拥有境外经营的非全资但须纳入合并范围的子公司时,对于该子公司少数股东应分摊的外币报表折算差额,应按少数股东在境外经营的股东权益中

表 13-2　　　　　　　　　　　　　　　　**子公司资产负债表**

2×18 年 12 月 31 日　　　　　　　　　　　　　　　　单位:元

资产	折算前期末数(美元)	折算汇率	折算后期末数人民币	负债和股东权益	期末数折算前美元	折算汇率	期末数折算后人民币
流动资产:				流动负债:			
货币资金	120 000	6.80	816 000	应付股利	612 000	6.80	4 161 600
应收账款	280 000	6.80	1 904 000	其他流动负债	11 000	6.80	74 800
存货	850 000	6.80	5 780 000	流动负债合计	623 000	—	4 236 400
其他流动资产	35 000	6.80	238 000	非流动负债:			
流动资产合计	1 285 000	—	8 738 000	长期借款	822 000	6.80	5 589 600
非流动资产:				应付债券	760 000	6.80	5 168 000
长期应收款	100 000	6.80	680 000	非流动负债合计	1 582 000	—	10 757 600
长期投资	350 000	6.80	2 380 000	负债合计	2 205 000	—	14 994 000
固定资产	1 900 000	6.80	12 920 000	股东权益:			
在建工程	250 000	6.80	1 700 000	股本	1 000 000	8.00	8 000 000
无形资产	200 000	6.80	1 360 000	盈余公积	756 000		5 209 000①
其他非流动资产	71 000	6.80	482 800	未分配利润	195 000		1 353 650②
非流动资产合计	2 871 000	—	19 522 800	外币报表折算差额			-1 295 850③
				股东权益合计	1 951 000		13 266 800
资产总计	4 156 000		28 260 800	负债和股东权益总计	4 156 000		28 260 800

注①、②:由表 13-4"本年年末余额"中相对应的数字转入;
　　③:外币报表折算差额=(28 260 800-14 994 000)-(8 000 000+5 209 000+1 353 650)
　　　= 13 266 800-14 562 650=-1 295 850,该金额是外币报表折算的累积折算差额。

表 13-3　　　　　　　　　　　　　　　　**子公司利润表**

2×18 年度　　　　　　　　　　　　　　　　单位:元

项目	期末数折算前美元	折算汇率	期末数折算后人民币
一、营业收入	3 000 000	6.85	20 550 000
减:营业成本	1 600 000	6.85	10 960 000
营业税费	150 000	6.85	1 027 500
销售费用	200 000	6.85	1 370 000
管理费用	30 000	6.85	205 500
财务费用(收益以"-"号填列)	50 000	6.85	342 500
加:投资净收益(净损失以"-"号填列)	100 000	6.85	685 000
二、营业利润(亏损以"-"号填列)	1 070 000	—	7 329 500
加:营业外收入	280 000	6.85	1 918 000
减:营业外支出	70 000	6.85	479 500
三、利润总额(亏损总额以"-"号填列)	1 280 000	—	8 768 000
减:所得税	200 000	6.85	1 370 000
四、净利润(净亏损以"-"号填列)	1 080 000	—	7 398 000
五、每股收益			

表13-4　子公司股东权益变动表

2×18年度

单位：元

项目	股本 美元	股本 折算汇率	股本 人民币	盈余公积 美元	盈余公积 折算汇率	盈余公积 人民币	未分配利润 美元	未分配利润 人民币	外币报表折算差额 人民币	股东权益合计 人民币
一、本年初余额	1 000 000	8.00	8 000 000	306 000		2 126 500	176 000	1 223 500		11 350 000
二、本年增减变动金额										
（一）本年净利润							1 080 000	7 398 000		7 398 000
（二）直接计入股东权益的利得和损失									-1 295 850②	-1 295 850
其中：外币报表折算差额									-1 295 850	-1 295 850
上述（一）和（二）小计										6 102 150
（三）股东投入资本										—
（四）本年利润分配										-4 185 350
1. 提取盈余公积				450 000	6.85	3 082 500	-450 000	-3 082 500		0
2. 对股东的分配							-611 000	-4 185 350①		-4 185 350
（五）股东权益内部结转										—
三、本年末余额	1 000 000	8.00	8 000 000	756 000		5 209 000	195 000	1 353 650	-1 295 850	13 266 800

注①：4 185 350＝611 000×6.85

②：-1 295 850是外币报表折算差额，从折算后的资产负债表中转入。

所享有份额的比例计算少数股东应分摊的外币报表折算差额,将其并入少数股东权益列示于折算后的合并资产负债表。

2. 实质上构成境外经营净投资的外币货币性项目产生的汇兑差额

控股公司含有实质上构成对境外经营(子公司)净投资的外币货币性项目的情况下,在编制合并报表时应分别以下情况编制抵销分录。

(1)实质上构成境外经营(子公司)净投资的外币货币性项目以母公司或子公司的记账本位币反映的,应在抵消长期应收应付项目的同时,将其产生的汇兑差额转入"其他综合收益"项目。抵销分录为:借记或贷记"财务费用——汇兑差额"账户;贷记或借记"其他综合收益"账户。

(2)实质上构成对境外经营(子公司)净投资的外币货币性项目以母、子公司的记账本位币以外的货币反映的,应将母、子公司此项外币货币性项目产生的汇兑差额相互抵销,并将其差额转入"其他综合收益"项目。

如果纳入合并范围的各子公司之间也存在实质上构成对另一子公司(境外经营)净投资的外币货币性项目,在编制合并报表时应比照上述要求编制相应的抵销分录。

第二节　政　府　补　助

一、政府补助的定义、特征和形式

(一)政府补助的定义

根据《政府补助》企业会计准则的规定,政府补助是指企业从政府无偿取得货币性资产或非货币性资产。一个国家的政府向企业提供经济支持,以鼓励和扶持特定行业、地区或领域的负债发展,是政府进行宏观调控的重要手段,也是国际通行的做法。

政府补助分为与资产相关的政府补助和与收益相关的政府补助。与资产相关的政府补助是指企业取得的、用于购建或以其他方式形成长期资产的政府补助。与收益相关的政府补助是指除与资产相关的政府补助之外的政府补助。政府包括各级政府及其所属机构,国际类似组织也在此范围之内。

《政府补助》准则规范政府补助的确认、计量和列报,不包括政府对企业的资本性投入或者政府购买服务所支付的对价。企业增值税出口退税,实质是按照税法规定,政府退回出口企业事先先垫付的增值税进项税额,因此出口退税不属于政府补助。

企业从政府取得的经济资源,如果与企业销售商品或提供劳务等活动密切相关,且是企业商品或服务的对价的组成部分,适用《收入》等相关会计准则。所得税减免,适用《所得税》准则。政府以投资者身份向企业投入资本,享有相应的所有者权益,不适用《政府补助》准则。

(二) 政府补助的特征

政府补助的特征具有以下两个特征。

1. 来源于政府的经济资源。对于企业收到的来源于其他方的补助,有确凿证据表明政府是补助的实际拨付者,其他方只起到代收代付作用的,该项补助也属于来源于政府的经济资源。

2. 无偿性。企业取得的来源于政府的经济资源,不需要向政府交付商品或服务等对价。

政府向企业提供补助具有无偿性的特点表明,政府并不因此而享有企业的股权,企业未来也不需要以提供服务、转让资产等方式偿还。但是,政府补助一般附有一定条件,主要包括以下2个方面。(1)政策条件。企业只有符合政府补助政策的规定,才有资格申请政府补助。符合政策规定不一定都能够取得政府补助;不符合政策规定、不具备申请政府补助资格的,不能取得政府补助。(2)使用条件。企业已获批准取得政府补助的,应当按政府规定的用途使用。

政府资本性投入不属于政府补助。例如,政府以投资者身份向企业投入资本,享有企业相应的股份,企业有义务向投资者分配利润,政府与企业之间是投资者与被投资者的关系。又如,政府拨入的投资补助等专项拨款中,国家相关文件规定作为"资本公积"处理的,也属于资本性投入。这些政府的资本性投入,无论采用何种形式,均不属于政府补助。

(三) 政府补助的形式

政府补助的主要形式有以下四种。

1. 财政拨款。它是政府无偿拨付企业的资金,一般在拨付时明确规定了资金用途。例如,财政部门拨付给企业用于购建固定资产或进行技术改造的专项资金拨款,鼓励企业安置职工就业而给予的奖励拨款,拨付企业的粮食定额补贴,以及拨付企业开展研发活动的研发经费等,均属于财政拨款。

2. 财政贴息。它是政府为支持特定领域或区域的发展,根据国家宏观经济形势和政策目标,对承贷企业的银行贷款利息给予的政策性补贴。财政贴息主要有两种形式:(1)财政将贴息资金直接拨付给受益企业;(2)财政将贴息资金拨付给贷款银行,由贷款银行以政策性优惠利率向企业提供贷款,受益企业按实际发生的利率计算和确认利息费用。

3. 税收返还。它是指政府按国家有关规定采用先征后返(退)、即征即退等办法向企业返还已纳税款,这些属于以税收优惠形式给予的一种政府补助。但是,增值税出口退税不属于税收返还,其实质是出口商品免征增值税,致使"销项税额"为零,于是对生产出口商品并事先垫付"进项税额"的出口企业进行税收归还。除上述税收返还外,税收优惠还包括直接减征、免征、增加计税抵扣额、抵免部分税额等形式。这类税收优惠并未直接向企业无偿提供资产,不属于《政府补助》准则规范的政府补助。

4. 无偿划拨非货币性资产。政府无偿划拨企业非货币性资产,如行政划拨土地使用权、天然起源的天然林资源等。

二、政府补助的确认和计量原则

(一) 确认条件和公允价值计量要求

政府补助同时满足下列条件时,才能予以确认:

(1) 企业能满足政府补助所附条件;

(2) 企业能收到政府补助。

政府补助为货币性资产的,应当按照收到或应收的金额计量。政府补助为非货币性资产的,应当按照公允价值计量;公允价值不能可靠取得的,按名义金额计量。与企业日常活动相关的政府补助,应当按照经济业务实质,计入其他收益或冲减相关成本费用。与企业日常活动无关的政府补助,应当计入营业外支出。

(二) 与资产相关的政府补助

与资产相关的政府补助应当冲减相关资产的账面价值或确认为递延收益。与资产相关的政府补助确认为递延收益的,应当在相关资产使用寿命内按照合理、系统的方法分期计入损益。按照名义金额计量的政府补助,直接计入当期损益。

相关资产在使用寿命结束前被出售、转让、报废或发生毁损的,应当将尚未分配的相关递延收益余额转入转入资产处置当期的损益。

(三) 与收益相关的政府补助

与收益相关的政府补助,应分别下列情况进行会计处理:

(1) 用于补偿企业以后期间的相关费用或损失的,确认为递延收益,并在确认相关成本费用或损失的期间,计入当期损益或冲减相关成本;

(2) 用于补偿企业已发生的相关成本费用或损失的,直接计入当期损益或冲减相关成本。

(四) 特定业务的政府补助

1. 综合性项目的政府补助

对于同时包含与资产相关部分和与收益相关部分的政府补助,应当区分不同部分继续会计处理;难以区分的,应当整体归类为与收益相关的政府补助。

2. 政策性优惠贷款贴息的政府补助

企业取得政策性优惠贷款贴息的,应当区分财政将贴息资金拨付给贷款银行和财政将贴息资金直接拨付给企业两种情况进行会计处理。

(1) 财政将贴息资金拨付给贷款银行。

财政将贴息资金拨付给贷款银行,由贷款银行以政策性优惠利率向企业提供贷款的,企业可以选择下列方法之一进行会计处理。一是以实际收到的借款金额作为借款的入账价值,按照借款本金和该政策性优惠利率计算相关借款费用。二是以借款的公允价值作为借款的入账价值并按照实际利率法计算借款费用,实际收到的金额与借款公允价值之间的差额确认为递延收益。递延收益在借款存续期内采用实际利率法摊销,冲减相关借款费用。

企业选择了上述两种方法之一后,应当一致地运用,不得随意变更。

(2) 财政将贴息资金直接拨付给企业。

财政将贴息资金直接拨付给企业,企业应当将对应的贴息冲减相关借款费用。

(五) 政府补助的退回

已确认的政府补助需要退回的,应当在需要退回的当期分情况按照以下规定进行会计处理:

(1) 初始确认时冲减相关资产账面价值的,调整资产账面价值;

(2) 存在相关递延收益的,冲减相关递延收益账面余额,超出部分计入当期损益;

(3) 属于其他情况的,直接计入当期损益。

(六) 列报

企业应当在利润表中"营业利润"项目之上单独列报"其他收益"项目,计入其他收益的政府补助在该项目中反映。

企业应当在附注中单独披露与政府补助有关该下列信息:(1)政府补助的种类、金额和列报项目;(2)计入当期损益的政府补助金额;(3)本期退回的政府补助金额及原因等。

须指出,根据《企业财务通则》(2007年财政部令第41号)的规定,企业取得的各类财政资金,区分以下5种情况处理。(1)属于国家直接投资、资本注入的,按国家有关规定增加国家资本或者国有资本公积。(2)属于投资补助的,增加资本公积或者实收资本。国家拨款时对权属有规定的,按规定执行;没有规定的,由全体投资者共同享有。(3)属于贷款贴息、专项经费补助的,作为企业收益处理。(4)属于政府转贷、偿还性资助的,作为企业负债管理。(5)属于弥补亏损、救助损失或者其他用途的,作为企业收益处理。

三、政府补助的会计处理

企业获得政府补助,与日常活动相关的,应当按照经济业务实质,计入其他收益或冲减相关成本费用;与日常活动无关的,应当计入营业外收支。政府补助会计处理方法有总额法和净额法。总额法是在确认政府补助时,将其全额一次或分次确认为其他收益,而不是作为相关资产账面价值或者成本费用等的扣减。净额法是将政府补助确认为对相关资产账面价值或者所补偿成本费用等的扣减。这里的总额法或净额法,是指企业获取政府补助时一次性的会计处理方法。

企业应当根据经济业务的实质,判断某一类政府补助业务应当采用总额法还是净额法。对于某些补助,企业只能采用一种方法,如对于一般纳税人增值税即征即退,只能采用总额法进行会计处理。在通常情况下,对同类或类似政府补助业务只能选用一种方法,同时,企业对该业务应当一贯地运用该种方法,不得随意变更。

企业选择总额法对与日常活动相关的政府补助进行会计处理的,应增设"其他收益"账户进行核算。"其他收益"科目核算总额法下与日常活动相关的政府补助以及其他与日常活动相关且应直接计入本账户的项目。在总额法下与日常活动相关的政府补助,企业在实际收到或应收时,或者将先确认为"递延收益"的政府补助分摊计入其他收益时,借记"银行存款""其他应收款""递延收益"等科目,贷记"其他收益"科目。期末,应将本科目余额转入"本年利润"科目,本科目结转后应无余额。

如果相关长期资产投入使用后企业再取得与资产相关的政府补助,在总额法下应当在相关资产的剩余使用寿命内按照合理、系统的方法将递延收益分期计入当期收益;在净额法下应当在取得补助时冲减相关资产的账面价值,并按照冲减后的账面价值和相关资产的剩余使用寿命计提折旧或进行摊销。

(一)与资产相关的政府补助

【例13-12】 2×20年10月19日,ZY企业为购置生产车间的环保设备申请政府补助;当年12月17日,收到财政拨款576 000元。2×21年1月1日,购进环保设备,售价1 152 000元,使用寿命6年,企业采用直线法计提折旧。2×26年1月,该设备发生毁损。假定,不考虑环保设备残值和其他税费因素,ZY企业有关会计处理如下。

方法一:总额法

(1) 2×20年12月17日,收到财政拨款,确认递延收益(政府补助)

借:银行存款 576 000
　　贷:递延收益——政府补助 576 000

(2) 2×21 年 1 月 1 日,购进环保设备

借:固定资产　　　　　　　　　　　　　　　　　　　1 152 000
　　贷:银行存款　　　　　　　　　　　　　　　　　　　　　1 152 000

(3) 每月计提折旧,并分摊递延收益

月折旧计提额 = 1 152 000 ÷ 6 ÷ 12 = 16 000(元)
月递延收益分摊额 = (576 000 ÷ 6) ÷ 12 = 8 000(元)

借:制造费用　　　　　　　　　　　　　　　　　　　　16 000
　　贷:累计折旧　　　　　　　　　　　　　　　　　　　　　16 000

同时

借:递延收益　　　　　　　　　　　　　　　　　　　　　8 000
　　贷:其他收益　　　　　　　　　　　　　　　　　　　　　　8 000

(4) 2×26 年 1 月,设备毁损报废

借:固定资产清理　　　　　　　　　　　　　　　　　　192 000
　　累计折旧(16 000×12×5)　　　　　　　　　　　　　960 000
　　贷:固定资产　　　　　　　　　　　　　　　　　　　　　1 152 000

(5) 结转固定资产清理,并确认处置利得

借:营业外支出——处置固定资产损失　　　　　　　　　192 000
　　贷:固定资产清理　　　　　　　　　　　　　　　　　　　192 000

(6) 结转递延收益余额

递延收益余额 = 576 000 − (8 000 × 12 × 5) = 96 000(元)

借:递延收益　　　　　　　　　　　　　　　　　　　　96 000
　　贷:营业外收入——政府补助收入　　　　　　　　　　　　96 000

在总额法下,分别反映营业外收入为 96 000 元,营业外支出为 192 000 元。虽然营业外收入和营业外支出不能相互抵销,但是两者差额为负数 −96 000 元(96 000 − 192 000),反映了实质上的一种损失信息。

方法二:净额法

(1) 2×20 年 12 月 17 日,收到财政拨款,确认递延收益(政府补助)

借:银行存款　　　　　　　　　　　　　　　　　　　　576 000
　　贷:递延收益——政府补助　　　　　　　　　　　　　　　576 000

(2) 2×21 年 1 月 1 日,购进环保设备

借：固定资产　　　　　　　　　　　　　　　　　　1 152 000
　　贷：银行存款　　　　　　　　　　　　　　　　　　　1 152 000

同时，冲减购进环保设备的成本

借：递延收益——政府补助　　　　　　　　　　　　576 000
　　贷：固定资产　　　　　　　　　　　　　　　　　　　576 000

(3) 每月计提折旧

月折旧计提额 =（1 152 000 - 576 000）÷ 6 ÷ 12 = 8 000(元)

借：制造费用　　　　　　　　　　　　　　　　　　　8 000
　　贷：累计折旧　　　　　　　　　　　　　　　　　　　　8 000

(4) 2×26 年 1 月，设备毁损报废

借：固定资产清理　　　　　　　　　　　　　　　　96 000
　　累计折旧(8 000×12×5)　　　　　　　　　　　480 000
　　贷：固定资产(1 152 000-576 000)　　　　　　　　576 000

(5) 结转固定资产清理，并确认处置利得

借：营业外支出——处置固定资产损失　　　　　　96 000
　　贷：固定资产清理　　　　　　　　　　　　　　　　　96 000

在净额法下，反映一笔损失净额，即营业外支出 96 000 元。

(二) 与收益相关的政府补助

1. 用于补偿企业以后期间的相关成本费用或损失

用于补偿企业以后期间的相关成本费用或损失的，企业在收到时，首先应先判断能否满足政府补助所附条件。《政府补助》准则规定，企业能满足政府补助所附条件并能收到政府补助，才能对政府补助予以确认。

企业收到补助资金时先要需要判断自己能否满足确认补助收入的条件，如果通常客观情况表明企业能够满足政府补助所附条件的，则在收到政府补助资金时将其确认为递延收益，并在确认相关费用或损失的会计期间计入当期损益或冲减相关成本。

【例 13-13】 2×18 年 3 月 5 日，HY 企业与当地政府签订合作协议，双方约定如下：(1)政府向企业提供 8 000 000 元奖励资金，用于企业人才引进和奖金激励；企业必须按年向政府报送政府补助资金使用计划和按计划规定的使用情况；(2)地方政府为保证政府财政税收的利益，规定企业自获得资金起 8 年内注册地不得迁离本地区，否则政府有权追回这笔资金。

HY 企业于当年 4 月 15 日收到这笔补助资金，分别在 2×18 年 12 月、2×19 年

12月、2×20年12月使用了2 000 000元、3 000 000元和3 000 000元,用于发放企业高级技术和管理层人员年度奖金。假定,不考虑其他税费等因素,HY企业有关会计处理如下。

(1)判断确认政府补助收入的满足条件

企业收到补助资金时,先判断确认递延收益的满足条件。如果分析表明,企业未来8年内不会迁出本地区,同时能严格按补助资金使用计划和规定执行,即能满足政府补助的确认条件,在收到这笔补助资金时,应将其确认为递延收益。

(2)2×18年4月15日,收到政府补助资金,满足补助收入确认条件并确认递延收益

借:银行存款　　　　　　　　　　　　　　　　　8 000 000
　　贷:递延收益　　　　　　　　　　　　　　　　　　8 000 000

(3)2×18年12月31日,向高级技术和管理人员发放年度奖金时结转递延收益

借:递延收益　　　　　　　　　　　　　　　　　2 000 000
　　贷:管理费用　　　　　　　　　　　　　　　　　　2 000 000

(4)2×19年12月31日,向高级技术和管理人员发放年度奖金时结转递延收益

借:递延收益　　　　　　　　　　　　　　　　　3 000 000
　　贷:管理费用　　　　　　　　　　　　　　　　　　3 000 000

(5)2×20年12月31日,向高级技术和管理人员发放年度奖金时结转递延收益

借:递延收益　　　　　　　　　　　　　　　　　3 000 000
　　贷:管理费用　　　　　　　　　　　　　　　　　　3 000 000

【例13-14】 沿用【例13-13】资料,如果2×18年4月15日HY企业收到补助资金时,董事会对于企业8年内不迁出本地区的意见暂时还不一致,即无法保证满足政府补助确认条件。假定,2×18年4月25日,企业召开股东大会,大会决议一致同意企业8年内不迁出本地区,并通过高级技术和管理层人员年度奖金计划方案。HY企业有关会计处理如下。

(1)判断确认政府补助收入的满足条件

企业收到补助资金时,先判断确认递延收益的满足条件。分析表明,企业未来8年内可能会迁出本地区,表明暂时不能满足补助收入的条件。因此,收到补助资金时,应将其确认为其他应付款项。待股东大会决议通过后,表明确认条件已能全

部满足,再确认递延收益,并将其他应付款转入"递延收益"账户。

(2) 2×18年4月15日,收到政府补助资金,暂时还没有满足补助收入确认条件

借：银行存款　　　　　　　　　　　　　　　　　　8 000 000
　　贷：其他应付款　　　　　　　　　　　　　　　　　　　8 000 000

(3) 2×18年4月25日,股东大会通过8年内不迁出本地区和高层人员奖金计划决议

借：其他应付款　　　　　　　　　　　　　　　　　　8 000 000
　　贷：递延收益　　　　　　　　　　　　　　　　　　　　8 000 000

2×18年末至2×20年末,结转递延收益的会计分录,同【例13-13】。

2. 用于补偿企业已发生的相关成本费用或损失

用于补偿企业已发生的相关成本费用或损失的,直接计入当期损益或冲减相关成本。这类补助一般与企业已发生的行为有关,是对企业已发生的成本费用或损失的一种补偿,或是对企业过去行为的一种奖励。

【例13-15】　2×18年10月,JH企业是一家经营期超过5年、生产集成电路的高新技术企业,按照国家有关规定,这种产品适用增值税即征即退政策,按16%税率征收增值税后,对其增值税实际税负超过3%的部分,实行即征即退。当月,收到税务机关审核批准的9月的退税额160 000元。增值税即征即退,属于企业日常经营活动,JH企业会计处理如下。

借：其他应收款　　　　　　　　　　　　　　　　　　160 000
　　贷：其他收益　　　　　　　　　　　　　　　　　　　　160 000

【例13-16】　2×17年11月,LG企业遭受重大自然灾害,并于当年12月14日收到政府补助资金1 200 000元。LG企业按总额法进行会计处理,收到政府补助资金时分录如下。

借：银行存款　　　　　　　　　　　　　　　　　　1 200 000
　　贷：营业外收入　　　　　　　　　　　　　　　　　　　1 200 000

【例13-17】　2×17年9月,XD企业属于不须交纳消费税的高新技术企业。当月,根据购进应纳消费税的原材料进货凭证,向税务机关申请退还相应的消费税。假定,当月税务机关审核批准的退还额为369 000元,XD企业在当年9月30日结转存货成本和主营业务成本之前,会计分录如下。

借：其他应收款　　　　　　　　　　　　　　　　　　369 000
　　贷：生产成本　　　　　　　　　　　　　　　　　　　　369 000

(三) 政府补助的退回

企业已计入损益的政府补助如需退回,应在需要退回的当期分情况按以下规定进行会计处理:(1)初始确认时冲减相关资产账面价值的,调整资产账面价值;(2)存在相关递延收益的,冲减相关递延收益账面余额,超出部分计入当期损益;(3)属于其他情况的,直接计入当期损益。此外,对于属于前期差错的政府补助退回,应按照前期差错更正进行追溯调整。

【例 13-18】 沿用【例 13-12】资料,2×22 年 2 月,经过 1 年后,政府有关部门发现 ZY 企业不符合申请政府补助的条件,要求 ZY 企业退回补助款。ZY 企业于当月退回了补助款 576 000 元。2×22 年 2 月,ZY 企业有关退回补助款的分录如下。

方法一:总额法

(1) 冲减退回当期的已计入损益后的递延收益余额分析

ZY 企业于 2×21 年 1 月,以补助款购进环保设备,每月分摊递延收益并结转其他收益金额 8 000 元。1 年后,2×22 年 2 月,被发现不符合条件,须退回补助款。ZY 企业 1 年的分摊递延收益并计入其他收益额为 96 000 元(8 000×12)。因此,退款时应冲减已结转 1 年的其他收益 96 000 元(576 000/6)。

(2) 2×22 年 2 月,退回补助款,并冲减递延收益

"递延收益"账户余额 = 递延收益 − 已结转其他收益部分 = 576 000 − 96 000 = 480 000(元)

借:递延收益　　　　　　　　　　　　　　　480 000
　　其他收益(8 000×12)　　　　　　　　　 96 000
　　贷:银行存款　　　　　　　　　　　　　　　　　576 000

方法二:净额法

(1) 冲减退回当期的已计入损益后的递延收益余额分析

在净额法下,收到补助款后采取全部将其结转冲销以补助款购进设备的账面价值,因此退回补助款时需要转回调整设备的账面价值,并转回 1 年的已冲销少计制造费用的合计金额 96 000 元(8 000×12)。

因此,退款时应冲减已结转 1 年的制造费用 96 000 元。

(2) 2×22 年 2 月,退回补助款,转回原被冲销的固定资产部分价值

借:固定资产　　　　　　　　　　　　　　　576 000
　　贷:银行存款　　　　　　　　　　　　　　　　　576 000

(3) 补计提固定资产折旧

冲销前固定资产的月折旧额 = 1 152 000 ÷ 6 ÷ 12 = 16 000(元)

冲销后固定资产的月折旧额 = (1 152 000 − 576 000) ÷ 6 ÷ 12 = 8 000(元)

因补助款调整设备账面价值后每月少计折旧提 = 16 000 − 8 000 = 8 000(元)

借：制造费用(8 000×12) 96 000
　　贷：累计折旧 96 000

或者,将上述(2)和(3)分录复合如下:

借：固定资产 576 000
　　制造费用(8 000×12) 96 000
　　贷：累计折旧 96 000
　　　　银行存款 576 000

退回补助款后的当时,固定资产原值 1 152 000 元(1 152 000 - 576 000 + 576 000),累计折旧 192 000 元(8 000×12+96 000)。

(四) 特定业务的政府补助

1. 财政将贴息资金拨付给贷款银行

【例 13-19】 2×17 年 1 月 1 日,L 企业向银行贷款 50 000 000 元,期限 2 年,按月计息、按季付息、到期一次还本付息。这笔贷款资金用于国家扶持产业,符合财政贴息条件,贷款利率显著低于同类市场利率。

假定同类市场利率 9%,银行给 L 企业该贷款利率 3%;L 企业按季向银行付息,财政按年向银行拨付贴息资金,贴息后银行实际年利息率 3%。L 企业用贷款资金进行固定资产购建活动,借款利息符合资本化条件,有关会计处理如下。

(1) 2×17 年 1 月 1 日,取得银行优惠贷款

借：银行存款 50 000 000
　　贷：长期借款——本金 50 000 000

(2) 2×17 年 1 月 31 日,计提应付利息并资本化处理

$$月利息费用 = 50\,000\,000 \times 3\% \div 12 = 125\,000(元)$$

借：在建工程 125 000
　　贷：应付利息 125 000

以后各月月末,计提应付利息并资本化处理的分录同上,以此类推。

2. 财政将贴息资金直接拨付给受益企业

【例 13-20】 沿用【例 13-19】资料,L 企业向银行贷款利率 9%,按月计息、按季付息,每季度末,以付息凭证向财政申请贴息资金,财政按年与 L 企业结算贴息资金。假定不考虑其他因素,L 企业有关会计处理如下。

(1) 2×17 年 1 月 1 日,取得银行优惠贷款

借：银行存款 50 000 000
　　贷：长期借款——本金 50 000 000

(2) 2×17年1月31日,计提应付利息并资本化处理

月利息费用 = 50 000 000 × 9% ÷ 12 = 375 000(元)

应收财政补贴 = 50 000 000 × (9% − 3%) ÷ 12 = 250 000(元)

借：在建工程 375 000
　　贷：应付利息 375 000

同时

借：其他应收款 250 000
　　贷：在建工程 250 000

第十四章

所 得 税

第一节 资产负债表债务法的意义、理论基础和核算程序

一、所得税会计准则和方法的演变

所得税会计是企业会计的一个重要领域,所得税信息对企业内部经营决策和外部信息披露都具有重要作用。

在会计上,会计利润(Accounting Profit)是根据会计准则,将收入扣除费用后得出的,它亦称会计收益(Accounting Income),会计采用的是"会计利润"概念。在税收上,应税所得(Taxable Income)亦称应税收益、应税利润,是根据税收法规将应税收入减去税法准予扣除的费用后得出的,它是税收上的"应纳税所得额"的概念。会计利润按公认会计标准计量,应税利润(应纳税所得额)根据税法计算,由于会计规范与税法规范两者目标不同,因此会计利润与应税利润存在差异。

从会计史上看,自从税务部门允许会计采用应计制计算应税利润后,这种主要由时间因素引起的会计利润与应税利润的差异自其产生之日起就导致"会计"与"税收"延续至今的某种程度的混乱。为解决这种差异引起的混乱,"会计"和"税收"都为此做出不懈努力。"会计"认为所得税是一种费用,根据配比原则,与其他费用一样,应将其在整个相关收益期间内进行期内或跨期分配,以消除或缩小时间因素差异所带来的纳税影响。按照美国注册会计师协会(AICPA)的看法,税收上的收益概念与会计上的收益概念应具有更大的一致性,达到一致的主要方法是跨期分配所得税费用,以消除时间因素的差异影响。

20世纪30年代起,会计重点逐渐从资产负债表向损益表转移,研究采用收益表债务法来跨期分配所得税费用,以缩小会计利润与应税利润之间的差异。至

20世纪末,会计重点又从损益表转回到资产负债表,研究采用资产负债表债务法来跨期分配所得税费用。

当前,按《所得税》会计准则的规定,从税法界定资产和负债的计税基础的要求出发,分析资产负债表的资产和负债账面价值与计税基础的暂时性差异,确认递延所得税资产和与递延所得税负债,并注重递延所得税净负债的确认和计量。

近年来,所得税会计方法一直处于不断变化之中。1967年,美国会计原则委员会(APB)发布第11号《所得税会计》意见书(APB 11),APB 11取消所得税会计中的当期计列法即应付税款法,使用时间性差异这一概念,并规定企业应采用所得税费用全面分配计算方法。根据APB 11,企业应采用收益表债务法进行核算。但是,APB 11复杂、烦琐的记录保持要求,以及无意义的"递延税款"在资产负债表中负债项目上的披露,受到广泛批评。该递延税款负债项目随时间推移,可能成为一个毫无意义的金额。实际上,对递延税款负债项目,企业可能从来就无需做出任何清偿。为此,1987年12月,FASB发布第96号财务会计准则《所得税会计》(FAS 96)以取代APB 11,要求所得税会计采用资产负债表债务法。FAS 96强调资产负债表中资产与负债的界定和计量;而APB 11的收益表债务法强调所得税费用与税前会计利润的配比。

1992年2月,FASB发布FAS 109并取代FAS 96。FAS 109改变递延所得税资产的确认和计量标准以及FAS 96中的一些其他要求,降低FAS 96规定的处理程序的复杂性。FAS 109彻底改变所得税会计方法,坚持所得税会计应采用资产负债表法核算递延所得税资产和递延所得税负债。根据资产负债表债务法,资产负债表反映的递延所得税负债和递延所得税资产的净负债额是未来应纳所得税负债。

资产负债表债务法与FASB财务会计概念框架保持一致,它强调递延所得税资产与递延所得税负债的确认,注重递延所得税净负债的计量。递延所得税负债是指应税暂时性差异计算的未来期间应付所得税的金额;递延所得税资产是指未来期间可回收的所得税金额。FAS 109采用暂时性差异这一概念,暂时性差异包括所有时间性差异和其他暂时性差异。

1979年7月,IASB发布国际会计准则第12号《所得税会计》(IAS 12),要求采用递延法或债务法核算递延所得税,该债务法也称为收益表债务法。1996年,IASB发布修订的IAS 12《所得税》以取代原IAS 12《所得税会计》。修订后的IAS 12《所得税》禁止采用递延法,要求采用另一种债务法即资产负债表债务法。

自2007年起,根据我国《所得税》会计准则的规定,企业应采用资产负债表债务法进行所得税会计处理。

二、资产负债表债务法的意义、与收益表债务法区别和核算程序

(一)资产负债表债务法的意义和理论基础

资产负债表债务法简称资产负债表法、债务法,它是从资产负债表出发,注重资产负债表中资产和负债的"会计"计量和"税法"界定,按照会计准则进行所得税会计核算,以缩小或消除由"会计利润"和"应税利润"两者的暂时性差异引起的纳税影响。

在这种方法下,首先,确定账面价值,同时确定计税基础,计算两者差异形成的暂时性差异。其次,从暂时性差额产生的本质出发,分别应纳税暂时性差异与可抵扣暂时性差异,并确认相关的递延所得税负债与递延所得税资产。再次,在资产负债表日,根据税法将会计利润调整到应税利润并计算当期应交所得税。最后,根据当期递延所得税负债与递延所得税资产两者净额,确定其影响当期所得税费用的金额;再将上述当期应交所得税和影响当期所得税费用的金额,相加或相减,得出利润表上披露的当期所得税费用。

(二)资产负债表债务法的理论基础

1. 账面价值和计税基础

资产和负债的账面价值是指企业按会计准则确认和计量后在资产负债表中列示的资产和负债的金额。资产负债表中资产的账面价值,表示在持续经营下处置资产(或清偿负债)时未来能流入(或流出)企业的现金或可变现的现金流入(流出)。

资产的计税基础是指企业收回资产账面价值过程中,计算应纳税所得额时按照税法规定可以自应税经济利益中抵扣的金额。这里的计税基础是会计上的概念,但必须遵循税法来确定。因此,如果某项资产被处置时其未来经济利益的流入不属于应税收益、不需要纳税,则该资产的账面价值等于其计税基础。

在会计要素计量上,如果根据税法规定进行确认和计量,按税法标准计提折旧和摊销,不计提资产减值准备(税法准予的除外,如符合税法标准的坏账准备)且不计量公允价值变动损益,则资产和负债的账面价值与计税基础是一致的。一般取得资产时税法认同会计确认和计量,因此取得时的资产账面价值与其计税基础是一致的。但是,在会计后续计量中由于会计准则和税收法规两者规范不同,就可能产生资产的账面价值与计税基础的差异。

负债的计税基础是指负债的账面价值减去未来期间根据税法计算应纳税所得额时准予税前扣除的金额。应付账款等短期负债的确认和偿还,一般不会对当期损益和应纳税所得额产生影响,其账面价值与计税基础是一致的。在某些情况下,负债的确认可能会影响当期损益,并会影响不同期间的应纳税所得额,使其计税基

础与账面价值之间产生差异。

2. 递延所得税资产、递延所得税负债和递延所得税净负债

如果资产的账面价值大于其计税基础,表明该资产未来期间产生的可变现现金流量的经济利益大于税法准予税前扣除的金额,这就产生未来期间应纳税所得额并须在未来交纳所得税,因此应确认递延所得税负债。

反之,当资产的账面价值小于其计税基础,表明该资产未来期间产生的可变现现金流量的经济利益小于税法准予税前扣除的金额,于是产生未来期间可抵减应纳税所得额的金额,因此应确认递延所得税资产。

当递延所得税负债大于递延所得税资产,得出递延所得税净负债,表明企业具有未来应交所得税的义务。反之,当递延所得税资产大于递延所得税负债,得出递延所得税净资产,表明企业具有未来应交所得税的抵扣利益。

(三)资产负债表债务法与收益表债务法的区别

1. 资产负债表债务法依据"资产负债观",关注"资产负债表",注重资产与负债的账面价值与计税基础两者的差异,强调递延所得税资产、递延所得税负债以及递延所得税净负债,其净负债的变化是递延所得税准备,也就是未来应付所得税的金额。收益表债务法遵循"收入费用观",关注"利润表",强调收入和所得税费用,以及会计收益所得。

2. 资产负债表债务法注重"暂时性差异",暂时性差异包含所有时间性差异和其他暂时性差异。暂时性差异可能是应纳税暂时性差异,也可能是可抵扣暂时性差异。收益表债务法仅注重暂时性差异中的"时间性差异"。

3. 资产负债表债务法采用"递延所得税资产"和"递延所得税负债"的概念,收益表债务法下的"递延税款"的内涵得到扩展,使递延所得税资产和递延所得税负债更具有资产负债表中的资产和负债的会计意义,符合税法对于资产或负债的计税基础的界定。收益表债务法采用递延税款的概念,在资产负债表中"递延税款"账户借方或贷方金额,反映的是尚未结转的时间性差异影响未来收益表上所得税费用的金额,并非是一项真正意义上的资产或负债。

(四)资产负债表债务法的一般核算程序

1. 营业亏损抵转

营业亏损抵转是指按税法规定,企业发生的特定年度亏损被允许转回以前年度或结转以后年度,从以前已交所得税中获得的退还或在以后年度应税所得中得到的抵减。西方税法对企业营业亏损,有关于转回(Carry Back)和结转(Carry Forward)的规定。

例如,美国税法规定,企业某一年度营业亏损可转回前3年和结转后15年,或者仅选择结转以后15年。这就是说,特定年度亏损额可用前3年的应税利润抵

减,如果以前年度所得税已清算,可申请退回前3年所缴税款中与该年度亏损相应的部分;如果前3年不足抵减,还可用以后15年的应税利润抵减,经过税务机构批准的某些特定年度的亏损额可在前后18年的应税利润中得到补偿。美国所得税法采用累进税率,企业预计其未来经济效益好、预计适用所得税率增大时,就可能放弃结转而选择对其有利的转回方案。

我国税法规定,纳税人发生年度亏损的,可用下一纳税年度的所得弥补;下一纳税年度的所得不足弥补的,可逐年延续弥补,但延续弥补期最长不得超过5年,5年内不论是盈利或亏损,都作为实际弥补年限计算。这里所说的亏损,不是会计报表中反映的亏损额,而是经税务机关按税法核准后的亏损金额。这意味着我国税法对企业营业亏损,不允许转回,只能结转5年。因此,企业当期应纳税所得额是在税前利润减去营业亏损抵转后的基础上,再考虑税收调整因素后确定的。

2. 资产负债表债务法的核算程序

采用资产负债表债务法时,一般应在每个资产负债表日进行所得税会计核算,其一般核算程序如下。

(1) 确认账面价值

按会计准则确认资产负债表中除递延所得税资产和递延所得税负债以外的所有资产和负债项目的账面价值。资产和负债的账面价值是指企业按会计准则确认和计量后在资产负债表中列示的资产和负债的金额。对于已计提减值准备的各项资产,其账面价值是账面余额减去减值准备后的净额。

(2) 确定计税基础

根据税法和会计准则中对于资产和负债计税基础的界定标准,确定资产负债表中有关资产、负债项目的计税基础。计税基础应当遵循税法界定规范进行确定。

(3) 确定递延所得税负债或递延所得税资产

资产负债表日,比较资产、负债的账面价值与其计税基础,两者间存在差异的,应分析差异的性质,除会计准则中规定的特殊情况外,应区分应纳税暂时性差异和可抵扣暂时性差异。

资产的账面价值大于其计税基础或者负债的账面价值小于其计税基础的,产生应纳税暂时性差异,应确认递延所得税负债及其相应的所得税费用。反之,资产的账面价值小于其计税基础或者负债的账面价值大于其计税基础的,产生可抵扣暂时性差异,应确认递延所得税资产及其相应的所得税收益。

(4) 确定当期应交所得税和当期所得税费用

资产负债表日,首先,根据税法规定计算确定当期应纳税所得额,按应纳税所得额与适用所得税税率计算得出的结果,确认当期应交所得税;同时,对应地确定当期所得税费用(Ⅰ)。

其次,根据递延所得税负债和递延所得税资产对当期所得税费用综合影响的结果,确定当期所得税费用(Ⅱ)。

最后,将上述当期所得税费用(Ⅰ)和当期所得税费用(Ⅱ)相加或相减,得出利润表中报告的当期所得税费用(或收益)。

(5) 特殊交易所得税会计处理

企业合并等特殊交易或事项中取得的资产和负债,购买日应当比较其入账价值与计税价值,计算并确认相关的递延所得税资产或递延所得税负债。

第二节 资产、负债的计税基础和暂时性差异

一、资产的计税基础

根据《所得税》准则的规定,企业在取得资产或负债时应确定其计税基础。一项资产或负债的计税基础是指计税时归属于资产或负债的金额。资产在初始确认时其计税基础一般为取得成本,取得成本是未来期间税法准予税前扣除的历史成本。资产负债表日,资产的计税基础是取得成本减去以前期间已按税法规定经过税前扣除后的余额。资产的账面价值与其计税基础,有时并不一致,两者会产生暂时性差异。

(一)"以公允价值初始和后续计量的金融资产"的计税基础

以公允价值初始和后续计量的金融资产,包括"以公允价值计量且其变动计入当期损益的金融资产"和"可供出售金融资产"。税法规定,资产在持有期间的公允价值变动额不计入当期应纳税所得额,待资产被处置时一并计算应计入应纳税所得额的金额。于是,这两类金融资产在资产负债表日的账面价值是公允价值,而计税基础是其取得成本,在公允价值变动情况下形成账面价值与计税基础之间的差异。

【例14-1】 2×11年10月17日,YY企业支付价款60 000 000元,从资本市场购入ZP企业10 000 000股股票,作为交易性金融资产进行核算。当年年末,该交易性金融资产市价68 000 000元。年末资产负债表日,交易性金融资产的账面价值与其计税基础的差异分析如下。

(1) 2×11年12月31日,确认交易性金融资产的账面价值和计税基础

 交易性金融资产的账面价值 = 60 000 000 + 8 000 000 = 68 000 000元
 年末交易性金融资产的计税基础 = 60 000 000(元)

(2) 年末,账面价值与计税基础的差异分析

$$\text{交易性金融资产的账面价值与计税基础的差异} = 68\,000\,000 - 60\,000\,000 = 8\,000\,000(元)$$

本例中,年末,交易性金融资产的账面价值 68 000 000 元,内含公允价值变动额收益 8 000 000 元;税法规定,公允价值变动额不计入当期应纳税所得额,其计税基础为 60 000 000 元,即未来期间准予税前扣除额为 60 000 000 元。账面价值大于计税基础,两者差额 8 000 000 元为暂时性差异。它表明,如果处置该项金融资产,账面价值的资金流量可流入企业,扣除税法准予扣除的计税价值后,可获8 000 000 元应税收益。这部分应纳税暂时性差异的收益构成未来的应纳税所得额。

【例 14-2】 沿用【例 14-1】资料,如果当年年末,该交易性金融资产市价55 000 000 元。年末资产负债表日,交易性金融资产的账面价值与其计税基础的差异分析如下:

(1) 2×11 年 12 月 31 日,确认交易性金融资产的账面价值和计税基础

$$\text{交易性金融资产的账面价值} = 60\,000\,000 - 5\,000\,000 = 55\,000\,000 元$$
$$\text{交易性金融资产的计税基础} = 60\,000\,000(元)$$

(2) 年末,账面价值与计税基础的差异分析

$$\text{交易性金融资产的账面价值与计税基础的差异} = 55\,000\,000 - 60\,000\,000 = -5\,000\,000(元)$$

在【例 14-2】中,年末,交易性金融资产的账面价值 55 000 000 元,内含公允价值变动额损失 5 000 000 元;税法规定,公允价值变动额不计入当期应纳税所得额,其计税基础 60 000 000 元,即未来期间准予税前扣除额为 60 000 000 元。账面价值小于计税基础,两者差额 5 000 000 元为可抵扣暂时性差异。它表明,如果处置该项金融资产,账面价值的资金流量可流入企业,扣除税法准予扣除的计税价值后还剩余 5 000 000 元可用于继续抵扣。如果本年年末处置该金融资产,应纳税所得额等于零,而且还可用于未来应纳税所得额的继续抵扣额为 5 000 000 元。这部分可抵扣暂时性差异可减少未来应纳税所得额 5 000 000 元。

(二) 固定资产的计税基础

固定资产在初始确认时是按会计准则的规定,以取得成本入账的。在一般情况下,税法认可会计准则关于资产按取得时实际发生的成本入账的规定。因此,固定资产初始确认时的账面价值等于其计税基础。

在固定资产的后续计量中,由于会计准则与税法对其使用年限、残值率、折旧方法和减值准备等存在不同的规定,这就会造成固定资产账面价值与其计税基础的差异。

例如，会计准则规定应根据与固定资产有关的经济利益预期实现的方式合理选择折旧方法，如可按直线折旧法计提折旧，也可按双倍余额递减法、年数总和法等加速计提折旧。但是，税法对固定资产的使用年限、残值率和折旧方法均有具体规定，并规定除符合规定可加速折旧的情况外，一般均应按直线法计提折旧。于是，就会形成固定资产账面价值与其计税基础的差异。

又如，在固定资产后续计量中，如果固定资产原值扣除折旧后的净值小于其可变现价值，按会计准则需计提固定资产减值准备。但是，税法规定资产损失只有在其实际发生时，且符合税法规定的才准予税前扣除。于是，会计在计提减值准备时已将相关损失费用计入当期损益；而税法不允许税前扣除这部分尚未发生的、已计入当期损益的金额，这就造成固定资产账面价值与其计税基础的差异。

【例 14-3】 2×00 年 12 月 9 日，HH 企业购入环保用固定资产，原价 8 000 000 元，使用年限 5 年，净残值为零。企业采用直线法计提折旧。税法允许环保用固定资产采用加速折旧方法进行计提并准予税前扣除，假定根据税法企业按双倍余额递减法计提折旧确定计税基础，净残值为零。2×03 年 12 月 31 日，估计该固定资产可回收额 2 328 000 元。2×03 年末，资产负债表日固定资产账面价值与其计税基础的差异分析如下。

（1）2×03 年 12 月 31 日，直线折旧法下，确认固定资产的账面价值

第 3 年年末固定资产净值 = 8 000 000 - 8 000 000 ÷ 5 × 3 = 3 200 000（元）

第 3 年年末计提固定资产减值准备 = 3 200 000 - 2 328 000 = 872 000（元）

第 3 年年末固定资产的账面价值 = 3 200 000 - 872 000 = 2 328 000（元）

（2）2×03 年 12 月 31 日，双倍余额递减法下，按税法标准认定的固定资产计税基础

双倍余额递减法下第 1 年至第 3 年的年折旧率 =（1 ÷ 5）× 2 = 40%

第 1 年年末固定资产的计税基础 = 8 000 000 - 8 000 000 × 40% = 4 800 000（元）

第 2 年年末固定资产的计税基础 = 4 800 000 - 4 800 000 × 40% = 2 880 000（元）

第 3 年年末固定资产的计税基础 = 2 880 000 - 2 880 000 × 40% = 1 728 000（元）

（3）2×03 年 12 月 31 日，固定资产账面价值与计税基础的差异分析

固定资产的账面价值与计税基础的差异 = 2 328 000 - 1 728 000 = 600 000（元）

在【例 14-3】中，第 3 年年末固定资产账面价值 2 328 000 元与计税基础 1 728 000 元的差额为 600 000 元。它表明，如果处置该固定资产，账面价值 2 328 000 元的现金可流入企业，扣除税法准予扣除的 1 728 000 元后，可获 600 000 元应税收益。这部分应纳税暂时性差异未来可获 600 000 元现金流入，将构成未来的应纳税所得额。

【例 14-4】 沿用【例 14-3】资料,2×03 年 12 月 31 日,如果估计该固定资产可变现回收额 1 578 000 元。2×03 年末,资产负债表日固定资产账面价值与其计税基础的差异分析如下。

(1) 2×03 年 12 月 31 日,直线折旧法下,确认固定资产的账面价值

第 3 年年末计提固定资产减值准备 = 3 200 000 − 1 578 000 = 1 622 000(元)
第 3 年年末固定资产的账面价值 = 3 200 000 − 1 622 000 = 1 578 000(元)

(2) 2×03 年 12 月 31 日,认定固定资产的计税基础,同上述【例 14-3】(2)。

(3) 2×03 年 12 月 31 日,固定资产账面价值与计税基础的差异分析

固定资产的账面价值与计税基础的差异 = 1 578 000 − 1 728 000 = − 150 000(元)

在【例 14-4】中,第 3 年末固定资产账面价值 1 578 000 元小于计税基础 1 728 000 元,两者差额为可抵扣暂时性差异 150 000 元。它表明,如果处置该固定资产,账面价值 1 578 000 元现金可流入企业,但税法准予扣除 1 728 000 元,流入的账面价值部分金额被扣除后还剩余 150 000 元可用于以后应纳税所得额的继续扣除。因此,处置该固定资产的应纳税所得额等于零,还可用于未来应纳税所得额的继续扣除额为 150 000 元,即可减少未来应纳税所得额 150 000 元。

(三) 无形资产的计税基础

无形资产账面价值与其计税基础的差异,主要产生于企业内部研发活动形成的无形资产以及使用寿命不确定的无形资产。

例如,会计准则规定,企业内部研发活动分为"研究阶段"和"开发阶段",内部研发形成的无形资产,其取得成本为"开发阶段"符合资本化确认条件、达到预定可使用状态前的资本化支出,除此以外的研发支出包括"研究阶段"所有支出均应费用化处理。

税法规定,企业自行开发并按法律程序申请取得的无形资产,按依法取得时发生的注册费、聘请律师费等费用,作为无形资产的实际成本。在研发过程中发生的材料费用、开发人员的工资薪酬、租金和借款费用等,直接计入当期损益。在该项无形资产获得成功并依法申请取得权利时,不得再将原已计入费用的研发费用资本化。

由此可见,会计上,初始确认内部研发形成的无形资产时,其入账价值为"开发阶段"资本化支出的总额。而税法规定,研发费用形成无形资产的,可按无形资产成本的一定比例如 150%摊销。于是,该项无形资产的计税基础为入账价值(账面价值)的基础上再加计 50%,从而产生账面价值与计税基础的差异。

又如,在无形资产后续计量中,会计准则规定对于使用寿命有限的无形资产需要进行累计摊销;对于使用寿命不确定的无形资产,不要求摊销,但在持有期

间的每年年末应进行减值测试。但是,税法规定取得的无形资产成本,应在一定期限内摊销。对于使用寿命不确定的无形资产,会计上不予摊销,但计税时按税法规定的摊销额允许税前扣除,于是形成无形资产账面价值与其计税基础的差异。

与固定资产计提减值准备一样,税法规定无形资产在损失没有实际发生前,计提减值准备而计入当期损益的金额是不允许税前扣除的,无形资产的计税基础不会随减值准备的提取而发生变化,从而形成无形资产的账面价值与计税基础的差异。

【例 14-5】 2×10 年 1 月 1 日,HZ 企业取得的一项无形资产,取得成本为 3 698 000 元;无法合理预计其使用期限,将其作为使用寿命不确定的无形资产,期末不摊销成本。每年年末减值测试,假定没有发生减值损失。税法规定,这类无形资产可按 10 年期限进行摊销,摊销额准予税前扣除。2×12 年 12 月 31 日,无形资产账面价值与其计税基础的差异分析如下。

(1) 2×12 年 12 月 31 日,确认无形资产的账面价值和计税基础

无形资产的账面价值 = 取得成本 − 减值准备 = 3 698 000 − 0 = 3 698 000(元)

无形资产的计税基础 = 3 698 000 − 3 698 000 × 3/10 = 2 588 600(元)

(2) 2×12 年 12 月 31 日,账面价值与计税基础的差异分析

无形资产的账面价值与计税基础的差异 = 3 698 000 − 2 588 600 = 1 109 400(元)

在【例 14-5】中,HZ 企业该项无形资产的账面价值与计税基础的差额 1 109 400 元,该应纳税暂时性差异将增加企业未来期间的应纳税所得额。

(四) 投资性房地产

投资性房地产属于长期资产。会计准则规定,对投资性房地产后续计量可采用成本模式,满足准则特定条件的,可采用公允价值模式。对于采用成本模式进行投资性房地产后续计量的,其账面价值与计税价值的确定,以及两者的差异分析,与上述固定资产和无形资产的情况相同。对于采用公允价值模式进行投资性房地产后续计量的,其账面价值与计税价值的确定,以及两者的差异分析,与上述以"公允价值计量且其变动计入当期损益的金融资产"的情况相似。

(五) 成本计价的流动资产的计税基础

在一般情况下,税法认可会计准则对于流动资产按取得时实际成本入账的规定。因此,流动资产初始确认时的账面价值等于其计税基础。

例如,账面价值 100 000 元的"应收贷款",该贷款在收回时是不需要纳税的,则该项"应收贷款"资产的计税基础即为其账面价值 100 000 元。

又如,账面价值 200 000 元的"应收账款",相应收入已包括在应税利润中,即

该应收账款其收入已通过营业收入计入应税利润并缴纳所得税,或其收入已通过营业收入计入应税收入并缴纳流转税。因此,该"应收账款"在收回时就不用再征税了,其计税价值就是账面价值200 000元。

再如,账面价值300 000元的"应收利息",相应利息收入按现金制收到时已纳税,就计税而言该笔应收利息金额流入企业时无税法准予抵扣的金额,该"应收利息"的计税基础为零。此外,应收子公司现金股利的,账面价值500 000元的"应收股利",如果双方适用同样所得税税率,那么收到子公司税后利润分配的股利收入就不应再征税,该"应收股利"账面价值是可抵扣应税经济利益的。于是,该"应收股利"的计税基础就是其账面价值500 000元。

如果会计期末,流动资产发生减值损失并计提减值准备,计提后账面价值比取得时账面价值小。税法不允许资产在发生实际损失前进行税前扣除,其计税基础不会因减值准备提取而变化。于是,流动资产计提减值准备后,形成其账面价值与计税基础之间的差异。

例如,当期取得时"原材料"账面价值100 000元,期末该原材料可变现净值80 000元,计提20 000元存货跌价准备。计提跌价准备后"原材料"账面价值80 000元(100 000-20 000)。税法规定,原材料的计税基础不会因存货跌价准备的提取而发生变化,其计税基础依旧为取得成本100 000元。存货的账面价值80 000元与计税基础100 000元之间产生20 000元暂时性差异,该差异会减少未来期间应纳税所得额。又如,账面价值200 000元的"应收账款",期末按10%计提20 000元的坏账准备,计提后"应收账款"的账面价值180 000元(200 000-20 000)。税法规定,按应收账款期末余额0.5%的标准计提的坏账准备准予税前扣除,假定期初"应收账款"和"坏账准备"余额均为零。期末,"应收账款"计税基础为199 000元(200 000-200 000×0.5%)。于是,该"应收账款"计税基础大于账面价值19 000元(199 000-180 000),形成暂时性差异。在该"应收账款"发生实质性损失时,可减少未来期间的应纳税所得额。

二、负债的计税基础

负债的计税基础是指资产负债表内一项负债的账面价值减去未来期间计算应纳税所得额时按税法准予税前扣除的金额后的余额。用公式可表示如下:

$$\text{负债的计税基础} = \text{账面价值} - \text{未来期间计税时税法准予税前扣除的金额} \quad (14\text{-}1)$$

上述公式(14-1)移项、调整后,可得下式:

$$\text{未来期间计税时税法准予税前扣除的金额} = \text{账面价值} - \text{计税基础} \quad (14\text{-}2)$$

根据暂时性差异的定义和公式(14-2),可得(14-3)式:

负债的暂时性差异 = 账面价值 − 计税基础
       = 账面价值 − (账面价值 − 未来期间计税时税法准予税前扣除的金额)
       = 未来期间计税时税法准予税前扣除的金额

(14-3)

  负债是预期会导致经济利益流出企业的现时义务,负债的确认意味着负债的账面价值在未来期间将通过含有经济利益的资源流出企业来清偿。由上述公式(14-2)和(14-3)可知,负债的"未来期间计税时税法准予税前扣除的金额",是负债的账面价值减去其计税基础后的余额。"未来期间计税时税法准予税前扣除的金额"等于"负债的暂时性差异"。

  在一般情况下,负债的确认与偿还不会对当期损益和应纳税所得额产生影响,如短期借款、应付票据、应付账款等负债的确认和偿还,它们的账面价值与计税基础是相等的,不会形成未来影响纳税的暂时性差异。但是,在某些情况下进行负债的确认与偿还时,与该项负债相关的费用在未来期间的支出可能大于或小于税法准予税前扣除的金额,这就可能会影响当期损益,而且还会影响不同期间的应纳税所得额,使其计税基础与账面价值之间产生影响纳税的暂时性差异。

  (一)预计负债的计税基础

  按照《或有事项》准则的规定,对于售后服务中满足有关确认条件的产品质量保证预计性支出,在销售当期的期末,一方面确认销售费用,另一方面确认预计负债。按税法规定,与销售产品相关的支出应于实际发生时才准予税前扣除,因此计提预计负债相关的损失费用应在实际发生时才准予税前扣除。计提预计负债时的当期期末,预计负债的计税基础为零,其账面价值与计税基础之间形成可抵扣暂时性差异。

  例如,年末企业根据会计准则计提售后商品质量保证的预计负债 3 000 000 元,计提时一方面确认预计负债,另一方面确认计入当期损益的销售费用。但是,按税法规定,与销售产品的相关支出应于实际发生时税前扣除,期末计提预计负债时并没有实际发生质量保证的修理费用,因此税法准予"当期"税前扣除的该质保修理费用金额为零,而未来实际发生时准予税前抵扣的金额为 3 000 000 元。根据上述负债的计税基础的定义,该预计负债的计税基础,是其账面价值减去未来期间计税时税法准予税前扣除的金额,即计税基础为 0 元(3 000 000−3 000 000)。于是,年末,该预计负债的账面价值 3 000 000 元与计税基础 0 元之间形成未来可抵扣的暂时性差异。该差异表明,未来期间计税时,按税法准予税前抵扣的金额为 3 000 000 元。

(二) 预收账款的计税基础

预收账款,因其不符合收入确认条件,将其确认为应付性质的负债。税法一般按会计上的收入确认原则确认应税收入,对于会计上未确认收入的预收账款,计税时一般也不计入应纳税所得额。因此,一般情况下预收账款的确认与偿还不会对当期损益和应纳税所得额产生影响,其账面价值与计税基础是相等的,不会形成未来影响纳税的暂时性差异。但是,如果税务部门认定某项预收账款,实质上已符合应税收入标准,将其确认为应税收入,而企业依旧按会计标准确认为负债(预收账款),此时该项预收账款的计税基础为零,其账面价值与计税基础的暂时性差异形成可抵扣暂时性差异。它表明,当期预收账款按应税收入处理,计入交纳税所得额;未来期间结转时准予全额税前扣除。

例如,年末企业收到一笔款项800 000元,并将其计入预收账款;但税务部门认定该款项属于应税收入,构成当期应纳税所得额,当期该项预收账款准予税前扣除的金额为零,即计税基础为零。换言之,按上述负债的计税基础公式计算,该预收账款的计税基础等于账面价值800 000元,减去未来期间计税时税法准予税前扣除的金额800 000元,减去后的余额等于零。因此,当期期末会计上的预收账款的账面价值800 000元与其计税基础0元的暂时性差异形成可抵扣暂时性差异800 000元。它表明,当期的预收账款按税务处理已作为应税收入计入应纳税所得额;但是,未来期间结转预收账款为销售收入时,准予税前扣除暂时性差异800 000元,减少未来期间的应纳税所得额。

(三) 应付职工薪酬的计税基础

职工一般是先在当期为企业提供服务,企业再在下期向职工支付薪酬。因此,会计上按准则规定,当期应确认承担的成本费用,同时将当期尚未支付的职工薪酬确认为一项流动负债。在理论上,税法对于企业因获得职工服务而向其支付的相应薪酬是准予税前扣除的。但是,如果税法有计税工资的税前扣除标准规定,对于会计上超过税法税前扣除标准的职工薪酬超额支出,如超过税法规定标准部分的工资、福利费、教育经费和工会经费等支出,税法不准超额支出在发生的当期税前扣除,也不准结转至以后期间在税前扣除。因此,这种超过税法标准的职工薪酬支出,其实质是一项影响当期应纳税所额的、永久性形成的差异调整数。

例如,期末应付职工薪酬的账面价值6 000 000元,假定税务部门认定的准予税前扣除的职工薪酬费用标准为5 000 000元,由于税法不准超过标准的职工薪酬支出在发生当期和以后期间税前扣除,因此未来期间计税时税法准予扣除的金额为0元。按上述公式计算,其计税基础为6 000 000元(6 000 000-0)。应付职工薪酬的计税基础等于账面价值,两者差异为0元(6 000 000-6 000 000),表明没有影响未来纳税的暂时性差异。实质上,该应付职工薪酬的账面价值与税法准予税前扣除金额的差额之间的差额1 000 000元(6 000 000-5 000 000),是一项影响当期会计利润和应税利润的永久性差异。计税时,会计利润加上永久性差异,计算得出应税利润。

(四)其他负债的计税基础

其他负债项目,如其他应付、应交性质的税收滞纳金、罚金和罚款等。这些与其他负债相关的支出,会计上一方面确认为费用,同时另一方面确认为负债。税法规定,税收滞纳金、罚金、罚款和被没收财物的损失不准在税前扣除,这些费用无论在发生的当期,还是在以后期间均不准税前扣除。因此,未来期间计税时准予税前扣除额等于0元。按上述负债的计税基础公式计算,其计税基础为账面价值减去0元,得出差额即为账面价值。因此,其计税基础等于账面价值,两者差异为零,即影响未来的纳税金额为零。

例如,因违反环保法规定,必须支付2 000 000元罚款,期末罚款尚未支付。企业一方面确认营业外支出;同时,确认一项其他应付款。税法规定,该罚款损失不准税前扣除,因此与其他应付款相关的支出在未来期间计税时税法准予税前扣除额为0元。其计税基础为2 000 000元(2 000 000-0)。该项其他应付款的账面价值与计税基础相同,不存在影响未来纳税的暂时性差异。

三、特殊交易或事项中产生的资产和负债的计税基础

特殊交易或事项中产生的资产或负债,如企业合并中取得的资产或负债,取得时资产或负债的账面价值与计税基础应分别根据会计准则和税收法规进行确认和计量。

《企业合并》准则有如下规定。(1)同一控制下的企业合并,合并方对于合并日取得的被合并方资产、负债应按其在被合并方原账面价值确认,合并方对于合并中取得的被合并方净资产账面价值与支付的合并对价账面价值之间的差额,应依次调整资本公积(资本溢价)和留存收益;合并方支付的各项相关费用,包括审计、评估、法律等服务费用,应于发生时计入当期损益;为合并而发行的债券或承担其他债务支付的手续费、佣金等,应计入发行债券及其他债务的初始计量金额。合并中发行权益性证券而发生的手续费、佣金等,应抵减溢价收入,依次计入资本公积(资本溢价)和留存收益。(2)非同一控制下的企业合并,合并方在合并日按取得的各项可辨认资产、负债的公允价值确认为入账价值;将合并对价的资产、发生或承担的负债以及发行的权益性证券的公允价值确认为合并成本。合并方发生的各项直接相关费用计入合并成本,合并对价的非货币性资产购买日公允价值与账面价值的差额计入当期损益;合并成本大于可辨认净资产公允价值的差额确认为商

誉,合并成本小于可辨认净资产公允价值的差额计入合并当期的营业外收入。

在税收上,企业合并分为"应税合并"和"免税合并"。具体如下。

(1)应税合并。企业合并,在通常情况下被合并企业应视为按公允价值转让、处置全部资产,计算资产的转让所得,依法缴纳所得税。被合并企业以前年度的亏损,不得结转到合并企业弥补。合并企业接受被合并企业的有关资产,计税时可按经评估确认的价值确定成本。被合并企业的股东取得合并企业的股权视为清算分配。因此,企业整体资产转让原则上应在交易发生时,将其分解为按公允价值销售全部资产和进行投资两项经济业务进行所得税处理,并按规定计算确认资产转让所得或损失。

(2)免税合并。如果企业整体资产转让交易的接受企业支付给被接受企业或其股东的交换额中,除接受企业股权以外的现金、有价证券和其他资产(非股权支付额),不高于所支付的股权的票面价值(或股本的账面价值)20%的,经税务部门审定,转让企业可暂不计算确认资产转让所得或损失。转让企业取得接受企业的股权的成本,应以其原持有资产的账面净值为基础确定,不得以经评估确认的价值为基础确定。接受企业接受转让企业资产的成本,须以其在转让企业原账面净值为基础结转确定,不得按经评估确认的价值调整。在这种情况下,合并各方可选择免税处理,被合并企业不确认全部资产的转让所得或损失,不计算缴纳所得税;合并企业接受被合并企业全部资产的计税成本,以被合并企业原账面价值为基础确定。

因此,由于会计与税法对企业合并的规范标准、处理原则不同,会造成企业合并中有关资产、负债的入账价值与其计税基础的差异。例如,应税合并下,在会计上,合并方按取得的各项可辨认资产、负债的"公允价值"确认为入账的账面价值;在税收上,合并方接受被合并方有关资产,计税时按评估确认的价值确定计税基础。在这种情况下,账面价值与计税基础产生暂时性差异。又如,免税合并下,合并方接受被合并方全部资产的须以被合并方原账面净值为基础确定,这就不会产生暂时性差异。

四、暂时性差异

暂时性差异是指资产负债表内资产或负债项目的账面价值与其计税基础之间的差额;未作为资产和负债确认的项目,按税法规定可以确定其计税基础的,该计税基础与其账面价值之间的差额也属于暂时性差异。

企业资产、负债的账面价值与计税基础产生差额,将导致未来收回资产或清偿负债的期间内应纳税所得额的增加或减少,并形成未来期间应交所得税增加或减少的情况,从而形成企业的一项资产或负债。在暂时性差异发生的当期,符合确认条件的,应确认相关的递延所得税负债或递延所得税资产。在资产负债表债务法下，如果资产负债表中资产账面价值比其计税基础高，就是递延所得税负债；反之，是递延所得税资产。

暂时性差异可分为时间性差异和其他暂时性差异。时间性差异是企业主要的暂时性差异，当收益或费用被包含在某一期间会计利润中，但被包含在另一期间的应税利润中时，就会产生暂时性差异。这种暂时性差异通常称为时间性差异。其他暂时性差异是指除时间性差异以外，其他因税法规定使资产、负债或未作为资产、负债确认的其他项目的计税基础与账面价值不同而产生的差异。

暂时性差异按其对未来期间应纳税所得额的影响，可分为应纳税暂时性差异和可抵扣暂时性差异。

（一）应纳税暂时性差异

应纳税暂时性差异是指在确定未来收回资产或清偿负债期间的应纳税所得额时，将导致产生应纳税金额的暂时性差异。应纳税暂时性差异在其产生的当期，应确认为递延所得税负债。应纳税暂时性差异一般产生于下列两种情况。

1. 资产的账面价值大于计税价值

资产是预期会给企业带来经济利益的资源，其账面价值大于计税基础，表明未来收回该资产账面价值的金额时，该账面价值大于税法准予税前扣除的金额，意味着未来收回该账面价值金额时不能全部被税前抵扣，大于部分的差额就是应纳税所得额，需要按未来适用的所得税税率计算、缴纳所得税。这种暂时性差异属于应纳税暂时性差异，在其产生当期应确认为一项与该资产相关的递延所得税负债。

如【例14-3】中，固定资产账面价值 2 328 000 元，计税基础 1 728 000 元，两者间差额形成未来期间应纳税所得额与应缴所得税的增加。于是，在其产生的当期、符合有关确认条件时，应确认一项与该项资产相关的递延所得税负债。

2. 负债的账面价值小于计税基础

如前所述，由上述公式（14-2）可知，负债的"未来期间计税时税法准予税前扣除的金额"等于负债的账面价值减去其计税基础。当负债的账面价值小于计税基础时，"未来期间计税时税法准予税前扣除的金额"为负数。它表明，在未来期间计算应纳税所得额时，该负债所代表的未来期间清偿负债的经济利益流出的费用支出在税前准予抵扣的金额为负数。

这意味着，与该负债账面价值相关的费用在未来期间的支出，在未来期间计算应纳税所得额时不仅不准抵扣，还须"倒扣"，即要再增加应纳税所得额和应交所得税。换言之，在这种情况下，应调整增加未来期间计算应纳税所得额时的应纳税所得额，以及增加未来期间按适用税率计算的应交所得税。于是，这种暂时性差异属于应纳税暂时性差异，在其产生当期符合有关确认条件时，应确认一项与该负债相关的递延所得税负债。

(二) 可抵扣暂时性差异

可抵扣暂时性差异是指在确定未来收回资产或清偿负债期间的应纳税所得额时,将产生可抵扣金额的暂时性差异。可抵扣暂时性差异在其产生的当期,应确认为递延所得税资产。可抵扣暂时性差异一般产生于下列两种情况。

1. 资产的账面价值小于计税基础

资产的账面价值小于其计税基础,表明未来收回该资产账面价值的金额时,该账面价值金额小于税法准予税前扣除的金额,这意味未来收回该账面价值的金额不仅能全部被税前抵扣,而且账面价值大于计税价值的差额还可用于以后应纳税所得额的继续抵扣。于是,这种暂时性差异可以减少未来应纳税所得额,并可减少按未来适用税率计算的应缴所得税。因此,在可抵扣暂时性差异产生的当期、符合有关确认条件时,应确认一项与该项资产相关的递延所得税资产。

在【例 14-4】中,第 3 年年末固定资产账面价值 1 578 000 元,小于税法准予税前扣除的计税基础 1 728 000 元,两者的差额即暂时性差异 150 000 元可用于未来应纳税所得额的继续抵扣。这意味着,可减少未来应纳税所得额 150 000 元,于是形成可抵扣暂时性差异,并应确认一项与该资产相关的递延所得税资产。又如,根据会计准则规定,有些资产如交易性金融资产应按公允价值计价;但税法规定计税时这类资产在资产负债表日的公允价值变动是不准进行相应调整的。于是,当资产的账面价值小于其计税基础时,会产生一项可抵扣暂时性差异。

2. 负债的账面价值大于计税基础

如前所述,由上述公式(14-3)可知,负债的"暂时性差异"等于"账面价值"减去"计税基础",同时等于"未来期间计税时税法准予税前扣除的金额"。当负债的账面价值大于计税基础时,与上述负债的账面价值"小于"计税基础的情况正好相反,"暂时性差异"和"未来期间计税时税法准予税前扣除的金额"均表现为正数。它表明,在未来期间计算应纳税所得额时,该负债所代表的未来期间清偿负债的经济利益流出的费用支出在税前准予抵扣的金额为正数。

这意味着,与该负债账面价值相关的费用在未来期间的支出,在未来期间计算应纳税所得额时不仅全部准予抵扣,还能"加扣",即可再减少应纳税所得额和应交所得税。换言之,在这种情况下,应调整减少未来期间计算应纳税所得额时的应纳税所得额,以及减少未来期间按适用税率计算的应交所得税。于是,这种暂时性差异属于可抵扣暂时性差异,在其产生当期符合有关确认条件时,应确认一项与该负债相关的递延所得税资产。

(三) 特殊项目产生的暂时性差异

1. 未作为资产、负债确认的特殊项目产生的暂时性差异

有些特殊交易或事项发生后,因不符合资产、负债确认条件而没有被确认为资

产、负债,且没有作为资产负债表项目在会计报表中进行披露,但按税法规定却需要确定其计税基础。在这种情况下,这些账面价值为零的特殊项目与其计税基础之间产生的差异就会形成暂时性差异。

例如,企业筹建期间发生的开办费,在会计上,按准则规定将其在发生时直接计入当期损益,不确认为资产。但是,在税收上,税法规定纳税人在筹建期发生的开办费,应从开始生产、经营月份的次月起,在不短于 5 年的期限内分期扣除。筹建期是指从企业被批准筹建之日起至开始生产、经营(包括试生产、试营业)之日为止的期间。在会计上,开办费不能确认为资产,无账面价值,或将其账面价值视同为零。但是,按税法规定应确定其计税基础。于是,两者间产生差异,并形成暂时性差异。

又如,2×10 年,企业实现销售收入 60 000 000 元,发生广告费 10 000 000 元,广告费于发生时直接计入当期管理费用。在税收上,根据 2008 年起实施的新企业所得税法及其实施条例的规定,符合条件的广告费和业务宣传费支出,除另有规定外,不超过当年销售(营业)收入 15% 的部分,准予税前扣除;超过部分,准予在以后纳税年度结转扣除。在会计上,这项广告费该企业在 2×10 年末不能确认为资产,无账面价值,或将其账面价值视同为零。但是,按税法规定,当期准予税前扣除的金额 9 000 000 元(60 000 000×15%),超过部分 1 000 000 元(10 000 000 - 9 000 000)准予在以后纳税年度结转扣除。于是,该广告费项目的账面价值为零,其计税基础 1 000 000 元,两者之间产生暂时性差异。该暂时性差异在未来期间可减少应纳税所得额 1 000 000 元,属于可抵扣暂时性差异。因此,在该暂时性差异的产生当期、符合确认条件时,应确认与其相关的递延所得税资产。

2. 可抵扣亏损及税款抵减产生的暂时性差异

一些特殊交易或事项,如税法规定可结转以后年度的未弥补亏损和税款抵减,这些事项不属于资产、负债项目,但按税法规定能确定其计税基础。该"可抵扣亏损"及"税款抵减"产生的应纳税所得额的减少,不是由资产、负债的账面价值与其计税基础的不同产生的,但这些事项产生的暂时性差异与可抵扣暂时性差异具有同样的作用,能减少企业未来期间的应纳税所得额,进而减少按未来期间适用税率计算的应交所得税。因此,应将其视同可抵扣暂时性差异,符合条件的情况下,应确认与其相关的递延所得税资产。

例如,2×11 年,企业发生亏损 10 00 000 元,按税法规定当期亏损可在未来 5 年的期限内分期扣除应纳税所得额。于是,计税时由亏损产生的应纳税所得额的抵扣,不是因资产、负债的账面价值与其计税基础不同而产生的,但它与可抵扣暂时性差异具有同样的效用,可减少未来期间应纳税所得额和按未来适用税率计算的应交所得税,属于可抵扣暂时性差异。企业预计未来期间能产生足够的应纳税所得额抵扣该亏损时,应确认与其相关的递延所得税资产。

第三节 递延所得税负债和递延所得税资产的确认和计量

一、递延所得税负债和递延所得税资产的确认原则

（一）递延所得税负债的确认原则

企业应将当期和以前期间应交未交的所得税确认为负债，将已支付的所得税超过应支付的部分确认为资产。存在应纳税暂时性差异或可抵扣暂时性差异的，应当按照《所得税》准则的规定确定递延所得税负债或递延所得税资产。

除下列交易中产生的递延所得税负债以外，企业应当确认所有应纳税暂时性差异产生的递延所得税负债。

（1）商誉的初始确认。

（2）同时具有以下特征的交易中产生的资产或负债的初始确认：一是该项交易不是企业合并；二是交易发生时既不影响会计利润也不影响应纳税所得额（或可抵扣亏损）。

与子公司、联营企业及合营企业投资相关的应纳税暂时性差异，应确认相应的所得税负债。但是，同时满足下列条件的除外：（1）投资企业能控制暂时性差异转回的时间；（2）该暂时性差异在可预见的未来很可能不会转回。

（二）递延所得税资产的确认原则

企业应当以很可能取得用来抵扣可抵扣暂时性差异的应纳税所得额为限，确认由可抵扣暂时性差异产生的递延所得税资产。但是，同时具有下列特征的交易中因资产或负债的初始确认所产生的递延所得税资产不予确认：

（1）该项交易不是企业合并；

（2）交易发生时既不影响会计利润也不影响应纳税所得额（或可抵扣亏损）。

资产负债表日，有确凿证据表明未来期间很可能获得足够的应纳税所得额用来抵扣可抵扣暂时性差异的，应确认以前期间未确认的递延所得税资产。

企业对与子公司、联营企业及合营企业投资相关的可抵扣暂时性差异，同时满足下列条件的，应确认相应的递延所得税资产：

（1）暂时性差异在可预见的未来很可能转回；

（2）未来很可能获得用来抵扣暂时性差异的应纳税所得额。

企业对于能够结转以后年度的可抵扣亏损和税款抵减，应当以很可能获得用来抵扣亏损和税款抵减的未来应纳税所得额为限，确认相应的递延所得税资产。

二、递延所得税负债、递延所得税资产和当期所得税费用的计量原则

资产负债表日,对于当期和以前期间形成的当期所得税负债(或资产),应按税法规定计算的预期应交纳(或返还)的所得税金额计量。资产负债表日,对于递延所得税资产和递延所得税负债,应依据税法规定,按预期收回该资产或清偿该负债期间的适用税率计量。适用税率发生变化的,应对已确认的递延所得税资产和递延所得税负债进行重新计量,除直接在股东权益中确认的交易或事项产生的递延所得税资产和递延所得税负债以外,应将其影响数计入变化当期的所得税费用。

递延所得税资产和递延所得税负债的计量,应反映资产负债表日企业预期收回资产或清偿负债方式的纳税影响,即在计量递延所得税资产和递延所得税负债时,应采取与收回资产或清偿债务的"预期"方式相一致的税率和计税基础。换言之,递延所得税负债应根据相关应纳税暂时性差异和该差异转回期间的适用税率计量。企业不应对递延所得税资产和递延所得税负债进行折现。

企业当期所得税和递延所得税应作为所得税费用或收益计入当期损益,但不包括下列情况产生的所得税:(1)企业合并;(2)直接在股东权益中确认的交易或事项。

资产负债表日,企业应对递延所得税资产的账面价值进行复核。如果未来期间很可能无法获得足够的应纳税所得额用以抵扣递延所得税资产的利益,应减记递延所得税资产的账面价值。在很可能获得足够的应纳税所得额时,减记的金额应转回。与直接计入股东权益的交易或者事项相关的当期所得税和递延所得税,应计入股东权益。

三、递延所得税负债和递延所得税资产的特殊处理

(一)特殊情况下递延所得税负债的不予确认

1. 商誉的初始确认

在企业合并中,由于会计准则与税法规定对于企业合并的处理不同,可能形成企业合并中取得资产、负债的入账价值与其计税基础的差异,比如非同一控制下企业合并中产生的应纳税暂时性差异和可抵扣暂时性差异。合并方的合并成本大于合并中取得的被合并方可辨认的净资产公允价值份额的差额,按会计准则规定应确认为商誉。此时,会计上按非同一控制下企业合并进行会计处理,而税收上按税法规定计税时以免税合并进行税务处理。这种情况下,商誉的计税基础为零,其账面价值与计税基础形成应纳税暂时性差异,而会计准则规定不确认与其相关的递延所得税负债。

【例14-6】 ZH企业通过增发本企业每股面值1元、100 000 000股普通股份,

发行价 3 元,购入 ZY 企业 100%的净资产,对其进行合并。假定该项合并符合税法规定的免税合并的条件,合并前双方不存在任何关联方关系。合并日 ZY 企业有关资料如表 14-1 所示,ZH 企业适用所得税率 25%。合并日 ZH 企业确认商誉使其具有账面价值;由于符合税法免税合并的规定,商誉的计税基础为零,两者间产生应纳税暂时性差异。ZY 企业按会计准则计算商誉价值,合并中形成的该暂时性差异影响的是商誉价值的数额,它不影响所得税费用,因而不确认与其相关的递延所得税负债。具体分析如下。

表 14-1　　　　　**有关资产和负债的公允价值、计税基础和暂时性差异**　　　　单位:元

有关资产和负债项目	公允价值(账面价值)	计税基础	暂时性差异
货币资金	31 800 000	31 800 000	0
应收账款	105 000 000	105 000 000	0
存货	36 000 000	31 000 000	5 000 000②
固定资产	86 000 000	55 500 000	30 500 000③
其他应付款	(3 800 000)	0	(3 800 000)①
长期负债	(55 000 000)	(55 000 000)	0
可辨认净资产的公允价值合计	200 000 000	168 300 000	31 700 000

注①:其他应付款的账面价值大于计税基础,形成可抵扣暂时性差异 3 800 000 元,按适用税率确认递延所得税资产;

②:存货的账面价值大于计税基础,形成应纳税暂时性差异 5 000 000 元,按适用税率确认递延所得税负债;

③:固定资产的账面价值大于计税基础,形成应纳税暂时性差异 30 500 000 元,按适用税率确认递延所得税负债。

考虑递延所得税负债和资产前的可辨认净资产公允价值	200 000 000
递延所得税资产(3 800 000×25%)	950 000
递延所得税负债[(5 000 000+30 500 000)×25%]	8 875 000
考虑递延所得税负债和资产后的可辨认净资产公允价值的合计	209 825 000
商　誉(300 000 000−209 825 000)	90 175 000
合并成本(3×100 000 000)	300 000 000

从上例可知,合并各方选择免税合并处理的情况下,购买方在免税合并中取得的被购买方有关资产、负债,应维持其原计税基础不变。被购买方原账面上不存在商誉,即商誉的计税基础为零。ZH 企业初始确认商誉时,对于当期暂时性差异发生额的综合结果,调整和影响的是商誉价值,不影响当期所得税费用,于是不需要确认与其相关的递延所得税负债。

须指出,在非同一控制下企业合并中,如果会计上按准则规定确认了商誉,税收上按税法规定商誉在初始计量时计税基础等于账面价值,则该商誉在后续计量中由于准则与税法不同产生暂时性差异的,应按准则规定确认相关的递延所得税影响。

2. 其他特殊情况

（1）在除企业合并外的其他特殊情况的交易中，若这种交易发生时既不影响会计利润，也不影响应纳税所得额（或可抵扣亏损），但产生的资产、负债的初始确认金额与其计税基础不同而形成"应纳税暂时性差异"的，交易或事项发生时按准则规定不应确认相应的递延所得税负债。在这种情况下，在初始确认计量时如果确认递延所得税负债，根据复式记账原理可知，其结果就会增加有关资产账面价值或是降低有关负债的账面价值，使得有关资产、负债的初始确认金额违背历史成本计价原则，影响会计信息的可靠性。

（2）对于与子公司、联营企业及合营企业投资相关的应纳税暂时性差异，一般情况下应确认相应的递延所得税负债。但是，同时满足下列两个条件的除外：一是投资企业能控制暂时性差异转回的时间；二是该暂时性差异在可预见的未来很可能不会转回。投资企业如能控制暂时性差异转回的时间，当不希望转回时未来期间就可不让其转回，因而就无必要确认与其相关的递延所得税负债。

（二）特殊情况下递延所得税资产不予确认的情况

在除企业合并外的其他特殊情况的交易中，若这种交易发生时既不影响会计利润，也不影响应纳税所得额（或可抵扣亏损），但产生的资产、负债的初始确认金额与其计税基础不同而形成"可抵扣暂时性差异"的，交易或事项发生时按准则规定不应确认相应的递延所得税资产。在这种情况下，交易或事项发生时，如果确认递延所得税资产，与上述形成"应纳税暂时性差异"的情况相反，其结果就会降低有关资产账面价值或是增加有关负债的账面价值，使得有关资产、负债的初始确认金额不符合历史成本计价原则，影响会计信息可靠性。

例如，融资租入固定资产，租赁日该资产公允价值60 000 000元，最低租赁付款额现值56 000 000元；合同约定租期内总付款额68 000 000元，假定不考虑其他相关费用等因素。在会计上，按公允价值与最低租赁付款额现值两者中较低者作为租入资产入账价值，即入账价值56 000 000元。在税收上，税法规定融资租入资产应按租赁合同约定的付款额和取得租赁资产中支付的相关费用作为其计税成本，即计税基础68 000 000元。入账价值56 000 000元小于计税基础68 000 000元，两者形成"可抵扣暂时性差异"。在租赁资产取得时，该差异不影响会计利润和应纳税所得额，此时如确认与该差异相关的递延所得税资产的影响，则需要减记租赁资产的初始确认金额，这势必影响会计信息的可靠性。因此，会计准则规定这种情况下不确认与暂时性差异相关的递延所得税资产。

四、税率变化对递延所得税负债和递延所得税资产的影响

根据《所得税》准则的规定，适用税率发生变化的，应对已确认的递延所得税

资产和递延所得税负债进行重新计量,除直接在权益中确认的交易或者事项产生的递延所得税资产和递延所得税负债以外,应将期影响数计入变化当期的所得税费用。西方税法往往对应税收益采用累进税率,企业应税收益需分段按各自适用的税率计算应纳税所得额,于是企业需要预测未来不断变化的应税收益和适用税率。

在我国,税法变化导致企业适用所得税率发生变化的,应对已确认的递延所得税负债和递延所得税资产按新税率重新进行计量。递延所得税负债或递延所得税资产的金额,它们代表有关应纳税暂时性差异或可抵扣暂时性差异在未来期间转回时导致的应交所得税金额的增加或减少。因此,未来适用税率发生变动时,应对原已确认的递延所得税资产及递延所得税负债的金额进行调整计算。

五、确认和计量的示例

【例14-7】 2×10年年月末,HR企业购入一台机器设备,原值200 000元,使用年限5年,净残值为零。在会计上,按直线法计提折旧;税收上,因符合税收优惠条件,计税时采用双倍余额递减法计提折旧(年计提折旧额资料,参见第七章表7-1)。假定税法规定的使用年限和净残值均与会计采用的政策一致,各期均未计提减值准备,且不存在其他会计与税收的差异。ZR企业有关该项固定资产的所得税会计处理如下。

(1)计算各年固定资产的账面价值、计税基础、暂时性差异和递延所得税负债,见表14-2

直线折旧法下年折旧额 = 200 000/5 = 40 000(元)

表14-2　　　　　　　年递延所得税负债计算表　　　　　　单位:元

项　目	2×11年	2×12年	2×13年	2×14年	2×15年	合　计
(1)固定资产原值(取得成本)	200 000	200 000	200 000	200 000	200 000	—
(2)累计会计折旧(直线法)	40 000	80 000	120 000	160 000	200 000	—
(3)账面价值[(1)-(2)]	160 000	120 000	80 000	400 000	0	400 000
(4)累计计税折旧(双倍余额递减法,见表6-1)	80 000	128 000	156 800	178 400	200 000	—
(5)计税基础[(1)-(4)]	120 000	72 000	43 200	21 600	0	256 800
(6)暂时性差异[(3)-(5)]	40 000	48 000	36 800	18 400	0	143 200
(7)适用税率	25%	25%	25%	25%	25%	25%
(8)递延所得税负债余额[(6)×(7)]	10 000	12 000	9 200	4 600	0	35 800
(9)递延所得税负债[本年(8)-上年(8)]	10 000	2 000	-2 800	-4 600	-4 600	0

(2) 2×11 年年末,资产负债表日,确认当年递延所得税负债

账面价值 = 取得成本 − 会计折旧 = 200 000 − (200 000/5) = 160 000(元)
计税基础 = 取得成本 − 税法准予扣除的折旧额
   = 200 000 − (200 000 × 1/5 × 2) = 120 000(元)
应纳税暂时性差异 = 账面价值 − 计税基础 = 160 000 − 120 000 = 40 000(元)
与应纳税暂时性差异相关的递延所得税负债 = 40 000 × 25% = 10 000(元)

借:所得税费用   10 000
　　贷:递延所得税负债   10 000

(3) 2×12 年年末,根据表 14-2,资产负债表日,确认当年递延所得税负债

当年递延所得税负债 = 递延所得税负债余额 − 年初递延所得税负债
   = 12 000 − 10 000 = 2 000(元)

借:所得税费用   2 000
　　贷:递延所得税负债   2 000

(4) 2×13 年末年,根据表 14-2,资产负债表日,确认当年转回的递延所得税负债

当年转回的递延所得税负债 = 递延所得税负债余额 − 年初递延所得税负债
   = 9 200 − 12 000 = − 2 800(元)

借:递延所得税负债   2 800
　　贷:所得税费用   2 800

(5) 2×14 年年末,根据表 14-2,资产负债表日,确认当年转回的递延所得税负债

当年转回的递延所得税负债 = 递延所得税负债余额 − 年初递延所得税负债
   = 4 600 − 9 200 = − 4 600(元)

借:递延所得税负债   4 600
　　贷:所得税费用   4 600

(6) 2×15 年年末,根据表 14-2,资产负债表日,确认当年转回的递延所得税负债
   年末,该项固定资产的账面价值和计税基础均为零,两者间不存在暂时性差异,原已确认的与该资产相关的递延所得税负债应予以全额转回,转回的年初数为 4 600 元,可计算如下:

当年转回的递延所得税负债 = 递延所得税负债余额 − 年初递延所得税负债
   = 0 − 4 600 = − 4 600(元)

借:递延所得税负债   4 600
　　贷:所得税费用   4 600

第四节 所得税费用的确认和计量

一、所得税费用(或收益)的构成

根据《所得税》准则及其《应用指南》的规定,企业在计算确定"当期所得税"(即当期应交所得税)和"递延所得税费用(或收益)"的基础上,将两者之和确认为利润表中的"所得税费用(或收益)",但不包括直接计入股东权益的交易或者事项的所得税影响。

(一)当期所得税(当期应交所得税)

当期所得税是指企业按税法规定计算、确定的当期应交所得税。确定当期所得税(即当期应交所得税)时,由于会计和税法各自规范的目标不同,会计处理与税务处理有时会产生差异,因此需要在当期会计利润基础上,按税法规定进行调整计算,从而得出当期应纳税所得额。然后,再将当期应纳税所得额与适用的所得税率,计算确定当期应交所得税。当期应纳税所得额,一般可计算如下:

当期应纳税所得额 = 当期会计利润 + 会计上已计入利润表但税法不准税前扣除的费用 + (或:-) 计入利润表的费用与税法准予税前扣除金额之间的差额 + (或:-) 计入利润表的收入与税法准予计入应纳税所得额的收入之间的差额 − 税法不予征税的收入 + (或:-) 其他税收调整项目

当期应交所得税(当期所得税) = 当期应纳税所得额 × 当期适用税率

(二)递延所得税费用(或收益)

递延所得税费用(或收益),是指按《所得税》准则的规定当期应予以确认的递延所得税资产、递延所得税负债,以及两者当期发生额对当期所得税费用的综合影响结果,但不包括计入股东权益的交易或事项的所得税影响。其计算如下:

当期递延所得税费用(或收益) = (递延所得税负债期末余额 − 递延所得税负债期初余额) − [递延所得税资产(扣除备抵)期末余额 − 递延所得税资产(扣除备抵)期初余额]

= 当期递延所得税负债 − 当期递延所得税资产

对于上述公式,说明如下。

(1)如果"当期递延所得税负债的发生额"大于"当期递延所得税资产的发生额",计算结果为正数,表示结转至当期、将增加当期所得税费用的"递延所得税费用";反之,计算结果为负数,表示结转至当期、将减少当期所得税费用的"递延所得税收益"。

(2)美国 FAS 109 要求期末应对递延所得税资产进行估价备抵,其估价备抵方法与应收账款等资产价值估价备抵的情况类似。我国《所得税》准则规定,资产负债表日应对递延所得税资产账面价值进行复核。如果未来期间很可能无法获得足够的应纳税所得额用以抵扣递延所得税资产利益,应减记递延所得税资产的账面价值。在很可能获得足够的应纳税所得额时,减记的金额应转回。因此,期末应对递延所得税资产进行账面价值复核,如发生减值情况应进行价值备抵,使其符合资产质量特征。

企业因确认递延所得税资产和递延所得税负债的综合结果所产生的递延所得税费用(或收益),一般应计入当期所得税费用。当期确认未来递延所得税费用,符合成本计价下的审慎性原则;当期确认未来递延所得税收益,体现了公允价值计价的要求。因此,当期确认递延所得税费用(或收益)体现了国际财务报告准则要求全面公允价值计价的发展趋势。但是,以下两种情况除外。

(1)某项交易或事项按会计准则应计入股东权益的,由该交易或事项产生的递延所得税资产或递延所得税负债的综合结果应计入股东权益,不构成利润表中的递延所得税费用(或收益)。

(2)企业合并中取得的资产和负债,其账面价值与计税基础不同时应确认相关递延所得税费用(或收益)的,该递延所得税费用(或收益)的确认影响的是合并商誉的金额或者计入当期损益的金额,不影响当期所得税费用。

(三)所得税费用

所得税费用(或收益)是指计入当期利润表的"当期所得税费用(或收益)"。如上所述,在确定当期所得税(当期应交所得税)和递延所得税费用(或收益)后,"当期所得税费用(或收益)"可计算如下:

当期所得税费用(或收益) = 当期应交所得税(当期所得税)
+ 当期递延所得税费用(或:- 当期递延所得税收益)

【例 14-8】 2×11 年末,HR 企业持有账面价值 1 200 000 元、计税基础 1 000 000 元的一项资产;同时,另有一项账面价值 90 000 元、计税基础为零的负债。当期应交所得税 160 000 元,适用所得税率 25%。假定递延所得税资产和递延所得税负债均无期初余额,且无其他资料。HR 企业的当期所得税费用计算如下。

(1)计算暂时性差异、递延所得税负债、递延所得税资产和当期递延所得税费用

应纳税暂时性差异 = 1 200 000 − 1 000 000 = 200 000(元)

当期递延所得税负债 = 200 000 × 25% − 0 = 50 000(元)

可抵扣暂时性差异 = 90 000 − 0 = 90 000(元)

当期递延所得税资产 = 90 000 × 25% − 0 = 22 500(元)

当期递延所得税费用 = 当期递延所得税负债 − 当期递延所得税资产 = 50 000 − 22 500 = 27 500(元)

(2) 计算当期所得税费用

当期所得税费用 = 当期所得税(当期应交所得税) + 当期递延所得税费用 = 160 000 + 27 500 = 187 500(元)

二、当期所得税费用的核算示例

【例 14-9】 2×10 年 12 月 31 日,YR 企业资产负债表"应收账款"账面价值 900 000 元,其中成本 1 000 000 元、坏账准备 100 000 元;"存货"账面价值 1 800 000 元,其中成本 2 000 000 元、存货跌价准备 200 000 元。利润表"利润总额"986 000 元,适用所得税率 25%。

其他有关资料如下。(1) 2×09 年 12 月购入机器设备,原值 2 000 000 元、使用年限 5 年、净残值为零,按双倍余额递减法计提折旧;税法规定,计税时按直线法计提的折旧准予税前扣除。假定税法规定的使用年限及净残值与会计规定相同。未计提固定资产减值准备。(2) 当年年末,债务担保涉及法律诉讼案件,计提预计负债 1 000 000 元。(3) 当年年末,计提坏账准备 100 000 元(1 000 000 × 10%)和存货跌价准备 200 000 元。税法规定,准予税前扣除的坏账准备计提一律不得超过年末应收账款余额的 0.5%,其他计提的资产减值准备不准税前扣除。(4) 本年应支付环保部门罚款 777 000 元。(5) 向关联企业捐赠现金 369 000 元。

此外,税法规定,以公允价值计量的金融资产持有期间市价变动不计入应纳税所得;对罚款和非公益性捐赠,不准税前扣除。

假定坏账准备、存货跌价准备、递延所得税资产和递延所得税负债,均无期初余额。递延所得税资产账面价值符合资产质量特征要求,未来期间能获得足够的应纳税所得额用以抵扣递延所得税资产利益;不存在其他资产、负债项目的暂时性差异。2×10 年末,YR 企业有关所得税会计处理如下。

(1) 2×10 年 12 月 31 日,分析、计算资产负债表有关项目的账面价值和计税基础,如表 14-3 所示

表 14-3　　　　　　　　　　　　　资产负债表(部分)

2×10 年 12 月 31 日　　　　　　　　　　　单位:元

项　目	账面价值	计税基础	应纳税暂时性差异	可抵扣暂时性差异
交易性金融资产	8 000 000	6 000 000	2 000 000	—
应收账款	900 000	995 000①		95 000
存货	1 800 000	2 000 000②		200 000
固定资产:				
固定资产原值	2 000 000	2 000 000		
减:累计折旧	800 000③	400 000④		
固定资产减值准备	0	0		
固定资产净额	1 200 000	1 600 000		400 000
预计负债	1 000 000	0		1 000 000
其他应付款	777 000	777 000	—	—
合　计			2 000 000	1 695 000

注:①应收账款的计税基础 = 1 000 000 - 1 000 000×0.5% = 1 000 000 - 5 000 = 995 000
　　②存货的计税基础 = 1 800 000 + 200 000 = 2 000 000
　　③会计上固定资产累计折旧 = 2 000 000×(1/5×2) = 2 000 000×40% = 800 000
　　④税收上固定资产累计折旧 = 2 000 000×1/5 = 2 000 000×20% = 400 000

(2) 2×10 年年末,确认和计算当期应交所得税,即当期所得税(Ⅰ)

$$\text{应纳税所得额} = \text{利润总额} - \text{交易性金融资产公允价值变动} + \text{多计提折旧} + \text{多计提坏账准备}$$
$$+ \text{计提存货跌价准备} + \text{预计负债} + \text{非公益性捐赠} + \text{罚款支出}$$
$$= 986\,000 - 2\,000\,000 + 400\,000 + (100\,000 - 5\,000) + 200\,000$$
$$+ 1\,000\,000 + 369\,000 + 777\,000 = 1\,827\,000(元)$$

当期应交所得税(当期所得税) = 应纳税所得额 × 适用税率
$$= 1\,827\,000 × 25\% = 456\,750(元)$$

借:所得税费用　　　　　　　　　　　　　　　　　　456 750
　　贷:应交税费——应交所得税　　　　　　　　　　　　　456 750

(3) 2×10 年年末,确认和计算递延所得税(或收益),即当期所得税(Ⅱ)

当期递延所得税资产 = 可抵扣暂时性差异 - 期初余额 = 1 695 000 × 25% - 0 = 423 750(元)

当期递延所得税负债 = 应纳税暂时性差异 - 期初余额 = 2 000 000 × 25% - 0 = 500 000(元)

当期递延所得税费用 = 当期递延所得税负债 - 当期递延所得税资产 = 500 000 - 423 750 = 76 250(元)

借:所得税费用	76 250	
递延所得税资产	423 750	
贷:递延所得税负债		500 000

(4) 2×10年年末,确认利润表中披露的当期所得税费用

当期所得税费用,包括:一是与当期应交所得税相对应的当期所得税费用(Ⅰ),即 956 750 元;二是递延所得税资产和递延所得税负债影响当期所得税费用的综合结果,即结转至当期、增加当期所得税费用的金额,即当期所得税(Ⅱ)76 250 元。其计算如下:

$$\text{当期所得税费用} = \text{当期应交所得税} + \text{当期递延所得税} = \text{当期所得税(Ⅰ)} + \text{当期所得税(Ⅱ)}$$
$$= 456\,750 + 76\,250 = 533\,000(元)$$

或者,可将上述两笔分录复合。

借:所得税费用	533 000	
递延所得税资产	423 750	
贷:递延所得税负债		500 000
应交税费——应交所得税		456 750

【例 14-10】 沿用【例 14-9】资料,假定递延所得税资产的期初余额为 15 000 元,递延所得税负债的期初余额为 150 000 元。2×10 年末,YR 企业有关所得税会计处理如下。

(1) 2×10 年年末,确认当期应交所得税,同【例 14-9】

$$\text{当期应交所得税(当期所得税)} = 456\,750(元)$$

(2) 2×10 年年末,确认和计算当期递延所得税费用(或收益)

$$\text{当期递延所得税资产} = \text{递延所得税资产"期末余额"} - \text{递延所得税资产"期初余额"} = 423\,750 - 15\,000 = 408\,750(元)$$

$$\text{当期递延所得税负债} = \text{递延所得税负债"期末余额"} - \text{递延所得税负债"期初余额"} = 500\,000 - 150\,000 = 350\,000(元)$$

$$\text{递延所得税费用(收益)} = \text{递延所得税负债} - \text{递延所得税资产} = 350\,000 - 408\,750 = -58\,750(元)$$

(3) 2×10 年年末,确认当期所得税费用

本期所得税费用,包括:一是与当期应交所得税相对应的当期所得税费用(Ⅰ),即 456 750 元;二是递延所得税资产和递延所得税负债影响当期所得税费用的综合结果,即接转至当期、减少当期所得税费用的递延所得税收益,当期所得税收益(Ⅱ)58 750 元。其计算如下:

$$\begin{matrix}\text{当期所得}\\ \text{税费用}\end{matrix} = \begin{matrix}\text{当期应交}\\ \text{所得税}\end{matrix} - \begin{matrix}\text{当期递延}\\ \text{所得税收益}\end{matrix} = 456\ 750 - 58\ 750 = 398\ 000(元)$$

借：所得税费用 398 000
　　递延所得税资产 408 750
　　　贷：递延所得税负债 350 000
　　　　　应交税费——应交所得税 456 750

或者，可将两笔分录复合。

借：所得税费用 456 750
　　贷：应交税费——应交所得税 456 750
借：递延所得税资产 408 750
　　贷：递延所得税负债 350 000
　　　　所得税费用 58 750

由此可见，所得税会计处理也可以说是一笔复合分录的问题，本期所得税费用包含依法纳税对应的所得税费用和跨期分配的所得税费用。其中，第一笔分录，根据税法依法纳税，将会计准则下会计利润，按税法调整为应纳税所得额，乘以本期适用所得税税率，得出本期应交所得税，并对应得到本期所得税费用（Ⅰ）。第二笔分录，所得税费用"跨期分配"，目的在于协调税务部门标准与公认会计标准200多年以来的矛盾差异，正确报告本期所得税费用和税后利润。此时，会计规范下的账面价值与税法标准下的计税基础产生暂时性差异，其中：应纳税暂时性差异乘以未来适用所得税税率，得出递延所得税负债（未来应交所得税）；可抵扣暂时性差异乘以未来适用所得税税率，得出递延所得税资产（未来应交所得税的抵扣）；分别扣除它们期初金额，得出本期的递延所得税负债和递延所得税资产，两者差异就是本期所得税费用或收益（Ⅱ）的跨期分配额。将上述两笔分录复合，就是一笔复合分录，第一笔分录中所得税费用（Ⅰ），加上第二笔分录跨期分配的所得税费用或收益（Ⅱ），就是本期利润表所披露的本期所得税费用。

第十五章

财务报告(一):资产负债表、利润表和股东权益变动表

第一节 财务报表的意义、内容和列报要求

一、财务报表的意义和作用

财务报告是指企业对外提供的反映企业某一特定日期的财务状况和某一会计期间的经营成果、现金流量等会计信息的文件。财务报告包括财务报表和其他应当在财务报告中披露的相关信息和资料。

在理论上,对于财务报告目标的认识存在受托责任观和决策有用观两种观点:前者主要关注企业管理层受托责任履行情况和投入资本的保值增值;后者主要利用财务报告信息帮助信息使用者做出决策。在实务上,财务报告使用者在使用财务报告信息时既关注投资者投入资本的保值增值,也需要利用财务报告披露的信息帮助信息使用者做出正确的决策分析。

按《基本准则》企业会计准则要求,财务报告目标是向财务报告使用者提供与企业财务状况、经营成果和现金流量等有关的会计信息,反映企业管理层受托责任履行情况,有助于财务报告使用者做出经济决策。财务报告使用者包括投资者、债权人、政府及其有关部门和社会公众等。财务报告使用者利用财务报告披露的财务状况、财务成果、现金流量和股东权益变动情况,以及企业文化、市场占有率、产品品牌与品质、客户忠诚度、经理与员工积极性、社会责任与政治成本等方面的财务信息和非财务信息,历史信息和预测信息,进行财务指标比例、财务失败预测和资本市场实证研究等分析。

二、财务报表的种类和内容

(一)财务报表

根据《财务报表列报》准则的规定,财务报表是对企业财务状况、经营成果和

现金流量的结构性表述。财务报表至少应当包括下列组成部分:资产负债表、利润表、现金流量表、股东权益变动表、和附注。

财务报表可以按不同分类标准进行分类。(1)按反映的内容不同,可分为资金报表、成本报表、利润表和股东权益变动表,其中资金报表包括资产负债表(静态)和现金流量表(动态)。(2)按编报时间的不同,可分为中期财务报表和年度财务报表,其中中期财务报表,包括月报、季报和半年报。(3)按编制单位的不同,可分为个别单位的财务报表、集团企业的汇总财务报表和控股母公司的合并财务报表。(4)按财务报表使用对象的不同,可分为内部财务报表和外部财务报表:前者是为企业内部管理的需要而编制、不对外公开的会计报表,如成本会计报表、税务会计(税收筹划)报表、责任会计报表、环境会计报表、人力资源会计报表等;后者是为满足债权人、投资者及政府管理机构的需要而编制、对外公开的财务报表,如资产负债表、利润表、现金流量表和股东权益变动表。(5)按财务报表反映的时点和期间不同,财务报表可分为静态报表和动态报表:前者是反映某一时点的财务报表如资产负债表;后者是反映一定期间的财务报表如利润表、现金流量表等。

股份公司财务报表包括资产负债表(季报、半年报和年报)、利润表(季报、半年报和年报)、现金流量表(年报)和股东权益变动表(年报)。

(二) 附注

附注是指对资产负债表、利润表、现金流量表和股东权益表等报表中列示项目的文字描述或采用附表形式的说明,以及对未能在这些报表中列示项目的说明等。附注对财务报表披露的、被高度浓缩的信息做出进一步说明、补充或解释,以帮助信息使用者更好地理解和使用财务报告反映的会计信息。

附注应披露财务报表的编制基础,相关信息应与资产负债表、利润表、现金流量表和股东权益变动表等报表中列示的项目相互参照。附注一般应按下列顺序披露:(1)企业的基本情况,包括企业注册地、组织形式和总部地址、企业业务性质和主要经营活动、母公司以及集团最终母公司的名称等;(2)财务报表的编制基础;(3)遵循企业会计准则的声明;(4)重要会计政策和会计估计,包括重要会计政策的说明、重要会计估计的说明;(5)会计政策和会计估计变更以及差错更正的说明;(6)报表主要项目的说明,对已在资产负债表、利润表、现金流量表和股东权益变动表中列示的重要项目做出进一步的说明;(7)其他需要说明的重要事项,主要包括或有和承诺事项、资产负债表日后非调整事项、关联方关系及其交易等需要说明的事项。

企业会计准则及其《应用指南》对于基本财务报表格式和附注,分别按一般企业、商业银行、保险企业、证券企业等企业类型予以规定。政策性银行、投资信托公司、租赁公司、财务公司、典当公司应当执行对商业银行财务报表格式和附注的规定;担保公司应当执行对保险公司财务报表格式和附注的规定;资产管理公司、基金公司、期货公司应当执行对证券企业财务报表格式和附注的规定。

(三) 中期财务报告

根据《中期财务报告》准则的规定,中期财务报告是指以中期为基础编制的财务报告。其中,中期是指短于一个完整的会计年度的报告期间。中期财务报告至少应当包括资产负债表、利润表、现金流量表和附注。

中期财务报告中的附注应以年初至本中期末为基础编制,披露自上年度资产负债表日之后发生的,有助于理解企业财务状况、经营成果和现金流量变化情况的重要交易或者事项。对于理解本中期财务状况、经营成果和现金流量有关的重要交易或者事项,也在附注中作相应披露。

在确认、计量和报告各中期财务报表项目时,对项目重要性程度的判断,应以中期财务数据为基础,不应以年度财务数据为基础。中期会计计量与年度财务数据相比,可在更大程度上依赖于估计,但是企业应确保所提供的中期财务报告包括了相关的重要信息。

中期财务报表中应当采用与年度财务报表相一致的会计政策。中期会计计量应当以年初至本中期末为基础,财务报告的频率不应影响年度结果的计量。取得的季节性、周期性或者偶然性收入,应当在发生时予以确认和计量,不应在中期财务报表中预计或者递延,但会计年度末允许预计或者递延的除外。在会计年度中不均匀发生的费用,应当在发生时予以确认和计量,不应在中期财务报表中预提或者待摊,但会计年度末允许预提或待摊的除外。在中期发生会计政策变更的,按《会计政策、会计估计变更和差错更正》准则处理,并按规定在附注中作相应披露。

(四) 分部报告

根据《分部报告》准则的规定,企业存在多种经营或跨地区经营的,应当按照本准则的规定披露分部信息。但是,法律、行政法规另有规定的除外。企业应当以对外提供的财务报表为基础披露分部信息。对外提供合并财务报表的企业,应当以合并财务报表为基础披露分部信息。

企业披露的分部信息,应当区分业务分部和地区分部。业务分部是指企业内可区分的,能够通过单项或一组相关产品或劳务的组成部分;该组成部分承担了不同于其他组成部分的风险和报酬。地区分部是指企业内可区分的,能够在一个特定的经济环境内提供产品或劳务的组成部分;该组成部分承担了不同于其他经济环境内提供产品或劳务的风险和报酬。

分部报告的编报应当根据控股公司或企业编制其财务报表时所采用的会计政

策进行编报。编报时存在一种假定,即企业管理层在编制合并报表或整个企业财务报表时选用的会计政策,是认为最适合于分部财务报告目的的会计政策。报告分部信息的目的是在于帮助报表使用者更好地从整体上理解企业,并为其做出决策提供帮助,因此企业在编制分部报告时可采用管理层选用的会计政策。但是,这并不意味着合并报表采用的会计政策或企业采用的会计政策一定应该运用于分部报告。

对于在整个企业层次上运用特定会计政策详细计算出来的结果,如果存在合理分配基础,应当分配给各分部。例如,养老金计算通常是就整个企业进行的,而整个企业数据可根据各分部薪金和人事统计数据分配给各分部。根据《分部报告》准则的规定,企业应披露分部会计政策。分部会计政策是指编制合并财务报表或企业财务报表时采用的会计政策,以及与分部报告特别相关的会计政策。与分部报告特别相关的会计政策包括分部的确定、分部间转移价格的确定方法,以及将收入和费用分配给分部的基础等。

集团企业通过合并财务报表,综合反映其经济实体的财务状况、经营成果和现金流量,这对报表使用者来说十分重要。但是,企业是一个由多个分部组成的经济实体,合并报表无法反映其不同行业、不同地区的盈利水平、增长趋势及经营风险等情况。当企业跨行业、跨地区、跨国经营时,合并财务报表实际上掩盖了不少具有重要决策价值的信息。通过分析分部报告信息,有利于判断企业的偿债能力、盈利能力和未来成长性,以及企业各分部与总部的风险。例如,企业持续的盈利能力是否主要依赖于某地区或某一特定业务,这些地区或特定业务未来成长性如何,是否有外汇风险、通货膨胀或政局不稳定等因素,这些方面的信息对报表使用者是非常有用的。信息使用者利用分部报告信息,并结合有关目标指标进行评价,来评估企业的战略管理、目标计划执行情况等。此外,还可结合相关行业的国际发展趋势、外汇市场汇率变化趋势、国内外经济条件、产品生命周期,以及国内外有关政治背景等因素进行分析,从而判断这些因素对企业以及分部的经营业绩、战略规划、未来发展的影响,预测可能会发生的机遇。

三、财务报表列报的基本要求

(一)依据会计准则确认后计量的结果编制财务报表

企业应当以持续经营为基础,根据实际发生的交易和事项,按照《企业会计准则——基本准则》和其他各项会计准则及其应用指南的规定进行确认和计量,在此基础上编制财务报表。企业不应当以附注披露代替确认和计量,不恰当的确认和计量也不能通过充分披露相关会计政策来纠正。

如果按照各项会计准则规定披露的信息不足以让报表使用者了解特定交易或

事项对企业财务状况和经营成果的影响,企业还应当披露其他的必要信息。

(二)评价编制财务报表的前提——企业持续经营能力

持续经营是会计的基本前提,是会计要素确认、计量和报告的前提。在编制财务报表的过程中,企业管理层应当利用所有可获得的信息来评价自报告期末起至少12个月的持续经营能力。评价时要考虑宏观政策风险、市场经营风险、企业目前或长期的盈利能力、偿债能力、财务弹性以及企业管理层改变经营政策的意向等因素。评价结果表明对持续经营能力产生重大怀疑的,应当在附注中披露导致对持续经营能力产生重大怀疑的因素以及企业拟采用的改善措施。

企业如有近期获利经营的历史且有财务资源支持,通常表明以持续经营为基础编制财务报表是合理的。以持续经营为基础编制财务报表不再合理的,应当采用其他基础编制财务报表,并应当在附注中披露这一事实。

(三)依据重要性原则单独或汇总列报

性质或功能不同的项目应当在财务报表中单独列报,但不具有重要性的项目除外。性质或功能类似的项目,其所属类别具有重要性的,应按其类别在财务报表中单独列报。

重要性是指财务报表某项目的省略或错报会影响使用者做出的经济决策。重要性应根据企业所处环境,从项目的性质和金额大小两方面予以判断:一是考虑列报项目的性质是否属于日常经营活动,是否对财务状况、财务成果和财务状况变动情况具有重要影响;二是考虑列报项目金额的大小,可通过列报项目单项金额占列报项目总金额的比重,判断其是否对列报项目具有重要影响,如通过单项金额占资产总额、负债总额、股东权益总额、营业收入总额、营业成本总额、净利润等相关项目金额的比重加以确定。

(四)报表项目相互抵销和比较信息的列报

财务报表中的资产项目和负债项目的金额、收入项目和费用项目的金额不得相互抵销,但其他会计准则另有规定的除外。资产项目按扣除减值准备后的净额列示,不属于抵销。非日常活动产生的损益,以收入扣减费用后的净额列示,不属于抵销。

当期财务报表的列报,至少应当提供所有列报项目上一个可比会计期间的比较数据,以及与理解当期财务报表相关的说明,但其他会计准则另有规定的除外。

企业至少应当按年编制财务报表。年度财务报表涵盖的期间短于1年的,应当披露年度财务报表的涵盖期间、短于1年的原因以及报表数据不具可比性的事实。

第二节 资产负债表

一、资产负债表的意义、作用和结构

资产负债表又称财务状况表,是指反映企业在某一特定日期的财务状况的会计报表。财务状况主要是指企业全部资产和权益价值及其构成,以及在资金关系上它们之间的相互对应情况。资产负债表披露企业财务资源有多少来自投资者、多少来自债权人,以及多少来自企业留存的自有资金,揭示资产与权益的比率和各种资产的构成比率,主要反映企业资产的运行效率和偿债能力。资产负债表是企业对外编报的第一张重要的、反映静态财务状况信息的基本会计报表。

资产负债表的结构是以"资产=负债+股东权益"这一会计等式为基础,在资产负债表上综合反映某一特定日期的资产与其对应的负债与股东权益的关系。它采用左右平衡的账户式报表格式。账户式资产负债表将资产项目列报在报表左方,按其流动性排列,流动性强的排列在先,流动性弱的排列在后。负债和股东权益项目列报在报表右方,负债按到期日远近排列,近者排列在先,远者排列在后。股东权益按永久性程度的高低排列,永久性程度高的排列在先,低的排列在后。一般企业的资产负债表的格式,如表15-1、表15-3所示。

二、资产负债表的列报要求

根据《财务报表列报》准则的规定,资产负债表的资产和负债应分别流动资产和非流动资产、流动负债和非流动负债列示。金融企业的各项资产或负债,按流动性列示能提供可靠且更相关信息的,可按其流动性顺序列示。

(一)流动资产和非流动资产的归类

资产满足下列条件之一的,应归类为流动资产:(1)预计在一个正常营业周期中变现、出售或耗用;(2)主要为交易目的而持有;(3)预计在资产负债表日起1年内(含1年,下同)变现;(4)自资产负债表日起1年内,交换其他资产或清偿负债的能力不受限制的现金或现金等价物。

同时,流动资产以外的资产应归类为非流动资产,并应按其性质分类列示。

(二)流动负债和非流动负债的归类

负债满足下列条件之一的,应归类为流动负债:(1)预计在1个正常营业周期中清偿;(2)主要为交易目的而持有;(3)自资产负债表日起1年内到期应予以清偿;(4)企业无权自主地将清偿推迟至资产负债表日后1年以上。流动负债以外的

负债应归类为非流动负债,并应按其性质分类列示。

上述"一个正常营业周期",一般是指企业从购买用于加工的资产起至实现现金或现金等价物的期间。正常营业周期通常短于1年,在1年内往往有数个营业周期。但是,也存在正常营业周期长于1年的情况,如造船企业制造的用于出售的大型船舶、工业企业制造的用于出售的某些大型机械设备,以及房地产开发企业开发的用于出售的商品房等开发产品,这些产品往往需要超过1年才能变现、出售或耗用,仍应将它们划分为流动资产。对于正常营业周期不能确定的,应以1年(12个月)作为正常营业周期。

对于在资产负债表日起1年内到期的负债,企业预计能自主地将清偿义务展期至资产负债表日后1年以上的,应归类为非流动负债;不能自主地将清偿义务展期的,即使在资产负债表日后、财务报告批准报出日前签订了重新安排清偿计划协议,该项负债仍应归类为流动负债。在资产负债表日或之前违反了长期借款协议,导致贷款人可随时要求清偿的负债,应归类为流动负债。贷款人在资产负债表日或之前同意提供在资产负债表日后1年以上的宽限期,企业能在此期限内改正违约行为,且贷款人不能要求随时清偿的,该项负债应归类为非流动负债。

(三)资产、负债和股东权益类单独列示反映的项目

1. 资产负债表中的资产类

资产负债表中的资产类至少应单独列示反映下列信息的项目:(1)货币资金;(2)以公允价值计量且其变动计入当期损益的金融资产;(3)应收款项;(4)预付款项;(5)存货;(5)被划分为持有待售的非流动资产及被划分为处置中的资产;(6)持有至到期投资;(7)长期股权投资;(8)投资性房地产;(9)固定资产;(10)生物资产;(11)无形资产;(12)递延所得税资产。资产负债表中的资产类至少应包括流动资产和非流动资产的合计项目,按照企业的经营性质不切实可行的除外。

2. 资产负债表中的负债类

资产负债表中的负债类至少应单独列示反映下列信息的项目:(1)短期借款;(2)以公允价值计量且其变动计入当期损益的金融负债;(3)应付款项;(4)预收款项;(5)应付职工薪酬;(6)应交税费;(7)被划分为持有待售的处置中的负债;(8)长期借款;(9)应付债券;(10)长期应付款;(11)预计负债;(12)递延所得税负债。

资产负债表中的负债类至少应当包括流动负债、非流动负债和负债的合计项目。

3. 资产负债表中的股东权益类

资产负债表中的股东权益类,即股份公司的股东权益类,至少应当单独列示反映下列信息的项目:(1)实收资本(或股本);(2)资本公积;(3)盈余公积;(4)未分配利润。在合并资产负债表中,应当在股东权益类单独列示少数股东权益。

资产负债表中的股东权益类应当包括股东权益的合计项目。资产负债表应当列示资产总计项目,负债和股东权益总计项目。

三、资产负债表的填列方法

根据"表从账出"的填列原则,本表"期末余额"栏一般应以资产负债表要素,即资产、负债和股东权益三个要素的一级总账及其有关明细账户的期末余额为依据进行填报。

本表"年初余额"栏内各项数字,应根据上年末资产负债表"期末余额"栏内所列数字填列。如果本年度资产负债表规定的各项目的名称和内容同上年度不相一致,应对上年年末资产负债表各项目的名称和数字按本年度的规定进行调整,填入本表"年初余额"栏内。具体填列方法如下。

（一）根据总账科目的余额填列

"交易性金融资产""其他债权投资""其他权益工具投资""工程物资""固定资产清理""递延所得税资产""长期待摊费用""短期借款""应付票据""应付利息""应付股利""持有待售负债""其他应付款""专项应付款""递延收益""递延所得税负债""实收资本(或股本)""其他权益工具""库存股""资本公积""其他综合收益""专项储备""盈余公积"等项目,应根据有关总账的余额填列。

其中,长期待摊费用摊销年限(或期限)只剩1年或不足1年的,或者预计在1年内(含1年)进行摊销的部分,仍在"长期待摊费用"项目中列示,不转入"一年内到期的非流动资产"项目。

有些项目应根据几个有关总账科目的余额计算填列,举例如下。

1. "货币资金"项目,应根据"库存现金""银行存款""其他货币资金"三个总账科目期末借方余额的合计数填列。

2. "存货"项目,应根据"物资采购""原材料""低值易耗品""自制半成品""库存商品""包装物""分期收款发出商品""委托加工物资""委托代销商品""受托代销商品""生产成本"等账户的期末借方余额合计,减去"代销商品款""存货跌价准备"账户期末余额后的金额填列。材料采用计划成本核算,以及库存商品采用计划成本或售价核算的企业,还应按加或减材料成本差异、商品进销差价后的金额填列。

3. "固定资产"项目,应根据"固定资产"账户的期末借方余额,减去"累计折旧"和"固定资产减值准备"账户期末贷方余额后的金额填列。

(二) 根据明细账科目的余额计算填列

"开发支出"项目,应根据"研发支出"科目中所属的"资本化支出"明细科目余额填列;"应付账款"项目,应根据"应付账款"和"预付账款"科目所属的各有关明细科目期末贷方余额合计数填列;"预收账款"项目,应根据"预收账款"和"应收账款"科目所属的各有关明细科目期末贷方余额合计数填列。

"应交税费"项目,应根据"应交税费"科目的明细科目期末余额分析填列,其中的借方余额,应根据其流动性在"其他流动资产"或"其他非流动资产"项目中填列;"一年内到期的非流动资产"和"一年内到期的非流动负债"项目,应根据有关非流动资产或非流动负债项目的有关总账明细科目余额分析填列。

"应付职工薪酬"项目,应根据"应付职工薪酬"科目的明细科目期末余额分析填列;"长期借款""应付债券"项目,应分别根据"长期借款""应付债券"科目的明细科目期末余额分析填列;"预计负债"项目,应根据"预计负债"科目的明细科目期末余额分析填列;"未分配利润"项目,应根据"利润分配"科目所属的"未分配利润"明细科目期末余额填列。

(三) 根据总账科目和明细账科目的余额分析计算填列

"长期借款"项目,应根据"长期借款"总账科目期末余额扣除"长期借款"科目所属的明细科目中将在资产负债表日起1年内到期,且企业不能自主地将清偿义务展期的长期借款后的金额填列。

"其他流动资产""其他流动负债"项目,应根据相关总账科目及有关科目的明细科目期末余额分析填列;"其他非流动负债"项目,应根据有关科目的期末余额减去将于1年内(含1年)到期偿还数后的金额填列。

(四) 根据有关科目余额减去其备抵科目余额后的净额填列

"持有待售资产""债权投资""长期股权投资""在建工程""商誉"等项目,应根据相关科目的期末余额填列,已计提减值准备的,还应扣除相应"减值准备"科目的期末余额。

"固定资产""无形资产""投资性房地产""生产性生物资产""油气资产"等项目,应根据相关科目的期末余额扣减相关的累计折旧(或摊销、折耗)填列;已计提减值准备的,还应扣减相应的减值准备;折旧(或摊销、折耗)年限(或期限)只剩1年或不足1年的,或者预计在1年内(含1年)进行折旧(或摊销、折耗)的部分,仍在上述项目中列示,不转入"一年内到期的非流动资产"项目,采用公允价值计量的上述资产,应根据相关科目的期末余额填列。

"长期应收款"项目,应根据"长期应收款"科目的期末余额,减去相应的"未确认融资费用"科目期末余额后的金额填列。

（五）综合运用上述填列方法分析填列

"应收票据""应收利息""应收股利""其他应收款"等项目，应根据相关科目的期末余额，减去"坏账准备"科目中有关的坏账准备期末余额后的金额填列。

"应收账款"项目，应根据"应收账款"和"预收账款"科目所属的各明细科目的期末借方余额合计数，减去"坏账准备"科目中有关应收账款计提的坏账准备期末余额后的金额填列；"预付款项"项目，应根据"预付账款"和"应付账款"科目所属的个明细科目的期末借方余额合计数，减去"坏账准备"科目中有关预付账款计提的坏账准备期末余额后的金额填列。

"合同资产"和"合同负债"项目，应根据"合同资产"科目和"合同负债"科目的明细科目期末余额分析填列；在同一合同下的合同资产和合同负债应以净额列示，其中净额为借方余额的，应根据其流动性在"合同资产"或"其他非流动资产"项目中列报，已计提减值准备的，还应减去"合同资产减值准备"科目中相应的期末余额；其中净额为贷方余额的，应根据其流动性在"合同负债"或"其他非流动负债"项目中填列。

"存货"项目，应根据"材料采购""原材料""发出商品""库存商品""周转材料""委托加工物质""生产成本""委托代销商品"等科目期末余额及"合同履约成本"科目的明细科目中初始确认时摊销期限不超过1年或一个正常营业周期的期末余额合计，减去"受托代销商品款""存货跌价准备"科目期末余额及"合同履约成本减值准备"科目中相应的期末余额后的金额填列；材料采用计划成本核算的，以及库存商品采用计划成本核算或售价核算的的企业，还应按加或减材料成本差异、商品进销差价后的金额分析填列。

"其他非流动资产"项目，应根据有关科目的期末余额减去将于1年内（含1年）收回数后的金额，及"合同取得成本"科目和"合同履约成本"科目的明细科目中初始确认时摊销期限在1年或一个正常营业周期以上的期末余额，减去"合同取得成本减值准备"科目和"合同履约成本减值准备"科目中相应的期末余额填列。

四、资产负债表的编制示例

【例 15-1】 2×18年，假定ZH企业按税法准予税前扣除的标准计提坏账准备和摊销无形资产。"坏账准备"科目贷方期初余额1 000元，本年按税法准予扣除标准（假定根据历史资料判断的计提比例与税法标准基本一致），计提应收账款坏账准备11 500元和无形资产摊销300 000元。除固定资产计提减值准备250 000元导致其账面价值与计税基础存在可抵扣的暂时性差异以外，其他所有资产和负债的账面价值与计税基础均一致。

根据2×17年12月31日资产负债表（表15-1）和2×18年12月31日总账科

目余额表(表15-2),编制的2×18年12月31日资产负债表,如表15-3所示。

表15-1　　　　　　　　　　　　　**资产负债表**　　　　　　　　　　　企会01表
编制单位:ZH企业　　　　　　　　　　2×17年12月31日　　　　　　　　　　　单位:元

资　产	期末余额	年初余额	负债和股东权益	期末余额	年初余额
流动资产:			流动负债:		
货币资金	951 750		短期借款	2 350 00	
交易性金融资产	280 000		交易性金融负债	—	
衍生金融资产	—		衍生金融负债	—	
应收票据	650 000		应付票据	850 000	
应收账款	1 800 000		应付账款	2 600 000	
预付款项	820 000		预收款项	—	
应收利息	—		合同负债	—	
应收股利	—		应付职工薪酬	880 000	
其他应收款	50 000		应交税费	620 000	
存货	9 850 000		应付利息	115 000	
合同资产	—		应付股利	—	
持有待售资产	—	略	其他应付款	35 000	略
一年内到期的非流动资产	—		持有待售负债	—	
其他流动资产	198 250		一年内到期非流动负债	—	
流动资产合计	14 600 000		其他流动负债	—	
非流动资产:			流动负债合计	7 450 000	
债权投资	—		非流动负债:		
其他债权投资	—		长期借款	1 800 000	
长期应收款	—		应付债券	—	
长期股权投资	3 250 000		其中:优先股	—	
其他权益工具投资	—		永续债	—	
投资性房地产	—		长期应付款	—	
固定资产	10 850 000		专项应付款	—	
在建工程	2 050 000		预计负债	—	
工程物资	—		递延收益	—	
固定资产清理	—		递延所得税负债	—	
生产性生物资产	—		其他非流动负债	—	
油气资产	—		非流动负债合计	1 800 000	
无形资产	3 000 000		负债合计	9 250 000	
开发支出	—		股东权益:		
商誉	—		股本	10 000 000	
长期待摊费用	—		其他权益工具	—	
递延所得税资产	—		其中:优先股	—	
其他非流动资产	—		永续债	—	
非流动资产合计	19 1500 000		资本公积	12 000 000	
			减:库存股	—	
			其他综合收益	—	
			盈余公积	2 200 000	
			未分配利润	300 000	
			股东权益合计	24 500 000	
资产总计	33 750 000		负债和股东权益总计	33 750 000	

表 15-2　　　　　　　　　　　　**总账科目余额表**
　　　　　　　　　　　　　　　2×18 年 12 月 31 日　　　　　　　　　单位:元

科目名称	借方余额	科目名称	贷方余额
库存现金	2 000	短期借款	1 373 500
银行存款	1 952 500	应付票据	750 000
其他货币资金	698 000	应付账款	3 100 000
交易性金融资产	—	应付职工薪酬	850 000
应收票据	26 000	应交税费	305 000
应收账款	2 500 000	应付利息	80 000
坏账准备	-12 500①	应付股利	221 500
预付账款	858 000	其他应付款	35 000
其他应收款	149 250	长期借款	4 500 000
材料采购	800 000	股本	10 000 000
原材料	7 800 000	资本公积	12 000 000
周转材料	566 000	盈余公积	2 500 000
材料成本差异	196 000	利润分配(未分配利润)	513 500
其他流动资产	100 750		
一年内到期的非流动资产	—		
长期股权投资	3 250 000		
固定资产原值	18 500 000		
累计折旧	-6 000 000		
固定资产减值准备	-250 000		
在建工程	950 000		
工程物资	1 380 000		
无形资产	3 000 000		
累计摊销	-300 000②		
递延所得税资产	62 500		
其他非流动资产	—		
合　　计	36 228 500	合　　计	36 228 500

注:①"坏账准备"科目期末数 12 500=坏账准备贷方期初数+本期计提数=1 000+(2 500 000×0.5%-1 000)=1 000+(12 500-1 000)=1 000+11 500=12 500(其中 0.5%是税法准予扣除标准)
　②累计摊销 300 000=无形资产账面价值×税法准予扣除标准=3 000 000×10%=300 000

表 15-3　　　　　　　　　　　　**资产负债表**　　　　　　　　　　　企会 01 表
编制单位:ZH 企业　　　　　　　2×18 年 12 月 31 日　　　　　　　　单位:元

资　　产	期末余额	年初余额	负债和股东权益	期末余额	年初余额
流动资产:			流动负债:		
货币资金	2 652 500	951 750	短期借款	1 373 500	2 350 000
交易性金融资产	—	280 000	交易性金融负债		
衍生金融资产	—		衍生金融负债		
应收票据	26 000	650 000	应付票据	750 000	850 000

(续表)

资　产	期末余额	年初余额	负债和股东权益	期末余额	年初余额
应收账款	2 487 500①	1 800 000	应付账款	3 100 000	2 600 000
预付款项	858 000	820 000	预收款项		
应收利息	—	—	合同负债		
应收股利	—	—	应付职工薪酬	850 000	880 000
其他应收款	149 250	50 000	应交税费	305 000	620 000
存货	9 362 000②	9 850 000	应付利息	80 000	115 000
合同资产	—	—	应付股利	221 500	—
持有待售资产	—	—	其他应付款	35 000	35 000
一年内到期的非流动资产	—	—	持有待售负债	—	—
其他流动资产	100 750	198 250	一年内到期非流动负债	—	—
流动资产合计	15 636 000	14 600 000	其他流动负债		
非流动资产：			流动负债合计	6 715 000	7 450 000
债权投资	—	—	非流动负债：		
其他债权投资	—	—	长期借款	4 500 000	1 800 000
长期应收款	—	—	应付债券		
长期股权投资	3 250 000	3 250 000	其中：优先股		
其他权益工具投资			永续债		
投资性房地产			长期应付款		
固定资产	12 250 000	10 850 000	专项应付款		
在建工程	950 000	2 050 000	预计负债		
工程物资	1 380 000	0	递延收益		
固定资产清理			递延所得税负债		
生产性生物资产			其他非流动负债	—	—
油气资产			非流动负债合计	4 500 000	1 800 000
无形资产	2 700 000④	3 000 000	负债合计	11 215 000	9 250 000
开发支出			股东权益：		
商誉			股本	10 000 000	10 000 000
长期待摊费用			其他权益工具		
递延所得税资产	62 500	0	其中：优先股		
其他非流动资产	—	—	永续债		
非流动资产合计	20 592 500	19 150 000	资本公积	12 000 000	12 000 000
			减:库存股	—	—
			其他综合收益		
			盈余公积	2 500 000	2 200 000①
			未分配利润	513 500	300 000②
			股东权益合计	25 013 500	24 500 000
资产总计	36 228 500	33 750 000	负债和股东权益总计	36 228 500	33 750 000

注①：本年计提盈余公积 300 000 元。
　②：本年留存未分配利润 213 500 元。

表 15-3 有关项目说明如下。

（1）"货币资金"项目，由"库存现金""银行存款"和"其他货币资金"科目余额合计数 2 652 500 元（2 000+1 952 500+698 000）填列。

（2）"应收账款"项目，由"应收账款"科目期末余额减去相关"坏账准备"科目期末余额后的差额 2 487 500 元（2 500 000-12 500）填列，其中"坏账准备"科目期末余额为 12 500 元（期初贷方+本期计提，即 1 000+11 500）填列。

（3）"存货"项目，由"材料采购""原材料""周转材料"和"材料成本差异"等科目期末余额相加后的总额 9 362 000 元（800 000+7 800 000+566 000+196 000）填列。

（4）"固定资产净额"项目，由"固定资产原值"科目期末余额减去"累计折旧"和"固定资产减值准备"科目期末余额后的差额 12 250 000 元（18 500 000-6 000 000-250 000）填列。

（5）"递延所得税资产"项目，根据"递延所得税资产"科目借方余额填列。该科目期初余额为零，本期发生额由可抵扣暂时性差异乘以适用所得税率后得出，借方余额为 62 500 元[0+（250 000×25%）]填列。

（6）"无形资产"项目，由"无形资产"科目期末余额减去"累计摊销"科目期末余额后的差额 2 700 000 元（3 000 000-300 000）填列。

（7）其他项目根据"总账科目余额表"有关科目期末余额填列。

第三节 利　润　表

一、利润表的意义、作用和结构

（一）利润表的内容

利润表又称财务成果表或损益表，是反映企业在一定会计期间的经营成果的报表。利润表是企业第二张重要的、反映动态财务成果信息的基本会计报表。

从长远收益计量看，资产负债表上的资产项目最终都将在经营中被逐步消耗，转化为利润表的成本费用项目，并与收入配比中得到补偿；或者某些绕过利润表、尚未真正实现的其他综合收益，最终实现时终转化为利润表损益项目，在利润表内进行报告。

利润表能为信息使用者提供企业在一定会计期间的经营收入、经营成本费用和经营成果等资料，也有助于评价企业利润指标的完成情况，分析利润增减变化的原因，以及预测未来利润的增长趋势。分析营业利润，可评价企业持续获利能力等。通过分析净利润，债权人可判断其长期债权回收及债权投资收益的保障程度，投资者可评价其获得股权投资报酬的水平。对于国家税收部门来说,营业利润是征收企业所得税的税收基础,而对于企业管理层来说,利润指标是其管理行为的重要指南之一,同时也是评价其业绩和个人报酬的重要参考指标。

(二)利润表的结构

利润表的结构分单步式利润表和多步式利润表。单步式利润表的结构较简单,它是将报告期的所有收入与所有费用分别汇总,然后两者相减,通过一次计算便得出利润的一种利润表。多步式利润表中的利润是通过多步计算得出的,我国企业使用的是多步式利润表。

多步式利润表,一般采用以下步骤计算利润:第一步,将营业收入减去营业成本、税金及附加、期间费用、加上公允价值变动收益、投资净收益等,计算得出营业利润;第二步,营业利润加上营业外收入,再减去营业外支出计算得利润总额;第三步,利润总额减去企业所得税费用,得出净利润;第四步,根据全面报告损益的理念,在此基础上,报告企业其他综合收益的税后净额。

多步式利润表能列示一些中间性利润指标,通过分步计算以反映净利润的最终形成过程。利润表的具体格式,如表15-5所示。

二、利润表的列报要求和填列方法

(一)利润表的列报要求

1. 利润表的列示项目

根据《财务报表列报》准则的规定,企业在利润表中应当对费用按照功能分类,分为从事经营业务发生的成本、管理费用、销售费用和财务费用等。利润表至少应当单独列示反映下列信息的项目:(1)营业收入;(2)营业成本;(3)营业税金及附加;(4)管理费用;(5)销售费用;(6)财务费用;(7)投资收益;(8)公允价值变动损益;(9)资产减值损失;(10)非流动资产处置损益;(11)所得税费用;(12)净利润;(13)其他综合收益各项目分别扣除所得税影响后的净额;(14)综合收益总额;(15)每股收益。

综合收益是指企业中某一期间除与股东以其股东身份进行的交易之外的,其他交易或事项所引起的股东权益变动。其他综合收益是指企业根据其他会计准则规定未在当期损益中确认的各项利得或损失。企业的其他综合收益,反映的是按照其他准则规定通常计入股东权益的各项利得和损失扣除所得税影响后的净额。综合收益总额项目,反映的是净利润和其他综合收益扣除所得税影响后的净额相加后的合计金额。

2. 其他综合收益项目

其他综合收益项目应当根据其他相关会计准则的规定分别为下列两类列报:

（1）以后会计期间不能重分类进损益的其他综合收益项目，主要包括重新计量设定收益计划净负债或净资产导致的变动、按照权益法核算的被投资单位以后会计期间不能重分类进损益的其他综合收益中所享有的份额等；

（2）以后会计期间在满足规定条件时，将重分类进损益的其他综合收益项目，主要包括按照权益法核算的在被投资单位以后会计期间在满足规定条件时将重分类进损益的其他综合收益中所享有的份额、以公允价值计量且其变动计入其他综合收益的金融资产的公允价值变动形成的利得或损失、以摊余成本计量的金融资产重分类为以公允价值计量且其变动计入其他综合收益的金融资产形成的利得或损失、现金流量套期工具产生的利得或损失中属于有效套期部分、外币财务报表折算差额等。

3. 每股收益

在利润表中"每股收益"项目，包括"基本每股收益"项目和"稀释每股收益"项目，分别反映企业根据《每股收益》企业会计准则计算确定的，普通资本结构下股份没被稀释的"基本每股收益"和复杂资本结构下股份被稀释的"稀释每股收益"的金额。

在合并利润表中，企业应在净利润项目之下单独列示归属于母公司的损益和归属于少数股东的损益，在综合收益总额下单独列示归属于母公司所有者的综合收益总额和归属于少数股东的综合收益总额。金融企业可根据其特殊性列示利润表项目。

（二）利润表的填列方法

利润表有"上期金额"和"本期金额"两栏。"上期金额"栏反映各项目的上期实际发生数；在编制中期财务报告时，该栏填列上年同期累计实际发生数；在编制年度财务报告时，该栏填列上年全年累计实际发生数。

如果上年度利润表与本年度利润表的项目名称和内容不一致，应对上年度报表项目的名称和数字按本年度的规定进行调整，填入本表"上期金额"栏。"本期金额"栏反映各项目自年初起至报告期末止的累计实际发生数。

利润表各项目的内容及其填列方法如下。

1. "营业收入""营业成本""税金及附加""销售费用""管理费用""财务费用""资产减值损失""公允价值变动收益""投资收益""资产处置收益""其他收益""营业外收入""营业外支出""所得税费用"等项目，应根据有关损益类科目的发生额分析填列。

2. "对联营企业或合营企业的投资收益"项目，应根据"投资收益"科目所属的相关明细科目的发生额分析填列。

3. "其他综合收益的税后净额"项目及其各组成部分，应根据"其他综合收益"科目及其所属的明细科目的本期发生额分析填列。

4. "营业利润""利润总额""净利润""综合收益总额"科目，应根据利润表中相关项目计算填列。

5."(一)持续经营净利润"和"(二)终止经营净利润"项目,应根据《持有待售的非流动资产、处置组和终止经营》企业会计准则的相关规定分别填列。

三、利润表的编制示例

【例15-2】 2×18年度,ZH企业年初普通股股份2 000 000股,本年度没有发生股份增减变动情况,有关损益类科目本年累计发生净额,如表15-4所示;适用所得税率25%。假定,根据上述资料,编制ZH企业2×18年度利润表,如表15-5所示。

表15-4

ZH企业损益类科目累计发生额表

2×18年度　　　　　　　　　　　　　　　单位:元

科目名称	借方发生额	贷方发生额
主营业务收入		2 708 000
主营业务成本	1 062 000	
营业税金及附加	46 000	
销售费用	55 000	
管理费用	535 000	
财务费用	83 000	
资产减值损失	262 000	
投资收益		320 000
营业外收入		56 000
营业外支出	61 000	
所得税费用	245 000	

表15-5　　　　　　　　　　　　　**利润表**　　　　　　　　　　　　会股02表

编制单位:ZH企业　　　　　　　　2×18年度　　　　　　　　　　单位:元

项　目	本期金额	上期金额
一、营业收入	2 708 000	
减:营业成本	1 062 000	
税金及附加	46 000	
销售费用	55 000	
管理费用	535 000	
财务费用	83 000	
资产减值损失	262 000	略
加:公允价值变动收益(损失以"-"号填列)	—	
净敞口套期收益(损失以"-"号填列)	—	
投资收益(损失以"-"号填列)	320 000	
其中:对联营企业和合营企业的投资收益	—	
资产处置收益(损失以"-"填列)	—	

（续表）

项　目	本期金额	上期金额
其他收益	—	
二、营业利润(亏损以"-"号填列)	985 000	
加：营业外收入	56 000	
减：营业外支出	61 000	
三、利润总额(亏损以"-"号填列)	980 000	
减：所得税费用	245 000	
四、净利润(净亏损以"-"号填列)	735 000	
(一) 持续经营净利润(净亏损以"-"号填列)		
(二) 终止经营净利润(净亏损以"-"号填列)		
五、其他综合收益的税后净额		略
(一) 以后不能重分类进损益的其他综合收益		
1. 重新计量设定收益计划净负债或净资产的变动		
2. 权益法下被投资单位不能重分类进损益的其他综合收益中享有的份额		
……		
(二) 以后将重分类进损益的其他综合收益		
1. 权益法下在被投资单位以后将重分类进损益的其他综合收益中享有的份额		
2. 其他债权投资公允价值变动损益		
3. 金融资产重分类转入损益的累计利得或损失		
4. 现金流量套期损益的有效部分		
5. 外币财务报表折算差额		
……		
六、综合收益总额	735 000	
七、每股收益		
(一) 基本每股收益	0.367 5	
(二) 稀释每股收益	—	

第四节　股东权益变动表

一、股东权益变动表的意义和内容

(一) 股东权益变动表的意义

所有者权益变动表是指反映构成所有者权益各组成部分当期增减变动情况的报表。对于股份公司来说，所有者权益变动表就是股东权益变动表，其格式见表15-6。

股东权益变动表，可以对资产负债表、利润表和现金流量表报告的信息进行进一步补充和完善，有利于信息使用者全面分析评价企业的财务状况、财务成果和现金流量，深入了解企业全面损益和股东权益变动情况，正确评估企业价值。因此，股东权益变动表是继资产负债表、利润表和现金流量表之后企业的第四张基本财务报表,简称第四表。

在目前财务报告体系下,应计制的资产负债表(第一表),报告包括资产、负债和股东权益价值在内的企业"静态"财务状况;应计制的利润表(第二表),报告企业"动态"财务成果——综合收益总额,它包括当期已经实现的税后利润和尚未真正实现、与股东权益价值相关的税后其他综合收益;现金制的现金流量表(第三表)是以现金及其等价物为基础的流动资金报表,它报告企业"动态"财务状况变动情况;而根据资产负债表和利润表编制的股东权益变动表(第四表),它将资产负债表中"静态"的股东权益价值信息调整成"动态"信息,反映各项目的来龙去脉,报告股东权益变动情况。

综上所述,股东权益变动表是对资产负债表、利润表和现金流量表报告的财务信息进行进一步"加工"和补充说明的报表。这有利于信息使用者深入了解企业的全面损益和股东权益价值及其变动情况,更正确地评价企业的财务状况、财务成果、现金流量和企业价值。

(二)股东权益变动表的内容

根据《财务报表列报》准则的规定,股东权益变动表应当反映构成股东权益的各组成部分当期的增减变动情况。股东权益变动表不仅应反映股东权益总量增减变动的情况,还应反映重要的股东权益增减变动上的结构性信息,尤其需披露直接计入股东权益的利得和损失。

在股东权益变动表中,综合收益和股东的资本交易导致的股东权益的变动,应当分别列示。当期损益、直接计入股东权益的利得和损失,以及与股东的资本交易导致的股东权益的变动,应分别予以列示,以便信息使用者分析股东权益变动的根源。

股东权益变动表,至少应当单独列示反映下列信息的项目:(1)综合收益总额,在合并股东权益变动表中还应单独列示归属于母公司所有者的综合收益总额和归属于少数股东的综合收益总额;(2)会计政策变更和前期差错更正的累积影响金额;(3)股东投入资本和股东分配利润等;(4)按照规定提取的盈余公积;(5)股东权益各组成部分的期初和期末余额及其调节情况。

二、剩余权益理论、报告全面损益和第四表

1961年,美国会计学者乔治·斯托布斯(George Staubus)提出剩余权益理论。根据该理论,企业应将股东权益(普通股股东权益)作为会计关注的中心。在持续经营前提下,企业股票的价值在很大程度上取决于企业未来实现的利润和发行在外的股份数量。假如能鉴别股东的资产、收益、资金和股东权益等方面的价值信

息,财务报告就能披露更多有关预期股价方面的信息。同时,剩余权益信息对于预测股利收益也是具有价值的。因此,股东权益信息应在会计报表中予以单独列示。

1980年12月,FASB在原第3号财务会计概念公告《企业财务报表要素》中首次提出全面收益的概念,全面收益包括净收益和其他全面收益。FAS 130《报告全面收益》和FAS 133《衍生工具和套期保值活动会计》列举了其他全面收益的项目,包括:外币折算调整项目;可供销售证券上的未实现利得或损失、最低养老金负债的调整,以及金融衍生品产生的未实现的利得或损失等。这些项目都是未真正实现、不能计入当期损益的利润表外的损益项目,但其本质属于损益项目,因此只能绕过利润表在股东权益中予以列示。为实现全面报告损益的财务报告目标,将表外损益信息安排在表内披露,会计界做出了不懈的努力。

现在,我们已经实现将这部分表外损益信息纳入财务报表内进行报告。如前所述,利润表最后披露的综合收益总额,就是已经实现的扣除所得税后的净利润和未真正实现的、计入股东权益的其他综合收益扣除所得税影响后的净额,两者相加后的合计金额。同时,为了进一步补充披露股东权益变动情况,再增设第四表,股东权益变动表。

股东权益变动表体现了报告全面损益的理念,全面反映报告期内股东权益价值的变动情况。它反映公司股东权益的上年末和本年初的余额、本年增减变动额和本年年末数,本年净利润、直接计入股东权益的利得和损失、股东投入和减少的资本、本年利润分配和股东权益的内部结转情况,以及库存股等其他方面的信息。

三、股东权益变动表的编制

股东权益变动表"上年金额"栏内各项数字,应根据上年度股东权益变动表"本年金额"栏内所列数字填列。股东权益变动表"本年金额"栏内各项数字,一般可根据"股本""其他权益工具""资本公积""盈余公积""其他综合收益""利润分配""库存股""以前年度损益调整"等科目及其明细科目的发生额分析填列,也可根据资产负债表和利润表进行编制。

【例15-3】 沿用【例15-1】和【例15-2】有关资料,2×11年,ZH企业实现净利润735 000元,提取盈公积300 000元,分配现金股利221 500元,形成未分配利润513 500元,编制股东权益变动表,见表15-6。

表 15-6

股东权益变动表

编制单位：ZH企业　　2×18 年度　　会企：04 表　　单位：千元

项目	本年金额									上年金额
	实收资本（或股本）	其他权益工具			资本公积	减：库存股	其他综合收益	盈余公积	未分配利润	股东权益合计	（略）
		优先股	永续债	其他							
一、上年年末余额	10 000				12 000			2 200	300	24 500	
加：会计政策变更											
前期差错更正											略
其他											
二、本年年初余额	10 000				12 000			2 200	300	24 500	
三、本年增减变动金额（减少以"-"号填列）											
（一）综合收益总额									735	735	
（二）所有者投入和减少资本											
1. 所有者投入的普通股											
2. 其他权益工具持有者投入资本											
3. 股份支付计入股东权益的金额											
4. 其他											
上述（一）和（二）小计											
（三）利润分配								300	-300	0	
1. 提取盈余公积											
2. 对所有者（或股东）的分配									-221.5	-221.5	
3. 其他											
（四）股东权益内部结转											
1. 资本公积转增资本（或股本）											
2. 盈余公积转增资本（或股本）											
3. 盈余公积弥补亏损											
4. 其他											
四、本年年末余额	10 000				12 000			2 500	513.5①	25 013.5	

注①：期末未分配利润 513 500 = 净利润 - 提取盈余公积 - 应付股利 + 期初未分配利润 = 735 000 - 300 000 - 221 500 + 300 000 = 513.5（千元）

第十六章

财务报告(二):现金流量表

第一节 现金流量表的作用、列报要求和编表方法

一、现金流量表的概念、产生和作用

(一)现金流量表的概念和命名

现金流量表是指反映企业在一定会计期间现金和现金等价物流入和流出的报表。它是企业的一张流动资金报表。现金是指企业库存现金以及可随时用于支付的存款。现金等价物是指企业持有的期限短、流动性强、易于转换为已知金额现金、价值变动风险很小的投资。现金等价物通常包括3个月内到期的国库券投资等。本节阐述的现金如不作说明均表示现金和现金等价物。现金流量表的具体格式,如表16-5和表16-6所示。

相对于应计制静态反映资产来源和运用的财务状况表——资产负债表,现金流量表以现金制为基础、动态反映企业财务状况表变动情况。因此,现金流量表属于广义上的"财务状况变动表"中的一种。由于对资金流转可赋予不同定义,资金报表具有不同名称。例如,将流转中的资金定义为营运资金(营运资金在数量上等于流动资产减去流动负债后的差额),以营运资金为基础编制的流动资金报表,从狭义上,曾将其命名为"财务状况变动表"。又如,将流转中的资金定义为现金及其等价物,以现金及其等价物为基础编制的流动资金报表,从狭义上将其命名为"现金流量表"。再如,将流转中的资金定义为全部资金,它是将资金扩大到包括全部财务资源,即资金可以是现金,还可以再补充其他不直接影响现金的投资和筹资活动涉及的财务资源。在这种情况下,企业凡具有重大投资和筹资活动的,不管它们是否涉及现金变化,都应将它们列入现金流量表。因此,现金流量表是按全部资金的观念进行报告的,其中对于经营活动现金流量是按现金和现金等价物进行

报告的。

(二) 现金流量表的产生和发展

最早的资金报表出现于1862年的英国,美国于1863年也开始出现反映资金流量的报表。早期资金报表形式各异,没有统一编制标准,反映的仅仅是资金流量的变动,并不反映变动的原因。1910—1920年,美国著名会计学者芬尼(H. A. Finney)倡导反映营运资金的资金报表。1963年,美国会计原则委员会(APB)发表第3号意见书,建议在编制资产负债表和损益表的同时,编制当时被称为"资金来源和运用表"的资金表。1971年,APB又发表第19号意见书,将资金表从狭义上命名为"财务状况变动表"。当时,财务状况变动表主要有两种编制基础:一是营运资金;二是现金与约当现金。当时资金报表的编制方法无统一标准。

1973年,美国注册会计师协会(AICPA)首次提出披露现金流量信息的重要性。1978年,FASB发表第1辑《财务会计概念公告——企业编制财务报告的目的》,指出现金流量影响企业支付现金股利和利息的能力,也影响企业股价;投资者和信贷者期望从企业获得现金报酬收入,因而关注现金流量。1984年,FASB发表第5辑《财务会计概念公告——企业财务报表的确认和计量》,指出现金流量信息的重要用途包括评估会计主体的偿债能力、获利能力、财务弹性及风险,再次强调现金流量信息的重要作用。1986年,FASB发表《财务会计准则建议的报表"现金流量表"》征求意见稿。1987年,FASB发布FAS 95《现金流量表》正式取代APB第19号意见书,并于1988年生效。从此以后,流动资金报表开始有了统一规范的会计报告标准。

1989年,IASC发表IAS 7《现金流量表》,以取代原IAS 7《财务状况变动表》。1992年,IASC对IAS 7做了修订,并于1994年1月1日起生效。我国于1973年7月1日起施行企业会计准则,要求企业编制以营运资金为基础的财务状况变动表;1998年3月颁布《现金流量表》企业会计准则。2001年1月,对《现金流量表》准则进行修订;2006年发布新的《现金流量表》准则。

(三) 现金流量表的作用

由于资产负债表和利润表都是在"应计制"基础上分别反映财务状况和财务成果的,它们无法从现金流量上反映财务状况变动及其变动原因。现金流量表是在"现金制"基础上,为提供现金流量信息而编制的"动态"资金报表。当前,企业编制的现金流量表应用全部资金概念,以现金为计量基础,再补充其他不直接影响现金变化的重要投资和筹资活动涉及的财务资源进行编制。现金流量表既反映经营活动现金流量,又反映投资和筹资活动现金流量,从而全面反映企业的现金资源和全部财务资源状况的变动情况。因此,现金流量表是第三张重要的基本会计报表,简称第三表。

从现金流量表的产生与发展上看,现金流量表能为债权人和投资者提供企业在偿还债务、发放股利、进行投资等现金支付能力方面的重要信息;反映企业损益与经营活动中产生的现金流量变动情况及变动原因;揭示企业在债务和权益上的各种投资与理财活动,以及未来现金流量等方面的重要信息资料。

二、现金流量表的列报要求

(一) 基本要求

现金流量表应分别经营活动、投资活动和筹资活动列报现金流量,并应分别按现金流入和现金流出总额列报。但是,下列各项可按净额列报:(1)代客户收取或支付的现金;(2)周转快、金额大、期限短项目的现金流入和现金流出;(3)金融企业的有关项目,包括短期贷款发放与收回的贷款本金、活期存款的吸收与支付、同业存款和存放同业款项的存取、向其他金融企业拆借资金、以及证券的买入与卖出等。

自然灾害损失、保险索赔等特殊项目,应根据其性质,分别归并到经营活动、投资活动和筹资活动现金流量类别中单独列报。外币现金流量以及境外子公司的现金流量,应采用现金流量发生日的即期汇率或按系统合理的方法确定的、与现金流量发生日即期汇率近似的汇率折算。汇率变动对现金的影响额应作为调节项目,在现金流量表中单独列报。

须指出,企业未真正实现的其他综合收益,显然不产生现金流量,因此现金流量表不报告其他综合收益信息。

(二) 经营活动现金流量

根据《现金流量表》准则,经营活动是指企业投资活动和筹资活动以外的所有交易或事项。企业应采用直接法列示经营活动产生的现金流量。直接法是指通过现金收入和现金支出的主要类别列示经营活动的现金流量。有关经营活动现金流量的信息,可通过下列途径之一取得。

1. 企业的会计记录。
2. 根据下列项目对利润表中的营业收入、营业成本以及其他项目进行调整:(1)当期存货及经营性应收和应付项目的变动;(2)固定资产折旧、无形资产摊销、计提资产减值准备等其他非现金项目;(3)属于投资活动或筹资活动现金流量的其他非现金项目。

经营活动产生的现金流量至少应当单独列示反映下列信息的项目:(1)销售商品、提供劳务收到的现金;(2)收到的税费返还;(3)收到其他与经营活动有关的现金;(4)购买商品、接受劳务支付的现金;(5)支付给职工以及为职工支付的现金;(6)支付的各项税费;(7)支付其他与经营活动有关的现金。

金融企业可根据行业特点和现金流量实际情况,合理确定经营活动现金流量项目的类别。

(三) 投资活动现金流量

投资活动是指企业长期资产的购建和不包括在现金等价物范围的投资及其处置活动。投资活动产生的现金流量至少应单独列示反映下列信息的项目:(1)收回投资收到的现金;(2)取得投资收益收到的现金;(3)处置固定资产、无形资产和其他长期资产收回的现金净额;(4)处置子公司及其他营业单位收到的现金净额;(5)收到其他与投资活动有关的现金;(6)购建固定资产、无形资产和其他长期资产支付的现金;(7)投资支付的现金;(8)取得子公司及其他营业单位支付的现金净额;(9)支付其他与投资活动有关的现金。

(四) 筹资活动现金流量

筹资活动是指导致企业资本及债务规模和构成发生变化的活动。筹资活动产生的现金流量至少应单独列示反映下列信息的项目:(1)吸收投资收到的现金;(2)取得借款收到的现金;(3)收到其他与筹资活动有关的现金;(4)偿还债务支付的现金;(5)分配股利、利润或偿付利息支付的现金;(6)支付其他与筹资活动有关的现金。

(五) 披露

企业应在附注中披露将净利润调节为经营活动现金流量的信息。至少应单独披露对净利润进行调节的下列项目:(1)资产减值准备;(2)固定资产折旧;(3)无形资产摊销;(4)长期待摊费用摊销;(5)待摊费用;(6)预提费用;(7)处置固定资产、无形资产和其他长期资产的损益;(8)固定资产报废损失;(9)公允价值变动损益;(10)财务费用;(11)投资损益;(12)递延所得税资产和递延所得税负债;(13)存货;(14)经营性应收项目;(15)经营性应付项目。

企业应在附注中披露不涉及当期现金收支,但影响财务状况或在未来可能影响现金流量的重大投资和筹资活动。应在附注中披露与现金和现金等价物有关的下列信息:(1)现金和现金等价物的构成及其在资产负债表中的相应金额;(2)企业持有但不能由母公司或集团内其他子公司使用的大额现金和现金等价物金额。

三、现金流量表的编表方法

(一) 直接法

直接法是指将利润表中以应计制为基础列报的收入与费用项目,经过调整计算,直接以现金收入和现金支出列示各项经营活动的现金流量。在直接法下,对每笔现金业务应单独分析计算,计算时一般可根据利润表中的收入与费用项目,结合资产负债表中与收入和费用项目有关的资产与负债账户的变动,将其调整为现金的实际流入与流出；或根据会计记录，直接获取有关现金流量的信息进行分析列报。

在直接法下，根据利润表各项目的应计制金额，联系除现金及其等价物账户以外的资产负债表有关账户余额的变动，可以确定经济业务项目的现金流入或流出。资产负债表有关账户余额的变动与现金流量的一般关系，见表 16-1。

表 16-1　　　　　　　　资产负债表账户余额变动与现金流量关系表

	现金流入			现金流出	
序	账户余额变动	经济业务例示	序	账户余额变动	经济业务示例
1	资产减少	如收回应收账款	1	资产增加	以现金购入存货
2	负债增加	如银行借款筹资	2	负债减少用	现金偿还借款
3	股东权益增加	如发行股票筹资	3	股东权益减少	支付现金股利

在直接法下，将利润表中应计制的收入、费用项目换算成现金制的现金流量时，可参照表 16-1 所示的资产负债表有关账户余额变动与现金流量关系计算经营活动现金流量，参考下述公式分析计算现金流量。

(1) 经营活动现金流入 = 营业收入 + 应收账款、应收票据减少（或-增加）数 + 预付账款减少（或-增加）数 + 预收账款增加（或-减少）数 + 应交税费增加（或-减少）数 - 票据贴现利息 + 其他应收款（与经营有关）减少（或-增加）数 + 其他应付款（与经营有关）增加（或-减少）数

(2) 营业成本现金流出 = 营业成本 + 存货增加（或-减少）数 + 应付账款、应付票据减少（或-增加）数 - 调整已计入营业成本重复计算的费用等

(3) 期间费用现金流出 = 销售费用 + 管理费用 + 财务费用 + 待摊费用增加（或-减少）数 + 预提费用减少（或-增加）数 - 调整已计入期间费用重复计算的费用等

(4) 经营活动现金净流量 = 经营活动现金流入 - 营业成本现金流出 - 期间费用现金流出

须指出，调整重复计算的费用如已计入营业成本的固定资产折旧，或者已计入管理费用的无形资产摊销等，由于在计算营业成本或期间费用时已将它们计入相关的成本费用，将成本费用调整为现金流出时，须对已重复计入的金额进行再调整计算。

(二) 间接法

间接法是指以利润表中净利润为起算点，经过调整不涉及现金的收入、费用、

营业外收支以及经营性应收应付等项目的增减变动,转换得出经营活动的现金流量。在间接法下,将利润表中应计制确定的净利润调整换算成现金制下"经营活动现金流量",其调整项目一般可分为以下四类:(1)不涉及现金的费用;(2)不涉及现金的收益;(3)不属于经营活动的损益;(4)经营性应收、应付项目的变动。具体调整计算项目,参见表16-6中的补充资料。

须指出,现金流量表补充资料中的"将净利润调节为经营活动现金流量"项目,经营性应收、应付增减的调整中的应收账款和应收票据只是指应收的货款部分,不包括应收的增值税销项税额;同样,应付账款和应付票据只是指应付的货款部分,不包括应付增值税进项税额。在实务上,为简化现金流量表编制,往往并不进行如此详细的分解编报。

(三) 两种编表方法的比较

直接法直接以现金流入与现金流出反映现金状况变动结果与变动原因,容易使人理解;但直接法编表较麻烦,并容易使人对应计基础的净利润与现金基础的经营活动净现金流量的差异产生误解。

间接法编表较容易,并有助于了解净利润与经营活动净现金流量之间产生差异的原因,当需要预测经营活动现金流量时,可通过预测未来净利润再调整其与现金流量的差异达到目的。但是,间接法对一些非现金费用或损失的调整容易让人产生误解,以为这些费用或损失会导致现金的流入或流出。此外,间接法无法反映营业活动现金流入的来源和流出的去向。

鉴于这两种编制方法各自的优缺点,会计准则规定在编制现金流量表时,应以直接法编制"正表";同时,以间接法编制"附表"(补充资料)。

第二节 现金流量表的编制程序和填列方法

一、现金流量表的编制程序

(一) 工作底稿编制程序

工作底稿编制程序是指先编制工作底表,再以利润表和资产负债表数据为基础,对每一利润表项目逐一分析并编制调整分录,将调整分录登记到工作底表上,再根据工作底表有关数据编制现金流量表的一种编表程序。

在直接法下,工作底表(表16-4)一般包括"横向"和"纵向"两个方面。

(1) 横向分三个部分,第一部分是资产负债表项目,第二部分是利润表项目,第三部分现金流量表项目。

(2) 纵向分五个栏目。在资产负债表部分:第一栏是项目栏,填列资产负债表项目的名称;第二栏是年初数,用来填列资产负债表项目的年初数;第三栏是调整分录的借方;第四栏是调整分录的贷方;第五栏是期末数,用来填列资产负债表项目的期末数。在利润表和现金流量表部分:第一栏也是项目栏,用来填列利润表和现金流量表项目名称;第二栏空置不填;第三、第四栏分别是调整分录的借方和贷方;第五栏是期末数,利润表部分这一栏数字应与利润表期末数核对相符,现金流量表部分,登记调整分录后的这一栏数字可直接用来编制现金流量表。

采用工作底稿编制现金流量表,具体程序如下。

(1) 将资产负债表的年初数和期末数过入工作底表的年初数栏目和期末数栏目。

(2) 分析当期业务,编制调整分录。调整分录大体有以下五类:①涉及利润表项目以及资产负债表的相关项目,通过调整,将应计基础的收入、费用转换为现金基础的现金流入或流出;②涉及资产负债表的投资、筹资项目,通过调整,在现金流量表上反映投资和筹资活动的现金流量;③涉及利润表的投资和筹资项目,通过调整,将利润表中有关投资和筹资方面的收入和费用列入现金流量表的投资、筹资活动现金流量;④涉及某些调整分录的再调整,编制"再调整"分录,目的在于消除重复计算因素;⑤不涉及现金收支的调整分录,这些调整分录仅仅是为了在工作底稿上核对报表项目的期末、期初变动数,以便正确编制现金流量表。

在调整分录中,有关现金的事项并不直接借记或贷记现金,而是分别记入"经营活动产生的现金流量""投资活动产生的现金流量""筹资活动产生的现金流量"有关项目,借记表明现金流入,贷记表明现金流出。

(3) 将调整分录过入工作底稿中的相应部分。

(4) 核对调整分录,借贷合计应相等,资产负债表项目的年初数加或减调整分录的借贷金额后,应等于期末数。

(5) 根据工作底稿上现金流量表项目第五栏数字,编制现金流量表"正表"。

(二) T形账户编制程序

在T形账户编制程序下,首先,为非现金项目设置T形账户,将其作为一种工作底稿;其次,以利润表和资产负债表数据为基础,对每一项目进行分析、编制调整分录,根据调整分录在相关T形账户上进行登账;最后,通过"现金及现金等价物"T形账户的数据,编制现金流量表。具体如下。

1. 为所有的非现金项目(包括资产负债表项目和利润表项目)分别开设T形账户,并将各自的期末、期初变动数过入各该账户。

2. 开设"现金及现金等价物"T形账户,借方和贷方分别分为经营活动、投资活动和筹资活动三个部分,借方登记现金流入,贷方登记现金流出。与其他账户一样,过入期末、期初变动数。

3. 以利润表项目为基础,结合资产负债表有关项目分析每一非现金项目的增减变动,并据此编制调整分录。

4. 将调整分录过入T形账户,并进行核对。各账户借贷相抵后的余额与原先过入的期末、期初变动数应当一致。

5. 根据"现金及现金等价物"T形账户(图16-5)核算记录,编制现金流量表。

(三) 简化的分析填列编表程序

对于现金变动并不复杂的小企业来说,可简化编表程序,不编制工作底表或T形账户,直接采用"分析填列法"进行现金流量表填报。

分析填列法是直接根据资产负债表、利润表和有关账户的余额变动、明细记录等进行分析计算,按直接法编制现金流量表"正表";同时,按间接法编制现金流量表的"附表"(补充资料)。

二、现金流量表的填列方法

根据会计准则的规定,企业应根据具体情况确定现金等价物的范围,并且一贯性地保持其划分标准,如改变划分标准,应按会计政策变更的规定进行处理。现金流量表各项目的内容及填列方法如下。

(一) 经营活动产生的现金流量

工商企业的经营活动,主要包括销售商品、提供劳务、购买商品、接受劳务、支付职工薪酬和支付各项税费等。商业银行的经营活动,主要包括吸收存款、发放贷款、同业存放、同业拆借等。保险公司的经营活动,主要包括原保险和再保险业务等。证券公司的经营活动,主要包括自营证券、代理承销证券、代理兑付证券、代理买卖证券等。企业的经营活动产生的现金流量,应该采用直接法进行编制。

1. "销售商品、提供劳务收到的现金"项目。反映销售商品、提供劳务实际收到的现金(含销售收入和应向购买者收取的增值税额),包括本期销售商品、提供劳务收到的现金,以及前期销售商品和前期提供劳务本期收到的现金和本期预收的款项,扣除本期退回本期销售的商品和前期销售本期退回的商品支付的现金。销售材料和代购代销业务收到的现金也在本项目内反映。本项目可根据"库存现金""银行存款""应收账款""应收票据""预收账款""主营业务收入""其他业务收入"等账户的记录分析填列。

2. "收到的税费返还"项目。反映收到返还的各种税费,如收到的增值税、消费税、营业税、所得税、教育费附加返还等。本项目可根据"库存现金""银行存款""营业税金及附加""补贴收入""应交补贴款"等账户的记录分析填列。

3. "收到其他与经营活动有关的现金"项目。反映除了上述各项目外,收到的其他与经营活动有关的现金,如罚款收入、流动资产损失中由个人赔偿的现金收入等。收到的其他与经营活动有关的现金项目中如有价值较大的,应单列项目反映。本项目可根据"营业外收入""库存现金""银行存款"等账户的记录分析填列。

4. "购买商品、接受劳务支付的现金"项目。反映购买商品、接受劳务实际支付的现金,包括本期购入商品、接受劳务支付的现金(包括增值税进项税额),以及本期支付前期购入商品、接受劳务的未付款项和本期预付款项。本期发生的购货退回收到的现金应从本项目内减去。本项目可根据"主营业务成本""应付账款""应付票据""库存现金""银行存款"等账户的记录分析填列。

5. "支付给职工以及为职工支付的现金"项目。反映实际支付给职工,以及为职工支付的现金,包括本期实际支付给职工的薪酬,以及为职工支付的其他费用。不包括支付给离退休人员的各项费用和支付给在建工程人员的工资等。企业支付给离退休人员的各项费用,包括支付的统筹退休金以及未参加统筹的退休人员的费用,在"支付的其他与经营活动有关的现金"项目中反映;支付的在建工程人员的工资,在"购建固定资产、无形资产和其他长期资产所支付的现金"项目中反映。本项目可根据"库存现金""银行存款""应付职工薪酬"等账户的记录分析填列。

为职工支付的养老、失业等社会保险基金、补充养老保险、住房公积金,支付给职工的住房困难补助,以及支付给职工或为职工支付的其他福利费用等,应按职工的工作性质和服务对象,分别在本项目和在"购建固定资产、无形资产和其他长期资产所支付的现金"项目反映。

6. "支付的各项税费"项目。反映按规定支付的各种税费,包括本期发生并支付的税费,以及本期支付以前各期发生的税费和预交的税金,如支付的教育费附加、矿产资源补偿费、印花税、房产税、土地增值税、车船使用税、预交的营业税等。不包括计入固定资产价值、实际支付的耕地占用税等。也不包括本期退回的增值税、所得税,本期退回的增值税、所得税在"收到的税费返还"项目中反映。本项目可根据"应交税费""库存现金""银行存款"等账户的记录分析填列。

7. "支付的其他与经营活动有关的现金"项目。反映除上述各项目外,支付的其他与经营活动有关的现金,如罚款支出、支付的差旅费、业务招待费现金支出、支付的保险费等,支付的其他与经营活动有关的现金项目中如有价值较大的,应单列项目反映。本项目可根据有关账户的记录分析填列。

(二) 投资活动产生的现金流量

1. "收回投资所收到的现金"项目。反映出售、转让或到期收回除现金等价物以外的交易性金融资产等短期投资、长期股权投资而收到的现金,以及收回长期债权投资本金而收到的现金。不包括长期债权投资收回的利息,以及收回的非现金资产。本项目可根据"交易性金融资产""长期股权投资""长期债权投资""库存现金""银行存款"等账户的记录分析填列。

2. "取得投资收益所收到的现金"项目。反映因股权性投资和债权性投资而收到的现金股利、利息,以及从子公司、联营企业和合营企业分回利润所收到的现金,不包括股票股利。本项目可根据"投资收益""库存现金"、"银行存款"等账户的记录分析填列。

3. "处置固定资产、无形资产和其他长期资产所收回的现金净额"项目。反映处置固定资产、无形资产和其他长期资产收回的现金,减去所发生的现金支出后的净额。由于自然灾害所造成的固定资产等长期资产损失而收到的保险赔偿收入,也在本项目反映。本项目可根据"固定资产""固定资产清理""无形资产""库存现金""银行存款"等账户的记录分析填列。处置固定资产、无形资产和其他长期资产而收回的现金净额如为负数,应在投资活动的现金流出中单列项目反映。

4. "处置子公司及其他营业单位所收到的现金净额"项目。反映处置子公司及其他营业单位所收到的现金,减去发生的现金支出后的净额。本项目可根据"库存现金""银行存款"和其他有关账户的记录分析填列。

5. "收到其他与投资活动有关的现金"项目。反映除了上述各项以外,收到的其他与投资活动有关的现金。收到的其他与投资活动有关的现金项目中如有价值较大的,应单列项目反映。本项目可根据"库存现金""银行存款"和其他有关账户的记录分析填列。

6. "购建固定资产、无形资产和其他长期资产所支付的现金"项目。反映购买、建造固定资产、取得无形资产和其他长期资产支付的现金,不包括为购建固定资产而发生的借款利息资本化的部分,以及融资租入固定资产支付的租赁费;借款利息和融资租入固定资产支付的租赁费,在筹资活动产生的现金流量中反映。本项目可根据"固定资产""无形资产""在建工程""库存现金""银行存款"等账户的记录分析填列。

7. "投资支付的现金"项目。反映企业进行权益性投资和债权性投资支付的现金,包括企业取得的除现金等价物以外的短期股票投资、短期债券投资、长期股权投资、长期债权投资支付的现金,以及支付的佣金、手续费等附加费用。本项目可根据"交易性金融资产""长期股权投资""持有至到期投资""库存现金""银行存款"等账户的记录分析填列。

购买股票和债券时,实际支付的价款中包含的已宣告但尚未领取的现金股利或已到付息期但尚未领取的债券的利息,应在投资活动的"支付的其他与投资活动有关的现金"项目反映;收回购买股票和债券时支付的已宣告但尚未领取的现金股利,或已到付息期但尚未领取的债券的利息,在投资活动的"收到其他与投资活动有关的现金"项目中反映。

8. "取得子公司及其他营业单位支付的现金净额"项目。反映取得子公司及其他营业单位所支付的现金,减去发生的现金收入后的净额。本项目可根据"库存现金""银行存款"和其他有关账户的记录分析填列。

9. "支付的其他与投资活动有关的现金"项目。反映除了上述各项以外,支付的其他与投资活动有关的现金。支付的其他与投资活动有关的现金项目中如有价值较大的,应单列项目反映。本项目可根据有关账户的记录分析填列。

(三) 筹资活动产生的现金流量

1. "吸收投资所收到的现金"项目。反映收到的投资者投入的现金,包括以发行股票、债券等方式筹集资金实际收到的股款净额(发行收入减去支付的佣金等发行费用后的净额)。以发行股票、债券等方式筹集资金而由企业直接支付的审计、咨询等费用,在"支付的其他与筹资活动有关的现金"项目反映,不从本项目内减去。本项目可根据"股本""资本公积""库存现金""银行存款"等账户的记录分析填列。

2. "取得借款收到的现金"项目。反映举借各种短期、长期借款所收到的资金。本项目可根据"短期借款""长期借款""银行存款"等账户的记录分析填列。

3. "收到其他与筹资活动有关的现金"项目。反映除上述各项外,收到的其他与筹资活动有关的现金,如接受现金捐赠等。收到的其他与筹资活动有关的现金项目中如有价值较大的,应单列项目反映。本项目可根据有关账户的记录分析填列。

4. "偿还债务支付的现金"项目。反映以现金偿还债务的本金,包括偿还金融企业的借款本金、偿还债券本金等。企业偿还的借款利息、债券利息,不包括在本项目内,在"分配股利、利润或偿付利息支付的现金"项目反映。本项目可根据"短期借款""长期借款""库存现金""银行存款"等账户的记录分析填列。

5. "分配股利、利润或偿付利息支付的现金"项目。反映实际支付的现金股利,支付给其他投资单位的利润以及支付的借款利息、债券利息等。本项目可根据"应付股利""财务费用""长期借款""库存现金""银行存款"等账户的记录分析填列。

6. "支付其他与筹资活动有关的现金"项目。反映除了上述各项目外,支付的其他与筹资活动有关的现金,如捐赠现金支出、融资租入固定资产支付的租赁费等。支付的其他与筹资活动有关的现金项目中如有价值较大的,应单列项目反映。本项目可根据有关账户的记录分析填列。

7. "汇率变动对现金的影响"项目。反映外币现金流量及境外子公司的现金流量折算为人民币时,所采用的现金流量发生日的汇率或平均汇率折算的人民币金额,与"现金及现金等价物净增加额"中外币现金净增加额按期末汇率折算的人民币金额之间的差额。

(四) 补充资料项目的内容及填列

1. "将净利润调节为经营活动的现金流量"项目。各项目具体填列方法如下。

(1) "资产减值准备"项目。反映计提的各项资产的减值准备,包括坏账准备、存货跌价准备、长期股权投资减值准备、持有至到期投资减值准备、固定资产减值准备、无形资产减值准备、贷款损失准备等。本项目可根据"资产减值损失"等账户分析填列。

(2) "固定资产折旧、油气资产折耗、生产性生物资产折旧"项目。反映本期累计提取的固定资产折旧、油气资产折耗、生产性生物资产折旧。本项目可根据"累计折旧""累计折耗""生产性生物资产累计折旧"等账户分析填列。

(3) "无形资产摊销"项目。反映本期累计提取的摊入成本费用的无形资产摊销的价值。本项目可根据"无形资产累计摊销"账户分析填列。

(4) "长期待摊费用摊销"项目。反映本期累计摊入成本费用的长期待摊费用。本项目可根据"长期待摊费用"账户分析填列。

(5) "处置固定资产、无形资产和其他长期资产的损失(收益以'-'号填列)"项目。反映本期由于处置固定资产、无形资产和其他长期资产而发生的净损失。本项目可根据"营业外收入""营业外支出""其他业务收入""其他业务支出"账户所属有关明细账户分析填列;如为净收益,以"-"号填列。

(6) "固定资产报废损失(收益以'-'号填列)"项目。反映本期固定资产盘亏(减盘盈)、报废净损失。本项目可根据"营业外支出""营业外收入""以前年度损益调整"等账户所属有关明细账户中固定资产盘亏、毁损等报废损失减去固定资产盘盈等收益后净损失的差额填列。如为净收益,以"-"号填列。

(7) "公允价值变动损失(收益以'-'号填列)"项目。反映本期交易性金融资产、交易性金融负债,以及采用公允价值模式计量的投资性房地产、衍生工具、套期保值业务等公允价值变动形成的净损失。本项目可根据"公允价值变动损益"账户分析填列;如为净收益,以"-"号填列。

(8) "财务费用(收益以'-'号填列)"项目。反映本期发生的应属于筹集生产经营所需资金等而发生的筹资费用,包括利息支出(减利息收入)、汇兑损益以及相关的手续费、发生的现金折扣或收到的现金折扣等。但是,不包括为购建或生产满足资本化条件的资产而发生的应归属于在建工程或制造费用的资本化借款费用。本项目可根据"财务费用"账户分析填列;如为收益,以"-"号填列。

(9)"投资损失(收益以'-'号填列)"项目。反映本期投资所发生的损失减去收益后的净损失。本项目可根据利润表"投资收益"项目的数字填列;如为投资收益,以"-"号填列。

(10)"递延所得税资产减少(增加以'-'号填列)"项目。反映本期确认的可抵扣暂时性差异产生的递延所得税资产的减少价值。本项目可根据"递延所得税资产"账户分析填列。"递延所得税资产"账户的期末数小于期初数的差额,以正数填列。反之,如为递延所得税资产增加,期末数大于期初数的差额,以"-"号填列。

(11)"递延所得税负债增加(减少以'-'号填列)"项目。反映本期确认的应纳税暂时性差异产生的递延所得税负债的增加价值。本项目可根据"递延所得税负债"账户分析填列。"递延所得税负债"账户的期末数大于期初数的差额,以正数填列。反之,如为递延所得税负债减少,期末数小于期初数的差额,以"-"号填列。

(12)"存货的减少(增加以'-'号填列)"项目。反映本期存货的减少价值。本项目可根据资产负债表"存货"项目分析填列。存货减少,期末数小于期初数,按其差额,以正数填列。反之,存货增加,期末数大于期初数,按其差额,以"-"号填列。

(13)"经营性应收项目的减少(增加以'-'号填列)"项目。反映本期经营性应收项目(包括应收账款、应收票据、预付账款和其他应收款中与经营活动有关的部分及应收的增值税销项税额等)减少的价值。如为经营性应收项目的增加,以"-"号填列。

(14)"经营性应付项目的增加(减少以'-'号填列)"项目。反映本期经营性应付项目(包括应付账款、应付票据、应交税费、预收账款和其他应付款中与经营活动有关的部分以及应付的增值税进项税额等)增加的价值。如为经营性应付项目的减少,以"-"号填列。

(15)"其他"项目。反映本期除了上述各项目以外的不涉及现金的费用与收益、不属于经营活动的损益和其他经营性应收、应付项目的变动金额等。

2."不涉及现金收支的重大投资和筹资活动"项目。反映一定期间内影响资产或负债但不形成该报告期间现金收支的重大投资和筹资活动的信息。不涉及现金收支的重大投资和筹资活动各项目的填列方法如下。

(1)"债务转为资本"项目。反映本期转为资本的债务金额。

(2)"一年内到期的可转换企业债券"项目。反映1年内到期的可转换企业债券的本息。

(3)"融资租入固定资产"项目。反映本期融资租入固定资产计入"长期应付款"账户的金额。

3."现金及现金等价物净变动情况"项目。本项目中本期"现金及现金等价物净增加额",是由"现金的期末余额"减去"现金的期初余额",加上"现金等价物的期末余额",再减去"现金等价物的期初余额"后计算得出的。该数值应与现金流量表"正表"中的"五、现金及现金等价物净增加额"项目填列的金额一致。

第三节 现金流量表编制(一): 工作底稿编制程序

一、资料

2×18年,HX企业发行在外普通股股数10 000 000股,假定本年营业收入全部为主营业务收入,无其他业务收入;坏账准备计提比率测算结果与税法标准十分接近,年末根据应收账款余额、按0.3%计提坏账准备;适用增值税率16%和所得税率25%。有关资料、当年年末编制的资产负债表和利润表以及报表的附注说明,见表16-2、表16-3。假定,有关具体资料在编制分录时补充,HX企业根据资产负债表和利润表,结合具体业务分析,采用直接法编制现金流量表"正表",采用间接法编制现金流量表"附表"。

二、资产负债表和利润表

(一)2×18年12月31日资产负债表

表16-2

资产负债表(部分)

编制单位:HX企业　　　　　　　2×18年12月31日　　　　　　　单位:元

资产	期末数	年初数①	负债及股东权益	期末数	年初数
流动资产:			流动负债:		
货币资金	7 603 725	7 531 500	短期借款	475 880	1 500 000
交易性金融资产	—	75 000	交易性金融负债	—	—
应收票据	230 000	1 230 000	应付票据	500 000	1 000 000

(续表)

资产	期末数	年初数①	负债及股东权益	期末数	年初数
应收账款	2 991 000③	1 495 500②	应付账款	4 769 000	4 769 000
预付账款	500 000	500 000	预收账款	—	—
应收股利	—	—	应付职工薪酬	550 000	550 000
其他应收款	25 000	25 000	应交税费	1 059 720	183 000
存货	12 873 500	12 900 000	应付利息	—	5 000
应付股利	300 000	—			
一年内到期的非流动资产	—	—	其他应付款	250 000	250 000
其他流动资产	—	—	一年内到期的长期负债	—	1 500 000
流动资产合计	24 223 225	23 757 000	流动负债合计	7 904 600	9 757 000
非流动资产:			非流动负债:		
债权投资	—	—	长期借款	9 300 000	6 500 000⑥
长期应收款	—	—	应付债券	—	—
长期股权投资	1 250 000	1 250 000	长期应付款	—	—
投资性房地产	—	—	预计负债	—	—
固定资产	11 155 000⑤	5 500 000④	递延所得税负债	—	—
在建工程	3 640 000	7 500 000	其他非流动负债	—	—
固定资产清理	—	—	负债合计	17 204 600	16 257 000
无形资产	2 700 000	3 000 000	股东权益:		
开发支出	—	—	股本	25 000 000	25 000 000
商誉	—	—	资本公积	—	—
长期待摊费用	—	—	减:库存股	—	—
递延所得税资产	—	—	盈余公积	960 180	750 000
其他非流动资产	1 000 000	1 000 000	未分配利润	803 445⑦	—
非流动资产合计	19 745 000	18 250 000	股东权益合计	26 763 625	25 750 000
资产总计	43 968 225	42 007 000	负债和股东权益总计	43 968 225	42 007 000

注①: 年初数为已知数
②: 1 495 500 = 应收账款 − 坏账准备 = 1 500 000 − 1 500 000 × 0.3% = 1 500 000 − 4 500
③: 2 991 000 = 应收账款 − 坏账准备 = 3 000 000 − 3 000 000 × 0.3% = 3 000 000 − 9 000
④: 5 500 000 = 固定资产原值 − 累计折旧 = 7 500 000 − 2 000 000
⑤: 11 155 000 = 固定资产原值 − 累计折旧 = 12 005 000 − 850 000
⑥: 6 500 000 = 长期负债期初数 − 1 年内到期的长期负债 = 8 000 000 − 1 500 000
⑦: 803 445 = 本年净利润 − 计提盈余公积 − 应付股利 = 1 313 625 − 210 180 − 300 000

(二) 2×18年度利润表

表 16-3　　　　　　　　　　　　　　**利润表(部分)**

编报单位:HX企业　　　　　　　20×1年度　　　　　　　　　　单位:元

项　目	上年累计数	本年累计数
一、营业收入		6 250 00
减:营业成本		3 750 000
税金及附加		10 000
销售费用		100 000
管理费用		785 500
财务费用		207 500
资产减值损失		4 500
加:公允价值变动收益		—
投资收益(损失以"-"号填列)		157 500
其中:对联营企业和合营企业的投资收益	略	
二、营业利润(亏损以"-"号填列)		1 550 000
加:营业外收入		250 000
减:营业外支出		98 500
其中:非流动资产处置损失		—
三、利润总额(亏损以"-"号填列)		1 701 500
减:所得税费用		387 875①
四、净利润(净亏损以"-"号填列)		1 313 625
五、每股收益		
(一)基本每股收益		0.13
(二)稀释每股收益		—

注①: 387 875=(1 701 500-150 000)×25%

三、编制现金流量表

在工作底稿上编制现金流量表时,具体编制程序如下。

(一)第一步:在工作底稿上登记资产负债表的年初数和期末数

在第一步中,将资产负债表的年初数和期末数过入工作底稿的年初数栏目和期末数栏目(见表16-4)。

(二)第二步:编制调整分录

在第二步中,编制调整分录,编制时以利润表项目为基础,从"营业收入"项目开始,结合资产负债表有关项目进行分析计算。调整分录如下。

1. 计算"经营活动现金流量"——调整利润表项目,由应计制转换为现金制

(1)调整主营业务收入

$$\begin{aligned}
\text{经营活动现金流量} \atop \text{(销售收到的现金)} &= \left[\begin{matrix}\text{营业}\\\text{收入}\end{matrix} + \begin{matrix}\text{应收票据}\\\text{"资产减少"}\end{matrix} + \begin{matrix}\text{应交增值税}\\\text{(负债增加)}\end{matrix}\right] - \left[\begin{matrix}\text{应收账款"资产增加"}\\\text{(货款 + 增值税)}\end{matrix}\right]\\
&= [6\,250\,000 + 1\,000\,000 + 255\,000] - (1\,245\,000 + 255\,000)\\
&= 6\,005\,000(\text{元})
\end{aligned}$$

借：经营活动现金流量——销售商品、提供劳务收到的现金　　6 005 000
　　应收账款——货款　　　　　　　　　　　　　　　　　　1 245 000
　　　　　　——增值税销项税额　　　　　　　　　　　　　　　255 000
　　贷：营业收入　　　　　　　　　　　　　　　　　　　　　6 250 000
　　　　应收票据　　　　　　　　　　　　　　　　　　　　　1 000 000
　　　　应交税费——应交增值税（销项税额）　　　　　　　　　 255 000

假定，根据本例资料核算的应收账款和应收票据T形账户核算图，见图16-1。

应收账款					应收票据			
期初余额	1 500 000	255 000	增值税		期初余额	1 230 000	1 000 000	货款
货款	1 500 000				货款	1 250 000	1 250 000	货款
增值税	255 000				增值税	212 500	212 500	增值税
期末余额	3 000 000				期末余额	230 000		

图16-1　应收账款和应收票据T形账户核算图

（2）调整营业成本

$$\begin{aligned}
\text{经营活动现金流量(支付的现金)} &= \text{营业成本} + \text{应付票据(负债减少)} - \text{存货(资产减少)}\\
&= 3\,750\,000 + 500\,000 - 26\,500\\
&= 4\,223\,500(\text{元})
\end{aligned}$$

借：营业成本　　　　　　　　　　　　　　　　　　　　　　3 750 000
　　应付票据　　　　　　　　　　　　　　　　　　　　　　　 500 000
　　贷：经营活动现金流量——购买商品、接受劳务支付的现金　　4 223 500
　　　　存货　　　　　　　　　　　　　　　　　　　　　　　　26 500

（3）调整营业税金及附加

借：营业税金及附加　　　　　　　　　　　　　　　　　　　　10 000
　　贷：经营活动现金流量——支付的各项税费　　　　　　　　　10 000

利润表中税金及附加是以应计制报告的，交纳税金及附加涉及现金流出，因此先将其全部调整为经营活动现金流出。对于其中本年应交未交的部分，可结合下述第19笔调整分录在调整应交税费时进行"再调整"。假定本例较简单，现金支付教育费附加10 000元，调整为经营活动现金流出。

(4) 调整销售费用

借：销售费用　　　　　　　　　　　　　　　　100 000
　　贷：经营活动现金流量——支付的其他与经营活动有关的现金　　100 000

利润表中销售费用 100 000 元是以应计制报告的,假定与实际现金支付数一致。因此,直接结转经营活动现金流出。

(5) 调整管理费用

借：管理费用　　　　　　　　　　　　　　　　785 500
　　贷：经营活动现金流量——支付的其他与经营活动有关的现金　　785 500

利润表中管理费用 785 500 元,假定其中含有不涉及现金支出的项目,上述调整分录先将管理费用全额调整计入"经营活动现金流量——支出的其他与经营活动有关的现金"项目内,对于其中不涉及现金支出的项目,以后"再调整"。

(6) 调整财务费用

借：财务费用　　　　　　　　　　　　　　　　207 500
　　贷：经营活动现金流量——销售商品、提供劳务收到的现金　　100 000
　　　　应付利息　　　　　　　　　　　　　　　57 500
　　　　长期借款　　　　　　　　　　　　　　　50 000

利润表中财务费用 207 500 元是以应计制报告的,须转换为现金制。假定,其中 100 000 元是票据贴现息,该贴现息实质是企业以票据作为抵押,取得银行信贷资金的同时付出的一笔利息。在第 1 笔调整营业收入的分录中,应收票据的减少数已全部作为现金流入的增加处理,而这笔应收票据的减少是扣付的贴现息,不是应收票据的收回,因此并没有现金流入。于是,须对第 1 笔调整分录做"再调整"处理,贷记"经营活动现金流量——销售商品、提供劳务收到的现金",表示对第 1 笔调整分录中该现金流入项目的借记做冲回处理。假定,财务费用中的短期借款利息 57 500 元和长期借款 50 000 元不属于经营活动现金流量,应归属于筹资活动现金流量。长期借款利息尚未支付,短期借款利息已以现金支付,具体调整处理,见下文第 20、21 笔调整分录。

(7) 调整资产减值损失

借：资产减值损失　　　　　　　　　　　　　　4 500
　　贷：经营活动现金流量——支付的其他与经营活动有关的现金　　4 500

利润表中资产减值损失 4 500 元是以应计制报告的,须转换为现金制。先将本年资产减值损失全部调整计入经营活动现金流出。对于其中未涉及现金流出的,以后"再调整"。假定本例业务简单,只有一笔计提坏账准备,它不涉及现金流出,再调整时见下述第 12 笔调整分录。

(8) 调整投资收益

借:投资活动现金流量——收回投资所收到的现金	82 500	
——取得投资收益收到的现金	150 000	
贷:投资收益		157 500
交易性金融资产		75 000

利润表中投资收益 157 500 元应调整计入投资活动现金流量,结合资产负债表有关项目分析如下:假定投资收益由两部分组成,一是分得现金股利 150 000 元,二是出售交易性金融资产(股票)获利 7 500 元。出售股票收回交易性金融资产账面价值 75 000 元。因此,收回投资所收到的现金为 82 500 元 (75 000+7 500)。

(9) 调整所得税

借:所得税费用	387 875	
贷:应交税费		387 875

利润表中所得税 387 875 元先调整计入应交税费,以后"再调整"应交税费,见下文第 19 笔调整分录。

(10) 调整营业外收入

借:投资活动现金流量——处置固定资产、无形资产和其他长期资产收回的净现金		
	1 500 000	
累计折旧	750 000	
贷:营业外收入		250 000
固定资产		2 000 000

利润表中营业外收入 250 000 元,结合资产负债表有关账户进行调整,假定本例中出售不需用设备取得的利得 250 000 元,处置中收到现金 1 500 000 元,因此调整计入投资活动现金流入。

(11) 调整营业外支出

借:投资活动现金流量——处置固定资产、无形资产和其他长期资产收回的净现金		
	1 500	
营业外支出	98 500	
累计折旧	900 000	
贷:固定资产		1 000 000

利润表中营业外支出 98 500 元,结合资产负债表有关账户进行调整。假定本

例为处置报废机床损失 98 500 元,处置中净收现金 1 500 元(4 000-2 500),调整计入投资活动现金流入。

(12) 调整坏账准备

借:经营活动现金流量——支付的其他与经营活动有关的现金　　4 500
　　贷:坏账准备　　　　　　　　　　　　　　　　　　　　　　　　　　4 500

计提坏账准备 4 500 元(9 000-4 500),已计入资产减值损失,而资产减值损失已在第 7 笔调整分录中全部计入"经营活动现金流量——支付的其他与经营活动有关的现金"项目中。但是,计提坏账准备并不涉及现金流出,因此需要"再调整"。借记"经营活动现金流量——支付的其他与经营活动有关的现金",表示现金流入"增加",将其冲回。

2. 计算"投资和筹资活动现金流量"——调整有关投资、筹资活动项目和再调整项目

(13) 调整固定资产

借:固定资产　　　　　　　　　　　　　　　　　　　　　　　　7 505 000
　　贷:投资活动现金流量——购建固定资产、无形资产和其他长期资产支付的现金
　　　　　　　　　　　　　　　　　　　　　　　　　　　　　　　　　505 000
　　　　在建工程　　　　　　　　　　　　　　　　　　　　　　　7 000 000

假定,本年固定资产的增加包括两部分,一是购入设备 505 000 元,二是在建工程完工转入 7 000 000 元。其中,涉及现金流出为 505 000 元,因此贷记"投资活动现金流量——购建固定资产支付的现金",表示现金流出。

(14) 调整累计折旧

借:经营活动现金流量——支付的其他与经营活动有关的现金　　100 000
　　　　　　　　　　——购买产品支付的现金　　　　　　　　　　400 000
　　贷:累计折旧　　　　　　　　　　　　　　　　　　　　　　　　500 000

假定,本年计提折旧 500 000 元中,计入管理费用 100 000 元,计入制造费用 400 000 元,应做"再调整"。

(15) 调整在建工程

借:在建工程　　　　　　　　　　　　　　　　　　　　　　　　3 140 000
　　贷:投资活动现金流量——购建固定资产、无形资产和其他长期资产支付的现金
　　　　　　　　　　　　　　　　　　　　　　　　　　　　　　　1 890 000
　　　　长期借款　　　　　　　　　　　　　　　　　　　　　　　　750 000
　　　　应交税费　　　　　　　　　　　　　　　　　　　　　　　　500 000

本期在建工程增加 3 140 000 元,假定,其中:购进工程物资并结转在建工程领用 750 000 元,在建工程人员薪酬 1 140 000 元,应交耕地占用税 500 000 元,借款费用资本化 750 000 元。年初数 7 500 000 元,转出固定资产 7 000 000 元,年末数为 3 640 000 元(7 500 000+3 140 000−7 000 000)。经分析知,本年增加数中,涉及现金流出,一是在建人员薪酬 1 140 000 元,二是购进工程物资 750 000 元,合计 1 890 000 元。应交税费和借款费用的调整,见下文第 19、21 调整分录。

(16) 调整无形资产

借:经营活动现金流量——支付的其他与经营活动有关的现金　　300 000
　　贷:无形资产　　　　　　　　　　　　　　　　　　　　　　　300 000

本年无形资产摊销 300 000 元(3 000 000−2 700 000),假定已计入管理费用,应"再调整",将其冲回。

(17) 调整短期借款

借:短期借款　　　　　　　　　　　　　　　　　　　　　　1 024 120
　　贷:筹资活动现金流量——偿还债务支付的现金　　　　　　　1 024 120

本年偿还短期借款 1 024 120 元(1 500 000−475 880),应调整计入筹资活动的现金流出。

(18) 调整应付职工薪酬

借:应付职工薪酬　　　　　　　　　　　　　　　　　　　　1 710 000
　　贷:经营活动现金流量——支付给职工以及为职工支付的现金　1 710 000

同时

借:经营活动现金流量——购买商品、接受劳务支付的现金(1 567 500+57 000)
　　　　　　　　　　　　　　　　　　　　　　　　　　　　　1 624 500
　　　　　　　　　　——支付的其他与经营活动有关的现金　　　　85 500
　　贷:应付职工薪酬　　　　　　　　　　　　　　　　　　　　1 710 000

本年应付职工薪酬变动数为零(550 000−550 000),但并不意味着本年支付职工薪酬为零。第 1 笔调整分录,将发放生产经营职工薪酬的现金 1 710 000 元,调整计入经营活动现金流出。第 2 笔调整分录,由于假定该工资薪酬在分配时已分别计入生产成本 1 567 500 元、制造费用 57 000 元和管理费用 85 500 元,这些成本费用在上述调整分录 2 和 5 中已分别调整为经营活动现金流出,支付工资薪酬现金流出只有一笔,所以须"再调整",将其冲回。此外,在建工程人员薪酬支付,在上述第 15 笔调整分录中已调整计入投资活动现金流量。

（19）调整应交税费

借：应交税费　　　　　　　　　　　　　　　　　　　　　1 083 655
　　贷：经营活动现金流量——购买商品、接受劳务支付的现金（增值税进项税额）
　　　　　（127 500+84 830）　　　　　　　　　　　　　　　212 330
　　　　——支付各项税费（已交增值税）　　　　　　　　　　500 000
　　　　——支付各项税费（已交所得税）　　　　　　　　　　361 325
　　　　——支付各项税费（已交教育费附加）　　　　　　　　 10 000

同时

借：经营活动现金流量——收到的增值税销项税额和退回的增值税款
　　　　　　　　　　　　　　　　　　　　　　　　　　　　807 500
　　贷：应交税费　　　　　　　　　　　　　　　　　　　　807 500

同时

借：经营活动现金流量——支付的各项税费　　　　　　　　　 10 000
　　贷：应交税费　　　　　　　　　　　　　　　　　　　　 10 000

在"应交税费"调整中有3笔分录。一是第1笔调整分录，是对本年借方发生额的调整，将现金缴纳的增值税、教育费附加和所得税的合计数 1 083 655 元，全部调整为经营活动现金流出。二是第2笔调整分录，是对本年贷方发生额的调整，假定将收到的两笔增值税销项税额 807 500 元（595 000+212 500），调整为经营活动现金流入。收到的销项税额 255 000 元，在调整分录（1）中已调整为营业收入现金流入。三是第3笔调整分录，教育费附加已在第3笔营业税金及附加调整中计入经营活动现金流出。在第1笔中将包括教育费附加在内的所有现金缴纳的税费计入经营活动现金流出，这样教育费附加共2次计入现金流出，因此属于对第1笔调整分录的"再调整"。假定，本例关于"应交税费"的T形账户核算情况，见图16-2。

		183 000	期初余额
进项税额	127 500	255 000	销项税额
进项税额	84 830	500 000	耕地占用税
已交增值税	500 000	595 000	销项税额
教育费附加	10 000	212 500	销项税额
已交所得税	361 325	10 000	教育费附加
		387 875	应交所得税
本期借方发生额	1 083 655	1 960 375	本期贷方发生额
		1 059 720	期末余额

图 16-2　"应交税费"T形账户核算图

由图 16-2 知,应交税费贷方期末余额,包括:应交增值税 350 170 元 [(255 000+595 000+212 500)-(127 500+84 830+500 000)];应交耕地占用税 500 000 元;应交所得税 209 550 元(183 000+387 875-361 325)。期末贷方余额合计 1 059 720 元(350 170+500 000+209 550)。

(20) 调整应付利息

借:应付利息 62 500
　　贷:筹资活动现金流量——分配股利、利润或偿付利息支付的现金　62 500

应付利息期初数 5 000 元,假定,本年增加 57 500 元,期末数为 0 元;本期现金支付短期借款利息 62 500 元,调整为筹资活动现金流出。

(21) 调整长期借款

借:筹资活动现金流量——取得借款收到的现金 2 000 000
　　贷:长期借款 2 000 000

同时

借:长期借款 1 500 000
　　贷:筹资活动现金流量——偿还债务支付的现金 1 500 000

假定,长期借款期初数 8 000 000 元(6 500 000+1 年内到期 1 500 000),本期长期借款 2 000 000 元(分录 13),其中应付利息 50 000 元尚未现金支付,750 000 元资本化利息费用,现金偿还长期借款 1 500 000 元,期末数 9 300 000 元(8 000 000+2 000 000+50 000+750 000-1 500 000)。本期涉及现金流入和流出各一笔。因此,上述第 1 笔调整分录,调整筹资活动现金流入(借款收到现金)2 000 000 元;第 2 笔调整分录,调整筹资活动现金流出(还款支付现金)1 500 000 元。

3. 调整不涉及现金收支的项目

在工作底稿上,为平衡与核对资产负债表项目的期末、期初数,编制下述不涉及现金收支的调整分录。

(22) 结转净利润,调整资产负债表"未分配利润"项目

借:净利润 1 313 625
　　贷:未分配利润 1 313 625

(23) 提取盈余公积,调整资产负债表"未分配利润""盈余公积"和"应付股利"项目

借:未分配利润 510 180
　　贷:盈余公积 210 180
　　　　应付股利 300 000

第十六章 财务报告(二):现金流量表

(24) 调整资产负债表"货币资金"项目和现金流量表现金净增加额

现金净变动额 = 7 603 725 - 7 531 500 = 72 225(元)

借:现金 72 225
  贷:现金净增加额 72 225

(三)第三步:登记调整分录

在第三步中,将调整分录记入工作底稿,见表16-4。

表 16-4   **现金流量表工作底稿**

编制单位:HX 企业   2×18 年度   单位:元

项目	年初数	调整分录 借方	调整分录 贷方	年末数
一、资产负债表项目				
1. 借方项目:				
货币资金	7 531 500	(24) 72 225		7 603 725
交易性金融资产	75 000		(8) 75 000	—
应收票据	1 230 000		(1) 1 000 000	230 000
应收账款	1 495 500	(1) 1 500 000	(12) 4 500	2 991 000
预付账款	500 000			500 000
其他应收款	25 000			25 000
存货	12 900 000		(2) 26 500	12 873 500
长期股权投资	1 250 000			1 250 000
固定资产原价	7 500 000①	(13) 7 505 000	(10) 2 000 000	
			(11) 1 000 000	12 005 000
在建工程	7 500 000	(15) 3 140 000	(13) 7 000 000	3 640 000
无形资产	3 000 000		(16) 300 000	2 700 000
其他非流动资产	1 000 000			1 000 000
借方项目/调整分录合计	44 007 000	12 717 225	11 906 000	44 818 225
2. 贷方项目				
累计折旧	2 000 000②	(10) 750 000	(14) 500 000	
		(11) 900 000		850 000③
短期借款	1 500 000	(17) 1 024 120		475 880
应付票据	1 000 000	(2) 500 000		500 000
应付账款	4 769 000			4 769 000
应付职工薪酬	550 000	(18) 1 710 000	(18) 1 710 000	550 000

(续表)

项目	年初数	调整分录 借方	调整分录 贷方	年末数
应交税费	183 000	(19) 1 083 655	(1) 255 000	
			(9) 387 875	
			(15) 500 000	
			(19) 807 500	
			(19) 10 000	1 059 720
应付利息	5 000	(20) 62 500	(6) 57 500	—
应付股利	—		(23) 300 000	300 000
其他应付款	250 000			250 000
长期借款	8 000 000	(21) 1 500 000	(6) 50 000	
			(15) 750 000	
			(21) 2 000 000	9 300 000
股本	25 000 000			25 000 000
盈余公积	750 000		(23) 210 180	960 180
未分配利润	—	(23) 510 180	(22) 1 313 625	803 445
贷方项目/调整分录合计	44 007 000	8 040 455	8 851 680	44 818 225
二、利润表项目				
营业收入			(1) 6 250 000	6 250 000
营业成本		(2) 3 750 000		3 750 000
营业税金及附加		(3) 10 000		10 000
销售费用		(4) 100 000		100 000
管理费用		(5) 785 500		785 500
财务费用		(6) 207 500		207 500
资产减值损失		(7) 4 500		4 500
投资收益			(8) 157 500	157 500
营业外收入			(10) 250 000	250 000
营业外支出		(11) 98 500		98 500
所得税		(9) 387 875		387 875
净利润		(22) 1 313 625		1 313 625
利润表项目调整分录借贷合计		6 657 500	6 657 500	
三、现金流量表项目				
(一) 经营活动产生现金流量				
销售商品、提供劳务收到现金		(1) 6 005 000	(6) 100 000	5 905 000
收到的增值税销项税额		(19) 807 500		807 500

(续表)

项 目	年初数	调整分录 借方	调整分录 贷方	年末数
现金收入合计				6 712 500
购买商品、接受劳务支付现金		(14) 400 000 (18) 1 624500	(2) 4 223 500 (19) 212 330	2 411 330
支付给职工以及为职工支付的现金			(18) 1 710 000	1 710 000
支付的各种税费		(19) 10 000	(19) 500 000 (19) 361 325 (3) 10 000 (19) 10 000	871 325
支付的其他与经营活动有关的现金		(12) 4 500 (14) 100 000 (16) 300 000 (18) 85 500	(4) 100 000 (5) 785 500 (7) 4 500	400 000
现金支出小计 经营活动产生现金净额				5 392 655 <u>1 319 845</u>
(二) 投资活动产生现金流量 收回投资所收到的现金 取得投资收益所收到的现金		(8) 82 500 (8) 150 000		82 500 150 000
处置固定资产收回的现金净额		(10) 1 500 000 (11) 1 500	1 501 500	
现金收入小计				1 734 000
购建固定资产所支付的现金			(13) 505 000 (15) 1 890 000	2 395 000
投资活动产生现金净额 (三) 筹资活动产生现金流量 取得借款所收到的现金 现金收入小计			(21) 2 000 000	<u>−661 000</u> 2 000 000 2 000 000
偿还债务所支付现金			(17) 1 024 120 (21) 1 500 000	2 524 120
分配股利或偿付利息支付的现金			(20) 62 500	<u>62 500</u>

(续表)

项　目	年初数	调整分录 借方	调整分录 贷方	年末数
现金支出小计				2 586 620
筹资活动产生现金净额				-586 620
(四) 现金及现金等价物净增加额		——	(24) 72 225	72 225
现金流量表项目调整分录借贷合计		13 571 000	13 571 000	
调整分录借贷总计		40 986 180	40 986 180	

注①：固定资产原价 75 000 000 元，与表 16-2 中附注④中数字一致；
　②：年初累计折旧 2 000 000 元，与表 16-2 中附注④中数字一致；
　③：年末累计折旧 850 000 元，与表 16-2 中附注⑤中数字一致。

(四) 第四步核对调整分录和相关数字

在第四步中，根据"有借必有贷，借贷应相等"原则，核对调整分录，使其借方和贷方总计数相等；同时，核对资产负债表项目，使其期初数加减调整分录金额后等于期末数。

(五) 第五步根据工作底稿编制现金流量表

在第五步中，具体如下。

(1) 根据工作底稿"现金流量表项目"有关数据，编制现金流量表"正表"，见表 16-5。

(2) 将净利润换算为经营活动现金净流量，并以此填列现金流量表"附表"（补充资料），见表 16-6。关于"现金及其等价物"的披露格式，见表 16-7。

表 16-5　　　　　　　　　　　现金流量表　　　　　　　　　会企 03 表
编制单位：HX 企业　　　　　　　　2×18 年度　　　　　　　　　单位：元

项　目	本年金额	上年金额
一、经营活动产生的现金流量		
销售商品、提供劳务收到的现金	6 712 500	
收到的税费返还		
收到的其他与经营活动有关的现金		
经营活动现金流入小计	6 712 500	(略)
购买商品、接受劳务支付的现金	2 411 330	
支付给职工以及为职工支付的现金	1 710 000	
支付的各项费税	871 325	
支付的其他与经营活动有关的现金	400 000	

(续表)

项 目	本年金额	上年金额
经营活动现金流出小计	5 392 655	
经营活动产生的现金流量净额	1 319 845	
二、投资活动产生的现金流量		
收回投资所收到的现金	82 500	
取得投资收益收到的现金	150 000	
处置固定资产、无形资产和其他长期资产收回的现金净额	1 501 500	
处置子企业及其他营业单位所收到的现金净额		
收到的其他与投资活动有关的现金	——	
投资活动现金流入小计	1 734 000	
购建固定资产、无形资产和其他长期资产所支付的现金	2 395 000	
投资支付的现金		
取得子公司及其他营业单位所支付的现金净额		
支付其他与投资活动有关的现金	——	
投资活动现金流出小计	2 395 000	
投资活动产生的现金流量净额	-661 000	(略)
三、筹资活动产生的现金流量		
吸收投资收到的现金		
取得借款收到的现金	2 000 000	
收到的其他与筹资活动有关的现金	——	
筹资活动现金流入小计	2 000 000	
偿还债务支付的现金	2 524 120	
分配股利、利润或偿付利息支付的现金	62 500	
支付其他与筹资活动有关的现金	——	
筹资活动现金流出小计	2 586 620	
筹资活动产生的现金流量净额	-586 620	
四、汇率变动对现金的影响	——	
五、现金及现金等价物净增加额	72 225	
加：期初现金及现金等价物余额	7 531 500[①]	
期末现金及现金等价物余额	7 603 725[②]	

注①：本年年末资产负债表日，资产负债表中货币资金期初数 7 531 500 元，本例无现金等价物，见表 16-2；

②：本年年末资产负债表日，资产负债表中货币资金期末数 7 603 725 元，本例无现金等价物，见表 16-2。

表 16-6　　　　　　　现金流量表"附表"——补充资料

补充资料	本年金额	上年金额
1. 将净利润调节为经营活动现金流量		
净利润	1 313 625	
加:资产减值准备	4 500	
固定资产折旧、油气资产折耗、生产性生物资产折旧	500 000	
无形资产摊销	300 000	
长期待摊费用摊销	—	
处置固定资产、无形资产和其他长期资产的损失(收益以"-"号填列)	-250 000	
固定资产报废损失(收益以"-"号填列)	98 500	
公允价值变动损失(收益以"-"号填列)		
财务费用(收益以"-"号填列)	107 500	(略)
投资损失(收益以"-"号填列)	-157 500	
递延所得税资产减少(增加以"-"号填列)		
递延所得税负债增加(减少以"-"号填列)		
存货的减少(增加以"-"号填列)	26 500	
经营性应收项目的减少(增加以"-"号填列)	-245 000	
经营性应付项目的增加(减少以"-"号填列)	-378 280	
其他	—	
经营活动产生的现金流量净额	<u>1 319 845</u>	
2. 不涉及现金收支的重大投资和筹资活动		
债务转为资本	—	
一年内到期的可转换企业债券	—	
融资租入固定资产	—	
3. 现金及现金等价物的净增加情况		
资金的期末余额	7 603 725	
减:现金的期初余额	7 531 500	
加:现金等价物的期末余额	—	
减:现金等价物的期初余额	—	
现金及现金等价物的净增加额	<u>72 225</u>	

表 16-6"补充资料"的有关说明如下。

1. 调整不涉及现金的经营性费用和收益项目

（1）不涉及现金的经营性费用，主要有计提坏账准备、固定资产折旧、无形资产、长期待摊费用摊销等。假定根据本例资料，本例坏账准备 4 500 元、固定资产折旧 500 000 元、无形资产摊销 300 000 元，它们使净利润减少但并不涉及现金流出或流入,因此调整计算时需加上这些不涉及现金流出的经营性费用。

(2) 本例没有不涉及现金的收益项目。

2. 调整不属于经营活动的损益项目

这些项目主要有处置固定资产收益,固定资产报废损失,属于投资、筹资部分的财务费用、投资收益等。

假定根据本例资料,具体如下。

(1) 假定处置固定资产收益 250 000 元;投资收益,假定包括处置固定资产收益 7 500 元和收到现金股利 150 000 元,合计 157 500 元(7 500+150 000),它们使净利润增加但不属于经营活动现金流量,因此从净利润中扣除。

(2) 假定固定资产报废损失 98 500 元,这笔损失使净利润减少,但它属于投资活动现金流量,因此在调整经营活动现金流量时应再将其加回净利润。

(3) 假定本期财务费用 107 500 元,计提的利息费用属于筹资活动,不属于经营活动现金流量;计算净利润时已将它扣除,因而调整时将其加回净利润中。

3. 调整存货项目

由表 16-1 知,非现金资产减少,表示现金流入。本年"存货"减少 26 500 元(12 900 000-12 873 500),表明本年耗用原库存,使本年购买商品支付的现金减少 26 500 元,即营业成本少支出这笔现金。净利润是扣除营业成本后得出的,因此在调整净利润换算现金流量时需加上这笔金额。

4. 调整经营性应收项目

根据本例资料,这些项目主要有应收账款、应收票据、预付账款、其他应收款等。由图 16-1 知,"应收账款——货款"增加 1 245 000 元(1 500 000-255 000);"应收票据——货款"减少 1 000 000 元(1 000 000+1 250 000-1 250 000)。由表 16-2 知,预付账款和其他应收款中与经营活动有关的变动数为零。

因此,经营性应收项目中与经营活动有关的净增加为 245 000 元(1 245 000-1 000 000)。由表 16-1 知,非现金资产增加,表明现金流出。因此,调整时须将其扣除。

5. 调整经营性应付项目

根据本例资料,这些项目主要有应付账款、应付票据、预收账款、其他应付款、应交税费等。具体如下。

(1) 由表 16-2 知,应付票据减少数为-500 000 元(500 000-1 000 000)。

(2) 由图 16-2 知,"应交税费——应交所得税"增加 26 550 元(387 875-361 325)。"应交税费——应交增值税"增加 95 170 元[(595 000+212 500)-(127 500+84 830)-500 000],两者合计应交税费增加 121 720 元(26 550+95 170)。

此外,收到销项税额 255 000 元,在第一笔调整分录中已调整,增加了营业收入现金流入。由表 16-2 知,预收账款、应付账款和其他应付款中与经营活动有关的变动数为零。

(3)经营性应付项目中与经营活动有关的净减少额为 378 280 元(500 000-121 720)。同样,由表 16-1 知,非现金负债减少,表明现金流出。因此,调整时应将其扣除。

表 16-7　　　　　　　　　现金和现金等价物　　　　　　　　　单位:

项　目	本年金额	上年金额
一、现金		
其中:库存现金		
可随时用于支付的银行存款		
可随时用于支付的其他货币资金		
存放同业款项		
拆放同业款项		
二、现金等价物		
其中:三个月到期的债券投资		
三、期末现金及现金等价物余额		
其中:母公司或集团内子公司使用受限制的现金和现金等价物		

第四节　现金流量表编制(二):T 形账户和分析填列编制程序

一、T 形账户编制程序

(一)资料和会计分录

沿用上述编制现金流量表的资料,2×18 年,发生的业务,编制的会计分录、资产负债表和利润表同第三节。

(二)T 形账户编制程序下的现金流量表编制

采用 T 形账户编制现金流量表时,具体编制程序如下:

第一步,为所有涉及现金流量变动的非现金项目(资产负债表和利润表项目)分别开设 T 形账户,并将各自的期末、期初变动数过入 T 形账户。如果项目的期末数大于期初数,将差额过入和项目余额相同的方向;反之,过入相反的方向。

第二步,开设"现金和现金等价物"T 形账户,借贷两方分别设置经营活动、投资活动和筹资活动三个部分,借方登记现金流入,贷方登记现金流出。与其他账户一样,过入期末与期初的变动数。

第三步,以利润表项目为基础,结合资产负债表有关项目,分析每一非现金项目的增减变动;或直接从会计记录中获取有关现金流量信息,并据此编制调整分录。调整分录与上述工作底稿编制程序一样,不再赘述。实务上,采用T形账户编制程序时可省去一些不涉及现金的调整分录,以简化编表工作。

第四步,将调整分录过入各T形账户,并进行核对,各T形账户借贷相抵后的余额与期末期初变动数应当一致。T形账户核算情况,见图16-3、图16-4、图16-5。

第五步,根据"现金和现金等价物"T形账户(图16-5)有关数据,编制现金流量表,见图16-5和图16-6。

营业收入		营业成本	
	6 250 000	3 750 000	
	6 250 000(1)	(2) 3 750 000	

营业税金及附加		销售费用	
10 000		100 000	
(3) 10 000		(4) 100 000	

管理费用		财务费用	
785 500		207 500	
(5) 785 500		(6) 207 500	

资产减值损失		投资收益	
4 500			157 500
(7) 4 500			157 500(8)

所得税		营业外收入	
387 875			250 000
(9) 387 875			250 000(10)

营业外支出	
98 500	
(11)98 500	

图16-3 T形账户编制程序调整核算图(1)

应收票据		应收账款	
1 000 000		1 500 000	
	1 000 000(1)	(1)1 500 000	

坏账准备		交易性金融资产	
4 500		75 000	
	4 500(12)		75 000(8)

存货		固定资产原值	
26 500		4 505 000	
	26 500(2)	(14)7 505 000	2 000 000(10)
			1 000 000(11)

累计折旧		在建工程	
	1 150 000	3 860 000	
(10)750 000	500 000(15)	(16)3 140 000	7 000 000(14)
(11)900 000			

无形资产		短期借款	
300 000			1 024 120
	300 000(17)	(18)1 024 120	

应付票据		应付职工薪酬	
	500 000		0
(2)500 000		(19) 1 710 000	1 710 000(19)

应付利息		应付股利	
	5 000		300 000
(21)62 500	57 500(6)	300 000(24)	

应交税费		长期借款	
	876 720		1 300 000
(20) 1 083 655	255 000(1)	(22) 1 500 000	50 000(6)
	387 875(9)		750 000(16)
	500 000(16)		2 000 000(22)
	807 500(20)		
	10 000(20)		

净利润		未分配利润	
	1 313 625		803 455
(23) 1 313 625		(24) 510 180	1 313 625(23)

盈余公积	
	210 180
	210 180(24)

图 16-4 T 形账户编制程序调整核算图(2)

二、分析填列编制程序

在简化的编表程序下,可采用分析填列法编制现金流量表。沿用上述资料,本例业务简单,采用分析填列法编制现金流量表如下。

(一) 经营活动现金流量

1. 经营活动现金流入

$$\begin{aligned}\text{销售商品、提供劳务收到的现金} &= \text{营业收入} + \text{收到的增值税(销项税额)} + \text{应收票据减少数} - \text{应收账款增加数} \\ &= 6\,250\,000 + 1\,062\,500 + 1\,000\,000 - 100\,000 - 1\,500\,000 \\ &= 6\,712\,500(\text{元})\end{aligned}$$

上式中,假定,本例收到增值税销项税额为 1 062 500 元(595 000+212 500+255 000),其他数据可从表 16-2 和表 16-3 获取;支付票据贴现息 100 000 元。参见第 19、第 6 笔调整分录资料。

2. 经营活动现金流出

(1) 购买商品、接受劳务支付的现金

现金和现金等价物

一、经营活动现金收入		72 225①	一、经营活动现金支出		
1. 销售商品、提供劳务收到现金	(1)	6 005 000	1. 购买商品、接受劳务所支付的现金	(2)	4 223 500
	(6)	-100 000		(15)	-400 000
	(19)	807 500		(19)	-1 624 500
合计		6 712 500		(20)	212 330
			小计		2 411 330
			2. 支付给职工的现金	(19)	1 710 000
			3. 支付的各项税费	(3)	10 000
				(20)	500 000
				(20)	10 000
				(20)	-10 000
			小计		871 325
			4. 支付的其他与经营活动有关的现金	(4)	100 000
				(5)	785 500
				(7)	4 500
				(12)	-4 500
				(15)	-100 000
				(17)	-300 000
				(19)	-85 000
			小计		400 000
			经营活动现金流出合计		5 392 655
二、投资活动现金收入			二、投资活动现金支出		
收回投资所收到的现金	(8)	82 500	1. 购建固定资产、无形资产和其他		
2. 取得投资收益所收到的现金	(8)	150 000	长期资产所支付的现金	(14)	505 000
3. 处置固定资产收回的现金	(10)	1 500 000		(16)	1 890 000
	(11)	1 500	合计		2 395 000
合计		1 734 000			
三、筹资活动现金收入			三、筹资活动现金支出		
1. 借款所收到的现金	(22)	2 000 000	1. 偿还债务所支付的现金	(18)	1 024 120
				(22)	1 500 000
			小计		2 524 120
			2. 偿付利息支付的现金	(21)	62 500
			筹资活动现金支出合计		2 586 620
现金流入合计		10 446 500	现金流出总计		10 374 275
现金及其等价物净增加额		72 225			

注①：货币资金年末-期初数=7 603 725-7 531 500=72 225(元)，无现金等价物。

图16-5 T形账户编制程序调整核算图(3)

$$\begin{aligned}\text{购买商品、接受} \\ \text{劳务支付的现金}\end{aligned} = \begin{aligned}\text{营业} \\ \text{成本}\end{aligned} + \begin{aligned}\text{支付的增值税} \\ \text{(进项税额)}\end{aligned} - \begin{aligned}\text{存货} \\ \text{减少数}\end{aligned} + \begin{aligned}\text{应付票据、应} \\ \text{付账款减少数}\end{aligned} - \begin{aligned}\text{调整已计入营业成本的} \\ \text{职工薪酬、累计折旧等}\end{aligned}$$

$$= 3\,750\,000 + 212\,330 - 26\,500 + 500\,000 + 0 - 1\,624\,500 - 400\,000$$

$$= 2\,411\,330(元)$$

在上式中,支付的增值税(进项税额)212 330 元,假定由 127 500 元和 84 830 元组成。其他数据可从表 16-2 和表 16-3 获取。调整已计入营业成本的项目包括:一是职工薪酬 1 624 500 元,其中已计入生产成本 1 567 500 元,已计入制造费用 57 000 元;二是假定已计入制造费用的待摊费用 450 000 元;三是假定已计入制造费用的累计折旧 400 000 元。这些费用已包含在营业成本 3 750 000 元之中,因此需扣除重复计算的数据。

(2) 支付给职工以及为职工支付的现金

$$\text{支付给职工以及为职工支付的现金} = 1\,710\,000(元)$$

假定本例中支付给职工的现金只有一笔,即工资薪酬 2 850 000 元,其中计入在建工程 1 140 000 元,因此计入经营活动现金流量的职工薪酬为 1 710 000 元。

(3) 支付的各项税费

$$\text{支付的各项税费} = \text{已交增值税(已交税额)} + \text{已交所得税} - \text{已交的其他营业税金及附加}$$

$$= 500\,000 + 361\,325 - 10\,000 = 871\,325(元)$$

由图 16-2 知,假定已交增值税和所得税分别为 500 000 元和 361 325 元,已交的其他营业税金及附加只有一笔,即教育费附加 10 000 元。

(4) 支付其他与经营活动有关的现金

$$\begin{aligned}\text{支付其他与经营} \\ \text{活动有关的现金}\end{aligned} = \left(\begin{aligned}\text{销售} \\ \text{费用}\end{aligned} + \begin{aligned}\text{管理} \\ \text{费用}\end{aligned} + \begin{aligned}\text{资产减} \\ \text{值损失}\end{aligned}\right) - \begin{aligned}\text{调整已计入销售费用、管理} \\ \text{费用和资产减值损失的项目}\end{aligned}$$

$$= (100\,000 + 785\,500 + 4\,500) - 100\,000 - 300\,000 - 85\,500 - 4\,500$$

$$= 400\,000(元)$$

在上式中,假定本例资料如下:一是销售费用 100 000 元,包括现金支付的产品展览费 50 000 元和广告费 50 000 元,没有需要调整的项目。二是管理费用 785 500 元,包括:已计入管理费用、不涉及现金流出的项目,管理用固定资产折旧 100 000 元,无形资产摊销 300 000 元;已计入上述(2)支付职工薪酬的现金中的管理人员薪酬 85 500 元。这些已计入管理费用的项目需调减处理。三是资产减值损失 4 500 元,由于计提坏账准备不涉及现金流出,因此需调减处理。

(二) 投资活动现金流量

1. 投资活动现金流入

(1) 收回投资收到的现金

收回投资收到的现金 = 交易性金融资产减少数 + 出售时投资收益
= 75 000 + 7 500 = 82 500(元)

假定,本例中出售股票收回交易性金融资产账面价值 75 000 元,同时获得投资收益 7 500 元。

(2) 取得投资收益收到的现金

$$\frac{\text{取得投资收益}}{\text{收到的现金}} = \text{收回上期应收现金股利} + \text{收到本期现金股利} = 0 + 150\,000 = 150\,000(元)$$

假定,本例只有一笔本期分得的现金股利 150 000 元。

(3) 处置固定资产收回的现金净额

$$\frac{\text{处置固定资产}}{\text{收回的现金净额}} = \text{处置收入} - (\text{处置资产原值} - \text{累计折旧} - \text{相关减值准备}) - \text{相关清理费用和税费}$$
$$= 1\,500\,000 + 1\,500 = 1\,501\,500(元)$$

假定,本例中出售不需用设备收到处置收入 1 500 000 元,处置报废机床并获得处置净收入 1 500 元。

2. 投资活动现金流出

$$\frac{\text{购建固定资产}}{\text{支付的现金}} = \text{现金支付的购建固定资产、工程物资} + \text{现金支付的在建工程人员薪酬}$$
$$= 505\,000 + 750\,000 + 1\,140\,000 = 2\,395\,000(元)$$

假定,本例中现金支付的购入设备 505 000 元,购入工程物资 750 000 元,支付在建工程人员薪酬 1 140 000 元。

(三) 筹资活动现金流量

1. 筹资活动现金流入

$$\frac{\text{取得借款}}{\text{收到的现金}} = \text{取得短期借款资金} + \text{取得长期借款资金} = 0 + 2\,000\,000 = 2\,000\,000(元)$$

假定,本例只取得一笔长期借款 2 000 000 元。

2. 筹资活动现金流出

(1) 偿还债务支付的现金

$$\frac{\text{偿还债务}}{\text{支付的现金}} = \text{偿还短期借款} + \text{偿还长期借款} = 1\,024\,120 + 1\,500\,000 = 2\,524\,120(元)$$

假定,本例中现金偿还短期借款 1 024 120 元,偿还长期借款 1 500 000 元。

(2) 分配股利、利润或偿付利息支付的现金

分配股利、利润或偿付利息支付的现金(偿还短期借款利息) = 62 500(元)

假定,本例中只有一笔现金支付短期借款利息 62 500 元。

（四）现金及现金等价物净增加(或减少)额

$$\begin{aligned}\text{经营活动}\\\text{现金净流量}\end{aligned} = \begin{aligned}\text{现金}\\\text{流入}\end{aligned} - \begin{aligned}\text{现金}\\\text{流出}\end{aligned} = 6\ 712\ 500 - (2\ 411\ 330 + 1\ 710\ 000 + 871\ 325 + 400\ 000)$$

$$= 6\ 712\ 500 - 5\ 392\ 655 = 1\ 319\ 845(元)$$

$$\begin{aligned}\text{投资活动}\\\text{现金净流量}\end{aligned} = (82\ 500 + 150\ 000 + 1\ 501\ 500) - 2\ 395\ 000 = 1\ 734\ 000 - 2\ 395\ 000$$

$$= -661\ 000(元)$$

$$\begin{aligned}\text{筹资活动}\\\text{现金净流量}\end{aligned} = 2\ 000\ 000 - (2\ 524\ 120 + 62\ 500) = 2\ 000\ 000 - 2\ 586\ 620$$

$$= -586\ 620(元)$$

$$\begin{aligned}\text{现金及现金等价}\\\text{物净增加额}\end{aligned} = 1\ 319\ 845 - 661\ 000 - 586\ 620 = 72\ 225(元)$$

在分析填列编制程序下,根据上述分析计算的数据,便可编制现金流量表,见表 16-5 和表 16-6。

须说明,编制现金流量表时,理论上,由于增值税的进项税额、销项税额、已交税额等分别在有关账户中核算,收到和支付的增值税又分别包括在有关货款中,编制现金流量表时自然需要分析填列。但是,实务上,为简化编表程序,可进行如下综合反映。

（1）销售商品、提供劳务收到的增值税销项税额,合并在"销售商品、提供劳务收到的现金"项目内进行反映;购买商品、接受劳务实际支付的增值税,合并在"购买商品、接受劳务支付的现金"项目内进行反映。

（2）"收到的税费返还"项目,综合反映按规定收到的增值税、所得税等税费的返还。

（3）"支付的各项税费"项目,综合反映交纳的各种税费。

（4）在补充资料中,增值税有关内容分别在"经营性应收项目的减少(增加以'-'号填列)"项目和"经营性应付项目的增加(减少以'-'号填列)"项目中反映。

此外,在补充资料部分,将净利润调节为经营活动现金流量时,如涉及预提和待摊费用的,可在"无形资产摊销"项目下,设置"待摊费用的减少(增加以'-'号填列)项目""预提费用的增加(减少以'-'号填列)"项目。如果所列项目不足反映的,可在"经营性应付项目的增加(减少以'-'号填列)"项目下,再增设"其他"项目予以反映。

第十七章

每股收益和附注披露

第一节 每股收益

一、每股收益的意义、计算和列报原则

（一）每股收益的意义和分类

每股收益是指每一股普通股股份应享有的净利润或需承担的净亏损。每股收益是一项重要的财务指标，在不同的资本结构下，它可分为基本每股收益和稀释每股收益。

资本结构是指各种长期资金来源的构成和比例关系，主要由长期性债务资本和永久性权益资本构成，它可分为简单资本结构（Simple Capital Structure）和复杂资本结构（Complex Capital Structure）。

在简单资本结构下，企业往往只具有普通股和不可调换的优先股；或虽具有潜在普通股，但不具有稀释性，转换成普通股后对每股收益无影响。

在复杂资本结构下，企业除具有普通股和不可调换优先股外，还具有稀释性潜在普通股，它们转换成普通股后将使每股收益发生显著变化。对于盈利企业来说，稀释性潜在普通股当期转换为普通股后会减少每股收益；对于亏损企业而言，稀释性潜在普通股当期转换为普通股后会增加每股亏损。

基本每股收益是一种简单资本结构下的每股收益，在计算每股收益时，仅仅考虑当期发行在外加权平均的普通股股份数。上市公司如有发行在外稀释性潜在普通股，表明其具有复杂资本结构。稀释性潜在普通股是指假设当期转换为普通股会减少每股收益的潜在普通股，它包括可转换优先股、可转换公司债券、认股权证和股份期权等有价证券。

在复杂资本结构下，当稀释性潜在普通股转换成普通股时，每股收益计算应以

经过调整的普通股股东应享有的净收益,除以发行在外普通股股份和稀释性潜在普通股股份的合计数,此时每股收益往往被稀释、摊薄而降低。每股收益被稀释必将对价值评估、企业购并和财务报告分析带来巨大影响,为避免收益稀释带来的信息误导,需要计算稀释每股收益。

(二) 每股收益的计算和列报原则

1. 基本每股收益

公司应按归属于普通股股东的当期净利润,除以发行在外普通股的加权平均数计算基本每股收益。发行在外普通股加权平均数按下列公式计算:

$$\text{发行在外普通股加权平均数} = \text{期初发行在外普通股股数} + \text{当期新发行普通股股数} \times \frac{\text{已发行时间}}{\text{报告期时间}} - \text{当期回购普通股股数} \times \frac{\text{已回购时间}}{\text{报告期时间}} \quad (17-1)$$

已发行时间、报告期时间和已回购时间一般按天数计算;在不影响计算结果合理性的前提下,也可采用简化的计算方法,如按月数计算。

新发行普通股股数,应根据发行合同的具体条款,从应收对价之日(一般为股票发行日)起计算确定。通常包括下列情况:(1)为收取现金而发行的普通股股数,从应收现金之日起计算;(2)因债务转资本而发行的普通股股数,从停计债务利息之日或结算日起计算;(3)非同一控制下的企业合并,作为对价发行的普通股股数,从购买日起计算;同一控制下的企业合并,作为对价发行的普通股股数,应计入各列报期间普通股的加权平均数;(4)为收购非现金资产而发行的普通股股数,从确认收购之日起计算。

2. 稀释每股收益

公司存在稀释性潜在普通股的,应分别调整归属于普通股股东的当期净利润和发行在外普通股的加权平均数,并据以计算稀释每股收益。

计算稀释每股收益,应根据下列事项对归属于普通股股东的当期净利润进行调整:(1)当期已确认为费用的稀释性潜在普通股的利息;(2)稀释性潜在普通股转换时将产生的收益或费用。上述调整应当考虑相关的所得税影响。

计算稀释每股收益时,当期发行在外普通股的加权平均数应当为计算基本每股收益时普通股的加权平均数与假定稀释性潜在普通股转换为已发行普通股而增加的普通股股数的加权平均数之和。计算稀释性潜在普通股转换为已发行普通股而增加的普通股股数的加权平均数时,以前期间发行的稀释性潜在普通股,应当假设在当期期初转换;当期发行的稀释性潜在普通股,应当假设在发行日转换。

认股权证和股份期权等的行权价格低于当期普通股平均市场价格时,应考虑其稀释性。计算稀释每股收益时,增加的普通股股数按下列公式计算:

$$\text{增加的普通股股数} = \text{拟行权时转换的普通股股数} - \text{行权价格} \times \text{拟行权时转换的普通股股数} \div \text{当期普通股平均市场价格} \quad (17-2)$$

公司承诺将回购其股份的合同中规定的回购价格高于当期普通股平均市场价格时,应考虑其稀释性。计算稀释每股收益时,增加的普通股股数按下列公式计算:

$$\text{增加的普通股股数} = \text{回购价格} \times \text{承诺回购的普通股股数} \div \text{当期普通股平均市场价格} - \text{承诺回购的普通股股数} \quad (17-3)$$

稀释性潜在普通股应按其稀释程度从大到小的顺序计入稀释每股收益,直至稀释每股收益达到最小值。

3. 列报

发行在外普通股或潜在普通股的数量因派发股票股利、公积金转增资本、拆股而增加或因并股而减少,但不影响股东权益金额的,应按调整后的股数重新计算各列报期间的每股收益。上述变化发生于资产负债表日至财务报告批准报出日之间的,应以调整后的股数重新计算各列报期间的每股收益。按《会计政策、会计估计变更和差错更正》准则的规定对以前年度损益进行追溯调整或追溯重述的,应重新计算各列报期间的每股收益。

公司应在利润表中单独列示基本每股收益和稀释每股收益,应在附注中披露与每股收益有关的下列信息:(1)基本每股收益和稀释每股收益分子、分母的计算过程;(2)列报期间不具有稀释性但以后期间很可能具有稀释性的潜在普通股;(3)在资产负债表日至财务报告批准报出日之间,发行在外普通股或潜在普通股股数发生重大变化的情况。

二、稀释每股收益的计算

(一) 可转换公司债券

对于可转换企业债券,可采用"假设转换法"判断其稀释性,具体步骤如下。(1)假设可转换债券在当期期初(或发行日)已转换成普通股。这样,一方面增加发行在外的普通股份数;另一方面减少债券利息费用、增加当期净利润。(2)以增加的当期净利润除以增加的发行在外普通股股数,得出"增量股"每股收益。(3)将"增量股"每股收益与没有转换前原每股收益进行比较。如果"增量股"每股收益小于原每股收益,表明转换后每股收益被摊薄,该债券具有稀释作用,需进行每股收益稀释计算。

【例17-1】 2×10年,CD企业期初发行在外普通股股数100 000 000股,每股面值1元,归属普通股股东的净利润56 000 000元。1月1日,企业面值发行3年期、200 000 000 元可转换企业债券，每张债券面值 100 元、票面利率 2%，每年末付息一次。债券自发行后 12 个月可转换为企业股票，转换期为发行 12 个月后至债券到期日。约定转股价为每股 10 元，每份面值 100 元债券转换面值 1 元的普通股 10 股。假定，不考虑可转换债券的负债与权益成份价值的分拆，票面利率等于实际利率，债券利息计入当期损益，所得税税率 25%。当年企业无增发和回购、库存股等情况。2×10 年末，计算稀释每股收益如下。

（1）计算没有转换前的原每股收益

转换前原来的基本每股收益 = 56 000 000/100 000 000 = 0.56（元／股）

（2）计算假设转换后的"增量股"每股收益

假设转换后增加的净利润 = 200 000 000 × 2% × (1 − 25%) = 3 000 000（元）
假设转换后增加的普通股股数 = 200 000 000/100 × 10 = 20 000 000（股）
"增量股"每股收益 = 3 000 000/20 000 000 = 0.15（元／股）

（3）可转换债券稀释性的判断

"增量股"每股收益 0.15 元 < 转换前原基本每股收益 0.56 元

"增量股"每股收益小于转换前原基本每股收益，表明可转换债券具有稀释作用，须计算稀释每股收益。

（4）计算稀释每股收益

稀释每股收益 = (56 000 000 + 3 000 000)/(100 000 000 + 20 000 000) = 0.4917（元／股）

【例 17−2】 沿用【例 17−1】资料，假定考虑可转换债券的负债与权益成分的分拆，市场上不具有转换权的类似债券实际利率 3%。2×10 年末，计算稀释每股收益如下。

（1）计算"增量股"每股收益

$$\begin{aligned}
\text{计入当期损益的年利息费用} &= 200\,000\,000 \times 2\% = 4\,000\,000（元）\\
\text{负债成份的公允价值} &= 4\,000\,000/(1+3\%) + 4\,000\,000/(1+3\%)^2 \\
&\quad + (200\,000\,000 + 4\,000\,000)/(1+3\%)^3 \\
&= 4\,000\,000 \times （3\%、三年期现值系数） + 200\,000\,000 \times （3\%、第3年现值系数）\\
&= 4\,000\,000 \times (0.9709 + 0.9426 + 0.9151) + 200\,000\,000 \times 0.9151\\
&= 4\,000\,000 \times 2.8286 + 200\,000\,000 \times 0.9151 = 194\,334\,400（元）\\
\text{权益成份公允价值} &= 200\,000\,000 − 194\,334\,400 = 5\,665\,600（元）
\end{aligned}$$

假设转换后增加的净利润 = 194 334 400 × 3% × (1 − 25%) = 4 372 524(元)

假设转换后增加的普通股股数 = 200 000 000/100 × 10 = 20 000 000(股)

"增量股"每股收益 = 4 372 524/20 000 000 = 0.218 6(元/股)

(2) 可转换债券稀释性的判断

"增量股"每股收益 0.218 6 元 < 转换前原每股收益 0.56 元

"增量股"每股收益小于原每股收益,表明可转换企业债券具有稀释作用,须进行每股收益稀释计算。

(3) 计算稀释每股收益

稀释每股收益 = (56 000 000 + 4 372 524)/(100 000 000 + 20 000 000) = 0.503 1(元/股)

(二) 认股权证和股份期权

认股权证是企业发行的、规定持有人在履约期间内或特定到期日按约定价格购买企业股份的有价证券。股份期权是企业授予持有人在未来一定期限内以约定价格和条件购买企业股份的权利,持有人可在规定期间内以约定价购买一定数量的企业股份,也可放弃该权利。认股权证和股份期权的持有人行权时,对企业净利润一般无影响。但是,由于持有人行权时购买本企业股票的价格是固定的,而企业的股价在资本市场上是变动的,因此其是否具有稀释性需进一步判断。判断方法主要有以下两种。

1. 回购股票的库藏股法

对于认股权证和股份期权,可采用"库藏股法(Treasury Stock Method)"判断其稀释性,具体如下:首先,假设持有人行权,企业用获得发行股票的现金按当期企业股票平均市价回购企业股票并形成库藏股(库存股)。其次,将假设行权时发行的股份数与回购库存股的股份数进行比较,若前者大于后者,表明行权后发行在外的普通股股数增加,每股收益被稀释;反之,若前者小于后者,表明每股收益被反稀释。

"库藏股法"的实质是,它认为持有人行权时若行权价低于当期企业股票平均市价(即低于回购库藏股的价格),持有人行权后可获差价收益;对于对价发行来说,则发行企业遭受差价损失,即扣除收到购股款的对价部分的股份流出后,再"增加"发出没有收到购股款的股份,从而遭受损失,表现为发行在外普通股股份的增加,导致每股收益稀释。反之,若行权价大于当期企业股票平均市价(即大于回购库藏股的价格),企业购入库藏股在兑现转让权上获得差价收益,即普通股份流出"减少",表现为发行在外普通股份的减少,导致每股收益反稀释。因此,"当行权价低于当期企业股票平均市价"时,每股收益将被稀释、摊薄,需计算稀释每股收益。

2. 发行股票的假设行权法

企业采用"假设行权法"判断其稀释性,其原理与"库藏股法"相似。"假设行权法"的步骤如下。

(1) 假设持有人在当期期初(或发行日)行权,以行权价乘以行权时转换的普通股股数,得出发行股票的收入。

(2) 计算当期企业股票平均价格,再假设以该平均市价发行股票,计算需发行多少股票才能获得上述相同的发行收入。

(3) 将"假设持有人行权、发出股份数"与"假设以平均市价发行股份数"进行比较,若前者大于后者,该"正差"数相当于无对价发行的"增加的股份数",于是每股收益被稀释。

"假设行权法"其实质是认为持有人行权时企业发行在外的普通股可视作两部分:一是按平均市价发行的普通股,这部分股份由于按市价、对价发行,导致购股款"流入"与相应价值的股份"流出"一致,这样既无稀释也无反稀释,不影响每股收益变动;二是无对价发行的普通股,如上述"正差"数,其实质是发行在外普通股份的增加数。由于该"正差"数属于无对价发行,无购股款流入,却流出股份数,因此每股收益被稀释。

无论采用"库藏股法"还是"假设行权法",均需将"增加"的普通股股数乘以其假设发行在外的时间权数,得出经调整计算的发行在外的普通股股份数,以利于稀释每股收益的正确计算和分析。

3. 准则规定的计算公式的推算

根据《每股收益》准则的规定,"当认股权证和股份期权的行权价低于当期企业普通股平均市价时",应考虑其稀释性,并应按前述公式(2)计算"增加的普通股股数"。对此分析、推算如下。

在对价发行下,企业经济资源流入等于流出。假设按当期企业股票平均市价发行的股份数为 V,则:当期企业股票平均市价乘以 V 得出的发行股票收入,等于行权价乘以拟行权时转换(发行)股份数得出的发行股票收入,即下式成立:

$$\text{行权价} \times \text{拟行权时转换的股份数} = V \times \text{当期股票平均市价} \quad (17-4)$$

由(17-4)式知,"当认股权证和股份期权的行权价低于当期企业普通股平均市价时",为保持等式平衡,V 必须小于拟行权时转换的股份数。于是,"当行权价低于当期企业股票平均市价时",增加了发行在外的股份数,即下式成立:

$$V = \text{拟行权时转换的股份数} - \text{增加的普通股股数}$$

以上式代入(17-4)式,则:

$$\text{行权价} \times \text{拟行权时转换的股份数} = \left(\text{拟行权时转换的股份数} - \text{增加的普通股股数}\right) \times \text{当期股票平均市价}$$

在上式两边同时除以"当期股票平均市价",移项整理后,可得下式:

$$\text{增加的普通股股数} = \text{拟行权时转换的股份数} - \text{行权价} \times \text{拟行权时转换的股份数} / \text{当期股票平均市价} \qquad (17\text{-}5)$$

上述(17-5)式,就是前述准则规定的"增加的普通股股份"的计算公式(17-2)。"增加的普通股股数",也可用下式表示:

$$\text{增加的普通股股数} = \text{拟行权时转换的股份数} - V$$

从上式知,当拟行权时转换的股份数大于 V 时,表明发行在外的普通股份数增加,增加的普通股股数是拟行权时转换的股份数减去 V 后得出的"正差"数。在归属于普通股股东净利润一定的情况下,发行在外普通股份数的增加,使每股收益摊薄、稀释而下降。

【例17-3】 2×11年,LG企业归属于普通股股东的净利润65 890 000元,发行在外的普通股加权平均数100 000 000股,当年企业股票平均市价25元。当年1月1日,发行在外20 000 000份认股权证,行权日2×12年3月1日,每份认股权证可在行权日以约定的行权价12.50元购买1份企业新发行的股份。2×11年末,计算稀释每股收益如下。

(1) 计算基本每股收益

$$\text{基本每股收益} = 65\,890\,000 / 100\,000\,000 = 0.6589(\text{元} / \text{股})$$

(2) 计算当年增加的普通股股数

$$\text{增加的普通股股数} = \text{拟行权时转换的普通股股数} - \text{行权价} \times \text{拟行权时转换的普通股股数} / \text{当期普通股平均市价}$$

$$= 20\,000\,000 - 12.50 \times 20\,000\,000 / 25 = 10\,000\,000(\text{股})$$

(3) 计算稀释每股收益

$$\text{稀释每股收益} = 65\,890\,000 / (100\,000\,000 + 10\,000\,000) = 0.599(\text{元} / \text{股})$$

(三) 回购股份的合同

1. 回购股票的假设回购法

对于企业承诺将回购其股份的合同,可用"假设回购法"判断其稀释性,其分析思路与上述"假设行权法"正好相反。"假设回购法"的步骤如下。(1)假设企业于期初按当期企业普通股平均市价发行普通股,以募集足够资金来履行回购合同;

合同日晚于期初的,假设企业于合同日按自合同日至期末企业普通股平均市价发行足量的普通股,以募集足够资金来履行回购合同。在该假设前提下,由于是按平均市价发行,以取得发行股票款回购股票,在对价的情况下,以取得发行股票款回购股票的资源"流出"与回购普通股股数的资源"流入",两者经济资源是相同的,每股收益额不发生变动。(2)再假设企业承诺将回购其股份的回购合同已于当期期初(或合同日)履行,按约定的行权价回购本企业股票。(3)将上述(1)以平均市价发行股票取得款项回购的普通股股数,与上述(2)承诺回购的普通股股数进行比较,如果前者大于后者,将其"正数"差量作为增加的发行在外流通的普通股股数,并将其乘以相应时间权数,以计算发行在外普通股股份数和稀释每股收益。

2. 准则规定的计算公式的推算

根据《每股收益》准则的规定,企业承诺将回购其股份的合同中规定的"回购价格高于当期企业普通股平均市价时",应考虑其稀释性,并应按前述公式(3)计算"增加的普通股股数"。对此分析、推算如下。

假设,以当期企业股票平均市价发行股票取得的款项回购本企业的股份数为 V,在这里 V 既是发行股份数,也是回购股份数。在对价发行下,企业的经济资源"流入"等于"流出",则下式成立:

$$V \times 当期普通股平均市价 = 回购价格 \times 承诺回购的普通股股数 \quad (17-6)$$

由上式知,如果回购价格高于当期企业普通股平均市价,为保持等式平衡,V 必须大于承诺回购的普通股股数。于是,当"回购价格高于当期企业普通股平均市价时",企业增加了发行在外的股份数,即下式成立:

$$V = 增加的普通股股数 + 承诺回购的普通股股数$$

以上式代入(17-6)式,则:

$$(增加的普通股股数 + 承诺回购的普通股股数) \times 当期普通股平均市价 = 回购价格 \times 承诺回购的普通股股数$$

在上式两边同时除以"当期普通股平均市价",移项整理后,可得下式:

$$增加的普通股股数 = \frac{回购价格 \times 承诺回购的普通股股数}{当期普通股平均市价} - 承诺回购的普通股股数 \quad (17-7)$$

上述(17-7)式,就是前述准则规定的"增加的普通股股份"的计算公式(17-3)。"增加的股份数",也可表示如下:

$$增加的股份数 = V - 承诺回购的普通股股数$$

从上式可知,按平均市价发行股票取得款项回购的股份数 V 大于承诺回购的普通股股份数,表明发行在外普通股股份数增加,增加的股份数是 V 减去承诺回购的普通股股数后得出的"正差"数。在归属于普通股股东净利润一定的情况下,发行在外普通股份数增加,每股收益被稀释而下降。

【例 17-4】 2×10 年,JH 企业归属于普通股股东的净利润 60 000 000 元,发行在外普通股加权平均数为 100 000 000 股。当年 5 月 1 日,该企业与股东签订一份远期回购合同,承诺 1 年后以每股 18.50 元的价格回购其发行在外的 25 000 000 股普通股。假设,当年 5 月 1 日至 12 月 31 日的企业普通股平均市价 16 元。2×10 年末,JH 企业稀释每股收益计算如下。

(1) 计算基本每股收益

基本每股收益 = 60 000 000/100 000 000 = 0.60(元/股)

(2) 计算当年增加的普通股股数

增加的普通股股数 = 回购价格 × 承诺回购的普通股股数/当期普通股平均市场价格 − 承诺回购的普通股股数

= 18.50 × 25 000 000/16 − 25 000 000 = 3 906 250(股)

(3) 计算稀释每股收益

稀释每股收益 = 60 000 000/(100 000 000 + 3 906 250 × 8/12)

= 60 000 000/102 604 166 = 0.5848(元/股)

(四) 多项潜在普通股

企业如果发行在外多项不同形式的稀释性潜在普通股,单独判断某潜在普通股时可得出其具有稀释性,但如与其他潜在普通股一起综合判断时可能会出现反稀释情况。如某企业先后发行票面利率和转换价格均不相同的 A、B 两种可转换企业债券。假如 A 债券"增量股"每股收益小于 B 债券"增量股"每股收益,A、B 债券"增量股"每股收益均小于基本每股收益,它们均具有稀释性。"增量股"每股收益越小,稀释作用越大,因此 A 债券比 B 债券具有更大稀释性。但是,如综合 A、B 债券进行稀释性判断,可能出现以下情况:单计入 A 债券使每股收益稀释,再计入 B 债券反而使每股收益反稀释。在这种情况下,B 债券不具有稀释性,不应将其计入稀释每股收益中。

在具有多项稀释性潜在普通股情况下,需计算和分析稀释性潜在普通股"最大"的稀释作用,因此稀释性潜在普通股应按其稀释程度从大到小的顺序计入每股收益,直至每股收益达到最小值。其中,"稀释程度"可根据不同潜在普通股转换的"增量股"的每股收益大小来进行衡量,即假定稀释性潜在普通股转换为普通股时,将增加的归属于普通股股东的当期净利润除以增加的普通股股数加权平均数所确定的金额。在确定计入稀释每股收益的顺序时,通常应首先考虑股份期权和认股权证的影响,因为假设行权时它们一般不影响净利润。此外,企业每次发行的潜在普通股应视为不同的潜在普通股,分别判断其稀释性,而不能将其作为一个总体考虑。

对外发行多项潜在普通股的企业,应按以下步骤计算稀释每股收益。(1)列出发行在外的各潜在普通股。(2)假设各潜在普通股已于当期期初或发行日转换为普通股,确定其对归属于普通股股东当期净利润的影响额。可转换债券的假设转换一般会增加当期净利润;股份期权和认股权证的假设行权一般不影响当期净利润。(3)确定各潜在普通股假设转换后将增加的普通股股数。须注意的是,稀释性股份期权和认股权证假设行权后,计算增加的普通股股数不是发行的全部普通股股数,而应是其中无对价发行部分的普通股股数。(4)计算各潜在普通股的"增量股"每股收益,判断其稀释性。"增量股"每股收益越小其稀释程度越大。(5)按潜在普通股的稀释程度从大到小的顺序,将各稀释性潜在普通股分别计入稀释每股收益中。分步计算过程中,如果下一步得出的每股收益小于上一步得出的每股收益,表明新计入的潜在普通股具有稀释作用,应计入稀释每股收益中;反之,则表明具有反稀释作用,不应计入稀释每股收益中。(6)最后得出的最小每股收益即为对外列报的稀释每股收益。

【例17-5】 2×11年,CD企业归属于普通股股东的净利润96 000 000元,发行在外的普通股加权平均数为200 000 000股。

当年年初,已发行在外流通的潜在普通股有:(1)认股权证30 000 000份,每份认股权证可在行权日以8.50元的行权价认购面值1元的1股本企业新发行股票;(2)5年期、面值发行的可转换债券60 000 000元,每张债券面值100元,票面利率3.8%,转股价为每股20元,即每份面值100元债券可转换普通股5股(100/20);(3)3年期、面值发行的可转换债券50 000 000元,每张债券面值100元、票面利率1.6%,转股价为每股12.50元,即每份面值100元债券可转换普通股8股(100/12.50)。

当年企业普通股平均市格12元,年内无认股权证被行权,也无可转换债券被转换或赎回,所得税率25%。假设:不考虑可转换债券负债和权益成份的分拆,债券票面利率等于实际利率,债券利息费用计入当期损益;年末普通股份数200 000 000股。2×11年末,CD企业稀释每股收益的计算如下。

(1)计算基本每股收益

$$基本每股收益 = 96\ 000\ 000/200\ 000\ 000 = 0.48(元)$$

(2)计算稀释每股收益

首先,假设潜在普通股转换为普通股,计算"增量股"每股收益并对其稀释性进行排序,如表 17-1 所示。

表 17-1　"增量股"每股收益计算和稀释性排序

项目	影响净利润的变动(元)	增加的普通股股数(股)	"增量股"每股收益(元)	稀释性顺序⑥
	(1)	(2)	(3)=(1)/(2)	(4)
认股权证	0	8 750 000①	0	1
3.8%企业债券	+1 710 000②	3 000 000③	0.57	3
1.6%企业债券	+600 000④	4 000 000⑤	0.15	2

注:①根据本节公式(2),增加的普通股股数=30 000 000−8.50×30 000 000/12=8 750 000(股)
②:假设转换减少利息费用所增加的净利润=60 000 000×3.8%×(1−25%)=1 710 000(元)
③:假设转换所增加的普通股股数=60 000 000/100×5=3 000 000(股)
④:假设转换减少利息费用所增加的净利润=50 000 000×1.6%×(1−25%)=600 000(元)
⑤:假设转换所增加的普通股股数=50 000 000/100×8=4 000 000(股)
⑥:"增量股"每股收益越小其稀释程度越大,认股权证稀释性最大,其次是 1.6%企业债券,3.8%企业债券稀释性最小。

其次,分步计入稀释每股收益,确定最小稀释每股收益,如表 17-2 所示。

表 17-2　稀释每股收益的计算

项目	稀释性顺序	净利润(元)	普通股股份数(股)	每股收益(元)	稀释每股收益最小值分析
		(1)	(2)	(3)=(1)/(2)	(4)
基本每股收益		96 000 000	200 000 000	0.480	
认股权证	1	0	8 750 000		
		96 000 000	208 750 000	0.460	稀释
1.6%企业债券	2	600 000	4 000 000		
		96 600 000	212 750 000	0.454	稀释/最小稀释每股收益
3.8%企业债券	3	1 710 000	3 000 0002		
		98 310 000	215 750 000	0.456	反稀释

由表 17-2 可知,2×11 年,CD 企业的稀释每股收益为 0.454 元。

三、计算每股收益时应考虑的其他调整因素

根据《每股收益》及其《应用指南》的规定,计算每股收益时还应考虑以下调整因素。

(一)派发股票股利、公积金转增资本、拆股和并股

企业派发股票股利、公积金转增资本、拆股或并股等,会增加或减少其发行在外普通股或潜在普通股的数量,但不影响股东权益总额,也不改变企业的盈利能力,这意味着同样的损益现在要由扩大或缩小了的股份规模来享有或分担。

因此,为保持财务指标的可比性,企业应当在相关报批手续全部完成后,按调整后的股数重新计算各列报期间的每股收益。上述变化发生于资产负债表日至财务报告批准报出日之间的,应当以调整后的股数重新计算各列报期间的每股收益。

【例 17-6】 2×10 年,JN 企业归属于普通股股东的净利润为 36 000 000 元,2×10 年 1 月 1 日发行在外普通股 10 000 000 股,2×10 年 4 月 1 日新发行普通股 2 000 000 股,2×10 年 10 月 1 日新发行普通股 8 000 000 股,2×10 年 12 月 31 日以"10 股送 5 股"分派股票股利。假定,没有其他股份变动因素,2×10 年度基本每股收益计算如下:

$$
\begin{aligned}
20\times7\text{ 年度发行在普通股的加权平均数} &= 10\,000\,000\times 3/12 + (10\,000\,000 + 2\,000\,000)\times 6/12 \\
&\quad + (10\,000\,000 + 2\,000\,000 + 8\,000\,000)\times 3/12 \\
&\quad + (10\,000\,000 + 2\,000\,000 + 8\,000\,000)/10\times 5 \\
&= 2\,500\,000 + 6\,000\,000 + 5\,000\,000 + 10\,000\,000 \\
&= 23\,500\,000(\text{股})
\end{aligned}
$$

$$20\times7\text{ 年度基本每股收益} = 36\,000\,000/23\,500\,000 = 1.53(\text{元}/\text{股})$$

(二) 配股

配股是上市企业以低于当前股价的价格向原股东发行普通股份,其实质是一种按市价发行股票和无对价送股的混合体。配股中包含送股因素,它与股票股利效果相似,将导致发行在外普通股股数的增加,却没有相应经济资源的流入。企业当期发生配股的情况下,计算基本每股收益时,应当考虑配股中包含的送股因素,据以调整各列报期间发行在外普通股的加权平均数。计算公式如下:

$$\text{每股理论除权价格} = \frac{\text{行权前发行在外普通股的公允价值} + \text{配股收到的款项}}{\text{行权后发行在外的普通股股数}}$$

$$\text{调整系数} = \frac{\text{行权前每股公允价值}}{\text{每股理论除权价格}}$$

$$\text{因配股重新计算的上年度基本每股收益} = \frac{\text{上年度基本每股收益}}{\text{调整系数}}$$

$$\text{本年度基本每股收益} = \frac{\text{归属于普通股股东的当期净利润}}{(\text{行权前发行在外普通股股数}\times\text{调整系数}\times\text{行权前普通股发行在外的时间权重} + \text{行权后发行在外普通股加权平均数})}$$

【例 17-7】 2×10 年度,HL 企业只有普通股股东,当年净利润为 12 680 000 元,当年 1 月 1 日发行在外普通股股数 10 000 000 股,当年 6 月 10 日,企业发布增资配股公告,向截至当年 6 月 30 日(股权登记日)的原股东配股,配股比例为每 10 股配 3 股,配股价格为每股 8 元,除权交易基准日为 2×10 年 7 月 1 日。假设行权前 1 日的市价为每股 12.50 元,2×09 年度基本每股收益 0.86 元。2×10 年度的基本每股收益计算如下:

配股股数 = 10 000 000/10 × 3 = 3 000 000(股)

每股理论除权价格 = (12.50 × 10 000 000 + 8 × 3 000 000)/(10 000 000 + 3 000 000)
　　　　　　　　= 11.46(元)

调整系数 = 12.50/11.46 = 1.09

因配股重新计算的 2×09 年度基本每股收益 = 0.86/1.09 = 0.79(元/股)

基本每股收益 = 12 680 000/(10 000 000 × 1.09 × 6/12 + 13 000 000 × 6/12)
　　　　　　= 1.06(元)

须指出,根据《每股收益》及其《应用指南》规定,存在非流通股的企业可以采用简化的计算方法,不考虑配股中内含的送股因素,而将配股视同发新股处理。如企业向特定单位以低于市价的价格配股发行非流通股票,可不考虑配股中内含送股因素,将其视同发新股进行简化处理。

四、合并报表列报的每股收益计算和分析

合并财务报表中,应当以合并财务报表为基础计算和列报每股收益。集团企业内部子公司发行能转换成其普通股的稀释性潜在普通股,不仅应包括在其个别稀释每股收益计算中,而且还应包括在母公司合并稀释每股收益和投资者稀释每股收益计算中,以利于信息使用者进行收益稀释分析。

【例 17-8】 2×11 年末,YH 公司"个别"财务报表披露的归属于普通股股东的净利润 88 000 000 元,发行在外加权平均普通股 100 000 000 股;同时,持有 A 子公司 75% 普通股权。当年,A 子公司归属于普通股股东的净利润 4 800 000 元,发行在外加权平均普通股 10 000 000 股,该股当年平均市价 10 元。当年年初,A 公司对外发行 6 000 000 份认股权证,行权价格 5 元,YH 公司持有 3 500 000 份认股权证,当年无认股权证被行权。假定母子公司只有普通股股东,除股利收付外,无其他需抵销的内部交易;YH 企业取得对 A 公司长期股权投资时,A 公司各项可辨认资产等公允价值与其账面价值一致;投资者 CH 公司持有 YH 母公司 20 000 000 股普通股份,没有认股权证等有价证券;YH 母公司在资本市场所处行业的平均市盈率为 50 倍。2×11 年年末,YH 母公司稀释每股收益计算和 CH 投资公司收益稀释分析如下:

(1) 计算 A 子公司稀释每股收益

基本每股收益 = 4 800 000/10 000 000 = 0.48(元/股)

增加的普通股数 = 6 000 000 − 5 × 6 000 000/10 = 3 000 000(股)

稀释每股收益 = 4 800 000/(10 000 000 + 3 000 000) = 0.37(元/股)

(2) 计算 YH 母公司合并报表列报的基本每股收益和稀释每股收益

计入基本合并每股收益中的子公司净利润 = 0.48 × 10 000 000 × 75% = 3 600 000(元)

合并报表列报的基本每股收益 = (88 000 000 + 3 600 000)/100 000 000 = 0.92(元/股)

收益稀释下母公司应享有子公司的净利润部分 = 0.37 × 10 000 000 × 75% = 2 775 000(元)

母公司应享有子公司净利润中归属于认股权证的部分 = 0.37 × 3 000 000 × 3 500 000/6 000 000

= 647 460(元)

合并报表列报的稀释每股收益 = (88 000 000 + 2 775 000 + 647 460)/100 000 000 = 0.91(元/股)

(3) 投资者 CD 公司收益稀释分析

按合并报表列报的基本每股收益计算所持有 YH 公司价值 = (0.92 × 50) × 20 000 000 = 920 000 000(元)

按合并报表列报的稀释每股收益计算所持有 YH 公司价值 = (0.91 × 50) × 20 000 000 = 910 000 000(元)

持有 YH 公司价值的减少额 = 920 000 000 − 910 000 000 = 10 000 000(元)

可见,经每股收益稀释计算和分析,从原普通股东上看,如果原股东没有认股权证并按比例转换增加股份,按稀释每股收益计算其权益价值缩水。例如,上述投资者 DH 公司按其原股份计算的应享有 YH 公司价值被稀释、减少 10 000 000 元。

第二节 财务报表附注

财务报表附注是对会计报表中列示项目所作的进一步说明,以及对未能在这些报表中列示项目的说明等,有关章节已作介绍。本节主要阐述会计政策、估计变更和差错更正,资产负债表日后事项和关联方披露等内容。

一、会计政策、会计估计变更和差错更正

(一) 会计政策

根据《会计政策、会计估计变更和差错更正》准则的规定,公司应对相同或者

相似的交易或者事项采用相同的会计政策进行处理。但是,其他会计准则另有规定的除外。会计政策是指企业在会计确认、计量和报告中所采用的原则、基础和会计处理方法。企业采用的会计政策,在每一会计期间和前后各期应当保持一致,不得随意变更。但是,满足下列条件之一的,可以变更会计政策:(1)法律、行政法规或者国家统一的会计制度等要求变更;(2)会计政策变更能提供更可靠、更相关的会计信息。

下列各项不属于会计政策变更:(1)本期发生的交易或者事项与以前相比具有本质差别而采用新的会计政策;(2)对初次发生的或不重要的交易或者事项采用新的会计政策。

企业根据法律、行政法规或者国家统一的会计制度等要求变更会计政策的,应按国家相关会计规定执行。会计政策变更能够提供更可靠、更相关的会计信息的,应当采用追溯调整法处理,将会计政策变更累积影响数调整列报前期最早期初留存收益,其他相关项目的期初余额和列报前期披露的其他比较数据也应当一并调整,但确定该项会计政策变更累积影响数不切实可行的除外。

追溯调整法是指对某项交易或事项变更会计政策,视同该项交易或事项初次发生时即采用变更后的会计政策,并以此对财务报表相关项目进行调整的方法。会计政策变更累积影响数是指按变更后的会计政策对以前各期追溯计算的列报前期最早期初留存收益应有金额与现有金额之间的差额。确定会计政策变更对列报前期影响数不切实可行的,应当从可追溯调整的最早期间期初开始应用变更后的会计政策。

在当期期初确定会计政策变更对以前各期累积影响数不切实可行的,应当采用未来适用法处理。未来适用法是指将变更后的会计政策应用于变更日及以后发生的交易或者事项,或者在会计估计变更当期和未来期间确认会计估计变更影响数的方法。

(二) 会计估计变更

企业据以进行估计的基础发生了变化,或者由于取得新信息、积累更多经验以及后来的发展变化,可能需要对会计估计进行修订。会计估计变更的依据应当真实、可靠。会计估计变更是指由于资产和负债的当前状况及预期经济利益和义务发生了变化,从而对资产或负债的账面价值或者资产的定期消耗金额进行调整。

企业对会计估计变更应当采用未来适用法处理。会计估计变更仅影响变更当期的,其影响数应在变更当期予以确认;既影响变更当期又影响未来期间的,其影响数应当在变更当期和未来期间予以确认。

企业难以对某项变更区分为会计政策变更或会计估计变更的,应当将其作为会计估计变更处理。

(三) 前期差错更正

前期差错是指由于没有运用或错误运用下列两种信息,而对前期财务报表造成省略或错报:(1)编报前期财务报表时预期能够取得并加以考虑的可靠信息;(2)前期财务报告批准报出时能够取得的可靠信息。

前期差错通常包括计算错误、应用会计政策错误、疏忽或曲解事实以及舞弊产生的影响以及存货、固定资产盘盈等。

企业应当采用追溯重述法更正重要的前期差错,但确定前期差错累积影响数不切实可行的除外。追溯重述法是指在发现前期差错时,视同该项前期差错从未发生过,从而对财务报表相关项目进行更正的方法。

确定前期差错影响数不切实可行的,可以从可追溯重述的最早期间开始调整留存收益的期初余额,财务报表其他相关项目的期初余额也应当一并调整,也可以采用未来适用法。企业应当在重要的前期差错发现当期的财务报表中,调整前期比较数据。

(四) 披露

企业应在附注中披露与会计政策变更有关的下列信息:(1)会计政策变更的性质、内容和原因;(2)当期和各个列报前期财务报表中受影响的项目名称和调整金额;(3)无法进行追溯调整的,说明该事实和原因以及开始应用变更后的会计政策的时点、具体应用情况。

企业应当在附注中披露与会计估计变更有关的下列信息:(1)会计估计变更的内容和原因;(2)会计估计变更对当期和未来期间的影响数;(3)会计估计变更的影响数不能确定的,披露这一事实和原因。

企业应当在附注中披露与前期差错更正有关的下列信息:(1)前期差错的性质;(2)各个列报前期财务报表中受影响的项目名称和更正金额;(3)无法进行追溯重述的,说明该事实和原因以及对前期差错开始进行更正的时点、具体更正情况。

在以后期间的财务报表中,不需要重复披露在以前期间的附注中已披露的会计政策变更和前期差错更正的信息。

二、资产负债表日后事项

根据《资产负债表日后事项》企业会计准则的规定,资产负债表日后事项,是指资产负债表日至财务报告批准报出日之间发生的有利或不利事项。财务报告批准报出日,是指董事会或类似机构批准财务报告报出的日期。资产负债表日后事项包括下列两项内容。(1)资产负债表日后调整事项。它是指对资产负债表日已经存在的情况提供了新的或进一步证据的事项。(2)资产负债表日后非调整事项。它是指表明资产负债表日后发生的情况的事项。资产负债表日后事项表明持续经营假设不再适用的,公司不应当在持续经营基础上编制财务报表。

（一）资产负债表日后调整事项

企业发生的资产负债表日后调整事项,应当调整资产负债表日的财务报表。企业发生的资产负债表日后调整事项,通常包括下列各项:(1)资产负债表日后诉讼案件结案,法院判决证实了企业在资产负债表日已经存在现时义务,需要调整原先确认的与该诉讼案件相关的预计负债,或确认一项新负债;(2)资产负债表日后取得确凿证据,表明某项资产在资产负债表日发生了减值或者需要调整该项资产原先确认的减值金额;(3)资产负债表日后进一步确定了资产负债表日前购入资产的成本或售出资产的收入;(4)资产负债表日后发现了财务报表舞弊或差错。

（二）资产负债表日后非调整事项

企业发生的资产负债表日后非调整事项,不应当调整资产负债表日的财务报表。企业发生的资产负债表日后非调整事项,通常包括下列各项:(1)资产负债表日后发生重大诉讼、仲裁、承诺;(2)资产负债表日后资产价格、税收政策、外汇汇率发生重大变化;(3)资产负债表日后因自然灾害导致资产发生重大损失;(4)资产负债表日后发行股票和债券以及其他巨额举债;(5)资产负债表日后资本公积转增资本;(6)资产负债表日后发生巨额亏损;(7)资产负债表日后发生企业合并或处置子公司。

资产负债表日后,企业利润分配方案中拟分配的以及经审议批准宣告发放的股利或利润,不确认为资产负债表日的负债,但应当在附注中单独披露。

（三）披露

企业应当在附注中披露与资产负债表日后事项有关的下列信息。(1)财务报告的批准报出者和财务报告批准报出日。按有关法律、行政法规等规定,企业所有者或其他方面有权对报出的财务报告进行修改的,应当披露这一情况。(2)每项重要的资产负债表日后非调整事项的性质、内容,及其对财务状况和经营成果的影响。无法做出估计的,应当说明原因。

企业在资产负债表日后取得了影响资产负债表日存在情况的新的或进一步的证据,应当调整与之相关的披露信息。

三、关联方披露

根据《关联方披露》企业会计准则,公司财务报表中应披露所有关联方关系及其交易的相关信息。对外提供合并财务报表的,对于已经包括在合并范围内各企业之间的交易不予披露,但应披露与合并范围外各关联方的关系及其交易。

（一）关联方

一方控制、共同控制另一方或对另一方施加重大影响,以及两方或两方以上同受一方控制、共同控制或重大影响的,构成关联方。控制是指有权决定一个企业的财务和经营政策,并能据以从该企业的经营活动中获取利益。共同控制是指按照合同约定对某项经济活动所共有的控制,仅在与该项经济活动相关的重要财务和经营决策需要分享控制权的投资方一致同意时存在。重大影响是指对一个企业的财务和经营政策有参与决策的权力,但并不能控制或者与其他方一起共同控制这些政策的制定。

下列各方构成企业的关联方。(1)该企业的母公司。(2)该企业的子公司。(3)与该企业受同一母公司控制的其他企业。(4)对该企业实施共同控制的投资方。(5)对该企业施加重大影响的投资方。(6)该企业的合营企业。(7)该企业的联营企业。(8)该企业的主要投资者个人及与其关系密切的家庭成员。主要投资者个人,是指能够控制、共同控制一个企业或者对一个企业施加重大影响的个人投资者。(9)该企业或其母公司的关键管理人员及与其关系密切的家庭成员。关键管理人员是指有权力并负责计划、指挥和控制企业活动的人员。与主要投资者个人或关键管理人员关系密切的家庭成员是指在处理与企业的交易时可能影响该个人或受该个人影响的家庭成员。(10)该企业主要投资者个人、关键管理人员或与其关系密切的家庭成员控制、共同控制或施加重大影响的其他企业。

仅与企业存在下列关系的各方,不构成企业的关联方:(1)与该企业发生日常往来的资金提供者、公用事业部门、政府部门和机构;(2)与该企业发生大量交易而存在经济依存关系的单个客户、供应商、特许商、经销商或代理商;(3)与该企业共同控制合营企业的合营者。

仅仅同受国家控制而不存在其他关联方关系的企业,不构成关联方。

(二)关联方交易

关联方交易是指关联方之间转移资源、劳务或义务的行为,而不论是否收取价款。关联方交易的类型通常包括下列各项:(1)购买或销售商品;(2)购买或销售商品以外的其他资产;(3)提供或接受劳务;(4)担保;(5)提供资金(贷款或股权投资);(6)租赁;(7)代理;(8)研究与开发项目的转移;(9)许可协议;(10)代表企业或由企业代表另一方进行债务结算;(11)关键管理人员薪酬。

(三)披露

企业无论是否发生关联方交易,均应当在附注中披露与母公司和子公司有关的下列信息。(1)母公司和子公司的名称。母公司不是该企业最终控制方的,还应披露最终控制方名称。母公司和最终控制方均不对外提供财务报表的,还应披露母公司之上与其最相近的对外提供财务报表的母公司名称。(2)母公司和子公司的业务性质、注册地、注册资本(或实收资本、股本)及其变化。(3)母公司对该企业或者该企业对子公司的持股比例和表决权比例。

企业与关联方发生关联方交易的,应在附注中披露该关联方关系的性质、交易类型及交易要素。交易要素至少应当包括:(1)交易的金额;(2)未结算项目的金额、条款和条件,以及有关提供或取得担保的信息;(3)未结算应收项目的坏账准备金额;(4)定价政策。
　　关联方交易应分别关联方以及交易类型予以披露。类型相似的关联方交易,在不影响财务报表阅读者正确理解关联方交易对财务报表影响的情况下,可以合并披露。企业只有在提供确凿证据的情况下,才能披露关联方交易是公平交易。

第十八章

政府和非营利组织会计

第一节 政府会计概述

一、政府会计的意义、财务报告目标和制度

(一) 政府组织的意义

一般认为,政府是为其"辖区"公众和经济组织承担受托责任的政权组织,包括中央和地方各级政府;政府机构主要包括立法、行政、审判、检察和社保公积金中心等行政事业单位。政府单位活动主要表现在以下三方面。

1. 政府性活动

政府性活动主要包括:(1)政府基本部门"政务活动",如公共安全、公共设施(道路、照明、公园)、环卫环保,以及国防和基础研究等,它们要靠国家税收、政府债券收入和非税收入来支持;(2)政府附属组成单位"政府性专门服务活动",如公立学区,包括公立医院、公立学校等,城市垃圾填埋等单位提供的、需收取少量费用的政府性专门服务的活动。

政府性活动根据预算法等法规,按现金制和应计制,报告本期公共财务资源的来源、使用和结余情况。

2. 营业性活动

营业性活动是指具有特殊目的的政府特殊部门(公办非营利组织)提供的"商业活动",如供电、供水、供气及停车场等单位提供的需收取一定费用的商业性服务活动。它们需要根据政府管制要求,按完全应计制计算成本和收支差额,以便正确确定收费标准,也有助于公共政策的制定。

3. 信托活动

信托活动是指政府以受托人或代理人身份为公民个人、民间组织、其他基金和

政府单位进行信托代理活动,如投资信托、养老金信托等活动。它要按信托法和信托目的进行政务与商业活动核算,报告信托净资产及其变动情况,以反映政府受托代理责任的履行情况。

政府活动是指根据财政预算进行依法运作的,有其经管责任周期的活动。该周期一般包括审议、制定和批准预算、财务管理和报告、审计和预算执行查证,以及财务报告分析和评价等。

(二) 政府组织的作用

一般企业提供的商品,消费者需按商品市价付款后才能享用,这种商品称为私人物品。政府提供的是个人和组织都需要的公共物品(Public Goods, PGs),PGs在免费或仅支付部分费用的情况下就可享用,其余部分费用由政府和有关组织承担。

政府应当为全体公民提供 PGs,并进行无差别公平服务。PGs 分为两种:一是纯公共物品(Pure Pubic Goods, PPGs),它是人人需要享用但往往又无人愿为之付费的"物品",它们是企业不愿或无法提供的;二是准公共物品(Semi-public Goods, SPGs),它们虽非人人需要,但提供这种"物品"无利可图,因而一般企业不愿意提供。从社会稳定和发展上看,政府必须免费或按低于成本的价格,持续不断并逐步扩大对 PGs 的提供。一般来说,PPGs 由政府基本部门提供,而 SPGs 则由政府特殊部门和其他民间非营利组织提供。

(三) 政府部门与一般企业组织的区别

政府部门与一般企业相比有以下区别。

1. 组织目标。政府组织目标是服务社会和公众,提供 PGs 是免费或象征性收费的。一般的企业组织资本由投资者投入,其目标是赚钱盈利并使企业所有者权益价值最大化。

2. 公共资源。政府组织的公共资源来源主要是国家税收、政府债务、债务转贷收入、国有资本经营收入、专用基金收入和接受捐赠等。除依法"特许"的外,一般不准在资本市场融资。由于资源来源不是投资者"投资",没有投资者、没有投入资本,所以提供 PGs 耗费是不需要收回的,不需区分投入资本与经营收入。各种资源收入最终均表现为特定"期间"支出,不需要考虑收入与费用配比、盈利计算和股利分配等问题。

3. 财政预算。公共财政是非营利性财政,它强调社会的公平、民主和法制。财政资源是消费性的,它根据资源提供者的"限定"用途进行消耗。这种"限定"要求资源被用于特定目的或项目,而不能被挪用。这决定了公共财政有其自身特殊的预算机制,以确保资源按"预算计划"或按"限定用途"使用。

4. 受托责任。政府行使公共资源筹集、使用和管理的权力,必须受到资源提供者及其代表、法规和协议的限制。政府部门的管理当局是受托使用资源,对资源使用的合法性和有效性负有责任。其受托责任包括政治责任、社会责任和经济责任。其中,经济责任主要是依法根据预算有效使用资源,确认、计量和报告受托责任履行情况。

二、政府会计的核算体系、会计制度和改革方案

(一) 我国政府会计的核算体系

政府会计是指用于确认、计量和报告政府单位组织为社会公众和经济组织提供"公共物品"的财务活动,以及自身受托责任履行情况的一个专门会计。与企业会计相对应,不以盈利为目的的政府与非营利组织会计是会计学一个重要分支。

新中国成立后,我们曾长期将政府与非营利组织会计称为预算会计。我国财政预算执行"统一领导、分级管理"制度,预算会计体系与国家政权结构、行政区域划分相一致。我国预算会计体系基本分为三类:一是各级政府财政总预算会计;二是各级政府行政部门单位会计;三是事业单位会计。政府会计及其报告改革是当前国际社会共同关注的重点会计改革问题之一。从世界范围看,建立一套完整的政府会计准则体系,定期编制政府财务报告,反映政府各项资产、负债、净资产,收入、费用、收支差额以及现金流量等信息,已成为国际上加强政府公共管理、提高财政透明度的重要手段和通行惯例。

我国公共部门预算根据行政隶属关系分为一级、二级和三级预算单位。在拨款关系上,政府总预算对一级预算单位"财政拨款";一级预算单位对二级预算单位"财政拨款";二级预算单位对三级预算单位"财政拨款"。

一级预算单位也称主管预算单位,是指与总预算直接发生预算资金往来的公共部门。一级预算单位通常指政府的职能机构,即行政部门,一级预算单位根据其职责编制相应的预算。政府的总预算是由政府部委为一级预算单位的部门预算汇编构成的。

二级预算单位是指与一级预算单位发生预算资金往来关系的部门,它提供公共商品和劳务,一级预算单位对其进行拨款或资助。二级预算单位要编制相应的预算,其预算汇编就构成一级预算单位的预算。

三级预算单位也称基层预算单位,是指与二级预算单位发生预算资金往来关系的部门。二级预算单位的预算是由三级预算单位的预算汇编而形成的。

1. 财政总预算会计

财政总预算会计简称总预算会计,是指各级政府财政部门核算、反映、监督政府预算执行和财政周转金等各项财政性资金活动的专业会计。其基本任务是会计核算、调度资金、会计监督并参与预算管理、组织和指导本行政区域预算会计,以及

做好预算会计管理工作。根据"一级政权、一级预算"原则,目前我国总预算会计分为五级:第一级为财政部"中央"财政总预算会计;第二级至第五级分别为各级地方财政机构设置的省、市、县和乡一级的财政总预算会计。

2. 行政单位会计

行政单位会计是指各级行政机关和实行行政财务管理的其他机关(包括各级权力机关、审判机关和检察机关)和各政党及人民团体,用来核算和监督本单位财务活动情况及结果的专业会计。

根据机构建制和经费领报关系,行政单位的会计组织系统,分为主管会计单位、二级会计单位和基层会计单位三级。向财政部门领报经费并发生预算管理关系的,为主管会计单位。向主管会计单位或上一级会计单位领报经费并发生预算管理关系,有下一级会计单位的,为二级会计单位。向上一级会计单位领报经费并发生预算管理关系,没有下级会计单位的,为基层会计单位。上述三级会计单位分别实行独立会计核算。

3. 事业单位会计

事业单位会计是指各类事业单位核算和监督本单位财务活动情况及结果的专业会计。与行政单位会计一样,国有事业单位会计组织系统根据国家机构建制和经费领报关系,分为主管会计单位、二级会计单位和基层会计单位三级。

事业单位行业类别繁多,如科学研究、中小学校与高等院校,以及医疗卫生等事业单位,各行业业务存在巨大差别,使得事业单位会计及其报告各具特色。

(二)我国政府会计的改革

我国现行政府会计核算标准体系基本上形成于1998年前后,主要涵盖财政总预算会计、行政单位会计与事业单位会计,包括《财政总预算会计制度》《行政单位会计制度》《事业单位会计准则》和《事业单位会计制度》,医院、基层医疗卫生机构、高等学校、中小学校、科学事业单位、彩票机构等行业事业单位会计制度,以及国有建设单位会计制度等五花八门的各有关专项会计制度。

1998年,国家已发布和执行新事业单位会计制度。在此以前,事业单位预算内外资金分别核算、各自平衡,一个单位有两套账,分别记账和报账。预算内外资金不能统筹安排和合理调度,影响资金有效使用,也影响会计信息真实性。为此,新制度规定事业单位实行预算内外资金的统一核算和综合平衡。随着改革深入,政府决算报告信息远远无法满足信息使用者对于政府报告主体的资产负债财务状况、成本费用运行效率、现金流量变动情况分析和评价的需要,这就需要建立以权责发生制即应计制为确认基础的政府会计主体综合财务报告制度。

2010年以来,财政部为适应公共财政管理需要,先后对上述部分会计标准进行修订,基本满足了现行部门预算管理需要。在政府财政报告制度上,长期以来执行现金制确认基础的政府决算报告制度,包括财政总决算报告和部门决算报告。2014年8月,新修正的《预算法》规定,各级政府财政部门应当按年度编制应计制为基础的政府综合财务报告。2014年12月,国务院批转财政部《权责发生制政府综合财务报告制度改革方案》(以下简称《改革方案》)指出,逐步建立以权责发生制政府会计核算为基础,以编制和报告政府资产负债表、收入费用等报表为核心的权责发生制政府综合财务报告制度。

2015年以来,财政部按照《改革方案》的要求,相继出台《政府会计准则——基本准则》(下称政府会计《基本准则》)和一系列政府会计具体准则。2015年10月,财政部发布《财政总预算会计制度》并自2016年1月1日起施行,适用于中央到地方各级政府财政部门总会计。《财政总预算会计制度》是政府单位财政预算会计制度。2017年10月,财政部印发《政府会计制度——行政事业单位会计科目和报表》,适用于各级各类政府行政事业单位。《政府会计制度》统一现行各类行政事业单位会计标准,并自2019年1月1日起施行。《政府会计制度》是政府单位会计制度,由依据国家预算法规定的政府财政预算会计制度和根据公认政府会计标准的政府财务会计制度组成。

我国政府与非营利组织改革将不断深入,事业单位公立高校教师、公立医院医生将逐步被取消事业单位薪酬预算(保留事业单位属性),对于从事生产经营活动的事业单位,逐步转为企业管理,而原有职工也会转为签订劳动合同管理,而不再是原来的事业单位聘用合同。我国原有预算会计体系将向"政府与非营利组织会计"方向发展。政府财政会计与政府单位会计将合二为一,构成政府会计;改革后的事业单位将向政府单位会计、企业会计或民间非营利组织会计靠拢。

三、政府会计规范、核算模式和报告目标

我国政府会计规范体系,包括相关法律法规、会计准则和会计制度。在法律法规上,我国有《会计法》《预算法》及其实施细则等。在会计规范上,我国有企业会计准则、政府会计准则、政府会计制度和民间非营利组织会计制度。

(一)政府会计准则

2015年10月,财政部发布《政府会计准则——基本准则》,适用于各级政府、各部门、各单位,用于规范政府及其附属的经济业务或事项的会计处理,详细规定经济业务或事项引起的会计要素变动的确认、计量和报告。2016年以来,财政部相继出台《存货》《投资》《固定资产》《无形资产》《公共基础设施》《政府储备物资》《会计调整》《负债》和《财务报表编制和列报》等政府会计具体准则及其应用指南。

根据政府会计《基本准则》的规定,政府会计主体主要包括各级政府、各部门、各单位。各级政府是指各级政府财政部门,具体负责财政总预算会计的核算。各

部门、各单位是指与本级政府财政部门直接或间接发生预算拨款关系的国家机关、军队、政党组织、社会团体、事业单位和其他单位。军队、已纳入企业财务管理体系的单位和执行《民间非营利组织会计制度》的社会团体,其会计核算不适用政府会计准则和政府会计制度。

(二) 政府会计制度

政府会计制度是依据政府会计《基本准则》制定的,主要规定政府会计科目及账户处理、报表体系及编制说明等。按照政府会计主体的不同,政府会计制度主要由政府财政会计制度和政府财务会计制度组成。

根据《政府会计制度》的规定,执行本制度的单位,不再执行《行政单位会计制度》《事业单位会计准则》《事业单位会计制度》《医院会计制度》《基层医疗卫生机构会计制度》《高等学校会计制度》《中小学校会计制度》《科学事业单位会计制度》《彩票机构会计制度》《地质勘查单位会计制度》《测绘事业单位会计制度》《国有林场与苗圃会计制度(暂行)》和《国有建设单位会计制度》等会计制度。

《政府会计制度》由正文和附录组成,包括6个部分:(1)总说明,主要规范《政府会计制度》的制定依据、适用范围、会计核算模式和会计要素、会计科目设置要求、报表编制要求、会计信息化工作要求和施行日期等内容;(2)会计科目名称和编号,主要列出财务会计和预算会计两类科目表,共计103个一级会计科目,其中,财务会计下资产、负债、净资产、收入和费用等5个要素共77个一级科目,预算会计下预算收入、预算支出和预算结余3个要素共26个一级科目;(3)会计科目使用说明,主要对103个一级会计科目的核算内容、明细核算要求、主要账务处理等进行详细规定;(4)报表格式,主要规定财务报表和预算会计报表的格式,其中,财务报表包括资产负债表、收入费用表、净资产变动表、现金流量表及报表附注,预算会计报表包括预算收入支出表、预算结转结余变动表和财政拨款预算收入支出表;(5)报表编制说明,主要规定了报表格式中7张报表的编制说明,以及报表附注应披露的内容;(6)附录,对主要业务和事项账务处理举例,按照会计科目顺序对单位通用业务或共性业务和事项的账务处理进行举例说明。

行政事业单位应当根据政府会计准则,包括《基本准则》和具体准则,以及《政府会计制度》的规定,对其发生的各项经济业务或事项进行确认、计量和财务报告。

(三) 政府会计的核算模式

政府会计由预算会计和财务会计构成。政府会计核算应当实现预算会计和财务会计适度分离并相互衔接,全面、清晰地反映政府财务信息和预算执行信息,为开展政府信用评级、加强资产和负债的管理、改进政府绩效考核、防范财政风险等提供支持,以促进政府财务管理水平提高和政府财政经济可持续地发展。

1. 政府预算会计与政府财务会计的"适度分离"

(1) 双功能。政府会计应当实现预算会计和财务会计双重功能。政府基金"特定"会计报告主体实行预算会计,预算会计应当依法、准确、完整地报告预算收入、预算支出和预算结余等国家预算的执行信息;政府组织会计主体实行财务会计,财务会计应当全面、准确、持续地反映特定政府组织的资产、负债、净资产、收入、费用等财务信息和相关非财务信息。

(2) 双基础。在会计要素的确认基础上,预算会计执行收付实现制(现金制),国务院另有规定的,从其规定;财务会计执行权责发生制(应计制)。

(3) 双报告。政府组织会计主体应当编制政府决算报告和政府财务报告。政府决算报告,应当以现金制为基础,以预算会计确认、计量和报告的数据为准;政府财务报告,应当以应计制为基础,以财务会计要素的确认、计量和报告的数据为准。

2. 政府预算会计和政府财务会计的"相互衔接"

政府预算会计和政府财务会计的"相互衔接",是要求两者在实现特定政府会计主体财务报告目标上能相互协调,预算会计下依法确认计量报告的决算报告信息,与财务会计下特定会计主体按公认会计标准确认计量报告的政府财务报告信息,两者相互衔接、相互补充,形成全面、完整的特定政府会计报告主体的国家预算执行信息和政府组织的财务状况、收入费用执行结果和现金流量变动情况等财务信息。

(四) 政府会计的报告目标

1. 以国际会计师联合会要求的政府会计报告目标为借鉴

1993年3月,国际会计师联合会(IFAC)发布《中央政府的财务报告》,指出中央(联邦)政府财务报告应反映政府或政府单位对财务事项和信托给予资源的受托责任,并提供下列对决策有用的信息:(1)是否按法定预算取得和使用资源;(2)是否按法律或合同要求,包括由有关立法部门设立的财政授权,取得和使用资源;(3)财政资源来源、分配和使用方面的信息;(4)筹资及满足对现金需求的信息;(5)评价筹资和偿还债务及承诺能力的信息;(6)财务状况及其变动情况信息;(7)反映业绩的有关服务成本、效率和成果方面的综合信息。

2. 我国政府会计报告目标

政府会计主体应当编制决算报告和财务报告。其中,政府会计决算报告的目标,是向决算报告使用者提供与政府预算执行情况有关的信息,综合反映政府会计主体预算收支的年度执行结果,有助于决算报告使用者进行监督和管理,并为编制后续年度预算提供参考和依据。政府决算报告使用者包括各级人民代表大会及其常务委员会、各级政府及其有关部门、政府会计主体自身、社会公众和其他利益相关者。

政府会计财务报告的目标,是向财务报告使用者提供政府组织在持续运行前提下的财务状况、披露收入费用和收支差额的运行情况(含运行成本,下同)和现金流量等信息,反映政府会计主体公共受托责任履行情况,有助于财务报告使用者做出决策或者进行监督和管理。

政府财务报告使用者包括各级人民代表大会常务委员会、债权人、各级政府及其有关部门、政府会计主体自身和其他利益相关者。

四、政府会计要素及其确认和计量

(一)政府单位预算会计要素、确认和计量原则

我国政府预算会计要素包括预算收入、预算支出和预算结余。

1. 预算收入

预算收入是指政府会计主体在预算年度内依法取得的并纳入预算管理的现金流入。根据现金制,预算收入一般应当在实际收到时予以确认,以实际收到的金额进行计量。

2. 预算支出

预算支出是指政府会计主体在预算年度内依法发生并纳入预算管理的现金流出。根据现金制,预算支出一般应当在实际支出时予以确认,以实际支付的金额进行计量。

3. 预算结余

预算结余是指政府会计主体在预算年度内预算收入扣除预算支出后的资金结余,以及历年滚存的资金余额。

预算结余包括结余资金和结转资金。结余资金是指年度预算执行终了,预算收入实际完成数扣除预算支出和结余资金后剩余的预算资金。结转资金是指预算安排项目的支出年终尚未执行完毕或者因故未执行,且下年度需要按原预算用途继续使用的预算资金。

(二)政府单位财务会计要素、确认和计量原则

政府财务会计要素包括资产、负债、净资产、收入和费用。

1. 资产

资产是指政府会计主体过去的经济业务或者事项形成的,由政府会计主体控制的,预期能够产生服务潜力或者带来经济利益流入的经济资源。服务潜力是指政府会计主体利用资产提供公共产品和服务以履行政府职能的潜在能力。经济利益流入表现为现金及其等价物的流入,或者现金及其等价物流出的减少。

符合政府资产定义的经济资源,在同时满足以下条件时,应确认为资产:(1)与该经济资源相关的服务潜力很可能实现或者经济利益很可能流入政府会计

主体;(2)该经济资源的成本或者价值能够可靠地计量。

资产的计量属性主要包括历史成本、重置成本、现值、公允价值和名义金额。在历史成本计量下,资产按照取得时支付的现金金额或者支付对价的公允价值计量。在重置成本计量下,资产按照现在购买相同或者相似资产所需支付的现金金额计量。在现值计量下,资产按照预计从其持续使用和最终处置中所产生的未来净现金流入量的折现金额计量。在公允价值计量下,资产按照市场参与者在计量日发生的有序交易中,出售资产所能收到的价格计量。无法采用上述计量属性的,采用名义金额(即人民币1元)计量。

政府会计主体在对资产进行计量时,一般应当采用历史成本。采用重置成本、现值、公允价值计量的,应当保证所确定的资产金额能够持续、可靠计量。

政府会计主体的资产按照流动性,分为流动资产和非流动资产。流动资产是指预计在1年内(含1年)耗用或者可以变现的资产,包括货币资金、短期投资、应收及预付款项、存货等。非流动资产是指流动资产以外的资产,包括固定资产、在建工程、无形资产、长期投资、公共基础设施、政府储备资产、文物文化资产、保障性住房和自然资源资产等。符合资产定义和资产确认条件的项目,应当列入资产负债表。

2. 负债

负债是指政府会计主体过去的经济业务或者事项形成的,预期会导致经济资源流出政府会计主体的现时义务。现时义务是指政府会计主体在现行条件下已承担的义务。未来发生的经济业务或者事项形成的义务不属于现时义务,不应当确认为负债。

符合准则规定的负债定义的义务,在同时满足以下条件时,确认为负债:(1)履行该义务很可能导致含有服务潜力或者经济利益的经济资源流出政府会计主体;(2)该义务的金额能够可靠地计量。

负债的计量属性主要包括历史成本、现值和公允价值。在历史成本计量下,负债按照因承担现时义务而实际收到的款项或者资产的金额,或者承担现时义务的合同金额,或者按照为偿还负债预期需要支付的现金计量。在现值计量下,负债按照预计期限内需要偿还的未来净现金流出量的折现金额计量。在公允价值计量下,负债按照市场参与者在计量日发生的有序交易中,转移负债所需支付的价格计量。

政府会计主体在对负债进行计量时,一般应当采用历史成本。采用现值、公允价值计量的,应当保证所确定的负债金额能够持续、可靠计量。

政府会计主体的负债按照流动性,分为流动负债和非流动负债。流动负债是指预计在1年内(含1年)偿还的负债,包括应付及预收款项、应付职工薪酬、应缴款项等。非流动负债是指流动负债以外的负债,包括长期应付款、应付政府债券和政府依法担保形成的债务等。符合负债定义和负债确认条件的项目,应当列入资产负债表。

3. 净资产

净资产是指政府会计主体资产扣除负债后的净额。净资产金额取决于资产和负债的计量。净资产项目应当列入资产负债表。

4. 收入

收入是指报告期内导致政府会计主体净资产增加的、含有服务潜力或者经济利益的经济资源的流入。收入的确认应当同时满足以下条件:(1)与收入相关的含有服务潜力或者经济利益的经济资源很可能流入政府会计主体;(2)含有服务潜力或者经济利益的经济资源流入会导致政府会计主体资产增加或者负债减少;(3)流入金额能够可靠地计量。

符合收入定义和收入确认条件的项目,应当列入收入费用表。

5. 费用

费用是指报告期内导致政府会计主体净资产减少的、含有服务潜力或者经济利益的经济资源的流出。费用的确认应当同时满足以下条件:(1)与费用相关的含有服务潜力或者经济利益的经济资源很可能流出政府会计主体;(2)含有服务潜力或者经济利益的经济资源流出会导致政府会计主体资产减少或者负债增加;(3)流出金额能够可靠地计量。

符合费用定义和费用确认条件的项目,应当列入收入费用表。

(三)政府财务报告和决算报告

1. 政府财务报告

政府财务报告是反映政府会计主体某一特定日期的财务状况和某一会计期间的运行情况和现金流量等信息的文件。政府财务报告应当包括财务报表和其他应当在财务报告中披露的相关信息和资料。

政府财务报告包括政府综合财务报告和政府部门财务报告。政府综合财务报告是指由政府财政部门编制的,反映各级政府整体财务状况、运行情况和财政中长期可持续性的报告。政府部门财务报告是指政府各部门、各单位按规定编制的财务报告。

财务报表是对政府会计主体财务状况、运行情况和现金流量等信息的结构性表述。财务报表包括会计报表和附注。会计报表至少应当包括资产负债表、收入费用表和现金流量表。政府会计主体应当根据相关规定编制合并财务报表。

资产负债表是反映政府会计主体在某一特定日期的财务状况的报表。收入费用表是反映政府会计主体在一定会计期间运行情况的报表。现金流量表是反映政府会计主体在一定会计期间现金及现金等价物流入和流出情况的报表。附注是对在资产负债表、收入费用表、现金流量表等报表中列示项目所作的进一步说明,以及对未能在这些报表中列示项目的说明。

政府财务报告的编制主要以权责发生制为基础,以财务会计核算生成的数据为准。

2. 政府决算报告

政府决算报告是综合反映政府会计主体年度预算收支执行结果的文件。政府决算报告应当包括决算报表和其他应当在决算报告中反映的相关信息和资料。政府决算报告的具体内容及编制要求等,由财政部另行规定。

政府决算报告的编制主要以收付实现制为基础,以预算会计核算生成的数据为准。

第二节 政府单位会计的一般核算原则和国库集中支付业务

一、政府单位会计一般核算原则

行政事业单位(以下简称单位)是政府会计主体的重要组成部分。单位财务会计的确认、计量和财务报告的原理和方法,与企业财务会计基本一致,但是它与企业财务会计区别在于,单位会计具有财务会计和预算会计双重功能,并实现财务会计和预算会计的适度分离和相互衔接,最终进行政府决算报告和政府财务报告双重财务报告。本节主要阐述行政事业单位特定业务会计处理。

单位应当根据政府会计准则和《政府会计制度》的规定,对单位日常运行活动发生的各项经济业务或事项,进行确认、计量和财务报告。

(一)政府单位预算会计

单位预算会计应当通过预算收入、预算支出和预算结余三个会计要素,全面披露单位预算收支执行情况。

单位预算会计要素的确认基础为现金制,国务院另有规定的从其规定。单位预算会计等式为:

$$预算收入 - 预算支出 = 预算结余$$

单位在预算会计日常核算时需要设置"资金结余"账户,核算纳入部门预算管理的预算资金的流入、流出、调整和滚存等情况。在该账户下,还应设置"零余额账户用款额度""货币资金""财政应返还额度"等三个明细账户。年末预算收支结转后,"资金结存"账户借方余额与预算结转结余账户贷方余额相等。

(二)政府单位财务会计

单位财务会计应当通过资产、负债、净资产、收入和费用五个会计要素,全面披露单位财务状况、单位运行情况和现金流量变动情况。

单位财务会计要素的确认基础为应计制,单位财务会计等式为:

$$资产-负债=净资产$$
$$收入-费用=本期盈余$$

上述等式中,本期盈余经过分配后转入净资产。单位财务会计核算与企业财务会计相似,需要设置一系列账户,具体在下文例题中介绍。

(三)单位预算会计和单位财务会计的相互衔接

单位对于纳入部门国家预算管理的现金收支业务,在进行财务会计核算的同时,应当依法进行预算会计核算;对于其他业务,按公认会计标准进行财务会计的确认、计量和财务报告。其中,现金是指单位的库存现金和其他随时可以用于支付的款项,包括库存现金、银行存款、其他货币资金、零余额账户用款额度、财政应返还额度,以及通过财政直接支付方式支付的款项。对于单位受托代理的现金以及应上缴财政的资金所涉及的收支业务,仅需按公认会计标准进行财务会计确认、计量和财务报告,不再需要按预算法要求进行预算会计核算。

(四)政府单位会计明细账户的设置和运用

在单位预算会计中,为满足编制决算报表的要求,可在预算会计"行政支出""事业支出"账户下,分别按照"财政拨款支出""非财政专项资金支出"和"其他资金支出""基本支出"和"项目支出"等进行明细核算,并按照《政府收支分类科目》中"支出功能分类科目"的项级科目进行明细核算;"基本支出"和"项目支出"明细账户下,应当按照《政府收支分类科目》中"部门预算支出经济分类科目"的款级科目进行明细核算,同时在"项目支出"明细账户下,按照具体项目进行明细核算。

在单位财务会计中,为满足成本核算要求,应在财务会计"业务活动费用"和"单位管理费用"账户下,按照"工资福利费用""商品和服务费用""对个人和家庭的补助费用""对企业补助费用""固定资产折旧费""无形资产摊销费""公共基础设施折旧(摊销)费""保障性住房折旧费""计提专用基金"等成本项目设置明细账户,以归集能够直接计入业务活动或采用一定方法计算后计入业务活动的费用。

(五)政府单位应交增值税会计处理

在单位财务会计中,应交增值税会计处理与企业会计基本相同。而在单位预算会计中，预算收入和预算支出分别包含了增值税销项税额和进项税额，实际交纳增值税时计入预算支出。

本节阐述的单位会计处理不涉及增值税的会计处理。

二、国库集中支付业务及其会计处理

（一）政府单位的国库集中支付业务

政府单位在日常运行活动中，对于通过财政直接拨款、纳入国库集中支付实时清算体系的收支业务，在进行财务会计确认和计量时，必须同时进行预算会计核算。

国库集中收付是指以国库单一账户体系为基础，将所有财政性资金都纳入国库单一账户体系管理，收入直接缴入国库和财政专户，支出通过国库单一账户体系支付到商品或劳务供应者或者用款单位的一项国库管理制度。实行国库集中支付的单位，财政资金的支付方式包括财政直接支付和财政授权支付。

实行国库集中支付的单位，在涉及国家财政拨款、国库集中支付的有关业务会计处理上，单位会计需要设置以下账户：一是财务会计，应该设置"财政拨款收入""零余额账户用款额度""财政应返还额度"等账户；二是预算会计，应该设置"财政拨款预算收入""资金结存——零余额账户用款额度""资金结存——财政应返还额度"等账户。

（二）财政直接支付

1. 财政直接支付及其流程

财政直接支付是指财政部门向中国人民银行和代理银行签发支付令，代理银行根据支付令通过国库单一账户体系将资金直接支付到收款人（商品或劳务的供应商等）或用款单位（申请和使用财政资金的单位）账户。财政直接支付的范围，包括工资支出、工程采购支出、货物和服务采购支出等。

在财政直接支付方式下，单位在需要使用操作资金时，按照批复的部门预算和资金使用计划，向财政国库执行机构提出支付申请。财政国库执行机构审核无误后，向代理银行签发财政直接支付令，并通知中国人民银行国库部门，通过代理银行进入全国银行清算系统实时清算，财政资金从国库单一账户划拨到收款人的银行账户。

2. 财政直接支付的会计处理

对财政直接支付的支出，单位收到《财政直接支付入账通知书》时，按照通知书中的直接支付入账金额确认财政拨款收入，同时计入相关支出或增记相关资产。年度终了，单位依据本年度财政直接支付预算指标数与当年财政直接支付实际支出数的差额，确认财政拨款收入并增记财政应返还额度；下年度恢复财政直接支付额度后，单位在实际支出时，做冲减财政应返还额度的会计处理。具体如下。

收到《财政直接支付入账通知书》时,按照通知书中的直接支付入账金额,在预算会计中,借记"行政支出""事业支出"等账户,贷记"财政拨款预算收入"账户;同时在财务会计中,借记"库存物品""固定资产""应付职工薪酬""业务活动费用""单位管理费用"等账户,贷记"财政拨款收入"账户。

年度终了,根据本年度财政直接支付预算指标数与当年财政直接支付实际支出数的差额,在预算会计中,借记"资金结存——财政应返还额度"账户,贷记"财政拨款预算收入"账户;同时在财务会计中,借记"财政应返还额度"账户,贷记"财政拨款收入"。

下年度恢复财政直接支付额度后,单位以财政直接支付方式发生实际支出时,在预算会计中,借记"行政支出""事业支出"等账户,贷记"资金结存——财政应返还额度"账户;同时在财务会计中,借记"库存物品""固定资产""应付职工薪酬""业务活动费用""单位管理费用"等账户,贷记"财政应返还额度"账户。

(三)财政授权支付

1. 财政授权支付及其流程

财政授权支付是指单位根据批复的部门预算和资金使用计划,自行向财政国库支付执行机构申请授权支付的月度用款限额,财政国库支付执行机构将批准后的限额通知代理银行和单位,并通知中国人民银行国库部门。

单位在月度用款限额内,自行开具支付令,通过财政国库支付执行机构转由代理银行向收款人付款,并与国库单一账户进行清算。财政授权支付的范围,包括未纳入工资支出、工程采购支出、货物和服务采购支出管理的购买支出和零星支出等。在财政授权支付方式下,单位申请到的是用款额度而不是存入单位银行账户的实有资金。单位可以在用款额度内自行开具支付令,通过财政国库支付执行机构转由代理银行向收款人付款。

2. 财政授权支付的会计处理

单位收到《授权支付到账通知书》时,按照通知书所列金额,应确认财政拨款收入,并增记零余额账户用款额度;支用额度时,做冲减零余额账户用款额度的会计处理。年度终了,单位根据代理银行提供的对账单注销额度时,增记财政应返还额度,并冲减零余额账户用款额度。如果单位本年度财政授权支付预算指标数大于零余额账户用款额度下达数,根据两者的差额,确认财政拨款收入并增记财政应返还额度。下年年初恢复额度或下年度收到财政部门批复的上年末未下达零余额账户用款额度时,做冲减财政应返还额度的会计处理。具体如下:

单位收到代理银行盖章的《授权支付到账通知书》时,按照通知书所列金额,在预算会计中,借记"资金结存——零余额账户用款额度"账户,贷记"财政拨款预算收入"账户;同时在财务会计中,借记"零余额账户用款额度"账户,贷记"财政拨款收入"账户。

按规定支用额度时,按实际支用额度,在预算会计中,借记"行政支出""事业支出"等账户,贷记"资金结存——零余额账户用款额度"账户;同时在财务会计中,借记"库存物品""固定资产""应付职工薪酬""业务活动费用""单位管理费用"等账户,贷记"零余额账户用款额度"账户。

年末,根据代理银行提供的对账单做注销额度的相关账户处理,在预算会计中,借记"资金结存——财政应返还额度"账户,贷记"资金结存——零余额账户用款额度"账户;同时在财务会计中,借记"财政应返还额度"账户,贷记"零余额账户用款额度"账户。

下年年初,收到财政部门批复的上年末未下达零余额账户用款额度、恢复额度时,在预算会计中,借记"资金结存——零余额账户用款额度"账户,贷记"资金结存——财政应返还额度"账户;同时在财务会计中,借记"零余额账户用款额度"账户,贷记"财政应返还额度——财政授权支付"账户。

年末,单位本年度财政授权支付预算指标数大于零余额账户用款额度下达数的,根据未下达的用款额度,在预算会计中,借记"资金结存——财政应返还额度"账户,贷记"财政拨款预算收入"账户;同时在财务会计中,借记"财政应返还额度"账户,贷记"财政拨款收入"账户。

下年度,收到财政部门批复的上年末未下达零余额账户用款额度时,在预算会计中,借记"资金结存——零余额账户用款额度"账户,贷记"资金结存——财政应返还额度"账户;同时在财务会计中,借记"零余额账户用款额度"账户,贷记"财政应返还额度"账户。

三、单位涉及国库集中支付业务的会计示例

(一)财政直接支付的示例

【例18-1】 2×18年10月8日,L事业单位根据经过批准的部门预算和资金使用计划,向同级财政部门申请支付本单位第三季度电费160 000元。当月18日,财政部门审核后,以财政直接支付方式向电力公司支付了这笔电费。假定当月25日,L事业单位收到《财政直接支付入账通知书》。L事业单位有关会计分录如下。

(1)编制预算会计分录

借:事业支出　　　　　　　　　　　　　　　　160 000
　　贷:财政拨款预算收入　　　　　　　　　　　　　　160 000

（2）同时，编制财务会计分录

借：单位管理费用　　　　　　　　　　　　　　　　　　160 000
　　贷：财政拨款收入　　　　　　　　　　　　　　　　　　160 000

【例 18-2】 2×18 年 12 月 31 日，H 行政单位本年度财政直接支付预算指标数与当年财政直接支付实际支出数的差额为 120 000 元。2×19 年年初，财政部门恢复了对 H 行政单位的财政直接支付额度。2×19 年 1 月 29 日，H 行政单位以财政直接支付方式购买了一批办公用品（属于上年度批准的预算指标数），支付给供应商 80 000 元货款。H 行政单位有关会计处理如下：

（1）2×18 年 12 月 31 日，补记差额指标
编制预算会计分录

借：资金结存——财政应返还额度　　　　　　　　　　　120 000
　　贷：财政拨款预算收入　　　　　　　　　　　　　　　　120 000

同时，编制财务会计分录

借：财政应返还额度——财政直接支付　　　　　　　　　120 000
　　贷：财政拨款收入　　　　　　　　　　　　　　　　　　120 000

（2）2×19 年 1 月 29 日，使用上年度额度，以财政直接支付方式购买办公用品
编制预算会计分录

借：行政支出　　　　　　　　　　　　　　　　　　　　80 000
　　贷：资金结存——财政应返还额度　　　　　　　　　　　80 000

同时，编制财务会计分录

借：库存物品　　　　　　　　　　　　　　　　　　　　80 000
　　贷：财政应返还额度——财政直接支付　　　　　　　　　80 000

（二）财政授权支付的示例

【例 18-3】 2×19 年 3 月 8 日，HY 科研所根据经过批准的部门预算和资金使用计划，向同级财政部门申请财政授权支付用款额度 360 000 元。当年 4 月 5 日，财政部门审核后，以财政授权支付方式下达 350 000 元用款额度。当年 4 月 7 日，HY 科研所收到代理银行转来其盖章的《授权支付到账通知书》。HY 科研所有关分录如下：

（1）编制预算会计分录

借：资金结存——零余额账户用款额度　　　　　　　　　350 000
　　贷：财政拨款预算收入　　　　　　　　　　　　　　　　350 000

（2）同时，编制财务会计分录

借：零余额账户用款额度　　　　　　　　　　　　350 000
　　贷：财政拨款收入　　　　　　　　　　　　　　　　　350 000

【例18-4】　2×18年12月31日，H事业单位经过与代理银行提供的对账单核对无误后，将160 000元零余额账户用款额度予以注销。本年年末，本年度财政授权支付预算指标数大于零余额账户用款额度下达数，未下达的用款额度为190 000元。

2×19年度，收到代理银行提供的额度恢复到账通知书，以及财政部门批复的上年末未下达零余额账户用款额度。H事业单位有关会计处理如下。

（1）注销零余额账户用款额度

编制预算会计分录

借：资金结存——财政应返还额度　　　　　　　　160 000
　　贷：资金结存——零余额账户用款额度　　　　　　　160 000

同时，编制财务会计分录

借：财政应返还额度——财政授权支付　　　　　　160 000
　　贷：零余额账户用款额度　　　　　　　　　　　　　160 000

（2）补记未下达的授权支付预算指标数

编制预算会计分录

借：资金结存——财政应返还额度　　　　　　　　190 000
　　贷：财政拨款预算收入　　　　　　　　　　　　　　190 000

同时，编制财务会计分录

借：财政应返还额度——财政授权支付　　　　　　190 000
　　贷：财政拨款收入　　　　　　　　　　　　　　　　190 000

（3）2×19年度，收到财政部门批复上年末未下达用款额度，恢复额度

编制预算会计分录

借：资金结存——零余额账户用款额度　　　　　　160 000
　　贷：资金结存——财政应返还额度　　　　　　　　　160 000

同时，编制财务会计分录

借：零余额账户用款额度　　　　　　　　　　　　160 000
　　贷：财政应返还额度——财政授权支付　　　　　　　160 000

(4) 2×19 年度,收到代理银行提供的额度恢复到账通知书,收到财政批复的该笔额度

编制预算会计分录

借:资金结存——零余额账户用款额度　　　　　　　　　190 000
　　贷:资金结存——财政应返还额度　　　　　　　　　　　190 000

同时,编制财务会计分录

借:零余额账户用款额度　　　　　　　　　　　　　　　190 000
　　贷:财政应返还额度——财政授权支付　　　　　　　　　190 000

第三节　非财政拨款收支业务、预算结转结余和结余分配

一、非财政拨款的收支业务

政府单位的日常收支业务,除通过财政直接拨款、实行国库集中支付实时清算之外,还包括非财政直接拨款国库集中支付形成的收支业务,如单位的事业活动、经营活动等形成的收支业务。其中,对于纳入国家预算管理体系的单位现金收支业务,单位在进行财务会计要素确认、计量和财务报告时,必须同时进行预算会计要素确认、计量和决算报告。本节主要阐述事业(预算)收入、捐赠(预算)收入和支出、债务预算收入和债务还本支出、投资支出等单位收支业务会计处理。

(一) 事业(预算)收入

事业收入是指中央和地方各部门所属事业单位开展专业业务活动及其辅助活动实现的收入,不包括从同级政府财政部门取得的各类财政拨款。例如,学校的学费收入、医院的医疗收入,公交部门所属勘察设计机构取得的勘察设计收入、试验研究检验收入,农林部门所属水利机构取得的水利灌溉收入,以及其他事业单位开展各种技术服务包括技术转让取得的收入等。

事业收入不同于实行证照管理取得的规费收入,主要为事业单位开展各种技艺性服务所形成的收入。当期,上缴额度依预算管理方式而定。实行全额预算管理的单位需全额上缴国家预算,实行差额预算管理的则以以收抵支后的净收益上缴国家预算,实行预算包干的单位按规定的包干办法上缴。

1. 事业(预算)收入的会计处理要求

为核算事业收入,单位在预算会计中应设置"事业预算收入"账户,按现金制

核算;在财务会计中应设置"事业收入"账户,按应计制核算。

(1) 对于采用财政专户返还方式管理的事业(预算)收入,实现应上缴财政专户的事业收入时,按照实际收到或应收的金额,在财务会计中,借记"银行存款""应收账款"等账户,贷记"应缴财政款"账户。向财政专户上缴款项时,按实际上缴款项金额,在财务会计中,借记"应缴财政款"账户,贷记"银行存款"等账户。收到从财政专户返还的事业收入时,按实际收到返还的金额,在财务会计中,借记"银行存款"账户,贷记"事业收入"账户;同时,在预算会计中,借记"资金结存——货币资金"账户,贷记"事业预算收入"账户。

(2) 对于采用预收款方式确认的事业(预算)收入,实际收到预收款项时,按收到的款项金额,在财务会计中,借记"银行存款"等账户,贷记"预算账款"账户;同时,在预算会计中,借记"资金结存——货币资金"账户,贷记"事业预算收入"账户。以合同完成进度确认事业收入时,按基于合同完成进度计算确定的金额,在财务会计中,借记"预算账款"账户,贷记"事业收入"账户。

(3) 对于采用应收款方式确认的事业(预算)收入,根据合同完成进度计算确定本期应收的金额,在财务会计中,借记"应收账款"账户,贷记"事业收入"账户。实际收到款项时,在财务会计中,借记"银行存款"账户,贷记"应收账款"账户;同时,在预算会计中,借记"资金结存——货币资金"账户,贷记"事业预算收入"账户。

(4) 对于其他方式确认的事业收入,按实际收到的事业收入金额,在财务会计中,借记"银行存款""库存现金"等账户,贷记"事业收入"账户;同时,在预算会计中,借记"资金结存——货币资金"账户,贷记"事业预算收入"账户。

(5) 事业活动中涉及增值税业务的,事业收入按实际收到的金额扣除增值税销项税额之后的金额入账,事业预算收入按实际收到的金额入账,交纳的增值税计入事业支出。

2. 事业(预算)收入的会计处理示例

【例18-5】 D事业单位部分事业收入采用财政专户返还方式进行管理。2×18年6月6日,D事业单位收到应上缴财政专户的事业收入9 000 000元。当年6月15日,该单位将这笔款项上缴财政专户;当年7月15日,该单位收到从财政专户返还的事业收入9 000 000元。根据有关记账凭证,D事业单位会计处理如下。

(1) 6月6日,收到应上缴财政专户的事业收入

借:银行存款　　　　　　　　　　　　　　　　　9 000 000
　　贷:应缴财政款　　　　　　　　　　　　　　　　　　9 000 000

（2）6月15日，向财政专户上缴事业收入

  借：应缴财政款   9 000 000
    贷：银行存款   9 000 000

（3）7月15日，收到从财政专户返还的事业收入

  借：银行存款   9 000 000
    贷：事业收入   9 000 000

同时，编制预算会计分录

  借：资金结存——货币资金   9 000 000
    贷：事业预算收入   9 000 000

【例18-6】 2×19年9月，LH科研事业单位为增值税一般纳税人，当月开展技术咨询活动，开具增值税发票，取得不含税劳务收入600 000元，适用税率6%，应交增值税36 000元。假定不考虑其他因素，LH科研事业单位有关会计处理如下。

（1）2×19年9月，收到劳务收入

编制财务会计分录

  借：银行存款   636 000
    贷：事业收入   600 000
      应交增值税——应交税金（销项税额） 36 000

同时，编制预算会计分录

  借：资金结存——货币资金   636 000
    贷：事业预算收入   636 000

（2）交纳增值税

编制财务会计分录

  借：应交增值税——应交税金（已交税金） 36 000
    贷：银行存款   636 000

同时，编制预算会计分录

  借：事业支出   36 000
    贷：资金结存——货币资金   36 000

（二）捐赠（预算）收入和支出

1. 捐赠（预算）收入及其会计处理要求

捐赠收入是指单位接受其他单位或者个人捐赠取得的收入，包括现金捐赠和非现金捐赠收入。捐赠预算收入指单位接受的现金捐赠资产。

单位接受捐赠的货币资金,按实际收到的金额,在财务会计中,借记"银行存款""库存现金"等账户,贷记"捐赠收入"账户;同时,在预算会计中,借记"资金结存——货币资金"账户,贷记"其他预算收入——捐赠预算收入"账户。

单位接受捐赠的存货、固定资产等非现金资产,按确定的成本,在财务会计中,借记"库存物品""固定资产"等账户;按发生的相关税费、运输费用等,贷记"银行存款"等账户;按其差额,贷记"捐赠收入"账户。同时,在预算会计中,按发生的相关税费、运输费用等支出的金额,借记"其他支出"账户,贷记"资金结存——货币资金"账户。

2. 捐赠(支出)费用及其会计处理要求

单位对外捐赠现金资产的,按实际捐赠金额,在财务会计中,借记"其他费用"账户,贷记"银行存款"等账户;同时,在预算会计中,借记"其他支出"账户,贷记"资金结存——货币资金"账户。

单位对外捐赠库存物品、固定资产等非现金资产的,在财务会计中,应该将对外捐赠的非现金资产的账面价值转入"资产处置费用"账户,如果未支付相关费用的,预算会计不作账务处理。

3. 捐赠(预算)收入和支出的会计处理示例

【例18-7】 2×19年5月,C事业单位接受M公司捐赠的实验物品一批,M公司提供的发票凭证表明其价值为200 000元。假定,C事业单位支付该批物品的运输费1 600元,不考虑税费等其他因素,C事业单位有关会计处理如下。

(1) 2×19年5月,接受捐赠的实验物品入库,编制财务会计分录

借:库存物品　　　　　　　　　　　　　　　　　　201 600
　　贷:捐赠收入　　　　　　　　　　　　　　　　　　200 000
　　　　银行存款　　　　　　　　　　　　　　　　　　　1 600

(2) 同时,按支付的运输费,编制预算会计分录

借:其他支出　　　　　　　　　　　　　　　　　　　1 600
　　贷:资金结存——货币资金　　　　　　　　　　　　 1 600

(三) 债务预算收入和债务还本支出

1. 政府财政和政府单位的债务预算收入和债务还本支出

对于政府财政来说,债务预算收入是指根据《预算法》规定,允许政府财政通过举借债务方式筹措部分建设性资金所形成的预算收入。债务收入包括:国库券、建设债券等收入,社保基金结余购买国债收入,银行借款收入,其他借款收入等。债务还本支出是指政府财政向国内外单位和个人发行各种形式政府债券的还本付息支出,以及向银行借款、透支的还本付息支出。其中,国外债务支出即中央财政

向国外举借各种形式债务的还本付息支出,这是一种代表国家或被授权的主管机关、团体、企业事业单位、金融机构或其他机构对国际金融组织、外国政府、外国金融机构、企业或者其他机构,用外国货币承担的具有法定契约性偿还义务的债务本息支出。

对于政府单位来说,债务预算收入是指事业单位按照规定从银行和其他金融机构借入的,纳入政府财政的部门预算管理,不以财政资金作为偿还来源的债务本金。债务还本支出是指事业单位偿还自身承担的,纳入政府财政预算管理的,从金融机构举借的债务本金的现金流出。

2. 债务预算收入和债务还本支出的会计处理

事业单位为了核算借款和债务预算收入,在预算会计下,应设置"债务预算收入"和"债务还本支出"账户;在财务会计中,应设置"短期借款""长期借款""应付利息"等账户。

(1) 发生借款业务

发生短期借款、长期借款业务时,按实际借入金额,在预算会计中,借记"资金结存——货币资金"账户,贷记"债务预算收入"账户;同时,在财务会计中,借记"银行存款"账户,贷记"短期借款""长期借款"等账户。

(2) 借款利息费用的费用化或资本化处理以及支付利息

事业单位按期计提长期借款的利息时,应计制下按实际利率计算确定的应付利息金额,在财务会计中,做出借款利息的费用化或资本化处理,借记"其他费用"账户或"在建工程"账户;分期付息的,贷记"应付利息"账户,到期还本付息的,贷记"长期借款——应付利息"账户。

在分期付息下,实际支付利息时,在财务会计中,借记"应付利息"账户,贷记"银行存款"账户;同时,在预算会计中,借记"事业支出"账户,贷记"资金结存——货币资金"账户。

(3) 偿还本金或还本付息

偿还短期借款或长期借款的本金时,按偿还借款债务的本金金额,在预算会计中,借记"债务还本支出"账户,贷记"资金结存——货币资金"账户。同时,在财务会计中,借记"短期借款""长期借款"等账户,贷记"银行存款"账户。

(四) 投资支出

1. 政府单位或政府财政的投资性支出

投资支出是指事业单位以货币资金对外投资发生的现金流出。投资支出是一项政府单位或政府财政以投资者身份进入投资市场所发生的投资性支出。

投资性支出意味单位投资资金具有风险报酬,一方面投资单位可以回收投资且能获得投资报酬,另一方面也可能发生投资损失,甚至血本无归。

2. 投资支出的会计处理

为核算投资支出,事业单位在预算会计中,应设置"投资支出""投资预算收益"等账户,在财务会计中应设置"短期投资""长期股权投资""长期债权投资""应收股利""应收利息"和"投资收益"等账户。

(1) 对外投资

以货币资金对外投资时,按投资金额和支付相关税费合计数,在预算会计中,借记"投资支出"账户,贷记"资金结存——货币资金"账户;同时,在财务会计中,借记"短期投资""长期股权投资""长期债权投资"等账户,贷记"银行存款"等账户。

(2) 收到利息和现金股利

收到取得投资时实际支付投资款项中含有已到期尚未支付的债券利息或现金股利时,按实际收到的金额,在预算会计中,借记"资金结存——货币资金"账户,贷记"投资支出"账户;同时,在财务会计中,借记"银行存款"账户,贷记"短期投资""应收股利""应收利息"等账户。

每年年末,根据应计制,按照应享有的被投资单位分派的现金股利或债券利息收入,在财务会计中,借记"应收股利"或"应收利息"账户;贷记"投资收益"账户。

持有投资期间获得被投资单位分派的现金股利或利息收入,按实际收到的金额,在现金制预算会计中,借记"资金结存——货币资金"账户,贷记"投资预算收益"账户;同时,在应计制财务会计中,借记"银行存款"账户,贷记"应收股利""应收利息"等账户。

(3) 处置投资资产

事业单位出售、对外转让或到期收回本年度以货币资金取得的对外投资时,在预算会计中,按实际收到的金额,借记"资金结存——货币资金"账户,按取得投资时"投资支出"账户的发生额,贷记"投资支出"账户,按其差额,贷记或借记"投资预算收益"账户。如果单位出售、对外转让或到期收回的是以前年度以货币资金取得的对外投资,应该将上述预算会计处理中的"投资支出"账户改为"其他结余"账户。

同时,在财务会计中,按实际收到的金额,借记"银行存款"账户;按对外投资的账面价值,贷记"短期投资""长期股权投资""长期债权投资"账户;按应收而尚未收到的被投资单位分派的现金股利、利息收入或利润分配,贷记"应收股利""应收利息"或"应收利润"等账户;按实际发生的相关税费支出,贷记"银行存款"账户;按借贷双方的差额,贷记或借记"投资收益"账户。

【例18-8】 2×18年1月1日,L事业单位购入5年期、年利率3%、按年付息到期还本的国债2 000 000元。假定,每年12月31日支付国债年利息,不考虑其他因素,L事业单位有关会计处理如下。

（1）2×18 年 1 月 1 日，长期债权投资，购进国债

编制财务会计分录

  借：长期债券投资   2 000 000
    贷：银行存款   2 000 000

同时，编制预算会计分录

  借：投资支出   2 000 000
    贷：资金结存——货币资金   2 000 000

（2）国债投资持有期间，每年年末，根据应计制，计提应收利息和投资收益

编制财务会计分录

  借：应收利息（2 000 000×3%）   60 000
    贷：投资收益   60 000

（3）国债投资持有期间，收到国债利息时

编制财务会计分录

  借：银行存款   60 000
    贷：应收利息   60 000

同时，编制预算会计分录

  借：资金结存——货币资金   60 000
    贷：投资预算收益   60 000

（4）假定，2×22 年 12 月 31 日，收回国债本金和第 5 年利息

编制财务会计分录

  借：银行存款   2 060 000
    贷：长期债券投资   2 000 000
      投资收益   60 000

同时，编制预算会计分录

  借：资金结存——货币资金   2 060 000
    贷：其他结余   2 000 000
      投资预算收益   60 000

二、预算结转与结余

  预算结转与结余是指事业单位各项财政拨款结转结余和非财政拨款结转结余，这些预算收入与其相关支出相抵后剩余滚存的、须按照规定管理和使用的结转

资金和结余资金。结转资金是指当年预算已执行但未完成,或者因故未执行,下年度需要按原用途继续使用的预算资金,主要包括基本支出结转和项目支出结转。结余资金是指当年预算工作目标已经完成,或者因故终止,当年剩余的预算资金。

财政拨款结余资金是指单位财政拨款项目支出的结余资金,对于这部分财政拨款项目剩余的国家财政结余资金,单位应当依法按照规定上缴财政并进行预算会计处理。非财政拨款的结余资金是指单位进行事业项目使用上级主管部门拨付的非财政拨款专项资金形成的结余资金,对于这部分非财政专项拨款、上级部门拨付单位事业项目剩余的结余资金,单位应按上级主管部门批准文件,或留归单位留存使用,或按照上级规定上交上级主管部门。

非财政拨款结余分为经营结余和其他结余两部分。经营结余是指事业单位一定期间各项经营收支相抵后余额弥补以前年度经营亏损后的余额。其他结余是指事业单位一定期间除财政拨款资金收支、非同级财政专项资金收支和经营收支以外各项收支相抵后的金额。

事业单位会计应该严格区分财政拨款结转结余和非财政拨款结转结余。财政拨款结转结余不参与事业单位的结余分配,单位应设置"财政拨款结转"和"财政拨款结余"账户,进行财政拨款结转结余的核算。对于非财政拨款结转结余,单位应设置"非财政拨款结转""非财政拨款结余""专用结余""经营结余""非财政拨款结余分配"等账户,进行非财政拨款的结转、结余及其分配的核算。

(一)财政拨款结转与结余的核算

1. 财政拨款结转的核算

事业单位应该在预算会计中,设置"财政拨款结转"账户,用以核算滚存的财政拨款结转资金。在本账户下,应设置"年初余额调整""归集调入""归集调出""归集上缴""单位内部调剂""本年收支结转""累计结转"等明细账户,反映财政拨款结转金额变动情况。年末结转后,本账户除"累计结转"明细账户外,其他明细账户应无余额。

在"财政拨款结转"账户下,还应设置"基本支出结转"和"项目支出结转"两个明细账户,并在"基本支出结转"明细账户下按"人员经费""日常公用经费"进行明细核算,在"项目支出结转"明细账户下按具体项目进行明细核算。同时,本账户还应按《政府收支分类科目》中《支出功能分类科目》的相关科目进行明细账户核算。

财政拨款结转的主要会计处理如下。

(1)年末,单位应将财政拨款收入和对应的财政拨款支出,结转计入"财政拨款结转"账户。根据财政拨款收入本年发生额,借记"财政拨款收入"账户,贷记"财政拨款结转——本年收支结转"账户;根据各项支出中的财政拨款支出本年发生额,借记"财政拨款结转——本年收支结转"账户,贷记"事业支出""经费支出"等各项支出(财政拨款支出)账户。

(2) 按照规定从其他单位调入财政拨款结转资金的,按实际调增的额度数额或调入的资金数额,在预算会计中,借记"资金结存——财政应返还额度、零余额账户用款额度、货币资金"账户,贷记"财政拨款结转——归集调入"账户;同时,在财务会计中,借记"零余额账户用款额度""财政应返还额度"等账户,贷记"累计盈余"账户。

按规定上缴(或注销)财政拨款结转资金、向其他单位调出财政拨款结转资金,按实际上缴资金数额、实际调减的额度数额或调出的资金数额,在预算会计中,借记"财政拨款结转——归集上缴、归集调出"账户,贷记"资金结存——财政应返还额度、零余额账户用款额度、货币资金"账户;同时,在财务会计中,借记"累计盈余"账户,贷记"零余额账户用款额度""财政应返还额度"等账户。

(3) 因发生会计差错等事项,需要调整以前年度财政拨款结转资金的,按照调整的金额,在预算会计中,借记或贷记"资金结存——财政应返还额度、零余额账户用款额度、货币资金"账户,贷记或借记"财政拨款结转——年初余额调整"账户;同时,在财务会计中,借记或贷记"以前年度盈余调整"账户,贷记或借记"零余额账户用款额度""银行存款"等账户。

经财政部门批准对财政拨款结余资金改变用途,调整用于本单位基本支出或其他未完成项目支出的,按批准调剂的金额,借记"财政拨款结余——单位内部调剂"账户,贷记"财政拨款结转——单位内部调剂"账户。

(4) 年末,"财政拨款结转"账户进行各明细账户结转,冲减有关明细账户余额。冲销时,将"财政拨款结转——年初余额调整、本年收支结转、归集调入、归集调出、归集上缴、单位内部调剂"账户余额,结转计入"财政拨款结转——累计结转"账户。结转后,只有"财政拨款结转——累计结转"账户有余额,其他明细账户均应无余额。

(5) 年末,完成上述财政拨款收支结转后,应对财政拨款各明细账项目执行情况进行分析,按照有关规定将符合财政拨款结余性质的项目余额转入财政拨款结余,借记"财政拨款结转——累计结转"账户,贷记"财政拨款结余——结转转入"账户。

2. 财政拨款结余的核算

单位在预算会计中应设置"财政拨款结余"账户,核算单位滚存的财政拨款项目支出结余资金。本账户应设置"年初余额调整""归集上缴""单位内部调剂""结转转入""累计结余"等明细账户,反映财政拨款结余金额变动情况。年末结转后,本账户除"累计结余"明细账户外,其他明细账户应无余额。本账户还应按照《政府收支分类科目》在"支出功能分类科目"的相关科目进行明细账户核算。

财政拨款结余的主要会计处理如下。

(1) 年末,对财政拨款结转各明细账项目执行情况进行分析,按照有关规定将符合财政拨款结余性质的项目余额转入财政拨款结余,借记"财政拨款结转——累计结转"账户,贷记"财政拨款结余——结转转入"账户。

(2) 经财政部门批准对财政拨款结余资金改变用途,调整用于本单位基本支出或其他未完成项目支出的,按批准调剂的金额,借记"财政拨款结余——单位内部调剂"账户,贷记"财政拨款结转——单位内部调剂"账户。

按规定上缴财政拨款结余资金或注销财政拨款结余资金额度的,按实际上缴资金数额或注销的资金额度数额,在预算会计中,借记"财政拨款结余——归集上缴"账户,贷记"资金结存——财政应返还额度、零余额账户用款额度、货币资金"账户;同时,在财务会计中,借记"累计盈余"账户,贷记"零余额账户用款额度""财政应返还额度"等账户。

因发生会计差错等事项调整以前年度财政拨款结余资金的,按调整的金额,在预算会计中,借记贷记"资金结存——财政应返还额度、零余额账户用款额度、货币资金"账户,贷记或借记"财政拨款结余——年初余额调整"账户;同时,在财务会计中,借记或贷记"以前年度盈余调整"账户,贷记或借记"零余额账户用款额度""银行存款"等账户。

(3) 年末,"财政拨款结余"账户各明细账户进行结转,冲减有关明细账户余额。冲销时,将"财政拨款结余——年初余额调整、归集上缴、单位内部调剂、结转转入"账户余额,结转计入"财政拨款结余——累计结余"账户。结转后,只有"财政拨款结余——累计结余"账户有余额,其他明细账户均应无余额。

【例18-9】 2×19年6月,财政部门拨付H事业单位基本支出补助8 000 000元,项目补助2 000 000元。当月,H事业单位"事业支出"账户下,"财政拨款支出——基本支出""财政拨款支出——项目支出"明细账户的当月发生额分别为8 000 000元和1 800 000元。当月月末,H事业单位将当月财政拨款收入和支出进行结转,有关预算会计处理如下。

(1) 结转财政拨款收入

借:财政拨款预算收入——基本支出　　　　　　　　　8 000 000
　　　　　　　　　　——项目支出　　　　　　　　　2 000 000
　　贷:财政拨款结转——本年收支结转——基本支出结转　　8 000 000
　　　　　　　　　　　　　　　　　　——项目支出结转　　2 000 000

(2) 结转财政拨款支出

借：财政拨款结转——本年收支结转——基本支出结转　　8 000 000
　　　　　　　　　　　　　　　——项目支出结转　　1 800 000
贷：事业支出——财政拨款支出(基本支出)　　8 000 000
　　　　　　——财政拨款支出(项目支出)　　1 800 000

【例 18-10】 2×18 年年末，D 事业单位完成财政拨款收支结转后，对财政拨款各明细项目进行分析，按有关规定将某预算资金项目结余资金 69 000 元转入财政拨款结余。D 事业单位将项目结余转入财政拨款结余的有关预算会计分录如下。

借：财政拨款结转——累计结转——项目支出结转　　69 000
贷：财政拨款结余——结转转入　　69 000

(二) 非财政拨款结转的核算

非财政拨款结转资金是指事业单位除财政拨款收支、经营收支以外，各种非同级财政拨款专项资金收入与其相关支出相抵后剩余滚存的、必须按规定用途使用的结转资金。

单位应在预算会计中设置"非财政拨款结转"账户，核算单位除财政拨款收支、经营收支以外的各种非同级财政拨款专项资金调整、结转后的滚存情况。本账户应设置"年初余额调整""缴回资金""项目间接费用或管理费""本年收支结转"和"累计结转"等明细账户，反映非财政拨款结转的变动情况。本账户还应按《政府收支分类项目》中"支出功能分类科目"的相关科目等进行明细核算。

非财政拨款结转的主要会计处理如下。

(1) 年末，将事业预算收入、上级补助预算收入、附属单位上缴预算收入、非同级财政拨款预算收入、债务预算收入和其他预算收入本年发生额中专项资金收入结转入本账户。结转时，借记"事业预算收入""上级补助预算收入""附属单位上缴预算收入""非同级财政拨款预算收入""债务预算收入""其他预算收入"账户下各专项资金收入明细账户，贷记"非财政拨款结转——本年收支结转"账户；将行政支出、事业支出、其他支出本年发生额中的非财政拨款专项资金支出结转入本账户，借记"非财政拨款结转——本年收支结转"账户，贷记"行政支出""事业支出""其他支出"账户下各非财政拨款专项资金支出明细账户。

(2) 按规定从科研项目预算收入中提取项目管理费或间接费时，按提取金额，在预算会计中，借记"非财政拨款结转——项目间接费用或管理费"账户，贷记"非财政拨款结余——项目间接费用或管理费"账户；同时，在财务会计中，借记"单位管理费用"账户，贷记"预提费用——项目间接费用或管理费"账户。

因会计差错更正等事项调整非财政拨款结转资金的，按照收到或支出的金额，在预算会计中,借记或贷记"资金结存——货币资金"账户,贷记或借记"非财政拨款结转——年初余额调整"账户;同时,在财务会计中,借记或贷记"以前年度盈余调整"账户,贷记或借记"银行存款"等账户。

按规定缴回非财政拨款结转资金的,按实际缴回资金数额,在预算会计中,借记"非财政拨款结转——缴回资金"账户,贷记"资金结存——货币资金"账户;同时,在财务会计中,借记"累计盈余"账户,贷记"银行存款"等账户。

(3)年末,冲销有关明细账户余额。将"非财政拨款结转——年初余额调整、项目间接费用或管理费、缴回资金、本年收支结转"账户余额转入"非财政拨款结转——累计结转"账户。结转后,"非财政拨款结转"账户除"累计结转"明细账户有余额外,其他明细账户应均无余额。

(4)年末,完成上述结转后,应对非财政拨款专项结转资金各项目情况进行分析,将留归本单位使用的非财政拨款专项(项目已完成)剩余资金转入非财政拨款结余,借记"非财政拨款结转——累计结转"账户,贷记"非财政拨款结余——结转转入"账户。

【例18-11】 2×19年1月,S事业单位启动一项科研项目,当年收到上级主管部门拨付的非财政专项资金10 000 000元。当年该科研项目发生事业支出9 850 000元。当年年末,该项科研项目完成并结项,经上级主管部门批准,项目结余资金150 000元可留归单位留存使用。S事业单位有关会计处理如下。

(1)收到上级主管部门拨付的科研项目非财政专项资金
编制财务会计分录

  借:银行存款   10 000 000
    贷:上级补助收入   10 000 000

同时,编制预算会计分录

  借:资金结存——货币资金   10 000 000
    贷:上级补助预算收入   10 000 000

(2)发生科研项目业务活动费用
编制财务会计分录

  借:业务活动费用   9 850 000
    贷:银行存款   9 850 000

同时,编制预算会计分录

  借:事业支出   9 850 000
    贷:资金结存——货币资金   9 850 000

(3) 年末,结转上年补助预算收入中该科研项目专项资金收入,编制预算会计分录

借:上级预算补助收入　　　　　　　　　　　　　　10 000 000
　　贷:非财政拨款结转——本年收支结转　　　　　　　　　　10 000 000

(4) 年末,结转事业支出中该科研项目专项资金实际项目支出,编制预算会计分录

借:非财政拨款结转——本年收支结转　　　　　　　　9 850 000
　　贷:事业支出——非财政专项资金支出　　　　　　　　　　9 850 000

(5) 经批准,确定该科研项目专项资金的留归单位留存使用,编制预算会计分录

结余资金 = 10 000 000 - 9 850 000 = 150 000(元)

借:非财政拨款结转——累计结转　　　　　　　　　　150 000
　　贷:非财政拨款结余——结转转入　　　　　　　　　　　　150 000

(三) 非财政拨款结余的核算

非财政拨款结余是指单位历年滚存的、非限定用途的非同级财政拨款结余资金,主要为非财政拨款结余扣除结余分配后滚存的金额。单位应在预算会计中设置"非财政拨款结余"账户,核算单位历年滚存的非限定用途的非同级财政拨款结余资金。

"非财政拨款结余"账户,应该设置"年初余额调整""项目间接费用或管理费""结转转入""累计结余"等明细账户,反映非财政拨款结余的变动情况。本账户还应该按照《政府收支分类科目》中"支出功能分类科目"的相关科目进行明细账户核算。

非财政拨款结余的主要会计处理如下。

(1) 年末,将留归本单位事业的非财政拨款专项(项目已完成)剩余资金转入本账户,借记"非财政拨款结转——累计结转"账户,贷记"非财政拨款结余——结转转入"账户。

(2) 按规定从科研项目预算收入中提取项目管理费或间接费用时,按提取的金额,在预算会计中,借记"非财政拨款结转——项目间接费用或管理费"账户,贷记"非财政拨款结余——项目间接费用或管理费"账户;同时,在财务会计中,借记"单位管理费用"账户,贷记"预提费用——项目间接费用或管理费"账户。

有企业所得税缴纳义务的事业单位,实际缴纳企业所得税时,按缴纳金额,在预算会计中,借记"非财政拨款结余——累计结余"账户,贷记"资金结存——货币

资金"账户;同时,在财务会计中,借记"其他应缴税费——单位应交所得税"账户,贷记"银行存款"账户。

因会计差错更正等调整非财政拨款结余资金的,按收到或支出的金额,在预算会计中,借记或贷记"资金结存——货币资金"账户,贷记或借记"非财政拨款结余——年初余额调整"账户;同时,在财务会计中,借记或贷记"以前年度盈余调整"账户,贷记或借记"银行存款"等账户。

(3)年末,冲销有关明细账户余额。将"非财政拨款结余——年初余额调整、项目间接费用或管理费、结转转入"账户余额转入"非财政拨款结余——累计结余"账户。冲销结转后,"非财政拨款结余"账户除"累计结余"明细账户有余额外,其他明细账户应均无余额。

(4)年末,事业单位将"非财政拨款结余分配"账户余额转入非财政拨款结余。"非财政拨款结余分配"账户为借方余额的,借记"非财政拨款结余——累计结余"账户,贷记"非财政拨款结余分配"账户;"非财政拨款结余分配"账户为贷方余额的,借记"非财政拨款结余分配"账户,贷记"非财政拨款结余——累计结余"账户。

年末,行政单位将"其他结余"账户余额转入非财政拨款结余。"其他结余"账户为借方余额的,借记"非财政拨款结余——累计结余"账户,贷记"其他结余"账户;"其他结余"账户为贷方余额的,借记"其他结余"账户,贷记"非财政拨款结余——累计结余"账户。

三、经营结余、其他结余和非财政拨款结余分配

(一)经营结余的核算

事业单位的经营结余是指事业单位在一定期间内各项经营收入与支出相抵后的余额。其中,支出包括经营支出和经营业务负担的销项税金。年度终了,单位应将经营结余转入非财政拨款结余分配。

事业单位应在预算会计中设置"经营结余"账户。期末,事业单位应该结转本期经营收支。根据经营预算收入本期发生额,借记"经营预算收入"账户,贷记"经营结余"账户;根据经营支出本期发生额,借记"经营结余"账户,贷记"经营支出"账户。

年末,"经营结余"账户如为贷方余额的,将经营结余余额结转入"非财政拨款结余分配"账户,借记"经营结余"账户,贷记"非财政拨款结余分配"账户;如为借方余额的,为经营亏损,不予结转。

(二)其他结余的核算

其他结余,即非财政拨款、其他专用事业资金的结余,是指事业单位一定期间除财政拨款资金收支、非同级财政专项资金收支和经营收支以外的各项收支相抵

后的金额。单位应在预算会计中设置"其他结余"账户,核算单位本年度除财政拨款收支、非同级财政专项资金收支和经营收支以外的各项收支相抵后的余额资金。

年末,单位应将事业预算收入、上级补助预算收入、附属单位上缴预算收入、非同级财政拨款预算收入、债务预算收入、其他预算收入本年发生额中的非专项资金收入以及投资预算收益本年发生额转入本账户。结转时,借记"事业预算收入""上级补助预算收入""附属单位上缴预算收入""非同级财政拨款预算收入""债务预算收入""其他预算收入"等账户下各非专项资金收入明细账户和"投资预算收益"账户,贷记"其他结余"账户("投资预算收益"账户本年发生额为借方净额时,借记"其他结余"账户,贷记"投资预算收益"账户)。

同时,将行政支出、事业支出、其他支出本年发生额中的非同级财政、非专项资金支出,以及上缴上级支出、对附属单位补助支出、投资支出、债务还本支出本年发生额转入本账户,结转时,借记"其他结余"账户,贷记"行政支出""事业支出""其他支出"账户下各非同级财政、非专项资金支出明细账户和"上缴上级支出""对附属单位补助支出""投资支出""债务还本支出"等账户。

年末,完成上述结转后,行政单位将本账户余额转入"非财政拨款结余——累计结余"账户;事业单位将本账户余额转入"非财政拨款结余分配"账户。

(三)非财政拨款结余分配的核算

事业单位应该在预算会计中设置"非财政拨款结余分配"账户,核算事业单位本年度非财政拨款结余分配的情况和结果。

年末,事业单位应将"其他结余"账户余额和"经营结余"账户贷方余额转入"非财政拨款结余分配"账户。根据有关规定提取专用基金的,按照提取的金额,借记"非财政拨款结余分配"账户,贷记"专用基金"账户;同时,在财务会计中,按照相同的金额,借记"本年盈余分配"账户,贷记"专用基金"账户。然后,将"非财政拨款结余分配"账户余额转入非财政拨款结余。

【例18-12】 2×18年12月,Y事业单位对其收支账户进行分析,事业预算收入和上级补助预算收入本年度发生额中的非专项资金收入分别为2 000 000元、500 000元;事业支出和其他支出本年发生额中的非财政非专项资金支出分别为1 800 000元、300 000元,对附属单位补助支出本年发生额200 000元。经营预算收入本年发生额为190 000元,经营支出本年发生额为160 000元。当年年末,Y事业单位有关预算会计处理如下。

(1)结转本年非财政、非专项资金预算收入

借:事业预算收入   2 000 000
　　上级补助预算收入   500 000
　　贷:其他结余   2 500 000

（2）结转本年非财政、非专项资金支出

借：其他结余 2 300 000
　　贷：事业支出——其他资金支出 1 800 000
　　　　其他支出 300 000
　　　　对附属单位补助支出 200 000

（3）结转本年经营预算收入

借：经营预算收入 190 000
　　贷：经营结余 190 000

（4）结转本年经营支出

借：经营结余 160 000
　　贷：经营支出 160 000

【例18-13】 2×18年年末结账时，C事业单位当年经营结余的贷方余额为45 000元，其他结余的贷方余额为60 000元。假定，C事业单位按有关规定提取职工福利基金15 000元，有关预算会计处理如下。

（1）结转其他结余

借：其他结余 60 000
　　贷：非财政拨款结余分配 60 000

（2）结转经营结余

借：经营结余 45 000
　　贷：非财政拨款结余分配 45 000

（3）提取专用基金

借：非财政拨款结余分配 15 000
　　贷：专用结余——职工福利基金 15 000

同时

借：本年盈余分配 15 000
　　贷：专用基金——职工福利基金 15 000

（4）结转非财政拨款结余分配的余额

"非财政拨款结余分配"账户贷方余额 =（60 000 + 45 000）- 15 000 = 90 000(元)

借：非财政拨款结余分配 90 000
　　贷：非财政拨款结余 90 000

第四节 政府单位的资产、负债和净资产

一、资产

单位资产包括流动资产和非流动资产。流动资产包括库存现金、银行存款、其他货币资金、零余额账户用款额度、财政应返还额度、短期投资、应收及预付款项、存货等;非流动资产包括固定资产、在建工程、无形资产、长期投资、公共基础设施、政府储备资产、文物文化资产、保障性住房等。

资产的取得方式包括外购、自行加工或自行建造、接受捐赠、无偿调入、置换换入、租赁等。单位取得资产按实际成本进行初始计量。资产必须按规定进行处置,资产处置方式包括无偿调拨、出售、转让、置换、对外捐赠、报废、毁损以及货币性资产损失核销等。在一般情况下,单位应将被处置资产账面价值转销计入资产处置费用,并按"收支两条线"原则将处置净收益上缴财政。按规定将资产处置净收益纳入单位预算管理的,应将净收益计入当期收入。

对于资产盘盈、盘亏、报废或毁损的,应在报经批准转销前将相关资产账面价值转入"待处理财产损益"账户,报经批准后再进行资产减少的相关会计处理。对于无偿调出的资产,应在转销被处置资产账面价值时冲销无偿调拨净资产。对于转换换出的资产,应与换入资产一同进行相关会计处理。

当前,我国政府会计处理中除对事业单位收回后不须上缴财政的应收账款和其他应收账款进行减值处理外,对于其他资产均未考虑资产减值的会计处理。

(一) 应收账款

1. 收回后不须上缴财政的应收账款

对于收回后不须上缴财政的应收账款,发生应收账款时,借记"应收账款"账户,贷记"事业收入""经营收入""租金收入""其他收入"等账户。收回应收账款时,借记"银行存款",贷记"应收账款"账户;同时,在预算会计中,借记"资金结存——货币资金"账户,贷记"事业预算收入""经营预算收入"账户。

年末,事业单位对于收回后不须上缴财政的应收账款进行全面检查,对预计可能发生的坏账损失计提坏账准备,计提时,借记"其他费用"账户,贷记"坏账准备"账户。对于按规定报经批准后准予核销的坏账,借记"坏账准备"账户,贷记"应收账款"账户。已核销的应收账款以后又可收回的:首先,按实际收回金额,借记"应收账款"账户,贷记"坏账准备"账户;其次,借记"银行存款"账户,贷记"应收账款"账户;同时,在预算会计中,借记"资金结存——货币资金"账户,贷记"非财政拨款

结余"账户。

2. 收回后须上缴财政的应收账款

对于收回后须上缴财政的应收账款,发生应收账款时,借记"应收账款"账户,贷记"应缴财政款"账户;收回应收账款时,借记"银行存款"账户,贷记"应收账款"账户;将款项上缴财政时,借记"应缴财政款"账户,贷记"银行存款"账户。

年末,单位应对收回后须上缴财政的应收账款应进行全面检查。对账龄超过规定年限并确认为无法收回的应收账款,按规定报经批准后予以注销。注销时,借记"应缴财政款"账户,贷记"应收账款"账户。已核销的应收账款以后又可收回的,按实际收回金额,借记"银行存款"等账户,贷记"应缴财政款"账户。

(二) 库存物品

库存物品是指单位在开展业务活动及其他活动中为耗用或出售而储备的各种材料、产品、包装物、低值易耗品,以及达不到固定资产标准的用具、装具、动植物等。

单位应设置"库存物品"账户,对单位的库存物品进行核算。已完成的测绘、地质勘探、设计成果等的成本,也通过本账户核算。单位随买随用的零星办公用品,可在购进时直接计入费用,不通过本账户核算。单位控制的政府储备物资,应通过"政府储备物资"账户核算,不通过本账户核算。为在建工程购买和使用的材料物资,应通过"工程物资"账户核算,不通过本账户核算。

【例 18-14】 2×18 年 7 月 7 日,J 事业单位为增值税一般纳税人,适用增值税率 16%。当日购进一批材料物资,增值税发票上注明的货物价款 100 000 元,增值税 16 000 元。7 月 12 日,以银行存款支付了这笔货款。J 事业单位有关会计处理如下。

(1) 2×18 年 7 月 7 日,购进物资

借:库存物品 100 000
　　应交增值税——应交税金(进项税额) 16 000
　　贷:应付账款 116 000

(2) 2×18 年 7 月 12 日,支付货款

借:应付账款 116 000
　　贷:银行存款 116 000

同时,编制预算会计分录

借:事业支出 116 000
　　贷:资金结存——货币资金 116 000

【例 18-15】 2×18 年 5 月 31 日,经批准后 XD 行政单位与其他单位进行非货币性资产置换,以其一辆运输车辆置换另一单位价值相同的办公用品一批,车辆账面余额 247 500 元,累计折旧 100 000 元,评估价值 160 000 元。置换中收到对方支付的补价 15 000 元,此外还支付运输费 3 000 元。假定,不考虑其他因素,XD 行政单位以后会计处理如下。

(1) 2×18 年 5 月 31 日,编制财务会计分录

库存物品(换入资产)入账价值 = 160 000 − 15 000 + 3 000 = 148 000(元)

应缴财政款 = 收到补价 − 运输费 = 15 000 − 3 000 = 12 000(元)

借:库存物品 148 000
  固定资产累计折旧 100 000
  银行存款 15 000
 贷:固定资产 247 500
   库存现金 3 000
   应缴财政款 12 000
   其他收入 500

(2) 同时,编制预算会计分录

借:其他支出 3 000
 贷:资金结存——货币资金 3 000

(三) 固定资产和无形资产

固定资产是指单位为满足自身开展业务活动或其他活动需要而控制的,使用期限超过 1 年(不含 1 年)、单位价值在规定标准以上,并在使用过程中基本保持原有物质形态的资产。单位固定资产一般分为以下 6 类:房屋及构建物;专用设备;通用设备;文物和陈列品;图书、档案;家具、用品、装具及动植物。单位价值虽未达到规定标准,但使用期限超过 1 年(不含 1 年)的大批同类物资,如图书、家具、用具、装具等,应确认为固定资产。

为核算固定资产,单位应设置"固定资产""固定资产累计折旧"和"在建工程"等账户。经批准在境外购买具有所有权的土地,应该作为固定资产,并通过"固定资产——境外土地"账户进行核算。

(1) 购入、接受捐赠和无偿调入的固定资产

购入不需安装的固定资产,借记"固定资产"账户,贷记"财政拨款收入""零余额账户用款额度""应付账款""银行存款"等账户。同时,按实际支付的款项,在预算会计中,借记"行政支出""事业支出""经营支出"等账户,贷记"财政拨款预算收入""资金结存——货币资金"等账户。

接受捐赠的固定资产,按取得固定资产的成本价值,借记"固定资产"或"在建工程"账户;按实际发生的相关税费、运输费用,贷记"零余额账户用款额度""银行存款"等账户;按其差额,贷记"捐赠收入"账户。同时,在预算会计中,按实际发生的相关税费、运输费用等金额,借记"其他支出"账户,贷记"资金结存——货币资金"账户。

无偿调入的固定资产,按取得固定资产的成本,借记"固定资产"或"在建工程"账户;按实际发生的相关税费、运输费用等金额,贷记"零余额账户用款额度""银行存款"等账户;按其差额,贷记"无偿调拨净资产"账户。同时,在预算会计中,按实际发生的相关税费、运输费用等金额,借记"其他支出"账户,贷记"资金结存——货币资金"账户。

融资性质租入的固定资产,按确定的成本,借记"固定资产"账户;按租赁合同租赁付款额,贷记"长期应付款"账户;按支付的运输费、安装费用等,贷记"财政拨款收入""零余额账户用款额度""银行存款"等账户。同时,在预算会计中,按实际支付的税费等金额,借记"行政支出""事业支出""经营支出"等账户,贷记"财政拨款预算收入""资金结存——货币资金"等账户。

(2) 固定资产计提折旧

固定资产应按月计提折旧,但下列固定资产除外:文物和陈列品、动植物、图书与档案、单独计价入账的土地、以名义金额计量的固定资产。计提固定资产折旧时,借记"业务活动费用""单位管理费用""经营费用""加工物品""在建工程"等账户,贷记"固定资产累计折旧"账户。

(3) 处置固定资产

报经批准出售、转让固定资产的,按被出售、转让固定资产账面价值(固定资产净值),借记"资产处置费用"账户,按已计提累计折旧,借记"固定资产累计折旧"账户,按固定资产账面余额(固定资产原值),贷记"固定资产"账户;同时,按收到的价款,借记"银行存款"账户,按处置过程中发生的相关费用,贷记"银行存款",按其差额,贷记"应缴财政款"账户。

经批准对外捐赠固定资产的,按已计提固定资产折旧,借记"固定资产累计折旧"账户,按被处置固定资产账面余额,贷记"固定资产"账户,按捐赠过程中发生的归属于捐赠方的相关费用,贷记"银行存款"等账户,按其差额,借记"资产处置费用"账户。同时,在预算会计中,按实际支付的相关费用,借记"其他支出"账户,贷记"资金结存——货币资金"账户。

报经批准无偿调出的固定资产,按已计提固定资产折旧,借记"固定资产累计折旧"账户,按被处置固定资产账面余额,贷记"固定资产"账户,按其差额,借记"无偿调拨净资产"账户。按无偿调出固定资产过程中发生的归属于调出方的相关费用,借记"资产处置费用"账户,贷记"银行存款"等账户。同时,在预算会计中,按实际支付的相关费用,借记"其他支出"账户,贷记"资金结存——货币资金"账户。

【例 18-16】 2×18 年 3 月 8 日,H 行政单位、增值税一般纳税人,经批准购进一栋办公大楼,取得的增值税发票上注明办公楼 20 000 000 元,增值税 2 200 000 元。H 行政单位有关会计处理如下。

(1) 2×18 年 3 月 8 日,编制财务会计分录

第 1 年按抵扣比例 60% 计算的应交增值税(进项税额) = 2 200 000 × 60% = 1 320 000(元)
第 2 年按抵扣比例 40% 计算的待抵扣进项税额 = 2 200 000 × 40% = 880 000(元)

  借:固定资产   20 000 000
    应交增值税——应交税金(进项税额) 1 320 000
      ——待抵扣进项税额   880 000
   贷:银行存款   22 200 000

(2) 同时,编制预算会计分录

  借:事业支出   22 200 000
   贷:资金结存——货币资金   22 200 000

【例 18-17】 2×19 年 7 月 31 日,L 行政单位计提本月固定资产折旧 600 000 元,编制财务会计分录如下。

  借:业务活动费用   600 000
   固定资产累计折旧   600 000

【例 18-18】 2×19 年 12 月 31 日,L 行政单位为增值税小规模纳税人,年末对固定资产进行盘点清查,盘亏笔记本电脑一台,账面余额 15 000 元,已计提折旧 3 000 元。报经批准后,应由职工阿三赔偿 6 000 元,其余损失由单位承担。L 行政单位有关会计处理如下。

(1) 盘亏固定资产转入待处置资产

    待处理财产价值 = 15 000 - 3 000 = 12 000(元)

  借:待处理财产损溢——待处理财产价值 12 000
   固定资产累计折旧   3 000
   贷:固定资产   15 000

(2) 收到阿三赔款

  借:库存现金   6 000
   贷:待处理财产损溢——处理净收入   6 000

（3）报经批准后核销固定资产

借：资产处置费用　　　　　　　　　　　　　　　　　12 000
　　贷：待处理财产损溢——待处理资产价值　　　　　　　　　12 000

同时

借：待处理财产损溢——处理净收入　　　　　　　　　6 000
　　贷：应缴财政款　　　　　　　　　　　　　　　　　　　　6 000

需要指出，政府单位对于自行研究与开发的无形资产核算，其会计处理与企业自行研究与开发无形资产会计处理基本相同。

(四) 公共基础设施

公共基础设施属于政府单位控制的经管类资产，是政府资产的重要组成部分。经管类资产主要特征是政府会计主体控制的，供社会公众使用的经济资源，主要包括公共基础设施、政府储备物资、文物文化资产、保障性住房等。我国政府公共基础设施规模巨大，目前大部分行政事业单位负责管理维护的公共基础设施尚未纳入单位会计核算，政府投资形成的巨额公共基础设施在政府资产负债表中并未得到应有的全面充分的反映。

为规范公共基础设施的确认、计量和相关信息的披露，《政府会计准则第5号——公共基础设施》规范了公共基础设施的记账主体，会计确认、计量和披露的原则以及存量公共基础设施的会计处理要求，为准确核算政府公共基础设施、全面反映政府"家底"、加强行政事业单位国有资产管理、改进政府绩效监督考核、促进政府财务管理水平提高等奠定坚实的制度基础。

公共基础设施是指政府会计主体为满足社会公共需求而控制的，同时具有以下特征的有形资产：首先，是一个有形资产系统或网络的组成部分；其次，具有特定用途；再次，一般不可移动。公共基础设施主要包括：(1) 市政基础设施 (如城市道路、桥梁、隧道、公交场站、路灯、广场、公园绿地、室外公共健身器材，以及环卫、排水、供水、供电、供气、供热、污水处理、垃圾处理系统等)；(2) 交通基础设施 (如公路、航道、港口等)、水利基础设施 (如大坝、堤防、水闸、泵站、渠道等)；(3) 其他公共基础设施。

下列各项适用于其他相关政府会计准则：独立于公共基础设施、不构成公共基础设施使用不可缺少组成部分的管理维护用房屋建筑物、设备、车辆等，适用《政府会计准则第3号——固定资产》。属于文物文化资产的公共基础设施，适用其他相关政府会计准则。采用政府和社会资本合作模式 (即 PPP 模式) 形成的公共基础设施的确认和初始计量，适用其他相关政府会计准则。

公共项目融资模式主要有二：一是公私合伙制 (Public-private Partnership,

PPP);二是私人主动融资(Private Finance Initiative,PFI)。广义PPP泛指公共部门与私人部门为提供公共产品或服务而建立的各种合作关系;狭义PPP一般是一系列项目融资模式的总称。PPP和PFI的实质是鼓励社会各类投资主体采取参股、控股、独资、收购等方式参与公共基础设施项目建设,目的在于解决基础设施以及公益项目的投资资金来源问题。

PPP模式,包括"建设—经营—移交"(Build-Operate-Transfer,BOT)、"建设—拥有—经营—转让"(Build-Own-Operate-Transfer,BOOT)、"设计—建造—投资—经营"(Design-Build-Finance-Operate,DBFO)等。PPP强调合作过程中的风险分担机制和项目的货币价值原则。PFI有三种类型:一是独立运作型,即政府不提供财政资助,遵循BOT"建设—经营—移交"三过程,项目建成后向最终使用者收取费用来取得收益;二是建设转让型,即项目完成后,政府根据所提供服务的数量等情况,向PFI公司购买服务,这样的项目主要包括私人融资兴建的监狱、医院和铁路等;三是综合运作型,即由政府和私人部门共同投资,出资比例因项目性质和规模的不同而不同,项目的控制权必须由私人部门来掌握,资金回收方式及其他事项由双方在合同中规定。BOT提交的是具体工程,而PFI模式中政府只提出具体的功能目标。

1. 公共基础设施的确认原则

公共基础设施,以及独立于公共基础设施、不构成公共基础设施使用不可缺少组成部分的管理维护用的房屋建筑物、设备、车辆等,应当确认为固定资产。

在通常情况下,公共基础设施应当由按规定对其负有管理维护职责的政府会计主体予以确认。多个政府会计主体共同管理维护的公共基础设施,应当由该资产负有主要管理维护职责或者承担后续主要支出责任的政府会计主体予以确认。分为多个组成部分由不同政府会计主体分别管理维护的公共基础设施,应当由各个政府会计主体分别对其负责管理维护的公共基础设施的相应部分予以确认。负有管理维护公共基础设施职责的府会计主体通过政府购买服务方式委托企业或其他会计主体代为管理维护公共基础设施的,该公共基础设施应当由委托方予以确认。

公共基础设施的各组成部分具有不同使用年限或者以不同方式提供公共产品或服务,适用不同折旧率或折旧方法且可以分别确定各自原价的,应当分别将各组成部分确认为该类公共基础设施的一个单项公共基础设施。在购建公共基础设施时,能够分清购建成本中的构建物部分与土地使用权部分的,应当将其中的构建物部分与土地使用权部分分别确认为公共基础设施;不能够分清购建成本中的构建物部分与土地使用权部分的,应当整体确认为公共基础设施。

2. 公共基础设施的会计处理

为核算公共基础设施,单位应设置"公共基础设施"和"公共基础设施累计折旧（摊销）"账户。取得公共基础设施时，应按其成本入账，其会计处理与取得固定资产核算基本相同。按月计提公共基础设施折旧时，借记"业务活动费用"账户，贷记"公共基础设施累计折旧（摊销）"账户。处置公共基础设施时，按所处置的公共基础设施账面价值，借记"资产处置费用""无偿调拨净资产""待处理财产损溢"等账户，按已提取的累计折旧或摊销，借记"公共基础设施累计折旧（摊销）"账户，按公共基础设施账面余额，贷记"公共基础设施"账户。

（五）政府储备物资

1. 政府储备物资的概念

根据《政府会计准则第 6 号——政府储备物资》准则的规定，政府储备物资是指政府会计主体为满足实施国家安全与发展战略、进行抗灾救灾、应对公共突发事件等特定公共需求而控制的，同时具有下列特征的有形资产：首先，在应对可能发生的特定事件或情形时动用；其次，其购入、存储保管、更新（轮换）、动用等由政府及相关部门发布的专门管理制度规范。

政府储备物资包括战略及能源物资、抢险抗灾救灾物资、农产品、医药物资和其他重要商品物资，在通常情况下由政府会计主体委托承储单位存储。企业以及纳入企业财务管理体系的事业单位接受政府委托收储并按企业会计准则核算的储备物资，不适用本准则。政府会计主体的存货，适用《政府会计准则第 1 号——存货》。

2. 政府储备物资的确认原则

在通常情况下，政府储备物资应当由按规定对其负有行政管理职责的政府会计主体予以确认。行政管理职责主要指提出或拟定收储计划、更新（轮换）计划、动用方案等。相关行政管理职责由不同政府会计主体行使的政府储备物资，由负责提出收储计划的政府会计主体予以确认。对政府储备物资不负有行政管理职责但接受委托具体负责执行其存储保管等工作的政府会计主体，应当将受托代储的政府储备物资作为受托代理资产核算。

3. 政府储备物资的会计处理

为核算政府储备物资，单位应设置"政府储备物资"账户。取得政府储备物资的核算，与库存物品基本相同。因动用而发出无需收回的政府储备物资的，应当在发出物资时将其账面余额予以转销，计入当期费用（业务活动费用）。因动用而发出需要收回或者预期可能收回的政府储备物资的，应当在按规定的质量验收标准收回物资时，将未收回物资的账面余额予以转销，计入当期费用（业务活动费用）。因行政管理主体变动等原因而将政府储备物资调拨给其他主体的，应当在发出物资时将其账面余额予以转销并冲销无偿调拨净资产。

对外销售政府储备物资的，应当在发出物资时将其账面余额转销计入当期费用(业务活动费用),并按规定确认相关销售收入或将销售取得的价款大于所承担的相关税费后的差额做应缴款项(应缴财政款)处理。采取销售采购方式对政府储备物资进行更新(轮换)的,应当将物资轮出和轮入,分别视为物资销售和物资采购,并按《政府储备物资》准则规定进行处理。

政府储备物资报废、毁损的,当按规定报经批准后将报废、毁损的政府储备物资的账面余额予以转销,确认应收款项(确定追究相关赔偿责任的)或计入当期费用(因储存年限到期报废或非人为因素致使报废、毁损的);同时,将报废、毁损过程中取得的残值变价收入扣除政府会计主体承担的相关费用后的差额按规定作应缴款项处理(差额为净收益时)或计入当期费用(差额为净损失时)。政府储备物资盘亏的,应当按规定报经批准后将盘亏的政府储备物资的账面余额予以转销,确定追究相关赔偿责任的,确认应收款项;属于正常耗费或不可抗力因素造成的,计入当期费用。

(六) 受托代理资产

1. 受托代理资产的概念

受托代理资产是指单位接受委托方委托管理的各项资产,包括受托指定转赠的物资、受托存储保管的物资等。为核算受托代理资产,单位应设置"受托代理资产"账户。单位管理的罚没物资也应通过本账户核算。收到的受托代理资产为现金或银行存款的,不通过本账户核算,应通过"库存现金"和"银行存款"账户核算。

2. 受托代理资产的会计处理

接受委托人委托存储保管或需要转赠给受赠人的物资,其成本应按有关凭证注明的金额确定,借记"受托代理资产"账户,贷记"受托代理负债"账户。将受托转赠物资交付受赠人或按委托人要求交付委托存储保管物资时,做相反会计分录。转赠物资的委托人取消对捐赠物资的转赠要求,且不再收回捐赠物资的,应将转赠物资转为单位的存货、固定资产等,同时确认其他收入。

单位取得罚没物资时,其成本应按有关凭证注明金额确定,借记"受托代理资产"账户,贷记"受托代理负债"账户。如果罚没物资成本无法可靠确定的,单位应在备查簿进行登记。按规定处置或移交罚没物资时,按罚没物资成本,借记"受托代理负债"账户,贷记"受托代理资产"账户。处置中取得款项的,按实际取得的款项金额,借记"银行存款"等账户,贷记"应缴财政款"账户。

二、负债

单位的负债,按其流动性,分为流动负债和非流动负债。流动负债包括应付及预收款项、应缴税费、应付职工薪酬、应缴款项等;非流动负债包括长期应付款、预计负债等。政府单位的负债核算与企业会计处理基本相同。

(一) 应缴财政款

应缴财政款是指单位取得或应收的按规定应上缴财政的款项,包括应缴国库的款项或应缴财政专户的款项。为核算应缴财政款,单位应设置"应缴财政款"账户。按税法和政府有关规定缴纳的各种税费,不通过本账户,而是通过"应交增值税""其他应缴税费"账户进行核算。由于应缴财政的款项不属于纳入部门预算管理的现金收支,单位无需进行预算会计处理。

取得或应收按规定应上缴财政的款项时,借记"银行存款""应收账款"等账户,贷记"应缴财政款";上缴时,借记"应缴财政款"账户,贷记"银行存款"账户。

(二) 应付职工薪酬

应付职工薪酬是指按有关规定应付职工(含长期聘用人员)及为职工支付的各种薪酬,包括基本工资、国家统一规定的津贴补贴、规范津贴补贴(绩效工资)、改革性补贴、社会保险费(如职工基本养老保险费、职业年金、基本医疗保险费等)、住房公积金等。

为核算应付职工薪酬,应设置"应付职工薪酬"账户。本账户应按"基本工资"(含离退休费)"国家统一规定的津贴补贴""规范津贴补贴(绩效工资)""改革性补贴""社会保险费""住房公积金""其他个人收入"等进行明细核算。其中,"社会保险费""住房公积金"明细账户核算内容包括单位从职工工资中代扣代缴的社会保险费、住房公积金,以及单位为职工计算缴纳的社会保险费、住房公积金。

计算确认当期应付职工薪酬(含单位为职工计算缴纳的社会保险费、住房公积金)时,按职工提供服务的受益对象分别确认,计提从事专业及其辅助活动人员的职工薪酬,借记"业务活动费用""单位管理费用"账户,贷记本账户;计提应由在建工程、加工物品、自行研发无形资产负担的职工薪酬,借记"在建工程""加工物品""研发支出"等账户,贷记本账户;计提从事专业及其辅助活动之外的经营活动人员的职工薪酬,借记"经营费用"账户,贷记本账户;因解除与职工的劳动关系而给予的补偿,借记"单位管理费用"等账户,贷记本账户。

向职工支付工资、津贴补贴等薪酬时,按实际支付金额,借记本账户,贷记"财政拨款收入""零余额账户用款额度""银行存款"等账户。按税法规定代扣职工个人所得税时,借记本账户(基本工资),贷记"其他应交税费——应交个人所得税"账户。从应付职工薪酬中代扣为职工垫付的水电费、房租等费用时,按实际扣除的金额,借记本账户(基本工资),贷记"其他应收款"等账户。从应付职工薪酬中代扣社会保险费和住房公积金,按照代扣的金额,借记本账户(基本工资),贷记本账户(社会保险费、住房公积金)。

按国家有关规定缴纳职工社会保险费和住房公积金时,按实际支付的金额,借记本账户(社会保险费、住房公积金),贷记"财政拨款收入""零余额账户用款额度""银行存款"等账户。从应付职工薪酬中支付的其他款项,借记本账户,贷记"零余额账户用款额度""银行存款"等账户。同时,在预算会计中,借记"行政支出""事业支出""经营支出"等账户,贷记"财政拨款预算收入""资金结存"等账户。

【例 18-19】 2×19 年 7 月 31 日,L 事业单位为开展专业业务活动和辅助活动人员发放工资 1 000 000 元,津贴 606 000 元,奖金 250 000 元,按规定代扣代缴个人所得税 69 500 元。假定,该单位以国库授权支付方式支付职工薪酬并上缴代扣的个人所得税,L 事业单位有关会计处理如下。

(1) 计算当期应付职工薪酬

应付职工薪酬 = 1 000 000 + 606 000 + 250 000 = 1 856 000(元)

借:业务活动费用　　　　　　　　　　　　　　1 856 000
　　贷:应付职工薪酬　　　　　　　　　　　　　　　1 856 000

(2) 代扣代缴个人所得税

借:应付职工薪酬　　　　　　　　　　　　　　69 500
　　贷:其他应交费税——应交个人所得税　　　　　　69 500

(3) 实际支付工资薪酬

实际支付工资薪酬金额 = 1 856 000 − 69 500 = 1 786 500(元)

借:应付职工薪酬　　　　　　　　　　　　　　1 786 500
　　贷:零余额账户用款额度　　　　　　　　　　　　1 786 500

同时,编制预算会计分录

借:事业支出　　　　　　　　　　　　　　　　1 786 500
　　贷:资金结存——零余额账户用款额度　　　　　　1 786 500

(4) 上缴代扣的个人所得税

借:其他应交费税——应交个人所得税　　　　　　69 500
　　贷:零余额账户用款额度　　　　　　　　　　　　69 500

同时,编制预算会计分录

借:事业支出　　　　　　　　　　　　　　　　69 500
　　贷:资金结存——零余额账户用款额度　　　　　　69 500

三、净资产

单位财务会计的净资产,其来源主要包括累计实现的盈余和无偿调拨的净资产。单位在日常核算中,应在财务会计中设置"累计盈余""专用基金""无偿调拨净资产""权益法调整"和"本期盈余""本期盈余分配""以前年度盈余调整"等账户。

(一) 本期盈余和本年盈余分配

1. 本期盈余

本期盈余反映本期收入与费用抵消后的余额。单位应设置"本期盈余"账户,期末,将收入的本期发生额转入"本期盈余"账户贷方;同时,将费用的本期发生额转入"本期盈余"账户借方账户,并将净收入(或净支出)转入"本年盈余分配"账户。

期末,借记"财政拨款收入""事业收入""上级补助收入""附属单位上交预算收入""营业收入""非同级财政拨款收入""投资收益""捐赠收入""利息收入""租金收入"和"其他收入"等账户,贷记"本期盈余"账户。同时,借记"本期盈余"账户,贷记"业务活动费用""单位管理费用""经营费用""所得税费用""资产处置费用""上缴上级费用""对附属单位补助费用""其他费用"等账户。

年末,将"本期盈余"账户余额转入"本年盈余分配"账户。

2. 本年盈余分配

单位应设置"本年盈余分配"账户,反映单位本年盈余分配的情况和结果。年末,将"本年盈余"账户余额转入本账户,借记或贷记"本期盈余"账户,贷记或借记"本年盈余分配"账户。

根据有关规定从本年度非财政拨款结余或经营结余中提取专用基金的,按照预算会计下计算的计提金额,借记"本年盈余分配"账户,贷记"专用基金"账户。然后,将"本年盈余分配"账户余额转入"累计结余"账户。

(二) 专用基金

专用基金是指事业单位按规定提取或设置的具有专门用途的净资产,主要包括职工福利基金、科技成果转换基金等。

单位在财务会计下,应设置"专用基金"账户,核算专用基金的取得或使用情况。从本年度非财政拨款结余或经营结余中提取专用基金的,在财务会计"专用基金"账户核算;同时,还应在预算会计"专用结余"账户进行相应的核算。

1. 专用基金的取得

事业单位根据有关规定,从预算收入中提取并计入费用的专用基金,通常按预算会计中根据预算收入计提的金额,借记"业务活动费用"等账户,贷记"专用基金"账户。单位根据有关规定设置的其他专用基金如留本基金,按实际收到的基金金额,借记"银行存款"等账户,贷记"专用基金"账户。

年末,根据有关规定从本年度非财政拨款结余或经营结余中提取专用基金的,按预算会计计算的计提金额,在财务会计中,借记"本年盈余分配"账户,贷记"专用基金"账户;同时,在预算会计中,借记"非财政拨款结余分配"账户,贷记"专用结余"账户。

2. 专用基金的使用

事业单位按规定使用专用基金时,在财务会计中,借记"专用基金"账户,贷记"银行存款"等账户。同时,在预算会计中,从非财政拨款结余或经营结余中提取专用基金的,借记"专用结余"账户,贷记"资金结存——货币资金"账户;从预算收入中提取并计入费用的专用基金,借记"事业支出"等账户,贷记"资金结存——货币资金"账户。

单位使用提取的专用基金购置固定资产、无形资产的,财务会计与预算会计处理相同,同时编制如下分录,按固定资产、无形资产购置成本金额,借记"固定资产""无形资产"账户,贷记"银行存款"等账户。同时,按专用基金使用金额,借记"专用基金"账户,贷记"累计盈余"账户。

(三)无偿调拨净资产

根据事业单位资产管理有关规定,政府单位之间经批准可以无偿调拨资产。本质上,政府单位之间无偿调拨资产属于单位之间政府净资产的变化,双方无需确认相应的收入和费用。一般无偿调拨资产不涉及与资产价值相关的现金支出,因此无需进行预算会计处理。但是,对于调入方如果发生相关运输等费用,需用单位预算资金支付,这就还需要涉及预算会计核算。单位应设置"无偿调拨净资产"账户,核算无偿调入或调出的非现金资产所引起的净资产变动金额。主要会计处理如下。

1. 无偿调入非现金资产

单位按规定取得无偿调入的非现金资产等,根据取得的调出方相关资产账面价值加上有关税费、运输费等确定的金额,借记"库存物品""长期股权投资""固定资产""无形资产""公共基础设施""政府储备物资""文物文化资产"和"保障性住房"等账户;根据调入方发生的相关费用,借记"零余额账户用款额度""银行存款"等账户;按其差额,贷记"无偿调拨净资产"账户。同时,在预算会计中,根据归属于调入方的实际发生相关费用,借记"其他支出"账户,贷记"资金结存——货币资金"账户。

2. 无偿调出非现金

单位按规定经批准无偿调出非现金资产等,根据调出资产的账面余额或账面价值,借记"无偿调拨净资产"账户;根据相关资产已计提累计折旧或累计摊销的金额,借记"固定资产累计折旧""无形资产累计摊销""公共基础设施累计折旧(摊销)""保障性住房累计折旧"等账户;根据调出资产的账面余额价值,贷记"库存物品""长期股权投资""固定资产""无形资产""公共基础设施""政府储备物资""文物文化资产""保障性住房"等账户。

根据归属于调出方的实际发生相关费用,借记"资产处置费用"账户,贷记"零余额账户用款额度""银行存款"等账户。同时,在预算会计中,借记"其他支出"账户,贷记"资金结存——货币资金"账户。

3. 年末转账

年末,单位应将"无偿调拨净资产"账户余额转入累计盈余,借记或贷记"无偿调拨净资产"账户,贷记或借记"累计盈余"账户。

【例18-20】 2×19年6月6日,D行政单位取得其他部门无偿调入非现金资产一批,并支付运输费1 500元。假定,这批物品资产的调出方账面价值160 000元,不考虑税费等其他因素,D行政单位有关会计分录如下。

(1) 编制财务会计分录

  借:库存物品   161 500
    贷:银行存款   1 500
      无偿调拨净资产   160 000

(2) 编制预算会计分录

  借:其他支出   1 500
    贷:资金结存——货币资金   1 500

【例18-21】 2×19年6月6日,L事业单位经批准无偿调出一套精密科研设备,设备账面价值200 000元、累计折旧50 000元。假定,支付运输费1 200元,不考虑相关税费等其他因素,L事业单位有关会计处理如下。

(1) 调出资产,编制财务会计分录

  借:无偿调拨净资产   150 000
    固定资产累计折旧   50 000
    贷:固定资产   200 000

(2) 支付运输费

编制财务会计分录

  借:资产处置费用   1 200
    贷:库存现金   1 200

编制预算会计分录

  借:其他支出   1 200
    贷:资金结存——货币资金   1 200

（四）权益法调整、以前年度盈余调整和累计盈余

1. 权益法调整

根据《政府会计准则第 2 号——投资》的规定，长期股权投资在持有期间，通常应采用权益法进行核算。政府会计主体无权决定被投资单位的财务和经营政策或无权参与被投资单位的财务和经营政策决策的，应采用成本法进行核算。成本法是指投资按照投资成本计量的方法。权益法是指投资最初以投资成本计量，以后根据政府会计主体在被投资单位所享有的所有者权益份额的变动对投资的账面余额进行调整的方法。

在成本法下，长期股权投资的账面余额通常保持不变，但追加或收回投资时，应相应调整其账面余额。长期股权投资持有期间，被投资单位宣告分派的现金股利或利润，应按照宣告分派的现金股利或利润中属于政府会计主体应享有的份额确认为投资收益。

采用权益法的，取得长期股权投资后，对于被投资单位所有者权益的变动，应按下列规定进行处理：（1）按应享有或应分担的被投资单位实现的净损益的份额，确认为投资损益，同时调整长期股权投资的账面余额；（2）按被投资单位宣告分派的现金股利或利润计算应享有的份额，确认为应收股利，同时减少长期股权投资的账面余额；（3）按被投资单位除净损益和利润分配以外的所有者权益变动的份额，确认为净资产，同时调整长期股权投资的账面余额。

单位持有的长期股权投资采用权益法核算的，应设置"权益法调整"账户。本账户核算事业单位持有的长期股权投资采用权益法时，按被投资单位除净损益和利润分配以外的所有者权益变动份额调整长期股权投资账面余额而计入净资产的金额。年末，按照被投资单位除净损益和利润分配以外的所有者权益变动应享有或应分担的份额，借记或贷记"长期股权投资——其他权益变动"账户，贷记或借记"权益法调整"账户。

处置长期股权投资时，按原计入净资产的相应部分金额，借记或贷记"权益法调整"账户，贷记或借记"投资收益"账户。

2. 以前年度盈余调整

单位发生以前年度盈余调整事项的，应设置"以前年度盈余调整"账户，用以核算本年度发生的以前年度盈余调整的事项，包括重要的前期差错更正涉及以前年度盈余调整的事项。

单位对相关资产调整后，应将"以前年度盈余调整"账户余额转入累计盈余，借记或贷记"累计盈余"账户；贷记或借记"以前年度盈余调整"账户。

3. 累计盈余

累计盈余是指单位历年实现的盈余扣除盈余分配后滚存的金额，以及因无偿

调拨净资产形成的净资产变动额。

为核算累计盈余,应设置"累计盈余"账户。年末,将"本年盈余分配"账户余额转入"累计盈余"账户,借记或贷记"本年盈余分配"账户,贷记或借记"累计盈余"账户。同时,将"无偿调拨净资产"账户余额转入"累计盈余"账户,借记或贷记"无偿调拨净资产"账户,贷记或借记"累计盈余"账户。

按规定上缴、缴回、单位间调剂结转结余资金产生的净资产变动额,以及对以前年度盈余调整的金额,也应通过"累计盈余"账户进行核算。

第五节 民间非营利组织会计

一、民间非营利组织会计概述

(一) 非营利组织

非营利组织(Non-profit Organization, NPO),是指不具有物质产品生产和政府管理职能,主要以精神产品或各种服务形式向社会提供服务,不以营利为目的各类组织机构。NPO 也称非政府组织(Non-government Organization, NGO),但 NPO 与 NGO 有一定区别,NPO 可以是政府"公办"、不以营利为目的、进行商务活动的具有特殊目的政府"特殊部门",以及政府附属单位的公立学区(包括公立学校和公立医院)等组织;NPO 也可指"民办"民间非营利组织。而 NGO 往往就是指民间民办非营利组织。NGO 还有一种称呼是政府"第三部门",它是指独立于政府和市场之外的在社会中发挥作用的"部门"。其性质有二:一是独立于政府之外的非政府组织;二是独立于市场之外的非营利组织。

国际上,NGO 的发展经历了四个阶段:(1)20 世纪 60~70 年代,NGO 主要致力于治理公害,曾表现出与政府强烈的的对抗性;(2)20 世纪 80 年代,NGO 将关注点由控制污染转向生态保护;(3)20 世纪 90 年代,NGO 开始采用经济手段解决环保问题,由早期的激烈对抗转而向专业化发展,逐渐成为政府的伙伴;(4)目前,NGO 的专业化进一步加深,并向着专业决策方向发展。一般 NGO 提供的是各种服务并发挥人道主义作用,它向政府反映公民关心的问题、监督政策并鼓励公民在社区水平上的政治参与。它们提供分析和专门知识,充当早期预警机制,帮助监督和执行有关国际协议。

在公共财政政策改革下,许多国家放松监管,不少公办 NPO 改革后向民办 NGO 发展。在国外,NPO 主要是民办 NGO,它们可小到地方一个组织个体,大到国际性组织机构,参与领域非常广泛,包括几乎所有能想象得到的非营利行为,如社会发展与重建、消除贫困、教育、妇女权益、环保、人权、卫生、福利、宗教、体育俱乐部和社会活动等。1990年全球约有6 000个NGO,1995年,全球22国NGO运作资金1.1万亿美元,相当于当年英国、意大利的国民生产总值之和。在美国,政府、企业与民间NGO是合作关系,它们不断向NGO捐赠资金,希望NGO能帮助它们,参与社会公共事务管理。当然,有些NGO也在从事"特定目的"的政治活动。

美国FASB表述的NGO特征如下。(1)不可像企业那样发行股票筹资,不能让出资者监督组织的运营,资金提供者不期望得到资金回报。出资者提供资金的目的是使NGO能为社会或特定团体提供更多物品或服务,而不是指望对其拥有净资产分配权。(2)经营动机不是为赚取利润。NGO经营目的在于按出资者要求提供尽可能多的物品或服务,它们甚至可不收费。在收费时也不像企业那样以市场定价,而是确定一个较低的收费标准。因此,收费通常不能弥补支出,更无追求利润的目标。(3)不存在利润和净资产分配问题。NGO不计利润,也不存在利润分配问题。它有净资产,但净资产不是出资者的所有者权益。因此,也不存在净资产清算和分配问题。一旦清算,清算后的净资产应继续用于不以营利为目的的NGO所从事的特定"事业"。

民间NGO一般分为三类。(1)社会团体。其资金来源主要是向会员收取会费。(2)基金会。其资金来源主要是接受捐赠。美国有上万个公益性基金会,它们可以持有股票并进行增值活动,但不能用基金的钱来投机炒股。公益性基金会的捐赠重点是教育和医疗,它们每年必须用去其年资产5%的资源,但不能将钱用于竞选、游说等政治活动。(3)民办非企业单位。其资金来源主要是通过提供物品或服务而收取的报酬收入。

美国FAS 116规定的非营利组织,包括政府公墓、非营利性公墓、非营利性高尔夫球场、非营利性健康诊所、非营利性教育机构、警察联合会、美国工会等。在美国,财务会计准则委员会(FASB)、美国注册会计师协会(AICPA)和公众公司会计监督理事会(Public Company Accounting Oversight Board, PCAOB)等都是NGO,而联邦会计准则咨询委员会(FASAB)不是NGO,还有一些NPO如大学基金会。大学基金会具备上述非营利组织三个特征,其主要目的是为大学筹资,但公立大学是政府附属单位。尽管FASB将大学基金会称为NPO组织,但政府会计准则委员会(Governmental Accounting Standards Board, GASB)第39号政府会计准则还是要求将其纳入大学财务报告。

在我国,民间非营利组织是指通过社会民间资金举办的、不以营利为目的,从事教育、科技、文化、卫生、宗教等社会公益事业,提供公共产品的社会服务组织,包括依照国家法律、行政法规登记的社会团体、基金会、民办非企业单位和寺院、宫观、清真寺、教堂等。

须说明,我国一些民办大学和民办医院,事实上它们并非是完全意义上的民间非营利组织,这些民办组织的土地均属于地方政府所有。例如,民办大学往往由公立高校负责教育、企业出资,以及地方政府参与监督教育用地管理等。毫无疑问,为更好贯彻党的教育方针和政策,有利于地方政府进行综合财务报告和分析,势必需要将此类"混合管理制"民办高校财务会计纳入政府会计制度进行确认、计量和报告。

(二)民间非营利组织会计的特征和一般核算原则

1. 民间非营利组织会计的特点

非营利组织会计是指不具备政府职能、不以营利为目的、从事社会公益服务的各种组织会计。非营利组织会计规范包括法律和公认会计标准两个方面。非营利组织会计应当遵循相关法律法规、会计准则制度和资源提供者的财务契约。

根据我国《民间非营利组织会计制度》的规定,适用本制度的民间非营利组织应当同时具备以下特征:一是该组织不以营利为宗旨和目的;二是资源提供者向该组织投入资源不取得经济回报;三是资源提供者不享有该组织的所有权。

2. 民间非营利组织会计的一般核算原则

会计核算应当以民间非营利组织的交易或者事项为对象,记录和反映该组织本身的各项业务活动。会计核算应当以民间非营利组织的持续经营为前提。会计核算应当划分会计期间,分期结算账目和编制财务会计报告。会计核算应当以人民币作为记账本位币。业务收支以人民币以外的货币为主的民间非营利组织,可以选定其中一种货币作为记账本位币,但是编制的财务会计报告应当折算为人民币。

各种外币账户的外币余额,期末时应当按照期末汇率折合为记账本位币。按照期末汇率折合的记账本位币金额与账面记账本位币金额之间的差额,作为汇兑损益计入当期费用。但是,属于在借款费用应予资本化的期间内发生的与购建固定资产有关的外币专门借款本金及其利息所产生的汇兑差额,应当予以资本化,计入固定资产成本。借款费用应予资本化的期间依照《民间非营利组织会计制度》确定。会计核算应当以权责发生制为基础。

民间非营利组织在会计核算时,应当遵循以下四项基本原则。

(1)会计核算应当以实际发生的交易或者事项为依据,如实反映民间非营利组织的财务状况、业务活动情况和现金流量等信息。会计核算所提供的信息应当能够满足会计信息使用者(如捐赠人、会员、监管者等)的需要。会计政策前后各期应当保持一致,不得随意变更。如有必要变更,应当在会计报表附注中披露变更的内容和理由、变更的累积影响数,以及累积影响数不能合理确定的理由等。

(2)资产在取得时应当按照实际成本计量,但本制度有特别规定的,按照特别规定的计量基础进行计量。其后，资产账面价值的调整，应当按照本制度的规定执行；除法律、行政法规和国家统一的会计制度另有规定外，民间非营利组织一律不得自行调整资产账面价值。同时，借鉴国际惯例，适度引入公允价值计量基础。在一些特殊业务中，例如接受捐赠获得资产，往往难以确定其实际成本，此时采取公允价值计量便可解决资产计价问题。

(3) 会计核算应当合理划分应当计入当期费用的支出和应当予以资本化的支出。应当遵循重要性原则，对资产、负债、净资产、收入、费用等有较大影响，并进而影响财务会计报告使用者据以做出合理判断的重要会计事项，必须按照规定的会计方法和程序进行处理，并在财务会计报告中予以充分披露；对于非重要的会计事项，在不影响会计信息真实性和不至于误导会计信息使用者做出正确判断的前提下，可适当简化处理。

(4) 由于民间非营利组织资源提供者既不享有组织的所有权，也不取得经济回报，因此民间非营利组织会计要素不应包括所有者权益和利润要素而应设置净资产要素。

(二) 民间非营利组织的会计要素

1. 反映财务状况的资产负债表要素

(1) 资产

资产是指过去的交易或者事项形成并由民间非营利组织拥有或者控制的资源，该资源预期会给民间非营利组织带来经济利益或者服务潜力。资产应当按其流动性分为流动资产、长期投资、固定资产、文物文化资产、无形资产和受托代理资产等。

(2) 负债

负债是指过去的交易或者事项形成的现时义务，履行该义务预期会导致含有经济利益或者服务潜力的资源流出民间非营利组织。负债应当按其流动性分为流动负债、长期负债和受托代理负债等。

(3) 净资产

净资产是指资产减去负债后的余额。净资产应当按照其是否受到限制，分为限定性净资产和非限定性净资产等。

如果资产或者资产所产生的经济利益（如资产的投资收益和利息等）的使用受到资产提供者或者国家有关法律、行政法规所设置的时间限制或（和）用途限制，则由此形成的净资产即为限定性净资产，国家有关法律、行政法规对净资产的使用直接设置限制的，该受限制的净资产亦为限定性净资产；除此之外的其他净资产，即为非限定性净资产。

时间限制是指资产提供者或者国家有关法律、行政法规要求民间非营利组织在收到资产后的特定时期之内或特定日期之后使用该项资产,或者对资产的使用设置了永久限制。用途限制,是指资产提供者或者国家有关法律、行政法规要求民间非营利组织将收到的资产用于某一特定的用途。

民间非营利组织的董事会、理事会或类似权力机构对净资产的使用所作的限定性决策、决议或拨款限额等,属于民间非营利组织内部管理上对资产使用所作的限制,不属于限定性净资产。

如果限定性净资产的限制已经解除,应当对净资产进行重新分类,将限定性净资产转为非限定性净资产。

当存在下列情况之一时,可以认为限定性净资产的限制已经解除:(1)所限定净资产的限制时间已经到期;(2)所限定净资产规定的用途已经实现(或者目的已经达到);(3)资产提供者或者国家有关法律、行政法规撤销了所设置的限制。如果限定性净资产受到两项或两项以上的限制,应当在最后一项限制解除时,才能认为该项限定性净资产的限制已经解除。

2. 反映业务成果的业务活动表要素

(1) 收入

收入是指民间非营利组织开展业务活动取得的、导致本期净资产增加的经济利益或者服务潜力的流入。收入应当按其来源分为捐赠收入、会费收入、提供服务收入、政府补助收入、投资收益、商品销售收入等主要业务活动收入和其他收入等。对于民间非营利组织接受的劳务捐赠,不予确认,但应当在会计报表附注中作相关披露。

民间非营利组织在确认收入时,应当区分交换交易所形成的收入和非交换交易所形成的收入。交换交易是指按照等价交换原则所从事的交易,即当某一主体取得资产、获得服务或者解除债务时,需要向交易对方支付等值或者大致等值的现金,或者提供等值或者大致等值的货物、服务等的交易。如按照等价交换原则销售商品、提供劳务等均属于交换交易。非交换交易是指除交换交易之外的交易。在非交换交易中,某一主体取得资产、获得服务或者解除债务时,不必向交易对方支付等值或者大致等值的现金,或者提供等值或者大致等值的货物、服务等;或者某一主体在对外提供货物、服务等时,没有收到等值或者大致等值的现金、货物等。如捐赠、政府补助等均属于非交换交易。

民间非营利组织对于各项收入应当按是否存在限定区分为非限定性收入和限定性收入进行核算。如果资产提供者对资产的使用设置了时间限制或者(和)用途限制,则所确认的相关收入为限定性收入;除此之外的其他收入,为非限定性收入。

民间非营利组织的会费收入、提供服务收入、商品销售收入和投资收益等一般为非限定性收入,除非相关资产提供者对资产的使用设置了限制。民间非营利组织的捐赠收入和政府补助收入,应当视相关资产提供者对资产的使用是否设置了限制,分别限定性收入和非限定性收入进行核算。

期末,民间非营利组织应当将本期限定性收入和非限定性收入分别结转至净资产项下的限定性净资产和非限定性净资产。

(2) 费用

费用是指民间非营利组织为开展业务活动所发生的、导致本期净资产减少的经济利益或者服务潜力的流出。费用应当按照其功能分为业务活动成本、管理费用、筹资费用和其他费用等。

期末,民间非营利组织应当将本期发生的各项费用结转至净资产项下的非限定性净资产,作为非限定性净资产的减项。

(三) 民间非营利组织的财务会计报告

财务会计报告是反映民间非营利组织财务状况、业务活动情况和现金流量等的书面文件。财务会计报告由会计报表、会计报表附注和财务情况说明书组成。财务会计报告中的会计报表至少应包括资产负债表、业务活动表和现金流量表。

财务会计报告分为年度财务会计报告和中期财务会计报告。以短于一个完整的会计年度的期间(如半年度、季度和月度)编制的财务会计报告称为中期财务会计报告。年度财务会计报告则是以整个会计年度为基础编制的财务会计报告。中期财务会计报告应当采用与年度会计报表相一致的确认与计量原则。中期财务会计报告的内容相对于年度财务会计报告而言可以适当简化,但仍应保证包括与理解中期期末财务状况和中期业务活动情况及其现金流量相关的重要财务信息。

二、民间非营利组织会计核算

(一) 捐赠业务

1. 捐赠的概念与特征

捐赠一般是指受赠人接受捐赠人自愿捐赠的现金或其他资产,或者捐赠人对受赠人无偿地清偿或取消对其的负债。实务上,民间非营利组织既可能是受赠人,也可能是捐赠人。

捐赠具有以下三特征:一是,无偿地转让资产或者取消负债,属于非交换交易;二是,自愿地转让资产或者取消负债,从而将捐赠与纳税、征收罚款等其他非交换交易区分开来;三是,捐赠交易中资产或劳务的转让,不属于所有者的投入或者向所有者的分配。

2. 捐赠收入的确认和计量

对于接受捐赠的现金资产,应当按实际收到的金额入账。对于接受捐赠的非现金资产,如接受捐赠的短期投资、存货、长期投资、固定资产和无形资产等,如果捐赠人能提供相关发票等凭据的,可以参照凭据注明的金额入账;如果凭据注明金额与公允价值差距较大或者无发票等凭据的,受赠资产应该按公允价值入账。

为正确核算捐赠收入,应当区分捐赠和捐赠承诺。捐赠承诺,是指捐赠现金或其他资产的书面协议或口头约定等。捐赠承诺不满足非交换交易收入的确认条件,对于捐赠承诺不应确认捐赠收入。但是,可以在会计报表附注中进行披露。对于捐赠人的劳务捐赠,即捐赠人自愿向受赠人无偿提供劳务,也不应予以确认,但可在会计报表附注中予以披露。

3. 捐赠收入的会计处理

为核算捐赠收入,应设置"捐赠收入"账户,本账户下设置"限定性收入"和"非限定性收入"明细账户。如果存在多个捐赠项目,还应增设三级明细账户。

(1) 接受捐赠时,按应确认的金额,借记"现金""银行存款""短期投资""存货""长期股权投资""长期债权投资""固定资产""无形资产"等账户,贷记"捐赠收入——限定性收入"或"捐赠收入——非限定性收入"账户。

对于接受附有条件的捐赠,存在需要偿还全部或部分捐赠资产或者相应金额的现时义务的(如因无法满足捐赠所附条件而必须将部分捐赠款退还给捐赠人),按需要偿还的金额,借记"管理费用"账户,贷记"其他应付款"等账户。

(2) 如果限定性捐赠收入的限制,在确认收入的当期得以解除,应将其转为非限定性捐赠收入,借记"捐赠收入——限定性收入"账户,贷记"捐赠收入——非限定性收入"账户。

(3) 期末,将"捐赠收入"账户各明细账户的余额,分别转入限定性净资产和非限定性净资产,借记"捐赠收入——限定性收入"账户,贷记"限定性净资产"账户;借记"捐赠收入——非限定性收入"账户,贷记"非限定性净资产"账户。期末,结转后"捐赠收入"账户应无余额。

【例 18-22】 2×19 年 5 月 31 日,L 社会团体与 H 企业签订接受捐赠协议,协议规定,H 企业向 L 社会团体捐赠 1 000 000 元,L 社会团体应将这笔资金用于某项学术研究课题。假定,不考虑其他因素,L 社会团体有关会计分录如下:

借:银行存款　　　　　　　　　　　　　　　　　1 000 000
　　贷:捐赠收入——限定性收入　　　　　　　　　　　　1 000 000

【例 18-23】 2×18 年 8 月 15 日,S 基金会与 H 企业签订一份捐赠协议。协议规定 H 企业向 S 基金会捐赠 500 000 元,其中 480 000 元用于贫困山区中小学建设;20 000 元用于此次捐赠活动的管理。当年 8 月 20 日,基金会收到 500 000 元捐赠款,并于 9 月 1 日将 480 000 元转赠贫困山区中小学,并发生捐赠相关管理费用

18 500元。当年9月10日,基金会与H企业签订补充协议,补充协议规定捐赠活动节余的1 500元留存基金会由其支配使用。假定,不考虑其他因素,S基金会有关会计处理如下。

(1) 2×18年8月15日,签订捐赠协议,不满足捐赠收入确认条件,不作账务处理。

(2) 当年8月20日,收到捐赠款

借:银行存款　　　　　　　　　　　　　　　　　　500 000
　　贷:捐赠收入——限定性收入　　　　　　　　　　　　　　　500 000

(3) 当年9月1日,转赠贫困山区中小学480 000元,并发生管理费用18 500元

借:业务活动成本　　　　　　　　　　　　　　　　480 000
　　管理费用　　　　　　　　　　　　　　　　　　 18 500
　　贷:银行存款　　　　　　　　　　　　　　　　　　　　　 498 500

(4) 当年9月16日,部分限定性捐赠收入的限制在确认收入的当期得以解除,将其转为非限定性捐赠收入

借:捐赠收入——限定性收入　　　　　　　　　　　 1 500
　　贷:捐赠收入——非限定性收入　　　　　　　　　　　　　　 1 500

【例18-24】 2×18年12月31日,RH民间非营利教育组织"捐赠收入"账户账面余额1 869 000元,其中"限定性收入"明细账户账面余额1 000 000元;"非限定性收入"明细账户账面余额869 000元。年末,RH民间非营利教育组织将"捐赠收入"账户各明细账户余额,转入"限定性净资产"和"非限定性净资产"账户的分录如下。

借:捐赠收入——限定性收入　　　　　　　　　　 1 000 000
　　贷:限定性净资产　　　　　　　　　　　　　　　　　　 1 000 000

同时

借:捐赠收入——非限定性收入　　　　　　　　　　 869 000
　　贷:非限定性净资产　　　　　　　　　　　　　　　　　　 869 000

(二) 受托代理业务

受托代理业务是指民间非营利组织从委托方收到受托资产,并按照委托人的意愿将资产转赠给指定的其他组织或者个人的受托代理过程。

受托代理业务中的受托资产,即受托代理资产,是指民间非营利组织接受委托方委托从事受托代理业务而收到的资产。在受托代理过程中,民间非营利组织通

常只是从委托方收到受托资产,并按照委托人的意愿将资产转赠给指定的其他组织或者个人。民间非营利组织本身只是在委托代理过程中起中间人的中介作用,无权改变受托代理资产的用途或者变更受益人。在受托代理业务中,民间非营利组织接受受托代理资产而产生的负债,即为受托代理资产负债。

1. 受托代理业务的界定

民间非营利组织的受托代理业务与其通常从事的捐赠活动存在本质差异。因此,会计上需将两者区分开来,并按不同原则进行会计处理。在区分受托代理业务与捐赠活动时,应注意以下四点。

(1) 在受托代理业务中,民间非营利组织并不是受托代理资产的最终受益人,只是代受益人保管这些资产。而对于接受捐赠的资产,民间非营利组织对于资产以及资产带来的收益具有控制权。

(2) 在受托代理业务中,民间非营利组织只是起到中介人的作用,帮助委托人将资产转赠或转交给指定的受益人,并没有权力改变受益人和受托代理资产的用途。受托代理业务与资产提供者设置了用途限制的捐赠(限定性捐赠)有时候看起来很类似。但是,在限定性捐赠中,民间非营利组织在按照资产提供者要求使用这些受赠资产的前提下,具有一定的自主权,可以在资产提供者的限定范围内选择具体的受益人。而在受托代理业务中,受托代理资产的受益人是由委托人具体指定的,民间非营利组织没有变更的权力。

(3) 在受托代理业务中,委托人通常需要明确指出具体受益人的姓名或受益单位的名称,才能称为"指定的"受益人。委托人有时会从民间非营利组织提供的名单中指定一个或若干个受益人,也符合受托代理业务的概念。比如,在希望工程中,红十字、儿童福利等基金会向社会公布有那些失学儿童需要资助,捐赠人就可以从中认领一名或多名儿童,资助其上学。

(4) 受托代理业务通常应签订明确的书面协议,而且往往是委托方、受托方和受益人三方共同签订的。但在有些情况下也可能没有书面协议,这时,民间非营利组织应结合具体情况,根据受托代理业务的概念进行判断。比如,民间非营利组织可能为某个具体的个人或单位举办一场慈善活动,声明在此次活动中收到的款项将由组织转交给该个人或单位,那么这些款项就应该被确认为该组织的受托代理资产,并同时确认相应的受托代理负债。

2. 受托代理业务的确认和计量

民间非营利组织应当对受托代理资产比照接受捐赠资产的原则进行确认和计量,但在确认一项受托代理资产时,应当同时确认一项受托代理负债。

受托代理资产的入账价值应当按照以下方法确定:如果受托代理资产为现金、银行存款或其他货币资金,应当按照实际收到的金额作为受托代理资产的入账价值;如果受托代理资产为短期投资、存货、长期投资、固定资产和无形资产等非现金资产,应当视不同情况确定其入账价值;如果委托方提供有关凭据(如发票、报关单、有关协议等),应按照凭据上标明的金额作为入账价值;如果凭据上标明的金额与受托代理资产的公允价值相差较大,受托代理资产应当以其公允价值作为入账价值;如果捐赠方没有提供有关凭据,受托代理资产应当按照其公允价值作为入账价值。

3. 受托代理业务的会计处理

为核算受托代理业务,应设置"受托代理资产"和"受托代理负债"账户,并按照指定的受赠组织或个人设置明细账户。期末,"受托代理资产"账户借方余额,反映期末尚未转出的受托代理资产的价值;"受托代理负债"账户贷方余额,反映期末尚未清偿的的受托代理负债的金额。同时,还应设置登记备查账簿,以便加强对受托代理资产的实物管理。

(1) 收到受托代理资产时,按应确认的入账价值,借记"受托代理资产"账户,贷记"受托代理负债"账户。

(2) 在转赠或者转出受托代理资产时,按转出受托代理资产的账面价值,借记"受托代理负债"账户,贷记"受托代理资产"账户。

(3) 收到的受托代理资产如果为现金、银行存款或者其他货币资金的,不通过"受托代理资产"账户核算。而是在"现金""银行存款""其他货币资金"账户下,设置"受托代理资产"二级明细账户进行核算。收到受托代理资产为现金、银行存款或其他货币资金时,借记"银行存款——受托代理资产"等账户,贷记"受托代理负债"账户;转出时,借记"受托代理负债"账户,贷记"银行存款——受托代理资产"等账户。

【例18-25】 2×18年12月9日,H民间教育组织、D民间慈善组织和Y企业共同签订一份捐赠协议,协议规定:Y企业将通过向H民间教育组织向D民间慈善组织下属15所中小学校(附受赠学校具体名单),每所学校捐赠全新电脑8台,共120台电脑,每台电脑发票价格8 600元。签订协议后,Y企业应该在10天内将电脑运至H民间教育组织,H民间教育组织应在电脑运抵后20天内派志愿者将电脑送至名单指定的受赠学校,并负责安装。当年12月19日,Y企业按协议规定将电脑运送至H民间教育组织。年末,H民间教育组织尚未将电脑送至名单指定的受赠学校。假设,不考虑税费等其他因素,H民间教育组织有关会计处理如下。

(1) 根据协议规定进行判断

在这项业务中,H民间教育组织只是从委托方Y企业收到受托资产电脑,并按委托人Y企业意愿将电脑资产转赠给指定的学校。H民间非营利组织只是中间人,无权改变受托代理资产的用途或变更受益人。因此,可以确定此项交易是H民间教育组织的受托代理业务。

(2) 2×18 年 12 月 19 日,收到电脑

$$受托代理资产 = 8\,600 \times 8 \times 15 = 1\,032\,000(元)$$

借：受托代理资产——电脑(Y 企业)　　　　　　　　　　1 032 000
　　贷：受托代理负债　　　　　　　　　　　　　　　　　　1 032 000

(3) 同时,在备查簿中登记电脑收发情况,并在会计报表附注中进行受托代理业务非财务信息的披露。

【例 18-26】 2×19 年 12 月 1 日,H 民间基金会与 D 企业签订一份捐赠合作协议,协议规定：D 企业将通过向 H 民间基金会向 SD 大学捐赠 10 000 000 元,协议签订后 D 企业应在 5 日内将款项汇至 H 民间基金会,H 民间基金会应在收到款项后于 10 日内汇至指定受赠的 SD 大学。2×19 年 12 月 5 日,D 企业按协议规定将 10 000 000 元汇至 H 民间基金会的银行账户。2×19 年 12 月 15 日,H 民间基金会将这笔款项汇至 SD 大学的银行账户。假设,不考虑税费等其他因素,H 民间基金会有关会计处理如下。

(1) 根据协议规定进行判断

在这项业务中,H 民间基金会只是从委托方 D 企业收到受托现金资产,并按委托人 D 企业意愿将现金资产转汇给指定学校。H 民间基金会只是中间人,无权改变受托代理现金资产的用途或变更受益人。因此,可以确定此项交易是 H 民间基金会的受托代理业务。

(2) 2×19 年 12 月 5 日,收到 10 000 000 元

借：银行存款——受托代理资产　　　　　　　　　　　　10 000 000
　　贷：受托代理负债　　　　　　　　　　　　　　　　　　10 000 000

(3) 2×19 年 12 月 15 日,转出 10 000 000 元

借：受托代理负债　　　　　　　　　　　　　　　　　　10 000 000
　　贷：银行存款——受托代理资产　　　　　　　　　　　　10 000 000

(三) 会费收入

会费收入是指民间非营利组织根据其章程等规定向会员收取的会费。会费收入通常为非交换交易收入。在一般情况下,民间非营利组织的会费收入属于非限定性收入,除非相关资产提供者对资产的使用设置了一定限制。

为核算会费收入,应设置"会费收入"账户,并应在"会费收入"账户下设置"非限定性收入"明细账户。如果存在限定性会费收入的,还应设置"限定性收入"明细科目；同时,民间非营利组织还应按会费种类(如团体会费、个人会费等),在"非限定性收入"或"限定性收入"账户下设置明细账户,进行三级明细账户核算。

"会费收入"账户贷方反映当期会费收入的实际发生额。在会计期末,应将本账户中"非限定性收入"明细账户当期贷方发生额转入"非限定性净资产"账户,将该账户中"限定性收入"明细账户当期贷方发生额转入"限定性净资产"账户。期末,结转后该账户应无余额。

【例18-27】 LL会计学会会员代表大会通过的会费交费办法规定,该学会的单位会员应按上年度业务收入的0.2%缴纳当年会费,个人会员每年交纳100元会费,每年度会费应在当年1月1日至12月31日缴纳;当年不能按时交纳会费的会员,将于下一年度被自动取消会员资格。2×19年度,该学会每月都能按时收到单位会员的会费777 000元(通过银行存款)和个人会员会费369 000元(通过邮局汇款)。假设,2×19年12月31日,"会费收入"账户余额为4 886 800元,均属于非限定性收入。LL会计学会有关会计处理如下。

(1) 每月收到会费

借:银行存款　　　　　　　　　　　　　　　　777 000
　　现金　　　　　　　　　　　　　　　　　　369 000
　　贷:会费收入——非限定收入——单位会费　　　　　　　777 000
　　　　　　　　　　　　　　　——个人会费　　　　　　　369 000

(2) 2×19年12月31日,结转会费收入

借:会费收入——非限定收入　　　　　　　　　4 886 800
　　贷:非限定性净资产　　　　　　　　　　　　　　　　4 886 800

(四) 业务活动成本

1. 业务活动成本的内容

业务活动成本是指民间非营利组织为实现其业务活动目标、开展项目活动或者提供服务所发生的费用。如果民间非营利组织从事的项目、提供的服务或者开展的业务比较单一,可将相关费用全部归集在"业务活动成本"项目下进行核算和列报;如果从事的项目、提供的服务或者开展的业务种类较多,应在"业务活动成本"项目下分别项目、服务或者业务大类进行核算和列报。

业务活动成本是按照项目、服务或业务种类等进行归集的费用。如果某些费用属于业务活动、管理活动和筹资活动等共同发生的,而且不能直接归属于某一类活动,则应将这些费用按合理的方法在各项活动中进行分配。

2. 业务活动成本的会计处理

为了核算为实现业务活动目标、开展项目活动或者提供服务而发生的费用,应设置"业务活动成本"账户,并应该结合具体情况,在"业务活动成本"账户下设置相应的明细账户,进行明细核算。此外,如果接受政府提供的专项资金补助,可在

"政府补助收入——限定性收入"账户下设置"专项补助收入"明细账户进行核算;同时,在"业务活动成本"账户下设置"专项补助成本"明细账户,归集当期为专项资金补助项目发生的所有费用。

发生的业务活动成本,应按其发生额计入当期费用。业务活动成本的主要账务处理如下。

(1)发生的业务活动成本,借记"业务活动成本"账户,贷记"现金""银行存款""存货""应付账款"等账户。

(2)会计期末,将"业务活动成本"账户的余额转入非限定性净资产,借记"非限定性净资产"账户,贷记"业务活动成本"账户。

【例18-28】 2×19年9月27日,LL会计学会对外出售会计杂志1万份,每份售价20元,成本18元,销售收入符合收入确认条件。假定,当年年末,"业务活动成本"账户借方余额360 000元;不考虑税费等其他因素,LL会计学会有关会计处理如下。

(1) 2×19年月27日,实现销售收入

借:银行存款　　　　　　　　　　　　　　　　200 000
　　贷:商品销售收入　　　　　　　　　　　　　　　200 000

(2)按匹配原则,在销售收入确认的同期,确认销售成本

借:业务活动成本——商品销售成本　　　　　　180 000
　　贷:存货　　　　　　　　　　　　　　　　　　　180 000

(3) 2×19年12月31日,结转业务活动成本

借:非限定性净资产　　　　　　　　　　　　　360 000
　　贷:业务活动成本　　　　　　　　　　　　　　　360 000

(五)净资产

1. 限定性净资产及其会计处理

民间非营利组织的限定性净资产主要来源是获得限定性收入,主要包括限定性捐赠收入和政府补助收入。为核算限定性净资产,应设置"限定性净资产"账户,并可根据情况和需要在"限定性净资产"账户下增设相应的二级和三级明细账户。本账户主要会计处理如下。

(1)期末,将各收入类账户所属"限定性收入"明细账户的余额转入本账户,借记"捐赠收入——限定性收入""政府补助收入——限定性收入"等账户,贷记本账户。

(2)如果限定性净资产的限制已经解除,应对净资产进行重分类,将限定性净资产转为非限定性净资产,借记本账户,贷记"非限定性净资产"账户。

(3) 如果因调整以前期间收入、费用项目而涉及调整限定性净资产的,应当就需要调整的金额,借记或贷记有关账户,贷记或借记本账户。

(4) 本账户期末贷方余额,反映民间非营利组织历年积存的限定性净资产。

【例 18-29】 2×18 年 5 月 11 日,HY 民办高校收到一笔 100 000 元现金捐款,L 捐赠人要求用于 2×19 年度本科生优秀毕业论文评比前 10 名获奖者。假定,不考虑其他因素,HY 民办高校有关会计处理如下。

(1) 2×18 年 5 月 11 日,收到捐款

借:银行存款——限定性收入　　　　　　　　　　　　100 000
　　贷:捐赠收入——限定性收入　　　　　　　　　　　　　100 000

(2) 2×18 年 12 月 31 日,结转捐赠收入

借:捐赠收入——限定性收入　　　　　　　　　　　　100 000
　　贷:限定性净资产　　　　　　　　　　　　　　　　　　100 000

【例 18-30】 沿用【例 18-29】资料,2×18 年 12 月 17 日,HY 民办高校收到政府实拨补助款 1 200 000 元,要求用于资助贫困大学生。假定,不考虑其他因素,HY 民办高校有关会计处理如下。

(1) 2×18 年 12 月 17 日,收到政府补助款

借:银行存款——限定性收入　　　　　　　　　　　　1 200 000
　　贷:政府补助收入——限定性收入　　　　　　　　　　　1 200 000

(2) 2×18 年 12 月 31 日,结转政府补助收入

借:政府补助收入——限定性收入　　　　　　　　　　1 200 000
　　贷:限定性净资产　　　　　　　　　　　　　　　　　　1 200 000

【例 18-31】 沿用【例 18-29】资料,2×19 年度,本科生优秀毕业论文评比结束,HY 民办高校将捐赠人的 100 000 元,以现金奖励前 10 名获奖大学生。假定,不考虑其他因素,HY 民办高校有关会计处理如下。

借:业务活动成本　　　　　　　　　　　　　　　　　100 000
　　贷:现金　　　　　　　　　　　　　　　　　　　　　　100 000

同时,限定性净资产的重分类

借:限定性净资产　　　　　　　　　　　　　　　　　100 000
　　贷:非限定性净资产　　　　　　　　　　　　　　　　　100 000

2. 非限定性净资产及其会计处理

民间非营利组织为核算非限定性净资产,应设置"非限定性净资产"账户,并

可根据情况和需要在"非限定性净资产"账户下增设相应的二级和三级明细账户。本账户主要会计处理如下。

（1）期末结转非限定性收入和成本费用项目。期末，将各非限定性收入转入非限定性净资产。借记"捐赠收入——非限定性收入""会费收入——非限定性收入""提供服务收入——非限定性收入""政府补助收入——非限定性收入""商品销售收入——非限定性收入""投资收益——非限定性收入""其他收入——非限定性收入"账户，贷记"非限定性净资产"账户。

期末，将各费用类账户余额转入非限定性净资产，借记"非限定性净资产"账户，贷记"业务活动成本""管理费用""筹资费用""其他费用"科目。

（2）如果限定性净资产的限制已经解除，应对净资产进行重分类，将限定性净资产转为非限定性净资产。借记"限定性净资产"账户，贷记"非限定性净资产"账户。

（3）调整以前期间非限定性收入、费用项目。如果因调整以前期间非限定性收入、费用项目而涉及调整非限定性净资产的，应按需要调整的金额，借记或贷记有关账户，贷记或借记"非限定性净资产"账户。

【例18-32】 2×18年8月17日，HJ民营医院获得一项捐款800 000元，捐赠人限定捐款用于购置Z医疗设备；2×19年3月9日，购进一套价值780 000元的Z医疗设备。2×19年3月16日，经与捐赠人协商，捐赠人同意将剩余的20 000元留归该民营医院自主使用。假定，不考虑其他因素，HJ民营医院有关会计处理如下。

（1）2×18年8月17日，获得限定性捐款

借：银行存款——限定性收入　　　　　　　　　800 000
　　贷：捐赠收入——限定性收入　　　　　　　　　　　800 000

（2）2×18年12月31日，结转虚账户"捐赠收入"账户期末余额

借：捐赠收入——限定性收入　　　　　　　　　800 000
　　贷：限定性净资产　　　　　　　　　　　　　　　　800 000

（3）2×19年3月9日，购进Z医疗设备

借：固定资产　　　　　　　　　　　　　　　　780 000
　　贷：银行存款——限定性收入　　　　　　　　　　　780 000

（4）2×19年3月9日，捐赠限定条件已满足，对满足部分的资金进行重分类并转入非限定性净资产

借：限定性净资产　　　　　　　　　　　　　　780 000
　　贷：非限定性净资产　　　　　　　　　　　　　　　780 000

（5）捐赠人同意剩余资金留存自主使用，对留存资金进行重分类并结转相应的限定性净资产

结转剩余部分的限定性净资产 = 800 000 - 780 000 = 20 000(元)

借：限定性净资产　　　　　　　　　　　　　　　　200 000
　　贷：非限定性净资产　　　　　　　　　　　　　　　　200 000

【例 18-33】 沿用【例 18-32】资料，假定 2×19 年月 30 日，捐赠人或者国家有关法规规定，以前未设置限制的资产需要根据有关规定限制使用时间或限制用途。当日，经与捐赠人协商，捐赠人同意除留归自主使用的剩余资金外，Z 医疗设备应确定为限定性净资产。HJ 民营医院重分类的会计分录如下。

借：非限定性净资产　　　　　　　　　　　　　　　　780 000
　　贷：限定性净资产　　　　　　　　　　　　　　　　　780 000

【例 18-34】 2×19 年 3 月 9 日，Z 基金会发现 2×18 年度有一笔无形资产摊销 68 369 元未作记录。Z 基金会应按会计制度规定进行追溯调整，对于 2×18 年度业务活动表中的管理费用（无形资产摊销），调增 68 369 元；减少非限定性净资产期初数 68 369 元，并在会计报表附注中作出有关信息的披露。当日，Z 基金会有关会计分录如下。

借：非限定性净资产（期初数）　　　　　　　　　　　68 369
　　贷：无形资产　　　　　　　　　　　　　　　　　　　68 369

第六节　政府单位和民间非营利组织会计报表

一、政府单位会计报表

（一）财务会计报表

1. 资产负债表

须说明，资产负债表反映单位在某一特定日期全部资产、负债和净资产的情况。本表与一般企业资产负债表的填列要求基本相似。本表"资产""负债"和"净资产"类有关项目，应按以下要求填报。

（1）"受托代理资产"项目，反映单位期末受托代理资产的价值。本项目应根据"受托代理资产"账户的期末余额与"库存现金""银行存款"账户下"受托代理资

第十八章 政府和非营利组织会计

表 18-1　　　　　　　　　　　　　　**资产负债表**　　　　　　　　　会政财 01 表

编制单位：_____　　　　　____年___月___日　　　　　　　单位:元

资产	期末余额	年初余额	负债和净资产	期末余额	年初余额
流动资产：			流动负债：		
货币资金			短期借款		
短期投资			应交增值税		
财政应返还额度			其他应交税费		
应收票据			应缴财政款		
应收账款净额			应付职工薪酬		
预付账款			应付票据		
应收股利			应付账款		
应收利息			应付政府补贴款		
其他应收款净额			应付利息		
存货			预收账款		
待摊费用			其他应付款		
一年内到期的非流动资产			预提费用		
其他流动资产			一年内到期的非流动负债		
流动资产合计			其他流动负债		
非流动资产：			流动负债合计		
长期股权投资			非流动负债：		
长期债券投资			长期借款		
固定资产原值			长期应付款		
减:固定资产累计折旧			预计负债		
固定资产净值			其他非流动负债		
工程物资			非流动负债合计		
在建工程			受托代理负债		
无形资产原值			负债合计		
减:无形资产累计摊销					
无形资产净值					
研发支出					
公共基础设施原值					
减:公共基础设施累计折旧(摊销)					
公共基础设施净值					
政府储备物资					
文物文化资产					
保障性住房原值					

(续表)

资产	期末余额	年初余额	负债和净资产	期末余额	年初余额
减:保障性住房累计折旧			净资产:		
保障性住房净值			累计盈余		
长期待摊费用			专用基金		
待处理财产损溢			权益法调整		
其他非流动资产			无偿调拨净资产*		
非流动资产合计			本期盈余*		
受托代理资产			净资产合计		
资产总计			负债和净资产总计		

注:"*"标识项目为月报项目,年报中不需列示。

产"明细账户的期末余额的合计数填列。

(2)"受托代理负债"项目反映单位期末受托代理负债的金额。本项目应根据"受托代理负债"账户的期末余额填列。

(3)"累计盈余"项目反映单位期末未分配盈余(或未弥补亏损)以及无偿调拨净资产变动的累计数。本项目应根据"累计盈余"账户的期末余额填列。

(4)"专用基金"项目反映事业单位期末累计提取或设置但尚未使用的专用基金余额。本项目应根据"专用基金"账户的期末余额填列。

(5)"权益法调整"项目反映事业单位期末在被投资单位除净损益和利润分配以外的所有者权益变动中累积享有的份额。本项目应根据"权益法调整"账户的期末余额填列。如"权益法调整"账户期末为借方余额,以"-"号填列。

(6)"无偿调拨净资产"项目反映单位本年度截至报告期期末无偿调入的非现金资产价值扣减无偿调出的非现金资产价值后的净值。本项目仅在月度报表中列示,年度报表中不列示。月度报表中本项目应根据"无偿调拨净资产"账户的期末余额填列;"无偿调拨净资产"账户期末为借方余额时,以"-"号填列。

(7)"本期盈余"项目反映单位本年度截至报告期期末实现的累计盈余或亏损。本项目仅在月度报表中列示,年度报表中不列示。月度报表中本项目应根据"本期盈余"账户的期末余额填列;"本期盈余"账户期末为借方余额时,以"-"号填列。

(8)"净资产合计"项目反映单位期末净资产合计数。本项目应根据本表中"累计盈余""专用基金""权益法调整""无偿调拨净资产"(月度报表)、"本期盈余"(月度报表)项目金额的合计数填列。

2. 收入费用表

表18-2　　　　　　　　　　　**收入费用表**　　　　　　　会政财02表

编制单位：_____　　____年___月___日　　　　　　　单位：元

项　目	本月数	本年累计数
一、本期收入		
（一）财政拨款收入		
其中：政府性基金收入		
（二）事业收入		
（三）上级补助收入		
（四）附属单位上缴收入		
（五）经营收入		
（六）非同级财政拨款收入		
（七）投资收益		
（八）捐赠收入		
（九）利息收入		
（十）租金收入		
（十一）其他收入		
二、本期费用		
（一）业务活动费用		
（二）单位管理费用		
（三）经营费用		
（四）资产处置费用		
（五）上缴上级费用		
（六）对附属单位补助费用		
（七）所得税费用		
（八）其他费用		
三、本期盈余		

须说明，收入费用表反映单位在某一会计期间内发生的收入、费用及当期盈余情况。本表与一般企业损益表填列的要求基本相似。不同之处在于，"本期盈余"项目反映单位本期收入扣除本期费用后的净额，并非企业利润或亏损。本项目应根据本表中"本期收入"项目金额减去"本期费用"项目金额后的金额填列；如为负数，以"-"号填列。

3. 净资产变动表

须说明，净资产变动表反映单位在某一会计年度内净资产项目的变动情况。本表"本年数"栏各项目应按以下要求填列。

表 18-3　　　　　　　　　　　　　净资产变动表　　　　　　　　　会政财 03 表

编制单位：_____　　　　　　_____年　　　　　　　　　　单位：元

项　目	本年数				上年数			
	累计盈余	专用基金	权益法调整	净资产合计	累计盈余	专用基金	权益法调整	净资产合计
一、上年年末余额								
二、以前年度盈余调整（减少以"－"号填列）		—	—			—	—	
三、本年年初余额								
四、本年变动金额（减少以"－"号填列）								
（一）本年盈余								
（二）无偿调拨净资产								
（三）归集调整预算结转结余								
（四）提取或设置专用基金								
其中：从预算收入中提取	—				—			
从预算结余中提取								
设置的专用基金	—				—			
（五）使用专用基金								
（六）权益法调整	—				—			
五、本年年末余额								

注："—"标识单元格不需填列。

（1）"上年年末余额"行反映单位净资产各项目上年年末的余额。本行各项目应根据"累计盈余""专用基金""权益法调整"账户上年年末余额填列。

（2）"以前年度盈余调整"行反映单位本年度调整以前年度盈余的事项对累计盈余进行调整的金额。本行"累计盈余"项目应根据本年度"以前年度盈余调整"账户转入"累计盈余"账户的金额填列；如调整减少累计盈余，以"－"号填列。

（3）"本年年初余额"行反映经过以前年度盈余调整后，单位净资产各项目的本年年初余额。本行"累计盈余""专用基金""权益法调整"项目应根据其各自在"上年年末余额"和"以前年度盈余调整"行对应项目金额的合计数填列。

（4）"本年变动金额"行反映单位净资产各项目本年变动总金额。本行"累计盈余""专用基金""权益法调整"项目应根据其各自在"本年盈余""无偿调拨净资产""归集调整预算结转结余""提取或设置专用基金""使用专用基金""权益法调整"行对应项目金额的合计数填列。

（5）"本年盈余"行反映单位本年发生的收入、费用对净资产的影响。本行

"累计盈余"项目应根据年末由"本期盈余"账户转入"本年盈余分配"账户的金额填列;如转入时借记"本年盈余分配"账户,则以"-"号填列。

(6)"无偿调拨净资产"行反映单位本年无偿调入、调出非现金资产事项对净资产的影响。本行"累计盈余"项目应根据年末由"无偿调拨净资产"账户转入"累计盈余"账户的金额填列;如转入时借记"累计盈余"账户,则以"-"号填列。

(7)"归集调整预算结转结余"行反映单位本年财政拨款结转结余资金归集调入、归集上缴或调出,以及非财政拨款结转资金缴回对净资产的影响。本行"累计盈余"项目应根据"累计盈余"账户明细账记录分析填列;如归集调整减少预算结转结余,则以"-"号填列。

(8)"提取或设置专用基金"行反映单位本年提取或设置专用基金对净资产的影响。本行"累计盈余"项目应根据"从预算结余中提取"行"累计盈余"项目的金额填列。本行"专用基金"项目应根据"从预算收入中提取""从预算结余中提取""设置的专用基金"行"专用基金"项目金额的合计数填列。"从预算收入中提取"行反映单位本年从预算收入中提取专用基金对净资产的影响。本行"专用基金"项目应通过对"专用基金"账户明细账记录的分析,根据本年按有关规定从预算收入中提取基金的金额填列。"从预算结余中提取"行反映单位本年根据有关规定从本年度非财政拨款结余或经营结余中提取专用基金对净资产的影响。本行"累计盈余""专用基金"项目应通过对"专用基金"账户明细账记录的分析,根据本年按有关规定从本年度非财政拨款结余或经营结余中提取专用基金的金额填列;本行"累计盈余"项目以"-"号填列。"设置的专用基金"行反映单位本年根据有关规定设置的其他专用基金对净资产的影响。本行"专用基金"项目应通过对"专用基金"账户明细账记录的分析,根据本年按有关规定设置的其他专用基金的金额填列。

(9)"使用专用基金"行反映单位本年按规定使用专用基金对净资产的影响。本行"累计盈余""专用基金"项目应通过对"专用基金"账户明细账记录的分析,根据本年按规定使用专用基金的金额填列;本行"专用基金"项目以"-"号填列。

(10)"权益法调整"行反映单位本年按照被投资单位除净损益和利润分配以外的所有者权益变动份额而调整长期股权投资账面余额对净资产的影响。本行"权益法调整"项目应根据"权益法调整"账户本年发生额填列;若本年净发生额为借方时,以"-"号填列。

(11)"本年年末余额"行反映单位本年各净资产项目的年末余额。本行"累计盈余""专用基金""权益法调整"项目应根据其各自在"本年年初余额""本年变动金额"行对应项目金额的合计数填列。

(12)本表各行"净资产合计"项目,应根据所在行"累计盈余""专用基金""权益法调整"项目金额的合计数填列。

4. 现金流量表

表 18-4　　　　　　　　　　　　　　**现金流量表**　　　　　　　　　　　　会政财 04 表

编制单位：_____　　　　　　　　　　_____年　　　　　　　　　　　　单位：元

项　目	本年金额	上年金额
一、日常活动产生的现金流量：		
财政基本支出拨款收到的现金		
财政非资本性项目拨款收到的现金		
事业活动收到的除财政拨款以外的现金		
收到的其他与日常活动有关的现金		
日常活动的现金流入小计		
购买商品、接受劳务支付的现金		
支付给职工以及为职工支付的现金		
支付的各项税费		
支付的其他与日常活动有关的现金		
日常活动的现金流出小计		
日常活动产生的现金流量净额		
二、投资活动产生的现金流量：		
收回投资收到的现金		
取得投资收益收到的现金		
处置固定资产、无形资产、公共基础设施等收回的现金净额		
收到的其他与投资活动有关的现金		
投资活动的现金流入小计		
购建固定资产、无形资产、公共基础设施等支付的现金		
对外投资支付的现金		
上缴处置固定资产、无形资产、公共基础设施等净收入支付的现金		
支付的其他与投资活动有关的现金		
投资活动的现金流出小计		
投资活动产生的现金流量净额		
三、筹资活动产生的现金流量：		
财政资本性项目拨款收到的现金		
取得借款收到的现金		
收到的其他与筹资活动有关的现金		
筹资活动的现金流入小计		
偿还借款支付的现金		
偿还利息支付的现金		
支付的其他与筹资活动有关的现金		
筹资活动的现金流出小计		
筹资活动产生的现金流量净额		
四、汇率变动对现金的影响额		
五、现金净增加额		

须说明,现金流量表反映单位在某一会计年度内现金流入和流出的信息。本表所指的现金是指单位的库存现金以及其他可以随时用于支付的款项,包括库存现金、可以随时用于支付的银行存款、其他货币资金、零余额账户用款额度、财政应返还额度,以及通过财政直接支付方式支付的款项。现金流量表编制要求与一般企业编制现金流量表基本相似。

(二)预算会计报表

1. 预算收入支出表

表 18-5　　　　　　　　　　**预算收入支出表**　　　　　　会政预 01 表

编制单位:_____　　　　　　____年　　　　　　　　　单位:元

项　目	本年数	上年数
一、本年预算收入		
(一)财政拨款预算收入		
其中:政府性基金收入		
(二)事业预算收入		
(三)上级补助预算收入		
(四)附属单位上缴预算收入		
(五)经营预算收入		
(六)债务预算收入		
(七)非同级财政拨款预算收入		
(八)投资预算收益		
(九)其他预算收入		
其中:利息预算收入		
捐赠预算收入		
租金预算收入		
二、本年预算支出		
(一)行政支出		
(二)事业支出		
(三)经营支出		
(四)上缴上级支出		
(五)对附属单位补助支出		
(六)投资支出		
(七)债务还本支出		
(八)其他支出		
其中:利息支出		
捐赠支出		
三、本年预算收支差额		

需要说明,预算收入支出表反映单位在某一会计年度内各项预算收入、预算支出和预算收支差额的情况。本表"本年数"栏各项目应按以下要求填列。

(1)"本年预算收入"项目,反映单位本年预算收入总额。本项目应根据本表中"财政拨款预算收入""事业预算收入""上级补助预算收入""附属单位上缴预算收入""经营预算收入""债务预算收入""非同级财政拨款预算收入""投资预算收益""其他预算收入"项目金额的合计数填列。

(2)"财政拨款预算收入"项目反映单位本年从同级政府财政部门取得的各类财政拨款。本项目应根据"财政拨款预算收入"账户的本年发生额填列。"政府性基金收入"项目,反映单位本年取得的财政拨款收入中属于政府性基金预算拨款的金额。本项目应根据"财政拨款预算收入"相关明细账户的本年发生额填列。

(3)"事业预算收入"项目,反映事业单位本年开展专业业务活动及其辅助活动取得的预算收入。本项目应根据"事业预算收入"账户的本年发生额填列。

(4)"上级补助预算收入"项目反映事业单位本年从主管部门和上级单位取得的非财政补助预算收入。本项目应根据"上级补助预算收入"账户的本年发生额填列。

(5)"附属单位上缴预算收入"项目反映事业单位本年收到的独立核算的附属单位按照有关规定上缴的预算收入。本项目应根据"附属单位上缴预算收入"账户的本年发生额填列。

(6)"经营预算收入"项目反映事业单位本年在专业业务活动及其辅助活动之外开展非独立核算经营活动取得的预算收入。本项目应根据"经营预算收入"账户的本年发生额填列。

(7)"债务预算收入"项目反映事业单位本年按照规定从金融机构等借入的、纳入部门预算管理的债务预算收入。本项目应根据"债务预算收入"的本年发生额填列。

(8)"非同级财政拨款预算收入"项目反映单位本年从非同级政府财政部门取得的财政拨款。本项目应根据"非同级财政拨款预算收入"账户的本年发生额填列。

(9)"投资预算收益"项目反映事业单位本年取得的按规定纳入单位预算管理的投资收益。本项目应根据"投资预算收益"账户的本年发生额填列。

(10)"其他预算收入"项目反映单位本年取得的除上述收入以外的纳入单位预算管理的各项预算收入。本项目应根据"其他预算收入"账户的本年发生额填列。"利息预算收入"项目,反映单位本年取得的利息预算收入。本项目应根据"其他预算收入"账户的明细记录分析填列。单位单设"利息预算收入"账户的,应根据"利息预算收入"账户的本年发生额填列。"捐赠预算收入"项目反映单位本年取得的捐赠预算收入。本项目应根据"其他预算收入"账户明细账记录分析填列。单位单设"捐赠预算收入"账户的,应根据"捐赠预算收入"账户的本年发生额填列。"租金预算收入"项目,反映单位本年取得的租金预算收入。本项目应根据"其他预算收入"账户明细账记录分析填列。单位单设"租金预算收入"账户的,应根据"租金预算收入"账户的本年发生额填列。

(11)"本年预算支出"项目反映单位本年预算支出总额。本项目应根据本表中"行政支出""事业支出""经营支出""上缴上级支出""对附属单位补助支出""投资支出""债务还本支出"和"其他支出"项目金额的合计数填列。

(12)"行政支出"项目反映行政单位本年履行职责实际发生的支出。本项目应根据"行政支出"账户的本年发生额填列。

(13)"事业支出"项目反映事业单位本年开展专业业务活动及其辅助活动发生的支出。本项目应根据"事业支出"账户的本年发生额填列。

(14)"经营支出"项目反映事业单位本年在专业业务活动及其辅助活动之外开展非独立核算经营活动发生的支出。本项目应根据"经营支出"账户的本年发生额填列。

(15)"上缴上级支出"项目反映事业单位本年按照财政部门和主管部门的规定上缴上级单位的支出。本项目应根据"上缴上级支出"账户的本年发生额填列。

(16)"对附属单位补助支出"项目反映事业单位本年用财政拨款收入之外的收入对附属单位补助发生的支出。本项目应根据"对附属单位补助支出"账户的本年发生额填列。

(17)"投资支出"项目反映事业单位本年以货币资金对外投资发生的支出。本项目应根据"投资支出"账户的本年发生额填列。

(18)"债务还本支出"项目反映事业单位本年偿还自身承担的纳入预算管理的从金融机构举借的债务本金的支出。本项目应根据"债务还本支出"账户的本年发生额填列。

(19)"其他支出"项目反映单位本年除以上支出以外的各项支出。本项目应根据"其他支出"账户的本年发生额填列。"利息支出"项目,反映单位本年发生的利息支出。本项目应根据"其他支出"账户明细账记录分析填列。单位单设"利息支出"账户的,应根据"利息支出"账户的本年发生额填列。"捐赠支出"项目反映单位本年发生的捐赠支出。本项目应根据"其他支出"账户明细账记录分析填列。单位单设"捐赠支出"账户的,应根据"捐赠支出"账户的本年发生额填列。

(20)"本年预算收支差额"项目反映单位本年各项预算收支相抵后的差额。本项目应根据本表中"本期预算收入"项目金额减去"本期预算支出"项目金额后的金额填列;如相减后金额为负数,以"-"号填列。

2. 预算结转结余变动表

表 18-6　　　　　　　　　　　**预算结转结余变动表**　　　　　　　会政预 02 表
编制单位：_____　　　　　　　　____年　　　　　　　　　　　单位：元

项　目	本年数	上年数
一、年初预算结转结余		
（一）财政拨款结转结余		
（二）其他资金结转结余		
二、年初余额调整（减少以"-"号填列）		
（一）财政拨款结转结余		
（二）其他资金结转结余		
三、本年变动金额（减少以"-"号填列）		
（一）财政拨款结转结余		
1. 本年收支差额		
2. 归集调入		
3. 归集上缴或调出		
（二）其他资金结转结余		
1. 本年收支差额		
2. 缴回资金		
3. 使用专用结余		
4. 支付所得税		
四、年末预算结转结余		
（一）财政拨款结转结余		
1. 财政拨款结转		
2. 财政拨款结余		
（二）其他资金结转结余		
1. 非财政拨款结转		
2. 非财政拨款结余		
3. 专用结余		
4. 经营结余（如有余额，以"-"号填列）		

须说明，预算结转结余变动表反映单位在某一会计年度内预算结转结余的变动情况。本表中"年末预算结转结余"项目金额等于"年初预算结转结余""年初余额调整""本年变动金额"三个项目的合计数。本表"本年数"栏各项目的内容和填列方法如下。

首先，"年初预算结转结余"项目，反映单位本年预算结转结余的年初余额。本项目应根据本项目下"财政拨款结转结余""其他资金结转结余"项目金额的合计数填列。

（1）"财政拨款结转结余"项目反映单位本年财政拨款结转结余资金的年初余额。本项目应根据"财政拨款结转""财政拨款结余"账户本年年初余额合计数填列。

（2）"其他资金结转结余"项目反映单位本年其他资金结转结余的年初余额。本项目应根据"非财政拨款结转""非财政拨款结余""专用结余""经营结余"账户本年年初余额的合计数填列。

其次，"年初余额调整"项目反映单位本年预算结转结余年初余额调整的金额。本项目应根据本项目下"财政拨款结转结余""其他资金结转结余"项目金额的合计数填列。

（1）"财政拨款结转结余"项目反映单位本年财政拨款结转结余资金的年初余额调整金额。本项目应根据"财政拨款结转""财政拨款结余"账户下"年初余额调整"明细账户的本年发生额的合计数填列；如调整减少年初财政拨款结转结余，以"-"号填列。

（2）"其他资金结转结余"项目反映单位本年其他资金结转结余的年初余额调整金额。本项目应根据"非财政拨款结转""非财政拨款结余"账户下"年初余额调整"明细账户的本年发生额的合计数填列；如调整减少年初其他资金结转结余，以"-"号填列。

再次，"本年变动金额"项目反映单位本年预算结转结余变动的金额。本项目应根据本项目下"财政拨款结转结余""其他资金结转结余"项目金额的合计数填列。

（1）"财政拨款结转结余"项目反映单位本年财政拨款结转结余资金的变动。本项目应根据本项目下"本年收支差额""归集调入""归集上缴或调出"项目金额的合计数填列。一是"本年收支差额"项目，反映单位本年财政拨款资金收支相抵后的差额。本项目应根据"财政拨款结转"账户下"本年收支结转"明细账户本年转入的预算收入与预算支出的差额填列；差额为负数的，以"-"号填列。二是"归集调入"项目，反映单位本年按照规定从其他单位归集调入的财政拨款结转资金。本项目应根据"财政拨款结转"账户下"归集调入"明细账户的本年发生额填列。三是"归集上缴或调出"项目，反映单位本年按照规定上缴的财政拨款结转结余资金及按照规定向其他单位调出的财政拨款结转资金。本项目应根据"财政拨款结转""财政拨款结余"账户下"归集上缴"明细账户，以及"财政拨款结转"账户下"归集调出"明细账户本年发生额的合计数填列，以"-"号填列。

（2）"其他资金结转结余"项目反映单位本年其他资金结转结余的变动。本项目应根据本项目下"本年收支差额""缴回资金""使用专用结余""支付所得税"项目金额的合计数填列。一是"本年收支差额"项目，反映单位本年除财政拨款外的其他资金收支相抵后的差额。本项目应根据"非财政拨款结转"账户下"本年收支结转"明细账户、"其他结余"账户、"经营结余"账户本年转入的预算收入与预算支出的差额的合计数填列;如为负数,以"-"号填列。二是"缴回资金"项目,反映单位本年按照规定缴回的非财政拨款结转资金。本项目应根据"非财政拨款结转"账户下"缴回资金"明细账户本年发生额的合计数填列,以"-"号填列。三是"使用专用结余"项目,反映本年事业单位根据规定使用从非财政拨款结余或经营结余中提取的专用基金的金额。本项目应根据"专用结余"账户明细账中本年使用专用结余业务的发生额填列,以"-"号填列。四是"支付所得税"项目,反映有企业所得税缴纳义务的事业单位本年实际缴纳的企业所得税金额。本项目应根据"非财政拨款结余"明细账中本年实际缴纳企业所得税业务的发生额填列,以"-"号填列。

最后,"年末预算结转结余"项目,反映单位本年预算结转结余的年末余额。本项目应根据本项目下"财政拨款结转结余""其他资金结转结余"项目金额的合计数填列。

(1)"财政拨款结转结余"项目,反映单位本年财政拨款结转结余的年末余额。本项目应根据本项目下"财政拨款结转""财政拨款结余"项目金额的合计数填列。本项目下"财政拨款结转""财政拨款结余"项目,应分别根据"财政拨款结转""财政拨款结余"账户的本年年末余额填列。

(2)"其他资金结转结余"项目,反映单位本年其他资金结转结余的年末余额。本项目应根据本项目下"非财政拨款结转""非财政拨款结余""专用结余""经营结余"项目金额的合计数填列。本项目下"非财政拨款结转""非财政拨款结余""专用结余""经营结余"项目,应分别根据"非财政拨款结转""非财政拨款结余""专用结余""经营结余"账户的本年年末余额填列。

3. 财政拨款预算收入支出表

表 18-7　　　　　　　　**财政拨款预算收入支出表**　　　　　　会政预 03 表

编制单位:_____　　　　　　_____年　　　　　　单位:元

项目	年初财政拨款结转结余		调整年初财政拨款结转结余	本年归集调入	本年归集上缴或调出	单位内部调剂		本年财政拨款收入	本年财政拨款支出	年末财政拨款结转结余	
	结转	结余				结转	结余			结转	结余
一、一般公共预算财政拨款											
(一)基本支出											
1. 人员经费											
2. 日常公用经费											

(续表)

项目	年初财政拨款结转结余		调整年初财政拨款结转结余	本年归集调入	本年归集上缴或调出	单位内部调剂		本年财政拨款收入	本年财政拨款支出	年末财政拨款结转结余	
	结转	结余				结转	结余			结转	结余
(二)项目支出											
1. ××项目											
2. ××项目……											
二、政府性基金预算财政拨款											
(一)基本支出											
1. 人员经费											
2. 日常公用经费											
(二)项目支出											
1. ××项目											
2. ××项目……											
总 计											

须说明,财政拨款预算收入支出表反映单位本年财政拨款预算资金收入、支出及相关变动的具体情况。本表各栏及其对应项目的填列要求如下。

(1)"年初财政拨款结转结余"栏中各项目反映单位年初各项财政拨款结转结余的金额。各项目应根据"财政拨款结转""财政拨款结余"及其明细账户的年初余额填列。本栏中各项目的数额应与上年度财政拨款预算收入支出表中"年末财政拨款结转结余"栏中各项目的数额相等。

(2)"调整年初财政拨款结转结余"栏中各项目反映单位对年初财政拨款结转结余的调整金额。各项目应根据"财政拨款结转""财政拨款结余"账户下"年初余额调整"明细账户及其所属明细账户的本年发生额填列;如调整减少年初财政拨款结转结余,以"-"号填列。

(3)"本年归集调入"栏中各项目反映单位本年按规定从其他单位调入的财政拨款结转资金金额。各项目应根据"财政拨款结转"账户下"归集调入"明细账户及其所属明细账户的本年发生额填列。

(4)"本年归集上缴或调出"栏中各项目反映单位本年按规定实际上缴的财政拨款结转结余资金,及按照规定向其他单位调出的财政拨款结转资金金额。各项目应根据"财政拨款结转""财政拨款结余"账户下"归集上缴"账户和"财政拨款结转"账户下"归集调出"明细账户,及其所属明细账户的本年发生额填列,以"-"号填列。

(5)"单位内部调剂"栏中各项目反映单位本年财政拨款结转结余资金在单位内部不同项目等之间的调剂金额。各项目应根据"财政拨款结转"和"财政拨款结余"账户下的"单位内部调剂"明细账户及其所属明细账户的本年发生额填列；对单位内部调剂减少的财政拨款结余金额，以"-"号填列。

(6)"本年财政拨款收入"栏中各项目反映单位本年从同级财政部门取得的各类财政预算拨款金额。各项目应根据"财政拨款预算收入"账户及其所属明细账户的本年发生额填列。

(7)"本年财政拨款支出"栏中各项目反映单位本年发生的财政拨款支出金额。各项目应根据"行政支出""事业支出"等账户及其所属明细账户本年发生额中的财政拨款支出数的合计数填列。

(8)"年末财政拨款结转结余"栏中各项目反映单位年末财政拨款结转结余的金额。各项目应根据"财政拨款结转""财政拨款结余"账户及其所属明细账户的年末余额填列。

二、民间非营利组织会计报表

(一) 资产负债表

表 18-8　　　　　　　　　　　资产负债表　　　　　　　　会民非 01 表

编制单位：_____　　　　_____年___月___日　　　　　　　单位：元

资　产	行次	年初数	期末数	负债和净资产	行次	年初数	期末数
流动资产：				流动负债：			
货币资金	1			短期借款	61		
短期投资	2			应付款项	62		
应收款项	3			应付工资	63		
预付账款	4			应交税金	65		
存货	8			预收账款	66		
待摊费用	9			预提费用	71		
一年内到期的长期债权投资	15			预计负债	72		
其他流动资产	18			一年内到期的长期负债	74		
流动资产合计	20			其他流动负债	78		
				流动负债合计	80		
长期投资：				长期负债：			
长期股权投资	21			长期借款	81		
长期债权投资	24			长期应付款	84		
长期投资合计	30			其他长期负债	88		

(续表)

资　　产	行次	年初数	期末数	负债和净资产	行次	年初数	期末数
固定资产:				长期负债合计	90		
固定资产原价	31						
减:累计折旧	32			受托代理负债:			
固定资产净值	33			受托代理负债	91		
在建工程	34						
文物文化资产	35			负债合计	100		
固定资产清理	38						
固定资产合计	40						
无形资产:							
无形资产	41			净资产:			
				非限定性净资产	101		
受托代理资产:				限定性净资产	105		
受托代理资产	51			净资产合计	110		
资产总计	60			负债和净资产总计	120		

须说明,资产负债表反映民间非营利组织某一会计期末全部资产、负债和净资产的情况。本表的编制要求与政府单位、一般企业编制资产负债表的要求基本相似。本表"资产""负债"和"净资产"类有关项目,应按以下要求填报。

(1)"受托代理资产"项目反映民间非营利组织接受委托方委托从事受托代理业务而收到的资产。本项目应根据"受托代理资产"账户的期末余额填列。如果民间非营利组织的受托代理资产为现金、银行存款或其他货币资金且通过"现金""银行存款""其他货币资金"账户核算,还应加上"现金""银行存款""其他货币资金"账户中"受托代理资产"明细账户的期末余额。

(2)"受托代理负债"项目反映民间非营利组织因从事受托代理业务、接受受托代理资产而产生的负债。本项目应根据"受托代理负债"账户的期末余额填列。

(3)"非限定性净资产"项目反映民间非营利组织拥有的非限定性净资产期末余额。本项目应根据"非限定性净资产"账户的期末余额填列。

(4)"限定性净资产"项目反映民间非营利组织拥有的限定性净资产期末余额。本项目应根据"限定性净资产"账户的期末余额填列。

(二)业务活动表

须说明,业务活动表反映民间非营利组织在某一会计期间内开展业务活动的实际情况。本表"本年累计数"栏反映各项目自年初起至报告期末止的累计实际发生数。本表"非限定性"栏反映本期非限定性收入的实际发生数、本期费用的实际发生数和本期由限定性净资产转为非限定性净资产的金额;本表"限定性"栏

表 18-9		业务活动表					会民非 02 表
编制单位：_____		___年___月					单位：元

项目	行次	本月数			本年累计数		
		非限定性	限定性	合计	非限定性	限定性	合计
一、收入							
其中：捐赠收入	1						
会费收入	2						
提供服务收入	3						
商品销售收入	4						
政府补助收入	5						
投资收益	6						
其他收入	9						
收入合计	11						
二、费用							
（一）业务活动成本	12						
其中：	13						
	14						
	15						
	16						
（二）管理费用	21						
（三）筹资费用	24						
（四）其他费用	28						
费用合计	35						
三、限定性净资产转为非限定性净资产	40						
四、净资产变动额（若为净资产减少额，以"-"号填列）	45						

反映本期限定性收入的实际发生数和本期由限定性净资产转为非限定性净资产的金额（以"-"号填列）。在提供上年度比较报表项目金额时，限定性和非限定性栏目的金额可以合并填列。各项收入项目应区分"限定性"和"非限定性"分别填列。本表有关项目应按以下要求填列。

（1）"业务活动成本"项目反映民间非营利组织为了实现其业务活动目标、开展其项目活动或者提供服务所发生的费用。本项目应根据"业务活动成本"账户的发生额填列。

（2）"限定性净资产转为非限定性净资产"项目反映民间非营利组织当期从限

定性净资产转入非限定性净资产的金额。本项目应根据"限定性净资产""非限定性净资产"账户的发生额分析填列。

（3）"净资产变动额"项目反映民间非营利组织当期净资产变动的金额。本项目应根据本表"收入合计"项目的金额，减去"费用合计"项目的金额，再加上"限定性净资产转为非限定性净资产"项目的金额后填列。

（三）现金流量表

表 18-10　　　　　　　　　　　　现金流量表　　　　　　　　　会民非 03 表

编制单位：＿＿＿＿＿＿　　　　　＿＿＿＿年度　　　　　　　　单位：元

项　　目	行次	金额
一、业务活动产生的现金流量：		
接受捐赠收到的现金	1	
收取会费收到的现金	2	
提供服务收到的现金	3	
销售商品收到的现金	4	
政府补助收到的现金	5	
收到的其他与业务活动有关的现金	8	
现金流入小计	13	
提供捐赠或者资助支付的现金	14	
支付给员工以及为员工支付的现金	15	
购买商品、接受服务支付的现金	16	
支付的其他与业务活动有关的现金	19	
现金流出小计	23	
业务活动产生的现金流量净额	24	
二、投资活动产生的现金流量：		
收回投资所收到的现金	25	
取得投资收益所收到的现金	26	
处置固定资产和无形资产所收回的现金	27	
收到的其他与投资活动有关的现金	30	
现金流入小计	34	
购建固定资产和无形资产所支付的现金	35	
对外投资所支付的现金	36	
支付的其他与投资活动有关的现金	39	
现金流出小计	43	
投资活动产生的现金流量净额	44	
三、筹资活动产生的现金流量：		
借款所收到的现金	45	

(续表)

项 目	行次	金额
收到的其他与筹资活动有关的现金	48	
现金流入小计	50	
偿还借款所支付的现金	51	
偿还利息所支付的现金	52	
支付的其他与筹资活动有关的现金	55	
现金流出小计	58	
筹资活动产生的现金流量净额	59	
四、汇率变动对现金的影响额	60	
五、现金及现金等价物净增加额	61	

须说明，现金流量表反映民间非营利组织在某一会计期间内现金和现金等价物流入和流出的信息。本表所指的现金是指民间非营利组织的库存现金以及可以随时用于支付的存款，包括现金、可以随时用于支付的银行存款和其他货币资金；现金等价物是指民间非营利组织持有的期限短、流动性强、易于转换为已知金额现金、价值变动风险很小的投资。民间非营利组织应根据实际情况确定现金等价物的范围，并且一贯性地保持其划分标准，如果改变划分标准，应视为会计政策变更。民间非营利组织确定现金等价物的原则及其变更，应在会计报表附注中披露。本表的编制要求与政府单位、一般企业编制现金流量表基本相似，不再赘述。

附录一

复习思考题

第一章

1. 财务会计目标是什么？会计信息质量要求包括哪些内容？
2. 什么是财务会计准则？当期世界三大会计准则体系是什么？
3. 中国会计准则规范主要包括哪些内容？
4. 什么是会计主体？什么是结构化主体？
5. 什么是会计确认？其特点是什么？会计确认与会计实现有什么区别？
6. 什么是会计计量，会计计量属性主要包括哪些计量原则？
7. 什么是会计等式？什么是实账户？什么是虚账户？什么是借贷记账法？会计循环的基本步骤有哪些？
8. 什么是递延支出？什么是会计上的准备和基金？什么是库存股？
9. 什么是货币的时间价值？什么是现值系数？什么是年金现值系数？如何计算资金的现值和终值？

第二章

1. 什么是金融资产？当前新准则是如何对其进行分类的？金融资产的确认、计量原则是什么？
2. 什么是货币资金？它包括哪些内容？现金管理的主要内容是什么？银行结算方式有哪几种，各自有什么特点？
3. 什么是以公允价值计量且其变动计入当期损益的金融资产？其确认计量的原则是什么？
4. 什么是以公允价值计量且其变动计入其他综合收益的金融资产？其确认计量的原则是什么？

第三章

1. 什么是以摊余成本计量的金融资产，其确认、计量的原则是什么？
2. 什么是核算坏账损失的备抵法？如何计提坏账准备金？
3. 什么是应收票据贴现？票据贴现如何核算？
4. 什么是委托贷款？如何进行委托贷款核算？

5. 什么是金融资产转移？其会计处理原则是什么？

第四章

1. 什么是存货，存货价值的确定取决于哪两个因素？
2. 什么是先进先出法？什么是后进先出法？它们各自的优缺点是什么？
3. 什么是成本与市价孰低计价？该计价方法中的市价是指什么，其范围如何确定？
4. 如何按计划成本计价进行材料核算？材料成本差异率如何计算？怎样将发出材料的计划成本调整为实际成本？
5. 低值易耗品的摊销方法有哪几种？如何正确选择合理的摊销方法？

第五章

1. 什么是长期投资？它与短期投资有什么区别？长期股权投资可分为哪些类型？
2. 在同一控制下企业合并和非同一控制下企业合并形成的长期股权投资，它们在初始计量中各自应注意哪些问题？
3. 什么是长期股权投资的成本法？什么是长期股权投资的权益法？它们的区别在哪里？在核算中各自应注意哪些问题？
4. 什么是逆流交易？什么是顺流交易？
5. 什么是长期股权投资核算方法的转换？成本法与权益法相互转换中应注意些什么问题？
6. 什么是长期股权投资的减值，其判断标准是什么？如何进行长期股权投资减值核算？

第六章

1. 什么是投资性房地产？其确认和计量原则是什么？
2. 试阐述投资性房地产的转换和处置原则。
3. 什么是合营安排？
4. 试阐述合营安排的会计处理原则。

第七章

1. 固定资产的计价标准是什么？如何确定固定资产的价值？
2. 租入固定资产有哪些形式？什么是经营租入固定资产，什么是融资租入固定资产，它们的区别是什么？
3. 固定资产加速折旧的计算方法主要有哪几种？
4. 什么是固定资产减值准备，如何计提减值准备？
5. 什么是无形资产，其特征是什么？如何摊销其价值？
6. 什么是研究与开发费用？如何确认和计量研究与开发费用？
7. 什么是竭耗资产，它与固定资产有什么差别？什么是折耗，如何计提折耗？
8. 什么是油气资产？其确认计量原则是什么？
9. 什么是生物资产？其确认计量原则是什么？

10. 什么是资产减值？资产减值的判断标准是什么？

第八章

1. 什么是负债,什么是流动负债？什么是长期负债？
2. 什么是应付职工薪酬,其内容包括哪些内容？
3. 什么是离职后福利和其他长期职工福利？什么是养老金负债？
4. 什么是应交税费？应交税费的核算包括哪些内容？

第九章

1. 什么是借款费用？什么是借款费用资本化,其处理原则是什么？
2. 什么是长期借款？其会计处理原则是什么？
3. 什么是应付债券？什么是应付债券的溢价和折价？如何进行溢价和折价的摊销？
4. 长期投资中购买债券同长期负债中发行债券,两者在会计核算中有什么区别？
5. 什么是可转换债券？什么是可转换债券中的权益成分？什么是可转换债券中的负债成分？
6. 什么是长期应付款？长期应付款核算的主要内容是什么？

第十章

1. 什么是股东权益？一般企业和金融企业的股东权益分类有什么区别？
2. 什么是其他权益工具？它对股东权益有什么影响？
3. 什么是其他综合收益？如何确认、计量和报告其他综合收益？
4. 什么是利润分配？年末未分配利润核算中应注意哪些问题？
5. 试述利润分配的内容和程序。
6. 什么是留存收益？留存收益核算时,应注意分清哪些界限,以及应注意哪些核算？
7. 什么是库存股？如何核算？怎样在资产负债表中进行披露？

第十一章

1. 什么是《收入》准则规定的收入确认前提五条件？收入确认原则是什么？如何进行收入核算？
2. 什么是特定交易？如何核算特定交易的收入？特定交易会计处理需要注意些什么问题？
3. 什么是具有融资性质的分期收款销售？什么是售后回购？
4. 什么是完工百分比法？什么是完成合同法？它们在核算时应注意些什么问题？
5. 什么是费用？什么是制造费用？费用的确认和核算应注意哪些问题？
6. 什么是成本？它与费用有什么区别和联系？
7. 什么是期间费用,它包括哪些内容？
8. 什么是利润？利润的构成内容是什么？如何计算净利润？怎样进行利润核算的会计处理？

第十二章

1. 什么是或有事项？或有负债产生的原因主要有哪几个方面？
2. 什么是或有资产？什么是或有负债？什么是预计负债？请举例说明。
3. 什么是非货币性资产交换？非货币性资产交易会计核算原则是什么？
4. 什么是债务重组，债务重组有哪几种形式？
5. 债务重组会计中，债务人和债权人如何进行各自的会计处理？

第十三章

1. 什么是外币业务？什么是汇率？什么是外币折算？
2. 什么是外币统账法？什么是外币分账法？
3. 外币报表折算方法主要有哪几种？试说明各种外币报表折算方法的特点。
4. 什么是外币报表折算差额？它与汇兑损益有什么区别？
5. 境外经营的外币报表如何进行折算和列报？
6. 什么是政府补助？试阐述政府补助的确认和计量原则。
7. 什么是与资产相关的政府补助？什么是与收益相关的政府补助？什么是特定业务的政府补助？
8. 如何核算政府补助退回？

第十四章

1. 什么是企业所得税？什么是营业亏损抵转？它有哪几种形式？我国营业亏损抵转的政策是什么？
2. 什么是资产负债表债务法？它与收益表债务法有什么区别？
3. 什么是账面价值？什么是计税基础？
4. 什么是应纳税暂时性差异？什么是可抵扣暂时性差异？
5. 什么是递延所得税负债？什么是递延所得税资产？
6. 什么是当期应交所得税？什么是递延所得税？什么是本期所得税费用(或收益)？它们之间具有什么样的关系？
7. 什么是企业所得税期内分配？什么是企业所得税跨期分配？它们有什么区别和联系？

第十五章

1. 什么是基本财务报表？财务报表列报的基本要求有哪些？
2. 什么是资产负债表？其意义和作用是什么？如何编制？
3. 什么是利润？其意义和作用是什么？如何编制？
4. 什么是股东权益变动表？其意义和作用是什么？如何编制？

第十六章

1. 什么是现金流量表？其意义和作用是什么？

2. 什么是编制现金流量表的直接法？什么是间接法？两种方法各自有什么优缺点？
3. 现金流量表的编制程序主要有哪几种？
4. 什么是编制现金流量表的工作底稿？其一般格式是怎样的？试阐述工作底稿编制现金流量表的具体程序。
5. 试阐述在T形账户编制程序下如何编制现金流量表。
6. 试阐述如何利用简化的分析填列法编制现金流量表。

第十七章

1. 什么是每股收益？什么是基本每股收益？什么是稀释每股收益？
2. 在复杂资本结构下,如何计算稀释每股收益？
3. 什么是会计政策、会计估计变更和差错更正？
4. 如何在财务报告中披露会计政策变更、会计估计变更和会计差错更正方面的会计信息？
5. 什么是关联方？什么是关联方交易？如何披露关联方交易方面的信息？

第十八章

1. 什么是政府会计？政府会计财务报告目标是什么？政府会计遵循哪些有关会计规范？
2. 什么是政府单位会计？政府单位会计的一般核算原则是什么？
3. 什么是政府会计的双功能、双基础和双报告？
4. 什么是政府会计中的国库集中支付业务？如何核算国库集中支付业务？
5. 什么是非财政拨款的收支业务、预算结转结余和结余分配？如何核算这些特定业务？
6. 什么是政府单位的资产、负债和净资产？如何核算政府单位的资产、负债和净资产？
7. 什么是民间非营利组织会计？
8. 什么是民间非营利组织会计中的限定性净资产？什么是非限定性净资产？
9. 如何核算民间非营利组织的限定性净资产和非限定性净资产？

附录二

练 习 题

第一章

习题一

一、目的:练习资产和权益的分类。

二、资料:A 公司 2×10 年 3 月 31 日有关资料如下:

序 号	项 目	金 额(元)
1	房、建筑物	2 000 000
2	卡车等运输设备	600 000
3	库存现金、银行存款	500 000
4	机床等生产设备	3 600 000
5	存货物资	1 500 000
6	收到投资者的投入资本	5 000 000
7	发行公司债券	2 000 000
8	本月实现利润	1 000 000
9	应付购货款	200 000

三、要求:根据以上资料,列出资产、负债和股东权益的项目内容,并计算出资产、负债和股东权益的总额。

习题二

一、目的:熟悉和复习会计等式。

二、资料:B 公司当年会计资料如下:

1. 全年实现销售收入　　　　　　　　　　　　　　　900 000 元
2. 年末股东权益总额　　　　　　　　　　　　　　　800 000 元
3. 年初负债总额　　　　　　　　　　　　　　　　　450 000 元
4. 当年偿还负债　　　　　　　　　　　　　　　　　320 000 元
5. 当年发生长期借款　　　　　　　　　　　　　　　670 000 元
6. 全年成本费用　　　　　　　　　　　　　　　　　300 000 元

三、要求:(1)计算当年末该公司资产总额;(2)列出会计等式。

习题三

一、目的:练习货币时间价值的计算。

二、资料:甲公司持有 A 公司发行的 5 年期企业债券,每年利息收入 1 000 000 元,同期市场利率 3%。

三、要求:(1)计算第 1 年—第 5 年的 1 元、3%现值系数,以及 1 元、5 年期年金现值系数;(2)计算 A 公司 5 年利息收入的现值。

第二章

习题一

一、目的:熟悉以公允价值计量且其变动计入当期损益的金融资产的核算。

二、资料:20×1 年 3 月 8 日,ZH 公司以每股 10 元价格购入 100 000 股 A 股票,每股价格中含有已宣告但尚未发放现金股利 0.20 元;再支付交易税费 3 000 元。ZH 公司持有 A 股票后对被投资单位的经营决策无重大影响,并将其划分为交易性金融资产。其他资料如下:(1)5 月 6 日,收到现金股利;(2)6 月 30 日,A 股票股格上升至 12 元;(3)7 月 18 日,以每股 12.50 元价格全部售出。

三、要求:做出 ZH 公司购入、持有和出售该交易性金融资产(股票)的有关分录。

习题二

一、目的:练习以公允价值计量且其变动计入当期损益的金融资产的核算。

二、资料:甲公司以 1 030 000 元价格从上海证交所购入乙公司发行的 5 年期、面值 1 000 000 元、内含已到付息期但尚未领取利息 30 000 元的公司债券。购入时,剩余期限为 2 年,债券票面利率 6%,每半年付息一次,再支付 2 100 元交易费。

其他资料如下:(1)同年 1 月 8 日,收到上年度下半年的债券利息收入 30 000 元;(2)同年 6 月 30 日,债券不含息的公允价值为 1 150 000 元,并确认上半年的应计利息;(3)同年 7 月 8 日,收到债券上半年利息;(4)20×8 年年末,债券不含息的公允价值为 1 135 000 元;(5)20×9 年 1 月 8 日,收到债券 20×8 年下半年利息;(6)20×9 年 1 月 16 日全部售出债券,扣除交易费后获 1 180 000 元。

假定,甲公司根据其管理乙公司债券的业务模式和乙公司债券的现金流量特征,将购入的乙公司股票分类为以公允价值计量且其变动计入当期损益的金融资产

三、要求:做出甲公司购入、持有和出售该交易性金融资产(债券)的有关分录。

习题三

一、目的:练习以公允价值计量且其变动计入其他综合收益的非交易性权益工具投资的核算。

二、资料:2×18 年 5 月 1 日,甲公司支付 911 800 元(含交易费用 1 800 元和已宣告尚未发放现金股利每股 0.10 元),购进 S 公司发行的 100 000 股普通股,每股发行价 9 元,占 S 公司有表决权股份的 0.2%。假定该股票限售期为 18 月。甲公司将其"指定"为"以公允价值计量且其变动

计入其他综合收益的非交易性权益工具投资"。

有关资料如下:(1)当年5月25日,收到S公司发放的现金股利;(2)当年6月30日,该股票市价为9.25元;(3)当年12月31日,该股票市价为8.90元;(4)2×18年4月16日,宣告发放上年度每股0.125元现金股利;(5)2×18年5月11日,收到S公司发放的现金股利;(6)2×18年12月16日,以每股8.45元价格,全部售出该非交易性其他权益工具投资。

三、要求:假定不考虑其他因素,做出甲公司有关会计分录。

习题四

一、目的:练习以公允价值计量且其变动计入其他综合收益的非交易性权益工具投资的核算。

二、资料:沿用习题四资料,假定,以每股20元价格全部处置该非交易性其他权益工具投资。其他资料相同。

三、要求:做出甲公司有关会计分录。

第三章

习题一

一、目的:练习以摊余成本计量的金融资产的核算。

二、资料:20×1年1月1日,A公司购入H公司同日发行实际利率8%、票面利率10%、5年期、面值100元、购入价108元的债券10 000份。债券每年末付息,到期还本。A公司根据其管理该债券的业务模式和债券合同的现金流量特征,即公司持有该债券的目的是吃利息和持有至到期取回本金。因此,A公司将债券分类为以摊余成本计量的金融资产,不再考虑其他因素。

三、要求:编制A公司该以摊余成本计量的金融资产的有关会计分录。

习题二

一、目的:练习以摊余成本计量的金融资产的核算。

二、资料:2×01年1月1日,H公司支付5 604 750元,从深交所溢价购进A公司同日发行的公司债券。票面利率10%、实际利率6%、5年期、面值5 000 000元,到期一次还本付息且利息按单利计算。H公司根据其管理该债券的业务模式和债券合同的现金流量特征,即持有该债券的目的是吃利息和持有至到期取回本金,将债券分类为以摊余成本计量的金融资产,不再考虑其他因素。

三、要求:编制H公司该以摊余成本计量的金融资产的有关会计分录。

习题三

一、目的:练习应收票据的核算。

二、资料:Y公司向H公司销售产品一批,货款2 000 000元,增值税320 000元,已发货。按合同规定,H公司于2×01年8月1日交Y公司一张不带息6个月到期的银行承兑汇票,面值2 320 000元。

三、要求:(1)做出Y公司收到汇票,以及汇票到期、收到票款的会计分录;(2)做出Y公司在汇票到期而H公司无力支付票款时的会计分录。

习题四

一、目的:练习带息应收票据的核算。

二、资料:沿用习题三资料,假定 H 公司交来的是带息票据,利率10%。

三、要求:(1)做出 Y 公司收到汇票,当年年末计提应计利息收入,以及汇票到期、收到票款的会计分录。

习题五

一、目的:练习应收票据贴现的核算。

二、资料:20×1年,SQ 公司持未到期应收票据向银行贴现,该票据不带息,出票日期3月25日,向银行贴现日期为5月4日。票据期限3个月,到期日6月25日,票据面值200 000元。假定承兑企业在异地,需另加3天划款日期;银行年贴现率12%。

三、要求:(1)计算贴现天数、贴现息与贴现净额;(2)做出 SQ 公司的有关会计分录。

习题六

一、目的:练习现金折扣的总价法和净价法的核算。

二、资料:HH 公司赊销 K 产品,售价总额1 200 000元,现金折扣条件:2/10,1/20,n/30;增值税率17%。

三、要求:(1)按总价法,做出 HH 公司在三种现金折扣条件下的会计分录。(2)按净价法,做出 HH 公司在三种现金折扣条件下的会计分录。

习题七

一、目的:练习应收账款坏账准备提取的核算。

二、资料:公司当年末应收账款借方余额1 800 000元,该公司采用备抵法,每年末按应收账款期末余额10%的比例计提坏账准备。假定计提时,12月期份"坏账准备"账户期初余额有以下三种情况:情况一,无余额;情况二,贷方余额为200 000元;情况三,借方余额10 000元。

三、要求:分别就该公司以上三种情况列出算式,并编制计提坏账准备的有关分录。

习题八

一、目的:练习贷款的核算。

二、资料:20×1年1月1日,RH 银行以"折价"方式向 D 公司贷款46 208 200元,初始确认时合同利率8%、实际利率10%,5年期,到期归还本金25 000 000元,同时每年末付息2 000 000元(25 000 000×8%),并将其划分为"贷款和应收款项"金融资产。其他资料如下:(1)20×1年至20×3年,3年利息均已收到;(2)20×3年年末,有证据表明 D 公司发生严重财务困难,预期 20×4年年末只能收到3 600 000元利息收入,20×5年年末只能收到一半本金为25 000 000元。

三、要求:(1)20×1年,计算 RH 银行的贷款现值、贷款折价额并编制贷款摊余成本表;(2)20×1年,编制 RH 银行的对外贷款、年末按实际利率确认利息收入,并收到合同利率的利息收入的会计分录;(3)20×2年年末和20×3年年末,编制 RH 银行按实际利率确认利息收入,并收到合同利率的利息收入的会计分录;(4)20×3年末,计算 RH 银行贷款减值损失,计提减值准备,并编制 RH 银行有关会计分录。

习题九

一、目的:练习应收债权出售的会计核算。

二、资料:2×19 年 3 月 8 日,H 公司销售商品给 Y 企业,适用增值税率 16%,增值税专用发票上销售价款 500 000 元,增值税款 80 000 元,款项尚未收到。双方约定,Y 企业应于当年 9 月 30 日付款。2×19 年 6 月 5 日,经与 C 银行协商后约定:H 公司将应收 Y 企业的销货款出售给 C 银行,价款 453 750 元;在应收 Y 企业销货款到期无法收回时,C 银行不能向 H 公司追偿。H 公司根据历史经验,该商品将发生 34 800 元销售退回,其中增值税 4 800 元,销售成本 17 500 元,销售退回由 H 公司承担。当年 8 月 8 日,H 公司如数收到 Y 企业退回的上述金额的商品。不再考虑其他因素。

三、要求:做出 H 公司与其应收债权出售有关的会计分录。

第四章

习题一

一、目的:练习毛利法估计本期期末存货价值的核算。

二、资料:RH 公司期初存货成本 1 000 000 元,本期进货成本 20 000 000 元,本期销售净额 26 000 000 元,历史销售毛利率 50%。

三、要求:利用毛利法估计 RH 公司本期期末存货价值,并列出计算表格或算式。

习题二

一、目的:练习售价法估计本期期末存货价值的核算。

二、资料:SH 公司期初存货,成本计价 6 500 000 元,售价计价 16 250 000 元;本期进货,成本计价 12 000 000 元,售价计价 30 000 000 元。本期销售收入 40 000 000 元。

三、要求:利用售价法估计 SH 公司本期期末存货价值,并列出计算表格。

习题三

一、目的:练习备抵法下存货跌价准备的核算。

二、资料:20×1 年年末,DH 公司的库存商品成本 1 200 000 元,公允价值 1 000 000 元,存货跌价准备余额为 0 元;20×2 年上半年末,库存商品公允价值上升至 1 100 000 元;20×2 年年末,库存商品市价上升至 1 290 000 元。

三、要求:做出 DH 公司在 20×1 年年末、20×2 年上半年末和 20×2 年年末计提存货跌价准备的会计分录。

习题四

一、目的:练习材料汇总入库的核算。

二、资料:SQ 公司为小企业,日常简化核算中采用按月编制收料凭证汇总表,根据该表登记总账,20×1 年 5 月末编制的收料凭证汇总表,如下表所示。

收料凭证汇总表

20×1年5月1日至5月31日　　　　　　　　　　　　　　　　单位:元

应贷科目	应借科目		合　计
	原材料	应交税费——应交增值税	
银行存款	321 282	54 618	375 900
应付票据	16 923	2 877	19 800
应付账款	54 000	9 180	63 180
在途物资	48 000	8 160	56 160
生产成本	20 040		20 040
合　计	460 245	74 835	535 080

三、要求:20×1年5月末,编制SQ公司材料入库的会计分录。

习题五

一、目的:练习原材料发出的核算。

二、资料:BY公司20×1年9月份的发料凭证汇总表,如下表所示。

发料凭证汇总表

20×1年9月1日至9月30日　　　　　　　　　　　　　　　　单位:元

应借科目	应贷科目:原材料
生产成本	2 200 000
制造费用	400 000
销售费用	375 000
管理费用	237 500
合　计	3 212 500

三、要求:20×1年9月份末,根据该表资料,编制BY公司本月发出材料的会计分录。

习题六

一、目的:练习按计划成本计价的材料核算。

二、资料:YQ公司以银行存款1 053 000元支付购入材料款,其中153 000元为增值税,不含税材料价格为900 000元。该材料计划价格920 000元,材料已验收入库。当月发出材料计划价格1 200 000元,材料成本差异率为+5%,其中生产用料1 000 000元,管理部门领用80 000元,销售部门领用120 000元。

三、要求:根据以上资料,编制YQ公司有关发料的会计分录。

习题七

一、目的:练习原材料计划成本的核算。

二、资料:9月份,BH公司月初结存材料成本差异16 000元(超支),本月收入材料成本差异分别为:(1)情况一:180 000元(超支);(2)情况二:212 000元(节约);(3)情况三:360 000元(节约)。

月初材料计划成本320 000元,本月收入材料计划成本3 600 000元;本月发料凭证汇总表,如下表所示。

发料凭证汇总表

20×1年9月1日至9月30日　　　　　　　　　　　　单位:元

应借科目	应贷科目:原材料			
	计划成本	成本差异		
		情况一	情况二	情况三
生产成本	2 550 000			
制造费用	1 260 000			
管理费用	950 000			
销售费用	850 000			
合计	5 610 000			

三、要求:(1)分别计算上述三种情况中BH公司9月份的材料成本差异率,列出算式。(2)分别就上述三种情况,计算本月应摊销的成本差异并填入表格内。(3)编制有关会计分录。

习题八

一、目的:练习存货清查的核算。

二、资料:YB公司财产清查中盘盈甲材料一批260公斤,经批准按每公斤800元的计划成本入账;盘亏乙材料30公斤,成本价为每公斤100元,仓库保管人有一定责任,应赔偿2 000元。

三、要求:根据以上资料,编制YB公司有关存货清查的会计分录。

第五章

习题一

一、目的:练习非同一控制下企业合并进行长期股权投资的核算。

二、资料:2×18年1月31日,Y企业对B企业进行长期股权投资,取得B企业60%股权,Y企业对外投资付出的资产如下表所示,同时再支付资产评估费1 569 000元。假定投资前双方无任何关联方关系,Y企业按非同一控制下企业合并进行长期股权投资。

Y 企业对外投资付出的资产表

2×18 年 1 月 31 日   单位:元

资产项目	原值	累计折旧和摊销	账面成本价值	账面公允价值	账面价值差额
	(1)	(2)	(3)=(1)-(2)	(4)	(5)=(4)-(3)
银行存款	199 800	—	199 800	199 800	0
固定资产	8 869 000	1 013 000	7 856 000	8 784 000	928 000
无形资产——专利技术	2 678 000	112 000	2 566 000	2 638 000	72 000
合　计	11 746 800	1 125 000	10 621 800	11 621 800	1 000 000

三、要求:做出 Y 企业非同一控制下企业合并时取得长期股权投资的会计处理。

习题二

一、目的:练习成本法下长期股权投资的核算。

二、资料:2×10 年 3 月 8 日,RH 公司以 30 000 000 元价格购入 S 公司(非上市公司)60%股份,另支付相关税费 90 500 元。RH 公司取得长期股权投资后,对 S 公司实施控制。当年 4 月 5 日,RH 公司从 S 公司宣告属于其上年度实现利润的分配中可获 500 000 元,并于 5 月 11 日收到该现金利润。

三、要求:编制 RH 公司采用成本法进行长期股权投资核算的有关会计分录。

习题三

一、目的:练习权益法下长期股权投资的核算。

二、资料:20×8 年 5 月 1 日,BH 公司以 6 589 000 元投资 HL 公司,占其 30%股权。假定投资当日 HL 公司各项可辨认的净资产的公允价值与账面价值相同,可辨认的净资产、股东权益合计 20 000 000 元。BH 公司投资后,将派人参与 HL 公司经营决策,并能对其施加重大影响。

三、要求:编制投资当日的 BH 公司的会计分录。

习题四

一、目的:练习权益法下长期股权投资的核算。

二、资料:沿用习题三资料,假定 BH 公司以 5 690 000 元投资海伦公司,其他资料同习题三。

三、要求:编制投资当日的 BH 公司的会计分录。

习题五

一、目的:练习权益法下长期股权投资取得现金股利时的核算。

二、资料:2×11 年 1 月 1 日,H 公司向 D 公司进行长期股权投资,占其股本 35%,假定 H 公司和 D 公司的账面价值均与公允价值一致,双方采用的会计期间与会计政策相同,投资成本与应享有 D 公司股东权益份额一致。2×11 年度,经调整计算得出的 D 公司净利润为 2 500 000 元,2×12 年 3 月,D 公司宣告并发放现金股利 1 600 000 元。H 公司对外投资有关资料如下表所示。

H 公司对外投资资产表

单位:元

项目	原始价值	累计折旧和摊销	资产减值准备	账面价值(公允价值)
货币资金	600 000	—	—	600 000
固定资产	2 100 000	450 000	150 000	1 500 000
无形资产	900 000	60 000	30 000	810 000
合　计	3 600 000	510 000	180 000	2 910 000

三、要求:对 H 公司长期股权投资做出如下会计处理:(1)编制 2×11 年 1 月 1 日对外长期股权投资的分录;(2)编制 2×11 年年末确认投资收益的分录;(3)计算 2×11 年年末长期股权投资的账面余额;(4)编制 2×12 年 3 月应收和实际收到现金股利的会计分录;(5)计算 2×11 年末长期股权投资的账面余额。

习题六

一、目的:练习权益法下长期股权投资核算。

二、资料:2×19 年 1 月 1 日,Y 公司向 F 公司进行长期股权投资,占其股本 35%,对其能施加重大影响。假定 Y 公司和 F 公司的账面价值均与公允价值一致,双方采用的会计期间与会计政策相同,投资成本与应享有 F 企业股东权益份额一致。2×19 年度,经调整计算得出的 F 公司净利润为 400 000 元,2×19 年 3 月,F 公司宣告并发放现金股利 250 000 元。Y 公司对外投资有关资料如下表所示。

Y 公司对外投资资产表

单位:元

项目	原始价值	累计折旧和摊销	资产减值准备	账面价值(公允价值)
货币资金	2 000 000	—	—	2 000 000
固定资产	7 000 000	1 500 000	500 000	5 000 000
无形资产	3 000 000	200 000	100 000	2 700 000
合　计	12 000 000	1 700 000	600 000	9 700 000

三、要求:编制 Y 公司权益法下长期股权投资的有关会计分录。

习题七

一、目的:练习权益法下长期股权投资中被投资单位发生巨额亏损时的核算。

二、资料:2×18 年 1 月 1 日,B 企业持有 H 企业 35%股权,能对 H 企业施加重大影响。"长期股权投资"账户账面价值 4 900 000 元;取得股权时,H 企业各项可辨认资产、负债的公允价值与账面价值一致,双方采用会计期间和政策相同。H 企业 2×18 年度发生巨额亏损 15 000 000 元;2×19 年度实现净利润 4 843 000 元。

三、要求:做出 B 企业权益法下对被投资单位发生巨额亏损时的有关会计处理。

习题八

一、目的:练习权益法下长期股权投资中被投资单位发生所有者权益其他变动时的核算。

二、资料:R 公司持有 J 公司 30%的股份,对 J 公司经营决策具有重大影响。当年,经过调整的 J 公司净利润 25 500 000 元。J 公司股东权益的其他变动资料如下:(1)增资扩股,新增股本 30 000 000 元、股本溢价 45 000 000 元,已分别计入股本和资本公积;(2)当期 J 公司的母公司捐赠 J 公司 24 000 000 元,该捐赠实质属于资本投入,J 公司已将其计入资本公积(股本溢价)。

假定 R 公司与 J 公司的会计期间和会计政策相同,投资时 J 公司有关资产、负债的账面价值与公允价值一致,增资扩股后 R 公司的持股比例保持不变,不再考虑其他因素。

三、要求:编制 R 公司权益法下长期股权投资中被投资单位发生所有者权益其他变动时的有关分录。

第六章

习题一

一、目的:练习成本计量模式下投资性房地产的核算。

二、资料:2×19 年 1 月,YH 公司以 36 000 000 元购入土地使用权,并在该地块上自行建造厂房和商务大厦。厂房和商务大厦分摊土地使用权比例分别为 60%和 40%,厂房自用,商务大厦出租。2×19 年 12 月 9 日,预计商务大厦即将完工,YH 公司与 SH 公司签订租赁合同,双方约定商务楼交付使用时开始起租。2×19 年年末,厂房和商务大厦均达到预定可使用状态、交付使用,造价分别为 72 000 000 元和 293 000 000 元。假定不考虑其他因素,YH 公司在成本计量模式下进行会计处理。

三、要求:编制 YH 公司下述会计分录:(1)自行建造的厂房和商务大厦完工分配土地使用权费用分录;(2)厂房和商务大厦交付使用分录。

习题二

一、目的:练习成本计量模式下投资性房地产的核算。

二、资料:2×19 年 2 月 14 日,BZ 企业与 YH 企业签订的商务办公楼租赁合同即将到期。商务办公楼原价 168 000 000 元,累计折旧 18 000 000 元。为提高租金收入,BZ 企业在租赁期满后对办公楼进行装修装潢工程,并与 YH 企业签订新租赁合同,约定装修装潢工程完工后就出租给 YH 企业。2 月 14 日,合同到期,商务办公楼进行装修与装潢。12 月 9 日,装修装潢工程完工,工程支出合计 15 600 000 元;商务办公楼于当日按合同约定租与 YH 企业。假定采用成本计量模式。

三、要求:编制 BZ 企业成本计量模式下投资性房地产的有关会计分录。

习题三

一、目的:练习公允价值计量模式下投资性房地产的核算。

二、资料:沿用习题二资料,如果 BZ 企业采用公允价值计量模式,2 月 14 日装修开工时,商务办公楼账面价值 150 000 000 元,其中成本 100 000 000 元,累计公允价值变动 50 000 000 元。12 月 9 日,装修装潢工程完工,工程支出合计 15 600 000 元,BZ 企业采用公允价值计量模式投资性房地产。

三、要求:编制 BZ 企业公允价值计量模式下投资性房地产的有关会计分录。

习题四

一、目的:练习公允价值模式下投资性房地产处置的核算。

二、资料:20×8年4月8日,ZX房地产开发公司与MQ公司签订租赁协议,将作为存货的新开发办公楼出租给MQ公司,租赁期开始日为20×8年5月11日。20×8年5月11日,新办公楼账面成本110 000 000元,公允价值116 000 000元;20×8年12月31日,办公楼公允价值118 000 000元。20×9年6月19日租赁期届满,ZX公司收回出租的办公楼,并以120 000 000元出售。ZX公司采用公允价值模式计量。

三、要求:(1)按公允价值模式核算,编制租赁期开始日办公楼转换为投资性房地产的会计分录;(2)当年年末,按公允价值变动额编制调整投资性房地产价值的会计分录;(3)租赁期届满,编制取得出售收入并结转成本的会计分录。

习题五

一、目的:练习合营安排的核算。

二、资料:2×18年1月1日,J公司和Z公司共同出资购买一栋商务写字楼,购买价格共计380 032 000元,各自出资50%并拥有该写字楼50%产权,用于出租收取租金。J公司与Z公司签订的合同约定,该商务写字楼相关经营活动的决策需双方一致同意方可做出;双方的出资比例、收入分享比例和费用的分摊比例,均为各自50%。

商务写字楼预计使用年限20年,净残值16 000 000元,采用直线法计提折旧。商务写字楼的租赁合同约定,租赁期10年,年租金19 968 000元,按月收取。每月支付维修费用76 000元。假定,J公司和Z公司对其投资性房地产均采用成本法核算,不考虑税费等其他因素。

三、要求:做出J公司有关共同经营的会计分录。

第七章

习题一

一、目的:练习国外市场购进小汽车的核算。

二、资料:DY公司进口自用小汽车一辆,售价690 000元,另支付关税、增值税、消费税等相关税费358 000元。

三、要求:根据以上资料,编制DY公司有关会计分录。

习题二

一、目的:练习自行建造固定资产的核算。

二、资料:SY公司自行建造一个自营工程项目,借款购入价值36 000 000元的需安装设备;支付工程人员工资6 000 000元;领用库存生产用材料1 000 000元;支付借款利息1 860 000元。6个月后,工程交付使用并验收;适用增值税率13%。

三、要求:做出SY公司购入和领用工程物资、支付工程人员工资、领用生产用材料、借款利息资本化,以及自行建造工程完工,交付使用等有关会计分录。

习题三

一、目的:练习有依法弃置义务的特定固定资产的核算。

二、资料:2×09年8月17日,HD核电公司经国家批准的核反应堆建设项目完工并交付使用,该在建工程的建安成本4 666 999 000元。法律规定该设备使用期满拆除后,公司必须承担依法弃置义务,预计弃置费用555 500 000元。假定,核反应堆预计可使用30年,折现率10%,10%、30年的1元现值系数为0.057 3。

三、要求:(1)计算HD核电公司预计弃置费用的现值、核反应堆的入账价值;(2)编制核反应堆项目交付使用,以及每年末计提财务费用的会计分录。

习题四

一、目的:练习固定资产折旧的核算。

二、资料:HJ公司一项生产用全新固定资产原值10 000 000元,预计使用5年,净残值为1 000 000元。

三、要求:(1)按直线法计算,该资产月折旧额应为多少;(2)按双倍余额递减法计算,该资产各年折旧额应为多少;(3)按年数总和法计算,该资产每年折旧额应为多少;(4)按年应计折旧额,编制有关会计分录。

习题五

一、目的:练习固定资产折旧的核算。

二、资料:RZ公司本月固定资产折旧的计提总额为5 986 000元,其中:直接生产产品的车间1 500 000元,间接生产产品的车间950 000元,管理部门896 000元,销售部门960 000元,在建工程1 680 000元。

三、要求:编制RZ公司本月固定资产计提折旧的会计分录。

习题六

一、目的:练习固定资产清理的核算。

二、资料:HL公司出售旧设备1台,设备原值5 000 000元,已提折旧3 500 000元和减值准备500 000元。以银行存款支付清理费用230 000元,取得出售收入1 896 000元。

三、要求:做出HL公司有关出售旧设备、发生清理费用、获得出售收入和结转清理损益的会计处理。

习题七

一、目的:练习无形资产和固定资产的核算。

二、资料:YB公司以150 000 000元购入一块使用年限50年的土地使用权,并在该地上自行建造厂房建筑物。发生以下建造费用:领用工程物资280 000 000元,薪酬费用98 000 000元,其他相关费用65 000 000元。建造工程完工并达到预定可使用状态,厂房建筑物使用年限30年,无残值。假定不再考虑其他因素。

三、要求:做出YB公司关于购入土地使用权、发生建造成本、建筑物达到预定可使用状态、年末计提折旧和摊销等会计分录。

习题八

一、目的:练习研发活动和无形资产的核算。

二、资料:2×10年初,HL公司在其内部研发活动中,"研究阶段"领用原材料3 800 000元,支付研究人员薪酬 2 980 000 元,支付相关费用 970 000 元。"开发阶段"领用材料 2 000 000 元,支付研究人员薪酬 1 680 000 元,支付其他相关费用 860 000 元;其中符合资本化条件的支出 3 500 000 元。当年年末,该研发项目达到预定可使用状态。假定不考虑税费等其他因素。

三、要求:编制 HL 公司研究阶段、开发阶段、研发项目达到预定可使用状态并结转研发支出等会计分录。

第八章

习题一

一、目的:练习应交税费的核算。

二、资料:2×18 年,Y 制造企业从房地产开发企业购入不动产大楼一栋作为自用办公场所,支付货款和相关费用共计 33 300 000 元,其中增值税额 3 300 000 元。YD 制造企业按营改增试点政策规定,将购进作为固定资产不动产大楼的进项税额分 2 年从销项税额抵扣,第一年抵扣比例为 60%,第二年抵扣比例为 40%。

三、要求:做出 Y 制造企业购进不动产大楼后应交增值税的会计分录。

习题二

一、目的:练习应交税费的核算。

二、资料:ZY 公司进口小轿车 1 辆,关税完税价格 100 000 美元,交纳关税 150 000 元人民币,再支付相关费用 60 000 元人民币。适用增值税率 13%,消费税率 8%,市场汇价 1 美元兑换 6 元人民币。税务部门认定该轿车与技术改造、设备更新无关且易混为自用消费品。假定轿车价格与完税价格相同,货款与各项税金费用一起支付。

三、要求:(1)计算 ZY 公司应纳消费税、应纳增值税,以及货款和税金费用的合计付款额;(2)编制有关会计分录。

习题三

一、目的:练习应交税费的核算。

二、资料:H 客运场站为一般纳税人,适用增值税率 6%,为客运公司提供客源组织、售票、检票、发车运费结算等服务。该服务企业采用差额征税方式,以其取得的全部价款和价外费用,扣除支付给承运方运费后的余额作为销售额。本期 H 企业售票 700 000 元,向客运公司支付 594 000 元。剩下 106 000 元,其中 100 000 元为销售额,增值税 6 000 元。

三、要求:做出 H 客运场站企业交纳增值税的有关会计分录。

习题四

一、目的:练习应付职工薪酬的核算。

二、资料:2×18 年 10 月,L 公司应付工资总额 20 000 000 元,其中:直接生产产品工人工资 5 000 000 元;生产部门管理人员和间接生产产品工人工资 6 400 000 元;公司管理人员工资 2 200 000 元;销售人员工资 2 100 000 元;在建工程人员工资 1 800 000 元;内部研发软件系统人员工资 2 500 000 元。

根据当地政府标准,职工个人按工资额缴费比例为养老保险 8%、医疗保险 2%、失业保险

0.5%；公司按应付职工薪酬总额16%、10%、1%、1%、0.4%和7%，分别计提养老保险、医疗保险、生育保险、失业保险、工伤保险和住房公积金，并由企业负责交存社保经办机构和住房公积金中心。按税法标准2%和1.5%，分别计提工会经费和职工教育经费（假定计提额和实际使用数一致）。内部研发项目已达到开发阶段并符合资本化条件。此外，历史数据表明职工福利约占工资总额的3%。

假定职工薪酬均无须缴纳个人所得税，不再考虑其他因素；另外职工报销培训费800元，托费500元。

三、要求：(1)计算L公司有关薪酬费用的合计计提比率；(2)编制L公司薪酬费用的分配和发放的会计分录。

习题五

一、目的：练习应付职工薪酬（短期利润分享计划）的核算。

二、资料：2×19年度，L公司税前利润60 000 000元。该公司有一项利润分享计划，要求将2×19年度税前利润按指定比例，支付给在2×19年7月1日至2×20年6月30日期间为L公司提供服务的职工。该奖金于2×20年6月30日支付。如果2×19年7月1日至2×20年6月30日期间没有职工离职，当年的利润分享支付总额为税前利润的3%。L公司估计职工离职将使支付额降低至税前利润的2.5%（其中，直接参加生产的职工享有1%，总部管理人员享有1.5%）。

假定，2×20年6月30日，由于职工离职使得实际支付的利润分享金额为2×19年度度税前利润的2.8%（其中，直接参加生产的职工享有1.2%，总部管理人员享有1.6%）。不考虑个人所得税影响。

三、要求：做出L公司应付职工薪酬中短期利润分享计划的有关会计分录。

习题六

一、目的：练习应付职工薪酬（分发外购商品）的核算。

二、资料：PH公司以1 000只自产A产品作为福利发放给每个职工，A产品不含增值税的售价为3 000元，制造成本1 500元。公司有职工1 000人，其中：管理人员300人，直接生产产品工人600人，间接生产产品工人100人。适用增值税税率13%。

三、要求：做出PH公司应付职工薪酬中分发自产商品的有关会计分录。

习题七

一、目的：练习应付职工薪酬（分发自产产品）的核算。

二、资料：沿用习题六资料，PH公司以不含税价格1 000元的外购B商品作为福利直接发放职工。

三、要求：做出PH公司应付职工薪酬中分发外购产品的有关会计分录。

习题八

一、目的：练习应付职工薪酬（将自有资产、租赁资产供职工无偿使用）的核算。

二、资料：L公司为2名副总经理每人租赁一套月租金为16 000元的高级别墅，10名部门经理免费提供一套单位自建宿舍，供他们免费使用。假定每套单位自建宿舍的月折旧额

3 000元。

三、要求:做出 L 公司应付职工薪酬中将自有资产、租赁资产供职工无偿使用的有关会计分录。

习题九

一、目的:练习应付职工薪酬(养老金设定提存计划)的核算。

二、资料:H 公司为全体管理人员设立一项企业年金,每月按照每个管理人员工资的 5%向独立于 H 公司的指定管理养老金的基金缴存企业年金,被指定的年金基金将这笔缴存款计入管理人员个人账户并负债资金的投资运作。2×18 年,企业按照该计划安排,向指定的年金基金缴存款项 32 000 000 元。

三、要求:做出 H 公司提存和确认养老金负债义务和相关费用,以及向指定管理养老金的基金缴存款项的有关会计分录。

第九章

习题一

一、目的:练习长期借款的核算。

二、资料:2×11 年 1 月 1 日,BH 公司向金融机构借入 2 000 000 元,全部用于购建加工生产线,年利率 5%,3 年期,每年付息,到期还本。2×12 年年末,生产线完工、验收;2×13 年年末,归还本金。假定不再考虑其他因素。

三、要求:做出 BH 公司关于长期借款、支付工程款、每年计提与支付利息、固定资产验收,以及到期还本等会计分录。

习题二

一、目的:练习溢价发行的每年末付息、到期还本的应付债券核算。

二、资料:2×01 年 1 月 1 日,为购建新厂房 DH 公司发行面值 10 000 000 元、发行价 10 798 700 元、5 年期的公司债券;票面利率 10%,同期市场利率 8%;每年末付息、到期还本。另支付受托银行手续费及印刷费 100 000 元,新厂房于 2×04 年 1 月 1 日达到预定可使用状态。DH 公司发行债券收入全部用于新厂房建设;按实际利率法核算。5 年期、8%、1 元年金现值系数为 3.992 7,第 5 年、8%、1 元现值系数为 0.680 6。

三、要求:(1)计算 DH 公司溢价发行价和溢价摊销表;(2)做出 DH 公司有关会计分录。

习题三

一、目的:练习溢价发行价的到期一次还本付息的应付债券核算。

二、资料:2×01 年 1 月 1 日,为购建新厂房 YH 公司发行面值 10 000 000 元、发行价 11 209 500元、5 年期的公司债券;票面利率 10%,同期市场利率 6%;到期一次还本付息。新厂房于 2×04 年 1 月 1 日达到预定可使用状态。YH 公司发行债券收入全部用于新厂房建设;按实际利率法核算,第 5 年、6%、1 元现值系数为 0.747 3。

三、要求:(1)计算 YH 公司溢价发行价和溢价摊销表;(2)做出 YH 公司有关会计分录。

习题四

一、目的:练习折价发行的应付债券核算。

二、资料:沿用习题三资料,折价发行债券,发行价 9 241 640 元;票面利率 8%,同期市场利率 10%;其他资料同习题三。5 年期、10%、1 元年金现值系数为 3.790 8,第 5 年、10%、1 元现值系数为 0.620 9。

三、要求:(1)计算 YH 公司折价发行价和折价摊销表;(2)做出 YH 公司有关会计分录。

习题五

一、目的:练习可转换债券涉及股本和资本公积的核算。

二、资料:20×1 年 1 月 1 日,YH 公司发行 5 年期、"每年付息、到期还本"可转换债券。每份债券面值 1 000 元,共 10 000 份,发行总收入 10 000 000 元。债券票面利率 8%,同类债券市场利率 10%。每份债券可在到期时转换为 250 股公司普通股,也可获取本金。假定不考虑发行费用,债券由 DH 公司全部购入并到期时全部转换股份,股票面值 1 元。YH 公司将可转换债券划分为以摊余成本计量的金融负债。5 年、10%、1 元年金现值系数为 3.790 8,第 5 年、10%、1 元现值系数为 0.620 9。

三、要求:(1)计算 YH 公司可转换债券"负债成分"和"权益成分"的价值;(2)编制 YH 公司发行可转换公司债券的有关会计分录。(可参考习题四中折价摊销表的数据)

习题六

一、目的:练习融资租赁中承租人的核算。

二、资料:YH 公司以融资租赁方式从 ZH 公司取得 K 设备 1 台,K 设备市价 3 109 900 元,预计使用年限 10 年,残值率 5%。

合同规定:(1)租赁开始日为 2×01 年 1 月 1 日,租赁期 8 年,合同利率 12%;(2)租赁开始日,首付租金 800 000 元,当年年末和以后每年末支付租金 500 000 元;(3)2×02 年开始,ZH 公司需按租赁资产生产产品实现销售收入的 1%比例分享营业收入;(4)租赁期届满时,可按优惠价 50 000 元购买并获得租赁设备所有权;(5)无其他租赁资产余值担保条款。

在谈判和签约中,发生归属于租赁项目的律师费、差旅费、印花税等初始直接费用 16 385 元;对租赁设备采用直线法计提折旧;2×02 年租赁资产生产产品实现销售收入 1 800 000 元,其他资料从略。

三、要求:做出承租人 YH 公司有关会计处理:(1)融资租赁的判定和分摊率的确定;(2)采用实际利率法,按合同利率 12%,编制应付融资租赁本金和利息的分摊表;(3)编制有关会计分录。

习题七

一、目的:练习融资租赁中承租人的核算。

二、资料:沿用练习六资料,假定租赁期届满时,YH 公司将租赁资产退还出租人,租赁合同规定担保的租赁资产余值为 50 000 元。租赁期届满时,租赁资产公允价值 25 000 元。

三、要求:做出承租人 YH 公司有关会计分录。

第十章

习题一

一、目的:练习股本的核算。

二、资料:L 公司经核准发行面值 1 元的普通股 100 000 000 股,每股发行价 6.89 元,相关发行费用 12 780 000 元。

三、要求:编制 L 公司溢价发行股票的会计分录。

习题二

一、目的:练习投入资本的核算。

二、资料:2×01 年初,YS 公司是由 Y 公司出资 1 000 000 元、S 公司出资 1 500 000 元,共同组建而成的公司。至 2×02 年年末,公司股东权益总额 5 000 000 元,其中,股本 2 500 000 元,资本公积 2 000 000 元,留存利润 500 000 元。至 2×03 年年初,经协商、批准后按双方原出资比例将资本公积转作股本。

三、要求:编制 YS 公司将资本公积转作股本的有关会计分录。

习题三

一、目的:练习资本公积的核算。

二、资料:YH 公司由 Y 公司和 H 公司各出资 250 000 000 元设立,公司股本 500 000 000 元。经过 2 年经营有留存利润 20 000 000 元。第 3 年年初,DH 公司出资加盟并占公司 1/3 股份。原股东接受 DH 公司投资,公司注册资本增至 750 000 000 元。

三、要求:(1)计算新股东 DH 公司的最低出资额;(2)编制 YH 公司有关会计分录。

习题四

一、目的:练习发行其他权益工具(优先股)的核算。

二、资料:2×19 年 3 月,L 企业发行 10 000 股优先股,每股面值 100 元,合计面值 1 000 000 元。每股发行价 128 元,每股票面约定股息率 6.5%,全部发行收入已存入银行存款。经分析判定该金融工具属于权益工具。

三、要求:做出 L 企业发行优先股的有关会计分录。

习题五

一、目的:练习利润分配的核算。

二、资料:2×11 年,ZH 公司股本总额 10 000 000 元,股票面值 1 元。年初未分配利润 460 000 元,本年净利润 6 000 000 元。当年年末,按 10% 提取法定盈余公积、按 8% 提取任意公积,分配现金股利 3 000 000 元,同时按 10 股送 2 股比例分派股票股利。2×12 年 3 月 8 日,股东大会批准 2×11 年度的利润分配方案,办理完增资手续后发放股利。

三、要求:做出 ZH 公司有关年末结转本年利润、提取法定公积和任意公积、宣告发放现金股利、结转"利润分配"明细账、发放现金股利和股票股利等的会计分录。

习题六

一、目的:练习库存股的核算。

二、资料:20×18年,S公司普通股10 000 000股,每股面值1元;原以每股2.50元价格发行,现以每股3.50元的价格重新购回1 000 000股。当年,又以每股4.10元的价格出售。

三、要求:做出S公司库存股核算的有关会计分录。

习题七

一、目的:练习库存股的核算。

二、资料:假定习题六中回购的库存股,以每股3.00元价格再转让出去。

三、要求:做出S公司库存股核算的有关会计分录。

习题八

一、目的:练习库存股在资产负债表中的列示。

二、资料:沿用习题六资料,20×18年末,公司资本公积5 000 000元,盈余公积8 000 000元,未分配利润2 000 000元。库存股在资产负债表中的列示见下表。

三、要求:做出S公司有关库存股对外报告的内容,并将有关数字填入下表。

资产负债表(部分)

20×18年12月31日　　　　　　　　　　　　　单位:元

股东权益
股本(普通股:面值1元;发行在外10 000 000股,其中库存股3 500 000股)
其他权益工具　　　　　　　　　　　　　　　　　　　—
资本公积
减:库存股
其他综合收益　　　　　　　　　　　　　　　　　　　—
盈余公积
未分配利润
股东权益合计

第十一章

习题一

一、目的:练习收入的核算。

二、资料:Y公司按销货合同规定销售一批商品给H公司,H公司已取得该商品控制权。YH公司该项销售符合收入准则规定的销售收入实现的全部前提条件。假定,销售售价2 500 000元,适用增值税率16%,销售成本1 000 000元。

三、要求:做出Y公司有关收入确认、结转成本和收到货款等的会计分录。

习题二

一、目的:练习销售退回的核算。

二、资料:2×00年10月17日,Q公司销售给H公司商品一批,售价5 000 000元,成本2 500 000元,增值税率13%,按正常情况确认本期收入。当年12月9日,商品因质量问题于年内被退回。

三、要求:做出 Q 公司有关销售商品、结转销货成本和商品退回等的会计分录。

习题三

一、目的:练习委托代销和受托代销商品的核算。

二、资料:分别就以下两种情况进行核算:

情况一:YS 公司委托 FH 公司销售甲产品 10 000 只,每只协议价 80 元、成本 50 元,增值税率 13%、所得税率 25%。FH 公司实际售价 100 元,代销商品全部售出。

情况二:假定 FH 公司按协议价 80 元全部对外销售,并按售价 15%收取手续费。

三、要求:(1)做出委托方 YS 公司有关委托代销的会计分录;(2)做出受托方 FH 公司有关受托代销的会计分录。

习题四

一、目的:练习具有融资性质大型设备分期收款销售的核算。

二、资料:2×01 年 1 月 1 日,ZZ 公司向 YH 公司以分期收款方式销售一套大型设备,设备的现时售价 11 952 000 元。合同规定,签约时首付 416 640 元,余款 11 535 360 元按 12%利率、分 5 次付清,每年末付款 3 200 000 元。大型设备成本 8 074 640 元,适用增值税税率 13%。5 年期、12%利率、1 元年金的现值系数为 3.6048。

三、要求:(1)计算 ZZ 公司长期应收账款、扣除首付款后的设备本金和融资收益额;(2)按实际利率法,编制长期应收款计算表;(3)编制 ZZ 公司有关会计分录。

习题五

一、目的:练习具有融资性质分期收款商品房销售的核算。

二、资料:2×01 年 1 月 1 日,RH 公司销售一幢商务楼,售价 26 678 000 元,成本 10 359 000元,客户元中公司首付现金 4 078 000元,其余款项 22 600 000 元,在 10 年内按成交时市场利率12%计算,分 10 次付款,每年末付款 4 000 000 元。12%利率、10 年期、1 元年金现值系数为 5.650。

三、要求:(1)判断 RH 公司是否可采用销售法进行会计处理;(2)计算长期应收账款和利息收入总额;(3)按实际利率法,编制长期应收款计算表;(4)编制 RH 公司有关会计分录。

习题六

一、目的:练习融资交易下的售后回购核算。

二、资料:2×10 年年初,DH 房地产开发公司将自己开发的商品房产品销售给 YZ 公司,售价 33 000 000 元,成本为 23 200 000 元。同时,双方协议规定,东华公司 2×12 年年初将其购回,回购价 46 200 000 元。假定,不考虑税收等其他因素,双方企业间内部融资利率为 20%(单利计算)。

三、要求:(1)分析 DH 房地产开发公司售后回购销售的性质;(2)编制 DH 房地产开发公司有关会计分录。

习题七

一、目的:练习融资交易下的售后回购的核算。

二、资料:20×10 年 3 月 1 日,NH 公司向 ZZ 公司销售商品一批,不含税售价 1 000 000 元,成本 700 000 元。同时,合同规定 NH 公司于当年 8 月 31 日将所售商品全部如数购回,回购价为不含税价款 1 075 000 元,收到的增值税发票上注明的增值税为 182 750 元,适用增值税率 13%。假定,通常双方企业间内部融资利率为 15%。

三、要求:(1)分析 NH 公司售后回购销售的性质;(2)编制 NH 公司有关会计分录。

习题八

一、目的:练习提供劳务交易的核算。

二、资料:SH 公司于 2×00 年 8 月初为客户开发电算化会计软件,工期 6 个月,合同总收入 2 720 000 元,预收客户第 1 笔货款 1 600 000 元。当年年末,已发生成本 1 280 000 元,预收客户第 2 笔货款 304 000 元。预计开发完成还需发生成本费用 512 000 元。当年软件开发的完工进度 70%。

三、要求:SH 公司按劳务完工百分比,进行会计核算,并做出有关会计分录。

习题九

一、目的:附有销售退回条款的销售核算。

二、资料:2×18 年 10 月 29 日,R 公司向 T 公司销售 1 000 件商品,每件售价 2 500 元,单位成本 1 500 元,增值税率 13%。根据合同,T 公司应于当年年末前支付货款,并且有权在 2×19 年 4 月 1 日之前因质量问题而退还商品。销售发货的当日,R 公司根据历史经验,估计商品退回率为 15%。2×18 年 12 月 31 日,重新评估调整的退回率为 12%。假定,该批商品已发货且商品控制权已转移给 T 公司;2×18 年 12 月 10 日收到全部销货款,2×19 年 3 月 25 日退回 100 件,实际退回率 10%。

三、做出 R 公司附有销售退回条款销售核算的有关会计分录。

习题十

一、目的:练习完工百分比法下提供劳务交易的核算。

二、资料:HT 公司承建一项建造工程,固定造价合同规定:(1)工期 3 年。(2)固定造价 400 000 000 元。(3)预计总成本 300 000 000 元。第 2 年末,预计完工尚需增加成本 50 000 000 元,预计总成本增至 350 000 000 元。(4)实际成本、实际收款、结算合同价款与各年估计成本等资料,见下表 1。HT 公司采用完工百分比法,合同完工进度按累计发生合同成本占预计合同总成本的比例确定,并按规定将工程款的收入确认和结算分开核算。

要求:(1)根据表 1 资料,HT 公司按完工百分比法,计算各年完工百分比和营业收入,在表 2 中填写有关数据,并编制出完整的完工百分比法下的营业收入计算表;(2)编制 HT 公司有关 T 形账户的核算记录和会计分录。

表 1   **HT 公司承建工程的有关资料表**   单位:元

时间 项目	第 1 年	第 2 年	第 3 年	合 计
实际发生的成本	126 000 000	150 500 000	73 500 000	350 000 000
原预计完工尚需发生的成本	174 000 000	23 500 000	0	
调整后预计还需增加的成本	0	50 000 000		

(续表)

时间　　项目	第1年	第2年	第3年	合　计
加:以前年度发生成本数	0	126 000 000	276 500 000	
当年累计发生、尚需和预计还需的合计数	300 000 000	350 000 000	350 000 000	
已开单结算的合同价款	140 000 000	175 000 000	85 000 000	400 000 000
实际收到的工程款项	145 000 000	180 000 000	75 000 000	400 000 000

表2　　　　　　　　　　　完工百分比法下营业收入计算表　　　　　　　　单位:元

序	时间　　项目	第1年	第2年	第3年	合　计
(1)	工程总造价	400 000 000	400 000 000	400 000 000	400 000 000
(2)	年累计实际成本				
(3)	预计完工尚需成本				
(4)	预计总成本				
(5)	预计总毛利				
(6)	第1年完工百分比				
(7)	第2年完工百分比				
(8)	第3年完工百分比				
(9)	第1年累计收入				
(10)	第2年累计收入				
(11)	第3年累计收入				
(12)	减:以前年度已确认的累计收入				
(13)	当年应确认的营业收入				

```
   工程施工              工程施工              工程结算
   ——合同成本           ——合同毛利
─────────────         ─────────────        ─────────────
        │                    │                    │
        │                    │                    │
        │                    │                    │
        │                    │                    │
```

习题十一

一、目的:练习费用的核算。

二、资料:GH公司地处市区,占用土地6 000 000平方米,土地使用税每平方米年税额为10元;有记载资金800 000 000元的营业账簿及其他账簿500本,租赁合同1份(每年

8 000 000元、租期3年),营业执照1份。印花税率分别为:记载资金账簿0.05%;记载数量账簿和营业执照5元/本(份);租赁合同0.1‰。计税基础是合同协议的全部金额,租期3年,需按3年计算。假定土地使用税每月计提,半年交纳1次。

三、要求:(1)编制GH公司每月计提和半年交纳土地使用税的会计分录;(2)计算GH公司应交纳的印花税并编制交纳印花税的会计分录。

习题十二

一、目的:练习利润的核算。

二、资料:HH公司2×10年12月31日有关账户余额如下。贷方余额:"主营业务收入"账户9 800 000元,"投资收益"账户390 000元,"公允价值变动损益"账户560 000元,"营业外收入"账户380 000元;借方余额:"主营业务成本"账户3 560 000元,"营业税金及附加"账户555 000元,"资产减值损失"账户100 000元,"销售费用"账户385 000元,"管理费用"账户560 000元,"财务费用"账户289 000元,"营业外支出"账户120 000元,"所得税费用"账户1 500 000元。假定,当年12月1日"本年利润"账户贷方余额36 000 000元。

三、要求:(1)年末,编制HH公司结转12月份利润的会计分录;(2)计算HH公司全年净利润并编制结转全年净利润的会计分录。

第十二章

习题一

一、目的:练习非货币性资产交换(不涉及补价)的核算。

二、资料:交换日,D企业以使用中的账面原值400 000元、累计折旧100 000元、无减值准备,公允价值为296 000元的车床设备,交换Z企业生产的库存商品铣床,该产品不含税的售价296 000元、成本160 000元,换入商品作为固定资产使用,并支付运杂费3 500元。

双方换入设备均作为固定资产使用。假定税务机关认定双方的公允价值就是计税价值,Z企业按收入准则和税法视同销售处理,双方适用税率13%。

三、要求:做出D公司和Z公司非货币性资产交换的各自有关会计分录。

习题二

一、目的:练习非货币性资产交换(涉及补价)的核算。

二、资料:Y企业以其持有一项无形资产专利权与H企业持有的生产用固定资产设备进行交换。交换日,Y企业专利权账面价值4 875 000元,累计摊销1 125 000元,无形资产净值3 750 000元,未计提减值准备,公允价值4 000 000元;H企业拥有的生产用固定资产设备账面原值8 250 000元,累计折旧4 450 000元,固定资产净值3 800 000元,未提减值准备,公允价值3 850 000元,支付150 000元补价。

假定Y企业和H企业均为一般纳税人,销售固定资产和无形资产分别适用增值税率16%和6%。假定,税务机关认定双方公允价值就是计税价值,按视同销售处理,公允价值计量下,双方均以换出资产公允价值和支付相关税费作为换入资产的入账成本。

三、要求:做出Y公司和H公司非货币性资产交换的各自有关会计分录。

习题三

一、目的:练习非货币性资产交换(以换出资产账面价值计量)的核算。

二、资料:H 企业以其生产用自制设备与 Z 企业持有的对联营企业 G 公司长期股权投资进行交换。交换日,生产用自制设备原值 3 800 000 元,累计折旧 700 000 元,净值 3 100 000 元,未计提减值准备。Z 企业长期股权投资的账面价值 2 800 000 元,未计提减值准备。

由于双方交换资产的公允价值均无法可靠计量,经过协商,Z 企业向 H 企业支付 200 000 元补价。假定,为简化例题核算,不考虑相关税费。

三、要求:做出 H 公司和 Z 公司非货币性资产交换的各自有关会计分录。

习题四

一、目的:练习预计负债的核算。

二、资料:2×01 年 10 月,LG 公司涉及诉讼案件,根据法律顾问判断,最终判决可能对公司十分不利,估计赔偿额在 2 000 000 元至 2 100 000 元之间。法院定于 2×02 年 2 月 10 日进行判决。公司可从保险公司获得 900 000 元赔偿,该保险赔偿已基本定于 2×02 年 2 月 15 日能收到。

三、要求:编制 LG 公司有关预计负债核算的会计分录。

习题五

一、目的:练习预计负债的核算。

二、资料:2×10 年,SG 公司售出电冰箱 100 000 台,每台售价 3 500 元,根据历史资料估计返修率 6%,返修费用为售价的 1%。假定质保期内,已发生返修费用 58 000 元,其中银行存款支付 32 000 元,材料费用 26 000 元。

三、要求:编制 SG 公司发生返修费用、计提预计负债等的有关会计分录。

习题六

一、目的:练习现金清偿的债务重组的核算。

二、资料:20×0 年 3 月 8 日,DY 公司销售商品给 DX 公司,DY 公司应收账款 6 552 000 元,其中:增值税专用发票上的销售价格 5 600 000 元,增值税率 13%,增值税 728 000 元。合同规定 DX 公司应于当年 9 月 8 日到期付款。但 DX 公司财务发生困难,估计无法按期付款。当年 6 月 30 日,DY 公司对这笔应收账款计提 210 000 元减值准备。9 月 9 日,双方签订债务重组协议,大元公司同意减免 820 000 元债务,余额须以现金立即付清。

三、要求:(1)做出债务人 DX 公司有关债务重组的会计分录;(2)做出债权人 DY 公司有关债权重组的会计分录。

习题七

一、目的:练习非现金资产清偿的债务重组的核算。

二、资料:沿用上述习题六资料,假定双方商定,DX 公司以其产品抵债,产品的售价 4 600 000元、成本 2 500 000 元,适用增值税率 16%。

三、要求:(1)做出债务人 DX 公司有关债务重组的会计分录;(2)做出债权人 DY 公司有关债权重组的会计分录。

习题八

一、目的:练习非现金资产清偿的债务重组的核算。

二、资料:ZC 企业从 XD 企业购得一批产品,价值 3 510 000 元(含增值税),以后发生财务困难,无法支付该货款。XD 企业同意 ZC 以其持有、采用公允价值计量的 H 企业股票偿还债务。债务重组日,H 股票的市值 3 136 000 元、成本 3 180 000 元。假定以重组日 H 股票市值偿还债务,XD 企业对该应收账款计提减值准备 200 000 元。假定不考虑税费等其他因素。

三、要求:(1)做出债务人 DX 公司有关债务重组的会计分录;(2)做出债权人 DY 公司有关债权重组的会计分录。

习题九

一、目的:练习债务转为股本的债务重组的核算。

二、资料:沿用上述习题八资料,经协商 XD 企业同意 ZC 企业通过增发股份,以债转资方式进行债务重组。ZC 企业股票每股面值 1 元、重组日市价 2.50 元,以 1 320 000 股普通股清偿债务,XD 企业将该部分股票作为交易性金融资产处理。假定不考虑税费等其他因素。

三、要求:(1)做出债务人 DX 公司有关债务重组的会计分录;(2)做出债权人 DY 公司有关债权重组的会计分录。

第十三章

习题一

一、目的:练习投入外币资本的核算。

二、资料:2×10 年,DH 公司(中外合资企业)注册资金 25 000 000 美元,合同规定,DY 公司(外方)占 32%,投入现汇 8 000 000 美元,分 2 次投入,第 1 次 5 月 11 日投入现汇 5 000 000 美元,当日汇率(中间价,下同)USD 1=RMB 6.90;第 2 次同年 7 月 12 日投入现汇 3 000 000 美元,当日汇率 USD 1=RMB 6.78。ZH 公司(中方)占 68%,投入相当于 17 000 000 美元的厂房。厂房资产评估的公允价值为 116 620 000 元人民币,尚可使用 15 年;6 月 5 日厂房验收当日汇率 USD 1=RMB 6.85 元。假定不考虑其他因素。

三、要求:编制中外合资企业 DH 公司有关会计分录。

习题二

一、目的:练习外币借款的核算。

二、资料:2×10 年 5 月 11 日,HB 公司从银行借入 5 000 000 美元,当日汇率 USD 1=RMB 6.80;当年 12 月 9 日,归还该笔美元短期借款,当日汇率 USD 1=RMB 6.70。假定公司日常按业务发生时的即期汇率记账。

三、要求:编制 HB 公司借入美元借款和归还美元借款的会计分录。

习题三

一、目的:练习外币付款的核算。

二、资料:2×15 年 3 月 8 日,HN 公司从美国公司进口一批价值 6 890 000 美元的原材料,当日汇率 USD 1=RMB 6.80。假定,适用增值税率 13%,关税 5 168 000 元人民币;货款尚未支付。

三、要求:编制 HN 公司有关外币付款的会计分录。

习题四

一、目的:练习外币兑换的核算。

二、资料:HD 公司从银行购入 5 000 000 美元,当日银行美元卖出价 USD 1＝RMB 6.75、买入价 USD 1＝RMB 6.65。假定,公司按即期汇率的中间价记账。

三、要求:编制 HD 公司外币兑换的会计分录。

习题五

一、目的:练习期末外币货币性项目调整的核算。

二、资料:2×09 年 3 月,DH 公司"银行存款(美元)"账户期初数 900 000 元。本月发生下述收支业务:3 月 8 日收入 375 000 美元,3 月 10 日收到 698 000 美元,3 月 15 日支出 250 000 美元,3 月 26 日收到 988 000 美元。假定,公司外币交易收支频繁,日常核算以期初汇率记账,3 月 1 日汇率 USD 1＝RMB 6.90,3 月 31 日汇率 USD 1＝RMB 6.80。

三、要求:(1)根据资料,登记 DH 公司 2×09 年 3 月"银行存款(美元)"账户;(2)做出 DH 公司 3 月 31 日期末调整的会计分录。

银行存款(美元)账户　　　　　　　　　　　　单位:元

日期		摘要	借方			贷方			余额		
月	日		美元	汇率	人民币	美元	汇率	人民币	美元	汇率	人民币
3	1	期初余额							900 000	6.90	6 210 000
	8	营业收入									
	10	营业收入									
	15	购货付款									
	26	营业收入									
	31	期末调整									
	31	期末余额								6.80	

习题六

一、目的:练习期末外币非货币性项目调整的核算。

二、资料:2×09 年 12 月,ZQ 公司从美国进口 W 商品 200 000 件,每件售价 8 000 美元,当日汇率 USD 1＝RMB 6.80。2×09 年末,该商品每件售价下降至 7 000 美元,12 月 31 日汇率 USD 1＝RMB 6.70。假定不考虑其他因素。

三、要求:编制 ZQ 公司有关会计分录。

习题七

一、目的:练习期末外币非货币性项目调整的核算。

二、资料:2×02 年 9 月 27 日,ZB 公司以每股 6 美元价格购入 S 公司 100 000 股 B 股股票进行短期投资,并作为交易性金融资产按公允价值计量。当日汇率 USD 1＝RMB 6.80。当年年末,该股每股市价 5.85 元,12 月 31 日汇率 USD 1＝RMB 7.86。2×03 年 1 月 21 日,以 8.10 美元价格全部售出该股票,当日汇率 USD 1=RMB 6.78。假定不考虑其他因素。

三、要求:编制 ZB 公司有关会计分录。

习题八

一、目的:练习政府补助(与资产相关)的核算。

二、资料:2×20 年 10 月 19 日,H 企业为生产车间的环境保护购置环保设备申请政府补助;当年 12 月 17 日,收到财政拨款 1 152 000 元。2×21 年 1 月 1 日,购进环保设备,售价 2 304 000元,使用寿命 6 年,企业采用直线法计提折旧。2×26 年 1 月,该设备发生毁损。假定,不考虑环保设备残值和其他税费因素。

三、要求:做出 H 企业分别采用总额法和净额法进行政府补助核算的有关会计处理。

习题九

一、目的:练习政府补助(与收益相关)的核算。

二、资料:2×18 年 3 月 5 日,H 企业与当地政府签订合作协议,双方约定如下:(1)政府向企业提供 4 000 000 元奖励资金,用于企业人才引进和奖金激励;企业必须按年向政府报送政府补助资金使用计划和按计划规定的使用情况。(2)地方政府为保证政府财政税收的利益,规定企业自获得资金起 8 年内注册地不得迁离本地区,否则政府有权追回这笔资金。

HY 企业于当年 4 月 15 日收到这笔补助资金,分别在 2×18 年 12 月、2×19 年 12 月、2×20 年 12 月使用了 1 000 000 元、1 000 000 元和 2 000 000 元,用于发放企业高级技术和管理层人员年度奖金。假定,不考虑其他税费等因素。

三、要求:做出 H 企业与收益相关的政府补助核算会计分录。

习题十

一、目的:练习政府补助(与收益相关)的核算。

二、资料:沿用上述习题九资料,如果 2×18 年 4 月 15 日 H 企业收到补助资金时,董事会对于企业 8 年内不迁出本地区的意见暂时还不一致,即无法保证满足政府补助确认条件。假定,2×18 年 4 月 25 日,企业召开股东大会,大会决议一致同意企业 8 年内不迁出本地区,并通过高级技术和管理层人员年度奖金计划方案。

三、要求:根据上述情况,做出 Y 企业有关会计处理。

习题十一

一、目的:练习政府补助(退回补助款)的核算。

二、资料:沿用上述习题八资料,2×22 年 2 月,经过 1 年后,政府有关部门发现 Y 企业不符合申请政府补助的条件,要求 Y 企业退回补助款。Y 企业于当月退回了补助款 1 152 000 元。

三、要求:2×22 年 2 月,分别做出 Y 企业总额法和净额法下退回补助款的会计分录。

习题十二

一、目的:练习特定业务政府补助(财政将贴息资金拨付给贷款银行)的核算。

二、资料:2×17 年 1 月 1 日,L 企业向银行贷款 25 000 000 元,期限 2 年,按月计息、按季付息、到期一次还本付息。这笔贷款资金用于国家扶持产业,符合财政贴息条件,贷款利率显著低于同类市场利率。

假定同类市场利率9%,银行给L企业该贷款利率3%;L企业按季向银行付息,财政按年向银行拨付贴息资金,贴息后银行实际年利息率3%。L企业用贷款资金进行固定资产购建活动,借款利息符合资本化条件。

三、要求:做出L企业有关特定业务政府补助的会计分录。

习题十三

一、目的:练习特定业务政府补助(财政将贴息资金直接拨付给受益企业)的核算。

二、资料:沿用上述习题十二资料,L企业向银行贷款利率9%,按月计息、按季付息,每季度末,以付息凭证向财政申请贴息资金,财政按年与L企业结算贴息资金。假定不考虑其他因素。

三、要求:做出L企业有关特定业务政府补助的会计分录。

第十四章

习题一

一、目的:练习当期所得税费用的计算。

二、资料:2×11年年末,HR公司持有账面价值3 000 000元、计税基础2 500 000元的一项可供出售金融资产;同时,另有一项账面价值225 000元、计税基础为零的负债。当期应交所得税400 000元,适用所得税率25%。假定递延所得税资产和递延所得税负债均无期初余额,且无其他资料。

三、要求:(1)计算HR公司暂时性差异、递延所得税负债、递延所得税资产和当期递延所得税费用;(2)计算HR公司当期所得税费用;(3)编制HR公司有关会计分录。

习题二

一、目的:练习所得税的核算。

二、资料:2×10年12月31日,YR公司资产负债表"应收账款"账面价值2 700 000元,其中成本3 000 000元、坏账准备300 000元;"存货"账面价值5 400 000元,其中成本6 000 000元、存货跌价准备600 000元。利润表"利润总额"2 958 000元,适用所得税率25%。

其他资料如下:(1)2×09年12月购入机器设备,原值6 000 000元、使用年限5年、净残值为零,按双倍余额递减法计提折旧;税法规定,计税时按直线法计提的折旧准予税前扣除。假定税法规定的使用年限及净残值与会计规定相同。未计提固定资产减值准备。(2)当年年末,债务担保涉及法律诉讼案件,计提预计负债3 000 000元。(3)当年年末,计提坏账准备300 000元(3 000 000×10%)和存货跌价准备600 000元。税法规定,准予税前扣除的坏账准备计提比例一律不得超过年末应收账款余额的0.5%,其他计提的资产减值准备不准税前扣除。(4)本年应支付环保部门罚款2 331 000元。(5)向关联企业捐赠现金1 107 000元。按税法规定,以公允价值计量的金融资产持有期间市价变动不计入应纳税所得;对罚款和非公益性捐赠,不准税前扣除。

假定坏账准备、存货跌价准备、递延所得税资产和递延所得税负债,均无期初余额;不存在其他资产、负债项目的暂时性差异。

三、要求:(1)2×10年12月31日,计算YR公司资产负债表有关项目的账面价值和计税基础,并将有关数据填入下表的划线上方;(2)2×10年年末,计算YR公司应纳税所得额和当期应交所得税(即当期所得税);(3)2×10年年末,计算YR公司当期递延所得税资产、当期递延所得税负债和当期递延所得税费用(或收益),并编制有关会计分录。

资产负债表(部分)

2×10年12月31日 单位:元

项　　目	账面价值	计税基础	应纳税暂时性差异	可抵扣暂时性差异
交易性金融资产	24 000 000	18 000 000	6 000 000	—
应收账款	2 700 000	2 985 000	_____	_____
存货	5 400 000	6 000 000	_____	_____
固定资产:				
固定资产原值	6 000 000	6 000 000		
减:累计折旧	2 400 000①	1 200 000		
固定资产减值准备	0	0		
固定资产净额	3 600 000	4 800 000	_____	_____
预计负债	3 000 000	0		3 000 000
其他应付款	2 331 000	2 331 000	—	—
合　　计			6 000 000	_____

注:①:会计上固定资产累计折旧=6 000 000×(1/5×2)=6 000 000×40%=2 400 000
②:交易性金融资产购进成本18 000 000元,年末资产负债表日有浮动收益6 000 000元,账面价值24 000 000元。

习题三

一、目的:练习所得税的核算。

二、资料:沿用上述习题二有关资料,假定递延所得税资产的期初余额45 000元,递延所得税负债的期初余额450 000元。

三、要求:(1)计算2×10年度当期应交所得税;(2)计算2×10年度当期递延所得税资产、当期递延所得税负债和当期递延所得税费用(或收益);(3)计算2×10年度当期所得税费用,并编制有关会计分录。

第十七章

习题一

一、目的:练习稀释每股收益的计算。

二、资料:2×10年,CD公司期初发行在外普通股股数10 000 000股,每股面值1元,归属普通股股东的净利润28 000 000元。1月1日,公司面值发行3年期、100 000 000元可转换公司债券,每张债券面值100元、票面利率2%,每年末付息一次。债券自发行后12个月可转换为公司股票,转换期为发行12个月后至债券到期日。约定转股价为每股10元,每份面值100元债券转换面值1元的普通股10股。假定,不考虑可转换债券的负债与权益成份价值的分拆,票面利率等于实际利率,债券利息计入当期损益,所得税税率25%。当年公司无增发和回购、库存股等情况。

三、要求:计算2×10年年末CD公司的基本每股收益和稀释每股收益。

习题二

一、目的:练习稀释每股收益的计算。

二、资料:沿用上述习题一资料,假定考虑可转换债券的负债与权益成份的分拆,市场上不具有转换权的类似债券实际利率为3%。3%、3年期、年金现值系数为2.828 6;3%、第3年现值系数为0.915 1。

三、要求:计算2×10年末CD公司的基本每股收益和稀释每股收益。

习题三

一、目的:练习稀释每股收益的计算。

二、资料:2×11年,LG公司归属于普通股股东的净利润23 356 000元,发行在外的普通股加权平均数为100 000 000股,当年公司股票平均市价25元。当年1月1日,发行在外20 000 000份认股权证,行权日2×12年3月1日,每份认股权证可在行权日以约定的行权价12.50元购买1份公司新发行的股份。

三、要求:计算2×11年末LG公司的基本每股收益和稀释每股收益。

习题四

一、目的:练习稀释每股收益的计算。

二、资料:2×10年,JH公司归属于普通股股东的净利润6 000 000元,发行在外普通股加权平均数10 000 000股。当年5月1日,该公司与股东签订一份远期回购合同,承诺1年后以每股18.50元的价格回购其发行在外2 500 000股普通股。假设,当年5月1日至12月31日的公司普通股平均市价16元。

三、要求:计算2×10年年末JH公司的基本每股收益和稀释每股收益。

习题五

一、目的:练习具有多项潜在普通股情况下稀释每股收益的计算。

二、资料:2×11年,CD公司归属于普通股股东的净利润32 000 000元,发行在外的普通股加权平均数为200 000 000股。当年年初,已发行在外流通的潜在普通股有:(1)认股权证10 000 000份,每份认股权证可在行权日以8.50元的行权价认购面值1元的1股本公司新发行股票。(2)5年期、面值发行的可转换债券20 000 000元,每张债券面值100元,票面利率3.8%,转股价为每股20元,即每份面值100元债券可转换普通股5股(100/20)。(3)3年期、面值发行的可转换债券25 000 000元,每张债券面值100元、票面利率1.6%,转股价为每股12.50元,即每份面值100元债券可转换普通股8股(100/12.50)。

当年公司普通股平均市格12元,年内无认股权证被行权,也无可转换债券被转换或赎回,所得税率25%。假设:不考虑可转换债券负债和权益成份的分拆,债券票面利率等于实际利率,债券利息费用计入当期损益;年末普通股份数200 000 000股。

三、要求:计算2×11年末,CD公司的基本每股收益和稀释每股收益。

习题六

一、目的:练习合并报表列报的基本每股收益和稀释每股收益的计算。

二、资料:2×11年末,YH公司"个别"财务报表披露的归属于普通股股东的净利润46 000 000元,发行在外加权平均普通股100 000 000股;同时,持有A子公司70%普通股权。当年,A子公司归属于普通股股东的净利润2 800 000元,发行在外加权平均普通股10 000 000股,该股当年平均市价10元。当年年初,A公司对外发行3 000 000份认股权证,行权价格5元,YH公司持有1 750 000份认股权证,当年无认股权证被行权。假定母子公司只有普通股股东,除股利收付外,无其他需抵销的内部交易;YH公司取得对A公司长期股权投资时,A公司各项可辨认资产等公允价值与其账面价值一致;投资者CH公司持有YH母公司1 000 000普通股份,没有认股权证等有价证券;YH母公司在资本市场所处行业的平均市盈率为35倍。

三、要求:(1)计算2×11年末YH母公司的基本每股收益稀释每股收益计算;(2)对CH投资公司进行收益稀释分析。

第十八章

习题一

一、目的:练习国库集中支付业务(财政直接支付)的核算。

二、资料:2×18年12月31日,H行政单位本年度财政直接支付预算指标数与当年财政直接支付实际支出数的差额为60 000元。2×19年年初,财政部门恢复了对H行政单位的财政直接支付额度。2×19年1月26日,H行政单位以财政直接支付方式购买了一批办公用品(属于上年度批准的预算指标数),支付给供应商50 000元货款。

三、要求:做出H行政单位有关会计处理。

习题二

一、目的:练习国库集中支付业务(财政授权支付)的核算。

二、资料:2×19年3月8日,HY科研所根据经过批准的部门预算和资金使用计划,向同级财政部门申请财政授权支付用款额度720 000元。当年4月5日,财政部门审核后,以财政授权支付方式下达700 000元用款额度。当年4月7日,HY科研所收到代理银行转来其盖章的《授权支付到账通知书》。

三、要求:做出HY行政单位有关会计处理。

习题三

一、目的:练习非财政拨款业务的核算。

二、资料:2×19年3月8日,D事业单位部分事业收入采用财政专户返还方式进行管理。2×18年6月6日,D事业单位收到应上缴财政专户的事业收入18 000 000元。当年6月15日,该单位将这笔款项上缴财政专户;当年7月15日,该单位收到从财政专户返还的事业收入18 000 000元。

三、要求:做出D行政单位有关会计处理。

习题四

一、目的:练习捐赠(预算)收入和支出业务的核算。

二、资料:2×19 年 5 月,C 事业单位接受 M 公司捐赠的实验物品一批,M 公司提供的发票凭证表明其价值为 500 000 元。假定,C 事业单位支付该批物品的运输费 2 600 元,不考虑税费等其他因素。

三、要求:做出 C 事业单位有关会计处理。

习题五

一、目的:练习投资支出业务的核算。

二、资料:2×18 年 1 月 1 日,L 事业单位购入 5 年期、年利率 3%、按年付息到期还本的国债 1 000 000 元。假定,每年 12 月 31 日支付国债年利息,不考虑其他因素。

三、要求:做出 L 事业单位有关会计处理。

习题六

一、目的:练习投资支出业务的核算。

二、资料:2×18 年 1 月 1 日,L 事业单位购入 5 年期、年利率 3%、按年付息到期还本的国债 1 000 000 元。假定,每年 12 月 31 日支付国债年利息,不考虑其他因素。

三、要求:做出 L 事业单位有关会计处理。

习题七

一、目的:练习政府拨款结转的核算。

二、资料:2×19 年 6 月,财政部门拨付 H 事业单位基本支出补助 2 000 000 元,项目补助 1 000 000 元。当月,H 事业单位"事业支出"账户下,"财政拨款支出——基本支出""财政拨款支出——项目支出"明细账户的当月发生额分别为 2 000 000 元和 900 000 元。

三、要求:当月月末,做出 H 事业单位将当月财政拨款收入和支出进行结转的会计处理。

习题八

一、目的:练习非政府拨款结转的核算。

二、资料:2×19 年 1 月,S 事业单位启动一项科研项目,当年收到上级主管部门拨付的非财政专项资金 8 000 000 万元。当年该科研项目发生事业支出 7 850 000 元。当年年末,该项科研项目完成并结项,经上级主管部门批准,项目结余资金 150 000 元可留归单位留存使用。

三、要求:做出 S 事业单位有关会计处理。

习题九

一、目的:练习非政府拨款结余的核算。

二、资料:2×18 年 12 月,Y 事业单位对其收支账户进行分析,事业预算收入和上级补助预算收入本年度发生额中的非专项资金收入分别为 1 000 000 元、250 000 元;事业支出和其他支出本年发生额中的非财政非专项资金支出分别为 900 000 元、200 000 元,对附属单位补助支出本年发生额 100 000 元。经营预算收入本年发生额为 90 000 元,经营支出本年发生额为 80 000 元。

三、要求:当年年末,做出 Y 事业单位有关会计处理。

习题十

一、目的:练习非政府拨款结余分配的核算。

二、资料:2×18年年末结账时,C事业单位当年经营结余的贷方余额135 000元,其他结余的贷方余额为180 000元。假定,C事业单位按有关规定提取职工福利基金45 000元。

三、要求:当年年末,做出C事业单位有关会计处理。

习题十一

一、目的:练习政府单位无偿调拨净资产的核算。

二、资料:2×19年6月6日,L事业单位经批准无偿调出一套精密科研设备,设备账面价值900 000元、累计折旧100 000元。假定,支付运输费2 600元,不考虑相关税费等其他因素。

三、要求:当年年末,做出L事业单位有关会计处理。

习题十二

一、目的:练习民间非营利组织捐赠业务的核算。

二、资料:2×18年8月15日,S基金会与H企业签订一份捐赠协议。协议规定H企业向S基金会捐赠1 000 000元,其中980 000元用于贫困山区中小学建设;20 000元用于此次捐赠活动的管理。当年8月20日,基金会收到1 000 000元捐赠款,于9月1日将980 000元转赠贫困山区中小学,并发生捐赠相关管理费用18 500元。当年9月10日,基金会与H企业签订补充协议,补充协议规定捐赠活动节余的1 500元留存基金会由其支配使用。假设,不考虑其他因素。

三、要求:做出S基金会有关会计处理。

习题十三

一、目的:练习民间非营利组织捐赠业务的核算。

二、资料:2×19年12月1日,H民间基金会与D企业签订一份捐赠合作协议,协议规定:D企业将通过向H民间基金会向SW大学捐赠8 000 000元,协议签订后D企业应在5日内将款项汇至H民间基金会,H民间基金会应在收到款项后于10日内汇至指定受赠的SW大学。2×19年12月5日,D企业按协议规定将8 000 000元汇至H民间基金会的银行账户。2×19年12月15日,H民间基金会将这笔款项汇至SW大学的银行账户。假设,不考虑税费等其他因素。

三、要求:做出H基金会有关会计处理。

习题十四

一、目的:练习民间非营利组织限定性净资产的核算。

二、资料:2×18年5月11日,HY民办高校收到一笔50 000元现金捐款,捐赠人要求用于2×19年度本科生优秀毕业论文评比前10名获奖者。假定,不考虑其他因素。

三、要求:做出HY民办高校有关会计处理。

习题十五

一、目的:练习民间非营利组织限定性净资产的核算。

二、资料:沿用习题十四资料,2×19年度,本科生优秀毕业论文评比结束,HY民办高校将捐赠人的 50 000 元,以现金奖励前 10 名获奖大学生。假定,不考虑其他因素。

三、要求:做出 HY 民办高校有关会计处理。

习题十六

一、目的:练习民间非营利组织非限定性净资产的核算。

二、资料:2×18 年 8 月 17 日,HJ 民营医院获得一项捐款 1 600 000 元,捐赠人限定捐款用于购置 Z 医疗设备。2×19 年 3 月 9 日,购进一套价值 1 580 000 元的 Z 医疗设备。2×19 年 3 月 16 日,经与捐赠人协商,捐赠人同意将剩余的 20 000 元留归该民营医院自主使用。假定,不考虑其他因素。

三、要求:做出 HJ 民营医院有关会计处理。

附录三

本书使用指南

本书使用指南[1]

章名	专业 课时	大学本科与专科教育			工商和行政管理硕士教育		在职继续教育	
		36	54	108	48	96	中级[2]	高级[3]
1	绪论	2	3	3	2	3	2	3
2	金融资产(一)	2	2	3	2	3	2	3
3	金融资产(一)	2	2	3	2	3	2	3
4	存货	1	2	3	1	2	0	0
5	长期投资(一)	1	2	3	2	3	2	2
6	长期投资(二)	1	2	3	1	2	1	1
7	固定资产、无形资产、其他长期资产和资产减值	1	2	3	1	1	1	0
8	负债(一)	1	2	3	1	2	2	1
9	负债(二)	2	3	3	2	2	2	1
10	股东权益	1	2	3	2	3	2	1
11	收入、费用和利润	2	2	3	2	3	1	1
12	非货币性资产交换、或有事项和债务重组	0	1	2	2	3	2	1
13	外币折算和政府补助	0	1	2	2	3	2	1
14	所得税	1	2	3	2	3	2	1
15	基本报表(一)	1	1	2	1	1	1	1
16	基本报表(二)	1	1	2	1	1	0	0
17	每股收益和附注披露	0	1	2	1	2	1	2
18	政府与非营利组织会计	0	0	1	0	1	1	2

注：①表中 0—3 表示教学的深度，0 为不讲授，3 为详细讲授或研讨。
②我国具体会计准则颁布前已学过会计，但此后未重新学习者的继续教育。
③我国具体会计准则颁布后，重新学习会计者的进一步继续教育。

图书在版编目(CIP)数据

中级财务会计:营利企业、政府与非营利组织中级会计/林华,林世怡编著.
—上海:复旦大学出版社,2019.7
(复旦卓越.会计学系列)
ISBN 978-7-309-14421-5

Ⅰ.①中… Ⅱ.①林…②林… Ⅲ.①财务会计-高等学校-教材 Ⅳ.①F234.4

中国版本图书馆 CIP 数据核字(2019)第 120110 号

中级财务会计:营利企业、政府与非营利组织中级会计
林 华 林世怡 编著
责任编辑/李 荃 方毅超

复旦大学出版社有限公司出版发行
上海市国权路 579 号 邮编:200433
网址: fupnet@fudanpress.com http://www.fudanpress.com
门市零售: 86-21-65642857 团体订购: 86-21-65118853
外埠邮购: 86-21-65109143 出版部电话: 86-21-65642845
杭州日报报业集团盛元印务有限公司

开本 787×1092 1/16 印张 38.5 字数 696 千
2019 年 7 月第 1 版第 1 次印刷

ISBN 978-7-309-14421-5/F·2593
定价: 78.00 元

如有印装质量问题,请向复旦大学出版社有限公司出版部调换。
版权所有 侵权必究